Marcel Granet:
Das chinesische Denken
Inhalt · Form · Charakter

Herausgegeben und eingeleitet von Manfred Porkert
Mit einem Vorwort von Herbert Franke

Deutscher
Taschenbuch
Verlag

dtv

Die Originalausgabe erschien erstmals 1934 unter dem Titel *La pensée chinoise* in der Reihe *L'évolution de l'humanité* bei La Renaissance du Livre, Paris; seit 1936 im Verlag Albin Michel, Paris.

Aus dem Französischen übersetzt von Manfred Porkert

September 1980
Deutscher Taschenbuch Verlag GmbH & Co. KG,
München

Umschlaggestaltung: Celestino Piatti
Satz: Clausen & Bosse, Leck
Druck und Bindung: C.H. Beck'sche Buchdruckerei,
Nördlingen
Printed in Germany · ISBN 3-423-04362-8

Das Buch

Fünf Jahre nach seinem großen Werk *Die chinesische Zivilisation* erschien 1934 Granets inzwischen klassische Darstellung der chinesischen Philosophie, die uns noch tiefer in die Kultur des alten China eindringen läßt.
»Granet wollte keine Philosophiegeschichte im üblichen Sinne geben; ihm kam es darauf an, phänomenologisch die Konstanten chinesischen Denkens herauszuarbeiten. Ein solches Vorgehen setzt umfassendste Zusammenschau und eigenes geistiges Schöpfertum voraus, Gaben, die Marcel Granet sein eigen nennen durfte. *Das chinesische Denken* enthält so viele tiefsinnige Beobachtungen und Deutungen aus dem gesamten Bereiche der chinesischen Geisteswelt, daß die meisten anderen europäischen Werke über chinesische Philosophie dagegen flach und abgestanden wirken.
Ich hoffe, daß die deutsche Fassung dieses Buches, das nach den Worten des holländischen Sinologen Duyvendak ›zum Glänzendsten gehört, was je über die chinesische Philosophie geschrieben worden ist‹, dazu beiträgt, eine große wissenschaftliche Leistung nahezubringen und gleichzeitig in die Grundlagen chinesischer Denkweisen einzuführen, die das Reich der Mitte durch Jahrtausende beherrscht haben. Das Werk verlangt bei aller Klarheit des Ausdrucks geduldiges Mit-Denken vom Leser, belohnt aber dafür durch ein Abenteuer des Geistes, wie es die Philosophie nicht oft zu bieten vermag.«

Prof. Herbert Franke, München

Der Autor

Marcel Granet, geb 1884, studierte zunächst Geschichte und Soziologie, letzteres bei Émile Durkheim, sodann chinesische Sprache und Geschichte in Paris und Peking. Bis zu seinem Tode im Jahre 1940 lehrte er, vor allem an der Pariser Sorbonne, Geschichte, Sprachen und Religionsgeschichte des Fernen Ostens. Er war einer der bedeutendsten Sinologen Europas.
Gleichzeitig erscheint von Granet *Die chinesische Zivilisation* (dtv 4361).

Inhalt

Vorwort

Marcel Granet (1884–1940) gehört zu den Sinologen, deren Wirken dem gesamten Fach eine weit über die Einzelthematik hinaus spürbare Anregung mitgeteilt hat. Sie kann nur dann ermessen werden, wenn man Granets Stellung innerhalb der Geschichte der europäischen Sinologie betrachtet, also eines Fachs, das als akademische Disziplin sich innerhalb des noch gut überschaubaren Zeitraums der letzten anderthalb Jahrhunderte zu seinem jetzigen Zustand entwickelt hat. Die erste Begegnung Europas mit chinesischer Kultur und Geistigkeit fiel in das Zeitalter der Jesuitenmission in Ostasien. Im ganzen 17. und 18. Jahrhundert entstammte so gut wie alles, was man damals von China wußte, den Berichten und Übersetzungen der gelehrten Jesuitenväter. Das damals entworfene Chinabild hat nicht nur auf das Europa der Aufklärung gewirkt, sondern auch noch weitgehend die Vorstellungen von China im frühen 19. Jahrhundert geprägt. Dieses Chinabild war, wenn man es auf eine Formel zu bringen versuchen darf, eine mehr oder weniger getreue Spiegelung der chinesischen Geschichte und Kultur, so wie die chinesischen konfuzianischen Literaten jener Zeit sie selbst sahen. Ihnen galt China als das im Weltmittelpunkt befindliche Land, als Mittelpunkt der menschlichen Kultur, umwohnt von Barbaren, die es zu zivilisieren galt. Der chinesische Kaiser wurde, getreu den alten Überlieferungen, gesehen nicht als einer von vielen Herrschern in der Welt, sondern als Beherrscher der bewohnten, zivilisierten Welt schlechthin. Denn der chinesische Ausdruck für Reich *t'ien-hsia* (»was unter dem Himmel ist«), ist synonym mit dem Begriff Menschenwelt überhaupt. China hatte sich, bis ins 18. und 19. Jahrhundert, als in jedem Betracht autark angesehen, wirtschaftlich wie kulturell, und niemals war den Chinesen ein grundsätzlicher Zweifel daran gekommen, daß es so und nicht anders sein müsse. Die staatlichen Einrichtungen galten, genau wie die individuelle und soziale Tugendlehre, als das Werk der Weisen der Vorzeit, erleuchteter Herrscher und Ratgeber. Die kanonischen Schriften des Konfuzianismus enthielten, so glaubte man durchweg noch im 18. Jahrhundert, alles was Menschengeist überhaupt an Leitsätzen zur Bildung der Persönlichkeit und zur Führung des Staates ersinnen könne.

Dieses von den chinesischen Gelehrten und Literaten entworfene Bild wurde, mit allen seinen Vereinfachungen und tendenziösen Zügen, von der jungen europäischen Chinawissenschaft übernommen. Es hat dazu geführt, daß man, wie es Herder und Hegel taten, China als das Land ewigen Stillstandes ansah, als eine Nation ohne eigentliche Geschichte. Aber auch die philologische Seite der Sinologie blieb von der einheimischen konfuzianischen Tradition beeinflußt. Die Sinologen des 18. und frühen 19. Jahrhunderts sahen in den konfuzianischen Klassikern den einzigen Schlüssel zur chinesischen Denkweise, und die scholastische Textbehandlung der Konfuzianer in China selbst blieb für lange Zeit das Vorbild der westlichen Wissenschaft. Man glaubte, sich damit begnügen zu können, daß man die wichtigsten Quellenschriften übersetzte, und stellte darüber hinaus kaum eigentliche Fragen an die Texte. Diese Periode der Textgläubigkeit und der Unterordnung unter die Exegese der chinesischen Gelehrten kennzeichnet noch einen großen Teil des 19. Jahrhunderts.

Der Durchbruch zu einer neuen, vertieften, historisch-kritischen Sicht Chinas geht zeitlich fast parallel mit dem Verfall des einheimischen Chinabildes unter dem Eindruck der oft so unglücklich verlaufenen Begegnung Chinas mit dem Westen insbesondere seit 1840. Es ist kein Zufall, daß diese Änderung, die man auch als die Rezeption des Historismus durch die Sinologie bezeichnen kann, zuerst in Frankreich spürbar wurde, also dem Lande, in dem zuerst eine akademische Sinologie entstanden war. Schon seit 1814 gab es eine Professur für Chinesisch am Collège de France, während in anderen europäischen Ländern die Sinologie noch weithin eine Domäne der Praktiker blieb, der Missionare, Diplomaten und begabten Amateure. Es bedeutete einen tiefen Einschnitt in der akademischen Tradition Europas, als Edouard Chavannes (1865–1918), der Lehrer Granets, im Jahre 1899 in Paris über chinesische Geschichte zu lesen begann und zu zeigen vermochte, daß sich hinter der so monolithisch anmutenden Tradition Chinas eine echte, bewegte Geschichte verbirgt. Auf ähnliche Weise wirkte in Deutschland August Conrady (1864–1925), der die Methoden und Begriffe der Völkerkunde in die Sinologie übernahm.

Auf einem anderen Teilgebiet des Fachs wurde eine analoge Wendung durch Marcel Granet vollzogen. So wie Chavannes die historisch-kritische Methodik für die Sinologie nutzbar machte und Conrady die Ethnologie auf die chinesische Frühgeschichte anwandte, führte Granet erstmals die damals selbst noch junge Wissenschaft der Soziologie in die sinologische Forschung ein. Diesen Schritt tat er ganz bewußt, indem er zunächst ein volles Studium der Soziologie absolvierte, bevor er sich bei Chavannes seine sinologische Ausbildung erwarb. Die Widmung seines ersten größeren Werks (*Fêtes et chansons de la Chine ancienne*, Paris 1919, 2. Aufl. 1929) zeigt deutlich diese doppelte akademische Ausbildung an: die *Fêtes et chansons* sind dem Gedächtnis seiner Lehrer Émile Durkheim und Edouard Chavannes gewidmet. Die Durkheim'sche Schule der Soziologie hat denn auch Granets ganzes Lebenswerk bis zu seinen letzten Arbeiten hin auf das tiefste beeinflußt. Die Bedeutung der *Fêtes et chansons* kann wissenschaftsgeschichtlich nicht hoch genug veranschlagt werden. Das Buch ist der Analyse des klassischen »Buchs der Lieder« (*Shih-ching*) gewidmet, jener aus dem Feudalzeitalter Chinas im 1. Jahrtausend v. Chr. herrührenden Sammlung von Liedern, Gesängen und Hymnen, deren Kompilation die einheimische Tradition dem Konfuzius zuschrieb. Innerhalb der konfuzianischen Schule hatte sich eine Exegese herausgebildet, welche den alten Liedern eine moralistische und ritualistische Bedeutung unterlegte, die in China bis in die neueste Zeit hinein widerspruchslos akzeptiert wurde. Diese Allegorese, die etwa ein ländliches Liebeslied als symbolischen Ausdruck für das Verhältnis zwischen Minister und Herrscher wertete, hatte auch die europäischen Erklärer in ihren Bann geschlagen. Mit all dem räumte Granet gründlich auf. Er zeigte, daß die Liebeslieder der ersten Abteilung des Liederbuchs die Werbungs- und Heiratssitten einer urtümlichen, bäuerlichen Gesellschaftsform widerspiegeln, wie sie bei manchen Aboriginen Chinas und Südostasiens noch bis in die Gegenwart nachzuweisen sind. Mit Recht wurde dem Buch der Prix Stanislas Julien zuerkannt, denn es war die erste Interpretation des *Shih-ching*, die sich über die philologische Textbehandlung hinaus von dem lastenden Gewicht der chinesischen Exegetiker völlig frei gemacht hatte und die Lieder als Material für eine vertiefte Erkenntnis der bäuerlichen Lebensweise, insbesondere der jahreszeitlichen Feste und des damit verbundenen Brauchtums, benutzte.

Die gleiche Methode, nämlich die Abkehr von der traditionellen chinesischen Exegese, gepaart mit einer durch die moderne Soziologie und Völkerkunde ermöglichten Einsicht in die Struktur früher Gesellschaftsformen, wandte Granet in seinen *Danses et légendes de la Chine ancienne* (Paris 1926, Neudruck 1959) an. Das Werk bietet eine Analyse der altchinesischen Mythenfragmente, Rituale und soziologischen Verhaltensweisen, die ebenso geistvoll wie scharfsinnig ist und die nicht leichte Lektüre des Buchs immer wieder zu einem Erlebnis macht. Bezeichnenderweise ist auch dieses Buch einem Soziologen, nämlich Marcel Mauss gewidmet. Während die beiden genannten Werke in erster Linie sich an den sinologischen Fachmann wenden, hat Granet in anderen Büchern für ein weiteres Publikum seine Sicht der Kultur des alten China, d. h. der Zeit der Herausbildung der chinesischen Hochkultur im 1. Jahrtausend v. Chr., zusammenfassend dargestellt (*La religion des Chinois*, Paris 1922; *La civilisation chinoise*, Paris 1929). In diese Reihe gehört auch *La pensée chinoise* (Paris 1934), ein Buch, in dem Granet die Summe dessen zog, was er über das chinesische Denken zu sagen hatte. Man hat diesem Buch, wie auch anderen Arbeiten Granets, vorgeworfen, es sei ahistorisch, indem es Material aus den verschiedensten Epochen und Schulen zu einer Synthese zusammenzufassen suche. Aber Granet wollte ja auch keine Philosophiegeschichte im üblichen Sinne geben; ihm kam es darauf an, phänomenologisch die Konstanten chinesischen Denkens herauszuarbeiten. Ein solches Vorgehen setzt umfassendste Zusammenschau und eigenes geistiges Schöpfertum voraus, Gaben, die Marcel Granet sein eigen nennen durfte. *La pensée chinoise* enthält so viele tiefsinnige Beobachtungen und Deutungen aus dem gesamten Bereiche der chinesischen Geisteswelt, daß die meisten anderen europäischen Werke über chinesische Philosophie dagegen flach und abgestanden wirken. Dem Familiensystem Chinas, das Granet bereits in früheren Jahren erforscht hatte, galt das 1939 erschienene Werk *Catégories matrimoniales et relations de proximité*. Von seinem letzten Werk, an dem er noch bis zu seinem Tode arbeitete und das den Titel *Le roi boit* tragen sollte – es geht darin zunächst um die sakralen und rituellen Züge des chinesischen Herrschertums – hat Granet nur einen Plan hinterlassen, der durch seinen Schüler R. A. Stein herausgegeben worden ist (*L'année sociologique* 1952). Er läßt erkennen, daß eine höchst geniale und eigenwillige Konzeption vorlag, die unser Verständnis der Motive und Elemente des chinesischen Folklore, so wie es sich in der Literatur widerspiegelt, auf das anregendste bereichert hätte. Gleichfalls postum erschien eine auf Vorträge im Jahre 1926 zurückgehende Studie über das altchinesische Feudalsystem, *La féodalité chinoise* (1952), die einen von hoher Warte aus gesehenen Überblick über die soziologischen Grundzüge des Chinas vor der Kaiserzeit bietet.

Es gehört zu den Merkwürdigkeiten der Wissenschaftsgeschichte, daß Marcel Granet in Deutschland bisher nicht die Beachtung gefunden hat, die ihm auf Grund seiner Leistungen zukommt, während in Frankreich seine Persönlichkeit und seine Methoden in der Generation seiner Schüler erfolgreich fortwirken. Um so mehr ist es der Initiative des Verlages und des Herausgebers zu danken, daß mit dem vorliegenden Buch zum ersten Mal ein deutschsprachiges Publikum mit einem Werk des großen Franzosen bekannt gemacht wird. Es ist die Hoffnung des Verfassers dieser Zeilen, der sich stets zu den Bewunderern des französischen Gelehrten gerechnet hat, daß die deutsche Fassung der *Pensée chinoise*, eines Buchs, das nach den Worten des holländischen Sinologen Duyvendak »zum Glänzendsten gehört, was je über die chinesische Philosophie geschrieben worden ist«, dazu beiträgt, eine große wissenschaftliche Leistung nahezubringen und gleichzeitig in die Grundlagen chinesischer Denkweisen einzuführen, die das Reich der Mitte durch Jahrtausende beherrscht haben. Das Werk verlangt bei aller Klarheit des Ausdrucks geduldiges Mit-Denken vom Leser, belohnt aber dafür durch ein Abenteuer des Geistes, wie es die Philosophie nicht oft zu bieten vermag.

Herbert Franke

Einführung: Zu einem neuen Chinabild

In China, dem drittgrößten Land unserer Erde, leben heute über 600 Millionen Menschen. Würden die Statistiker recht behalten, dann wäre in der nächsten Generation, also im Jahre 1990, jeder dritte Erdbewohner ein Chinese. Auch die Volkswirtschaftler bedienen sich, wenn sie von China reden, vieler Superlative; so heißt es etwa, China besitze auf dieser Erde die größten Kohlenlager, die größten Reserven an Zinn und Molybdän, die zweitgrößten an Wolfram, außerordentlich fündige Erdölquellen ...

Solche Daten sind eindrucksvoll. Anderseits kommt uns gerade in unserer bewegten Gegenwart deutlich zu Bewußtsein, daß Bevölkerungszahl und wirtschaftliche Hilfsquellen nur dann für die Politik und schließlich auch für die Kultur eines Landes Bedeutung erlangen, wenn das Volk, das über sie verfügt, sich an positiven, verhältnismäßig widerspruchsfreien Leitideen orientiert. Nun besitzt China von allen Staaten der Gegenwart die Kultur, in gewissem Sinn auch die Staatsform mit der längsten Kontinuität. Es liegt daher nahe zu fragen, ob der weltgeschichtliche Faktor China künftig segensvoll oder verderblich auf den Erdkreis wirken wird, und die Antwort auf solche Fragen wird gewiß nicht ausschließlich in der ökonomisch-materiellen Sphäre zu suchen sein.

Diese Frage zu stellen erscheint um so eher gerechtfertigt, als die für die Zeitgenossen so aufwühlenden Veränderungen, die sich in China zwischen 1840 und 1950 vollzogen haben, so gut wie keinen Wandel in der dreitausendjährigen Einstellung seines Staatsvolkes gegenüber der übrigen Welt gebracht haben. Grob vereinfachend läßt sich diese Einstellung in die Formel fassen: Beschränkung des materiell-politischen Einflusses auf die Anrainerstaaten bei unbegrenztem Hegemonieanspruch der chinesischen Kultur.

Umgekehrt aber hat sich die Haltung des Abendländers gegenüber den Ländern des Ostens, insbesondere zu China, grundlegend gewandelt. Seit Beginn des 20. Jahrhunderts wächst seine – oft noch unterschwellige – Bereitschaft, durch geistige Anleihen bei dem erfahrensten Kulturvolk Schwächen und Lücken des eigenen Weltbilds auszugleichen. So fühlte sich schon 1930 C. G. Jung zu folgenden Bemerkungen veranlaßt: »Man bedenke, was es heißt, wenn der praktische Arzt, der ganz unmittelbar mit dem leidenden und darum empfänglichen Menschen zu tun hat, Fühlung mit östlichen Heilsystemen nimmt! So dringt der Geist des Ostens durch alle Poren ein und erreicht die wundesten Stellen Europas. Es könnte eine gefährliche Infektion sein, vielleicht ist es aber auch ein Heilmittel. Die babylonische Sprachverwirrung des westlichen Geistes hat eine solche Desorientierung erzeugt, daß sich alles nach einfacher Wahrheit sehnt oder wenigstens nach allgemeinen Ideen, die nicht nur zum Kopf, sondern auch zum Herzen sprechen, die dem anschauenden Geiste Klarheit und dem ruhelosen Drängen der Gefühle Frieden geben. Wie das alte Rom es tat, so geschieht es auch heute, daß wir wieder allen exotischen Aberglauben importieren, in der Hoffnung, darunter das richtige Heilmittel für unsere Krankheit zu entdecken.« [1]

Heute gibt es ungleich zahlreichere Indizien für die Annahme, China ziehe zwar nicht mit kriegerischer, wohl aber mit geistiger Macht vor die Tore des Abendlandes. Längst haben chinesische Motive Eingang in westliche Literatur gefunden, die mit dem Nobelpreis ausgezeichnet wurde.[2] Und dem Naturwissenschaftler Heisenberg bietet sich zwanglos eine Episode aus einem chinesischen Philosophen an, wenn er die problematischen Auswirkungen moderner Technik eindrucksvoll einem weiteren Publikum nahebringen will.[3]

Wir sehen also, daß die Beschäftigung mit China aus vielen Gründen dringend, aber auch problematisch ist. Sie ist problematisch, weil vorerst einem schwer abschätzbaren inneren Bedürfnis nur karge und widersprüchliche Informationen gegenüberstehen; und sie ist dringend, weil der Mangel an klaren Vorstellungen Vorurteile und Fehleinschätzungen begünstigt.

So meinen viele Europäer noch heute, in China hätten sich ursprünglichere – zugleich aber primitivere – Denkformen erhalten als in anderen Kulturkreisen; diese ließen sich ohne weiteres mit Vorstufen vergleichen, die das europäische Denken durchlaufen und überwunden hat, die heute also für uns immer noch – aber auch nur – auf dem Wege eines Regresses realisierbar wären. Diese irrige Meinung ist zum Beispiel auch durch Max Webers Studien zur Religionssoziologie genährt worden und behauptet sich weiterhin in vielgelesenen Chinabüchern. In Wirklichkeit ist es aber nur deshalb möglich, die Ergebnisse abendländischen und chinesischen Denkens miteinander zu vergleichen, weil Chinesen wie Europäer bei der Formulierung ihrer philosophischen und wissenschaftlichen Einsichten in gleichem Maße um Systematik, Rationalität und Logik bemüht waren. Davon abgesehen waren, sind auch heute noch abendländisches und chinesisches Denken gegensätzlichen, meist komplementären Dominanten untergeordnet.

Jede richtig vollzogene wissenschaftliche Erkenntnis hat zwei Aspekte, nämlich einen analytischen und einen synthetischen. Bei der Analyse, dem Auseinanderlösen, wird das Untersuchungsobjekt aus dem Zusammenhang gelöst, für sich betrachtet und beurteilt. Man fragt nach dem Warum, Wodurch, und deckt damit kausale Zusammenhänge auf. Bei der Analyse wird die Zahl quantitativ gebraucht, und das Objekt wird hinsichtlich seiner absoluten Beschaffenheit definiert.

Ganz anders bei der Synthese: Das Objekt der Erkenntnis wird in Zusammenhang mit einem Ganzen, modern physikalisch ausgedrückt: in seiner Relativität, seiner Bedingtheit durch das »Feld« gesehen. Entsprechend fragt man nach dem Wann und verwendet die Zahl als qualitatives Symbol. Bei der Synthese, dem »Zusammenstellen«, offenbart sich das Objekt also in seinen dynamischen Bezügen oder, noch genauer, als Teil eines dynamischen Geschehens. Analytischer und synthetischer Aspekt eines Phänomens können nicht gleichzeitig, sondern nur nacheinander wahrgenommen werden. Deshalb ist es von entscheidender Bedeutung, welcher der beiden Erkenntnismodi – Analyse oder Synthese – als der primäre und darum wesentlichere betrachtet wird.

Der heutige Europäer weiß um die Vorzüge des analytischen Denkens: Es ermöglicht eine tiefdringende und zugleich äußerst detaillierte Erkenntnis der objektivierten, konkreten Umwelt, womit gleichzeitig nicht minder weitgehende und nuancierte Einwirkungsmöglichkeiten auf diese Umwelt geschaffen werden. Doch werden die Grenzen eines solchen Erkenntnis- und Beweismodus zwar empfunden, aber nur selten klar erkannt. Durch analytisches Denken geförderte wissenschaftliche Aussagen bilden eine lineare, lückenlose Kette kausal begründeter Gesetzmäßigkeiten. Im Prinzip ist jede solche Kette an beiden Enden offen und verliert sich im Unendlichen; in der Praxis beginnt sie mit einem oftmals weit zurückliegenden, darum aber nicht minder unbewiesenen Apriori, und sie läuft aus in eine noch zu beweisende Hypothese. Ein solcher Sachverhalt entspricht der empirischen Tatsache, daß der Mensch nur allmählich den innerhalb der Grenzen sinnlicher Wahrnehmung liegenden Wirklichkeitsbereich gedanklich erfaßt und ebenso allmählich die Grenzen der Wahrnehmung hinausschiebt. Der vorwiegend analytisch vorgehende Forscher empfindet daher eine innere Spannung, eine Neugierde, einen Drang, diese Grenzen hinauszuschieben, das Hypothetische als Wirklichkeit zu erweisen, anderseits aber auch das resignierte Gefühl, daß er sich der letzten Wahrheit nur nähern, sie aber niemals wirklich erreichen kann.

Anders als im Abendland hat im Denken Chinas stets die Synthese dominiert. Ein chinesischer Philosoph oder Wissenschaftler ist überzeugt, eine gültige Einsicht gewonnen zu haben, sobald er alle zur Erklärung einer bestimmten Erscheinung notwendigen *Beziehungen* definiert und dabei Theorie und objektive Erfahrung zur Deckung gebracht hat. Indem er so vorgeht, beschreibt er induktive[4] Zusammenhänge, denn das chinesische Denken kennt die (zunächst mechanische) Kausalität als Erklärungsprinzip nicht. Und da er niemals ein Ding für sich definiert, sondern in erster Linie nach dessen Bezogenheit zum Ganzen, zu einem »Feld«, zu einer Gruppe beurteilt, so ergibt sich zwangsläufig, daß jede Gesetzmäßigkeit immer auf den größeren Zusammenhang hinweist und ihren Platz in einem Zyklus (nicht in einer linearen Reihe) einnimmt. Da ein Zyklus zwar nicht unendlich, wohl aber endlos ist, kann es mithin aus einer solchen Weltsicht definitionsgemäß kein absolut unerklärtes oder unerklärbares Phänomen geben.

Anders formuliert bedeutet dies: Die Umwelt fordert nicht beständig dazu heraus, in ihr Rätsel zu lösen und neue Horizonte zu entdecken. Auf diesen Umstand – und nicht etwa auf die relativ günstige geographische Lage – ist es zurückzuführen, daß sich in China soziale Gebilde, politische Institutionen wie auch philosophische Ideen durch eine eindrucksvolle Stabilität auszeichnen. Eine weitere, für das Verständnis der chinesischen Psyche wesentliche Konsequenz ist es, daß ein Mensch, der allenthalben in Natur, Gesellschaft und Individuum zyklische Abläufe wahrnimmt und von deren grandioser Kontrapunktik ergriffen ist, einen ungleich größeren Abstand vom Leben und all seinen Erscheinungsformen gewinnt als ein anderer, der im Gegenteil von der Einmaligkeit und Rätselhaftigkeit unablässig wechselnder Erscheinungen fasziniert bleibt. Hiermit findet die oft genug berufene Gelassenheit der Chinesen gegenüber Schicksalsschlägen ihre Erklärung.

Die Unterschiede zwischen dem chinesischen und dem europäischen Denken brauchen uns nur dann zu berühren, wenn sie sich in geistigen Strömungen, kulturellen Leistungen und politischem Verhalten entscheidend manifestieren. Eben dies ist heute der Fall. Während jedoch die Chinesen im Verlauf eines Jahrhunderts harter Prüfungen für ihr Volk und ihre Kultur gelernt haben, wenn immer sich dies als zweckmäßig erweist, auch der westlichen, also der analytischen Erkenntniseinstellung Rechnung zu tragen, so läßt sich das Umgekehrte von den europäischen Nationen bisher noch nicht behaupten. Nun ist es zwar richtig, daß die Männer, die 1949 in China an die Macht kamen, einzelne Zweige ihres kulturellen Erbes zurückgeschnitten haben;[5] im allgemeinen werden jedoch heute die traditionellen Disziplinen chinesischer Wissenschaft in einem Maße gefördert, wie dies seit wenigstens 200 Jahren nicht mehr der Fall war. Und es ist beunruhigend, daß der Westen von dieser Entwicklung nur sehr dürftig Kenntnis erhält. Wie die Chinesen selbst über die Notwendigkeit denken, westliche Völker an den Früchten chinesischer Kulturtradition teilnehmen zu lassen, beweist die fast totale Ausfuhrsperre, die seit dem 1. Januar 1960 für alle wissenschaftlichen Publikationen in chinesischer Sprache nach westlichen Ländern verfügt ist.

Zumindest ebenso große Aufmerksamkeit wie diese äußere Konstellation verdient die kritische innere Situation des westlichen Menschen. Niemand wird bezweifeln, daß nicht wenige der heute brennenden Probleme sich dadurch ergeben, daß der westliche Mensch sich seiner analytischen Erkenntniseinstellung zu einseitig anvertraut. Eine erste, zwanglose Beschäftigung mit den Formen chinesischen Denkens kann hier verhärtete Positionen lösen und die Sicht für neue Perspektiven der objektiven Wirklichkeit freimachen.

Damit sind einige der Gründe angedeutet, die uns zur Neuausgabe des Granet'schen Buches bestimmt haben.

DAS CHINESISCHE DENKEN ist keine – immer wieder der Ergänzung bedürftige – Bestandsaufnahme der chinesischen Philosophie, sondern eine phänomenologische Darstellung, die die konstanten Grundgedanken von ihrem organischen Zusammenhang her erklärt. Jedes behandelte Grundthema hat hier paradigmatische Bedeutung; anders ausgedrückt, sobald man die an einem Beispiel mit allen Bezügen illustrierte Einsicht nachvollzogen hat, findet eine ganze Reihe weiterer, bisher rätselhafter Zusammenhänge ihre Erklärung.

Loiberting, den 3. Dezember 1962 Manfred Porkert

Erstes Buch Die Ausdrucksmittel

In diesen einführenden Kapiteln ist von der chinesischen Sprache, Schrift, Stilistik und Rhythmik zu sprechen. Wir sind gewohnt, die Sprache als einen Bestand von Symbolen zu betrachten, der besonders für die Übermittlung von Gedanken geschaffen wurde. Die Chinesen hingegen fassen die Sprachkunst niemals als etwas von den anderen Mitteln der Verständigung und Einflußnahme Losgelöstes ins Auge. Für sie ist die Sprache nur Teil eines umfänglichen Bestands an Verfahren, deren Zweck es ist, dem Individuum in der von Gesellschaft und Kosmos gebildeten Ordnung seinen Platz zuzuweisen. Die verschiedenen Verfahren, das Verhalten zu beeinflussen, zielen zuerst darauf ab, eine aktive Teilnahme herbeizuführen. Daher trachten die Chinesen in Sprache und Schrift danach, eine bestimmte Handlungsweise mit Hilfe stilisierter (klanglicher oder anderer) Gesten anzudeuten oder zu suggerieren. Die chinesischen Denker verfolgen das gleiche Ziel. Sie beschränken sich ganz und gar auf einen Bestand überlieferter symbolischer Bilder, der sich viel besser zur Beeinflussung des Handelns als zum Ausdrücken von Begriffen, Theorien und Dogmen eignet.

Erstes Kapitel Sprache und Schrift

Das Chinesische ist eine große Kultursprache, die im gesamten Fernen Osten zu einem Instrument der Kultur wurde und sich als solches behauptet hat. Zudem entfaltete sich durch sie eine der gestaltenreichsten und umfänglichsten Literaturen. – Das Chinesische gehört zum Typus der monosyllabischen Sprachen. Die chinesische Schrift ist eine Zeichenschrift.

1 *Die Klangembleme*

Beim gegenwärtigen Stand unserer Kenntnisse läßt sich die phonetische und morphologische Entwicklung des Chinesischen nur in dem Zeitabschnitt verfolgen, der sich vom 6. Jahrhundert unserer Zeitrechnung bis zur Gegenwart erstreckt [1]. Zu früheren Epochen, mit denen wir uns hier zu beschäftigen haben, geben uns die Dokumente nur sehr unzureichend über Aussprache und gesprochene Sprache Auskunft.

Von den Fachgelehrten wird das Chinesische der Gruppe der sogenannten sino-tibetischen Sprachen zugeordnet. Für alle dieser Gruppe zugezählten Idiome ist eine Tendenz zum Monosyllabismus, d. h. zur Einsilbigkeit der Grundwörter, charakteristisch. Ist das »Ur-Sino-Tibetische« eine monosyllabische Sprache gewesen? Es wurde die Ansicht geäußert, daß »wenn man darunter ein Idiom versteht, bei dem alle Worte vom Anbeginn an nur eine einzige Silbe umfaßten, diese Frage verneint werden müßte« [2]. Vorderhand scheint ein Herausschälen der ursprünglichen Wortwurzeln ausgeschlossen zu sein. Allerdings wird eingeräumt, daß in früherer Zeit zahlreiche Wörter viel länger gewesen seien und außer dem Wortstamm wohl noch eine oder mehrere Affixe, vielleicht sogar eine grammatische Endung besaßen. Im Laufe der Jahrhunderte haben sich diese Klanggebilde allmählich abgeschliffen [3]. Karlgren hat sogar zu beweisen versucht, daß ehemals die Chinesen für Subjekt und Objekt verschiedene Personalpronomina gebrauchten [4]. Doch geht das von ihm untersuchte Material höchstens bis auf das 8.–5. Jahrhundert vor der Zeitwende zurück. Die Chinesen der Lehenszeit hätten demnach eine Sprache gesprochen, welche die Spuren einer Flexion (Deklination, vielleicht sogar Konjugation) aufwies.

Es hat ferner den Anschein, daß das archaische Chinesisch an Lautbildern nicht so arm war wie die moderne Sprache. Konsonanten, An- und Ablaute kamen häufiger vor. Unter den Vokalen fanden sich nicht wenige Diphthonge und Triphthonge. Zu jedem Wort gehörte ein Sprachton, der in seiner Höhe von der Stimmhaftigkeit oder Stimmlosigkeit des Anlautes abhängig war; hingegen scheint sich die Modulation nach dem Ablaut gerichtet zu haben. Es gab acht Sprachtöne, und zwar vier in der tiefen und vier in der hohen Klanglage. Durch sie ließen sich ansonst gleichklingende Lautbilder unterscheiden [5]. Wechselte man bei einem Wort von der niederen Klanglage in die höhere über oder umgekehrt, so veränderte man damit den Bedeutungsgehalt des Wortes. Auch dies ist (vielleicht) der Rest eines alten Ableitungsmodus.

Es läßt sich heute unmöglich entscheiden, ob die verschiedenen Verfahren der grammatikalischen Ableitung, wie sie sich jetzt anscheinend rekonstruieren lassen, deren Gültigkeit jedoch nur sehr schwer zu umschreiben ist, die ursprüngliche Gestalt des Chinesischen verraten, oder aber, ob wir sie als Ansatz zu einer – übrigens sehr rasch zum Stillstand kommenden – Flexionstendenz der Sprache auffassen müssen.

Wie dem auch sei, es erweist sich bereits die an den Anfängen der chinesischen Geschichte [6] gebrauchte Sprache als ein phonetisch äußerst armes und morphologisch sehr sparsames Ausdrucksmedium. Selbst wenn man annimmt, daß das Chinesische ursprünglich kein monosyllabisches Idiom war, ist nicht zu leugnen, daß die Tendenz zum Monosyllabismus nirgendwo anders so stark zutage getreten ist. Sogar wenn es zutreffen sollte, daß die Chinesen früher Affixe gebrauchten, so muß deren Bedeutung doch so geringfügig gewesen sein, daß dem Sprechenden das Vorliegen einer Ableitung dabei überhaupt nicht bewußt werden konnte. Bei alldem war er gehalten, Worte zu verwenden, die praktisch Einsilber darstellten, die jede Elastizität, jede Modulationsfähigkeit vermissen ließen, die sich praktisch also wie unzusammenhängende Wortstämme ausnehmen mußten.

Wir wissen nicht, welche Bedeutung den Unterschieden zukam, die zwischen den Dialekten der verschiedenen Gegenden des Alten China bestanden. Der Umstand, daß alle regionalen Gesänge: *Kuo-feng* (Gesänge der Gegenden), die den 1. Teil des *Buchs der Lieder* (*Shih-ching*) bilden, in ein und derselben Sprache abgefaßt sind, beweist sehr wenig. Es ist denkbar, daß diese Gesänge, als man sie zu einer Anthologie sammelte, überarbeitet worden sind. Doch ist zu vermuten, daß sich alle Angehörigen des alten chinesischen Staatenbundes durch sprachliche Verwandtschaft verbunden fühlten. Möglicherweise hat der Brauch, auf Gauversammlungen zusammenzukommen, die Entstehung einer gemeinsamen Sprache begünstigt, deren sich alle Adeligen in den verschiedenen Fürstentümern bedienten.

Die Fürsten betrachteten diese gemeinsame Sprache als die einzige, die ihrer würdig war. Ein Prinz von Wei (ein im heutigen Honan gelegenes Fürstentum), der nach längerer Gefangenschaft in seine Heimat zurückkehrte, gefiel sich damit, den Dialekt seiner Besieger, der Wu-Leute (heutige Provinz Anhui) nachzuahmen. Sogleich rief man aus: »Der Prinz von Wei wird seinem Schicksal nicht entrinnen! Wird er nicht unter den Barbaren sein Ende finden?« »Er war ihr Gefangener! Er findet Gefallen daran, ihre Sprache zu sprechen. Ganz sicherlich ist er ihnen verbunden!«[7]

Wir müssen also daraus schließen, daß das Chinesische schon zur Lehenszeit eine Kultursprache darstellt[8].

Eine solche Bezeichnung trägt es zu Recht als Werkzeug einer eigenständigen Kultur und dank ganz besonderer Qualitäten. Diese Qualitäten unterscheiden sich allerdings ganz wesentlich von jenen, die wir bei einer Sprache vorauszusetzen geneigt sind, damit sie eine gute Übermittlung von Gedanken gewährleistet.

Die morphologisch dürftigen Wörter, die sich überdies infolge der Lautarmut der Sprache häufig nur schlecht voneinander abheben, wurden meist indifferent als Substantive, Adjektive oder Verben gebraucht, ohne daß sie dabei ihre Form wesentlich veränderten[9]. Einige wenige Partikeln, von denen eine jede wiederum mehreren Zwecken gleichzeitig gerecht zu werden hatte, und die im allgemeinen als gesprochene Satzzeichen dienten, trugen zur Verdeutlichung des Sinns eines Satzes bei. Davon abgesehen, war dem Ausdruck der Gedanken nur durch strenge Stellungsregeln Klarheit zu verleihen. So wurde beim Schreiben durch deren konsequente Anwendung die syntaktische Bedeutung eines jeden Wortes festgelegt. Beim Sprechen aber bestimmte die Stärke der nacheinander aufkommenden Gefühle die Wortfolge. Eine solche Anordnung unterstrich die große affektive und praktische Bedeutung der einzelnen Bestandteile eines vom Gefühl her geformten Gebildes in um so stärkerem Maße.

Diese Sprache begünstigte nicht den abstrakten Ausdruck von Gedanken. Trotzdem hatte sie als Kultursprache eine große Zukunft.

Allerdings besitzt das Chinesische eine erstaunliche Fähigkeit, Gefühlsimpulse zu übermitteln und zur Stellungnahme aufzufordern. Es ist eine herbe und gleichzeitig eine sensible Sprache, deren Stärke im konkreten Ausdruck liegt und in der Einflußnahme auf den Partner, und bei der man spürt, daß sie in Rededuellen listenreicher Gegner Gestalt gewonnen hat.

Es kam weniger auf die klare Formulierung von Gedanken an, sondern vor allem darauf (diskret, doch unmißverständlich), sein Begehren mitzuteilen. – Vor dem Kampf wendet sich ein Krieger an einen Freund im gegnerischen Lager. Er möchte ihm einen guten Rat zukommen lassen und ihn dazu bewegen, durch die schlammigen Felder der überschwemmten Ebene zu fliehen. Er möchte ihm kundtun, daß er ihm dann würde helfen können . . . Trotzdem sagt er nur: »Habt Ihr Sauerteig vom Weizen?« – »Nein«, antwortet der andere, der vielleicht gar nicht verstanden hat. »Habt Ihr Sauerteig mit Gebirgskräutern?« – »Nein«, antwortet der andere abermals [trotz des Nachdrucks, der auf dem Wort Sauerteig (der Sauerteig galt als ausgezeichnetes Vorbeugungsmittel gegen den üblen Einfluß der *Feuchtigkeit*) lag, versteht er immer noch nicht oder gibt jedenfalls vor, noch nicht zu verstehen, denn wahrscheinlich begehrt er neben einem noch deutlicheren Rat die Versicherung, daß man ihm zu Hilfe kommen wird]. Darauf fährt der Freund fort [der immer noch das wesentliche Wort vermeidet, dieses aber eindringlich andeutet]: »Dem Flußfisch wird übel werden; welches Mittel werdet Ihr ihm da verabreichen?« Da antwortet der andere [der sich endlich entschließt]: »Achtet auf die Brunnen ohne *Wasser*; dort werdet Ihr ihn herausziehen.« Und so versteckt er sich, indes die Schlacht tobt, in einem Sumpfloch, in dem ihn nach überstandener Gefahr sein Freund findet. Der Ratgeber hatte sich auf ein Wort konzentriert, das auszusprechen er sich wohl hütete, und doch war es ihm möglich gewesen, mit Hilfe dieses einen Wortes eine komplizierte Aufforderung zu übermitteln (»Denkt an das Wasser!« – »Hütet Euch vor dem Wasser!« – »Bedient Euch des Wassers!« = Rettet Euch, indem Ihr Euch mit Umsicht der Überschwemmung bedient!)

Zweck der Sprache ist es in erster Linie, eine Handlung auszulösen. Es kommt weniger auf eine klare Auskunft als auf eine Beeinflussung des Tuns an. »Die Macht des Wortes beruht auf der Ausdruckskunst (*wen*)«[10]. So wie uns jene Kunst in alten Aufzeichnungen von Verträgen und Verhandlungen entgegentritt, spielen in ihr explizite Begriffe und förmliche Überlegungen kaum eine Rolle. Um einen Gegner zu überspielen, um auf das Verhalten eines Freundes oder eines Klienten einzuwirken, genügt es, durch eine Anhäufung von Formeln in sein Denken ein Wort einzupflanzen, das dann von diesem voll Besitz ergreift.

Das chinesische Wort ist etwas ganz anderes als ein bloßes Zeichen, mit dessen Hilfe ein Begriff aufgezeichnet wird. Es entspricht nicht einer Vorstellung, deren relative Abstraktion oder Allgemeingültigkeit man so präzis als möglich festzulegen sucht. Es hebt vielmehr einen unumschriebenen Komplex bildhafter Vorstellungen ins Bewußtsein, wobei von diesen die aktivste zuerst in Erscheinung tritt.

Es gibt kein Wort, das einfach »Greis« bedeutet, wohl aber eine ganze Anzahl von Ausdrücken, in welchen die verschiedenen Aspekte des Alters ihre Darstellung finden, etwa das Alter jener Menschen, die bereits einer reichhaltigeren Ernährung bedürfen (*ch'i*), jener, die asthmatisch atmen (*k'ao*). Diese konkreten Vorstellungen beschwören eine ganze Schar weiterer, nicht minder konkreter Assoziationen herauf; so etwa Einzelheiten der Lebensweise jener Alten, die wegen ihrer Gebrechlichkeit tierischer Nahrung bedürfen: Sie sind vom Kriegsdienst zu befreien, sie dürfen nicht mehr zum Besuch der Schule (einer Art Männerhaus) verpflichtet werden; für sie hält man in Erwartung des bevorstehenden Todes das Trauergerät bereit, dessen Anschaffung ein volles Jahr in Anspruch nimmt; ihnen steht das Recht zu, auch mitten in der Stadt – außer in einer Hauptstadt – am Stock zu gehen usw. All diese Bilder verbinden sich, neben vielen anderen, mit dem Worte *ch'i*, das, im Ganzen gesehen, der gewissermaßen einmaligen Vorstellung des alten Mannes zwischen 60 und 70 Jahren entspricht. Mit 70 Jahren wird man im eigentlichen Sinne alt und verdient dann die Bezeichnung *lao*. Dieses Wort weist auf einen charakteristischen Abschnitt eines beim Greisenalter angelangten Lebens hin. Es entspricht nicht unserem Begriff ›alt‹. Es deutet vielmehr eine ganze Kette von Bildern an, die niemals in einer abstrakten Vorstellung aufgehen. Wird die Reihe dieser Bilder nicht unterbrochen, so finden sich unter ihnen all jene Aspekte, die für verschiedene Menschen charakteristisch sind, deren aktives Leben zu Ende ist. Auch nachdem sich diese Vorstellungskette völlig entfaltet hat, vermittelt sie im Grunde nur ein charakteristisches Bild, nämlich das vom Eintritt in den Ruhestand, oder noch genauer, von der *rituellen Geste*, mit der man bei seinem Herrn den Abschied nimmt. Deshalb behält das Wort *lao*, wie die meisten chinesischen Worte, auch als Substantiv angewandt, eine gewisse aktive Wertigkeit. Auch so erinnert es an ein Tun und bleibt im Grunde genommen Verbum (›sich alt erklären oder erklärt werden‹; ›seinen Abschied nehmen‹).

So wie das einzelne Wort nicht nur einem einzigen Begriff entspricht, so ist es auch nicht nur ein bloßes Zeichen. Es ist nicht ein abstraktes Zeichen, das mit Hilfe grammatikalischer oder syntaktischer Kniffe Leben erhält. Hinter seiner unwandelbaren »Einsilbigkeit«, seiner völlig neutralen äußeren Gestalt bewahrt es die gesamte gebieterische Kraft der Tat, deren klangliche Entsprechung, deren Emblem es ist.

Diese Macht der Worte und ihre Besonderheit, nicht als bloße Zeichen, sondern als Klangembleme zu gelten, bekundet sich am deutlichsten in bestimmten Ausdrücken, die gewöhnlich verdoppelt gebraucht werden und beschreibende Hilfswörter darstellen.

Es ist sehr charakteristisch für die Dichtung des chinesischen Altertums, daß in ihr diese beschreibenden Hilfswörter eine wichtige Rolle spielen. Dies ist aber auch in allen übrigen Perioden der chinesischen Dichtkunst der Fall; ja selbst in der Prosa fehlen sie nicht [11]. Stellt ein Dichter die Spiele zweier Arten von Heuschrecken mit Hilfe der Worte *yao-yao* und *t'i-t'i* dar, so sucht er keineswegs – und seine Interpreten weisen darauf hin – nur eine ausdrucksvolle Schilderung zu geben. Er bemüht sich vielmehr, seinen Zuhörern die Beobachtung einer Anzahl von Regeln zu empfehlen, ja zu *befehlen*, für die die Bewegungen der Heuschrecken ein natürliches Emblem sind, das wiederum durch den Gebrauch der Hilfswörter als *klangliches* Emblem dargestellt wird. Diese sehr spezifischen Anweisungen legen das Verhalten in großen Zügen fest. Man kann sich nicht gut vorstellen (es ist ausgeschlossen), daß die Klangembleme *yao-yao* und *t'i-t'i* nicht auf Grund einer *unmittelbaren Wirkung* und der ihnen innewohnenden Kraft zur Erfüllung von Pflichten (Verheiratung außerhalb der Familie und des Wohnorts, Eheschließung nach der Zeit der Feldarbeit usw.) zwingen, an die eine ganze Anzahl weiterer Lebensregeln geknüpft ist (Trennung der Geschlechter, das Ritual des Ehelebens usw.) [12]. Das Hilfswort *hsü* weist auf das typische Geräusch hin, welches Wildentenpaare mit ihren Flügeln hervorrufen; das Hilfswort *yung* entspricht dem Ruf dieser Wildenten dann, wenn das Weibchen dem Zuruf des Männchens antwortet. Auch heute noch reichen diese Klangbilder dafür aus, um die Ehegattin unverzüglich mit der Tugend einer weiblichen Wildgans zu beseelen: so folgt sie dem Familienvorstand, ohne ihn je zu überholen, und – künftig seinen Anweisungen unterworfen – antwortet sie ihm in harmonischem Unisono [13]. Dazu genügt es, auf eine Tafel die entsprechenden Schriftzeichen zu malen (wobei das *Schrift*-Emblem an Stelle des *Klang*-Emblems tritt, das seinerseits eine genaue Entsprechung des *natürlichen* Emblems ist), zumindest dann, wenn diese Tafel an der *gebührenden* Stelle: an der Spitze eines Brautzugs getragen wird. Vermöchten die abstrakten Begriffe von Keuschheit, Unterwürfigkeit und Bescheidenheit, die mit raffiniertester Beredsamkeit vorgetragen werden, wohl eine stärkere Wirkung zu erzielen?

Manche der beschreibenden Hilfswörter ähneln Onomatopöen, die meisten sind Lautgemälde, allerdings nicht im realistischen Wortsinn. *Ch'i-ch'i* entspricht dem Hahnenschrei wie auch dem Ruf des Pirols, ferner auch den Böen des Nordwindes [14]. Der gleichklingenden, einsilbigen Wörter gibt es in der an Phonemen armen, an Wörtern reichen chinesischen Sprache eine Fülle. Daher ist es möglich, daß jedes dieser beiden gleichklingenden Wörter mit derselben Suggestivkraft, die spezifisch, einmalig und trotzdem unbestimmt ist, eine ganze Anzahl denkbar unterschiedlicher Bilder in die Vorstellung ruft. Weder beim Wortschatz noch in der Grammatik läßt irgend etwas den Schluß zu, daß die Chinesen jemals das Bedürfnis verspürt haben, den Worten gleichzeitig mit einem typischen Äußeren die Kraft zu verleihen, ihre jeweilige Bedeutung und Funktion klar anzuzeigen. Bisweilen möchte es scheinen, daß manche Worte eine Art musikalischer Nachahmung darstellen. Das ist es aber keineswegs, was ihnen eine solche Suggestivkraft verleiht, daß sich mit ihrem Aussprechen ein zwingender Befehl verbindet. Die Tatsache, daß an jedes Wort neben einer magischen Kraft auch latent ein Imperativ geknüpft ist, beruht auf einer typischen Grundeinstellung der Chinesen gegenüber dem Wort. Offenbar lag ihnen überhaupt nicht an der Schaffung eines Bestands klarer Ausdrücke, die lediglich als Zeichen Gültigkeit hätten, die aber an sich indifferent wären. Hingegen scheinen sie größten Wert darauf gelegt zu haben, daß ein jedes Wort ihrer Sprache in ihnen das Gefühl von der Einheit des gesprochenen Wortes mit der entsprechenden Handlung wachrief.

Der chinesische Ausdruck für ›Leben, Schicksal‹, *ming*, unterscheidet sich kaum von dem Wort *ming*, das die klanglichen (oder graphischen) Symbole bezeichnet. Es ist gleichgültig, wenn die Namen zweier Wesen sich so stark ähneln, daß man sie sehr leicht verwechseln könnte; ein jeder der beiden Namen ist trotzdem in vollem Maße Ausdruck einer individuellen Wesenheit. Er drückt sie nicht nur aus, er ruft sie, bringt sie sogar hervor. Einen Namen kennen, das richtige Wort aussprechen, ist gleichbedeutend mit der Beherrschung oder der Erzeugung des entsprechenden Wesens oder Dings. Ein jeder vermag ein Tier zu beherrschen, dessen Namen er kennt: Ist mir etwa der Name jenes jungen Paars bekannt, so tritt es für mich sogleich als Fasanenhahn und Fasanenhenne in der seinem Wesen gemäßen Gestalt, in welcher ich es zu beherrschen vermag, in Erscheinung. Wenn ich meine Soldaten »Tiger« nenne, dann kämpfen Tiger für mich. Möchte ich eine Pietätlosigkeit vermeiden, so wende ich meinen Wagen, wenn ich soeben erfahren habe, daß der Name des nächsten Dorfes »Die unterdrückte Mutter« lautet. Gebrauche ich beim Opfer das gebührende Wort, so nehmen die Gottheiten meine Gabe sogleich an; denn auf diese

Weise ist sie vollkommen. Ist mir die richtige Wendung, um die Hand eines Mädchens anzuhalten, bekannt, so gehört mir das Mädchen sogleich. Der von mir ausgestoßene Fluch stellt eine konkrete Macht dar, die meinen Gegner anfällt, deren Wirkung er erfährt und deren Wirklichkeit er anerkennt. Auch wenn ich fürstlichen Geblüts bin, werde ich ein Stallbursche werden, hat man mir den Namen »Stallbursche« gegeben. Heiße ich Yü, so habe ich ein Anrecht auf das Lehen des Yü, das mir selbst der Wille des Oberherrn nicht zu entreißen vermag; denn ich kann einer Sache nicht verlustig gehen, deren Emblem ich besitze. Habe ich einen Adeligen getötet, so ist doch kein Verbrechen geschehen, wenn niemand meine Tat als »Mord« zu bezeichnen wagt. Für den Untergang meines Fürstentums genügt es, daß ich mir im Verstoß gegen die protokollarischen Regeln der Sprache eine Bezeichnung anmaße, die mir nicht zukommt; denn gleichzeitig mit mir selbst wird so auch mein Land disqualifiziert[15].

Die Kunst der Wortwahl ist die sichtbare Krönung des *Zaubers der Ausstrahlungen* und des Einflusses der *Etikette*. Die Zuordnung einer Vokabel ist gleichbedeutend mit der Verleihung eines Rangs, eines Schicksals – eines Emblems. Indem man ausspricht, benennt und bezeichnet, beschreibt und unterscheidet man nicht bloß ideell. Das Wort bewertet und verunreinigt, fordert das Schicksal heraus und läßt Wirklichkeit werden. Als emblematische Wirklichkeit gebietet das Wort über die Erscheinungen.

Im Wortbestand gibt es eine Anzahl jener verbrauchten Vokabeln, welche die modernen Grammatiker »leere« Worte oder »tote« Worte nennen. Unendlich zahlreicher als diese sind jedoch die anderen, die »lebenden« Worte. Ihnen wohnt eine der Abnutzung widerstehende Kraft inne. Es ist gleichgültig, ob sie auf eine Handlung oder einen Zustand (das heißt auf ein Ding im Bereich der Erscheinungen) hinweisen; in jedem Fall ruft das Wort gewissermaßen eine individuelle Wesenheit wach. Alle Worte haben an der Natur der Eigennamen teil. Allesamt dürfen sie als *Titel*, als einmalige Wesensbezeichnungen gelten. Das ist der Grund für den recht seltsamen Gegensatz zwischen der üppigen Fülle des Wortschatzes und der kleinen Zahl der Lautbilder. Es gibt zahlreiche Ausdrücke mit unterschiedlicher Bedeutung und der Aussprache *peng*, *hung*, *szu*, *tsu*; hingegen fehlt dem Chinesischen ein klanglich scharf umrissener, mit dem Gehör klar zu unterscheidender Ausdruck für die allgemeine, abstrakte und neutrale Vorstellung des Sterbens. Man kann der Vorstellung »Sterben« unmöglich Ausdruck verleihen, ohne den Verstorbenen einzustufen und zu beurteilen, ohne (mit einem einzigen, einsilbigen Wort) einen ganzen Komplex ritueller Gepflogenheiten und gesellschaftlicher Regeln damit zu beschwören. Je nachdem ob man das Wort *peng*, *hung*, *szu* oder *tsu* ausspricht, gilt der

Verstorbene (oder richtiger: ist es statthaft, daß die Trauernden ihn behandeln) als Himmelssohn, Lehensfürst, Würdenträger oder Gemeiner. Kraft der Wirkung dieses einzigen Wortes hat man über das Schicksal des Verstorbenen entschieden, sein Ergehen im Jenseits festgelegt und seine Familie eingestuft – es sei denn, der Urteilende ist gar nicht berufen, ein gültiges Urteil abzugeben und hat sich damit selbst disqualifiziert; denn die Macht eines Emblems wirkt auf jeden zurück, der es falsch anwendet. Die Etikette beherrscht das Leben der Chinesen. So wurde der Wortschatz über Gebühr vermehrt, damit jeder gegebenen Situation der protokollarisch angemessene und folglich für sie wirksame Ausdruck entspricht. Der unübersehbare Wortbestand ist nicht das Ergebnis einer Bestandsaufnahme, bei welcher es auf Klarheit ankommt; er stellt vielmehr eine Sammlung von einmaligen, mit Wirkkraft ausgestatteten Werturteilen dar. Er bildet ein System von Symbolen, durch deren Anwendung als wirkende Embleme eine durch die Etikette geregelte Ordnung zu verwirklichen möglich werden soll.

Das Altchinesische mit seinem reichen Wortbestand verfügt nicht über eine große Anzahl leicht unterscheidbarer Zeichen, mit deren Hilfe klar abgegrenzte Begriffe notiert werden; vielmehr stellt es eine umfassende Sammlung von Klangemblemen dar. Bei diesen spielt weniger eine unterscheidbare Besonderheit, die konkrete Gestalt oder die verbindende oder trennende Erscheinungsform eine Rolle, sondern jedes der Embleme fesselt, je nach den Umständen und der Mimik des Redenden, das Interesse der Gesprächspartner und entfaltet damit in vollem Maße seine spezifische Suggestivkraft. Dem Chinesischen kam es ebensowenig auf die Erhaltung oder Vermehrung des phonetischen Bestands wie auf eine Weiterentwicklung seiner Morphologie an. Das Vollkommenheitsstreben wirkte nicht in Richtung größerer Klarheit; die Gestaltung der Sprache hat sich nicht so vollzogen, daß sie zum Ausdruck von Ideen geschaffen erscheint. Vielmehr gingen alle Anstrengungen dahin, konkrete Werte vermitteln zu können und vor allem die affektive Kraft ungeschmälert zu erhalten, die einem jeden Wort, soweit es als Emblem empfunden wird, eigen ist.

2 *Die Schriftembleme*

Wenn der Chinese seinen Gedanken Ausdruck verleiht, so scheint es ihm weit mehr darum zu gehen, zu wirken und zu beeinflussen, als darum, lediglich intellektuellen Bedürfnissen gerecht zu werden. Eine solche Geisteshaltung erklärt wahrscheinlich die Tatsache, daß in China die Schrift stets eine Emblemschrift geblieben ist.

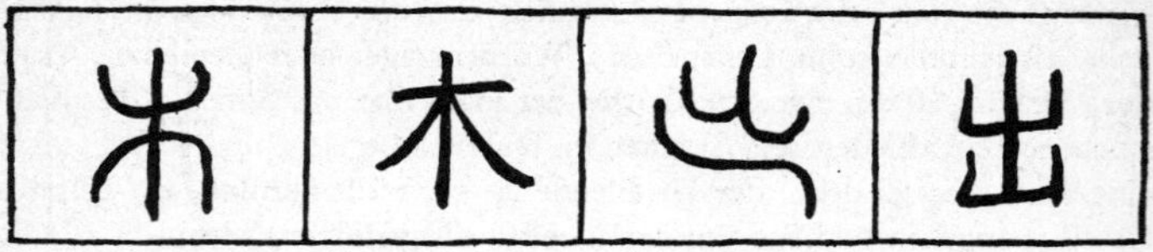

mu: Holz (Darstellung eines Baums); sog. Siegelschrift	*mu:* Holz; sog. Amtsschrift	*ch'u*: hervortreten; Siegelschrift	*ch'u*: hervortreten; sog. Amtsschrift

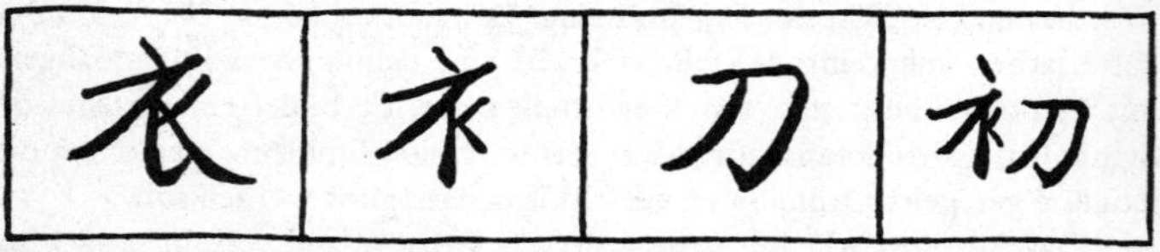

i: Kleidung	*i*: Kleidung; Klassenz. (in Zusammensetzungen gebraucht)	*tao*: Messer	(Kleidung + Messer =) Anfang

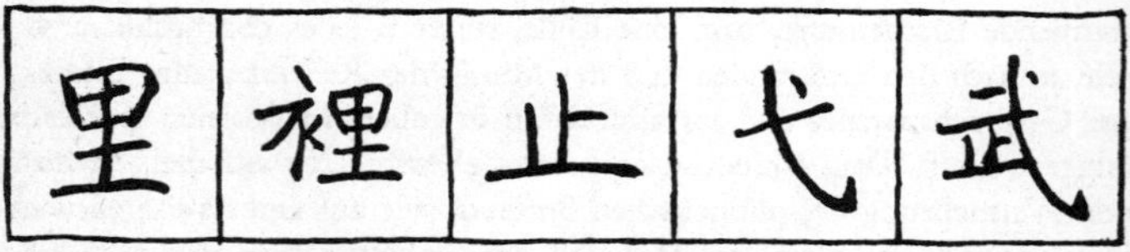

li: Weiler	[Kleidung + *li* (Weiler) =] Kleiderfutter	anhalten (Bild eines Fußes)	Darstellung einer Lanze, bei der ein Strich weggelassen wurde	die Lanze anhalten = Krieger

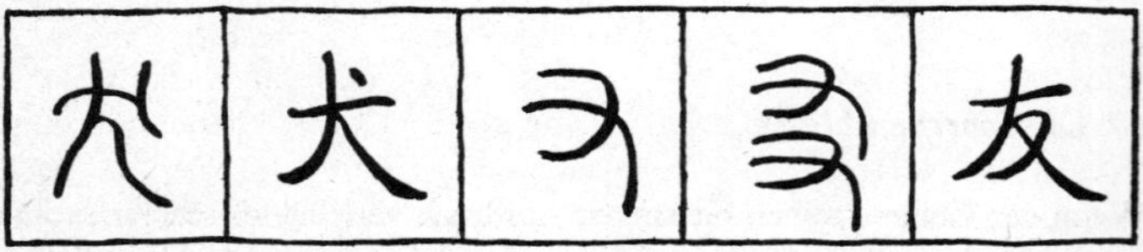

Hund: Siegelschrift	Hund: sog. Amtsschrift	rechte Hand: Siegelschrift	(zwei rechte Hände =) Freundschaft; Siegelschrift	Freundschaft: sog. Amtsschrift

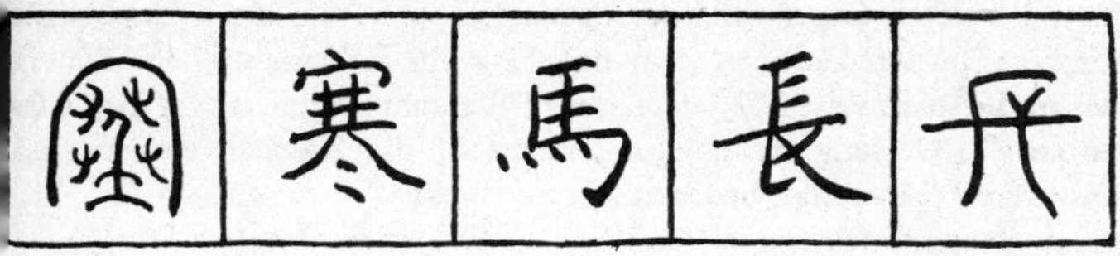

Kälte: Siegelschrift	Kälte: sog. Amtsschrift	Pferd: sog. Amtsschrift	lang, Häuptling (= Mensch mit Pferdekopf *oder* mit langem, durch eine Spange zusammengehaltenem Haar); sog. Amtsschrift	(mit einer Spange zusammengehaltenes Haar =) lang, Häuptling; Siegelschrift

Diese Schrift wird häufig eine Begriffsschrift genannt, weil jedem Wort ein besonderes Zeichen zugeordnet ist. Die Zeichen weisen eine verschieden große Kompliziertheit auf. Sie lassen sich in eine beschränkte Anzahl graphischer Grundelemente auflösen, die allein keine Bedeutung haben und die einfach der Bewegungstendenz des vom Schreiber verwandten Werkzeugs entsprechen. Solche zu größeren oder kleineren Gruppen vereinte Striche bilden ohne weiteres in ihre Grundelemente aufzulösende Zeichnungen, die man als Symbole oder Bilder bezeichnet. Manche stellen einen Gegenstand (Baum) dar, andere scheinen auf eine Vorstellung hinzuweisen (heraustreten). Im Vergleich zu den sogenannten zusammengesetzten gibt es von den einfachen Zeichen nur sehr wenige. Besteht ein zusammengesetztes Zeichen ausschließlich aus sinngebenden Bestandteilen (Bildern oder Symbolen), wie z. B. Kleid + Messer = Beginn, so spricht man von einem Ideogramm (Sinnzeichen) [16]. In der Regel führt allerdings eine Analyse des Zeichens zur Isolierung von zwei Bestandteilen. Dabei bezeichnet man den einfacheren als ›Klassenzeichen‹ oder ›Radikal‹; er soll die Bedeutung des Zeichens andeuten. Der zweite, im allgemeinen mehr oder minder komplizierte Bestandteil wird ›Lautkomponente‹ oder ›phonetisches Zeichen‹ genannt und soll über die Aussprache des Zeichens unterrichten. Zeichen von der letztgenannten Art, sogenannte phonetische Verbindungen, gelten nicht als Ideogramme. Sie vertreten ein Wort vielmehr, indem sie zuerst (durch ihr Klassenzeichen) auf eine bestimmte Kategorie von Dingen hinweisen, und geben dann im einzelnen (mit Hilfe der phonetischen Komponente) an, um welchen Gegenstand es sich handelt – also um einen Gegenstand der bezeichneten Gattung, dem ungefähr ein bestimmtes Lautbild entspricht. Beispielsweise ist Kleiderfutter (*li*) zusammengesetzt aus dem Klassenzeichen Kleidung + Lautkomponente *li* [das Zeichen, welches diese Aussprache (*li*) anzeigt, bedeutet ›Dorf‹, ›Weiler‹].

Leibniz schrieb einmal[17]: »Wenn es (in der chinesischen Schrift) .. eine Anzahl von Grundzeichen gäbe, aus welchen alle übrigen zusammengesetzt werden«, so ließe sich diese Schrift »mit einer Analyse der Gedanken vergleichen«. Bedenkt man aber, daß die meisten der chinesischen Zeichen als phonetische Verbindungen aufgefaßt werden, so sieht man ein, wie abwegig die Vorstellung ist, daß die Chinesen ihre Schrift gewissermaßen als eine Art Algebra entwickelt hätten, indem sie die Zeichen zur Darstellung von Grundbegriffen kombinierten.

Die Vorzüge der chinesischen Schrift liegen in einem ganz anderen Bereich, und zwar im praktischen, nicht im ideellen. Es können sich dieser Schrift Menschen bedienen, die untereinander ganz verschiedene Dialekte, ja Sprachen sprechen, wobei der Lesende jeweils auf seine Weise ausspricht und der Dichter sich die Worte im gleichen Sinne vorstellt, obzwar er sie ganz anders ausspricht. Diese von historischem Aussprachewandel unabhängige Schrift ist zu einem bewunderungswürdigen Werkzeug der Kulturtradition geworden. Da sie von lokalen Ausspracheunterschieden ebenfalls unabhängig ist, liegt ihr Hauptvorzug darin, das zu sein, was man als »Kulturschrift« bezeichnen könnte.

An der Ausbreitung der chinesischen Kultur hat sie in hohem Maße Anteil. Bis zu einem gewissen Grade liegt hier der Grund, weshalb sie nicht durch eine phonetische Schrift ersetzt worden ist. Der andere Grund für ihre Beibehaltung ist, daß die Tendenz zum Monosyllabismus (d. h. zur Einsilbigkeit der Grundwörter) sich niemals abschwächte, weshalb sich die Schrift auf die Darstellung der Wortstämme beschränken konnte. Es brauchten keine Flexionsendungen angegeben zu werden. Es ist im übrigen denkbar, daß der Gebrauch einer Zeichenschrift jeder Entwicklungstendenz der Sprache zum Gebrauch verschiedener anderer Ableitungsmethoden im Wege stand.

In Sprachen, in denen solche Ableitungsverfahren gebraucht werden, kann das Wissen um die Zusammenhänge bei der Ableitung eine Zergliederung der Gedanken auslösen und fördern. Ganz anders als Leibniz sich dies vorstellte, ist die chinesische Schrift keineswegs hierzu geeignet. Jene nicht ganz zutreffend als »Radikale« bezeichneten Strichverbindungen stellen in keiner Weise Zeichensymbole für irgendwelche Grundbegriffe dar. Beispielsweise genügt es, darauf hinzuweisen, daß einer der sogenannten

Radikale »Eckzähne« darstellt, ein anderer »Schneidezähne«, daß es aber keinen Radikal gibt, der dem Allgemeinbegriff »Zähne« entspricht. Die Radikale stellen in Wirklichkeit Klassenzeichen dar, deren Zweck weniger darin liegt, eine auf Objektivität Anspruch erhebende Einteilung der Dinge zu erleichtern, als vielmehr das praktische Auffinden der Zeichen in Wörterbüchern und vielleicht auch ein bequemeres Erlernen der Schrift zu ermöglichen.

Mit dem Ziel, im ganzen Reich die im Staate *Ch'in* gebräuchliche Kanzleischrift einzuführen, hatte *Ch'in Shih-huang-ti*[18] von seinem Minister Li Szu ein Verzeichnis von – wie man berichtet – 3000 Zeichen veröffentlichen lassen, deren Anwendung für alle Schreiber verbindlich wurde. Die Proskription aller Manuskripte der »Hundert Schulen« war damals unter anderen Gründen vielleicht auch in der Absicht verhängt worden, das Fortbestehen der Schriftformen zu verhindern, die in den sechs von *Ch'in* zerstörten Reichen gepflegt wurden. Als sich der kaiserliche Verwaltungsstaat entwickelte, kam überdies eine Kursivschrift (Beamtenschrift) in Gebrauch, die nach Ansicht der Gelehrten als neuzeitliche Schrift galt und die durch einfache Formabwandlung aus der Musterschrift hervorgegangen war, welche im Altertum allein Anwendung gefunden hatte[19]. Aus dem Bedürfnis heraus, jene Manuskripte, die die Schriftgelehrten der Han-Zeit, welche die Klassiker rekonstruieren wollten[20], wieder aufgefunden oder in archaischer oder archaisierender Schrift neu geschaffen hatten, mit Hilfe der *modernen* Zeichen zu *interpretieren*, unternahm man in der Folge ausgedehnte lexikographische Forschungen; der Höhepunkt war (gegen das Jahr 100 unserer Zeitrechnung) die Anlage einer großen, unter dem Namen *Shuo-wen* bekannten Sammlung. Ihr Verfasser suchte bei jedem Zeichen dessen Grundelemente zu isolieren, indem er sie entweder als sinn- oder aussprachegebend deutete. Aus der Zahl der sinnvollen Strichverbindungen erklärte er 540 Schriftzeichen zu »Klassenzeichen« und ordnete unter diesen alle übrigen, im ganzen etwa 10 000, behandelten Zeichen an. Aus jenen Klassen, deren Zahl beschränkt ist, haben sich die Klassenzeichen entwikkelt, auf Grund deren es möglich ist, in modernen Wörterbüchern ein Wort ganz ähnlich wie in unseren phonetischen Wörterbüchern nach seinem Anfangsbuchstaben aufzufinden. Die Klassenzeichen sind als »Schlüssel« zu begreifen und dürfen auf keinen Fall als graphische Stammzeichen gedeutet werden. Die Vorstellung einer historisch linearen Entwicklung der Schrift und die Annahme, daß die Analyse im *Shuo-wen* für verschiedene Arten der Schriftsymbolik Gültigkeit hatte, bewirkte allerdings, daß man diese Analysen als etymologische Erklärungen auffaßte. *Von da ab wurde allen Deutungsversuchen ein Bestand von Grundschriftzeichen zugrunde gelegt, aus welchen alle übrigen Schriftzeichen entstanden seien.* Und ohne weitere Erörterungen glaubte man, daß den Urschriftzeichen anfänglich realistische Zeichnungen zugrunde lagen, so daß die zusammengesetzten Zeichen nach der Art von Bilderrätseln verstanden werden könnten.

Anscheinend ist die Vorstellung, daß die Zeichen als Bilderrätsel zu verstehen seien, sehr alt. So antwortet (im Jahre 546) ein siegreicher Heerführer, den man drängt, ein Siegesmal aufzurichten, daß es seine erste Pflicht sei, die Schwerter wieder in die Scheiden zu bringen, denn »das Zeichen *wu* (Krieger) setzt sich aus den Teilen ›anhalten‹ (das Bild eines Fußes) und ›Lanzen‹ (das Bild einer Lanze) zusammen[21].« Diese Anekdote wirft einiges Licht auf die praktische Bedeutung der Interpretation von Schriftzeichen als Bilderrätseln. Zur Rechtfertigung einer Handlung, eines Urteils oder der einer Einstellung zugrundeliegenden Überlegung beruft man sich auf eine Art in der Schrift niedergelegter *Erfahrung*.

Man betrachtet diese Erfahrung als der dinglichen Wirklichkeit durchaus angemessen, d. h. mit Wirkkraft ausgestattet oder erfüllt von göttlicher Weisheit. Nach der Überlieferung ist die Schrift von einem Minister Huang-ti-s, des ersten Herrschers, erfunden worden, nachdem er die von Vögeln auf dem Boden hinterlassenen Spuren untersucht hatte. In gleicher Weise wird der Ursprung der eigentlichen Orakelzeichen auf Grund von Augurien erklärt. Eine andere Erklärung zu letzteren bezieht sich auf den Gebrauch von Knotenschnüren. Und in der Tat bestand das älteste Schriftsystem, dem man die Bedeutung eines Regierungssystems zuspricht, in der Anwendung von Knoten oder Kerben (*fu*). Die Kerben faßte man als Talismane auf (und ihr Name dient immer noch zu deren Bezeichnung). Derartige Schriftzeichen lassen sich (wie die Überlieferungen beweisen) nur sehr schwer von Symbolen unterscheiden, die mit magischen Kräften ausgestattet sind. Im übrigen zeigt die Art und Weise, in der die Menschen sich ihrer bedienen, ihre vollkommene Wirksamkeit. Denn kaum hatte man die Schriftzeichen erfunden, da ergriffen die Dämonen unter Klagerufen die Flucht[22] – denn von nun an hatten die Menschen Macht über sie.

Des Fürsten erste Pflicht ist es, der Menschheit jene Embleme zu zeigen, mit deren Hilfe sie die Natur zu zähmen vermag. Denn die Embleme geben ja Auskunft über die Persönlichkeit eines jeden Wesens und über seine Zugehörigkeit und seine Stellung im Kosmos. Indem er allen Dingen seine richtige (*cheng*) Bezeichnung (*ming*) verlieh, »auf daß das Volk über die verfügbaren Hilfsquellen unterrichtet werde«, hatte Huang-ti in der Morgendämmerung der chinesischen Kultur den Ruhm eines Gründerheroen erlangt. »Die Namen richtigstellen (*cheng ming*)« ist in der Tat die erste der fürstlichen Obliegenheiten. Der Herrscher hat den Auftrag, sowohl die Dinge als auch die Taten zu ordnen: Er stimmt die Handlungen auf die Dinge ab. Dies gelingt ihm mit einem Schlag, wenn er die Bezeichnungen (*ming*), d. h. die Wortklänge und die Schriftzeichen (*ming*) = die Zeichen festlegt[23].

Huang-ti, der erste Herrscher, begann seine Tätigkeit, indem er die Gesellschaftsordnung begründete; er teilte jeder Familie einen Namen zu, wodurch deren Tugend (›virtus‹) umschrieben wurde. Er vollbrachte dies, so wird berichtet, indem er auf der Flöte blies. Bekanntlich hatte die spezifische Tugend eines Herrschergeschlechts in einem epischen Tanz (mit Tier- oder Pflanzenmotiven) ihren Ausdruck. Wahrscheinlich ist den alten Familiennamen auch die Bedeutung einer Art »musikalischer Devise« zuzusprechen, welche ihren graphischen Niederschlag in einer Art Wappen fand; denn die Allgewalt von Tanz und Gesang wohnt dem Schrift- wie auch dem Klangemblem in gleicher Weise inne. Nun lebt der Mensch aber nicht in einem von der Natur abgeschiedenen Bereich. Jemand, der einem Ding ein Zeichen zuordnen will, muß sich deshalb den gleichen Regeln unterwerfen, welche für die Unterscheidung menschlicher Familien gelten. Jede Regierung hat die Pflicht, im Kosmos eine harmonische Verteilung aller Wesen zu erzielen. Dies wird durch eine Zuordnung von Emblemen, durch eine Verteilung von Klang- oder Schriftdevisen möglich. Wichtigste Aufgabe des Herrschers ist es, das System der Bezeichnungen zu überwachen. Jede mangelhafte Titulatur in Sprache oder Schrift wäre ein Hinweis auf eine mangelhafte Herrschertugend. Darum ist es auch eine der Pflichten des Lehnsoberherrn, alle neun Jahre[24] eine Kommission einzuberufen, die zu prüfen hat, ob die optischen und akustischen Embleme weiterhin ihre Rolle als der Artung der Dynastie gemäßer Symbolbestand erfüllen. Diese Kommission befaßt sich sowohl mit den Wörtern als auch mit den Schriftzeichen, setzt sich daher aus Schreibern und blinden Musikern zusammen[25].

Schriftzeichen und Klangbilder (die mit dem gleichen Wort bezeichnet werden: *ming*) stehen, da sie in gleicher Weise wirkkräftige Symbole sind, in engster gegenseitiger Beziehung. Aus einer solchen Vorstellung heraus ist es verständlich, weshalb jene Zeichen, in deren Struktur sich eine Lautkomponente ausmachen läßt, nicht minder stellvertretend für die Wirklichkeit stehen können, wie die, die man gern als reine Sinnzeichen deutet. Denn es ist auffällig, daß die sogenannte Lautkomponente zusammengesetzter Zeichen sich im Verlauf der historischen Entwicklung als der widerstandsfähigere Teil erweist, wohingegen der sogenannte Radikal unbeständig ist und nicht selten weggelassen wird. Er ist das am wenigsten sinntragende Element. Allerhöchstens spielt er die Rolle eines Unterscheidungsmerkmals. Normalerweise erfüllt er kaum einen anderen als den praktischen Zweck, die (technische) Einordnung der Zeichen (und nicht der Begriffe) zu erleichtern. So erweisen sich die angeblichen Radikale (Wurzeln) als überflüssige Bestandteile. Im Gegensatz hierzu bilden Strichkomplexe, die man einfach als »Lautkomponente« abtut, ein in sich vollgültiges Symbol, das gewöhnlich viel besser als das Klassenzeichen dem entspricht, was wir eine Wurzel oder einen Stamm nennen würden. Ein derartiges Schriftzeichen, das identisch mit einem Lautzeichen ist, und dem unbedingt der Wert eines Emblems zuzusprechen ist, gilt selbst als angemessene Darstellung des Bezeichneten, oder, ich möchte richtiger sagen, als wirkkräftiger Titel.

Berücksichtigt man diese geistige Einstellung, so erübrigt sich die Forderung, daß die Schrift im strengen Wortsinn ideographisch, eine Sinnschrift sein soll; wohl aber muß sie eine Zeichenschrift bleiben. Dies bewirkt wiederum, daß ein gleiches Schicksal Sprache und Schrift verbindet. Daraus erklärt sich die Bedeutung der letzteren für die Entwicklung der chinesischen Sprache sowie der Umstand, daß (vergleichbar einem Zauber, der durch einen Talisman gestützt wird) die Macht der Worte gewissermaßen in der Macht der Schriftform ihre Stütze hat. Ebenso wie das geschriebene Zeichen ist das gesprochene Wort (gleichgültig, ob beide gemeinsam oder getrennt auftreten, stets werden sie sich gegenseitig unterstützen) eine völlig gemäße emblematische Entsprechung von Gegebenheiten, die durch sie bezeichnet oder erzeugt sind. Wort wie Zeichen erfüllt die gleiche Wirkkraft, zumindest solange eine bestimmte Kulturordnung Bestand hatte.

Diese Ordnung ist von dem allgemeinen, dem Symbolbestand zugrunde liegenden System nicht verschieden. Folglich sind Sinn für die Richtigkeit der (geschriebenen oder gesprochenen) Sprache, Gefühl für die kulturelle Ordnung und Bewußtsein des etymologischen Wertes der Zeichen stets dasselbe, oder richtiger, man glaubt, daß sie in Wirklichkeit identisch seien.

Auf Grund dieser Vorstellungen und Lehren, in denen sich andeutungsweise die Einstellung der Chinesen gegenüber den Ausdrucksmedien bekundet, darf man keineswegs den Schluß ziehen, daß die Klangsymbolik in einer realistischen Gesangskunst und die Schriftsymbolik in einer realistischen Zeichenkunst ihren Ursprung hat.

Konfuzius habe erklärt, so wird berichtet, daß das Zeichen, welches den Hund darstellt , ein vollkommenes Abbild desselben sei. Betrachten wir das Zeichen, so wird uns natürlich klar, daß für einen Weisen eine Darstellung bereits angemessen sein kann, ohne daß sie alle dem Objekt eigenen Züge wiedergibt. Und sie ist es, wenn sie in stilisierter Form eine Haltung oder Einstellung zum Ausdruck bringt, die für eine bestimmte Art des Verhaltens oder der Beziehungen als charakteristisch erachtet oder für bedeutsam gehalten wird. Ein gleiches gilt bei der Darstellung von gedanklichen Gebilden. Der Begriff des Freundes und der Freundschaft wird durch die Darstellung zweier vereinter Hände (in einem sogenannten einfachen Zeichen) nahegelegt. Die verschiedenen Verträge (Ehevertrag, Waffenbrüderschaft, Aufnahme in eine Bruderschaft), mit welchen außerfamiliäre Bande geknüpft werden, wurden durch Händedruck besiegelt. Das Schriftzeichen lenkt den Gedanken auf eine allgemeingültige Vorstellung, indem es zuerst eine »geheiligte Geste« darstellt, an die *mannigfache Folgerungen* zu knüpfen sind. Als nicht minder beziehungsreich erweist sich das sogenannte zusammengesetzte Zeichen, das all jene Vorstellungen wachruft, die sich mit dem Gedanken der Kälte verbinden. Es enthält verschiedene Bestandteile, die an den Menschen, das Stroh, das Haus denken lassen. Der Strichkomplex als Ganzes hingegen weist auf den Gestus hin, mit dem die Winterruhe eingeleitet wird. Bei seiner Rückkehr ins Dorf, das er während der Periode der Feldarbeit und der großen Regen verlassen hatte, dichtet der chinesische Bauer zuerst die Wände aus Stampferde und die Strohdächer der Hütten ab. Das Schriftemblem stellt (angeblich) einen stilisierten Gestus dar. Darum wohnt ihm die Macht inne, das entsprechende Geschehen *richtig* Wirklichkeit werden zu lassen, ist doch der dargestellte oder angeblich dargestellte Gestus mit rituellem Sinngehalt beladen (oder wird so empfunden). Das Emblem setzt einen Strom bildlicher Vorstellungen frei, wonach es möglich ist, die Begriffe gewissermaßen *etymologisch zu rekonstruieren.*

Eine solche Rekonstruktion, bei welcher Begriffe wie Zeichen eine Art Eigenwert gewinnen, ist in nichts mit dem zu vergleichen, was von einem Gelehrten etymologische Untersuchung genannt werden könnte. Dies beweist allein schon die Vielfalt der von den Paläographen vertretenen Meinungen. Jeder einzelne, oder richtiger, jede Schule isoliert, umschreibt und ordnet die Bestandteile, aus deren Zusammenordnung das Zeichen angeblich entstanden ist, auf ihre Weise um; je nach der Orientierung seiner Überlegungen oder den Bedürfnissen des Augenblicks gelingt es jedem, eine ganz bestimmte Deutung des Bilderrätsels zu finden. Die einen deuten das Zeichen, das *chang* (wachsen) oder *ch'ang* (lang) ausgesprochen wird, als ›lange Haare‹, die mit einer Brosche oder einer Schmucknadel zusammengehalten werden; andere wiederum fassen das gleiche Zeichen als die Darstellung eines Menschen mit einem Pferdekopf auf[26]. Tatsächlich lassen sich beide etymologischen Erklärungen in einfacher und überzeugender Weise verknüpfen. Sowohl die zweifache Bedeutung des Wortes als auch die doppelte Etymologie finden ihre Erklärung in der Verwandtschaft zweier Tänze des Altertums. Bei dem einen handelt es sich um den Tanz des Fürsten (und seiner Gattin), der mit aufgelöstem Haar vollführt wurde. Der zweite Tanz wurde zu Pferd ausgeführt. Die Reiter bewegten sich im Kreise, wobei Haare und Mähnen herabwallten. Eine aufschlußreiche Schilderung weist darauf hin, daß man sich eines Vegetationsgenius dadurch zu bemächtigen hoffte, daß man ihn von Reitern mit aufgelöstem Haar umzingeln ließ, und weiter (denn das Schriftemblem hat nicht mindere Kraft als der rituelle Tanz) die Annahme, daß man diesen Genius allein durch die Darstellung eines Hauptes mit aufgelöstem Haar botmäßig machen könne. Wenn der Häuptling seine Macht über die Natur im Tanze entfalten muß, und wenn er dann in heftigen Bewegungen eine wirkliche Kraft dem *langen* Haar, das von seinem Haupte herabwallt, entströmen läßt, dann beweist er so seine *Häuptlingsschaft* und bewirkt zugleich, daß die Pflanzen und die Herden *wachsen* und gedeihen. Die Zeichenschrift bewahrt leicht etwas von diesen etymologischen Werten. Aber es spielt gar keine Rolle, ob sie die ursprüngliche Bedeutung eines Wortes bewahrt oder nicht; nebensächlich ist auch, ob die etymologische Rekonstruktion zutreffend oder erfunden ist. Es kommt nur darauf an, daß die Schriftformen das Gefühl erwecken, daß die Begriffe und Embleme verknüpft bleiben.

Wichtigster Vorzug der Zeichenschrift ist es, daß die Schriftzeichen – und auf Grund dieser wiederum die Worte – den Eindruck erwecken, als ob sie mit wirkenden Kräften identisch seien.

Da es in der chinesischen Sprache ebensowenig auf einen reichen Bestand von Klangbildern wie auf die durch Flexionen möglichen Bereicherungen des Ausdrucks ankam, wurde der Wortschatz mit Hilfe der Schrift vermehrt. Sobald die Vorstellung galt, daß die Zeichen aus Strichverbindungen entstanden waren, sobald man gelernt hatte, sie in sinnvolle Einzelbestandteile aufzulösen, boten sich für die Neubildung von Zeichen unerschöpfliche Möglichkeiten. Man brauchte nur ein bestimmtes Klassenzeichen mit einem der alten Strichkomplexe, dem ungefähr eine bestimmte Aussprache zugeordnet war, zu kombinieren, und schon hatte man einen neuen Begriff mit einer bestimmten Aussprache erhalten. Von da ab wurde die Zeichenschöpfung nach Art der Begriffsableitung geübt, wobei allerdings die gleichklingenden Worte immer zahlreicher und die tatsächlichen Beziehungen zwischen den Worten bisweilen überdeckt wurden. Jedes neue Zeichen (wie übrigens auch jeder *Klangkomplex*) konnte zur konkreten Darstellung einer Gegebenheit dienen. Der Sinn für das Konkrete zusammen mit einer Leidenschaft für die Etikette führte zu einer außerordentlichen Vermehrung der Schriftzeichen.

Im Jahre 485 nach Christus wurden die Wörterlisten kraft kaiserlichen Erlasses um 1000 neue Ausdrücke bereichert[28]. Dies zeigt, daß zu jener Zeit die Vorstellung, nach welcher der Herrscher der Gebieter über das System der Symbole war, noch Gültigkeit hatte. Zusammen mit dieser Vorstellung hatte wohl auch noch der Gedanke Geltung, daß, im Ganzen gesehen, die Schriftzeichen unlösbar mit einer bestimmten Kulturordnung verknüpft sind, sowie, daß einem jeden einzelnen eine für das Emblem charakteristische Verwirklichungskraft innewohnte.

Aus dem Altertum haben wir keine Kunde von derartig massiven Bereicherungen des Wortschatzes. Trotzdem muß die Vermehrung der Zeichen schon sehr früh begonnen haben. Schon bald scheint die Kunst der Schriftsteller und vor allem der *Dichter* sich in der Vielzahl der in ihren Manuskripten angewandten Schriftzeichen bekundet zu haben. Dies verrät den entscheidenden Einfluß, welchen das Schriftsystem bei der Entwicklung der Sprache hatte. Wir müssen uns vorstellen, daß die Dichtungen bei ihrem Vortrag gewissermaßen *optisch* wirkten, indem sie eine mit dem Wortgedächtnis verbundene Zeichenerinnerung weckten. Wir können uns diesen Vorgang nicht ohne weiteres vorstellen, doch ist klar, daß er entscheidende Bedeutung hatte, denn die Worte sanken niemals zur Bedeutung einfacher Zeichen herab.

Die Zeichenschrift hat dazu beigetragen, daß die meisten Wörter, außer einer gewissen Frische und der Eigenschaft »lebende« Wörter zu sein, auch von ihrer konkreten Ausdruckskraft nichts eingebüßt haben. Die auf Grund eines offenbar tief wurzelnden Zugs der chinesischen Mentalität bewahrte, wenn nicht gar erwählte Schrift hat verhindert, daß der Wortschatz zu einem abstrakten Zeichengut wurde. Diese Schrift ist offenkundig einem Denken gemäß, dem es in keiner Weise auf die Sparsamkeit der Denkoperationen ankommt.

Zweites Kapitel Der Stil

Über die chinesische Stilkunde wissen wir nur sehr schlecht Bescheid – noch schlechter als über die Sprache. Die Schriftstellerkunst war in China nicht Gegenstand fest umrissener Studien. Befassen sich westliche Sinologen mit Stilfragen, so suchen sie – geht es ihnen nicht einfach um Werturteile – Ursprung und Entstehungszeit der Werke zu ermitteln [1]. Im übrigen trachten sie, dieses Ziel mit den üblichen Mitteln der Philologie zu erreichen, und dringen nur selten zu Stilanalysen vor. Doch auch davon abgesehen ist die Geschichte der chinesischen Literatur auf jeden Fall neu zu schreiben, denn auch bei uns beherrschen die Theorien der chinesischen Gelehrten das Feld. So wird z. B. nicht selten behauptet, die chinesische Poesie gehe einerseits auf die Kunst der Hofschreiber, andererseits auf die der Mantiker zurück [2]; erstere hätten die Grundlagen des Annalen- oder Aktenstils geschaffen, letztere den philosophischen oder wissenschaftlichen Stil entwickelt. Zur Charakterisierung dieser beiden Stile begnügt man sich dann damit, diesen als bis zur Obskurität gerafft, jenen als einfach, trocken, schmucklos und präzis zu bezeichnen. Solch allgemeine Urteile entheben der Beweisführung, daß Hofschreiber und Mantiker verschiedenen Schulen, zu einander in Gegensatz stehenden Verbänden angehörten. Wenn auch die Tatsachen das Gegenteil zu beweisen scheinen, so ist dies ohne Belang, wenn man sich darauf festgelegt hat, weiterhin der Meinung zu huldigen, daß die Philosophie eines Konfuzius, des mächtigen Förderers der annalistischen Schule, nur sehr mittelbar dem Einfluß der Techniker der Magie und Mantik ausgesetzt war – denn was bedeuten schon Tatsachen gegenüber einem Dogma? Entschließt man sich jedoch, sich auf diese Tatsachen zu stützen und befreit man sich von jenen dogmatischen Vorurteilen, welche immer noch für die Einstufung von Werken und Autoren maßgebend sind, so genügt eine Feststellung, um die Untersuchungen über die chinesischen Stile ins rechte Geleise zu lenken. Die Werke des Altertums (welcher Schule auch immer man sie zuweisen mag) [3] enthalten zahlreiche Abschnitte in gebundener Sprache, die sich von ihrer Umgebung allerdings so wenig abheben, daß die Kritik erst ziemlich spät ihre poetische Eigenheit erkannt hat. Deshalb darf man mit einigem Recht annehmen, daß die Ausdrucksweise der chinesischen Kunstprosa sich nur wenig von der unterschied, welche in der alten Versdichtung gebräuchlich war. Mit der Hypothese, daß die archaische Prosa (die das Vorbild einer Kunstprosa war, deren Prestige auf der Anwendung einer von der Umgangssprache deutlich unterschiedenen Schriftsprache beruhte, so daß sie beinahe eine hieratische oder eine tote Sprache zu sein scheint) keineswegs nur von den Literaten und Philosophen erfunden worden sei, setzt man sich allerdings der Gefahr aus, als Ketzer verschrieen zu werden [4]; noch schlimmeren Tadel trägt einem die Behauptung ein, daß die Reimdichtung, welcher die archaische oder archaisierende Prosa ihre Kunstmittel entlehnt hat, gar nicht den Anschein erweckt, eine Kunstdichtung zu sein, sondern wahrscheinlich ganz einfach eine religiöse Dichtung war. Und doch stellen diese Hypothesen, wie wir sehen werden, eine Erklärung für die auffälligsten Besonderheiten des chinesischen Stils dar.

Die Chinesen machen beim Sprechen und Schreiben stets von althergebrachten, überlieferten Wendungen Gebrauch. Sie bauen eine Rede aus rhythmisch aneinandergereihten Sentenzen auf. Darlegungen und Aussprüche erhalten durch die Rhythmen im Verein mit den Sentenzen ihre Überzeugungskraft. Die Sätze (die ebenso wie die Worte durch ihre bewegende Kraft etwas gelten) zielen vor allem auf tatsächliche Wirkung ab.

1 Die Sentenzen

Die chinesische Literatur besteht aus übernommenen Redensarten [4a]. Zur Beweisführung und Erklärung bedienen sich in ihren Erzählungen und Beschreibungen selbst die originellsten Autoren aus einem gemeinsamen Bestand entlehnter stereotyper Histörchen und konventioneller Ausdrücke. Dieser Bestand ist nicht sehr groß; es wird auch nichts unternommen, ihn zu vergrößern. Ein guter Teil der Motive, welche sich andauernder Beliebtheit erfreuen, findet sich in den ältesten und originellsten Werken der chinesischen Dichtkunst.

Eine große Anzahl alter Gedichte ist uns im *Shih-ching* (Buch der Lieder) [5] erhalten. Wir verfügen über keinen authentischen, wesentlich älteren chinesischen Text. Dieser Klassiker enthält wahrscheinlich ausschließlich Gedichte, die vor das 5. Jahrhundert v. Chr. zurückgehen. Will man der Tradition Glauben schenken, so wurde die Auswahl der Gedichte von Konfuzius getroffen. Der Meister habe in seine Anthologie nur solche Dichtungen aufgenommen, in welchen sich tiefste Weisheit widerspiegele. In seiner Sammlung werden sie in vier Abteilungen eingeteilt. Sämtliche Gedichte gehören dem Genre der sogenannten regelmäßigen Gedichte (*shih*) an; die meist vier Zeichen (= vier Silben) umfassenden Verse sind zu kleinen Strophen vereint, die in bezug auf die Reimzusammenstellungen nur wenig Abwechslung zeigen. Die drei letzten Abteilungen des Buchs enthalten teils sehr kurze, teils sehr lange Dichtungen; im 1. Teil (*Kuo-feng*) bestehen die Gedichte überwiegend nur aus drei Strophen (mit im allgemeinen insgesamt 12 Verszeilen). Hinsichtlich Aufbau und rhythmischer Gestaltung sind im Ganzen gesehen von Abschnitt zu Abschnitt keine großen Unterschiede festzustellen. Die orthodoxe Tradition besagt ja denn auch, daß ihnen sämtlich ein einheitlicher Vorwurf zugrunde liege. So seien alle Lieder des *Kuo-feng* aus Anlaß wohlbekannter und ganz bestimmter historischer Begebenheiten verfaßt und vorgetragen worden. Samt und sonders besäßen sie politische Bedeutung wie auch rituellen Wert[6], und zwar den, dem Fürsten ein Verhalten vorzuschreiben und es in Einklang mit der guten Sitte zu bringen. Diese überlieferte Deutung hat das Verdienst, daß sie den religiösen Charakter, welchen alle Gedichte besitzen, klar zutage treten läßt. Es ist dies ein wesentlicher Zug, der allein erklärt, weshalb diese Dichtungen überliefert wurden, wie auch die Aufgabe, welche sie im Verlauf der chinesischen Geschichte erfüllten. Ist doch das *Shih-ching* (Buch der Lieder) unter den Klassikern jener, der die größte Achtung genoß – und in ihm finden sich noch besser als in den Ritenbüchern die Grundlagen gesitteten Verhaltens. Die üblichen Auffassungen der westlichen Gelehrten laufen auch heute noch auf eine einfachere Deutung hinaus. Die Europäer erkennen gewöhnlich einigen »Oden« in den letzten Abschnitten einen religiösen Sinn zu. Und sie versäumen nicht, darauf hinzuweisen, daß »angesichts ihrer Banalität ihr literarischer Wert nicht sehr groß ist«[7]. Größeres Interesse zollen sie jenen Dichtungen, die sie als »Elegien« oder »Satiren« aufzufassen pflegen, und von welchen sie annehmen, daß ihnen eine durchaus profane Thematik zugrunde liege. Was die Gedichte der Sammlung *Kuo-feng* angeht, so sehen sie in diesen, wie dies auch die Chinesen tun, Gelegenheitsschöpfungen, ohne zu verstehen, daß sie trotzdem einen rituellen Sinn gehabt haben können. Sie stufen sie also als

Lieder oder volksliedhafte Dichtungen ein und vermeinen, sich auf diese Weise gut von den überlieferten Ansichten der Chinesen freigemacht zu haben[8]. Schenkt man nämlich letzteren nicht blindes Vertrauen, so muß man überhaupt darauf verzichten, festzustellen, welche Bedeutung jedem einzelnen der meist überarbeiteten, doch aus älteren Fragmenten aufgebauten Gedichten zukommt. Dies ändert sich grundlegend, wenn man sein Interesse auf eben diese Fragmente richtet und deren Motive in einem größeren Zusammenhang betrachtet[9]. Es treten dann sogleich einige wesentliche und wichtige Einzelheiten hervor, vor allem die, daß die chinesische Dichtung des Altertums einen sentenzenhaften Charakter trägt. Sie putzt sich gern mit all der Weisheit und all dem Prestige, das sich mit Sprichwörtern verbindet, heraus.

Neuerungen im Ausdruck, ungewöhnliche Wortverbindungen und originelle Metaphern sind für sie nur von minderem Interesse. Unablässig kehren die gleichen Bilder wieder. Sie beziehen sich auf untereinander ziemlich engverwandte Themenkreise, die ihrerseits auf einer übrigens wiederum bescheidenen Anzahl von Motiven fußen. »Die Pflaumen fallen jetzt ab!« – »Die Goldamsel schlägt!« – »Gleichklingend schreien die Möven!« – »Einander antwortend röhren die Hirsche!« Diese Bilder wurden nicht aus Freude am neuen Ausdruck, der notwendig mit der Zeit seinen Glanz einbüßt, erfunden; sie stellen vielmehr Kalendersprüche dar. Dergleichen kommt sehr häufig in den heute noch bei den Chinesen zu findenden Bauernkalendern vor[10]. Interessant ist es nun, darauf hinzuweisen, daß sich diese Sprüche vor allem auf den Frühling und auf den Herbst beziehen. Wir wissen, daß zu diesen Zeiten die großen Jahreszeitenfeste stattfanden, deren Brauchtum sich in einzelnen Teilen Asiens bis heute erhalten hat. Ziel dieser Feste ist es, zwischen dem Menschen und der Natur das gute Einvernehmen neu herzustellen, von dem das Schicksal aller Wesen abzuhängen scheint. Deshalb haben auch alle Wesen in gleicher Weise an diesen Festen Anteil. Man begeht sie mit Liedgesängen und Tänzen. Wenn auf den Blütenblättern der Frühlingstau erglänzt, oder wenn der Herbstwind auf die bereifte Erde reifes Obst und verwelkte Blätter streut, dann stimmen die Bauernburschen und -mädchen in die gegenseitigen Rufe einander spielerisch verfolgender Männchen und Weibchen von Heuschrecken, Hirschen und Möven ein, vereinen sich zu tanzenden Gruppen und antworten einander in Wechselgesängen. Menschen und Dinge, Pflanzen und Tiere bilden in ihrem Tun eine Einheit, ganz als ob sie heimlich nach dem gleichen Ziele strebten. Es hat den Anschein, als ob sie in dem gemeinsamen Wunsch, sich einträchtig einer alle vereinenden Ordnung zu fügen, sich gegenseitig Zeichen geben oder einem Geheiß gehorchen[11]. Diese Zeichen und Geheiße wurden in Lieder gefaßt und haben insgesamt als dichterische Motive ebenso wie als Kalendersprüche Geltung. Bei jedem Fest trachten alle Darsteller danach, wie dies schon zur Zeit ihrer Ahnen Brauch war, ihren Beitrag zum Wirken der Natur zu leisten. Immer hat die gleiche rituelle Landschaft jedem einzelnen die gleichen Bilder eingegeben. Ein jeder erfindet sie von neuem und vermeint zu improvisieren. Alle haben das Gefühl, einen wirksamen Beitrag zum gemeinsamen Werk zu leisten, sobald sie in zwanglosem Bemühen jene Formeln wiedergefunden haben, deren Macht bereits die Ahnen erprobt hatten. Die Motive, auf welchen die Spiele beruhen, während derer sich solch traditionelle Improvisation vollzieht [12], stellten gleichermaßen Neuerfindungen und wiederbelebten Überlieferungsschatz dar; in Gestalt sprichwörtlicher Wendungen überdauern sie die Zeit; doch wenn sie aus freien Stücken neu erschaffen werden, dann deshalb, weil sie dem Anlaß völlig entsprechen. Sie gelten als vollwertige Zeichen, weil sie genau jenen Zeichen entsprechen, die die festlich geschmückte Natur neu darbietet oder wiederholt, indes die Menschen sich bei Gesangsturnieren an traditionellem Wissen und an Erfindungsgabe messen. Die Turniere bewahren die ganze schöpferische Kraft, deren es im Laufe der Zeit zu ihrer Vervollkommnung bedurft hatte; derart mit Wirkkraft angereichert, besitzen sie den Wert von Emblemen [13].

Die Dichtungen der Sammlung *Kuo-feng* stellen Kalendersprüche dar. Sie haben sich zugleich mit der Sentenzen eigenen Macht, auf welche die Überlieferung hinweist, einen Anflug von Frische und zwangloser Anmut erhalten, derentwegen man sie für Lieder halten könnte. Diesen Sprüchen ist neben dem Wesenszug zwingender Notwendigkeit, der ersten und wichtigsten Qualität eines jeden Ritus, eine tief wurzelnde Spontaneität eigen, die die treibende Kraft allen Spiels ist. Sie besitzen die volle Wirkkraft und die sich unablässig erneuernde Jugendlichkeit von Spiel und Ritus. Niemals können sie wie abgegriffene Metaphern wirken, die zum Träger einer ganz bestimmten abstrakten Bedeutung geworden sind. Vielmehr handelt es sich hier um quicklebendige Embleme, durch welche viele Saiten angerührt werden, voll der überströmenden Beschwörungskraft und, so möchte ich sagen, sie besitzen die Allgemeingültigkeit von Symbolen. Sie werden den Menschen zwangsläufig und ohne Unterlaß mit irgendeiner am Anfang stehenden Gebärde all jene Verhaltensregeln auferlegen, die zur Unterstützung des Wirkens der Natur angezeigt sind. Und die Natur selbst erinnern sie mit einem einzigen Zeichen an all ihre traditionellen Pflichten. Während die jungen Leute im Frühling mit geschürztem Kleid den Fluß durchwaten, singen sie folgende Verse: »Hier kommt die Flut, mit steigendem Wasser an der Furt! – Jetzt rufen die girrenden Rebhühner!« [14] Als Entsprechung zum Anschwellen der Wasser im Frühjahr klingt in ihrem Lied echogleich das Motiv der Liebeswerbung an. Im konkreten Ablauf des Festes aber rufen sich diese zusammengehörigen Signale tatsächlich gegenseitig hervor; beide Signale sind gegeben, sobald im Tanz und Gesang der jungen Paare auch nur eines der beiden Zeichen emblematisch dargestellt worden ist. Solcher Tanz und solcher Gesang, der gleichzeitig bewirkt, daß die Rebhühner sich paaren und daß die jahreszeitliche Flut der Gewässer im gebührenden Umfang eintritt, vermag *alle* Zeichen des Frühlings hervorzulocken. Die Hirschkuh, die man schießt, um ihr Fell als Hochzeitsgeschenk darzubringen, das weiße Lager aus Quecke, auf dem diese Gabe darzubringen ist, wenn im Herbst die Zeit der Eheschließungen naht, das Werben der vom herannahenden Winter (dem weiblichen Prinzip) erregten Jünglinge, bei den Mädchen die Erinnerung an die Frühlingstage, während der sie dem Ruf des Yang (des männlichen Prinzips) folgen mußten: all diese gegenseitig einander bedingenden Motive, die gleichzeitig eine Schar anderer Motive anrühren, vermögen, wenn sie in einem einzigen Vers konzentriert ertönen, all die Gefühle wachzurufen, all die Handlungen auszulösen, die für Riten und jahreszeitliche Feste ein zusammenhängendes Ganzes darstellen. Doch anstatt zu singen: »In der Ebene liegt die tote Hirschkuh!« – »Hülle sie in weißes Gras« – »Ein Mädchen träumt vom Frühling« – »Holder Jüngling, halt' um es an!«[15] genügt es, das Motiv »vom Frühling träumen« in *zwei Worten* anzudeuten, damit Spiele und Riten, menschliches Tun und dessen Entsprechungen in der Natur in ihrem notwendigen und beabsichtigten Zusammenhang in Erscheinung treten. Wenn nun sogar ein Dichter an der richtigen Stelle das einzige *Wort* »Frühling« gebraucht, so wird er damit, gleichzeitig mit dem rituellen Zug der Bilder, nicht nur all die mannigfaltigen Möglichkeiten des Liebeskummers andeuten, sondern er wird den Zuhörer sogar zwingen wollen, in vollem Einklang mit den Absichten der Natur und den Gepflogenheiten der Ahnen einen so starken Gefühlseindruck zu empfangen, daß dieser als Begehr oder Befehl aufgefaßt werden muß. Hier wird deutlich, weshalb das Wort wie auch die rituelle Formel im Chinesischen nicht ein bloßes Zeichen darstellt, sondern ein Emblem, und weshalb darum das treffende Wort nicht ein Terminus mit scharf umrissener Bedeutung ist, sondern ein Ausdruck, in dem sich eine auffordernde, ja zwingende Macht bekundet. Auch abgetrennt erscheint das treffende Wort als stärkster Ausdruck einer Sentenz, auf die es mit der ganzen ihm eigenen Kraft eines Signals und Emblems hinweist. Es bewahrt in sich, gleichsam verdichtet, all jene Qualitäten (verwirklichende Kraft des Imperativs, die findige Pietät des Optativs, den beseelten Reiz des Spiels, die adäquate Macht des Ritus), welche ursprünglich dem dichterischen Motiv eigen sind, insofern es Ritus, Gebet, Geheiß, Spiel ist.

Einige der Dichtungen der Sammlung *Kuo-feng* bewahren in ihrer uns überlieferten Gestalt noch etwas von den Gesängen, die während der ländlichen Feste der alten Zeit improvisiert wurden. Davon abgesehen, erscheinen uns diese Lieder, gleichgültig, ob es sich um überarbeitete Volkslieder oder um Werke handelt, die aus Entlehnungen gestaltet sind, in der Mehrzahl als mehr oder minder künstliche Erzeugnisse. Es besteht kein Anlaß, die Überlieferung abzulehnen, nach der sie höfische Dichtungen darstellen. Die auf dieser Tradition beruhende eingehende Erklärung ist nämlich überaus aufschlußreich. Für die Chinesen ist es eine Selbstverständlichkeit, daß von weisen Dichtern oder treuen Vasallen (was ein und dasselbe ist) in Versen verdichteten poetischen Motiven oder Kalendersprüchen die Macht zu belehren und zurechtzuweisen innewohnt [16]. Als allegorische *Sentenz* offenbart jeder althergebrachte Vergleich die Ordnung der Natur – und damit entschleiert und beschwört er das Schicksal. Das Rebhuhn, das zur Zeit des Frühlingshochwassers den Hahn herbeiruft, vermag, ohne daß sie namentlich genannt, aber indem sie doch mit einem Rat oder einem Schimpfwort bedacht wird, auf die Person der Fürstin I Kiang hinzuweisen. Diese adelige Frau, die den Herzog Hsüan von Wei (718–699) geheiratet hatte, nachdem sie zuvor mit dessen Vater vermählt gewesen war, sollte ein böses Ende nehmen. Sie beging nämlich Selbstmord, sobald sie in der Gunst des Herzogs durch die für ihren Sohn vorgesehene Gattin verdrängt worden war. Das Motiv der Liebeswerbung ist eng verwoben mit einem ganzen Komplex natürlicher Gepflogenheiten und menschlicher Observanzen. In diesem Fall zeigen die girrenden Rebhühner (kraft eines Gedankens, der überhaupt nicht explizit zu werden braucht) der I Kiang, daß sie für ihre ungehörige Verbindung mit dem Herzog Hsüan durch jenes traurige Los würde entgelten müssen, das jedem zuteil wird, der sich gegen die Ordnung der Dinge vergeht [17]. Mit einer althergebrachten Metapher vermochte der Dichter einen gezielten Fluch auszusprechen und das Schicksal der Prinzessin auch zu dem eines ganz bestimmten Schuldigen werden zu lassen. Wie man sieht, büßt ein dichterisches Motiv, wird es bei einem ganz bestimmten Anlaß angewandt, nichts von seiner beschwörenden Kraft ein. Dies gilt auch dann, wenn das Motiv in einer ganz anderen als in seiner ursprünglichen Bedeutung gebraucht wird. Die Prinzessin I Kiang war ursprünglich dem ältesten Sohn des Herzogs Hsüan von Wei bestimmt gewesen, vermählte sich jedoch mit dem Fürsten selbst und ließ dann, wie eine wahre Rabenmutter, ihren ersten Verlobten umbringen. Sie hätte also durch eine nachträgliche Ehe mit einem jüngeren Bruder ihres unglücklichen Bräutigams schließlich ihre Beziehungen ordnen sollen. Um sie zu veranlassen, diese ihr gemäße Verbindung einzugehen, wandte sich ein Dichter, so wird berichtet, im Lied wie folgt an sie: »Die Wachteln gesellen sich zu Paaren – und die Elstern fliegen zu zweit!« Nun ist zu vermerken, daß dieselben Verse (im Jahr 545) während eines bei einem Diplomatenbankett veranstalteten Liederwettstreits gebraucht worden waren. Bei solchen Zusammenkünften erfinden die Diplomaten nichts, weder Huldigungscouplets noch Motive. Vielmehr beschränken sie sich darauf, durch Andeutungen, die aus den gegebenen Umständen verständlich werden, gereimten Sprichwörtern einen anderen Sinn zu unterlegen. Auf diese Weise hoffen sie Absichten zu beeinflussen und Entscheidungen zwingend herbeizuführen. Als damals ein Streber an einen auswärtigen Bevollmächtigten die Worte richtete: »Die Wachteln gesellen sich zu Paaren – und die Elstern fliegen zu zweit!«, da diente das Motiv der Liebeswerbung kraft einer latenten Umstellung dazu, einen Staatsmann nicht zum Ehebund, wohl aber zu einem heimlichen Bündnis mit einem Verschwörer zu bestimmen [18]. Das dichterische Motiv vermag allein dank der ihm innewohnenden Autorität alles zu vermitteln. Wenn sich daher die Autoren bemühen, in sprichwörtlichen Wendungen zu sprechen, so nicht deshalb, weil sie alle in gleicher Weise denken, sondern vielmehr, weil es gute Sitte und zugleich eine viel raffiniertere Methode ist, ihren Vorstellungen dadurch Geltung zu verschaffen, daß sie sie einer alterprobten Formulierung unterschieben, an deren Geltung sie dann teilnehmen. Die übernommenen Redensarten besitzen eine Art neutraler und doch konkreter Kraft, die latent in mannigfaltigster Weise wirken kann, ohne im Einzelfall die nicht minder starke Fähigkeit einzubüßen, zu bestimmtem Handeln aufzufordern.

Konventionelle Wendungen, die ein bestimmtes Tun zu suggerieren vermögen, können auch bei Schilderungen und sogar bei sehr eindringlichen Schilderungen verwendet werden. Im *Shih-ching* kommt ein »erzählender Passus« vor, den die Europäer als ein »sehr lebendiges kleines Tableau« aufgefaßt haben. Darin werde, so erklärt man uns, ein Trinkgelage dargestellt, in dessen Verlauf die »trunkenen Höflinge in Streit geraten« [19]. In Wirklichkeit handelt es sich um Vasallen, die sich im Verlauf eines zu Ehren der Ahnen veranstalteten Festessens pflichtgemäß betrinken; denn die Ahnen sollen dem Trank nach Kräften zusprechen – oder zumindest müssen dies die Darsteller tun, von denen ihre Seelen Besitz ergriffen haben. Sie alle hat eine nach altüberlieferter Gepflogenheit umschriebene Besessenheit erfaßt, und sie bewegen sich heftig, wobei sie *»Krüge und Töpfe umwerfen«* [denn es ist üblich, daß man nach einer heiligen Orgie das heilige Geschirr nach dem Gebrauch in Stücke schlägt] [20]; *»unablässig vollführen sie einen*

Taumeltanz« [denn so müssen jene taumeln, die sich mit aller Anstrengung in eine Trance versetzen und so tun als ob ein heiliger Geist auf ihnen lastet][21]; *»dabei erheben sie sich und lösen sich im Wechsel ab«* [bei einem Ritual, durch das die Seelen veranlaßt werden sollen, sich weiterzubewegen, ist der Wechseltanz vorgeschrieben][22]; *»dabei fallen ihnen ihre schiefsitzenden Mützen beinahe vom Kopfe«* [diese Formulierung mag sehr bildhaft erscheinen; trotzdem kommt ihr rituelle Bedeutung zu: denn eine der wesentlichen rituellen Vorschriften der Orgien bestimmte, daß die Teilnehmer trachten müssen, sich gegenseitig die Kopfbedeckung herabzureißen. Denn die dann herabfallenden Haarsträhnen sollten sich während des Wirbels, der der endgültigen Erschöpfung voranging, »gespannten Bannern vergleichbar«, entrollen], *»wobei sie unablässig einen wirbelnden Tanz vollführten«*; [dieser Wirbeltanz, der mit gekrümmtem Körper und zurückgeworfenem Kopf auszuführen war, so daß es den Anschein erweckte, als ob der Tänzer von einem Windstoß eingesaugt würde, wird hier durch ein beschreibendes Hilfswort charakterisiert, das in Prosa und Poesie ein immer wiederkehrendes Motiv darstellt, wenn immer auf den ekstatischen Tanz hingewiesen werden soll]. Wenn ein westlicher Kritiker glaubt, diese »bildhafte Beschreibung« mit Stellen der »eindeutig religiösen« Oden, die er »äußerst banal« nennt, vergleichen zu dürfen, so übersieht er einfach, daß nach dem Tanz nichts größere rituelle Bedeutung hat als die Trunkenheit – und daß folglich durch keine andere Handlung die Pietät stärker zum Ausdruck kommt als durch einen trunkenen Tanz; endlich auch, daß von allen Tänzen jene, die auf die Ekstase vorbereiten, am genauesten in allen Einzelheiten festgelegt sind. Deshalb hat der Autor bei der Schilderung eines orgiastischen Tanzes seiner Phantasie ebensowenig die Zügel schießen lassen wie dann, wenn er ein viel steifer wirkendes Zeremoniell beschrieben hätte. Bei feierlichen Empfängen überwacht ein Zeremonienmeister alle Einzelheiten der Begrüßung, während sich gleichzeitig ein Annalenschreiber beeilt, die geringsten Kleidungsfehler für die Nachwelt aufzuzeichnen. Denn den heiligen Trinkgelagen wohnen unbedingt auch ein Geschichtsschreiber und ein Zeremonienmeister bei, deren Aufgabe es ist, jene zur Ordnung zu rufen bzw. die Unverschämtheit derer aufzuzeichnen, die sich schlecht betrinken oder unvollkommen torkeln und sich auf diese Weise den elementarsten Pflichten ekstatischer Trunkenheit entziehen[23]. Während die Akteure mit geregelter Gebärde die Zeremonien vollziehen, gibt sich der Dichter, der die Szene zu schildern hat – nicht als »Tableau«, sondern als *Vorbild* – falls er aufrichtig ist (d. h. sich *mit ganzem Herzen* bemüht, den Gepflogenheiten zu gehorchen), alle Mühe, jene überkommenen Formulierungen zu gebrauchen, die dem Vorgang allein angemessen sind. Man mag also seine Beschreibung »malerisch« finden – an sich sollte sie lediglich wirksam sein.

Wirksamkeit der Formulierungen ist auch das oberste Ziel der Gesänge, die im Verlauf der heiligen Zeremonien vorgetragen werden. Die »Oden« des *Shih-ching* (deren Motive immer wieder in der religiösen Dichtung aufgegriffen wurden) banal zu nennen, heißt sie mißdeuten. Denn sie besitzen nicht geringere beschreibende Kraft und weniger Gefühlsnuancen als irgendeine andere Dichtung. Beim Vollzug der Mannbarkeitsriten wünscht man dem jungen Adeligen, indem man sich der Kraft bedient, die den durch Konventionen sanktionierten Formeln innewohnt (und die ihn dazu befähigt), daß er das hohe Alter erreichen möge, in »dem die Brauenhaare in die Länge wachsen« und »das Haar vergilbt« [24]. Es sind dies durchaus konkrete Wünsche, deren Folgen jedoch unabsehbar sind. Immer wenn sie ausgesprochen werden, erwecken sie ein ganz eigenartiges Gefühl. So benützt beispielsweise ein Dichter, der dem Fürsten von Sung Glück wünscht [25], solche überkommenen Redensarten. Über die ungeschmälert bewahrte wohltuende Kraft und den Anflug unpersönlicher Größe, auf welchem der lyrische Schwung einer Dichtung beruht, hinaus, kann das Motiv des gelbwerdenden Haars und der langen Brauenhaare durchaus (wie in den Glossen bestätigt wird) auch benützt werden, um einen durch ein ganz intimes Gefühl und eine ganz bestimmte Absicht gefärbten Wunsch auszudrücken. Es schickt sich nicht, daß eine Bitte, ein Wunsch, ein Befehl den Anschein erweckt, zu sehr in das Detail zu gehen. Er wird an Kraft einbüßen, was er scheinbar an Präzision gewinnt. Im Gegensatz hierzu vermögen stereotype Formeln, deren konkrete Suggestivkraft unbestimmt ist, auf Grund irgendeiner geheimen Fernwirkung die feinsten Nuancen eines Begehrens, selbst jene, die in analytischer Sprache unaussprechbar wären, zu übermitteln. Deshalb sind, wie die allgemeine Ansicht beweist, die subtilsten Gedanken ganz entschieden in jenen Dichtungen des *Shih-ching* enthalten, welche die meisten sprichwörtlichen Wendungen aufweisen. Dieselbe Regel gilt für die Werke aller Zeiten und aller Genres. Die an überkommenen Ausdrücken reichsten Dichtungen werden am meisten bewundert. Nirgendwo finden sich die konventionellen Formulierungen gehäufter als in bestimmten Arten mystischer Meditationen [26], in welchen das poetische Gefühl der Chinesen sich in seiner höchsten Oktav bekundet. Der häufige Gebrauch überkommener Redensarten ist nicht nur ein Maßstab für das Wissen des Dichters um die Tradition; er ist auch ein Kennzeichen eines in größte Tiefen vordringenden Denkens.

Die alten Formen der Liedimprovisation lassen den den Sprichwörtern eigenen Emblemwert erkennen, sowie ihre Suggestivkraft und ihre deskriptive Stärke. Zu beachten ist insbesondere, daß die übernommenen Redensarten auch in der Prosa keine geringere Rolle spielen als in der Poesie, daß sie für den gepflegten Stil nicht weniger Bedeutung haben als für die Volkssprache. Offenbar hat der Historiker die Aufgabe, seltsame Ereignisse aufzuzeichnen. Er legt zwar bestimmte Ereignisse durch Namen und Daten fest, doch bedient er sich zur Bestimmung von Ort, Zeit und Namen überkommener Formeln, von denen eine jede für sich eine Art *Sentenz* darstellt. So hat der Historiker noch kaum mit seinem Bericht begonnen und doch schon ein Urteil gesprochen. Sein ganzer Bericht ist also nichts als eine Abfolge von Urteilen, die mittels durch die Zeiten in ihrem Wert bestätigter und damit entscheidende Gültigkeit besitzender Formeln gesprochen werden. Er vermag auf diese Weise darzutun, »worin Sitte und Rechtlichkeit bestehen«. – So sah Szu-ma Ch'ien, der sich auf diesem Gebiet auskannte, den idealen Geschichtsschreiber[27]. Trotzdem hat der nämliche Szuma Ch'ien Schilderungen gegeben, welche die Europäer gern mit »einer wunderbar klaren Photographie« vergleichen, so z. B. an der Stelle in den *Aufzeichnungen der Historiker*, wo er darlegt, wie sich die Kaiserin Lü an einer Rivalin rächte[28]. Der Beweis wäre unschwer zu erbringen, daß dieser Bericht völlig unter Verwendung stereotyper Ausdrücke abgefaßt wurde und sich aus volkstümlichen Motiven zusammensetzt. Dieses Beispiel bildet durchaus keine Ausnahme, so daß der aufmerksame Leser der chinesischen Annalen immer wieder voller Zweifel fragend innehält: Werden ihm einmalige und besondere Ereignisse berichtet, oder will man ihn belehren, was er zu tun und zu lassen habe? Ist der Gebrauch ritueller Ausdrücke allein in der Einstellung der Stilisten begründet, oder aber befaßt sich die Historie ausschließlich mit einer Folge ritueller Ereignisse? Diese Fragen sind keine Alternativen, denn in Wirklichkeit ist die Vorliebe für stehende Wendungen nur einer der Aspekte einer allgemeinen Unterwerfung unter eine konformistische Ethik. Sprichwörtliche Wendungen können entweder einfach zum Entwurf des körperlichen oder sittlichen Porträts von Persönlichkeiten gebraucht werden, die beständig danach gestrebt hatten, ihre Ähnlichkeit mit diesem oder jenem Heroentypus deutlich werden zu lassen; oder die gleichen Ausdrücke werden in durchaus angemessener Weise zur Schilderung von Ereignissen herangezogen, die Annahme allerdings vorausgesetzt, daß das Tun der Menschen stets auf den Einklang mit zeremoniellen Regeln abzielt. *Mit Recht* gelten die Biographien als lebendigster und aufschlußreichster Teil der chinesischen Annalen. Vieles spricht dafür, daß die meisten dieser Biographien auf Grabreden fußen[29]. Auf jeden Fall ist sicher, daß sie umso vollendeter wirken, je mehr überkommene Redensarten sie enthalten. Einer der meistgepriesenen historischen Texte, die

Biographie des Kuan-tzu von Szu-ma Ch'ien, ist nichts weiter als eine »chinesische Rede«, ein aus Sprichwörtern zusammengesetztes Mosaik. Darin offenbart sich ganz éklatant der wichtigste Vorzug eines historischen Berichts: er lehrt Verhaltensweisen. – Man ahnt bereits jetzt, so kann ich mir vorstellen, daß unter allen Schriftstellern die Philosophen die Kunst, Sprichwörter zu verwenden, am besten beherrschen müssen. Allerdings (und dies ist sehr bemerkenswert) bedürfen nicht nur die Vertreter der orthodoxen Tradition des Sprichworts; auch und vor allem ist es den mystischen Denkern und jenen, die sich darum bemühen, das Unsagbare auszudrücken, unentbehrlich. Mittels sprichwörtlicher Wendungen halten sie die bei ihren ekstatischen Erlebnissen empfangenen, flüchtigsten Gefühlseindrücke fest und stellen diese, trotz allem, als unbedingt persönliches Erlebnis dar. Bei Lao-tzu und Chuang-tzu kommen die mystischen Ergüsse in überlieferten Wendungen zum Niederschlag – in Wendungen, die durchaus jenen bereits erwähnten beschreibenden Hilfswörtern ähnlich sind, von deren sprichwörtlicher Eigenart und unbestimmter Suggestivkraft schon gesprochen wurde.

Ebenso wie die Geschichtsschreiber erzählen die chinesischen Philosophen gerne Anekdoten. In den Werken jeder Gattung finden sie sich bis zum Überdruß, so daß ein westlicher Leser, der erstmals die Bekanntschaft eines chinesischen Werkes macht, nahezu unfehlbar den Eindruck gewinnt, bereits Gehörtes zu lesen. Mitunter sind die Anekdoten zwar in einigen Details des Stils oder des Ablaufs verschieden; bisweilen kommen nur die gleichen Motive vor, während Landschaft, Zeit und Ort und die Personen gewechselt haben; doch zumeist werden sie wortwörtlich wiedergegeben, und ihre Form wirkt stereotyp. In diesem Fall pflegen die Kritiker von Anleihen zu sprechen. Sie behaupten beispielsweise, daß eine Anzahl dem *Chuang-tzu* und *Lieh-tzu* gemeinsamer Anekdoten auf eine Vermengung der Überlieferung der beiden Werke schließen lasse [30]. In Wirklichkeit läßt sich aus der Benützung ein und desselben Ausdrucksschatzes mit Sicherheit nicht einmal die Gemeinsamkeit der Lehre oder des Gedankenguts ableiten. Eine mit den gleichen Worten erzählte Anekdote kann zur Verteidigung ganz verschiedener Auffassungen herangezogen werden. Wenn Lieh-tzu von jenen Affen berichtet, die ein in Armut geratener Züchter auf eine schmälere Kost gesetzt hatte, und die dann empört eine aus vier Süßkartoffeln bestehende Abendmahlzeit und ein Mittagsmahl von drei Süßkartoffeln ablehnten, sich jedoch am Morgen vier und am Abend drei Süßkartoffeln sehr wohl schmecken ließen, so will er den Stolz der Menschen demütigen und die tiefgehende Ähnlichkeit aufzeigen, die zwischen Mensch und Tier besteht. Im *Chuang-tzu* dient dieselbe Fabel völlig unverändert zur Verteidigung der Auffassung, daß jedes Urteil subjektiv sei; und dies sei gut so; versteht man es nämlich, die Verschiedenheiten der Urteilskraft zu nützen, so ist man damit imstande, nicht nur Affen zu dressieren, sondern auch die Menschen zu regieren[31]. Jeder Autor macht zur Einkleidung seiner Gedanken Anleihen bei der Überlieferung. Denn es genügt, daß sich in der die traditionelle Anekdote umgebenden Rahmenerzählung verschiedene Gesinnungen bekunden, damit jene den Anstoß zu den verschiedensten Überlegungen zu geben vermag. Selbst die originellsten Autoren schöpfen aus dem Bestand der stereotypen Anekdoten. Der Erfolg solcher Fabeln beruht auf der von ihnen ausgehenden neutralen Kraft, die wie bei den einfachen Wendungen und Worten um so wirksamer ist, je alltäglicher die Fabeln anmuten. Denn sie sollen ja weniger Gedanken *im einzelnen* vermitteln als vielmehr auf Grund der erzeugten Resonanz das *gesamte* Argument mit Überzeugungskraft ausstatten. Ihr Vorzug liegt nicht darin, daß sie die Einzelheiten eines Gedankens umschreiben, sondern darin, daß sie ihm in seiner Gesamtheit eine günstige Aufnahme sichern. Sie machen den Geist geneigt, einen Vorschlag anzunehmen. Sie bewirken jedoch nicht, daß er von vorneherein festliegende Vorstellungen in logischer Folge aufnimmt. Sie erregen die Phantasie und machen sie gefügig, worauf sie dann durch den allgemeinen Zug der Darlegung in eine bestimmte Richtung gelenkt wird. Ein Gedanke pflanzt sich vom Autor zum Leser (oder sagen wir besser: vom Lehrer zum Schüler, oder noch besser: vom Fürsten zum Gläubigen) fort (und er wird eigentlich nicht übermittelt), ohne daß letzterem die leiseste Anstrengung erspart bliebe, und auch ohne daß man ihm die geringste Gelegenheit bietet, sich der Beeinflussung zu entziehen. Er ist nicht berufen, Gedanken in ihrem Zusammenhang und in ihren Einzelheiten anzunehmen, nachdem er sie vorher analytisch überprüfen durfte. Er wird vielmehr durch eine globale Andeutung hypnotisiert und mit einem Schlag von einem ganzen System von Vorstellungen in Bann geschlagen.

Die Zahl der Anekdoten, die Gedanken Überzeugungskraft verleihen, ist nicht nur nicht gewachsen, sondern tendierte dazu, immer kleiner zu werden, indes jede einzelne Anekdote ständig wachsenden Gefallen fand, wenn sie mit den gleichen, unwandelbaren Worten erzählt wurde. Es ist leicht einzusehen, daß die Entscheidung, das Denken – jedoch kein aufgeklärtes Denken – zu wecken, sowohl im höfischen Leben als auch für die Lehrtätigkeit der Sekten große Vorteile hatte. In solchen Kreisen kommt es darauf an, sich durch die Blume zu verständigen, die Schärfe des Geistes zu stärken und die Intuition zu entwickeln. Was im übrigen die zwischenmenschlichen Beziehungen betrifft, so lassen sich dabei mittels der die Formeln begleitenden Mimik und der Kunst, einzelne Worte herauszustellen, präziseste Andeutungen in völlig neutralem Gewand übermitteln. Es ist insbesondere bedeutsam, daß die schriftlich fixierte Literatur sich mit einem beschränkten Bestand schematisierter Histörchen begnügt hat, daß sie dazu tendierte, deren Zahl zu verringern und ein jedes auf ein einfaches, seiner Gestalt nach unwandelbares, Sprichwort zu reduzieren[32]. Statt mit Hilfe ausführlicher Anekdoten darzulegen, daß K'uei, der *einfüßige* (*i tsu*) Tänzer *allein genügte* (*i tsu*), um am königlichen Hof die heiligen Springtänze unwiderstehlich zu befeuern, brauchte man in bestimmten Darlegungen lediglich die Worte *K'uei i tsu* zu schreiben oder sogar nur den Namen K'uei zu nennen. Auf diese Weise hatte man kundgetan, daß *ein* richtig gewählter Minister für die richtige Abwicklung der Staatsgeschäfte *genügt*, oder aber, daß die fußlosen Wesen oder die Tausendfüßler einen *Einfüßigen* keineswegs in der Kunst, sich zu bewegen, übertreffen. Zwangsläufig mußte man entweder zur einen oder zur anderen Deutung kommen, je nachdem, worauf die Gesamtdarstellung abzielte; daß entweder auf Grund der Gleichwertigkeit verschiedener natürlicher Zustände die Wirkkraft sich aus der einfachen Bewahrung bestimmter natürlicher Eigenschaften ergibt, oder daß im Gegenteil eine strenge Anpassung an die Funktion die wirkliche Grundlage der Wirkkraft ist[33]. In beiden Fällen bezieht der Gedanke seine Kraft aus einem mythischen Motiv, das mit einer rituellen Handlung verknüpft ist. Der Tanz auf einem Fuß ist eine der großen Pflichten des Fürsten; er, der dazu berufen ist, die Natur zu befruchten, ruft mit seinem Tanz das Steigen der Säfte hervor[34]. Man sieht also, daß die mit einem System ritueller Handlungen verknüpfte, einem Komplex mythischer Vorstellungen eigene Geltung ungeschmälert und vielgestaltig auch noch in der knappen Redensart erhalten bleibt, zu welcher dieser Komplex sich zu verdichten neigt.

Auf diese Weise konnten mythische Gebilde, literarische Motive, ja selbst die Worte die vieldeutige Modellierbarkeit von Emblemen in all ihrer Frische bewahren, auch dann noch, wenn sie nicht unmittelbar durch eine Mimik unterstützt in der Literatur verwendet werden. Diese vielgestaltige, mächtige und verfeinerte Literatur bekümmert sich nur wenig um die Logik der Darstellung. Noch für die raffinierteste Prosa gilt das gleiche Ideal, das für die altertümlichste Poesie Geltung hatte. Sie gibt den Symbolen den Vorzug, welche die größte Überzeugungskraft besitzen. Es ist unerheblich, daß diese sich kaum zum Ausdruck deutlicher Begriffe eignen; wichtig ist, daß sie machtvoll andeuten und zum Beipflichten veranlassen. Die geschriebene (von der emblematischen Schrift unterstützte) Rede soll vor allem die volle Wirksamkeit des lebendigen Wortes einfangen und die Macht der von einer rituellen Mimik begleiteten Gesänge bewahren.

Mimik und Rhythmus sind neben den beschreibenden Hilfswörtern die Hauptmittel, die einem chinesischen Redner zu Gebote stehen. Auch in der Schriftprosa spielt der Rhythmus eine nicht minder wichtige Rolle als in der Poesie. Der Rhythmus hält die Rede zusammen und ermöglicht das Verständnis.

Ebenso wie man die wie primitive Stimmsignale wirkenden Worte in den Sätzen einfach aneinanderreihen kann, ohne daß sie ihrer Verwendung nach und auf Grund ihres Kontakts zu den benachbarten Worten irgendwie in ihrer Form verändert würden, genauso lösen sich die in ihrer ursprünglichen Form belassenen Anekdoten in einem Werk gegenseitig ab, ohne daß zwischen ihnen eine explizite Sinnverbindung hergestellt werden müßte; in gleicher Weise auch lösen stereotype Formeln, die man zum Ausdruck eines Gedankens aneinandergereiht hat, sich ab, ohne daß sie sich gegenseitig beeinflussen, ganz so, als ob sie alle auf der gleichen Ebene lägen. Es scheint so, als ob alle Redeteile hinsichtlich ihrer Form unverletzlich und innerhalb des großen Zusammenhangs auf sich gestellt seien und eine Art eifersüchtig gehüteter Unabhängigkeit bewahrten. Die Bausteine des Satzes, die Wendungen umfassen jeweils nur ganz wenige Worte, deren Rolle und gegenseitige Beziehung durch nichts als durch ihre Stellung bestimmt wird. Doch gibt es Ausnahmen von den Stellungsregeln; dann wird der syntaktische Wert der einzelnen Worte erst erkennbar, nachdem man die volle Bedeutung der Wendung begriffen hat. Dieser Sinn läßt sich schlagartig erfassen, vorausgesetzt allerdings, daß die Wendung ganz kurz ist. Hingegen kommt es bisweilen vor, daß solche knappen Sentenzen in großer Zahl zu einer einzigen Periode zusammengefaßt werden. Sie wurden einfach aneinandergereiht, nur in bestimmten Fällen durch Wörter, die man gesprochene Satzzeichen nennen könnte, gegeneinander abgegrenzt. Die letztgenannten Wörter können eher als Zeichen für verschiedene Unterbrechungsmodi des Gedankenflusses denn als Bezeichnung verschiedener Arten der Verknüpfung und Beziehung aufgefaßt werden. Die formstarren Wendungen werden durch sie mehr isoliert als verbunden, so daß sie eher mit adverbiellen Wendungen als mit Prädikatsätzen zu vergleichen sind. Läse man sie nur mit den Augen, so würde im geschriebenen Chinesisch meist überhaupt nichts eine bestimmte Wendung von ihrer Umgebung abheben, ebensowenig wie sich der verschiedene Abhängigkeitsgrad der übrigen Satzteile klar erkennen ließe. Um verstehen zu können, muß man mit der Stimme interpungieren und den Rhythmus des Satzes feststellen.

Dies ist der Grund dafür, daß von alters her der Unterricht darin bestand, daß der Lehrer einen Text skandierend vortrug und die Schüler diesen nachsprachen. Die Schüler wurden dazu erzogen, »die Sätze der verschiedenen Autoren dem Sinn nach zu zerlegen« [35]. Dieses Lernen hatte bei jedem oder bei fast jedem Autor neu zu beginnen, und zwar stets nach der gleichen Methode des skandierenden Vortrags. Eine mit der grammatikalischen oder logischen Analyse vergleichbare Übung gab es nicht [36]. Um den Sinn eines Satzes aufzufinden, kommt es vor allem auf die Kenntnis der Interpungierung an. Es scheint (man könnte sich dies leicht vorstellen), daß die Chinesen schon sehr früh zur Erleichterung der Lektüre auf den Gedanken kommen mußten, interpungierte Bücher herauszugeben. In Wirklichkeit dauerte es länger, bis sie sich hierzu entschließen konnten, als dies bei Völkern der Fall war, die eine Sprache schrieben, in der das Erkennen des Satzendes kaum Schwierigkeiten bereitete. Noch bis vor wenigen Jahren erschöpfte sich ihre Findigkeit darin (in Luxusausgaben bisweilen farbige), Zeichen zu ersinnen, durch die in *nicht interpungierten* Texten wichtige Stellen und bemerkenswerte Ausdrücke *hervorgehoben* werden sollen.

Solche Gepflogenheiten sind recht charakteristisch. Sie zeigen, daß bei der Übung des Verstandes, welche die Lektüre darstellt, dem Leser keine Mühe erspart werden sollte – und vielleicht sollte auch erreicht werden, daß dieser nach reichlicher Anstrengung um so rückhaltloser seine Bewunderung oder seine Zustimmung gewährte. Bei esoterischen Vorträgen, doch selbst bei einfachen Ansprachen kommt es dem Redner vor allem darauf an, in ein Bündel von Wendungen, die neutrale, doch drängende Aufforderungen enthalten, einen die Handlung auslösenden Ausdruck oder ein Wort einzuschieben, dessen ganz bestimmte Macht, dessen Hintergründigkeit vom Gemeinen nicht empfunden wurde, auf die man aber durch eine bestimmte Gebärde oder einen vereinbarten Darbietungsmodus die empfänglicheren Zuhörer hinweist. Ebenso lassen es sich ein Schriftsteller und dessen Ausdeuter und Herausgeber nicht einfallen, die leisesten Schwingungen und verborgenen Zusammenhänge eines Gedankens anzugeben, wenn sie sich schon dazu herbeigelassen haben, die entscheidenden Worte und hervorstechenden Ausdrücke zu unterstreichen. Der Beziehungsreichtum eines Gedankengangs wird nur dem Leser offenbart (der, falls sein Geist durch ein mächtiges, aber flüchtiges Zeichen geweckt wurde, das ihn durch eine Wendung oder ein Wort erreicht hat), dem es durch ein dem Streben des Initianden vergleichbares Bemühen gelingt, in das rhythmische Wesen der Sätze einzudringen.

Um stilgerechtes Chinesisch zu schreiben, gibt es kein anderes Mittel, als sich des Zaubers der Sprachrhythmen zu bedienen (denn diese Sprache hat ja beharrlich jede Unterstützung durch eine abwechslungsreiche und präzise Syntax abgelehnt). Man findet erst dann zum richtigen Ausdruck, wenn man sich während einer Lehrzeit im vollwirksamen Gebrauch nicht nur der sprichwörtlichen Wendungen, sondern auch der gebräuchlichen Rhythmen geübt hat.

Die Werke der chinesischen Literatur werden in Gattungen eingeteilt, die nach Auffassung der dortigen Kritiker durchaus klar gegeneinander abgegrenzt sind. Entscheidend für die Einstufung ist die Thematik eines Werkes (die unlösbar mit einer bestimmten ethischen Einstellung zusammenhängt) sowie das rhythmische Gefüge. Letzteres scheint sich, einer Grundeinstellung vergleichbar, zwangsläufig anzubieten und jeweils einer ganz bestimmten Einstellung gegenüber der Welt und dem Leben zu entsprechen. Beispielsweise spricht aus allen alten *fu*, die man gewöhnlich als elegische Meditationen deutet, eine starke Bereitschaft zu mystischen Ergüssen; rhythmischer Ausdruck einer solchen Thematik ist eine Art Seufzer, der zwangsläufig in die Zäsur zwischen zwei Verszeilen gesetzt wird. Zweifellos ließe sich der dem *fu* eigene Rhythmus auch nach anderen Gesichtspunkten charakterisieren. Nur hat noch nie jemand das Bedürfnis verspürt, solche festzulegen. Denn man lernt nicht ein *fu* zu schreiben, indem man sich Regeln in ihren Einzelheiten erklären läßt, sondern indem man sich darin übt, das rhythmische Wesen des Genre zu erfassen. Dieses Wesen wird als Ausdruck einer ganz bestimmten Art geistiger Tätigkeit aufgefaßt. Es läßt sich nicht auf dem Wege der Dialektik übermitteln. Weder das Verständnis einer bestimmten Sprache, noch deren Bedeutung, weder das Verständnis bestimmter Rhythmen, noch deren Bedeutung lassen sich abschnittweise in einer Vorlesung lehren. Die spezifische Eigenheit einer Sentenz oder die spezifische Eigenheit eines Rhythmus dienen nicht zum Schmuck oder zur Auflockerung einer Rede. Beide sind vielmehr stets an eine eindrucksstarke Thematik gebunden, die ihrerseits wiederum von einem Schatz überlieferten Wissens nicht zu scheiden ist.

Diese Besonderheiten der Ausbildung des Schriftstellers wie auch die Wichtigkeit des Rhythmus und die große Beliebtheit bestimmter Rhythmen wird sogleich verständlich, wenn man die Bedingungen kennt, unter denen im Altertum Gedichte entstanden sind. Über diese Bedingungen geben bestimmte Lieder der Sammlung *Kuo-feng*, obzwar sie überarbeitet wurden, recht gut Auskunft. Die Erfindung der poetischen Sentenzen, aus welchen diese Lieder bestehen, geht auf eine Improvisation überlieferter Motive zurück; sie stellte eine richtiggehende Erprobung des Wissens dar, der man die jungen Leute im Verlaufe ihrer Einweihung unterwarf. Die Einweihung wurde während der jahreszeitlichen Feste vollzogen. Burschen und Mädchen traten einander gegenüber – zu Chören formiert, welche miteinander im Gesang wetteifern – und antworteten wechselweise. Jede der ausgetauschten Entgegnungen stellt einen Vers, oder richtiger, ein Distichon dar; zwei solcher ausgetauschter Distichen ergeben jeweils eine Strophe. In den nachfolgenden Versen werden die im ersten Vers konfrontierten Motive nur noch variiert[37]. Gewöhnlich entspricht das erste der beiden Motive einem von der Natur gegebenen Zeichen; das zweite umschreibt die Handlungen, mit welchen die Menschen auf dieses Zeichen antworten. In diesem Wechselspiel von Rede und Antwort offenbart sich die Verbundenheit, die sich während des Festes zwischen allen von der menschlichen Gesellschaft und der Natur beauftragten Akteuren herstellt. Dadurch, daß die beiden Motive (das menschliche und das natürliche) durch ihre Symmetrie aufeinander bezogen sind, gewinnen sie die Bedeutung von Emblemen, die sich gegenseitig bedingen, hervorrufen und auslösen. Der den Sentenzen innewohnende Rhythmus ist eine der Grundbedingungen ihrer Wirkkraft, denn die emblematische Gleichwertigkeit der mit den paarigen Distichen bezeichneten Gegebenheiten kommt in der Ähnlichkeit des Rhythmus zum Ausdruck.

Mehr noch, die Ähnlichkeit der Rhythmen vermehrt die Macht der Embleme, sie vermehrt deren Beziehungen und Andeutungsmöglichkeiten. Wenn das Ende der Feste naht, die an den Tagen der Tag- und Nachtgleiche gefeiert werden, wenn das Yang und das Yin, diese männlichen und weiblichen Voraussetzungen des Wechsels der Jahreszeiten sich gegenübertreten und zum Wettstreit aufrufen, dann künden in wachsender Zahl ergreifende Zeichen in der Welt ihre Verbindung an. Diese vielfältigen Zeichen klingen in den Versen an, die einander gegenüberstehende Chöre wechselweise vortragen. An diesen Zeichen orientieren sich die Sänger bei der Gestaltung paariger Litaneien, die, gleich paarigen Beschwörungsformeln, das Streben der beiden Gruppen und ihr Verlangen zusammenfassen[38]. Sobald beim Klang der Lehmtrommeln, die das Rollen des Donners und das Brausen der Gewässer andeuten, die Chöre der Tänzer sich zu einer Prozession formieren, die langsam durch die rituelle Landschaft zieht oder unermüdlich auf dem geheiligten Hügel hüpfend tanzt, dann feiern auch die gegensätzlichen Kräfte, aus deren Verbindung das Leben des Kosmos entspringt, in Disziplin ihre äquinoktiale Hochzeit. Dann reihen sich die Motive bald in langsam stampfender Folge, bald einem sich ständig wiederholenden Kehrreim vergleichbar, kaum variiert in den Liedern endlos aneinander. Gleichgültig aber, ob die Sentenzen sich wiederholen oder summieren, stets wirken sie wie rhythmischer Hammerschlag, welcher die Herzen zur Entfaltung ihrer ursprünglichen Wirkkraft zwingt[39].

In jeder Literaturgattung, auch in der Prosa, in der die chinesischen Autoren den Eindruck von Erhabenheit und Kraft zu vermitteln trachten, suchen sie dies zu erzielen, indem sie in erster Linie das Gefühl eines wohlgeordneten, kraftgeladenen Gleichgewichts erwecken (wie das beim *ku-wen* Stil, dem Ideal der Kunstprosa zutrifft), und sie bedienen sich deshalb knapper, streng ausgewogener, miteinander durch rhythmische Ähnlichkeit verbundener Sentenzen. Sie reihen diese, ohne Wiederholungen zu scheuen, aneinander und wiederholen bisweilen, wie einen Kehrreim, eine beherrschende Formel, die damit den Wert eines Bedeutungsmittelpunkts gewinnt (den wir mit einem Hauptsatz wiedergeben würden); oder aber sie ersetzen ein wichtiges Motiv bei subtiler Anwendung des Parallelismus durch verwandte Wendungen – wobei der Gedanke an Überzeugungskraft gewinnt, weil er bei der Anwendung derartiger thematischer Variationen eher verstärkt als zersplittert wird.

Der Rhythmus erfüllt in der chinesischen Prosa die gleichen Funktionen wie in anderen Sprachen die Syntax. Die bevorzugten Rhythmen dieser Prosa leiten sich aus der Choraldichtung her. Trotzdem bedient sie sich mitunter spannungsvollerer, wenn nicht freierer Rhythmen, die ebenfalls von der Poesie herstammen. Den unregelmäßigen Versteilen und hektischen Strophen der *fu* stehen die regelmäßigen Verse und Gedichte (*shih*) des *Shih-ching* (Buch der Lieder) gegenüber. Begegnet man in letzteren der langsamen Majestät der Gemeinschaftstänze und der stillen Symmetrie der Choräle, so kennzeichnet jene eine gänzlich andere Tanzart und Musikalität. Manche der ältesten *fu* begleiteten eher als magisch denn als religiös zu bezeichnende Zeremonien [40]. In deren Verlauf suchte man Seelen herbeizurufen (*chao-hun*), doch nicht, damit diese wie bei den gewöhnlichen Zeremonien des Ahnenkults, von ihren Nachkommen Besitz ergriffen, sondern um durch sie eine Verbindung zu einer Welt übersinnlicher Kräfte herzustellen; Zweck der magischen Beschwörungen war es, das Leben zu verlängern, die persönliche Macht zu vermehren und magischen Einfluß zu gewinnen. Bei diesen Zeremonien bestand der wichtigste Ritus in einem von Fürstengattinnen oder Zauberinnen vollführten Tanz der Frauen. Sie waren unbekleidet und mit duftenden Essenzen benetzt und lösten sich mit einer Blume in der Hand im Kreise tanzend gegenseitig ab, um verführte Seelen anzulocken und einzufangen; jede Tänzerin reichte, ehe sie vom Tragen des Gottes mit irrem Blick erschöpft niederstürzte, der nächsten die Seele und Blume. Unterdessen drängten sich in einem geschlossenen Raum, in dem kleine Trommeln von lauten, schrillen Flöten begleitet rasselten, die übrigen Teilnehmer der Zeremonie und nahmen wahr, wie der »Schreckerregende Wind« über sie hinwegging, und sie vernahmen übernatürliche Stimmen. Diese anmutigen Zauberfeste waren als tänzerische Darbietungen nicht minder gut geregelt als die übrigen, doch bildet die hektische, von frenetischen Seufzern unterbrochene Geisterbeschwörung einen tosenden Gesang, in dem altgültige Formeln in dem für mystische Äußerungen charakteristischen, unregelmäßigen Rhythmus aufeinanderfolgen.

Dieser Rhythmus ist allein dem *fu* eigen, doch darf man annehmen, daß er auch auf die abwechslungsreichere, feinnervige Prosa mystischer Autoren, denen er sehr wohl bekannt war, Einfluß hatte. In dieser Prosa kommen nämlich in Fülle jene rhythmischen Nuancen vor, die im Chinesischen das ersetzen, was man syntaktische Nuancen nennt. Ihre Aufgabe ist es, die Rede zu gliedern. Überdies können sie dazu dienen, den Satzteilen eine ganz bestimmte Schwingung mitzuteilen, die diese Sentenzen zu einem ganz bestimmten Bereich geistiger Tätigkeit in Beziehung setzt, ihre Thematik bestimmt und sie mit spezifischer Wirksamkeit ausstattet.

Man gelangt kaum zum Verständnis eines chinesischen Autors, solange man nicht hinter das Geheimnis des Rhythmus gekommen ist, mit dessen Hilfe er die feineren Nuancen seines Denkens offenbart und darbietet. Umgekehrt vermöchte kein Autor sich Gehör zu verschaffen, verstünde er nicht, sich der Rhythmen zu bedienen. Hierin ist Chuang-tzu als Meister unübertroffen. Nun erscheint uns bei den chinesischen Denkern das Denken Chuang-tzu-s als das am wenigsten verschlüsselte. Gleichzeitig erweckt er auch den Eindruck, deren tiefster und subtilster zu sein. Kraft und Natürlichkeit seiner Rhythmen sind offenbar der Ausdruck eines ganz mit konkreten Begriffen operierenden Verstandes. Muß man daraus nicht schließen, daß die chinesische Philosophie in ihrem Ausdruck, sobald sie sich nur wenig über das Alltägliche erhebt, eindeutig poetische und musikalische Züge annimmt? Um sich mitzuteilen, sucht sie nicht nach der Stütze eines Bestandes klarer und deutlicher Zeichen. Das chinesische Denken teilt sich sehr anpassungsfähig und gewissermaßen unter der Oberfläche mit – und zwar keineswegs nach den Regeln der Logik, Detail um Detail vermittels sprachlicher Kunstmittel – sondern im Ganzen, indem es gleichsam Bewegungen paarweise zusammenordnet, die durch den Zauber von Rhythmus und Symbol von Geist zu Geist übertragen werden. So war es möglich, daß man in den Schulen, in welchen die tiefsinnigste Philosophie blühte, als Ideal eines echten und konkreten Unterrichts die Lehre ohne Worte fordern konnte[41].

Das Chinesische konnte sich zu einer einflußreichen Kultursprache und einer bedeutenden Literatursprache entwickeln, ohne sich um einen reichen Bestand von Lautbildern oder eine bequeme Schrift besonders zu kümmern, ohne sich auch mit umfassenden abstrakten Ausdrucksmöglichkeiten oder einer syntaktischen Ausrüstung versehen zu müssen. Worte und Satzabschnitte vermochten im Chinesischen ihren durchaus konkreten emblematischen Wert zu bewahren. Der Rhythmus allein genügte, um den Ausdruck der Gedanken zu gliedern. Gleichsam als ob es der Sprache vor allem darauf ankam, den Geist davor zu bewahren, daß die Gedanken ihre Fruchtbarkeit einbüßten, falls man sie auf mechanische und sparsame Weise ausdrückte, hat die Sprache ihnen die bequemen Instrumente äußerlicher Unterscheidung und Verbindung verweigert, welche mit abstrakten Zeichen und grammatikalischen Kunstgriffen gegeben wären. Aus einer Neigung zum adäquaten, konkreten und umfassenden Ausdruck heraus hat sich die Sprache beständig gegen formale Umschreibungen gesperrt. Worauf es ihr ankam, war, die gebieterische Macht des als vollständiger Gestus, als Befehl, Wunsch, Bitte und Ritus zu verstehenden Wortes zu bewahren – und dafür ohne weiteres alles übrige zu opfern. Offenbar ist die chinesische Sprache nicht zur Aufzeichnung von Begriffen, zur Analyse von Gedanken, zur logischen Darlegung von Lehren angelegt. Vielmehr ist sie ganz und gar zur Übermittlung gefühlsmäßiger Einstellungen, zum Suggerieren einer bestimmten Handlungsweise, zum Überzeugen und Bekehren geschaffen. Diese Züge verdienen Beachtung, zumal wenn man bedenkt, daß das Chinesische jene Kultursprache, oder wenn man will, jenes Kulturwerkzeug darstellt, das sich während der längsten Erprobung am besten bewährt hat.

Zweites Buch Die Leitvorstellungen

Der Chinese gibt, insbesondere als Philosoph und Lehrer, seine Ansichten im einzelnen ausschließlich unter Benutzung von Wendungen weiter, deren Wirkkraft durch ihre Entstehung in ferner Vergangenheit gewährleistet ist. Was solche Begriffe anlangt, die geeignet erscheinen, das Denken zu ordnen, so benützen alle Autoren hierfür gewisse Symbole, die in noch höherem Maße als alle übrigen mit unbestimmter Wirkkraft ausgestattet scheinen. Eben deshalb widerstreben diese Symbole jeder Abstraktion und bezeichnen Leitvorstellungen, deren wichtigster Vorzug darin liegt, daß sie synthetische Begriffe darstellen. Sie spielen die Rolle von Sammelbegriffen – doch handelt es sich dabei um konkrete Sammelbegriffe.

Bei keinem der Weisen des Alten China findet sich ein Hinweis darauf, daß er je das Bedürfnis verspürt hätte, sich eines unseren abstrakten Vorstellungen von Zeit, Zahl, Raum und Kausalität vergleichbaren Begriffs zu bedienen. Demgegenüber trachten die Lehrer aller »Schulen« danach, mit Hilfe eines Paars konkreter Symbole (des Yin und des Yang) die Vorstellung eines gleichförmigen Rhythmus mitzuteilen, die es ihnen erlaubt, Beziehungen zwischen *Zeit- und Raumabschnitten* und Zahlen zu entwikkeln, die als ein Zusammenwirken gegenseitig bedingter Bewegungsabläufe aufgefaßt werden. Als Emblem einer noch viel umfassenderen Vorstellung ist das *Tao* in keiner Weise mit unserem Begriff der Kausalität zu vergleichen, sondern es muß unverhältnismäßig viel weiter gefaßt werden. Es ist Ausdruck – wir dürfen nicht sagen für das einmalige Prinzip der kosmischen Ordnung, sondern wir müssen sagen – für *die Einheit und Ganzheit einer gleichzeitig idealen und tatsächlichen Ordnung*. Sowohl das Tao als oberster Sammelbegriff wie auch das Yin und das Yang als sekundäre Sammelbegriffe stellen wirksame Embleme dar. Sie bedingen die Ordnung in der sichtbaren Welt im gleichen Maße wie im unsichtbaren Bereich. Niemand denkt daran, sie näher zu umschreiben. Für alle jedoch sind sie mit einer Wirkkraft ausgestattet, die offenbar mit der vernünftigen Notwendigkeit identisch ist.

Diese Grundbegriffe flößen den Chinesen allgemein Vertrauen ein. Trotzdem deuten die meisten europäischen Interpreten sie als die Produkte einer bestimmten Lehrrichtung. Sie betrachten sie als künstlich geschaffene Begriffe, die folglich abstrakt umschrieben und bewertet werden dürfen. Gewöhnlich beginnen sie damit, aus der Begriffssprache unserer Philosophen gleichwertige Begriffe auszuwählen. Meist stempeln sie die chinesischen Begriffe, nachdem sie diese als Bestandteile eines Lehrsystems bezeichnet haben, zu wertlosen Kuriositäten. Die soeben erwähnten Begriffe scheinen ihnen als Beweis dafür zu gelten, daß das chinesische Denken – um gängige Ausdrücke zu gebrauchen – einer »prälogischen« oder »mythischen« Mentalität entspringt [1].

Ich habe mich bei der Analyse dieser Begriffe mythischer oder ritueller Motive bedienen müssen, schon allein weil es mir darum ging, all das zu respektieren, was ihre Besonderheit ausmacht, eben gerade, daß es sich bei ihnen um synthetische und wirkkräftige Begriffe handelt. Ohne den Versuch einer Umschreibung und Bewertung zu wagen, habe ich mich bemüht, ihren Sinngehalt zu erhellen und ihre mannigfachen Anwendungsmöglichkeiten darzustellen. Die Analyse mußte sich bisweilen auf die nebensächlichsten Einzelheiten erstrecken. Es tut nichts zur Sache, daß sie mitunter etwas schwerfällig wirkt, daß sie bisweilen zu einigen Umwegen zwingt. Denn die Rolle der Begriffe Yin und Yang ließ sich nicht darstellen, ohne daß vorausgeschickt wurde, wie man sich Raum und Zeit vorstellte. Auch war von dem Begriff zu sprechen, den sich die Chinesen von der Zahl machen, der sie in erster Linie qualitative, einordnende und protokollarische Funktionen zusprechen, ehe wir im Zusammenhang mit dem Begriff des Tao, welcher den obersten denkbaren Sammelbegriff darstellt, die Einstellung der Chinesen gegenüber Physik und Logik untersuchen konnten. Das Thema zwang uns zu solch stufenweisem Vorgehen. Nur so ließ sich die Tatsache vermitteln, daß die Leitvorstellungen des chinesischen Denkens zwar konkreter Natur sind, aber trotzdem als Sammelbegriffe gelten, denn der Umstand, daß sie durchaus konkrete Begriffe darstellen, verhindert in keiner Weise, daß sie im geistigen Bereich die Grundlagen von Ordnung und Deutbarkeit bilden oder bezeichnen.

Erstes Kapitel Zeit und Raum

In China liegt sowohl dem verfeinerten als auch dem unausgebildeten Denken eine nicht völlig empirische Vorstellung von Raum und Zeit zugrunde. Sie weicht von den Erfahrungen ab, die der einzelne von Zeitdauer und räumlicher Ausdehnung gewinnt. Sie ist unpersönlich und besitzt die Geltung eines Sammelbegriffs. Doch erscheinen den Chinesen Raum und Zeit nicht als neutrale Orte, wo abstrakte Begriffe unterzubringen wären.

Kein Philosoph stellt sich die Zeit als eine gleichförmige Dauer vor, die sich aus der Abfolge von gleichwertigen, sich in gleichförmiger Bewegung ablösenden Augenblicken ergibt. Ebenso lag auch keinem daran, den Raum als räumliche Ausdehnung aufzufassen, die durch die Aneinanderreihung gleichförmiger Bausteine entsteht, als eine räumliche Ausdehnung aus untereinander gleichen Abschnitten. Allen erschien es hingegen sinnvoll, die Zeit als einen Komplex von Ären, Jahreszeiten und Epochen und den Raum als ein aus Herrschaftsbereichen, Klimaten und Himmelsrichtungen bestehenden Komplex aufzufassen. In dem Maße, wie der Raum die besonderen Eigenschaften eines bestimmten Klimas oder Herrschaftsbereichs annimmt, ist er in jeder Himmelsrichtung ein anderer. In derselben Weise ist die Zeitdauer nach verschieden gearteten Perioden differenziert, von denen jede die für eine bestimmte Jahreszeit oder Ära kennzeichnenden Merkmale besitzt. Indes, während zwei Abschnitte des Raums sich grundlegend voneinander unterscheiden können und sich ähnliches von zwei Zeitabschnitten behaupten läßt, so hängt doch jede Periode mit einem bestimmten Klima und jede Himmelsrichtung mit einer Jahreszeit zusammen. Jedem umgrenzten Zeitabschnitt entspricht ein ganz spezifischer Teil des Raums. Beide haben an der gleichen natürlichen Beschaffenheit teil, die sich bei beiden in einem Bestand *unlösbar zusammengehöriger* Attribute offenbart.

Eine neue Ära, eine neue Welt waren erstanden, sobald als Ausdruck der Virtus des Chou-Hauses ein Roter Rabe erschienen war. Rot ist (neben anderen Emblemen) charakteristisches Merkmal der Chou-Zeit, des Chou-Reichs wie auch des Sommers und des Südens[1]. Die Tugend der Menschlichkeit (*jen*) ist ein Attribut des Ostens. Deshalb wird ein Ethnograph, der eine Beschreibung der Sitten und Gepflogenheiten in den östlichen Regionen unternimmt, zuerst einmal feststellen, daß dort eine exemplarische Güte herrscht. Und gleich darauf wird er erzählen, wie der berühmteste Heroe jener Gegenden endete. Dieser war ein ohne jede Steifheit, ohne Knochen, nur aus Muskeln bestehendes Wesen, dessen zu große Güte zur Ursache seines Untergangs wurde. Die Muskeln entsprechen wie auch die Leber und das Grüne – das Farbenemblem des Frühlings – jener Jahreszeit, während der die Natur ihre Güte, die die Tugend (virtus) des Ostens darstellt, bekundet[2], dem Osten. Demgegenüber gibt es im Westen nicht nur zahlreiche für die Himmelsrichtung typische Berge, sondern auch viele Bucklige, die ebenso wie die Tragkörbe auf den Herbst hinweisen. Ein Buckel ist ein Auswuchs der Haut; die Haut steht zu den Lungen, die Lungen zum Herbst und der Herbst zur weißen Farbe in Beziehung. Mit dem Begriff der Haut verbindet sich aber auch der des Leders und der Rüstungen – und damit wiederum der Gedanke der Kriegführung und der Strafexpeditionen. Darum wird den Barbaren des Westens ein kriegerisches Gemüt zugeschrieben, und man verschiebt die Kriegszüge und Exekutionen auf den Herbst, da doch der durch weißes Haar gekennzeichnete Genius der Strafen im Westen seinen Sitz hat. Die Haare stehen mit der Haut in Verbindung, und das weiße Emblem ist Kennzeichen des Herbstes und des Westens wie auch der Zeit der Yin-Dynastie. Diesen Zeitabschnitt eröffnete und charakterisierte die Herrschaft des Siegreichen T'ang, des Heroen, der seine Berühmtheit den von ihm vollzogenen Strafen verdankte, wie auch der Art, mit ganz gekrümmtem Körper einherzuwandeln[3].

Diese Beispiele zeigen hinreichend, daß die Chinesen, die in Zeit und Raum nicht bestimmte, umgrenzte Begriffe, sondern beziehungsreiche Embleme anordneten, auch in keiner Weise bereit waren, eine abstrakte Zeit und einen abstrakten Raum als zwei voneinander völlig unabhängige und neutrale Bereiche zu verstehen. Es mußte ihnen im Gegenteil daran liegen, den die gegenseitige Beeinflussung der Embleme begünstigenden Zusammenhang zwischen den untereinander in Beziehung stehenden Vorstellungen von Raum und Zeit und für diese eine möglichst große Anzahl konkreter Attribute zu bewahren, um so ihre verschiedenen Symbolgruppen unterzubringen.

Solange Raum und Zeit nicht als zwei voneinander unabhängige Begriffe oder Gegebenheiten verstanden werden, können sie ein Einflußmedium, das zugleich ein Aufnahmemedium ist, darstellen. Sie, die gegliedert und verbunden zugleich sind, besitzen gemeinsam gleiche Eigenschaften und empfangen gleichzeitig ihre Eindrücke. Bei solcher Betrachtung genügt hinfort jede räumliche oder zeitliche Ortsbestimmung, um irgendwelche Besonderheiten zu umschreiben, wie es dann auch möglich ist, der Zeit und dem Raum diese oder jene bestimmten Eigenschaften zuzuschreiben. Auch läßt sich mittels Zeitemblemen auf den Raum und umgekehrt mittels räumlicher Embleme auf die Zeit Einfluß nehmen – und auf beide Bereiche zugleich mit Hilfe einer Vielzahl untereinander verknüpfter Symbole, die besondere Aspekte des Kosmos angeben. Wünscht ein Lautenschläger im tiefsten Winter den Sommer herbeizurufen? Wenn er in seiner Kunst Meister ist, so genügt es, daß er jenen Ton der Tonleiter ertönen läßt, der das Emblem des Sommers, der roten Farbe und des Südens ist[4]. Um die männliche Energie des Yang zum eigenen Kräftepotential hinzuzufügen, muß man sich dem Süden zuwenden; deshalb wird ein umsichtiger Heerführer (ungeachtet der Richtung, in die er seine Armee marschieren läßt) es stets verstehen, diese Kraft aufzufangen. Zu diesem Zweck genügt es, daß er die Vorhut das Banner des *Roten Vogels* führen läßt[5].

Man betrachtet Raum und Zeit niemals unabhängig von dem konkreten Einfluß, die sie als Komplexe zusammengehöriger Embleme ausüben, noch sieht man von den Wirkungen ab, die man mittels für sie spezifischer Embleme auf sie ausüben kann. Von den Worten *shih* und *fang* bezeichnet das erste alle Abschnitte der zeitlichen Dauer, das zweite alle Teile der räumlichen Ausdehnung, wobei man jedoch beide stets unter einem spezifischen und ganz besonderen Aspekt ins Auge faßt. Diese Begriffe weisen weder auf den Raum an sich noch auf die Zeit an sich hin. Mit *shih* verbindet sich die Vorstellung des Anlasses, der Gelegenheit (welche für eine bestimmte Handlung günstig oder ungünstig ist); *fang* läßt an Richtung, (an die in einem bestimmten Fall günstige oder ungünstige) Lage denken. Indem Raum und Zeit zusammen ein Ganzes zugleich determinierter und determinierender Bedingungen bilden, stellt man sie sich stets als ein konkretes, aus mannigfaltigen Gruppen von *Örtern* und Anlässen bestehendes Ganzes vor.

Diese Gruppen sind Gegenstand einer Wissenschaft, die sich sowohl im Hinblick auf das Material, an dem sie sich auswirkt, wie auch hinsichtlich ihres praktischen Zwecks von den Wissenschaften des Raums und der

Dauer unterscheidet. Lange Zeit hat man den Chinesen ihrer astronomischen Chronologie wegen Bewunderung gezollt. Heute ist man geneigt, zu behaupten, daß sie ihre ersten geometrischen Vorstellungen wie auch alle einigermaßen präzisen Angaben ihrer Astronomie von außen empfingen [6]. Wir brauchen uns hier nicht an einer Diskussion zu beteiligen, bei der das Fehlen genauer Nachrichten sich schmerzlich bemerkbar macht. Es genügt, daß wir einerseits feststellen: die Chinesen dürften ihre technischen Kenntnisse schwerlich zu solch erwiesener Vollkommenheit gebracht haben, wenn sie eines elementaren geometrischen Wissens hätten entraten müssen; andererseits: die philosophische Spekulation hat sich stets damit begnügt – wenn nicht gar darauf beschränkt – von einem *Wissensschatz* ihren Ausgang zu nehmen, dessen Zweck in *der Einordnung von Örtern und Anlässen im Hinblick auf das Tun und nach Maßgabe ihrer besonderen Wirksamkeiten* bestand. Indem sie über diesen Wissensschatz Überlegungen anstellten, hofften die Weisen, zu den Grundlagen der Höchsten Kunst vorzustoßen. Ziel dieser Kunst, die sowohl die Physik als auch die Ethik vertritt, ist es, gleichzeitig den Kosmos und die Gesellschaft in Ordnung zu bringen. Dieses höchste Anliegen der Philosophen läßt die grundlegenden Züge der Raum und Zeit betreffenden Vorstellungen der Chinesen ahnen. Die gemeinsamen Vorstellungen, aus welchen sie hervorgegangen sind, sind nichts weiter als der Ausdruck von Prinzipien, die für die Gliederung der menschlichen Gruppierungen maßgebend waren. Deshalb läßt sich das Studium dieser Vorstellungen nicht vom Studium der Gesellschaftsformen trennen.

Eine Eigenheit der Zeit ist es, daß sie in Umläufen vorwärtsschreitet. Auf Grund ihrer zyklischen Natur ist sie mit dem Kreis verwandt, und sie bildet das Gegenstück zum Raum, dessen erstes Charakteristikum es ist, quadratisch zu sein. Damit sind gewissermaßen die reinen Gestalten von zeitlicher und räumlicher Ausdehnung bestimmt. Die Zwischenformen, die sich aus Verbindungen der Kreisform mit dem Quadrat ergeben – wie z. B. das Rechteck [7] – sind jeweils nur Symbol eines spezifischen Falls des Zusammenwirkens von Raum und Zeit. Wir sahen bereits, daß die Konvexität der Gebirge und der Rücken der Buckligen Emblem eines für den Herbst typischen Raums sind; denn jeder Raumabschnitt trägt das Gepräge der zu ihm in Bezug stehenden Zeit. Nun ist der Raum aber grundsätzlich quadratisch. Deshalb ist auch jede Fläche an sich quadratisch, (so daß es zur Bezeichnung der Fläche, welche von einer großen Fackel erhellt wird, genügt, die Länge einer der vier Seitenlinien anzugeben) [8]. Die Erde ist quadratisch und wird in kleinere Quadrate unterteilt. Die Außenmauern der Fürstentümer haben ebenso ein Quadrat zu bilden wie die Wälle der Städte, die in ihrem Innern liegen. In gleicher Weise sind auch Felder und Truppenlager *quadratisch*[9]. Jede Seitenlinie der Erde entspricht einer Himmelsrichtung. In gleicher Weise müssen Truppenlager, Gebäude und Städte nach Himmelsrichtungen ausgerichtet sein. Die Bestimmung der Himmelsrichtungen wie auch der Lagen [das Wort *fang*[10], ›Himmelsrichtung‹, ›Lage‹, hat auch die Bedeutung ›Quadrat‹ und ›Winkelmaß‹] vorzunehmen, steht dem Fürsten in seiner Eigenschaft als Vorsitzender der religiösen Zusammenkünfte[11] zu. Die verschiedenen Verfahren für die Aufteilung und Gliederung des Raums (Feldmeßkunst, Stadtplanung, Architektur, Staatsgeographie) wie auch die ihnen zugrunde liegenden geometrischen Spekulationen[12] stehen mit der Ausübung der Staatsreligion offenbar in Zusammenhang.

Die Schar der Anhänger bildete in der Tat ein Quadrat. Der Altar des Ackerbodens, um welchen die großen Zusammenkünfte gewöhnlich stattfanden, war ein quadratischer Hügel. Seine Spitze war mit gelber Erde bedeckt (dem Farbemblem des Mittelpunkts), die jeweils einer der vier Himmelsrichtungen zugekehrten Seitenflächen hingegen mit grünem, rotem, weißem oder schwarzem Erdreich. *Dieses heilige Quadrat ist eine Darstellung des gesamten Reichs*. Man wird mit einem Lehen ausgestattet, indem man einen von diesem Altar des Ackerbodens genommenen Erdklumpen entgegennimmt. Und zwar ist es ein weißer, an der Westseite des Altars entnommener Klumpen, wenn das empfangene Lehen im Westen liegt, ein grüner, wenn es nach Osten zu liegt[13]. Was geschieht, wenn eine Sonnenfinsternis eintritt, die die Menschen wie der Vorbote drohenden Unheils mit Schrecken erfüllt? Sogleich strömen die Vasallen im Mittelpunkt des Vaterlandes zusammen. Dort formieren sie sich zu einem Quadrat, um zur Rettung des Landes beizutragen und die Ganzheit des gestörten Raums und der gestörten Zeit wiederherzustellen. Es gelingt ihnen dabei, die Gefahr zu bannen, wenn jeder von ihnen mit den für seine eigene und seines Lehens räumliche Eigenart charakteristischen Insignien sich einstellt. Für die Leute aus dem Osten, die sich an der Ostseite aufstellen, sind dies die Armbrust, grüne Kleidung und ein grünes Fähnchen[14]. Allein kraft der an der Stätte der Bundesversammlungen richtig angeordneten Embleme wird der Raum in allen Dimensionen, ja bis in den Bereich der Sternenwelt erneuert.

Wie man sieht, ist die Vorstellung einer quadratischen Erde und eines quadratischen Raums Bestandteil eines Komplexes sozialer Regeln. Eine unter diesen Regeln, und zwar jene, welche die Ordnung der Versammlungen festlegt, muß entscheidend dazu beigetragen haben, daß einem jeden die Symbolik, welche die Raumvorstellung bestimmte, in ihren Einzelheiten bewußt wurde und als verbindlich erschien. Aus dieser Symbolik erklärt sich die quadratische Gestalt, welche für die räumliche Ausdehnung bezeichnend ist. Mit ihr ist ferner die mannigfaltige Differenziertheit des Raums zu erklären, sind doch die verschiedenen Arten der dem Raum eigenen Symbole mit den wirksamen Emblemen identisch, welche zu den verschiedenen sozialen Gruppen gehören, die sich mit diesen Raumbereichen verbunden fühlen. Doch sind diese nicht nur in bezug auf die Eigenheiten verschieden, welche den sich in die Welt teilenden menschlichen Verbänden entsprechen; zu diesen spezifischen Unterschieden kommt noch ein Wertunterschied.

Der Raum bleibt sich nicht endlos gleich. Jenseits der vier Grenzen des Raums bilden vier unbestimmte Bereiche, die Vier Meere genannt, eine Art Saum. In diesen Meeren wohnen vier Arten von Barbaren, die jeweils mit Tieren verwandt sind und an deren Wesen Anteil haben. Chinesen, also Menschen, dürfen nicht in den Marken der Welt wohnen, ohne nicht zugleich ihren menschlichen Rang einzubüßen. Verbannte, die man disqualifizieren will, nehmen sogleich, nachdem man sie dorthin verstoßen hat, das halbtierische Aussehen an, welches für die Wesen in jenen öden Grenzbereichen bezeichnend ist[15]. Der nichtkultivierte Raum bringt nur unvollkommene Wesen hervor. Er ist nur ein verdünnter Raum, eine dahinschwindende räumliche Ausdehnung.

In der Vollbedeutung des Wortes gibt es Raum nur dort, wo sich höhere gesellschaftliche Formen entwickelt haben. Wenn ein Fürst beschließt, die Welt zu ordnen, und seine Gebote verkündet, dann läßt sich jenseits des quadratischen Bereichs, welchen seine um ihn dicht gescharten Anhänger füllen, ein noch weiteres Quadrat erkennen; es wird von den unzivilisierten Häuptlingen gebildet, welche eingeladen wurden, um bei der Zeremonie die Gebiete der Barbaren und die fernen Meere zu vertreten, in welchen der Kosmos verdämmert. Die Barbaren der Vier Meere müssen sich aber außerhalb der rituellen Eingrenzung aufstellen, deren Inneres den Anhängern vorbehalten ist, die allein an einer geordneten Gesellschaft teilhaben[17].

So wird die Stufenordnung der Raumabschnitte offenbart, so wird sie befestigt. Nur dort ist der Raum in vollem Sinne Raum; nur innerhalb der Einfriedung, in der all seine Attribute zusammentreffen, weist er seine volle Dichte auf. Der heilige Ort der Bundesversammlungen ist eine geschlossene Welt, die dem ganzen und ungeschmälerten Raum entspricht. Es ist der Ort, an dem der soziale Verband sich seiner Verschiedenheiten, seiner Rangordnung, seiner Ordnung wie auch seiner trotz der Verschiedenheit seiner

Teile doch gleichgerichteten Kraft durch die Aufstellung der Embleme dieser verschiedenen Komponenten bewußt wird.

Nur dort, wo die Gemeinschaft der Verbündeten zum Bewußtsein ihrer Einheit gelangt, vermag auch der kompakte und volle, zusammenhängende und verdichtete Raum als Einheit zu erscheinen. Als Hauptstadt, in der diese Zusammenkünfte stattfinden, muß (nach einer Prüfung des Raums) ein Ort ausgewählt werden, der offenkundig nahe der »Himmlischen Residenz« liegt, ein Ort, der sich durch ein Zusammenströmen von Wasserläufen und das Zusammenwirken von Klimaten als Mittelpunkt der Welt ausweist [18]. Denn nur in der Nähe eines solchen Ortes bleiben die Entfernungsmaße konstant, nur dort »sind für den Antransport des Tributs aus den vier Weltrichtungen die *li* des Weges einheitlich« [19]. Der Fürst lebt innerhalb eines *reinen* Raumbereichs, in dem die räumliche Ausdehnung in gewissem Sinn *homogen* ist – was aber nicht bedeutet, daß sie *der Attribute entbehrte;* vielmehr bildet sich an diesem Schnitt- und Verbindungspunkt der Raum vollkommen aus, denn hier besitzt er die *Gesamtheit seiner Eigenschaften.*

Man stellt sich entweder vor, daß der Raum aus Abschnitten besteht – aus jeweils einer Jahreszeit entsprechenden *besonderen Raumteilen* – die sich mit ihren Spitzen im Mittelpunkt eines Quadrats berühren, oder man nimmt ineinandergeschachtelte Quadrate an, d. h. *abgestufte Raumbereiche,* die sich eher durch verschiedene Spannung als durch einen verschiedenen Inhalt unterscheiden [20]. Man grenzt fünf solcher Quadrate ab: Im Mittelpunkt liegt das Gebiet des Königs, ganz außen die Marken der Barbaren; die drei Zwischenquadrate nehmen Vasallen ein, deren Erscheinen bei Hof sich nach der Entfernung ihres Herrschaftsgebiets vom Mittelpunkt richtet. Je nach Würde und Rang ihrer Person wie auch des ihnen unterstellten Raumabschnitts treten sie mehr oder minder häufig mit dem König in Verbindung. Sie kommen allmonatlich oder einmal in jeder Jahreszeit oder in jedem Jahr in die Hauptstadt, jenen vollkommenen Mittelpunkt des Raumes, wo ihnen der König eine Art *belebender Kraft* mitteilt, aus der sich die ihrem Herrschaftsbereich eigene *Art des Zusammenhalts* entfaltet [21]. Soll sich diese Kraft der Belebung in einem näher beim Mittelpunkt gelegenen und darum edleren Abschnitt des Raums auswirken, so bedarf sie einer häufigeren Erneuerung an der Quelle allen Zusammenlebens. Die Würde der Raumabschnitte beruht auf einer Art *rhythmischer Schöpfung,* wobei die gewissermaßen mit jedem Raumteil verbundene Fähigkeit, den Zusammenhalt der Gesellschaft aufrechtzuerhalten, von der Fähigkeit abhängt, den Bestand in der Zeit zu gewährleisten – kann man sich doch den Raum nicht unabhängig von der Zeit vorstellen.

In gleichem Maße tritt die Notwendigkeit, den Raum periodisch zu erneuern, dann in Erscheinung, wenn es darum geht, einem jeden seiner Teile eigentümliche Züge zu verleihen. Vier Jahre lang empfängt der König seine Vasallen; dann unternimmt er seinerseits eine Besuchstournee durch die Lehensgebiete. Er hat die Pflicht, alle *fünf* Jahre einmal das gesamte Reich zu bereisen. Dabei regelt er seine Fortbewegung so, daß er zur Zeit der Frühlings-Tagundnachtgleiche im Osten, während der Sommersonnenwende im Süden, zur Zeit der Herbstmitte im genauen Westen und mitten im Winter genau im Norden weilt. An jeder dieser Kardinalstationen empfängt der Lehensoberherr die Lehensleute einer der vier Himmelsrichtungen zur Audienz. Immer wenn er bei solchem Anlaß einen Quadranten des Reiches um sich schart, ist sein Hofstaat ganz in Grün, dann ganz in Rot, darauf ganz in Weiß und endlich ganz in Schwarz gekleidet. Denn es ist seine Pflicht, an zusammenhängenden Raum- und Zeitabschnitten die Insignien zu überprüfen, kraft derer die einem jeden kosmischen Viertel eigene Natur offenbart und verwirklicht wird [22].

Der Fürst bemüht sich, den Raum durch Verbindung zusammengehörender Raum- und Zeitabschnitte zu ordnen. Hauptanlaß der fürstlichen Rundreise ist aber, den Raum rhythmisch zu erneuern. Mit der im Fünfjahresrhythmus wiederholten Erneuerung belebt er den bei seiner Machtübernahme hergestellten Zusammenhalt neu. Bei jedem Thronantritt eines neuen Fürsten ziehen sich die fünf ineinandergeschachtelten Quadrate, aus denen das Reich besteht, in der Hauptstadt zusammen, wo eine Zeitlang der gesamte Raum neu erstehen muß. Der König öffnet dann die Tore seiner quadratischen Stadt, um nach einer Vertreibung der Bösen an die vier Grenzen der Welt die Gäste aus den Vier Himmelsrichtungen zu empfangen. Dabei weist er bis in die weitesten Fernen des Kosmos allen verschiedenen Raumabschnitten einen bestimmten Wert zu. Er verteilt die den verschiedenen Orten gemäßen Embleme und unterscheidet diese und stuft sie ein, indem er sie mit unterschiedliche Würden offenbarenden Insignien ausstattet [23].

Indem der Fürst zu festgelegten Zeiten die Verbände der menschlichen Gesellschaft einstuft und eingliedert, gelingt es ihm, eine bestimmte räumliche Ordnung zu *errichten* und zu *erhalten*. Man kann diese als eine lehensrechtliche Ordnung bezeichnen, denn sie ist in einer feudalen Gesellschaft entstanden, und der Raum wurde immer als hierarchisch gestufter Bund heterogener Raumbezirke aufgefaßt, weil diese Gesellschaft im Grunde immer lehensrechtliche Züge bewahrte. Der als mannigfaltiges Ganzes erscheinende Raum ist nicht *überall* der gleiche. Er ist auch nicht *immer* der gleiche. Leeren Raum gibt es nur dort, wo er nicht mit gesellschaftlichen Gebilden erfüllt ist, wo also der Zusammenhalt des Raums in dem Maße abnimmt[24], in welchem die Erinnerungen an jene Bundesversammlungen verblassen, bei welchen die Menschen, zu rhythmisch wiederkehrenden Zeiten in einem geheiligten Bezirk vereint, der Welt eine gewisse Einheit verleihen; befestigen sie doch dann von neuem ihr stolzes Bewußtsein, einer Gesellschaft anzugehören, die eine *Ganzheit* darstellt und *geeint* erscheint. Deshalb verbindet sich mit der Vorstellung von einem komplexen, geschlossenen und labilen Raum eine Zeitvorstellung, nach welcher die Dauer sich aus wiederkehrenden Ereignissen, aus einer Folge geschlossener, zyklisch wiederkehrender, zusammenhangloser, in sich vollkommener Ären zusammensetzt, von welchen eine jede, wie dies beim Raum der Fall ist, auf eine Art zeitlichen Ausstrahlungsmittelpunkt bezogen ist.

Kein chinesischer Philosoph war geneigt, die Zeit als Parameter aufzufassen. Ein jeder empfindet, daß der Raum Unterschiede in der Dichte aufweist. Ebensowenig stellt man sich deshalb auch die Dauer als eine sich stets gleichbleibende Gegebenheit vor. Die ihr zugeschriebene Diskontinuität beruht keineswegs auf Schwankungen der geistigen Tätigkeit der Individuen. Auch ist sie weder eine regellose noch eine völlige. Die Chinesen teilen die Zeit genauso in Perioden ein, wie sie den Raum nach Regionen gliedern; und sie kennzeichnen einen jeden solchen Teilabschnitt mittels einer Anzahl spezifischer Attribute[25]. Eine solche Definition wird allgemein anerkannt, entspricht doch jeder Art von Zeit ein zwar konkreter, doch unpersönlicher Begriff. Diese Konkretheit kommt dadurch zum Ausdruck, daß jede Periode durch die einer Jahreszeit oder einer Stunde des Tages eigenen Attribute gekennnzeichnet ist. Daraus darf man allerdings nicht voreilig folgern, daß die Chinesen bei der Gestaltung ihres Zeitbegriffs auf die Unterscheidung von Zeit schlechthin, astronomischer Zeit und klimatischer Zeit, verzichtet hätten. Für die chinesische Vorstellung der Zeit haben die Jahreszeiten nur die Embleme beigesteuert. Daß man sich dieser Embleme bedient hat, liegt daran, daß (da man sich den Raum als geschlossen vorstellte) auch die Zeit eine zyklische Natur zu haben schien, und daß das Jahr und seine Jahreszeiten das Bild eines Zyklus sowie die zur Charakterisierung verschiedener Zyklen geeigneten Symbole darboten. Die Chinesen stellen sich die Zeit nicht anders als eine liturgische Ordnung vor. Deren Vorbild ist nicht der jährliche Wechsel der Jahreszeiten; eine solche Ordnung bezieht sich vielmehr auf einen bestimmten historischen Augenblick (Dynastie, Regierungszeit, Regierungsabschnitt), der sich durch einen Bestand von Regeln oder, wenn man will, eine Lebensart, die dieser bestimmten Kulturepoche ihre Eigenart verleiht, auszeichnet. Zu diesem Bestand von Konventionen gehören in erster Linie die Erlasse, auf welchen eine eigene Ordnung des Raums und damit eine spezifische Ordnung der Zeit begründet ist. Im Zeremoniell des Thronantritts besteht die entscheidende Handlung in der Verkündung eines *Kalenders*, dem Erlaß, durch welchen eine Regierungszeit eröffnet wird. Doch noch ehe eine neue Zeit anbrechen kann, muß zuvor die alte Zeitordnung aufgehoben werden. Jede Etappe der Zeit bedingt eine mit einer Neuschaffung verknüpfte Austreibung. Ein gleiches gilt für die einzelnen Abschnitte des menschlichen Lebens[26]. Weder vermag eine Frau vom Stand der Jungfräulichkeit zu dem einer Gattin, noch ein Mensch vom Leben zum Tode überzutreten, noch auch vermag ein Neugeborener die Welt der Ahnen zu verlassen und in den Bereich der Lebenden zu gelangen, wenn vor den Aufnahmefeierlichkeiten nicht die Gebärden des Abschieds vollführt wurden. Die Eintrittsriten bei Geburt, Ehe und Tod sind äußerlich mit einer Initiation vergleichbar und haben die Geltung eines zentralen Ritus. Von ihm geht, einer Welle vergleichbar, eine Kraft aus. Sowohl nach vorwärts als auch nach rückwärts unterstützen Zeremonien, die gewissermaßen die Gipfel einer Reihe von einem Mittelpunkt ausgehender Wellenberge bilden, und die auch die Zeiten des Verweilens gegeneinander abgrenzen, die Wirkung des zentralen Ritus. Eine derartige rhythmische Ausbreitung, welche die innere Ordnung eines liturgischen Ganzen bestimmt, bekundet sich im Gebrauch bestimmter Zahlen. Um die ungeschmälerte Kraft jeder heiligen Handlung zu kennzeichnen, geht man von der Einheit aus, die ein Ganzheitsemblem darstellt. Nachdem diese aber zerlegbar sein muß, bedient man sich ihrer in Gestalt der 10 oder 100. Die 10 läßt sich in 3 + (2+2) + 3, die 100 in 30 + (20+20) +30 teilen. An den beiden Enden der Reihe geben 3 oder 30 die Länge der Zeitabschnitte an, die unmittelbar an den Eintritt oder Austritt grenzen; 7 [= 3 + (2+2) oder (2+2) + 3] oder 70 weisen auf die an einer Grenze oder am Ende liegenden Zeitabschnitte hin (wobei 50 oder 5 bisweilen einen entscheidenden Augenblick bezeichnen). Deshalb wird das Ende der um einen zentralen Gestus gruppierten Zeremonien meist durch die Zahlen 3 (=30), [5 (=50)] und 7 (=70) gekennzeichnet, die so den Rhythmus der Zeit angeben[27]. Man faßt nicht nur die im eigentlichen Sinne liturgischen Zeitabschnitte als rhythmisch geordnet oder als vollkommene Ganzheiten auf. Das gleiche gilt für die *historische* Zeit. Die Gelehrten sind überzeugt, bei der Rekonstruktion der Vergangenheit die richtige Zeitordnung gefunden zu haben, sobald sie die Ereignisse in den rhythmischen Rahmen einer Liturgie einpassen konnten.

Shun wurde, kaum daß er sein 30. Jahr vollendet hatte, der Minister des Yao. Mit 50 Jahren übte er die Regierungsgewalt aus, die ihm sein Meister nach einer neuerlichen Zeremonie anvertraut hatte. Nachdem er den Thron bestiegen hatte, war es nun an ihm, die Leitung des Reichs an einen Minister, der sein Nachfolger werden sollte, abzutreten. Nach einer (in den Gepflogenheiten des Hauswesens erhaltenen) Regel gibt ein Gebieter seine Herrschaftsgewalt mit 70 Jahren ab. Damit die Geschichte in allen Punkten stimmte, wäre noch zu berichten gewesen, daß Shun, wie dies vor ihm Yao getan hatte, seine Regierungsgewalt mit 70 Jahren abtrat, um dann noch über 30 in der Zurückgezogenheit vollendete Jahre zu verfügen (wie ja auch zu Beginn des Lebens die Zeit, die man von jedem Amt ledig verbringt, 30 Jahre beträgt), denn Shun lebte genau *100* Jahre, wie es sich für einen vollkommenen Herrscher gehört, dessen Einfluß sich auf *einhundert* Generationen seiner Nachkommen erstrecken sollte. Trotzdem wurde das Wesentliche bereits gesagt, weil auch dann, wenn diese letzte Angabe bei Shun, dessen Laufbahn im übrigen so ganz der Regel entsprach, fehlt, das tatsächliche Alter des Rücktritts, zumindest bei Yao, angegeben ist[28]. Denn der in sich geschlossene Zeitabschnitt, den eine Regierungszeit bildet, muß, so meinen zumindest die Historiker, ebenso eine rhythmische Ordnung spiegeln, wie dies eine vollständige Liturgie tut.

Der Regierung des Shun schrieb man mit Recht das Ebenmaß einer vollkommenen Liturgie zu. Wird doch von diesem Herrscher eine Großtat berichtet, mit der es ihm gelang, die Zeit zu erneuern. Er leitete die neue Zeit ein, indem er zuerst einmal das Zeremoniell einer Austreibung vollführte. Er verbannte dabei von schädlichen Einflüssen erfüllte Wesen an den Rand der Welt; es handelte sich bei diesen um die degenerierten Abkömmlinge, die schädlichen Überbleibsel von Herrscherhäusern, deren Zeit abgelaufen war. Denn jede überlebte zeitliche Ordnung muß in den fernen Regionen, in welchen der Raum an Dichte verliert, verklingen[29]. Zwei Herrschaftsbereiche dürfen nicht einfach durch eine gedachte Grenze getrennt nebeneinander bestehen bleiben; vielmehr muß ein sie scheidender Graben geschaffen werden. Ebensowenig ist es angängig, daß zwei Ären aufeinanderfolgen, ohne daß die Unterbrechung der Dauer bezeichnet wird. Denn sie stellen zwei verschiedene Zyklen dar, die nicht ineinander übergehen dürfen. Trotzdem wird ein abgelaufener Zyklus nicht einer endgültigen Vernichtung preisgegeben. Es muß lediglich verhindert werden, daß eine überlebte zeitliche Ordnung die geltende Ordnung verseucht.

Eine chinesische Dynastie versäumte niemals, wenn sie mit der Verkündung des zur Kennzeichnung ihrer Herrschaftsperiode bestimmten Kalenders ihren Herrschaftsantritt ankündigte, eine Anzahl der den Nachkommen der gestürzten Herrschaftshäuser bestimmten Lehen von ihrem eigenen Besitzstand abzusondern. Jene Abkömmlinge sollten in diesen *geschlossenen Bereichen* die für einen *abgelaufenen Zyklus* der Geschichte kennzeichnenden Regeln bewahren[30]. Ebensowenig zerstörte man die Altäre des Ackerbodens der gestürzten Dynastien; man beschränkte sich darauf, sie einzumauern[31]. Für die Erhaltung dieser »Zeugen« sprach die Annahme, daß auch für jene Kulturordnungen, deren Andenken, vielleicht könnte man sagen, deren Keim darin bewahrt wurde, das Glück sich wieder wenden würde.

Ähnliche Vorstellungen finden sich in den dem Ahnenkult zugrunde liegenden Regeln[32]. Nur die Ahnen, welche zu einer der *vier* Generationen gehören, welche der des Kultherrn unmittelbar vorausgehen, haben Anspruch auf einen Platz im häuslichen Ahnentempel. Sie sind dort durch Tafeln vertreten, die in quadratischen, nach den Himmelsrichtungen ausgerichteten Kapellen aufbewahrt werden. Diese Tafeln, durch welche die Erinnerung an sie bewahrt wird, tragen den persönlichen Namen der Verstorbenen. Keiner dieser Namen darf innerhalb der Verwandtschaft neu vergeben werden, so lange die Tafeln, auf welchen er erscheint, in einer Kapelle aufbewahrt werden. Stirbt jedoch der augenblickliche Kultherr, und ist der Tafel dieses neuen Ahnen ein Platz anzuweisen, so wird die den Namen seines Vorfahren in der vierten Generation tragende Tafel entfernt. Von da ab darf dessen Name wiederum einem in der Familie geborenen Kinde verliehen werden. Mit diesem Kind taucht erneut eine der Tugenden auf, die die Ordnung des Hauses regeln. Diese Tugend hatte sich in der Zurückgezogenheit des Ahnentempels erhalten, wo sie eine Art Zwischenaufenthalt zur Vorbereitung auf eine Wiedergeburt genommen hatte, indessen sich *vier* Generationen von Familienhäuptern bei der Ausübung der Macht ablösten.

Die Chinesen verfahren in derselben Weise, wenn sie Geschichte schreiben und die Vergangenheit ordnen. Sie nehmen an, daß von verschiedenen Tugenden beseelte Dynastien sich in zyklischer Reihenfolge an der Macht ablösen. Während eine von *fünf* Kräften, die eine Ära charakterisieren kann, herrscht, verbleiben die übrigen vier, die später wiederum auftauchen sollen, dank einer erneuernden Zeit der Enthaltsamkeit, bestehen. Die Vorstellung der zyklischen Wiederkehr der Fünf Herrschertugenden ist als Theorie erst seit dem 4.–3. Jahrhundert v. Chr. bezeugt. Schon damals verließ man sich ganz auf sie, als um die Rekonstruktion der nationalen Vergangenheit bemühte Gelehrte sie als Grundlage ihrer Arbeit benutzten[33]. Die dieser Vorstellung jedoch vorangehenden Empfindungen bilden bereits wesentliche Bestandteile alter Mythen. Als Shun die überlebten Tugenden (Kräfte) verbannte, schickte er sie an die Grenzen des

Kosmos, nicht, damit sie dort zugrunde gingen, sondern, so wird berichtet, damit sie dort Gelegenheit hätten, sich zu erneuern. Während er selbst, der eine neue, zur Herrschaft bereite Kraft verkörperte, im Mittelpunkt des von der Menschheit erfüllten Raumes von einer *quadratischen* Hauptstadt Besitz ergriff, wies er an den vier Grenzen des Raums für eine lange Zeit der Buße (ebenfalls genau) vier vorübergehend erschöpften Kräften einen Platz an[34].

Die Vorstellung von einer aus einer endlichen Zahl in sich vollkommener, endlicher Ären bestehenden Zeit entspricht einer Raumvorstellung, nach der eine Anzahl von Raumabschnitten sich zu einer in sich geschlossenen Welt verbindet. Beiden Vorstellungen liegt eine bundesstaatliche Gesellschaftsordnung zugrunde. Ein Oberherr, der die im Belehnungsrecht bestehende Macht besitzt, verfügt nicht über eine Majestät, kraft welcher er unumschränkte Vollmachten besäße. Er hat ebenbürtige Gefährten, die damit rechnen, ihrerseits die Herrschaft zu übernehmen. Die Kraft, die Zeit und den Raum zu beleben, wird nur für eine bestimmte Ära übertragen, deren Ende ab- und deren Wiederkehr vorauszusehen ist. Denn der Einfluß eines Herrschergeschlechts oder eines Fürsten ist den Gepflogenheiten der feudalen Gesellschaft unterworfen.

Für die Ären der Herrschaft sind die gleichen Emblemgruppen kennzeichnend wie für die Jahreszeiten und die Himmelsrichtungen. Geht die Vorstellung von ihrer zyklischen Abfolge *unmittelbar* auf den Rhythmus der Jahreszeiten zurück? Wenn man bedenkt, welche Bedeutung dem Begriff eines Mittelpunkts zukommt, der in den Vorstellungen von Raum und Zeit eine wichtige Rolle spielt, wird man dies kaum annehmen. Wird eine solche Vorstellung unter dem Gesichtspunkt der räumlichen Ausdehnung betrachtet, so entspricht sie dem Begriff einer Föderation. Andererseits ist sie offenbar an eine liturgische Vorstellung der zeitlichen Dauer geknüpft. Denn die liturgische Ordnung, die für eine Ära charakteristisch ist, und die einer wesentlich beschränkten ordnenden Kraft entspringt, scheint aus einer Art Ausstrahlungsmittelpunkt zu kommen, der in gleicher Weise durch die Verkündung eines Kalenders und die Einweihung einer Bundeshauptstadt geschaffen wird. Nicht ohne Kunstgriffe hat man die Vorstellung, daß kein Zeitabschnitt ohne einen Mittelpunkt denkbar ist, von eigentlich auf sozialen Gegebenheiten beruhenden Zeiteinheiten (z. B. den Ären) auf das Jahr übertragen, das ein konventionelles, doch auf empirischen Gegebenheiten beruhendes Zeitmaß darstellt. Diese Vorstellung ließ sich nur auf Grund einer vorgegebenen Beziehung zwischen den Vorstellungen von Raum und Zeit auf einen durch den Lauf der Sterne angegebenen Zeitabschnitt anwenden.

Einer alten Überlieferung nach[35] sollen, wie wir bereits hörten, die Herrscher ehedem zu periodisch wiederkehrenden Zeiten ihr Reich bereist haben, wobei sie in der Richtung des Sonnenaufgangs aufbrachen und sich so am Lauf der Sonne orientierten, daß die Abschnitte der Zeit genau mit den Abschnitten des Raums in Einklang kamen. Jene Herrscher waren nur alle fünf Jahre zu dieser Nachahmung des Sonnenlaufs verpflichtet. Sobald sie diese nur *jedes fünfte* Jahr zu vollziehende Gedenkfeier zur Verkündung des Kalenders begangen hatten, durften sie *vier* volle Jahre in ihrer Hauptstadt bleiben. Dabei markierten sie dann den Mittelpunkt des Raums, dessen äußere Grenzen sie zuvor umrissen hatten. Mit der Gründungsfeier einer neuen Ära legten sie gleichzeitig den Kreislauf der Jahreszeiten fest. Nur der Jahresmittelpunkt war bei ihrer Rundreise noch nicht bestimmt worden.

Einer anderen Tradition zufolge[36] verdient eine Stadt nur dann die Bezeichnung Hauptstadt, wenn sich in ihr eine *Ming-t'ang* befindet. Der Besitz einer *Ming-t'ang* ist eigentlich ein königliches Vorrecht und das Zeichen einer sicher begründeten Herrschaft. Sie stellt ein Haus des Kalenders dar, in dem man gewissermaßen eine Verdichtung des Kosmos zu erblicken hat. Das auf einem quadratischen Fundament – denn die Erde ist quadratisch – errichtete Gebäude wird von einem (wie der Himmel) runden Strohdach bedeckt. Alljährlich und das ganze Jahr über schreitet der Herrscher unter diesem Dach einen Kreis ab. Indem er seinen Platz in der jeweils in Frage kommenden Himmelsrichtung einnimmt, eröffnet er in steter Folge die Jahreszeiten und Monate. Wenn er sich im 2. Frühlingsmonat in Grün gekleidet genau im Osten aufstellt, so entspricht dies, da er sich weder im Ort noch im Emblem irren kann, einem zur Zeit der Frühlings-Tagundnachtgleiche vollzogenen Besuch des Ostens. Will der Fürst jedoch vermeiden, daß er niemals die zum Mittelpunkt gehörenden Insignien trägt, die seiner Würde eines Oberherrn entsprechen, so darf er nicht unablässig an der Peripherie vorwärts schreiten. Daher unterbricht er nach dem Ende des 3. Sommermonats die Arbeit, mit der er den verschiedenen Zeitabschnitten ihre besondere Eigenart zuweist. Er legt dann Gelb an, hält in seiner Nachahmung des Sonnenlaufs inne und stellt sich im Mittelpunkt der *Ming-t'ang* auf. Denn er muß diesen Platz des Königs einnehmen, wenn er den Raum beleben will. Während er im Mittelpunkt verweilt, scheint er von dort aus auch die Zeit zu beleben, denn damit hat er dem Jahr einen Mittelpunkt gegeben. – Damit der Herrscher als Mittelpunkt wirken konnte, mußte man zwischen dem 6. Monat, der das Ende des Sommers bringt, und dem 7., dem ersten Herbstmonat, eine Art Ruhezeit einschieben, die man mit einem Monat berechnet, obwohl ihr eine bestimmte Dauer nicht zugeschrieben wird[37]. Doch obgleich sie nur eine ideelle zeitliche Ausdehnung besitzt, und weder die zwölf Monate noch die Jahreszeiten schmälert, kommt ihr doch größte Bedeutung zu: Sie ist eine Entsprechung des ganzen Jahres, denn sie erscheint als dessen bewegende Kraft.

Die Zeit besteht aus einer zyklischen Abfolge von Ären, von denen eine jede, gleichgültig, ob es sich um dynastische Perioden, Regierungszeiten, Fünf Jahresabschnitte, ja auch nur Jahre handelt, mit einer heiligen Handlung verglichen werden muß; und eine jede Ära, sogar das einzelne Jahr, besitzt einen Mittelpunkt. Denn es läßt sich keine liturgische, zeitliche oder räumliche Ordnung vorstellen, die nicht, wenn ich mich so ausdrücken darf, als Garant eine Stelle hervorragender Kraftentfaltung aufweist, die, räumlich gesehen, im Mittelpunkt liegt. Diese Vorstellung ist der Ausdruck einer Entwicklung der gesellschaftlichen Organisation, die künftig am Ideal einer Stufenordnung und einer relativen Stabilität orientiert ist. Der Begriff eines Mittelpunktes, in dessen Bedeutung dieser Fortschritt zum Ausdruck kommt, ist alles andere als ursprünglich; er hat sich vielmehr an Stelle des Begriffs einer Achse durchgesetzt. Welche Bedeutung letzterem zukam, zeigt sich noch in den Kalendern der Lehenszeit, aus denen man ersieht, daß die an die beiden Sonnenwenden angrenzenden Tage sich besonderer Beachtung erfreuen[38]. Noch deutlicher offenbart sich diese Rolle in verschiedenen Mythen des Altertums. In diesen wird die Erinnerung an eine Zeit bewahrt, in welcher die Vorstellung einer hierarchischen Ordnung von Raum und Zeit allmählich an die Stelle einer einfach auf den Gedanken von Gegensatz und Wechsel beruhenden Darstellung des Kosmos und der Gesellschaft trat.

Yao, der weder daran dachte, das Reich zu bereisen, noch in einer *Ming-t'ang* zu wandeln, brachte die Welt in Ordnung, indem er einfach vier Delegierte der Astronomie an die vier Pole entsandte; Shun konnte seinerseits eine neue Ordnung aufrichten, indem er vier Verbannte auf vier an den Polen gelegene Berge schickte. – Die Abgesandten des Yao[39] waren die beiden Brüder Hsi und die beiden Brüder Ho. Hsi-ho ist die Sonne, oder richtiger die Mutter der Sonnen, von denen es zehn gibt (eine für jeden Tag der Zehnerreihe). Hsi-ho ist *einer*, wie er auch 10 ist; doch vor allem ist er *ein Paar*, denn die Mutter der Sonnen hat einen Gatten. Somit sind Hsi und Ho ein Astronomenpaar, ein komplexes Paar zwar, denn es gibt drei Hsi und drei Ho. Summiert ergeben sie allerdings nicht 6, sondern 4, sobald man sie auf die Jahreszeiten und Himmelsrichtungen bezogen hat. Yao hatte nämlich den beiden gegensätzlichen Chören absichtlich die Führer – den ältesten der drei Hsi und den ältesten der drei Ho – genommen, um sie als unmittelbare Verkörperungen seiner ordnenden Macht in der Hauptstadt zu behalten. Zusammen mit diesen beiden ältesten Brüdern bildet er eine den Mittelpunkt einnehmende, hehre Trias (Dreiheit). Weist man ihr den Zahlwert 1 zu, so besitzt das Quadrat mit ihr einen Mittelpunkt. Einer unverrückbar in der Mitte weilenden Sonne vergleichbar, weilt und erstrahlt dort die beherrschende Autorität des Fürsten, wobei sie sich gleichzeitig viergeteilt in den Himmelsrichtungen in der einem jeden Weltquadranten entsprechenden Erscheinungsform bekundet. Damit zerfällt das Jahr in *Abschnitte*, denen man den *Jahreszeiten* entlehnte Embleme zuordnen kann. Diese ausstrahlenden Abschnitte scheinen ihren Ursprung in einer beherrschenden Sonne zu haben, die sich unter vierfachen Aspekten verstrahlen muß, weil sie über die verschiedenen Abschnitte des Raums zu herrschen hat. Trotzdem weist eine wirkliche Sonnenfamilie sechs und nicht vier (oder fünf) Mitglieder auf, wie denn auch die ursprüngliche Aufteilung des Raums in der einfachen Gegenüberstellung zweier Reihen und nicht in einer quadratischen Anordnung bestanden hatte. Außer den Hsi und den Ho kennen wir noch andere Söhne der Sonne. Diese waren ebenso wie die letztgenannten sechs an der Zahl. Zudem wird berichtet, daß drei von ihnen den Mutterleib *zur Linken* (= Osten), drei *zur Rechten* (= Westen) verließen[40]. Genau wie die Hsi und die Ho scheinen die Verbannten des Shun[41], die in den Vier Himmelsrichtungen ihre Kräfte erneuern, anfänglich vier an der Zahl gewesen zu sein, obgleich auch sie zwei Dreierreihen bilden. Einer von ihnen heißt Drei-Miao. Die übrigen bilden ein Trio, welches in einer einflußreichen Persönlichkeit zwischen zwei Komparsen besteht. Diese ›Kun‹ genannte Persönlichkeit sollte in der Gestalt einer *dreifüßigen* Schildkröte im Fernen *Osten* (= links) auf einem Vogelberg herrschen. Gleichfalls auf einem Vogelberg, jedoch im Fernen *Westen* (= rechts) standen ihm gegenüber der Drei-Miao, eine *drei*körperige Eule. Weil sie den Lauf der Zeit gestört hatten, waren die Drei-Miao im Verlauf eines Tanzfestes von einem Heroen gebändigt worden, der mit dieser Tat – er tanzte dabei in einem Federkleid – den Thron errang[42]. Kun aber, der nur einen machtlosen Tanz vollführen konnte, wurde von Shun, dem er das Reich streitig gemacht hatte, geopfert[43]. Nun traten aber, einer Überlieferung zufolge, im Altertum bei den Tänzen die Ausführenden in Dreiergruppen zusammen[44]. Ein sehr aufschlußreiches Beispiel lehrt uns sogar, daß die zur Eröffnung einer neuen Ära begangenen Festlichkeiten in einem zwischen zwei Fürsten ausgetragenen rituellen Kampf bestanden, denen jeweils zwei Sekundanten zur Seite standen[45]. Sie vertraten zwei *komplementäre* Gruppen, zwei *Hälften* der Gesellschaft, die sich *im Turnus* in die Macht teilten[46].

Diese Regel des einfachen Wechsels erklärt die Gegenüberstellung der Akteure. Sie bildeten nicht ein Quadrat, sondern stellten sich auf dem Festplatz zu beiden Seiten einer die beiden Lager scheidenden Mittellinie auf. Eine Vorstellung von Zeit und Raum, wonach diese an einen Mittelpunkt gebundene Abschnitte bilden, von dem ihre Kraft, fort- und nebeneinander zu bestehen, ausgeht, machte es möglich, daß man die zur spezifischen Unterscheidung von Zeit- und Raumabschnitten notwendigen Embleme den Jahreszeiten und Himmelsrichtungen entlehnte. Das Bild beruht auf einer älteren Vorstellung, deren sämtliche Komponenten nicht etwa aus Sinneseindrücken einzelner Individuen oder aus der Beobachtung der Natur hergeleitet wurden; sie beruhen vielmehr ganz auf gesellschaftlichen Gepflogenheiten. Sie rühren von dem Tableau her, welches sich bei besonders festlichen Anlässen bot, wenn zwei Reihen von Tänzern sich in einem rituellen Turnier gegenübertraten. Ehe sich als eine Folge der Entwicklung der feudalen Politik auf dem Platz des Herrschers die Vertreter verschiedener Kräfte ablösten, die besonderen Aspekten von Zeit und Raum entsprachen, vollzog sich dieser Wechsel bei einem rituellen Zweikampf, der nacheinander die Vertreter zweier komplementärer Gruppen an die Macht brachte. Ein auf einfachem Gegensatz und einfachem Wechsel beruhender Zweierrhythmus bestimmte damals das Gefüge der Gesellschaft. Er äußerte sich gleichfalls in den paarigen Vorstellungen von Zeit und Raum.

Dieser einfache Rhythmus prägt sich im Leben der Gesellschaft auf Grund des regelmäßig wiederkehrenden Bedürfnisses nach Erneuerung aus. Der Raum besteht aus teils vollen, teils verdünnten Flächen; er leert sich und verschwindet dort, wo offenbar jedes soziale Leben fehlt; hingegen scheint er innerhalb der heiligen Einfriedung der Bundesversammlungen ungeschmälert vorhanden zu sein. Die Zeitdauer besteht aus starken und schwachen Zeitabschnitten. Auch sie scheint sich vollständig in die Zeiten der Festlichkeiten und Vollversammlungen zurückzuziehen. Die Worte *hui* und *chi* haben beide die Bedeutung ›Zeit‹, allerdings im Sinn von ›Ereignis‹; *chi* läßt vor allem an ›Vereinbarung‹ und ›Termin‹ denken, *hui* an ›Zusammenkunft‹ (bei Markt, Messe und Fest), ›Treffen‹ und ›Gesellschaft‹. In ungeschmälerter Dichte ist die Zeitdauer wirklich nur in den durch das gemeinschaftliche Leben bereicherten Anlässen ganz das, was sie ist, bei Anlässen, die aus dem Ablauf der Tage hervorragen, und bei denen die Zeit begründet wird.

Der Ort, den der Herrscher einem verfeinerten Ritual entsprechend in der Mitte der *Ming-t'ang* gewissermaßen als Angelpunkt des Jahres einnehmen muß, entspricht offenbar einer Ruhezeit, während der die Fürsten des Altertums sich ganz tief in ihre Behausung zurückziehen mußten[47].

Über die Dauer dieser Einkehr geben die verschiedenen Mythen eine unterschiedliche Auskunft. So heißt es, daß sie sich über 12 Tage erstreckte oder daß sie bereits am 7. Tag endete. Manches spricht dafür, daß die 6 oder 12 Tage der Einkehr entweder den Zwölf Haustieren oder den Zwölf Monatsemblem-Tieren geweiht waren[48]. Während dieser Tage widmete man sich rituellen Handlungen und Beobachtungen[49], die eine Voraussage (oder besser, eine *Bestimmung* mit Hilfe von Omen) des Erfolgs von Viehzucht und Feldbestellung erlaubten. So faßte man beispielsweise die zwölf Tage als Vorwegnahme der zwölf Monate des Jahres auf. Man erblickte in diesem privilegierten Zeitabschnitt eine Art *konzentrierter Zeit, die der Dauer des gesamten Jahres genau entsprach*. Die ihr zugeschriebene verschiedene Länge hat ihre Erklärung im Zusammenwirken zweier spekulativer Bestimmungen der Länge des Jahres und im Gebrauch eines Mond-Sonnen-Kalenders. Man setzte das Sonnenjahr mit 366 Tagen an; das religiöse Jahr umfaßte nur 360. Den zwölf Monden teilte man anfänglich 29 Tage zu (wobei der 15. Tag jeweils als Monatsmitte und als Tag des Vollmondes galt); später verlängerte man die Dauer von sechs Monaten auf 30 Tage. Die Gesamtdauer der 12 Mondperioden [(348 oder) 354 Tage] lag um 6 (oder um 12) Tage unter der des religiösen Jahres und um 12 (oder um 18) Tage unter der des Sonnenjahres. In der Praxis führte dies zur Annahme eines Systems von *Fünfjahreszyklen* und Schaltmonaten: In jedem Zyklus teilte man dem 1., 2. und 4. Jahr jeweils 12 Monate mit 354 Tagen, dem 3. und 5. Jahr hingegen 13 Monate mit 384 Tagen zu[50]. Trotzdem behielten im religiösen Leben die 12 ersten Tage des Jahres weiterhin eine ganz besondere Bedeutung[51].

Mit diesen wesentlich anders gearteten Tagen scheint die Begehung eines Festes verbunden gewesen zu sein, dessen Bezeichnung man als ›Fest der *langen (längsten)* Nacht‹ deuten kann. Eine solche Deutung setzte sich durch, sobald man darauf gekommen war, die Achse des Jahres durch die Sonnenwendtage zu legen, wobei man die Wintersonnenwende als Anfangspunkt nahm. Allerdings schwankt der Beginn des chinesischen Jahres grundsätzlich, haben doch die verschiedenen Dynastien zur unterscheidenden Abgrenzung ihrer Herrschaftsperiode ihre Insignien und ihren Kalender festgelegt, indem sie die Anfangsstunden, -tage und -monate bestimmten. Bemerkenswert ist aber, daß der Beginn des Jahres nur innerhalb der Monate der kalten Jahreszeit geschwankt hat. Das im Winter begangene Fest ist nicht von allem Anfang an ein Sonnenwendfest gewesen, denn sein Name kann auch den Sinn ›Fest der *längerwerdenden* Nächte‹ gehabt haben. Sicher ist, daß es alle typischen Merkmale eines Erntefestes trägt. Seine anfangs beachtliche Dauer wurde in der Praxis durch konkrete Termine, den Eintritt des Frostes und des Tauwetters, bestimmt[52]. Mit seinen einleitenden und beschließenden Zeremonien erstreckte sich das Festgeschehen über die ganze Zeit der Winterruhe, so daß zahlreiche Einzelriten sich davon abheben konnten. Man teilte diese dem 8. und 2. (oder 9. und 3.) Monat zu, wodurch Anfang und Ende einer durch die beiden Tagundnachtgleichen gelegten Achse des Jahres bezeichnet waren. Man suchte dann beim Verteilen der Zeremonien der Jahresliturgie sowohl die die Tagundnachtgleichen verbindende wie auch die durch die Sonnenwenden gelegte Achse zu berücksichtigen. So wurde schließlich für die Bestimmung des zeitlichen Rhythmus eine auf der Einteilung des Jahres in vier Jahreszeiten begründete liturgische Ordnung benutzt, die im Einklang mit einer Einteilung des Raums in Quadranten stand. Allerdings ist zu vermerken, daß das eine Ende der gekreuzten Linien nahezu von jeder religiösen Bedeutung frei blieb. Es entspricht der Sommerpause, die einfach eine Zeit der Ruhe und Enthaltsamkeit bildete. Eine ganz andere Bedeutung hatte hingegen die Winterruhe. Auch wenn sie sich tatsächlich nur über den Zeitraum von sechs oder zwölf Tagen erstreckt, entspricht sie offenbar der Zeit des gesamten Jahres.

Die Winterruhe gelangte zu solcher Bedeutung, weil sich in ihr schließlich die gesamte, von den Festlichkeiten der stillen Jahreszeit[53] ausgehende kraftvolle Wirkung ansammelte. Die stille Jahreszeit, die sich zwischen zwei wirkliche Jahre, zwischen zwei Perioden der Feldarbeit einschiebt, umschließt die einzige Zeit, die zählt und die eine Bezeichnung trägt. In ihr versammeln sich die nun nicht mehr durch die Feldarbeit verstreuten Männer in den Weilern und Dörfern. Es folgt dann auf eine eintönige, profane, aller großen Gefühle bare Zeit des selbstsüchtigen Strebens eine Zeit religiöser Erwartungen und schöpferischer Tätigkeit, die gemeinsam vollzogenen religiösen Übungen entspringt. In diesem einfachen Rhythmus wechselt – wie eine schwache Zeit mit einer starken – so auch eine Periode des Daseins in der Vereinzelung, während der das soziale Leben nur latent weiterbesteht, mit einer Periode der Zusammenkünfte ab, die in vollem Umfang der Wiederherstellung sozialer Bande gewidmet ist. Dieser Rhythmus entspricht nicht direkt dem Rhythmus der Jahreszeiten. Wenn es scheint, daß er von all den natürlichen Bedingungen abhängt, die das Leben einer vorwiegend ländlichen Gesellschaft beeinflussen, so deshalb, weil die Zeit des Jahres, während der die Erde menschliche Arbeit zurückweist, diejenige ist, während der die Menschen sich am bequemsten nichtprofanen Interessen hingeben können. Das Zeichen und die Gelegenheit wird von der Natur gegeben. Das Bedürfnis aber, das bewirkt, daß das Zeichen verstanden und die Gelegenheit wahrgenommen wird, hat seinen Ursprung im gesellschaftlichen Leben selbst. Eine Gesellschaft vermag nur dann fortzubestehen, wenn sie sich erneuert. Die Chinesen sind zur Einsicht gekommen, daß die zeitliche Dauer nicht ohne periodische Erneuerung weiterbestehen kann, weil sie selbst den Drang verspürten, sich bei periodisch wiederkehrenden Gelegenheiten zu treffen. Sie stellten sich vor, daß vergleichbar den in der stillen Jahreszeit begangenen Festen, bei denen die Gemeinschaft ihre Lebenskraft erneuerte, alljährlich auch eine Erneuerung der Zeit notwendig sei. Die eigentliche Vorstellung eines jährlichen Zyklus sowie das Bemühen, dessen Entsprechung in der Natur aufzudecken, lösten den Wunsch aus, hinfort alle Äußerungen des sozialen Lebens von einem äußeren Zeichen abhängig zu machen, das von den natürlichen Erscheinungen gegeben wurde. Doch waren im Altertum die während der stillen Jahreszeit begangenen Feste im Grunde nur der Ausdruck menschlicher, eigentlich sozialer Bedürfnisse[54]. Dies zeigt sich darin, daß sie nicht in erster Linie ein gutes oder ein günstiges Jahr gewährleisten, wohl aber den Fortbestand des sozialen Verbandes sicherstellen sollten. In dieser Absicht setzte dieser Verband alle ihm verfügbaren Kräfte ein. Er verausgabte alles und er verausgabte sich ganz: Lebende und Verstorbene, Wesen und Dinge, Besitz und Erzeugnisse aller Art, Menschen wie Götter, Frauen und Männer, Jung und Alt beteiligten sich dann an einer herben, belebenden Orgie. Während der Turniere, die dieser totalen Vereinigung vorangingen, sollten vor allem in jeder nur erdenklichen Weise die Abgeschiedenen und die Lebenden, die Alten und die Jungen, die gesamte Vergangenheit mit der ganzen Zukunft in Berührung kommen. So bahnte sich zwischen den Generationen ein Zusammenhalt an, der auch der Zeit zustatten kam – derart, daß ihre *Erneuerung* scheinbar einer *Verjüngung* gleichkam. So betrachtet, war es denkbar, daß man das Fest beging, um das neue Jahr einzuweihen und den Erfolg des kommenden landwirtschaftlichen Jahres zu begründen. Doch ertönten zum Beschluß des Festes von Mund zu Mund weitergegebene Hochrufe: »Zehntausend Jahre! Zehntausend Jahre!«[55] Wenn das Fest für Fürsten begangen wurde, in deren Macht es lag, die Dinge fort- und nebeneinander bestehen zu lassen, schienen diese Hochrufe dem Beifall bei einer Thronbesteigung, einem dynastischen Anliegen, der Eröffnung einer Ära zu entsprechen. Ebenso bewirkten sie, wenn man sich ihrer beim Vorschlag eines Fürsten bediente, daß in seiner Person eine mit der Hoffnung grenzenloser Fortpflanzung verbundene Lebenskraft sich ansammelte[56]. Ehemals, als das Fest der langen Nacht noch mit der winterlichen Zusammenkunft einer ländlichen Gemeinschaft identisch war, bekundete sich im Ruf: »Zehntausend Jahre!« vor allem das Vertrauen eines Geschlechts in den Erfolg seines Schaffens, der, endlos erneuert, der menschlichen Gesellschaft gewissermaßen ewigen Bestand sicherte. Die leere und schwache Zeit des Alltags erfüllte sich während der in der stillen Jahreszeit abgehaltenen Zusammenkünfte mit lebendiger Wirklichkeit. Unter dem Druck einer Mischung aus Erinnerung und Hoffnung entfaltete sich in ihr jene verwirklichende Kraft, die einem durch gemeinsames Tun erhöhten Begehren entspringt. Die ganze Vergangenheit, die ganze Zukunft, die gesamte Zeit (wie auch der gesamte Raum) schienen sich bei heiligen Anlässen (die an heilige Orte gebunden waren) zu verdichten, wenn es dem menschlichen Verband gelang, sich als dauernde und *totale* Einheit zu begreifen.

In Kulturen, in welchen sich die Stärke des gesellschaftlichen Lebens niemals abschwächt, scheint ein wesentliches Merkmal der Zeit in ihrer Kontinuität zu liegen. Das zur Zeit der winterlichen Einkehr zu höchster Intensität angefachte soziale Leben der alten Chinesen ging plötzlich auf ein Mindestmaß zurück, wenn sich die Menschen bei der Wiederaufnahme profaner Arbeit erneut zerstreuten. Darin liegt die Erklärung dafür, daß Zeit (und Raum) ihre volle Dichte nur in den Zeiten (und an den Orten), die den Zusammenkünften und Festen vorbehalten sind, besitzen. Die auf volle Raumabschnitte bezogenen starken Zeitabschnitte wechseln mit schwachen Zeitabschnitten ab, die auf leere Raumabschnitte bezogen sind. Aus der Notwendigkeit einer rhythmischen Erneuerung des sozialen Gefühls kam die Vorstellung auf, daß Raum und Zeit eine beiden gemeinsame rhythmische Anlage besitzen. Diese Anlage, die auf der zwischen den Zeiten der Zerstreuung und der Sammlung bestehenden Antithese begründet ist, fand anfänglich ihren Ausdruck in einfacher Gegenüberstellung und einfachem Wechsel, wobei die Darstellung von Raum und Zeit von allem Anfang an mit dem Gefühl eines Wertunterschieds zwischen zwei verschieden beschaffenen Räumen und Zeiten verbunden war.

Im übrigen besaßen zeitliche Dauer und räumliche Ausdehnung nur dort vollen Wirklichkeitswert, wo sie eine soziale Ordnung erfüllte, die sie der Notwendigkeit einer ständigen Neuschöpfung unterwarf; dabei schienen sie in einer Art Mittelpunkt ihren Ursprung zu nehmen. Räumliche Vorstellungen vermochten so auf zeitliche zurückzuwirken, durch die sie anfänglich selbst geprägt worden waren. Zu dem Gedanken, daß den verschiedenen Raum- und Zeitabschnitten ein unterschiedlicher Wert zukam, gesellte sich die Vorstellung, daß Zeit- und Raumabschnitten unterschiedliche Wesenheiten zukamen. Diese Entwicklung vollzog sich, sobald für die Vorstellung des Raums nicht mehr das Schauspiel zweier aus sich gegenübertretenden Reihen bestehender Lager, sondern das einer quadratischen Aufstellung maßgebend wurde, wobei die die Parteien scheidende Mittellinie zu dem vom Fürsten eingenommenen Mittelpunkt schrumpfte. Der letztgenannten Anordnung liegt eine größere Kompliziertheit der Gesellschaftsstruktur zugrunde. Sie beruht nicht mehr auf einer Scheidung zweier, wechselweise die Macht ausübender, komplementärer Gruppen, sondern auf einer bundesstaatlichen Organisation. Aufgabe des am Schnittpunkt der Einflüsse stehenden Oberherrn, dessen Macht den Bund regiert, scheint es zu sein, Auseinanderstrebendes zusammenzufassen. Im Verlauf der Bundesfeste tritt diese Verschiedenheit auf die vier Quadranten verteilt in Erscheinung; deshalb sind die ihr entsprechenden Embleme den Himmelsrichtungen entlehnt. So wird der Raum in einzelne nach den Himmelsrichtungen ausgerichtete Raumabschnitte gegliedert; gleichzeitig damit scheint die Zeit in einzelne Abschnitte zu zerfallen, die mit Attributen der Jahreszeiten ausgestattet sind. Wenngleich innerhalb eines Bundes die Gruppen sich nicht mehr nach dem Rhythmus in der Macht ablösen, der für zwei komplementäre Gruppen geeignet erscheint, so bleibt das Prinzip der wechselweisen Ablösung doch weiterhin in der Organisation des Lehensstaates wirksam. Darum auch scheint die Zeit sich aus zyklisch ablösenden Ären zusammenzusetzen, die man wiederum als in sich geschlossene Zyklen auffaßt. Damit findet die Theorie der *Fünf* Herrschertugenden ihre Erklärung, von denen eine jede bald die zentrale Befehlsstelle einnimmt, bald an einer der vier Grenzen des Reichs zur Einkehr verpflichtet ist. Nachdem aber der Raum auf Grund seiner Einteilung in Quadranten der Zeit einen Fünferrhythmus aufgeprägt hat, muß er diesem Rhythmus selbst gehorchen. So erklärt sich die Einteilung des Raums in fünf ineinandergeschachtelte Quadrate, die nach dem Grad ihres Zusammenhalts hierarchisch gestufte Raumabschnitte darstellen; der Grad der Verbundenheit eines jeden Abschnitts (mit dem Mittelpunkt) bekundet sich in einer charakteristischen Häufigkeit, mit welcher er jeweils der Erneuerung bedarf.

Den Chinesen lag in keiner Weise daran, Zeit und Raum als zwei zur Unterbringung abstrakter Begriffe geeignete, gleichförmige Medien zu begreifen. Vielmehr haben sie Raum und Zeit in *fünf* große Abteilungen gegliedert, auf die sie die Embleme aufteilen, welche die unterschiedliche Beschaffenheit von Örtlichkeiten und Anlässen kennzeichnen. Eine solche Vorstellung gab ihnen den Rahmen für eine Art allesumfassender Kunst. Auf einem Wissensschatz aufbauend, der uns durchaus als scholastisch anmutet, scheint diese Kunst geeignet zu sein, einfach durch die Anwendung wirksamer Embleme eine an der Ordnung der Gesellschaft orientierte

Ordnung der Welt zu verwirklichen. Die Chinesen haben es ferner vermieden, Raum und Zeit als zwei voneinander unabhängige Begriffe oder Gegebenheiten aufzufassen. Sie sehen in ihnen einen Komplex von *Rubriken*, die als wirkende Zusammenordnungen, als konkrete Gruppierungen aufgefaßt werden. In den Beziehungen dieser Rubriken untereinander erkennen sie sehr wohl einen sinnvollen Zusammenhang, dem ein Ordnungsprinzip zugrunde liegt, das identisch ist mit dem Bewußtsein von der Wirksamkeit des Rhythmus. Die sich in der Organisation der Gesellschaft bekundende Wirksamkeit scheint für die Ordnung des Denkens ebenfalls von nicht minderem Nutzen zu sein. – Wir werden sehen, daß dieses gleiche Empfinden von der universellen Wirkkraft des Rhythmus der Vorstellung vom Yin und Yang zugrunde liegt.

Zweites Kapitel Yin und Yang

Die Begriffe Yin und Yang beherrschen die chinesische Philosophie (zumindest soweit uns ihre Geschichte bekannt ist)[1]. Alle Interpreten sind sich darin einig. Alle auch behandeln diese Embleme mit einem gewissen Respekt, den man philosophischen Termini entgegenbringt, der aber auch bedingt, daß man sie als Ergebnis spekulativen Denkens auffaßt. In ihrem Bestreben, Yin und Yang bei Unterstellung einer scharf umrissenen Bedeutung, wie sie anscheinend spekulativ gewachsenen Begriffen angemessen ist, zu erklären, beeilen sie sich, diese chinesischen Symbole mit Hilfe von Ausdrücken näher zu bestimmen, die sie der präzisen Sprache westlicher Philosophen entlehnt haben. So behaupten sie bald einhellig, daß Yin und Yang *Kräfte* darstellten, bald, daß es sich bei ihnen um *Substanzen* handle. Jene Interpreten, die sie als Kräfte verstehen – und zu dieser Meinung bekennen sich im allgemeinen die zeitgenössischen chinesischen Kritiker – finden es besonders reizvoll, diese uralten Embleme mit den Symbolen zu vergleichen, deren sich die moderne Physik bedient[2]. Andere wiederum – Europäer – wenden sich gegen diese anachronistische Deutungsweise[3]. Sie behaupten daher, daß Yin und Yang (ganz im Gegenteil) Substanzen seien – ohne sich die Frage vorzulegen, ob es in der Philosophie des Alten China die leiseste Andeutung für eine Unterscheidung zwischen Substanzen und Kräften gibt. Unter Berufung auf ihre eigene Definition unterstellen sie dem chinesischen Denken, daß es zu einem substantialistischen Dualismus tendiert habe, und sie gehen daran, das Tao als den Begriff einer obersten Gegebenheit, die mit einem göttlichen Prinzip zu vergleichen wäre, zu entschleiern[4].

Um jede einseitige Stellungnahme zu vermeiden, ist es angezeigt, zu überprüfen, wie die Ausdrücke *yin* und *yang* im Altertum gebraucht wurden – wobei wir jede pedantische Zeitbestimmung vermeiden und der Gefahr, das Fehlen einer Gegebenheit als Beweis zu nehmen, eingedenk sein wollen. Der chinesischen Überlieferung zufolge geht die Vorstellung vom Yin und Yang auf die ersten Astronomen zurück[5]: Tatsächlich werden diese Symbole in einem Kalender erwähnt, dessen Geschichte wir vom 3. Jahrhundert vor der Zeitwende an verfolgen können[6]. Heute ist es Mode, zu behaupten, den Gedanken, Yin und Yang als metaphysische Begriffe zu deuten, hätten zuerst die Theoretiker der Orakelkunst gehabt, weil diese Ausdrücke recht häufig in einem kleinen Werk über die Orakelkunst vorkommen. Diese Abhandlung galt lange Zeit als Werk des Konfuzius (Anfang des 5. Jahrhunderts vor der Zeitwende). Heute wird man es eher dem 4.–3. Jahrhundert zuweisen[7]. Zu allen Zeiten haben die Musiktheoretiker ihre Überlegungen auf dem Motiv einer dem Yin und Yang zugeschriebenen zusammenstimmenden (*tiao*) Wirkung aufgebaut. Es ist dies auch ein Motiv, welches Chuang-tzu, ein Autor des 4. Jahrhunderts, dessen Denken aus taoistischem Gedankengut schöpft[8], gerne verwendet. Ein knapper, doch eindeutiger Hinweis auf diese zusammenstimmende Wirkung findet sich auch in einem Passus des *Mo-tzu*[9], dessen Lehre, wie die des Konfuzius, an eine humanistische Denktradition anknüpft. Sein Werk geht auf das Ende des 5. Jahrhunderts v. Chr. zurück. Zu erwähnen ist noch, daß die Ausdrücke *yin* und *yang* in der geographischen Nomenklatur eine Rolle spielen, die, zumindest im Fall heiliger Stätten, sicher von religiösen Vorstellungen beeinflußt war. – Von der sich vom 5. bis zum 3. Jahrhundert erstreckenden Zeit an ist festzustellen, daß die Symbole Yin und Yang von Theoretikern ganz verschiedener Richtungen gebraucht werden. Diese sehr allgemeine Verwendung legt den Schluß nahe, daß diese beiden Symbole auf Begriffe hinweisen, welche einen gewaltigen Komplex von Verfahren und Lehren beeinflußt haben.

Dies bestätigt sich, sobald man sich entschließt, im *Shih-ching* (Buch der Lieder) die Gebrauchsweise der Worte *yin* und *yang* zu überprüfen. In der Annahme, daß es sich hier nur um einen volkstümlichen, jeder philosophischen Bedeutung baren Wortgebrauch handle, werden diese Stellen gewöhnlich nicht berücksichtigt. Doch bietet das *Shih-ching* bei einer Untersuchung von Ausdrücken und Begriffen die sicherste Grundlage, ist doch diese Gedichtsammlung, die nicht später als im 5. Jahrhundert vor der Zeitwende kompiliert worden sein kann, jenes unter den Zeugnissen des Altertums, das den Interpolationen am besten widerstanden hat. In der Sprache des *Shih-ching* verbindet sich mit dem Wort *yin* der Gedanke an kaltes und trübes Wetter[10], an einen wolkenbedeckten Himmel[11]; es bezeichnet das Innere (*nei*)[12] und wird beispielsweise für die dunkle und kühle Kammer gebraucht, in der man während des Sommers das Eis aufbewahrt[13]. Das Wort *yang* weist auf die Vorstellung des Sonneneinfalls[14] und der Wärme hin[15]; es kann auch zur Charakterisierung der männlichen Erscheinung eines sich heftig bewegenden Tänzers verwendet werden[16]; es charakterisiert Frühlingstage, während deren die Sonnenwärme allmählich stärker spürbar wird[17], wie auch den 10. Monat des Jahres, in dem die winterliche Ruhezeit beginnt[18]. Die Worte *yin* und *yang* weisen auf antithetische und konkrete Aspekte der Zeit hin[19]. Ebenso weisen sie auf konkrete und antithetische Aspekte des Raums hin. *Yin* ist die Bezeichnung der beschatteten Hänge (des Nordhangs eines Berges, und Südufer eines Flusses)[20]; *yang* ist ein Ausdruck für die besonnten Hänge (nördliches Flußufer, Südhang eines Berges)[21], eine gute Lage für eine Hauptstadt[22]. Wenn nämlich der Ort für die Anlage einer Stadt bestimmt werden sollte, dann prüfte der mit heiligen Insignien bekleidete Gründer zuerst die verschiedenen Lagen und befragte dann das Orakel. Deshalb wird diese Untersuchung ›Prüfung des Yin und des Yang‹ (oder, wenn man übersetzen will, die Prüfung der beschatteten oder besonnten Hänge) genannt[23]. Wir sollten hier wohl darauf hinweisen, daß der im *Shih-ching* als *yang* bezeichnete 10. Monat des Jahres der ist, in dem die Sitte den Beginn der Bauarbeiten vorschrieb; die Annahme liegt nahe, daß man dann einen Ort auswählte. Während der ersten Frühlingsmonate sollen die Baulichkeiten fertiggestellt und wahrscheinlich eingeweiht[24] werden. Auch für diese Tage ist die Bezeichnung *yang* angebracht. Diese ältesten und sichersten aller vorhandenen Zeugnisse sollten nicht übersehen werden. In ihnen kommt der konkrete Bedeutungsreichtum der Ausdrücke *yin* und *yang* zum Ausdruck. Offenbar benutzte man diese Symbole bei verschiedenen Verfahren; stets aber handelte es sich um rituelle Verfahren, die Teil einer allesumfassenden Wissenschaft sind. Wichtigkeit und Alter dieser Wissenschaft wurde bereits bei der Analyse der Vorstellungen von Zeit und Raum angedeutet. Ihr Zweck ist die religiöse Nutzung von Örtlichkeiten und Gelegenheiten; Liturgie und Zeremoniell unterstehen ihr ebenso wie die Feldmeß- und Zeitmeßkunst.

Diese Wissenschaft ist die Grundlage aller sogenannten Orakelverfahren. Es überrascht daher nicht, auch wenn wir den Zufall berücksichtigen, der bei der Erhaltung der Dokumente eine Rolle spielte, daß sich die ältesten *bekannten* Darlegungen über das Yin und das Yang im *Hsi-tz'u* finden, einer kleinen, dem *I-ching* (dem einzigen Orakelhandbuch, das nicht verloren gegangen ist) einverleibten Abhandlung. Ebensowenig verwundert es, wenn der Verfasser des *Hsi-tz'u* vom Yin und Yang spricht, ohne diese Ausdrücke zu definieren[25]. Tatsächlich braucht man den Text nur vorurteilslos zu lesen, um zu spüren, daß der Verfasser auf allgemein bekannte Begriffe Bezug nimmt. Es wird sich sogar herausstellen, daß der einzige Aphorismus, in dem die Begriffe *yin* und *yang* so gebraucht werden, daß wir eine Ahnung davon erhalten, wie ihr Verfasser die Symbole empfand, die Gestalt einer fertigen Formel, einer richtigen überlieferten Redensart aufweist – und gerade deshalb können wir hoffen, eine richtige Deutung dieses Aphorismus zu finden. »Ein (Mal) *yin*, ein (Mal) *yang* (*i yin i yang*), *das ist das Tao*!«[26], heißt es im *Hsi-tz'u*. Bei diesem Sprichwort muß man so gut wie alles erraten. Mit der wörtlichen Übersetzung läuft man Gefahr, seine Bedeutung zu entstellen, und in der soeben gegebenen äußert sich bereits eine Tendenz, nämlich die Deutung: »Eine Zeit des *yin*, eine Zeit des *yang* ...« Man darf wohl annehmen, daß ein an der Orakelkunst interessierter Autor die Dinge unter dem Gesichtswinkel der Zeit betrachten wird; trotzdem könnte der Ausdruck an sich ebensogut mit: »Eine (*Seite*) *yin*, eine (*Seite*) *yang* ...« wiedergegeben werden. Was wir bereits über den Zusammenhang der Vorstellungen von Raum und Zeit erfahren haben, läßt uns aber beide dieser einseitigen Interpretationen verwerfen. Man darf annehmen, daß sowohl der Gedanke eines Wechsels wie auch eines Gegensatzes gleichzeitig dadurch nahegelegtwird, daß man die Embleme Yin und Yang und Tao zueinander in Beziehung setzte. Doch damit nicht genug, allein schon durch die Transskription wird eine Deutung gegeben, insofern sie die Verwendung von Groß- und Kleinbuchstaben bedingt. Soll es heißen:

»Erst das Yin, dann das Yang Hier das Yin, dort das Yang	das ist das Tao!«.

oder aber

»Einmal yin, einmal yang Einerseits yin, andererseits yang	das ist das Tao!«

Handelt es sich um sich gegenseitig ablösende *oder* bekämpfende Substanzen oder Kräfte (oder sagen wir vorsichtiger: Prinzipien)? Oder handelt es sich um gegensätzliche *und* wechselweise wirksam werdende Aspekte? Mit dem Versuch, sofort die Bedeutung des Wortes *tao* zu bestimmen, ist jedoch nichts zu erreichen, denn aus dem *Hsi-tz'u* erfahren wir nur, daß das Wort auf einen Begriff hinweist, der mit den Gedanken *i* (Wandlung), *pien* (zyklischer Wechsel) und *t'ung* (gegenseitige Durchdringung) zusammenhängt. Es bleibt uns nur ein einziger Ausweg: Der Aphorismus im *Hsi-tz'u* ist seiner Form wegen bemerkenswert; es steht also zu hoffen, daß man seinen Sinn durch einen Vergleich mit ähnlich gebauten Wendungen gewinnt.

Im *Hsi-tz'u* finden sich noch zwei derartige Wendungen. Am Anfang der Abhandlung kommt ein Passus vor, in dem die genaue Entsprechung dargestellt werden soll, die zwischen den Vorgängen beim Orakelnehmen und den Wirkungen der Natur besteht. Dem Aphorismus »*ein* (Mal) *kalt*, *ein* (Mal) *warm*« oder »*eine* (Zeit der) *Kälte*, *eine* (Zeit der) *Wärme*«, geht unmittelbar eine Formulierung voraus, in der vom Kreislauf der Sonne und des Mondes die Rede ist. Ihm folgt der Hinweis, daß das Tao unter dem Aspekt des *ch'ien* (*ch'ien tao*) das Männliche und unter dem Aspekt des *k'un* (*k'un tao*) das Weibliche bildet[27]. Die gesamte Überlieferung faßt *ch'ien* und *k'un* [welche als volle oder gebrochene Linien die ursprünglichen Orakelsymbole darstellen] als graphische Darstellung des Yang und des Yin. An einer anderen Stelle im *Hsi-tz'u* wird *k'un*, das weibliche Symbol, mit einer geschlossenen Tür verglichen [das Weibchen verbirgt sich und sein Inneres (*nei*) birgt das Embryo] und *ch'ien*, das männliche Symbol, mit der sich öffnenden Tür [das Männliche greift um sich und stellt sich dar; es bringt hervor und wächst (*sheng*); es wirkt nach außen (*wai*)] [28]. Wozu der Autor ergänzt: »*Ein* (Mal) *geschlossen*, *ein* (Mal) *geöffnet*, das ist der Zyklus der Evolution (*pien*)! Ein endloses Kommen und Gehen (*wang-lai*), das ist die gegenseitige Durchdringung (*t'ung*)!« [29] Ein Vergleich dieser Formeln miteinander legt die Vermutung nahe, daß die Begriffe Yin und Yang Teil eines vom Gedanken des Rhythmus beherrschten Vorstellungskomplexes sind. Man hat sogar das Gefühl, daß zum symbolischen Ausdruck dieses Gedankens *jedes Bild* hätte dienen können, welches zwei *antithetische Aspekte* wiedergibt.

Eine damit zu vergleichende Formulierung findet sich im *Kuei-tsang* – wie ein seit langem verlorenes Orakelhandbuch heißt[30]. Es ist sehr wahrscheinlich, daß das *Kuei-tsang* noch erheblich engere Beziehungen zur alten religiösen Überlieferung besaß als das *I-ching*. Soweit wir auf Grund der uns daraus erhaltenen Fragmente schließen können, enthielt es eine Fülle mythologischer Motive[31]. So sind uns zwei Passus erhalten, in welchen von Hsi-Ho die Rede ist. Die zur Han-Zeit geltende Tradition[32] schrieb den Astronomen Hsi und Ho die Erfindung des Yin und Yang zu. Doch wissen wir bereits, daß Hsi-ho die Mutter der Sonnen oder die Sonne selbst darstellt, in welcher Eigenschaft sie im *Kuei-tsang* in poetischer Form erwähnt wird. Darin wird ihr Aufstieg innerhalb des Hohlen Maulbeerbaums, der die Residenz der Sonne und des Königs ist und der im Tal des Sonnenaufgangs (*yang*) steht, beschrieben[33]. Dort bewirkt, so heißt es, Hsi-ho »*durch sein Eintreten und Hervortreten Finsternis und Licht* (*hui ming*)«. Und an anderer Stelle heißt es im *Kuei-tsang*: »Sieh, wie er gen Himmel steigt – (eine Zeit) des *Lichts*, eine (Zeit der) *Dunkelheit* (*I ming, i hui*) – das ist der Sohn der Hsi-ho – der aus dem Tal des Sonnenaufgangs *hervortritt*!« Diese beiden Fragmente verdienen Beachtung, beleuchten sie doch den mythischen Hintergrund und die enge Entsprechung des Kommens und Gehens (offene und geschlossene Tür, Eintreten und Hervortreten) und des Gegensatzes von Schatten und Licht. Sie zeigen ebenfalls, daß wir es mit stereotypen Formeln, mit hochpoetischen Sprüchen zu tun haben.

Ich habe bereits früher gezeigt, daß diese überkommenen Redensarten einer Art symbolischen Entsprechung wegen Beachtung verdienen, die bewirkt, daß mit der Nennung der einen Formel auch die parallele Form anklingt. Die sprichwörtliche Wendung

»i ming, i hui«	erst das Licht, dann die Finsternis! hier das Licht, dort die Finsternis!

– die nach Form und Bedeutung (zumindest wenn man sich auf die ursprünglichen Bedeutungen der Ausdrücke *yin* und *yang* besinnt) dem Aphorismus im *Hsi-tz'u*

»i yin, i yang«	erst der Schatten, dann das Sonnenlicht! hier das Beschattete, dort das Besonnte!

ähnlich ist – kommt auch unverändert in einem Passus des *Chuang-tzu* vor.

Er steht dort [wie im *Hsi-tz'u* der Aphorismus »*Eine* (Zeit der) *Kälte*, *eine* (Zeit der) *Wärme*«] neben einer Formulierung, in der auf den Kreislauf von Sonne und Mond hingewiesen wird. Chuang-tzu zielt in dieser Erörterung, die keine spezifisch taoistischen Züge trägt, ausdrücklich auf eine Beschreibung der Wirkungsweise von Yin und Yang ab[34]. Noch ausführlicher redet er von dieser an einer anderen Stelle[35], wo gleichgestaltete sprichwörtliche Wendungen gehäuft vorkommen: »Eine (Zeit der) Fülle, eine (Zeit der) Schwäche . . . eine (Zeit der) Verfeinerung, eine (Zeit der) Vergröberung . . . eine (Zeit des) Lebens, eine (Zeit des) Todes . . . eine (Zeit des) Darniederliegens, eine (Zeit der) Auferstehung . . .« Chuang-tzu bedient sich dieser sprichwörtlichen Wendungen in großer Zahl in einem sehr poetischen Text, worin er eine antike Symphonie mit Worten wiederzugeben versucht (es ist leicht möglich, daß er deren Textbuch benützt hat); genau diese Symphonie hatte eine Beziehung zum Mythus von Hsi-ho. In ihr wurde der Heilige Teich besungen, in dem die Mutter der Sonnen allmorgendlich die Aufgehende Sonne badet[36].

Eine der in einem solchen Gedicht vorkommenden Wendungen verdient unsere besondere Aufmerksamkeit. Es handelt sich um die Wendung: *»I ch'ing, i chuo«*. Ich habe sie mit »eine (Zeit der) Verfeinerung, eine (Zeit der) Vergröberung« wiedergegeben. *Ch'ing* vermittelt den Gedanken des Reinen und Feinen, *chuo* den Gedanken des Vermischten, Schweren. Diese gegensätzlichen Ausdrücke erinnern an das Bild der Hefe, die sich unter der klaren Flüssigkeit eines gegärten Getränks absetzt. Sie erscheinen geeignet, die beiden antithetischen Aspekte von dem, was wir Stoff oder Substanz nennen würden, zu bezeichnen. Doch werden mit *chuo* auch die dumpfen, unreinen Klänge, die tiefen Töne, mit *ch'ing* hingegen die hellen und reinen Klänge, die schrillen und hohen Töne charakterisiert[37]. Darum ist die Redensart wohl dahingehend zu verstehen, daß sie gleichzeitig bedeutet:

hier Feines, dort Schweres
erst Hohes, dann Tiefes.

Wenn Chuang-tzu nämlich, in der Absicht, die Beschaffenheit aller Dinge zu offenbaren, unter reichlicher Verwendung überkommener Redensarten eine Art kosmischer Symphonie schreibt, scheint er tatsächlich nicht im leisesten daran zu denken, zwischen Stoff und Rhythmus einen Unterschied zu machen[38]. Er denkt keineswegs daran, Kräfte und Substanzen als voneinander unabhängige Gegebenheiten gegenüberzustellen; er mißt keinem Prinzip irgendeine transzendente Geltung bei, sondern er beschränkt sich vielmehr auf eine Auswahl kontrastierender Bilder. Nun folgt aber auf die Wendung *»i ch'ing, i chuo«* eine Formel (die ebenfalls eine musikalische Metapher sein dürfte), die in erster Linie als eine Art Zusammenfassung zu verstehen ist: »Yin und Yang stimmen zusammen (*tiao*) und harmonieren (*ho*).«[39] Soweit die Formulierung, die Chuang-tzu nach Aufzählung einiger Gegensätze gebraucht, die über die rhythmische Anlage des Kosmos Aufschluß geben. Die Antithese des Yin und des Yan ist offenbar (wahrscheinlich, weil sie besonders eindrucksvoll ist) [40] dazu geeignet, auf jeden möglichen Gegensatz hinzuweisen. Daher rührt auch die Bereitschaft, in jedem Gegensatz eine Antithese von Yin und Yang zu sehen, die offensichtlich das Wesen eines jeden Gegensatzes ausdrückt. Diese Antithese ist in keiner Weise die zweier Substanzen, zweier Kräfte oder zweier Prinzipien, sondern die zweier Embleme, die alle übrigen an Suggestivkraft übertrifft. Sie verweisen auf alle anderen paarigen Embleme. Und sie weisen so machtvoll auf sie hin, daß sie diese anscheinend sogar *hervorrufen*, und zwar sowohl die Embleme als auch deren Paarung. Darum schreibt man dem Yin und dem Yang auch die Würde, die *Autorität* eines Paars von *Hauptrubriken* zu. Dieser Autorität ist es zu verdanken, daß dem Paar Yin-Yang jene harmonische Verbindung, jene Gleichklang erzeugende Wirkung (*tiao-ho*) zugesprochen wird, die man am Grunde jeder Antithese vermutet und wodurch offenbar alle Gegensätze, aus welchen der Kosmos besteht, reguliert werden[41].

In vielsagender Übereinstimmung (ein Beweis für die große, den überlieferten Redensarten zugeschriebene Bedeutung, wie auch für den Umstand, daß sich die Philosophen auf den allgemeinen Bestand an überlieferter Weisheit stützen) spricht Mo-tzu in dem einzigen Passus, in dem er das Yin und Yang explizit erwähnt, von dieser einstimmenden (*tiao*) Wirkung. Dieser Text bildet (falls er nicht eine Interpolation ist) das älteste philosophische Fragment, in dem diese Symbole erwähnt werden[42]. Er ist auch noch in anderer Hinsicht interessant. Mo-tzu spricht, nachdem er zuvor auf den Gegensatz von Kalt und Warm hingewiesen hat, in einer Erörterung von dem Yin und Yang, in der er den Himmel und den Ablauf der Zeit behandelt und die sich andererseits durch den Gebrauch musikalischer Metaphern auszeichnet. Der Ursprung der zusammenstimmenden Wirkung (*tiao*) der beiden Metaphern wird dabei (und dies ist nicht minder bemerkenswert) nicht unmittelbar in das Yin und Yang gelegt, sondern *er liegt in den gesellschaftlichen Verhältnissen*. Der Rhythmus setzt nicht einen *Urheber*, sondern eine Art *verantwortlichen Ordner* voraus, der Teil der Menschenwelt ist. Sich als Ordner des kosmischen Rhythmus zu betätigen, ist ein Vorrecht des Fürsten, denn diesem überträgt die Gesellschaft ja eine allesumfassende *Verantwortung* und *Autorität*. »Ein heiliger Herrscher bewirkt, daß sich die Vier Jahreszeiten zur rechten Zeit (*chieh*)[43] einstellen; er bewirkt den Zusammenklang (*tiao*) von Yin und Yang, von Regen und Tau.« Wie man sieht, werden hier diese beiden großen Symbole auf einer Stufe mit Regen und Tau genannt[44]. Zweifellos liegt darin der bemerkenswerteste Zug dieses Zitats. Es ist die Bestätigung einer Vermutung, die sich im Laufe der vorangehenden Untersuchungen angeboten hat: Yin und Yang gelten als Embleme und sie sind der Ausdruck *konkreter Aspekte*. Das, worauf Mo-tzu hier hinweisen möchte, ist eben das von den beiden Emblemen in ihrer primären Bedeutung vermittelte Bild; denn durch seine parallele Nennung neben dem Gegensatzpaar Tau und Regen weist das Gegensatzpaar Yang und Yin ganz sicher auf die Antithese zwischen Beschattung und Sonneneinfall hin. Es wird noch zu klären sein, weshalb gerade diese Antithese, unter vielen anderen, Embleme lieferte, die die Bedeutung von Hauptrubriken gewinnen sollten. Wir werden uns dann erinnern, daß der Gegensatz zwischen Yin und Yang eine Art Schauspie darstellt, das musikalischen Regeln gehorcht. Vorläufig ist es wichtig fest zuhalten, daß nichts dazu berechtigt, im Yin und Yang Substanzen, Kräfte oder Prinzipien zu sehen; Yin und Yang sind vielmehr mit einer wahrhaf unbegrenzten, ja eigentlich totalen Deutungskraft ausgestattete Embleme.

Die »Theorie« vom Yin und Yang verdankt den Musikern wahr scheinlich sehr viel – mehr vielleicht als den Astronomen und Orakelmei stern. Ganz sicher aber sind Orakelmeister, Astronomen und Musiker von einer Vorstellung ausgegangen, die, in Gestalt von Mythen, im allgemeinen Bewußtsein wurzelte[45]. Hierin war offenbar die Vorstellung beherrschend daß für den Kosmos als Ganzes wie auch für seine Details der Kontras zweier konkreter Aspekte charakteristisch sei. Betrachtet man diesen Kon trast (irgendeiner technischen Überlegung wegen) unter dem Gesichts punkt der Zeitdauer [wie dies für die Orakelkunde im engeren Sinn de Fall war, die sich zum Unterschied von der Topologie (der Kunde der Lagen, Übers.) mit der Wissenschaft von den rechten Anlässen beschäftig te], dann zieht die Vorstellung eines Gegensatzes der Aspekte auch die ihrer gegenseitigen Ablösung nach sich. Darum stellt man sich vor, daß es auf der Welt keine Erscheinung gibt, bei der nicht *zwei komplementäre sich wechselseitig ablösende Erscheinungsformen*, die einen *vollen Zyklus* (*tao*, *pien*, *t'ung*) bilden, zusammenwirken. Ein solches Zusammenwirken findet sowohl im zeitlichen als auch im räumlichen Bereich statt. Sowoh eine räumliche als auch eine zeitliche Anordnung vermag auf den Gedanken des Wechsels hinzuweisen. Die Zusammenstellung aneinandergereihter ausstrahlender Abschnitte deutet ihn ebenso an wie eine zyklische Folge Denn wir sahen ja sogar, daß die Zeit auf Grund ihrer Verbindung mit dem Raum und nicht dank einer ungewöhnlichen Ausweitung der Eigen schaften der konkreten Zeit in zyklische Verbände aufgelöst wird, von welchen sich manche (die Regierungsperiode oder die Ära) ganz deutlich von der Jahresspanne unterscheiden. Wir dürfen daher annehmen, daß Yin und Yang, soweit sich die Astronomen dieser Embleme bedienten, als kosmogonische Wesenheiten aufgefaßt wurden, daß sie aber grundsätzlich nicht einfach Zeitbegriffe darstellten. Im Allgemeinbewußtsein der Chine sen, aber selbst auch in technischen Abhandlungen wird in der Betrachtung niemals zwischen Zeit- und Raumabschnitten ein Unterschied gemacht Dies ist ein weiterer Beweis dafür, daß die Ausdrücke räumliche Bildvor stellungen voraussetzen, die zur Bezeichnung der einzelnen Aspekte des zyklischen Gegensatzes, der einer jeden Gegebenheit zugrunde liegt, be nützt werden. Der Aphorismus im *Hsi-tz'u*: *»I yin, i yang«*[46] kann für die Formulierung unbeschadet mit »eine (Zeit) *yin*, eine (Zeit) *yang*« wiedergegeben werden, wenn man ihn vom Standpunkt der Orakelmeister aus deutet. Doch birgt er gleichfalls den Gedanken: »eine *yin* (Seite), eine *yang* (Seite)« [47]. Die einzige Möglichkeit, ihn nicht zu einseitig zu interpretieren, ist daher die Lesung: »Ein *yin* (Aspekt), ein *yang* (Aspekt)« – wobei man nicht vergessen darf, daß dieser Gegensatz eine konkrete und komplexe Vorstellung, die einer beschatteten und einer beleuchteten Seite, wachruft – wobei endlich auch zu unterstellen ist, daß diese antithetischen Aspekte stets als sich wechselweise ablösend empfunden werden. Dieser Wechsel findet offenbar nicht nur statt, wenn man an die Folge von dunklen Zeitabschnitten (Nacht, Winter) und hellen Zeitabschnitten (Tag, Sommer) denkt, sondern auch dann, wenn man gleichzeitig die zweifache Ansicht einer Landschaft beschwört, in der man von einem beschatteten Hang (*yin*) zu einem besonnten Hang (*yang*) überwechseln *könnte*.

Wie man sieht, ist es nicht leicht, die Ausdrücke *yin* und *yang* als Worte zu deuten, mit welchen Astronomen oder Orakelmeister von ihnen erfundene Wesenheiten willkürlich belegt haben. Denn diese Worte weisen zuerst auf ein Bild hin, das sich dadurch auszeichnet, daß es auf einer Räume und Zeiten miteinander verquickenden Vorstellung beruht. Allerdings scheint der Gedanke eines Wechsels gegenüber dem eines Gegensatzes (und sei es nur in geringem Maße) überwogen zu haben – was nicht übersehen werden sollte. Damit wird eine der Funktionen der Symbole Yin und Yang geklärt: Die Gelehrten, die mit der Ausarbeitung des Kalenders beauftragt waren, benützten sie als Leitprinzipien. Für die Chinesen stellte der Kalender das oberste Gesetz dar [48]. Da dieses Gesetz der alle menschlichen Gepflogenheiten beherrschenden Regel entsprach, scheint es auch für die Gepflogenheiten der Natur zu gelten. Bei der Aufstellung von Kalendern gebraucht, spielen Yin und Yang die Rolle von Grundgesetzen des jahreszeitlichen Rhythmus. – Daß ihnen Gelehrte diese Rolle übertragen konnten, liegt daran, daß sie die Kraft besaßen, als rhythmischer Ausdruck der Lebensweise zu gelten, welche die Chinesen im Altertum pflegten.

Unmittelbar nachdem Chuang-tzu von der zusammenstimmenden Wirkung des Yin und des Yang gesprochen hatte, zitiert er den Spruch: »Die Winterschläfer beginnen sich zu bewegen.« Dieses Motiv, das stets mit der Vorstellung des jedes Frühjahr erneut sich erhebenden Donnergrollens verknüpft ist (wie dies auch in dem zitierten Passus des Chuang-tze der Fall war), kehrt in allen Kalendern wieder, gleichgültig ob es sich um spekulative Erzeugnisse handelt oder nicht. Auf Grund des *Yüeh-ling* vernimmt man den Donner wieder, und die Winterschläfer verlassen ihren

Bau – oder sie ziehen sich dorthin zurück und der Donner verstummt – wenn zwei bestimmte Augenblicke des Sonnenjahres eintreten. Dies sind die beiden Tagundnachtgleichen, die dramatische Augenblicke darstellen, in denen, so heißt es, die Kräfte des Yin und die des Yang sich genau die Waage halten und sich anschicken, von da ab zu obsiegen oder abzunehmen. Tatsächlich kommen im *Yüeh-ling*, einem von Gelehrten auf Grund astronomischer Beobachtungen verfaßten Kalender, das Yin und Yang in Gestalt zweier antagonistischer Wesenheiten vor, wobei die eine allen zerstörerischen Kräften (Winter), die andere allen belebenden Kräften (Sommer) [49] entspricht. Nicht erwähnt werden Yin und Yang in noch älteren Kalendern, worin allerdings auch nirgendwo das Bedürfnis zu spüren ist, die Zeit mit Hilfe vom Sonnenlauf abgeleiteter Anhaltspunkte zu gliedern. Die Chinesen hielten anfänglich nur solche Augenblicke eines Jahres besonderen Interesses für würdig, zu deren Kennzeichnung sie über eine entsprechende Spruchweisheit verfügten. Derartige Bauernregeln über die Gepflogenheiten der Natur genügen, um für die Menschen auch ohne die Stütze irgendwelcher präziser astronomischer Angaben die Reihenfolge der nötigen Feldarbeiten festzulegen. Zudem liefern sie einen Hinweis auf die hauptsächlichen Regeln des Gesellschaftslebens. So ist beispielsweise das Verschwinden bzw. Wiederauftauchen der Winterschläfer ein Zeichen für den Beginn bzw. das Ende der stillen Jahreszeit. Auch die Menschen verbringen diesen dramatischen Zeitabschnitt in der Zurückgezogenheit ihrer Winterquartiere. Denn in Wirklichkeit hat sich die Periode der Zurückgezogenheit niemals auf den gesamten zwischen der Herbst-Tagundnachtgleiche und der Frühlings-Tagundnachtgleiche liegenden Zeitraum erstreckt. In einem alten Kalender wird darum das Hervortreten der Winterschläfer nicht bloß an kein bestimmtes Kalenderdatum geknüpft; man läßt *im Gegenteil* das Jahr zu einem Zeitpunkt beginnen, für den dieses Signal der Natur maßgebend ist[50]. Man faßte es als Anfang eines *liturgischen Zyklus* auf, in dem alle bedeutsamen Zeiten konkret durch die in den Bauernregeln festgelegten *Signale* (Verhalten der Tiere, Regeln des Pflanzenwuchses) bestimmt wurden. Wenn die alten Kalender gewissermaßen die Geltung eines Gesetzes besaßen, dann deshalb, weil sie aus Sprichwörtern bestanden. Erst viel später nahm man astronomische Beobachtungen in sie auf. Es war dann Aufgabe der Kalenderwissenschaft, an Hand der Anhaltspunkte am Himmel jene bäuerlichen Beobachtungen aufzuteilen, die ehedem für ausreichend zur Ordnung des Gesellschaftslebens erachtet worden waren[51]. Erst damals geschah es, daß sich diese Kunst ausdrücklich der Symbole Yin und Yang bediente. Als einfache Begriffe, als die Kunstprodukte einer Lehrmeinung hätten sie jedoch niemals die Kraft besessen, zwischen den in

Sprichwörtern formulierten Beobachtungen und den astronomischen Anhaltspunkten einen Zusammenhang herzustellen. Darum ließen die Techniker des Kalenders es sich trotz ihres frischen Glaubens an die Astronomie nicht einfallen, auf die mit ehrwürdigen Zeichen operierende bäuerliche Zeitrechnung zu verzichten. Offenbar fanden sie im gleichen Symbolerbe auch jene ursprünglich durchaus konkreten Begriffe, die sie allmählich zu scholastischen Grundbegriffen umformen und die damit sehr wohl zum Ausgangspunkt einer Stufeneinteilung werden konnten.

Yin und Yang ließen sich zur Ordnung des Kalenders heranziehen, weil diese beiden Embleme die rhythmische Verbindung zweier konkreter, gegensätzlicher Aspekte besonders stark zum Ausdruck brachten. Liegt doch der hervorstechendste Zug der zahlreichen in den Kalendern benutzten Motive darin, daß sie jeweils *paarweise* wirksam werden und sich genau wie Yin und Yang verbinden. Die Winterschläfer beziehen oder verlassen ihren Unterschlupf; die Wildgänse fliegen gegen Norden oder Süden. Einer von den Kommentatoren vertretenen Theorie zufolge sei der Rhythmus des Sonnenlaufs für das mit diesen antithetischen Wendungen bezeichnete Kommen und Gehen und für die eintretenden und austretenden Bewegungen[52] maßgebend. Daher seien sie besonders geeignet, auf die Wechselbewegungen und Siege des Yin und des Yang hinzuweisen. Einer ganz anderen Auffassung begegnen wir im mythischen Denken; hierzu besitzen wir recht gute Zeugnisse. Nach Ansicht der Gelehrten werden die Daten der beiden Tagundnachtgleichen genau durch das Verhalten der Schwalben gekennzeichnet, deren Leben am Sonnenlauf orientiert ist. In den Bauernkalendern hingegen werden wir belehrt, daß die Schwalben einfach nur hin- und herfliegen. Im Herbst ziehen sie sich in Verstecke im Meer zurück – während die Winterschläfer (Nagetiere, Bären und auch Leoparden) unterirdische Verstecke aufsuchen[53]. Noch konkreter und präziser sind die Auskünfte der Mythen: Die Schwalben *hören auf*, Schwalben zu sein, wenn sie überwintern müssen. Sobald sie ihre im Meere gelegenen Unterschlüpfe beziehen, *verwandeln* sie sich in Muscheln. Auch in den »wissenschaftlichsten« Kalendern übersieht man nicht, daß Sperlinge wie Wachteln ein und derselben *Lebensregel* unterworfen sind. Am Ende der schönen Jahreszeit tauchen die Sperlinge im Meer oder im Huai-Fluß unter; denn während der kalten Jahreszeit sind sie, wo immer sie sich auch verbergen mögen, nichts als Austern. Ähnlich wird die Wachtel zu einer großen Feldmaus, die sich im Frühjahr zurückverwandelt. Nachdem sie dann den ganzen Sommer über gesungen hat, verkriecht sie sich wieder und bleibt Feldmaus, bis abermals die schöne Jahreszeit anbricht[54]. Wie wir sehen, ist jeder Wechsel mit der Übernahme einer neuen Lebensregel verbunden, für die andererseits eine grundlegende Gestaltänderung Voraussetzung ist; ich sage nicht ›Wesensveränderung‹, denn in Wirklichkeit handelt es sich lediglich um eine Verwandlung. Diese Wandlung ist durchaus mit jenen Wandlungen zu vergleichen, die Gegenstand der Orakelkunst sind, welche die gewonnenen Veränderungen durch Austausch irgendeines Yin oder Yang darstellenden Schriftzeichens ermittelt. Gerade weil sie derartige Wandlungen anzeigen, werden die Kalendersprüche als Signale verstanden. Jagd und Fischfang bleiben solange untersagt, bis Fischotter und Sperber durch ein Opfer die Jahreszeit eröffnet haben, in der sie Vögel und Fische töten. Im selben Augenblick, in welchem der Sperber sein Opfer darbringt, verwandelt er sich. Seit dem Ende der Jagdzeit hatte er in Gestalt und nach den Sitten einer Wildtaube gelebt. Ihrerseits werden die Menschen erst dann wieder zu Jägern, wenn sich bei einem Opfer eine Wandlung der Embleme vollzieht und am Himmel das Signal des Sperbers an Stelle des Signals der Wildtaube tritt. Umgekehrt darf von den Maulbeerbäumen herab dann nicht mehr der Ruf des seine Beute verfolgenden Sperbers, sondern nur noch das Gurren der Wildtaube ertönen, wenn die Frauen sich der Seidenraupen annehmen sollen[55]. Die Wandlungen im Tierreich sind Signale und Embleme für Veränderungen im Leben der Gemeinschaft. Diese Veränderungen sind, wie auch die Wandlungen selbst, von Ortswechsel und Gestaltwandel begleitet. Wir wissen bereits, welche Bedeutung auch im *Hsi-tz'u* dem Motiv des *Kommens* und *Gehens*, woran sich die Vorstellung des Eintretens und Hervortretens knüpft, zukommt. Wir erinnern uns weiter, daß Yin das Emblem der Einkehr und des Lebens im Verborgenen, Yang das aller Arten öffentlicher Wirksamkeit ist. Auch in der philosophischen Tradition wird das eine stets als Symbol der sich entfaltenden Handlungen, das andere als Emblem der auf sich zurückgezogenen, latenten Kräfte aufgefaßt. Ist es nicht so, daß (lange ehe die gelehrte Spekulation sich bemühte, sie als kosmogonische Weisheiten zu deuten) die Begriffe Yin und Yang in antithetischen Sprüchen vorkamen, die eine Regel für das Leben der Tiere enthielten, dem Tun der Menschen als Signale dienten und den Takt des kosmischen Rhythmus bestimmten – und die schließlich als zur Festlegung der Kalenderordnung geeignete Symbole befunden wurden?

Die in den Bauernregeln gegebenen Signale wurden von den Kalenderfachleuten über das ganze Jahr verteilt. Mit mehr oder weniger Geschick haben sie ein jedes auf ein markantes Datum des Sonnenjahres bezogen. Eine derartige Verteilung findet sich aber in den ältesten Kalendern noch nicht[56]. Im Gegenteil, zu den Zeiten, als die Menschen Lebensweise und Wohnstätte zu wechseln pflegten, treffen die Signale in großer Zahl zusammen. Im übrigen enthalten die alten Kalender wenig mehr als Flehrufe und Danksagungen, in denen eine Anzahl bäuerlicher Motive zu richtiggehenden Litaneien vereint wird. Wir besitzen noch einen dieser Gesänge, von dem wir wissen, daß er bei den Zusammenkünften der Bauern während der stillen Jahreszeit vorgetragen wurde. Alle die Zeichen, die während verflossener Jahre die Natur den Menschen großzügig gewährt hatte, wurden nun umgekehrt von den Menschen wiederholt, in der Hoffnung, mit ihrem Absingen die Natur dazu zu bewegen, diese Zeichen im Verlauf der kommenden Jahre zu wiederholen[57]. Die Wirksamkeit solcher aus Sprüchen aufgebauten Litaneien wurde durch die Aufstellung der Sänger und die Gestaltung des Festes erhöht. Darüber unterrichten uns allerdings nur überarbeitete Ritenbücher. Es heißt darin, daß die Teilnehmer sich zu den nach den Himmelsrichtungen ausgerichteten Gruppen formieren sollten. Die Chorführer stellten die wechselnden und gegensätzlichen Aspekte von Zeit und Raum dar, indem sie Himmel und Erde, Sonne und Mond, den Süden und den Sommer, den Winter und den Norden, den Frühling und den Osten, den Westen und den Herbst verkörperten. Nach beendetem Turnier kommunizierten alle Teilnehmer bei einem Mahl aus dem Fleisch eines Hundes. Dieses Mahl war im Osten, der dem Frühling entspricht, bereitet worden, wo, wie es heißt, die Tätigkeit des Yang ihren Anfang nimmt[58]. Wahrscheinlich hat sich eine ganze Reihe theoretischer Verfeinerungen in diese viel jüngeren Erläuterungen eingeschlichen. Sicher ist aber, daß bei der Gestaltung des Festes ursprünglich keine hochentwickelte oder *komplizierte* Vorstellung von Yin und Yang maßgebend war. Die Verfeinerung dieser Vorstellung beruht im Gegenteil auf Überlegungen, für die jene alte Anordnung die Grundlage abgab. Die Zusammenkünfte während der stillen Jahreszeit, bei denen die Männer in poetischen Worten und mit Gebärden die Gewohnheiten der Tiere darstellten[59], fanden in einem unterirdischen Unterschlupf, in einer Art Gemeinschaftshaus statt, an das die *Ming-t'ang* betreffende Überlieferungen und Mythen wie auch der Mythus von Hsi-ho und vom Hohlen Maulbeerbaum noch eine Erinnerung bewahrt haben. Winterschläfer und Zugvögel führten in einem ihrer winterlichen Gestalt angemessenen Unterschlupf ein verlangsamtes Leben der Zurückgezogenheit. Ehe sie in der Lage sein würden, im Frühjahr das Gewässer und Land fesselnde Eis zu brechen, um es dann von sich aus in ein dunkles Verlies zu verbannen[60], hielten die Menschen ihrerseits im Dunkel Einkehr und bereiteten so das Erwachen ihrer Kräfte an den Tagen der Erneuerung vor. Solche Übungen und die damit verbundenen Gefühle lassen eine der gelehrten Auffassungen verstehen, die den Begriffen Yin und Yang zugrunde liegen. Die

Philosophen sind der Meinung, daß das vom Yin überholte Yang den ganzen Winter über am Grund unterirdischer Quellen[61], tief unter der gefrorenen Erde, einer Art alljährlicher Prüfung unterworfen ist, aus der es neu gestärkt hervorgeht. Zu Beginn des Frühjahrs entflieht es aus seinem Gefängnis und stößt dabei mit der Ferse gegen den Boden. Dann bricht das Eis von selbst auf, und die Quellen erwachen[62]. Damit die alten Chinesen dieses Zeichen verstanden, bedurfte es nicht der leisesten hintergründigen Deutung; sie brauchten nur dem stampfenden Tanz der Fasanen zu lauschen. Die Menschen hatten gute Gründe dafür, die Sitten und Gebärden dieser Vögel zu beachten. Mit ihren Federn bekleidet, erlernten sie selbst den Tanz der Fasanen zu tanzen. Sie wußten auch, daß sich diese darauf vorbereitet hatten, die Erneuerung der Natur auszulösen, den Saft in den Bäumen steigen zu lassen, die Gewässer zu entfesseln und den Donner freizusetzen, als sie noch in unterirdischen oder vom Wasser überfluteten Verstecken, bald in Gestalt von Austern, bald in Gestalt von Schlangen[63] die stille Jahreszeit überdauerten – »*Bald* (wie ein) *Drache*, *bald* (wie eine) *Schlange*!« ruft Chuang-tzu aus[64], wenn er die Formel für ein wohlgeordnetes Leben gibt; denn keiner vermag sich dem universellen Gesetz des Rhythmus zu entziehen. Darum fügt sich auch der Weise dem Wechsel freier Tätigkeit und erneuernder Einkehr. In dieser Weise lebten die alten Chinesen, deren Gesellschaftsleben vom periodisch wiederkehrenden Bedürfnis einer Erneuerung bestimmt war. In den Mythen galt die gleiche Regelung auch für die Drachen und die Fasanen; darum auch konnte der Fasan die Menschen zum Handeln auffordern, der Drache sie zu Zurückhaltung ermahnen. – Doch ist es nicht seltsam, daß das Gebot, in dem Chuang-tzu den gesamten Erfahrungsschatz seines Volkes zusammenfaßt, auf dem Motiv rhythmischen Wandels beruht, und daß es genau der Aussage des Aphorismus im *Hsi-tz'u*: »Ein *yin* (Aspekt), ein *yang* (Aspekt)« entspricht?

Die Begriffe Yin und Yang ließen sich deshalb zur Ordnung des Kalenders heranziehen, weil sie in gleicher Weise wie die Sprüche, aus denen dieser besteht, Ausdruck einer *rhythmischen Ordnung des Gesellschaftslebens sind, die einer verdoppelten Morphologie entspricht*. Diese verdoppelte Morphologie hat im mythischen Bereich im Wechsel der Gestalten ihre Entsprechung. Da man natürlicher Zeichen bedurfte, kam man dahin, den Dingen eine Daseinsweise zu unterstellen, in welcher sich der die Gesellschaft beseelende Rhythmus wiederfinden ließ. Parallel hat man diese Lebensform damit umschrieben, daß man den wirklichen Gegebenheiten, aus welchen man die Zeichen ableitet, *wechselnd Gestalten* verlieh, die für jeden der *gegensätzlichen Aspekte*, welche das Gesellschaftsleben abwechselnd sowohl bei der Berufausübung als auch in bezug auf die Wohnstätte annahm, als Embleme dienen konnten. Die in diesen mythischen Vorschriften auftretende Vorstellung vom Kosmos scheint in einer Sammlung antithetischer, sich zyklisch ablösender Gestalten bestanden zu haben. Damit scheint sich die weltliche Ordnung aus dem *Wechselspiel von zwei Gruppen komplementärer Aspekte* zu ergeben. Es genügte, daß das Yin und das Yang als die Hauptembleme zweier gegensätzlicher Gruppierungen aufgefaßt wurden, damit die Gelehrten ihnen schließlich die Bedeutung zweier gegenläufig wirkender Wesenheiten beimaßen. Die Meister des Orakels faßten sie als das Prinzip jeder Wandlung auf. Auch die Astronomen zögerten nicht, sie als zwei kosmogonische Prinzipien auszulegen, auf welchen die Regelmäßigkeit der Jahreszeiten und der Rhythmus der Sonnentätigkeit beruhte. Aber auch bei diesen technischen Anwendungen scheint der soziale Ursprung und die konkrete Bedeutung der beiden Embleme durch. Wenn im klassischen Vergleich Yin und Yang als die Symbole latenter oder wirksamer, verborgener oder offenbarer Kräfte verstanden werden, so enspricht dies sehr genau der alten Regelung des Gesellschaftslebens, derzufolge dieses sich bald auf den besonnten Feldern entfaltete, bald im Dunkel der winterlichen Behausungen erneuerte.

Um den Takt und Rhythmus anzugeben, der die menschliche Arbeit und offenbar auch die kosmischen Abläufe regelt, hat man sich einer Anzahl von Sprüchen bedient, die auf wechselweise sich ablösende Aspekte hinweisen. Diese Sprüche sind mit poetisch gefaßten Regeln zu vergleichen. Aus welchem Grund hat man sie der Poesie entlehnt und weshalb drückte man den Gedanken des Wechsels der Jahreszeiten gern in musikalischen Metaphern aus? Weshalb endlich konnten Yin und Yang zu Hauptemblemen innerhalb dieses Bestandes antithetischer Symbole werden?

Selbst dann, wenn sie in wissenschaftlichen oder technischen Traktaten verwendet werden, dienen die Ausdrücke *Yin* und *Yang* niemals einfach nur zur Bezeichnung antagonistischer Gegebenheiten. Sie fungieren gleichzeitig als Rubriken für zwei gegensätzliche Symbolklassen. Mag man auch geneigt sein, sie als wirksame Grundkräfte aufzufassen, so ist man doch gleichzeitig und im gleichen Maße bereit, in ihnen wirkkräftige Rubriken zu sehen. Sie stellen gleichzeitig *ein Paar im Wechsel vollzogener Tätigkeiten* wie auch die *zweiteilige Zusammenfassung wechselnder Gestalten* dar. Sie sind für die Einstufung aller Dinge maßgebend. Denn den Chinesen ist es gelungen, ihre Denkvorstellungen zu ordnen, ohne Arten und Gattungen unterscheiden zu müssen. Sie begnügen sich mit verschiedenen, sich auf einem Zahlensystem aufbauenden Klassenordnungen und versehen, so möchte ich sagen, die einfache Zweiteilung im Bereich der Klassenordnung mit einer Art beherrschender Macht. Trotzdem scheint in ihrer Sprache (und dieser Gegensatz verdient hervorgehoben zu werden) die Vorstellung eines grammatischen Geschlechts ohne jede Bedeutung zu sein. Dem Chinesischen ist die grammatikalische Unterscheidung nach dem Geschlecht unbekannt, währenddessen das chinesische Denken völlig von ihr beherrscht wird. Kein Wort kann als männlich oder weiblich bezeichnet werden. Doch werden im Gegensatz hierzu alle Dinge, alle Vorstellungen nach Yin und Yang geschieden.

Die philosophische Tradition schreibt eindeutig allem Yin weibliche, allem Yang männliche Natur zu. Deshalb vergleicht man beispielsweise die Orakelzeichen *ch'ien* und *k'un*, die respektive als Darstellungen des Yang und des Yin gelten, wie Männliches und Weibliches. Und diese geschlechtliche Vorstellung von Yin und Yang wird keineswegs nur von den Theoretikern der Orakelkunst vertreten. Im *Hsi-tz'u* zieht man zur Erklärung eines von der menschlichen Ehe handelnden Passus den Spruch heran: »Männliches und Weibliches vermischen ihre Wesenskräfte (*ching* = Samenflüssigkeiten), und die Zehntausend Wesen entstehen.«[65] Die Unverblümtheit der Formulierung ist sehr bezeichnend. Doch sollte auch nicht übersehen werden, daß die Ausdrücke »Zehntausend Wesen«, »Männliches und Weibliches« im vorliegenden Fall sich nur auf Orakelsymbole beziehen. Denn in Wirklichkeit war es eines der wichtigsten Anliegen der orthodoxen Tradition, jede realistische Auslegung des geschlechtlichen Gegensatzes von Yin und Yang zu beseitigen. Dies ist ihr in so weitem Maße gelungen, daß man die Chinesen lange Zeit dazu beglückwünscht hat, weder in ihrer Vorstellungswelt noch in ihren religiösen Gepflogenheiten der »Sinnlichkeit« auch nicht in bescheidenem Umfang Raum gewährt zu haben[66]. So erklärt es sich, warum es auch heute noch Interpreten gibt, die von Yin und Yang sprechen, aber nicht darauf hinweisen, daß sich diese Symbole nur deshalb so erfolgreich durchsetzten, weil die Begriffssparte Sexus eine wichtige Rolle spielt[67].

Trotz eines aus spießerischen Rücksichten erzeugten äußeren Scheins hat diese Begriffssparte niemals aufgehört, das philosophische Denken zu beherrschen. Ihr Einfluß beruht darauf, daß sie schon vordem für das mythische Denken maßgebend gewesen war, denn das Motiv der *Hierogamie* dominiert in der gesamten chinesischen Mythologie. Im übrigen haben die Ritualisten stets die Auffassung vertreten, daß die Harmonie (*ho*) aller Yin- und aller Yang-Wesen (Sonne und Mond, Himmel und Erde, Feuer und Wasser) vom Geschlechtsleben der Herrscher abhänge, sowie von einer Regelung der Sitten, bei welcher Ausschweifungen ebenso ausgeschlossen wurden wie vor allem die völlige Enthaltsamkeit. Die Mehrung der verschiedenen Tier- und Pflanzengattungen ist ebenso wie die Gesundheit der Welt vom Vollzug regelmäßiger Hierogamien abhängig[68]. Aufgabe der Fürsten, die anfänglich den Titel »Große Vermittler« trugen, war es vor allem und in erster Linie, die sexuellen Feste zu leiten. Zu festgelegten Zeiten wurde bei diesen Festen immer wieder das gute Einvernehmen zwischen zwei gegnerischen Gruppen hergestellt. Die eine bestand in der Gemeinschaft der Männer, die zweite in der der Frauen, bildete doch der Gegensatz der Geschlechter die Grundregel der chinesischen Gesellschaftsorganisation[69]. Und dieser Gegensatz blieb für die Gesellschaft stets ebenso maßgebend wie die Begriffssparte des Sexus nichts an Bedeutung verlor.

Nur wenn man sich die alten Formen des Gegensatzes der Geschlechter vergegenwärtigt, vermag man den Gehalt, die Rolle, die Entwicklung, ja selbst die Bezeichnungen der Begriffe Yin und Yang zu verstehen. Im alten China standen sich Männer und Frauen wie zwei miteinander wettstreitende Verbände gegenüber. Eine aus technischen und sexuellen Verboten gefügte Barriere trennte sie. Ackerbauer und Weberinnen stellten Gruppen dar, welche ihrer verschiedenen Lebensweise, verschiedener Interessen und Ziele und unterschiedlichen Besitzes wegen miteinander wetteiferten, gleichzeitig aber zusammengehörten. Diese *komplementären Gruppen* teilten sich in die Arbeit und in die verschiedenen Verrichtungen, wie auch in die *Zeitabschnitte* und *Örtlichkeiten*, an welchen diese zu verrichten waren. Jede Gruppe hatte ihre eigene *Lebensform*, wobei sich das Gesellschaftsleben aus dem *Zusammenwirken dieser beiden Formen* ergab.

Die Weberinnen, die ihr Dorf niemals verließen, benutzten den Winter dazu, die Hanfstoffe für die neue Jahreszeit herzustellen. Für die Männer war der Winter eine stille Jahreszeit. Sie ruhten sich aus, ehe sie von neuem auf den Feldern arbeiteten. In gleicher Weise lösten sich Yin und Yang am Werke ab. Das erste entfaltete seine Tätigkeit im Winter, das zweite während der heißen Jahreszeit. – Doch begegneten sich Männer und Frauen, die durch ihren Fleiß im Wechsel bereichert wurden, zu Beginn und am Ende der Winterruhe. Diese Treffen waren der Anlaß der Messen (*hui*) und Versammlungen (*chi*), bei welchen bald der eine, bald der andere Verband – im Frühjahr die Weberinnen, im Herbst die Ackerbauern – in den Vordergrund trat. Nach Meinung der Gelehrten gaben sich Yin und Yang auch an den Tagen der Tagundnachtgleiche ein Stelldichein (*chi*) und sie kamen zusammen (*hui*), bevor die Herrschaft des einen oder des anderen begann oder endete. – Bekanntlich besteht das Emblem des Yin und des Yang in der Tür; sie ist ebenfalls das Emblem der sexuellen

Feste[70]. Im Frühjahr öffnete man in den Weilern die Türen, und die Ackerbauer zogen aus, um den Sommer bei der Feldarbeit zu verbringen. Das Yang entspricht dem Bild einer sich öffnenden Tür, was wiederum zum Gedanken der Zeugung, der Erzeugung und der sich entfaltenden Kraft führt. Im Winter hielt man in den Dörfern die Türen geschlossen, ist doch der Winter die Jahreszeit des Yin, das durch eine geschlossene Tür symbolisiert wird. – Die Gelehrten behaupten, daß während der eisigen Jahreszeit das Yang allseits vom Yin umgeben in einem unterirdischen Gemach wohnen muß. Es bestehen Gründe für die Annahme, daß das Gemeinschaftshaus, in dem die Männer während der stillen Jahreszeit zusammenkamen, eine Art in der Mitte des Weilers angelegte, an allen Seiten von den Wohnstätten umschlossene Höhle oder ein Keller war. Die Wohnstätten, welche die Grundlage des dörflichen Lebens bildeten, gehörten den Frauen. – Nachdem die Männer ihre Kräfte erneuert hatten, wurden sie wieder zu Ackerbauern und gingen im Sonnenlicht im freien Land an die Arbeit. Im Gegensatz hierzu wirkten die Weberinnen nur an dunklen Orten; sobald sie damit begannen, die Festkleider zu weben, mußten sie das Sonnenlicht meiden[71]. Beide Geschlechter waren einer antithetischen Disziplin unterworfen. Ihre entsprechenden Wirkungsbereiche waren das Innere (*nei*) und das Äußere (*wai*) – die zugleich die Wirkbereiche des Yin und des Yang, des Schattens und des Lichtes sind. Deshalb fand der Gegensatz der Geschlechter seinen mythischen Ausdruck im Gegensatz des Yin und des Yang.

Diese symmetrischen Gegensatzpaare traten sämtlich bei dem Schauspiel in Erscheinung, welches im Frühjahr und im Herbst die sexuellen Feste boten. Diese Feste wurden in kleinen Tälern begangen, wo ein Flußlauf eine heilige Grenze schuf. Die Vertreter der beiden konkurrierenden Verbände durchschritten den Fluß, kamen so allmählich in Berührung und leiteten die gemeinsame Hierogamie ein, die den Beschluß des Freudenfestes bildete. Zuvor formierten sie sich jedoch zu einander gegenübertretenden Chören, die sich zu beiden Seiten einer rituellen Achse aufstellten und sich gegenseitig mit Gedichten herausforderten. Wenn man dann im weiblichen Lager dadurch gerührt wurde, daß einem der Gegner wahrhaft männlich dünkte (*yang-yang*)[72], dann bedeutete dies doch, daß das Yang (besonnter Hang) der Gruppe vorbehalten war, welche im vollen Sonnenlicht Feldarbeiten verrichtete. Zu den Männern gehörte die Yang-Seite und zu den Frauen die Yin-Seite. Der Festplatz zeigte einen beschatteten Hang, der an einen besonnten Hang grenzte und auf welchem nach ihrem Geschlecht unterschiedene Gruppen sich gegenübertraten, um sich zu vereinen – somit das gesamte Yin und das gesamte Yang[73].

»Das Yang ruft, das Yin antwortet«; »Die Jünglinge rufen, die Mädchen antworten.«[74] In diesen antithetischen Formeln offenbart sich die gegensätzliche Disziplin, welche die Beziehungen der beiden gegenläufigen Symbole regelt, wie dies auch beim Zusammenwirken der beiden konkurrierenden Verbände der Fall ist. Die verwendeten Ausdrücke sind bedeutsam, lassen sie sich doch nur als Anspielungen auf die Riten und Spiele der sexuellen Feste verstehen. Vom Yang wird ausgesagt, daß es »ruft und den Gesang eröffnet« (*ch'ang*), was tatsächlich während des mit Gesängen begangenen Festes für die Jünglinge zutrifft. Vom Yin heißt es, daß es mit einer harmonischen (*ho*) Entgegnung antwortet; und tatsächlich entsprach dies der Rolle der Mädchen. Mädchen und Jünglinge leiteten ihre Vereinigung (*ho*) mit einem Turnier (*ching*) ein. Auch das Yin und das Yang vollführen einen Wettkampf (*ching*), ehe sie sich vereinen (*ho*), und sie führen ihn jedes Frühjahr und jeden Herbst als Vertreter zweier wettstreitender Verbände aus. Das Wort *ho*, das diese symmetrischen Verbindungen bezeichnet, ist auch für die gesungenen Entgegnungen gebräuchlich, in welchen sich die vollkommene Übereinstimmung der Wettkämpfer offenbart. Es ist überdies ein Ausdruck für die Harmonie (*ho*), die sich infolge der zusammenstimmenden Wirkung (*tiao* oder *tiao-ho*) von Yin und Yang einstellt. Nun wird deutlich, weshalb man das rhythmische Zusammenspiel der Symbole Yin und Yang gern durch musikalische Metaphern andeutet. Ursprung wie Namen dieser Embleme gehen auf das Schauspiel zurück, das die Zusammenkünfte boten, während der zwei einander gegenüber aufgereihte singende Chöre, entweder zum besonnten oder zum beschatteten Hang gewendet, Wechselgesänge austauschten. Mit ihren traditionellen Improvisationen wetteiferten die Chöre an Erfindungsgabe und an sprichwörtlichem Wissen. So entstand die Mehrzahl der poetischen Sprüche des Kalenders. Diese überlieferten sprichwörtlichen Redensarten beschwören jene Bilder, die am Übergang der Jahreszeiten die rituelle Landschaft zeigte, in der die Festlichkeiten vonstatten gingen. Daher rührt auch ihr Emblem- und Zeichenwert. Durch solchen Ursprung hat auch die Beziehung, die von allem Anfang an zwischen ihnen und den Symbolen Yin und Yang bestand, eine Erklärung. Auf Grund dieser ursprünglichen Verbindung konnte dieses Symbolpaar dann auch für die von den Gelehrten ausgearbeitete Kalenderordnung maßgebend werden. Eine theoretische Vorstellung der Zeit war entstanden, sobald die Masse der überlieferten Sprüche, die jeweils wie zahlreiche Gegensatzpaare paarweise zusammengehörten, auf die unter der einen oder der anderen dieser Rubriken eingeordneten Jahreszeiten verteilt waren. In diesem Bestand gegensätzlicher Embleme, die sich abwechselnd vor dem Hintergrund der Herbst- und der Frühlingstreffen darboten, zeigte sich der wesentliche, augenfälligste, ergreifendste, der einzige Gegensatz, der schlagartig den Sinn der ganzen dramatischen Handlung bewußtwerden ließ, im Gegensatz von gegnerischen Chören, die sich wie Licht und Schatten gegenüberstanden. Deshalb waren Yin und Yang geeignet, als die Embleme zu gelten, in welchen alle übrigen enthalten waren, durch die auf alle übrigen hingewiesen, ja durch die alle übrigen hervorgerufen wurden. Mithin stellten sie ein Paar wirkkräftiger Rubriken dar, das zur Einstufung aller sich im Wechsel ablösenden Aspekte genügte und – sie waren auch ein Paar wirksamer Symbole, die für den kosmischen Wechsel verantwortlich waren.

Die Vorstellung von Yin und Yang hat sich anläßlich dramatischer Schauspiele entfaltet, bei denen zwei zusammengehörige und rivalisierende Verbände, zwei komplementäre Gruppen miteinander stritten und kommunizierten. Bei diesem Fest war die gesamte Menschheit, wie auch alle benannten oder vorhandenen Dinge der Natur, vertreten. Der Schauplatz dieser Zusammenkünfte entsprach dem gesamten Raum, und die Zeit des Turniers, während der in traditionellen Spruchgedichten nacheinander dem Kosmos eine Anzahl Signale gegeben wurde, umfaßte die gesamte Zeit. Dieses *totale* Schauspiel war ein *belebtes* Schauspiel. Die beiden rivalisierenden Parteien mußten solange Lieder austauschen, als der tänzerische und dichterische Wettstreit andauerte[75]. Während das mit sich gegeneinander bewegenden Chören besetzte Kampffeld aus gegensätzlich gearteten, einander gegenüberliegenden Räumen zu bestehen schien, bestand die mit Wechselgesängen und Gegentänzen erfüllte Zeit des Turniers offenbar im Zusammenwirken zweier konkurrierender, gegengeschlechtlicher Gruppen. Außer in der Verschiedenheit der Raum- und Zeitabschnitte liegt darin die Erklärung für die *rhythmische Verbindung* der Räume und Zeiten unter der Herrschaft der Sammelbegriffe Yin und Yang. Raum und Zeit – die jeweils aus gegensätzlichen und sich wechselweise ablösenden Raum- und Zeitabschnitten bestehen – bilden ebensowenig in sich eine Einheit, wie man sich einen der beiden von dem anderen unabhängig vorstellen kann – aber sie bilden zusammen *ein* unlösbares Ganzes[76]. Und dieses Ganze umschließt sowohl die Welt der natürlichen Dinge als auch die Menschenwelt, denn es ist, genauer gesagt, mit der *gesamten Gesellschaft* identisch, in der sich alle vorstellbaren Gegebenheiten auf zwei gegensätzliche Lager verteilen. – Grundlage der Gesellschaftsordnung und Ausgangsbasis für eine jahreszeitliche Verteilung der menschlichen Arbeit war der Gegensatz der Geschlechter. Ebenso erschien der Gegensatz des Yin und des Yang als Grundlage der kosmischen Ordnung. Man verstand ihn als das Prinzip einer rhythmischen Verteilung der Werke der Natur. Niemals war die

Einheit des Kosmos vollkommener, niemals völliger zu spüren als während jener heiligen Augenblicke, in denen man zugleich Örtlichkeiten, Anlässe, Arbeiten, Verwendungsmöglichkeiten und Embleme sinnvoll aufteilte und – in der Absicht, eine gemeinsame Hochzeit zu feiern, während Yin und Yang ihrerseits sich ebenfalls vereinigten und geschlechtlich verbanden – die allesumfassende Ordnung erneuerte. Wenn man also auf Grund der Unterscheidung der Geschlechter dem Raum, der Zeit, der Gesellschaft und dem Kosmos eine *zweiteilige Struktur* zuschrieb, so geschah dies keineswegs unter dem Einfluß einer spekulativen Tendenz zu einem substantialistischen Dualismus[77]. *Der Gedanke des Paars wird nie von der Vorstellung einer Verbindung gelöst, und maßgebend bei der Regel der Zweiteiligkeit bleibt die Auffassung, daß beide Teile ein Ganzes darstellen.* Der Gegensatz von Yin und Yang wird nicht (und wurde niemals) als grundsätzlicher und absoluter Gegensatz, vergleichbar dem von Sein und Nichtsein, von Gut und Böse, verstanden[78]. Es ist vielmehr ein relativer Gegensatz *rhythmischer Art*, der zwischen zwei rivalisierenden, doch zusammengehörigen Gruppen besteht, die ebenso wie Geschlechtsverbände komplementär sind und die sich wie diese bei der Arbeit ablösen und wechselweise in den Vordergrund treten. Dieser Wechsel beruht darauf, daß zur Zeit, als die Vorstellung vom Yin und Yang Gestalt annahm (und darin liegt ein entscheidender Beweis für das hohe Alter dieser Vorstellung) die soziale Ordnung nicht auf einem autoritären Ideal, sondern auf dem Grundsatz der *Ablösung*[79] basierte. Deshalb stellt man sich unter dem Yin und dem Yang weder Prinzipien noch Substanzen vor. Wenn es heißt, daß sie zur Erneuerung der kosmischen Ordnung zu jeder Tagundnachtgleiche Hochzeit feiern müssen, so wird damit keineswegs unterstellt, daß sich dann ein männliches mit einem weiblichen Prinzip vereint. Wohl handelt es sich um eine wirkliche Hochzeit, nur ist deren Wirklichkeit emblematischer Natur. In der Welt der Natur entspricht sie den Festen, bei welchen jedes Frühjahr und jeden Herbst in den menschlichen Gemeinschaften das Gefühl einer *allesverbindenden Einheit* neu belebt wird. Die Hochzeit des Yin und des Yang ist wie die der Bauern eine *Gemeinschaftshochzeit*. Sie offenbart sich im Regenbogen. Der Regenbogen ist an sich nichts anderes als ein Emblem oder ein Signal. Das Fest spiegelt sich in ihm. Darum besteht er aus zusammengefügten Streifen gegensätzlicher heller und dunkler Farben[80]. Diese Gegensatzfarben sind keineswegs Zeichen für zwei verschiedene Substanzen, sondern einfach *Attribute* des weiblichen und des männlichen Verbands, denn *das Dunkel entspricht den Frauen wie das Helle den Männern.* Selbst beim gemeinsamen Turnier und in der vereinenden Umarmung dürfen das Yin und das Yang nicht anders als die *zu zwei Emblemgruppen gehörenden Hauptrubriken* verstanden werden. Sie stellen durchaus nicht zwei antagonistische Gegebenheiten, sondern *zwei rivalisierende Verbände* dar. Man betrachtet sie richtiger als *Gruppierungen von Aspekten und Verwendungsweisen* und nicht als Gruppen von Gegebenheiten oder Kräften. Eigentlich sind es *zwei Klassen von Attributen oder den beiden Hälften der Gesellschaft zugewiesene Eigenschaften.*

Yin und Yang dürfen weder als rein logische Gegebenheiten noch einfach als kosmogonische Prinzipien definiert werden. Sie stellen weder Substanzen, noch Kräfte, noch Arten dar. Im Bewußtsein der Gemeinschaft sind sie unterschiedslos all dieses, und kein Fachmann würde sie jemals nur unter einem dieser Aspekte bei Ausschluß aller übrigen betrachten. Sie lassen sich ebensowenig realisieren wie transzendieren, wie man auch nichts tut, um sie zu abstrakten Begriffen zu machen. Das völlig vom Gedanken der Wirksamkeit beherrschte chinesische Denken bewegt sich in einer Welt von Symbolen, die aus *Entsprechungen und Gegensätzen* besteht; und man braucht diese Symbole nur praktisch anzuwenden, wenn man handeln oder verstehen will. Man verfügt über Wissen und Macht, sobald man die zweifache Aufzählung der *sich anziehenden* oder *sich hemmenden* Embleme kennt. Die Wirkkraft der Unterscheidung der Geschlechter bekundet sich bei der Gliederung der menschlichen Verbände. Sie ist somit als Prinzip einer umfassenden Klassenordnung unentbehrlich. Auf diese Weise gewinnen alle gegensätzlichen Aspekte der aus Menschen und Dingen bestehenden Gesellschaft ihren Platz in zwei sich gegenüberstehenden Reihen von männlichen oder weiblichen Eigenschaften. Als Symbole der geschlechtlichen *Gegensätze und Verbindungen* scheinen das Yin und das Yang das den Gleichklang hervorrufende Turnier anzuführen, in dem diese Aspekte sich gegenseitig hervorrufen und zustimmen, ganz als ob es sich um Embleme und Signale handelte. Diese rufen sie paarweise auf den Plan, während sie selbst ein Paar von Rubriken darstellen.

Die Chinesen finden keinerlei Gefallen an einer Einteilung nach *Gattungen und Arten.* Beim Denken vermeiden sie es, sich irgendwelcher Begriffe zu bedienen, die in eine abstrakte Zeit und einen abstrakten Raum gestellt werden und einen Gedanken definieren, ohne die Wirklichkeit zu beschwören. Klar definierten Begriffen ziehen sie bezugreiche Symbole vor; statt Zeit und Raum als zwei voneinander unabhängige Wesenheiten zu scheiden, ordnen sie in dem durch deren Zusammenwirken erzeugten konkreten Medium den Bestand ihrer Embleme an. Denn sie betrachten auch das Yin und das Yang nicht unabhängig von den sozialen Gegebenheiten, deren rhythmische Ordnung diese Symbole andeuten. Die umfassende Geltung, die sie dem Begriffsbereich des Geschlechts zusprechen, bedingt eine Abneigung gegen eine Unterscheidung nach Gattungen[81]. Letztere würde eine neutrale Einstufung der Begriffe ermöglichen, wobei deren Bezogenheit auf Raum und Zeit aufgehoben würde. Erstere führt zu emblematischen Klassenordnungen, für die der Eindruck ihrer konkreten Beziehungen d. h. ihrer *jeweiligen Stellung* in dem von Zeit und Raum gebildeten lebendigen Medium in den Vordergrund tritt. Diese Embleme treten zuerst als Gegensätze gegenüber, die einer Regel des einfachen Wechsels gehorchen, wobei man sie paarweise anordnet; hier beherrscht die *Kategorie des Geschlechts* – wie eine *paarige Begriffsordnung* – allein das Feld. Dabei stellt sie die erste der *Zahlenkategorien* dar. Ermöglicht sie es doch, die einfachste Anordnung einer nicht als *unteilbar* vorzustellenden Ganzheit in Raum und Zeit anzugeben; denn eine solche Vorstellung beruht ja auf dem Bild, das sich bei den Vollversammlungen einer menschlichen Gemeinschaft bot. *Wäre diese Gemeinschaft völlig homogen, so bestünde überhaupt keine Notwendigkeit, ihre Einheit zu erneuern.*

Indem sich bei den Turnieren allen Wesen das Gefühl einer harmonischen Ordnung mitteilte, gewann die Einteilung in zwei Klassen so große religiöse Geltung, daß keine andere Einteilung sie darin zu übertreffen vermochte. Zwar haben sich die Chinesen niemals dazu verstiegen, nur dort eine Ordnung anzuerkennen, wo eine Zweiteilung vorlag; trotzdem blieb die Grundregel ihrer verschiedenen Einteilungen immer die gleiche. Bei diesen wird stets ein als mehr oder minder komplex empfundenes *Ganzes* aufgelöst, und stets geht diese Auflösung von einem *Bild* aus. Dieses ist gleichermaßen *rhythmisch* und *geometrisch* und läßt die einzelnen *Bestandteile*, aus welchen der ganze Raum und die ganze Zeit bestehen, so deutlich erkennen, daß ein Zahlenemblem ausreicht, um den Verbindungsmodus wie auch die einzelnen Bestandteile sichtbar zu machen und damit die innerste Beschaffenheit des Ganzen aufzudecken. Daraus ergibt sich die große Bedeutung der miteinander verknüpften Begriffe von *Zahl* und *Wandlungsphase*[82].

Drittes Kapitel Die Zahl

Die Vorstellung der Quantität spielt in den philosophischen Spekulationen der Chinesen praktisch überhaupt keine Rolle. Trotzdem brachten die Philosophen des Alten China der Zahl leidenschaftliches Interesse entgegen[1]. Aber von welcher Art auch immer die arithmetischen und geometrischen Kenntnisse[2] bestimmter Berufsverbände (Feldmesser, Tischler, Architekten, Wagner, Musiker ...) gewesen sein mögen, kein Philosoph konnte sich entschließen, sie anders zu verwerten als in dem Maß, in welchem dieses Wissen kombinatorische Zahlenspiele erleichterte und nicht zu Operationen zwang, deren Ergebnis sich nicht willkürlich bestimmen ließ. Ein jeder wollte die Zahl genau wie das Emblem handhaben – eignet sich die Zahl ihrer Mehrdeutigkeit wegen doch für die Chinesen wie ein Emblem besonders gut zu wirkender Manipulationen – weshalb man sich für sie interessiert.

Ein Philosoph[3], der wußte (und der dieses Wissen erst einmal dadurch zu rechtfertigen suchte, daß er es zum allgemeinen Wissensgut in Beziehung setzte), daß beim Menschen das embryonäre Dasein sich über 10 Monate erstreckt[4], argumentierte wie folgt: »(Der) Himmel (*gilt*) 1; (die) Erde (*gilt*) 2; (der) Mensch (*gilt*) 3; 3 (*mal*) 3 (*gibt*) 9; 9 (*mal*) 9 (*gibt*) 81 [= (achtzig und) eins]; 1 regiert die Sonne; *die Zahl der Sonne ist* [1 (Zehner) =] 10; die Sonne regiert den Menschen; darum werden (alle) Menschen im 10. Monat (der Schwangerschaft[5]) geboren.« Und der Weise belehrt uns weiter [denn 9 × 8 ergibt (70 und) 2], daß das Pferd, das vom Mond regiert wird, 2 *gilt* und darum – es gibt [2 (+ ein Zehner) =] 12 Monde[6] – 12 Monate lang getragen werden muß. Und weiter lehrt er (indem er einfach fortfährt, die 9 mit 7, 6, 5 usw. zu multiplizieren)[7], daß die Säue [9 × 6 = (50 und) 4] ihren Wurf 4 Monate, die Affenweibchen [9 × 5 = (40 und) 5] 5 Monate lang, die Rehkühe [9 × 4 = (30 und) 6] 6 Monate, die Tigerweibchen [9 × 3 = (20 und) 7] 7 Monate lang ... tragen, woraus ersichtlich ist, daß, einer *symbolischen Entsprechung* zufolge, 81 mit 10, aber auch 72 mit 12 verwandt sind, während 63 oder 54 3 oder 4 bedeuten, andererseits, daß 2 (die durch 12 oder 72 ersetzt werden kann) den Mond beherrscht und die Erde (*gilt*), während 10 (das durch 1 oder 81 ersetzt werden kann und seinerseits der 9 und der 3 entspricht) die Sonne beherrscht und gleichzeitig den Himmel (*gilt*)[8].

Ein Zahlensymbol hat auf einen ganzen Komplex von Gegebenheiten und Emblemen *Bezug*; doch lassen sich mit diesem gleichen Komplex verschiedene Zahlen in Verbindung bringen, die in *jedem besonderen Fall* als gleichwertig gelten. Neben einer quantitativen Bedeutung, die man leicht vernachlässigt, besitzt die Zahl einen viel interessanteren symbolischen Wert, bietet sie, die der schöpferischen Phantasie keinen Widerstand entgegensetzt, sich doch zum Werkzeug einer Art Wandlungskunst an. Die Zahl ist *wandlungsfähig*, und zwar auf Grund der mannigfaltigen Wirksamkeit, die sie zu besitzen scheint und die auf ihrer Hauptfunktion – als *emblematische Rubrik* zu dienen und zu gelten – beruht.

Mit der Zahl lassen sich die Dinge einordnen – nicht, wie dies eine einfache Ordnungszahl erlaubt – noch auch auf Grund einer quantitativen Mengenbestimmung. Den Chinesen lag weder daran, einen Rang nur um des Ranges wegen zu verleihen, noch auch eine Zählung unter dem alleinigen Gesichtspunkt der Menge vorzunehmen. Sie benützen die Zahl vielmehr, um die *Qualitäten* bestimmter Gruppen auszudrücken oder zum Ausdruck einer *Stufenordnung*. Außer ihrer *einstufenden Funktion* und mit dieser verbunden hat die Zahl eine *protokollarische Funktion*.

1 Zahlen, Zyklische Zeichen, Wandlungsphasen

Die Unterscheidung von Grund-, Ordnungs- und Distributivzahlen hat für die Chinesen keine wesentliche Bedeutung. Man bedient sich der Zahl zum Einstufen einfach deshalb, weil sie zur konkreten Darstellung von Beziehungen und Gestalten geeignet ist. Die Zahl ist ein Emblem, an dem man vor allem eine echte deskriptive Kraft schätzt.

Zur numerischen Schilderung verfügen die Chinesen über drei Reihen von Zeichen, über eine Zehnerreihe, ein Zwölferreihe[9] und endlich eine Dezimalreihe. Tatsächlich werden die Zeichen einer jeden dieser drei Reihen unterschiedslos als Zahlen (*shu*) bezeichnet.

Die Zahlen der Zehner- und Zwölferreihe werden mit Hilfe von Symbolen dargestellt, denen man zumeist einen bildhaften Wert beimißt.

Jen, einer der Ausdrücke in der Zehnerreihe, erinnert Szu-ma Ch'ien an eine Bürde (*jen*)[10]; dieses Zeichen verweise auf die zehntausend Arten von Wesen dann, wenn sie in den Tiefen der Welt *getragen* und *genährt* werden. Demgegenüber faßt man im *Shuo-wen jen* als bildliche Darstellung einer schwangeren Frau (*jen*) auf, die ihre Bürde *trägt* und einen Embryo *nährt*. Ebenso bedeutet nach dem *Shuo-wen ch'en* (von der Zwölferreihe) die durch den Donner erzeugte Erschütterung (*chen*); Szu-ma Ch'ien hingegen meint, daß dieses Zeichen (die Weibchen) der Zehntausend Arten zeige, nachdem sie soeben empfangen haben (*chen*)[11]. Es liegen hier komplementäre Bilder vor, denn ein anderes (ebenfalls *chen* ausgesprochenes) Zeichen weist unterschiedslos auf das von der Schwängerung *erregte* Weib als auch auf die durch den Donner *erschütterte* Erde hin[12].

Es ist bemerkenswert, welche Geltung man diesen Bildern zuspricht: Sie weisen auf eine zwischen den Taten der Natur und den Verhaltensweisen der Menschen bestehende innige Übereinstimmung hin. Der Schluß fällt nicht schwer, daß sie deshalb als *Kalendersignale* verwendet werden können. An diese ist dann, wie zu erwarten, auch ein *topographischer Hinweis* geknüpft.

Ch'en ist nämlich das Emblem für den OSO wie auch für den 3. Frühlingsmonat; erst nach der Tagundnachtgleiche soll man erstmals das Grollen des Donners vernehmen. Dann bricht der Donner aus seiner unterirdischen Behausung hervor, in die er vom Winter gedrängt worden war, und öffnet und erschüttert die Erde. Von dann ab dürfen auch die Menschen die Erde öffnen und sie in fruchtbaren Anstrengungen rühren. Andererseits muß jede Frau, will sie vermeiden, daß ihr die soeben erst empfangene Frucht verlorengeht oder nicht reift, in der Zurückgezogenheit leben, sobald sie das Zeichen des Donners vernommen hat oder aber den Befehl, welchen der hölzerne Schlegel wiederholt, der eine Glocke zum Tönen bringt[13]. Ebenso gibt *jen*, als Emblem des Nordens und der Wintersonnenwende, das *Erwachen* des Yang an – das in der Zwölferreihe mit dem Zeichen *tzu* (das die Bedeutung »Kind« hat) angegeben wird, und zwischen *jen* und *kuei* der Zehnerreihe steht. Während *jen* »Tracht« bedeutet, weist *kuei* auf die Gewässer hin, welche aus den Vier Himmelsrichtungen in den Schoß der Erde einströmen. Diese nimmt sie in der Nähe des Nordpols auf; darum bezeichnet *kuei* die fruchtbaren Säfte, die den Frauen Empfängnis und Ernährung ihrer Tracht ermöglichen, sowie den Ort ihres Vorkommens – darum auch gilt die Mitte des Winters wie auch die Mitternacht als günstige Zeit und der genaue Norden als günstige Himmelsrichtung für eine Empfängnis [14].

Mit den Zeichen der Zehner- und Zwölferreihe werden Gruppen von Bildern auf den Plan gerufen (die nichts Willkürliches an sich haben, ist ihr Zusammentreffen doch Ausdruck für eine Verbindung, die zwischen einer beliebigen Kategorie von Gepflogenheiten und deren natürlichem Wirkungsbereich tatsächlich besteht). Diese als Zahlenzeichen aufgefaßten Symbole werden folglich als Rubriken für konkrete Verbände benutzt, die sie scheinbar schon allein, indem sie ihnen in Raum und Zeit einen *bestimmten Platz anweisen, gegeneinander abzugrenzen* scheinen.

Die Welt ist ein geschlossenes Universum; entsprechend sind Raum und Zeit endlich. Darum ist auch die Anzahl der Zahlzeichen begrenzt, die zur Bezeichnung der Abschnitte von Raum und Zeit verwendet werden. Ein jedes derselben entspricht einem Ort in der Zeit wie auch einem räumlichen Ereignis und nimmt einen richtungbezogenen Platz innerhalb einer *zyklischen Ordnung* ein.

Während man die Zahlen der Zwölferreihe einzeln auf einer *Kreislinie* anordnet, faßt man die Zahlen des Zehnerzyklus zu fünf Binomen zusammen, wobei vier Paare je eines der Enden eines *Achsenkreuzes* und das fünfte dessen Mittelpunkt bezeichnen. Wie diese Anordnung zeigt, ist die *Vorstellung* eines aus zehn Zahlenetiketten aufgebauten *Zyklus* an ein *Klassensystem* mit der Basis 5 geknüpft. Man weiß, welche Bedeutung dieses System hat, das durch ein komplementäres Klassensystem zur Basis 6 ergänzt wird [15]. Die Anordnung auf einem Achsenkreuz setzt allerdings die Vorstellung von Winkelmaß und Quadrat voraus [16]. Winkelmaß und Quadrat werden als Kennzeichen des Raums und der irdischen Ordnung aufgefaßt. Ferner ist 2 (geradzahlig), wie wir bald sehen werden, Emblem der Erde und des Quadrats (zumindest, wenn man dessen Außenlinie ins Auge faßt und den Mittelpunkt vernachlässigt); 3 (ungeradzahlig) hingegen ist Symbol des Himmels und der Kreisform (oder richtiger des halben Umfangs eines in ein Quadrat mit der Seitenlänge 2 eingeschriebenen Kreises, dessen Durchmesser ebenfalls 2 beträgt). Tatsächlich entspricht aber dem Himmel (männlich, *yang*, 3, *ungeradzahlig*) die Zahl 6 $[= 3 \times 2]$ und der Erde (weiblich, *yin*, 2, *geradzahlig*) die Zahl 5 $[= (2 + 2) + 1]$, denn wenn man an ein Achsenkreuz denkt, darf man den Mittelpunkt nicht vernachlässigen. So kommt es, daß Himmel und Erde (weiblich und männlich) ihre Attribute (geradzahlig und ungeradzahlig) vertauschen, sobald man ihnen Zahlensymbole zuordnet. Dieser Tatsache entspricht es, daß man die

›kan‹ genannten Zeichen des Zehnerzyklus, welche auf einem *Achsenkreuz* angeordnet sind, als *›himmlische‹* (*t'ien-kan* = *»Himmelsstämme«*), auffaßt, während man die Zeichen der Zwölferreihe (*chih*) auf einem *Kreis* anordnet und als *›irdische‹* (*ti-chih* = »*Erdenz*weige«) bezeichnet. In dieser bedeutungsvollen Umkehrung kommt die gegenseitige Abhängigkeit der beiden Zyklen zum Ausdruck. Man darf annehmen, daß der auf die Grundzahl 6 bezogene Zwölferzyklus sich auf die Erscheinungen bezieht, die mit dem Himmel und der Zeit zusammenhängen, während ebenso der auf einer Fünferordnung beruhende Zehnerzyklus sich auf Vorstellungen der Erde und des Raums bezieht. Da jedoch Raum und Zeit, Himmel und Erde nur in ständiger und enger Abhängigkeit voneinander vorstellbar sind, besitzt die Verbindung der beiden Zyklen nicht weniger Bedeutung als ihre Gegensätzlichkeit. Durch jeden der beiden Zyklen wird auf alle Orte und Gelegenheiten hingewiesen, und beide ermöglichen es, diese Gegebenheiten so zu ordnen, daß sie der Erde gemäß und für den Himmel verbindlich oder für den Himmel bezeichnend und für die Erde maßgebend werden [17].

Während ein jedes Zeichen der Zehner- und Zwölferreihe in seiner Eigenschaft als Rubrik einer bestimmten Gruppe von Gegebenheiten zugehört, die durch ihre *Lagen* in Raum und Zeit *eindeutig bestimmt* sind, lassen die mit den Zeichen gebildeten Zyklen zwei *komplementäre* Modi der *geometrischen Aufteilung* erkennen. Diesen entsprechen zwei mit Hilfe von *Zahlen* vorgenommene *Unterscheidungen*, die den Zweck haben, gemeinsam die *Zusammensetzung* des Kosmos zu offenbaren, der ein *geordnetes* Ganzes bildet.

Ihre beschreibende Kraft (wie auch der Umstand, daß sie auf Zusammensetzungen und Anordnungen hinweisen und so räumliche Verteilungen und zeitliche Situationen anzeigen) verleiht den verschiedenen zyklischen Zeichen die für die Zahl charakteristische Wirksamkeit; deshalb bezeichnet man sie zu Recht als Zahlen und sie stehen in Beziehung zu den Symbolen der Dezimalreihe.

Damit der Kosmos als *geordnetes* Ganzes erscheine, ist es erforderlich, zugleich aber hinreichend, durch einen gültig verkündeten Kalender in einer erneuerten Welt eine neue Ära zu bestimmen. Die Welt ist von Grund auf erneuert worden, sobald ein zu zivilisierender Sendung berufener Fürst für würdig erkannt wurde, die »Zahlen des Himmlischen Kalenders (*t'ien chih li-shu*) zu empfangen« [18]. Umgekehrt gerät der Kosmos in Unordnung, falls eine dekadente Tugend die *Zahlen* des Kalenders (*li-shu*) *»aus ihrer Ordnung bringt«* [19]. Die Zahlen (*shu*), von welchen in diesen traditionellen Formulierungen die Rede ist, sind Symbole, die, wie man glaubt, in Zeit und Raum vorhandene Situationen (*tz'u*) [20] angeben; und sie sind, zumindest was ihr Objekt anlangt, von den Zeichen der Zehner- und Zwölferreihe nicht verschieden. Nun bediente man sich letzterer zur Bezeichnung der Stunden und ersterer zur Bezeichnung der Tage[21]. Doch verwendet man sie auch in Verbindung miteinander. Bisweilen werden die Zeichen der beiden Reihen so angeordnet, daß sie eine Windrose mit 24 Himmelsrichtungen bilden, welche 24 halben Monaten mit jeweils 15 Tagen entsprechen[22]. Man hat sie vor allem (zu Paaren zusammengefaßt) dazu benutzt, einen aus 60 Binomen bestehenden Zyklus zu bilden, wobei die Zeichen der Zehnerreihe (jeweils der erste Ausdruck eines jeden Binoms) *sechs*mal und die Zeichen der Zwölferreihe (jeweils der zweite Ausdruck eines jeden Binoms) *fünf*mal gebraucht werden[23]. In ältester Zeit dienten diese Zahlenpaare zur unterscheidenden Bezeichnung der Tage, später und in jüngerer Zeit auch der Jahre, Monate und Stunden. Damit vermochte man unter Benützung von vier Binomen des 60er Zyklus zeitliche (und räumliche) Situationen mit höchster Genauigkeit anzugeben. Bekanntlich muß heutzutage einer jeden Eheschließung die Prüfung der Acht Zeichen [*pa tzu* (= die vier zyklischen Binomen)], durch welche die Geburtszeit eines Menschen festgelegt ist, vorausgehen. Es ist auch bekannt, daß bei ehelichen Verbindungen allen Regeln für die Partnerwahl der Grundsatz voransteht, daß außerhalb des eigenen *Familiennamens* geheiratet werden muß[24]. Zwar geht der Gebrauch der *pa tzu* (der sich bemerkenswert lang gehalten hat) nicht in das hohe Altertum zurück[25], doch weist er auf zwei Gepflogenheiten hin, die zu den aus frühester Zeit bezeugten gehören. So wird einerseits im *I-li* dem Bräutigam befohlen, den persönlichen Namen (*ming*) der Braut zu erfragen, damit er, so heißt es, das Orakel konsultieren kann und nicht Gefahr läuft, gegen die Regeln der Exogamie (der Partnerwahl außerhalb der durch den gleichen Familiennamen gekennzeichneten Familie. Übers.) zu verstoßen[26]. Andererseits wurde zur Zeit der Yin-Dynastie[27] der persönliche Name aus der Zahl der Zeichen der Zehnerreihe ausgewählt, wobei man sich des Emblems des Geburtstags als persönlichen Emblems bediente. Allein indem sie den Wesen (*wu*) einen *Platz zuweisen*, *bestimmen* die zyklischen Zeichen deren Eigenschaften. Ganz wie die Namen umschreiben sie individuelle Gegebenheiten und Wesen(heiten) (*wu*). Angenommen, es erscheint ein göttliches Wesen, dessen Persönlichkeit man (wie im Fall einer Geburt) ermitteln muß, um es ohne gotteslästerlichen Fehler zu beschwichtigen, so bieten sich zur Lösung dieses Problems zwei im Grunde identische Lösungen an: Man kann entweder den *Namen* des erschienenen Genius ausfindig machen oder den *Ort*, an dem er erschienen ist, bestimmen. Wir verfügen zu einem derartigen Fall über einen doppelten Bericht[28]. Daraus erfahren wir einerseits, daß der mit der Identifizierung beauftragte Annalenschreiber festgestellt hat, daß es sich um Tan-chou handelte – wie der Sohn des Herrschers Yao, des Urahns der Familie Li, hieß. Darum war es an der Familie Li, den Opfernden [und die Opfergaben, die nur dann annehmbar sind, wenn sie nach Wachstum und Küche zur gleichen symbolischen Art (*lei*) gehören wie das Wesen, für das sie bestimmt sind] [29] zu stellen. Im zweiten Bericht, wo man es nicht für notwendig hielt, den Namen des erschienenen Genius zu nennen, fügt der Annalenschreiber zu dem zunächst aufgestellten Grundsatz: »Es muß ihm unter Verwendung seiner Wesenheit (*wu*) geopfert werden« als Erklärung hinzu: »Im Tag seines Erscheinens, darin bekundet sich wahrlich sein Wesen!« Sobald das zyklische Zeichen ermittelt ist, welches die Stellung angibt, die eine zu beschwichtigende Erscheinung einnimmt, liegt auch die Natur der Opfergaben fest, die dem gleichen Weltabschnitt angehören müssen – und damit offenbar gleichzeitig auch die Natur des Opfernden, denn diese wie jener gehören zu ein und derselben Art (*lei*).

Wie man sieht, besteht eine *Entsprechung* zwischen einer Art (*lei*) und einer Wesenheit (*wu*), d. h. einem Namen (*ming*) und einem Ort oder Abschnitt im Raum-Zeit-Gefüge. Doch weisen die auf Arten und Abschnitte, auf Orte und Wesenheiten hindeutenden zyklischen Zeichen – denen damit die Bedeutung eines Namens oder eines Titels zukommt – gleichzeitig auf unmittelbare Zahlvorstellungen hin. Es genügt, wenn man von einer Erscheinung zu berichten weiß, daß sie sich auf einen Ort *chia-i* (erstes Binom der Zehnerreihe) bezieht, und schon kennt man die zu vollziehenden Zeremonien (durch welche die Wahl der Opfer, der Farben usw. bestimmt sind), sowie daß diese unter dem Zeichen des Ostens-Frühlings, des Abschnitts, für welchen das Binom als Titel dient [30], zu vollziehen sind. Doch weiß man überdies, daß die gesamte liturgische Ordnung (protokollarische Ordnung, Zeitdauer, Mengen ...) von der Zahl 8 beherrscht sein muß [31]. Mit anderen Worten: Die mit dem Titel *chia-i* gekennzeichneten *Situationen* entsprechen zwangsläufig an der Ordnungszahl 8 ausgerichteten *Anordnungen*, denn sowohl 8 als auch *chia-i* werden gleichermaßen als *Zahlrubriken* aufgefaßt. Eine den zyklischen Reihen entlehnte Zahlenbezeichnung gibt nicht nur den [für eine bestimmte Wesenheit charakteristischen] *spezifischen Ort* eines in bestimmter Weise zusammengesetzten Ganzen an; sie verweist gleichzeitig auf eine Gruppe von Emblemen, die wiederum nach einem bestimmten Gesichtspunkt zusammengefaßt wurden, den eine (der dezimalen Reihe entnommene) *Schlüsselzahl* anzeigt. Diese Schlüsselzahl hat die Bedeutung einer *Ordnungszahl* und vermag (geometrischen oder rhythmischen) *Darstellungen* Geltung zu verleihen, die für eine bestimmte emblematische Situation oder Wesenheit bezeichnend sind.

So erfahren wir von Szu-ma Ch'ien, daß einer Lage SSO, der das Zeichen der Zwölferreihe *szu* entspricht (durch welches wiederum die Vollkommenheit des Yang zum Ausdruck kommt), die Zahl 7 zugehört (denn, so meint der Historiker, die Yangzahlen erreichen mit der 7 ihre Vollkommenheit). Darum erscheint auch das für diesen Ort charakteristische Gestirn als aus 7 (*ch'i*) Sternen zusammengesetzt und wird als *ch'i-hsing = »Das Siebengestirn«* [32] *benannt.* In gleicher Weise gibt die Zahl 8 den Rhythmus für die Entwicklung des Männlichen, die Zahl 7 den Rhythmus für die Entwicklung des Weiblichen an, weil, wie man uns versichert, die *Orte* männlicher und weiblicher Geburten *»durch die Zahlen«* (der Zwölferreihe) *yin* (ONO = 8) und *shen* (SSW = 7) bezeichnet seien [33].

Die Zeichen der Zwölfer- und Zehnerreihen werden weder zu Zählungen noch als Ordnungszahlen zur Bezeichnung eines abstrakten *Ranges* verwendet. Doch verdienen sie (in gleicher Weise wie die Zeichen der Dezimalreihe) Zahlen genannt zu werden, weil sie als Embleme spezifischer Situationen dienen, die sie in konkreter Weise darstellen. Jedes einzelne dieser Zeichen kann innerhalb eines organisierten Ganzen (für das eine bestimmte *Gliederung in voneinander gesonderte Abschnitte* charakteristisch ist) auf eine *örtlich umschriebene Gruppe* hinweisen, deren Wesen (*wu*) sich durch eine (rhythmische oder geometrische) Ordnung bekundet und deren Eigenart ebenfalls durch einen charakteristischen *Divisor* angegeben wird.

Die Chinesen haben die Bezeichnung ›Zahl‹ für zyklische Zeichen gebraucht, die nicht zur Bestimmung von Rängen, sondern von Orten geschaffen wurden und die sich eher zur Bestimmung von Ordnungen als zu der von *Summen* eignen. Zum Zählen und Numerieren besitzen sie ein anderes System von Symbolen, das in einer linearen Dezimalreihe besteht (1, 2, 3 ... 11, 12 ... 101 ...). Nichtsdestoweniger werden auch die Zahlen dieser dritten Reihe als Embleme betrachtet, die sich in gleicher Weise wie die übrigen Embleme durch ihre beschreibende Kraft auszeichnen. Auch sie wirken als Bilder, und in den mit ihnen angedeuteten Vorstellungen verlieren die Begriffe von *Addition* und *Einheit* an Bedeutung gegenüber einer konkreten Analyse, deren Zweck es ist, den jeweils für eine bestimmte *Gruppierung* als angemessen erscheinenden spezifischen *Gliederungs-* oder *Ordnungstypus* anzugeben.

Aber selbst dann, wenn sie scheinbar zum Zählen und Numerieren benutzt werden, dienen die Zahlen der Dezimalreihe dazu, die konkreten Bedingungen einer Ordnung darzustellen. Dies wird in einem Passus aus dem *Tso-chuan*[34] deutlich, in welchem klar zutage tritt, daß man gar kein Interesse hatte, zwischen einer ordinalen und einer kardinalen Funktion der Zahl zu unterscheiden. In diesem außergewöhnlich lehrreichen Passus erweckt die einfache Aufzählung einer Reihe von Einstufungstypen den Eindruck einer rhythmisch ansteigenden Reihe. Der Passus findet sich in einer längeren Abhandlung über die Harmonie (*ho*), in der man die innigen Zusammenhänge andeuten möchte, welche zwischen Geschmäckern und Klängen, zwischen der Nahrung und der Musik bestehen, kurzum, zwischen dem, was wir Substanz und Rhythmus nennen würden[35]. Überall herrscht Harmonie, d. h. ein Maß, und die verschiedenen Maße sind nur der Ausdruck einer einzigen Harmonie, deren Modalitäten, *nach ansteigender Kompliziertheit geordnet*, mit Hilfe einer Reihe von Zahlensymbolen angegeben werden. Diese Embleme bedingen eine *Einstufung nach Sammelbegriffen* (Kategorien) und geben gleichzeitig die innere Anlage an, die einer jeden der (jeweils umfassenden und stets spezifischen) Verwirklichungen der kosmischen Harmonie gemäß ist.

All dies wird in neun Worten ausgedrückt, wobei einem jeden Wort eine der neun ersten Zahlen vorangestellt ist. Der Passus läßt sich weder mit: »1. das *ch'i*[36] ... 9. die Gesänge«, noch mit: »1 (ist) das *ch'i* ... 9 (sind) die Gesänge« wiedergeben. Vielmehr muß es heißen: »1 (= einmalig *und* an 1. Stelle steht das) *ch'i*. 2 (= 2fach und an zweiter Stelle stehen die) Gruppen [(*ti*), welche sich bei den zivilen und militärischen Tänzen bilden und sich wie (das Gegensatzpaar) Yang und Yin gegenübertreten; diese Tänze gehören entweder zum Sommer (Süden) oder zum Winter (Norden) (einfacher Gegensatz)]. 3 (= 3fach *und* an 3. Stelle kommen die) Arten [der Dichtkunst (*lei*), wie sie Lehensfürsten, dem königlichen Oberherrn und den Göttern entsprechen und nach einer Stufenordnung (einer auf einen Mittelpunkt bezogenen Linie) angeordnet sind; dabei nimmt der Oberherr, der seinen Platz zwischen den Göttern und den Lehensfürsten hat, den Mittelpunkt, eine zugleich vermittelnde und hervorragende Stellung, ein]. 4 (= 4fach *und* an 4. Stelle kommen die) Embleme [des Tanzes (*wu*), denn zu den vier Haupthimmelsrichtungen (quadratische Anordnung, welche auf die dem Raum und der Erde eigene Gestalt hinweist) gehören neben spezifischen Tänzen und deren Zeichen vier Tanztypen]. 5 (= 5fach *und* an 5. Stelle kommen die) Klänge [die Urklänge (*sheng*), die das Wesen der Musik ausmachen und die mit ihrer Ordnungszahl 5 (dem Emblem des Mittelpunkts) in der fortschreitenden Reihe (zwischen 1 und 9) die Mitte einnehmen; den vier Jahreszeiten-Himmelsrichtungen und dem Mittelpunkt zugeordnet, erlauben sie alles, was mit der Musik zusammenhängt, nach räumlichen-zeitlichen Gesichtspunkten (Achsenkreuz) zu ordnen]. 6 (= 6fach *und* an 6. Stelle kommen die) Musikpfeifen [(*lü*) oder richtiger die 6 Paare von Musikpfeifen (6 Yinpfeifen als Entsprechung der 6 Yangpfeifen); 12 an der Zahl, weisen sie auf die 12 Monate hin und verwirklichen die Ausbreitung der Harmonie in der Zeit (als Parallele zu den vier Emblemen, die sie im Raum verwirklichen) (Anordnung im Sechseck – oder Zwölfeck – das auf die Zeit, den Himmel, das Kreisförmige hinweist)]. 7 (= 7fach *und* an 7. Stelle kommen die) Töne [der Tonleiter (*yin*), mit welcher entweder die Gesamtheit der von den Sieben astronomischen Herrschern ausgehenden Einflüsse oder eine Woche mit 7 Tagen angedeutet wird. Die 7 legt (wie die 5) den Gedanken eines auf einen Mittelpunkt bezogenen Ganzen nahe, und zwar entweder als (6 + 1) Sechseck (= Kreis) mit seinem Mittelpunkt, oder als (4 + 3) Quadrat (4), durch welches in der dritten Dimension eine senkrechte Achse (3) geht, auf der oben (Zenith), unten (Nadir) und der Mittelpunkt der Welt abgetragen sind]. 8 (= 8fach *und* an 8. Stelle kommen die) Himmelsrichtungen (Winde) [(*feng*), deren Entsprechungen einerseits 8 aus verschiedenem *Material* hergestellte Musikinstrumente sind (die Obertöne spielen erst nach den Intervallen eine Rolle), andererseits acht *konkrete* Gebiete des Raums, und zwar die 8 äußeren Quadrate der räumlichen Ausdehnung (bei einem in 9 kleinere Quadrate unterteilten Quadrat)]. 9 (= 9fach *und* an 9. Stelle kommen die) Gesänge [(*ko*), d. h. Musik und Tanz in ihren unmittelbarsten Erscheinungsformen; die sich heftig bewegenden Tänzer und Musikanten erinnern an die 9 Tätigkeiten (d. h. alle wirklichen Tätigkeiten); der gesamte *konkrete* Raum (8) sowie dessen ideeller Mittelpunkt (1) ist erfüllt von all den durch eine geordnete, ganz und gar hierarchisch gegliederte Tätigkeit ermöglichten Leistungen (*kung*); diesen Inhalt geben 3 auf einen Mittelpunkt bezogene, hierarchisch abgestufte Linien an, wovon eine jede den Wert 3 besitzt und die zusammen das Bild eines (in 9 kleinere Quadrate unterteilten) Quadrats andeuten, das, wenn ich mich so ausdrücken darf, in seiner Mitte durch ein Hauptquadrat (der Bereich des Fürsten) beherrscht wird].

Das *ch'i* wird an den Anfang der ansteigenden Reihe gestellt, weil man es als erstes und einmaliges, einfaches und *alles umfassendes* Element des Rhythmus auffaßt; die Neun Gesänge beschließen die Reihe, weil sie die letzte, höchste und *vollkommene* Entfaltung von all dem sind, was der Begriff Rhythmus bedeutet. Möchte man darlegen, wie (alle Arten von) Gegebenheiten entstehen und zusammengehören? Möchte man ihren Rang, ihre Wesenheit und das typische Material, aus dem sie bestehen, aufzeigen? Es genügt jeweils der Hinweis, daß die Dinge der Musik nach Kategorien geordnet sind und mit Emblemen bezeichnet werden, die man aus der

Reihe der Zahlen entlehnt hat. Diese »Zahlenschilder« geben nicht nur über die Plazierung in einer ansteigenden Reihe Aufschluß; sie bestimmen überdies die in jeder Kategorie andere Zusammensetzung und Gestalt. So wird beispielsweise alles, was an 4. Stelle *entsteht* und *rangiert*, quadratisch *angeordnet* und es *tritt* viermal *auf*; es stellt folglich eine Gruppe von Gegebenheiten dar, deren Wesen es ist, vierfach und an 4. Stelle vorhanden zu sein.

Ontologische und logische Ordnung finden gleicherweise ihren Ausdruck in rhythmischen und geometrischen Bildern. Sie sind soweit identisch, daß es möglich erscheint, mit Hilfe numerischer Ausdrücke Klassenzugehörigkeiten und spezifische Eigenheiten anzugeben. Auf Grund ihrer beschreibenden Kraft fungieren die Zahlensymbole, welche über eine konkrete Analyse Auskunft geben, als Ordnungsbezeichnungen zur Identifizierung wirklicher Zusammengehörigkeiten. Die Zahlen können als Rubriken dienen, geben sie doch Aufschluß über die verschiedenen Typen der Anordnung, denen die Dinge unterworfen sind, sobald sie auf der ihnen gemäßen Stufe im Kosmos Gestalt gewinnen.

Die Welt ist ein geschlossenes Universum. Die zur Bezeichnung von Orten herangezogenen zyklischen Zeichen weisen auf Anordnungsmodi hin. In derselben Weise scheinen die Zahlen der dezimalen Reihe zur Unterscheidung von Anordnungen verwendet zu werden, wenngleich man auch ihnen das Vermögen, Orte zu kennzeichnen, zuschreibt.

Die praktisch endlose Dezimalreihe wird anscheinend linear angeordnet. Tatsächlich verwendet man dann, wenn man die Vorstellung einer fortschreitenden Reihe ausdrücken will, die Zahlen in ihrer linearen Folge. Doch stellt man sich, wie wir soeben sahen, den Abstand zwischen der ersten und letzten Zahl einer solchen ansteigenden Reihe nicht anders vor als den zwischen einer anfänglich nur als Einheit begriffenen Summe und einem zwar zerlegbaren, doch stets als *vollständig* empfundenen Verband. Um sich eine solche, ich möchte sagen, im Grunde statische, ansteigende Reihe vorzustellen, die dazu erdacht wurde, charakteristische Aspekte eines endlichen Universums unter verschiedenen *hierarchisch gestuften Sammelbegriffen* einzuordnen, braucht man bei der Verwendung der Zahlen keineswegs die Möglichkeit einzuräumen, daß sie eine *endlose* Folge bilden können; man wird sich die Reihe eher als einen aus *endlichen* Reihen gebildeten *Verband* vorstellen – der mit Hilfe einer einzigen dieser Reihen, nämlich der der einfachen ganzen Zahlen, *voll* dargestellt werden kann.

Damit kommen den ersten zehn Zahlen, die ein Abbild der Progression aller Zahlen darstellen, die Eigenschaften eines Zyklus zu – woraus sich die Möglichkeit ergibt, deren Symbole mit den zyklischen Symbolen, vor allem mit jenen der Zehnerreihe in Beziehung zu setzen. Die einfachen zyklischen Zeichen sind demgegenüber als Embleme von Zusammenordnungen aufzufassen, deren Ort sie anzeigen, ohne jedoch (von vornherein) ihren Stellenwert anzugeben. Damit verglichen lassen die ersten Zahlen, indem sie eine ansteigende Reihe bezeichnen, dann, wenn sie als Rubriken für Sammelbegriffe dienen, stets auf eine Stufenordnung schließen. Der Gedanke einer Stufenordnung hat nun im chinesischen Denken zur realistischen Vorstellung eines Mittelpunktes geführt. Die die *Mitte* der neun ersten Zahlen annehmende 5 gilt deshalb als das Symbol des Mittelpunkts.

Sobald man der Zahl 5 den Mittelpunkt zugeordnet hat, entwinden sich die benachbarten Zahlzeichen der linearen Anordnung, verteilen sich im Raum, und nehmen ihrerseits räumliche Werte an. Im weiteren können die Symbole der Dezimalreihe (die zunächst nur nach Art der zyklischen Embleme zur Charakterisierung von Orten geeignet erschienen, wie wir bald sehen werden), die Anlage der verschiedenen Abschnitte im Verhältnis zu einem um einen Mittelpunkt angelegten Ganzen darstellen – wobei sie eine Art bildlicher Darstellung ergeben, in welcher die Weltordnung einen zahlenmäßigen Ausdruck findet.

Der soeben untersuchte Passus im *Tso-chuan* hat gezeigt, daß die 5 Urklänge, die das Wesen des Rhythmus andeuten, auf eine zentrale Stellung Anspruch haben, und zwar auf Grund der Ordnungszahl 5 – oder, weshalb sie überhaupt die Ordnungszahl 5 erhalten. Wir begegnen dem gleichen Motiv in noch eindrucksvollerer Ausgestaltung in einem altehrwürdigen Dokument.

Der *Hung-fan*[37], eine kleine Abhandlung, die gewöhnlich als ältester philosophischer Essay der Chinesen gilt, handelt von all den Verhaltensregeln, die ein echter und würdiger Herrscher kennen muß. Diese *Summa* der Weisheitslehre ist unter 9 Punkten aufgegliedert – wobei jeder Abschnitt mit einer Zahl numeriert, oder richtiger: *charakterisiert* wird.

Es ist behauptet worden[38], daß zwischen den Zahlen, die den einzelnen Abschnitten des *Hung-fan* zugeordnet sind und den darin entwickelten Gedanken keinerlei Zusammenhang bestehe. Wenn sich ein solcher Zusammenhang auch in der Mehrzahl der Fälle nicht fassen läßt, so ist er zumindest bei der 7. Abteilung offenkundig. Diese ist den Dingen gewidmet, die mit dem Orakelwesen zusammenhängen. Sie sind unter Benützung der 7 einzustufen, denn sie werden von der 7 beherrscht. So handhaben z. B. die Orakelmeister in Ausübung ihrer Kunst 49 (= 7 × 7) magische Stäbchen und sie ziehen (wie es im *Hung-fan* selbst heißt) 7 Kategorien von Indizien in Betracht. – Noch interessanter jedoch ist der 5. Abschnitt. Darin ist von der »Höchsten Vollkommenheit des Herrschers (*huang-chi*)« die Rede[39].

Der Herrscher verkörpert, wie wir wissen, das Schicksal seines Landes. Darum heißt es, daß er in seiner Haupt*stadt* darauf hinwirken muß, das gesamte Glück einzuheimsen, um es anschließend auf all seine Anhänger zu verteilen. Darum darf er und »seine Vollkommenheit« die *zentrale Rubrik* beanspruchen. Diese untersteht der Ordnungszahl 5, und tatsächlich gliedert man das gesamte einem Fürsten zugemessene und von ihm verteilte Glück in die 5 Glücksfälle. Auch in diesem Fall ist das »Zahlenschild« alles andere als eine einfache Nummer. Hinzu kommt aber noch, daß die Vorstellung von einer mit Ordnungszahlen bezeichneten Ordnung die Vorstellung einer *Verteilung im Raum* bedingt. Daran müssen wohl auch die Interpreten im Altertum gedacht haben, wenn sie den *Hung-fan* als Ganzes deuteten, wie auch dann, wenn sie nur dessen ersten Abschnitt, in dem die Fünf Wandlungsphasen (Elemente) aufgezählt werden, erklärten.

Sie faßten den *Hung-fan* als eine Art Spekulation über die Struktur des Kosmos auf, aus der ein Weiser die Grundlagen jeder Politik ableiten konnte. Als Folge eines beschränkten nationalistischen Vorurteils lehnen es moderne Kritiker ab, das Wissen der Weisen des Altertums einfach mit dem gesunden Menschenverstand gleichzusetzen. Sie behaupten, daß sich im *Hung-fan* nichts weiter als eine Folge – mehr oder minder klar geordneter – ersprießlicher Ratschläge und nützlicher Hinweise finde. Wie könnten sie einräumen, daß der Verfasser der Abhandlung, der *alte Ordnungssysteme aufeinander abgestimmt hatte*, daran gedacht haben könnte, die kosmische Ordnung mittels *Zahlen und Zahlenanordnungen* darzutun[40]? Aus diesem Grund verwerfen sie die verschiedenen Überlieferungen und bringen nur der am *Anfang* des *Hung-fan* stehenden Erwähnung der Fünf Wandlungsphasen ein bescheidenes Interesse entgegen, wenn sie sich nicht krampfhaft bemühen, nachzuweisen, daß diese interpoliert wurde[41]. Doch ist einerseits der Platz bedeutsam, der dieser Abhandlung im Text zugewiesen wurde; andererseits haben wir in keiner Weise das Recht, die Angaben zu übergehen, die der der Abhandlung als Einleitung vorangestellte Dialog enthält[42]: »Ja, der Himmel weist den Menschen hienieden auf geheimnisvolle Weise die *Herrschaftsbereiche* zu, in welchen sie alle in Eintracht leben sollen! Ich aber, ich weiß nicht von der *Ordnung*, auf welcher die regelmäßigen Beziehungen (der Wesen) beruhen!« – »Ehedem hat Kun die großen Gewässer gehemmt und die *Fünf Wandlungsphasen verwirrt*; da der vor Zorn bebende Oberherr ihm die Neun Abteilungen des *Hung-fan* nicht übergeben hatte, kam es zu einem Verfall der regelmäßigen Beziehungen (der Wesen). Doch wurde Kun in den Marken der Welt zu Tode gebracht und Yü kam an die Macht. *Darauf* lieferte der *Himmel* die Neun Abteilungen des *Hung-fan* aus, und die regelmäßigen Beziehungen der

Wesen kamen in *ihre frühere Ordnung.*« Drängt sich bei diesen Passus nicht ein Vergleich mit den alten Aussagen auf, in welchen es heißt, daß den Kulturheroen die »*Zahlen* des himmlischen Kalenders« anvertraut wurden, deren »*Ordnung* (jedoch durch eine dekadente Kraft) *gestört wird*?« Wir sahen bereits, daß die »Zahlen des Kalenders« sich kaum von den zyklischen Zeichen unterscheiden, und daß sie wie diese auf Orte hinweisen. *Im einleitenden Dialog des* Hung-fan *kommt mit Sicherheit der Gedanke zum Ausdruck, daß eine Ordnung des Kosmos von einer* Verteilung *der Dinge und Menschen begleitet ist – die sich ebensogut durch eine* Gliederung *unter Neun Rubriken wie auch in einer* Verteilung *auf Fünf Wandlungsphasen äußern kann.*

Die erste Rubrik wird den Fünf Wandlungsphasen zugewiesen. Vergessen wir dabei nicht, daß (1) die einfache Einheit sich überhaupt nicht von (10) dem Zehner, der vollen Einheit, unterscheidet. Die Fünf Wandlungsphasen bilden ein Ganzes. Einer jeden einzelnen muß daher ein Zahlen*wert* entsprechen[43]. Eben davon ist im 1. Abschnitt des *Hung-fan* die Rede.

Chavannes übersetzt folgendermaßen: »1. Von den Fünf Elementen *heißt*[44] das erste das Wasser; das 2. das Feuer; das 3. das Holz; das 4. Metall; das 5. Erde. (In der Natur des) Wassers *ist*[44] es, zu befeuchten und nach unten zu fließen; in der des Feuers, zu lodern und nach oben zu schlagen; in der des Holzes, gebogen und geradegerichtet zu werden; in der des Metalls, gehorsam zu sein und geformt zu werden; in der der Erde, bestellt und abgeerntet zu werden.« Im ersten Teil des Satzes gibt Chavannes das Zeichen *yüeh* mit ›*heißt*‹ wieder, während er dieses im zweiten Teil mit ›*ist*‹ übersetzt. *Yüeh* kann tatsächlich die Bedeutung ›*ist*‹ haben, doch wird es in einer Aufzählung, wie dies hier und im ganzen *Hung-fan* der Fall ist, gebraucht, so stellt es nichts weiter als eine einfache Partikel dar. Verleiht man ihm den vollen Wert eines Prädikats, so führt dies bereits zu einer Entstellung des Sinns. Im Text heißt es nicht: »(*In der Natur des*) Wassers *ist* es, zu befeuchten, nach unten zu fließen . . .«; vielmehr heißt es: »Das Wasser: (es) befeuchtet (und) strebt nach unten; (das) Feuer: (es) lodert (und) strebt nach oben . . .« Doch wird der Sinn noch viel stärker entstellt, wenn man *yüeh* im ersten Satzabschnitt die Bedeutung ›heißt‹ verleiht, ohne diese im zweiten beibehalten zu können. Einen solchen Fehler kann man nur begehen, wenn man eine vorgefaßte Meinung hat und von vorneherein annimmt, daß die Zahlen im *Hung-fan* nur als einfache Ordnungszahlen im arithmetischen Sinne gebraucht werden. Aber im *Hung-fan* selbst, wie übrigens auch an anderer Stelle, finden sich die Beweise dafür, daß die Chinesen überhaupt nicht gern bei den Zahlen eine kardinale von einer ordinalen Funktion unterschieden haben. Übersetzen wir also wörtlich genau: »I – Fünf Wandlungsphasen: 1: Wasser, 2: Feuer, 3: Holz, 4: Metall, 5: Erde«, wobei wir begreifen, daß das Wasser an 1. und das Feuer an 2. Stelle kommt, weil 1 und 2 als Embleme die diesen Wandlungsphasen eigene Wesenheit *und* ihren Rang ausdrücken. 1, 2, 3, 4 und 5 sind als Kennzahlen aufzufassen, die den *Wert* der verschiedenen Wandlungsphasen bezeichnen.

Denn wenn es auch geschieht, daß die Chinesen unter dem Einfluß verschiedener Lehrmeinungen die Reihenfolge der Wandlungsphasen verändern, so weisen sie ihnen doch niemals Zahlenwerte zu, bei welchen man annehmen müßte, daß sie sich von denen unterscheiden, die den Wandlungsphasen im *Hung-fan* zugeordnet sind. Als Kennzeichen des Platzes, den jede Wandlungsphase innerhalb eines großen Ganzen einnimmt, sind diese Werte selbst dann, wenn die Reihenfolge der Aufzählung eine andere ist, ein Hinweis auf die wirkliche und *ursprüngliche Anordnung* der Wandlungsphasen[45]. Im *Yüeh-ling* treten sie z. B. in der Reihenfolge Holz, Feuer, Erde, Metall, Wasser[46] auf. Trotzdem werden ihnen im *Yüeh-ling* entsprechend die Zahlen 8, 7, 5, 9 und 6 zugeteilt. Nun sind 1 und 6 (= 1 + 5), die im *Hung-fan* einerseits und im *Yüeh-ling* andererseits zum Wasser gehören, hinsichtlich ihrer symbolischen Geltung gleichwertig, denn beide kongruieren mit der 5. Nicht anders verhält es sich mit 2 und 7 (= 2 + 5), mit 3 und 8 (= 3 + 5) und mit 4 und 9 (= 4 + 5). Wenn andererseits

Wandlungsphasen	Wasser	Feuer	Holz	Metall	Erde
Hung-fan	1	2	3	4	5
Yüeh-ling	6	7	8	9	5

dem *Yüeh-ling* zufolge eine emblematische Gleichheit zwischen dem Wasser und in der Dezimalreihe *nur* mit der Zahl 6 (der starken Zahl im kongruenten *Paar* 1–6) angenommen wird, so heißt es dort doch auch, daß in der Zehnerreihe das Wasser einem *Paar* typischer Zahlen entspricht. Es sei hier noch erwähnt, daß wenn im *Shuo-wen* die *Paare zyklischer Zeichen* der Zehnerreihe analysiert werden, man das *erste* der beiden Zeichen als Emblem einer Himmelsrichtung und das *zweite* als Symbol der entsprechenden Jahreszeit auffaßt[47]. Im *Hung-fan* und *Yüeh-ling*, wo den Wandlungsphasen im erstgenannten Werk die *1.* der Zahlen eines *kongruenten Paars* und im 2. Werk die *2.* dieser Zahlen (also die starke Zahl) zugeordnet wird, betrachtet man anscheinend die Zahlenentsprechungen von verschiedenen, sich jedoch ergänzenden Gesichtspunkten aus. Denn beide fußen auf einem allgemeinen Ordnungssystem, dessen Alter und Bedeutung durch zahlreiche Mythen bezeugt wird.

Dieses System besteht in einer Kombination von Entsprechungen, die zwischen Jahreszeiten, Himmelsrichtungen . . . Farben und *Geschmäckern* . . . einerseits und den Wandlungsphasen und Zahlen andererseits festgelegt sind. Im *Yüeh-ling* wird die Zahl 6 und das Salzige (*hsien*) auf den Winter [= Norden] bezogen, der unter dem Einfluß (*têh* ›Kraft‹, ›Tugend‹) des Wassers steht. Die Zahl 7 und das Bittere (*k'u*) wird dem Sommer [= dem Süden] zugeordnet, der dem Einfluß des Feuers unterliegt; die Zahl 8 und der saure Geschmack (*suan*) entsprechen dem Frühling [= Osten], der unter dem Einfluß des Holzes steht; die Zahl 9 und das Scharfe (*hsin*) gehören zum Herbst [= Westen], der dem Einfluß des Metalls unterliegt; die Zahl 5 und das Süße (*kan*) entspricht dem *Mittelpunkt*, der mit der Erde gleichgesetzt wird. Demgegenüber heißt es im *Hung-fan*, worin die Grundgeschmäcker die gleichen Bezeichnungen wie im *Yüeh-ling* tragen, : »(das was) benetzt (und) nach unten strebt [Wasser: 1] bringt das Salzige hervor; (das was) lodert (und) noch oben strebt [Feuer: 2] bringt das Bittere hervor; (das was) sich biegt (und) wieder aufrichtet [Holz: 3] bringt das Saure hervor; (das was) streckbar (und) vielgestaltig (ist) [Metall: 4] bringt das Scharfe hervor; (das was) bestellt (und) abgeerntet wird [Erde: 5] bringt das Süße hervor.« *Yüeh-ling* und *Hung-fan* beziehen sich, darüber kann kein Zweifel herrschen, auf ein und dasselbe Ordnungssystem. Doch geht es im *Yüeh-ling*, der Abhandlung über den Kalender, vor allem darum, darzulegen, welche Funktion die Zahl bei der Bestimmung des Jahresrhythmus hat. Dabei werden nur die starken [also *zweitstelligen*] Zahlen der Paare 1–6, 2–7, 3–8, und 4–9 behandelt, denn deren Summe (6 + 7 + 8 + 9) beträgt 30. 30 (einer der wichtigsten Divisoren von 360) kann für sich allein als Hinweis auf den Umkreis des Jahres gelten; 6, 7, 8, 9 (indem sie zeigen, wie die Summe 30 zusammengesetzt ist) eignen sich daher zur Verwendung als Klassenzeichen der Vier Jahreszeiten, aus denen das Jahr [das symbolisch durch die zweitstelligen Zahlen der zyklischen Paare angedeutet wird] [48] sich aufbaut.

Demgegenüber ist es das Anliegen des *Hung-fan*, mit der Darstellung einer fortschreitenden Reihe von Arten den Aufbau des Kosmos zu offenbaren. Wenn darin zu Beginn (im 1. Abschnitt) eine Gliederung nach Bausteinen gegeben wird, so stellt man diese als räumlich geordnet dar und bezeichnet gleichzeitig, so möchte ich sagen, die Etappen ihrer Entstehung. Man benützt dazu nur die schwachen Zahlen der kongruenten Paare [also deren erststellige Ausdrücke, und man bringt eben diese erststelligen Ausdrücke der zyklischen Paare mit verschiedenen Orten im Raum in Verbindung]. Diese am Anfang der Zahlenreihe liegenden Ausdrücke (1, 2, 3, 4) eignen sich besonders gut, um die *Reihenfolge der Zuordnungen* anzugeben, bei welchen ein bestimmter Ort mit einer bestimmten Rubrik verbunden wird – und gerade deshalb können sie als Rubriken für die Orte der Anordnung dienen.

Denn die Aufzählung, bei welcher gleichzeitig der Geltungsbereich und der Zahlenwert der verschiedenen Wandlungsphasen bestimmt wird, *entspricht den Umrissen* eines geweihten Bezirks und *gibt die einzelnen Phasen seiner Errichtung an.* Wasser [= Norden = 1 (= 1 + 5 = 6)] und Feuer [= Süden = 2 (= 2 + 5 = 7)] stehen sich an den beiden Enden des zuerst und zwar vertikal von unten [= Norden] [*wohin das Wasser strebt* (wie es ausdrücklich im *Hung-fan* heißt)] nach oben [= Süden] [*wohin das Feuer strebt* (wie es ausdrücklich im *Hung-fan* heißt)] gezeichneten Balkens gegenüber. Holz [= Osten = 3 (= 3 + 5 = 8)] und Metall [= Westen = 4 (= 4 + 5 = 9)] konfrontieren sich an den beiden Spitzen des zweiten Balkens, der den ersten senkrecht schneidet, und der horizontal von links [= Osten, = Holz] nach rechts [= Westen, = Metall] [49] zu ziehen ist; die Erde [= Mittelpunkt, = 5 (was der 10 = 5 + 5 entspricht)] nimmt den Mittelpunkt ein, zu dessen Anzeige das Balkenkreuz dient, und mit dem der Platz des Fürsten angegeben ist [50].

Das Wasser wird an erster Stelle genannt, weil sein Raumbezirk der zuerst abgegrenzte Ort [Norden] ist – denn die Rubrik 1 ist für ihn maßgebend – während für seinen zeitlichen Bezirk [Winter] die Ordnungszahl 6 gilt. Entsprechend hierzu kommt an zweiter Stelle das Feuer, weil es in dieser Weise seinen Platz in der Anordnung einnehmen muß, in der es die mit der Zahl 2 bezeichnete Himmelsrichtung [Süden] ausfüllt – wobei die 7 die Ordnungszahl der entsprechenden Jahreszeit [Sommer] ist.

Man kann sich die mit den Wandlungsphasen verbundenen Zahlenembleme nicht ohne ihre Beziehungen zu konkreten Raum- und Zeitabschnitten vorstellen. Diese Beziehungen wie auch die zwischen Zeit- und Raumabschnitten bestehenden Verbindungen lassen zunächst einmal die Unterscheidung zwischen Grund-, Ordnungs-, ja selbst Distributivzahlen als gegenstandslos erscheinen; dergleichen Funktionen haben sich bei den Zahlen nicht ausdifferenziert, weil ihre einstufende Funktion in so starkem Maße überwiegt. Mehr noch: aus der Tatsache, daß man sie sich unmöglich außerhalb des Raum-Zeit-Gefüges vorzustellen vermag, das Kette und Einschuß eines endlichen Kosmos darstellt, folgt, daß die Zahlembleme aus dem durch die Grenzenlosigkeit ihrer Abfolge scheinbar geforderten *abstrakten* linearen Gefüge herausgelöst werden. Sie werden in eine zyklische Anordnung gezwungen; ihr Reichtum an geometrischen Andeutungsmöglichkeiten macht sie viel beser als gewöhnliche zyklische Symbole dazu geeignet, als Rubriken für Gruppen von Gegebenheiten zu dienen. Indem sie deren Ort und Ordnung, Gestalt und Zusammensetzung angeben, identifizieren sie gleichzeitig diese Gruppen.

2 *Zahlen, Orte, Orakelzeichen*

Die logischen Bezirke und konkreten Kategorien des Kosmos sind in der Regel mit Hilfe von Zahlen darzustellen. Bemüht man sich, sie im Einklang mit ihrer Wesenheit und im Einklang mit der im *Hung-fan* als »die regelmäßigen Entsprechungen der Wesen« bezeichneten inneren Ordnung darzustellen, so dürfte man wohl mittels Zahlenanordnungen dieses Ziel zu errreichen hoffen. Wählt man für diese Zahlen eine Darstellung, die ihr Zusammenspiel sichtbar werden läßt, so wird man sich in der Überzeugung wiegen, daß es einem gelungen ist, den Kosmos verständlich und einer Ordnung zugänglich zu machen.

Yü der Große besaß alle Tugenden, dank derer ein Heroe die Welt zu ordnen vermag. Er begründete daher die Hsia-Dynastie; daher auch, so wird berichtet, vertraute ihm der Himmel »die Neun Abteilungen des *Hung-fan*« an.

Das bedeutet nicht, daß der Himmel dem Yü eine Abhandlung in 9 Punkten schenkte. In dem Essay, den nach dem Ende der Yin-Dynastie ein Prinz des gestürzten Hauses dem Gründer der Chou-Dynastie vortrug, kam ohne jeden Zweifel das erhabenste, im *Hung-fan* des Yü enthaltene Wissen zum Ausdruck. Allerdings unterschieden sich die Spekulationen, zu denen dieses himmlische Dokument den Anstoß gegeben haben mag, offenbar von dem Text in der gleichen Weise, wie die literarischen Glossen zu jenem heiligen Buch der Orakelmeister, dem *I-ching*, vom wirklichen Text verschieden waren. Dieser echte Text des *I-ching* besteht allein aus 64 Zeichnungen, den Hexagrammen; alles übrige ist nichts als Kommentar, Ausschmückung und Legende, um die Entzifferung der Orakelembleme zu unterstützen. In diesen 64 Zeichensymbolen ist ein allesumfassendes Wissen und eine allesumfassende Macht enthalten. Auch die Neun Abteilungen des *Hung-fan* stellten wahrscheinlich in der Form, in der sie Yü besaß – also ehe sie in Gestalt der dem König Wu vorgetragenen 9 Punkte-Abhandlung ausgedeutet wurden –, eine ähnliche Summa der Weisheit dar. ›*Hung-fan*‹ bedeutet »Großes Vorbild« oder »Umfassendster Plan«. Was anderes mochte unter den Rubriken des *Großen Plans* dargestellt worden sein, wenn nicht eine Anzahl von Symbolen, die dazu geeignet waren, die auf die kosmische Ordnung hinweisenden kategorischen Verbindungen im Gegebenen erstehen und von der Vernunft annehmen zu lassen? Was anderes mochten die um die Zahl 5 (dem Emblem der beherrschenden Stellung und des räumlichen Mittelpunkts) angeordneten neun numerierten Rubriken gewesen sein, wenn nicht, *ganz einfach*, die neun ersten Zahlensymbole?

Ganz gewiß war das, was der Himmel dem Yü anvertraute, nicht die Glosse zum Text, sondern dieser selbst, oder richtiger: dessen Chiffre; es war ein chiffriertes Modell, ein *aus Zahlen gestaltetes Abbild*, die Welt selbst.

Solange die Gelehrten sich in der Absicht, der Geschichte des Altertums einen vernünftigen und korrekten Schein zu verleihen, mit ihrer Kritik nicht an die Überlieferungen gewagt hatten, haben die Chinesen den dem Yü vom Himmel geschenkten *Hung-fan* mit einem *Lo-shu* genannten mythischen Diagramm identifiziert, das ihrer Meinung nach unbedingt eine Zahlenanordnung darstellen mußte.

Die von Yü und dem *Hung-fan* berichtenden Überlieferungen beziehen sich auf einen Komplex von Mythen, die untereinander einen zu sinnvollen Zusammenhang aufweisen, als daß man sie vernachlässigen dürfte. Der Große Yü war bekanntlich, wie sich dies für einen Gründer oder einen Demiurg gehört, auch ein Meister der Schmiede- und der Feldmeßkunst[51]. Er bereiste und vermaß die Neun Berge, die Neun Flüsse, die Neun Moore und bereitete den Boden zur Bebauung vor – d. h. er teilte ihn in *quadratische, jeweils wiederum in neun kleinere Quadrate unterteilte* Felder auf; kurzum, wir erfahren, daß Yü *die Welt in 9 Gebiete einteilte.*

Er besaß auch 9 Dreifüße. Das Metall hierfür hatten die Neun Hirten als Tribut geliefert, und Yü konnte auf diesen seinen Kesseln die »Embleme« der Wesen aller Länder darstellen, denn diese »Embleme« hatte er als Huldigungsgeschenke aus den 9 Gebieten empfangen. Die in diesen Symbolen beschlossene Macht war derartig, daß die Neun Kessel als Entsprechung der Welt gelten konnten; sie bewirkten, daß im ganzen Kosmos Ordnung und Frieden herrschte: Die verschiedenen Wesen weilten friedlich in ihren Gebieten, so daß man ohne Gefahr die Neun Moore, die Neun Flüsse und die Neun Berge bereisen konnte . . . . So stellte man »die Verbindung des Oberen und des Unteren her« und wurde »himmlischen Segens teilhaftig«[52]. Dem Yü, der in seinen Neun Dreifüßen ein *Abbild der Welt* besaß und Macht über die Welt hatte, übergab der Himmel also die Neun Rubriken.

Sie wurden ihm von einer Schildkröte überbracht. Die in der Welt allmächtigen Schildkröten sind ein *Abbild des Kosmos*. Wenn die Orakelmeister durch sie die wirkenden Zeichen erfahren können, die zu wirksamer Tat raten, so liegt dies daran, daß die Schildkröten am hohen Alter des Kosmos teilhaben – und wenn der Kosmos sie am *langen Leben* teilhaben läßt, dann deshalb, weil ihr Gehäuse nach dem Vorbild des Makrokosmos gebildet ist. Ist ihr Panzer doch unten quadratisch, oben hingegen rund. Die Schildkröten sind ein so treffliches Abbild der Welt, daß sie zwangsläufig in solchen Mythen eine Rolle spielen, in welchen ein Heroe auftritt, der sich um die Befestigung der kosmischen Ordnung bemüht. Hat irgendein böser Genius eine der Säulen zertrümmert, die die Welt tragen, so daß nur noch drei davon übrigbleiben und Himmel und Erde sich zur Seite neigen, und dadurch der Kosmos einer Sintflut preisgegeben wird, so kann ein wohltätiger Genius von neuem geordnete Zustände herstellen, indem er die Welt wieder mit vier aus den abgeschnittenen Beinen einer Schildkröte gefertigten Säulen ausstattet[53]; denn die Schildkröten dürfen sich nicht frei bewegen und umherschwimmen, sollen die Landmassen nicht abgetrieben und von den Wassern verschlungen werden[54]. Nachdem Kun, der ein böses Ungeheuer in Gestalt einer dreibeinigen Schildkröte darstellte, die Großen Fluten entfesselt hatte, die Himmel und Erde zu überschwemmen drohten[55], stellte Yü, der zwar sein Sohn, aber auch ein nach Tugend und Körperbau vollkommener Heroe war, die rechte Ordnung wieder her. Er erwarb sich Ruhm durch Verrichtung mythischer Arbeiten, die auf das Motiv der aus den Fluten erretteten Welt hinweisen. Deshalb mußte in seiner Geschichte auch eine Schildkröte vorkommen. Denn der große Yü bändigte die Gewässer und zähmte die Flüsse. Darum gehörte es sich, daß ein Drachenpferd oder der Flußgott in Person – er hatte einen Fischleib oder den Körper einer Schildkröte[56] – aus dem Gelben Fluß hervortauchte und ihm das Bild des Flusses (*Ho-t'u*) übergab; und eine Schildkröte sollte aus dem Flusse Lo hervorkommen und ihm das *Lo-shu* (die Schrift des Lo-Flusses) darbringen, das – so heißt es in der Überlieferung – den *Hung-fan* darstellt.

Dieses Bild wurde dem Yü durch eine Schildkröte, die ein Abbild der Welt ist, überbracht, dem Yü, der selbst seiner Stimme, seiner Körpergröße und seinem Schritt nach für alle Maße und für alles in Zahlen Ausdrückbare als Maßstab dienen konnte. Wie die Neun Dreifüße des Yü, so wurden auch die aus den Gewässern aufgetauchten Bilder, so berichtet die Geschichte, im Schatz der Könige, der Himmelssöhne aufbewahrt; sie zählten zu den Unterpfändern und Grundlagen ihrer Macht; beim Niedergang der königlichen Macht versanken die Dreifüße in den Fluten, und niemand weiß, was dann aus dem *Ho-t'u* und dem *Lo-shu* geworden ist ... *Lo-shu* und *Ho-t'u* tauchten erst unter der Sung-Dynastie, im 12. Jahrhundert unserer Zeitrechnung, wieder auf. Es herrschte damals ein Kaiser, der die Geomantik förderte und taoistische Zauberformeln sammelte; er hatte auch Neun Dreifüße gießen lassen [57].

Von dem *Lo-shu* und dem *Ho-t'u* der Sung-Zeit sprechen die Gelehrten nur mit Geringschätzung. Und dennoch sind diese Werke recht interessant, handelt es sich bei ihnen doch ganz einfach um Zahlenanordnungen – was beweist, daß die chinesischen Gelehrten auch nach langen Jahrhunderten blühender Kultur den Zahlenemblemen weiterhin die Funktion zusprachen, den Kosmos darzustellen. Es genügt, daß wir diese Einstellung zur Kenntnis nehmen. Daß sie sich so lange behauptet hat, legt den Schluß nahe, daß sie einer Grundhaltung des chinesischen Geistes entspricht. Im übrigen, warum sollte man über die »Fälscher« lästern? Sie haben ja nichts erfunden; es handelt sich bei ihnen einfach um Gelehrte, die sich darauf beschränkten, bestimmte Vorstellungen in Zeichen zu übersetzen, und zwar Vorstellungen, die wir nicht auf den mythischen Heroen Yü zurückzuführen brauchen (die aber nichtsdestoweniger altertümlich genug sind, um unser Interesse zu verdienen).

Im *Ho-t'u* der Sung-Zeit werden [mit Hilfe weißer (*yang*) oder schwarzer (*yin*) Punkte – je nachdem, ob es sich um gerade oder ungerade Zahlen handelt] die 10 ersten Zahlen in Kreuzform angeordnet, wobei die

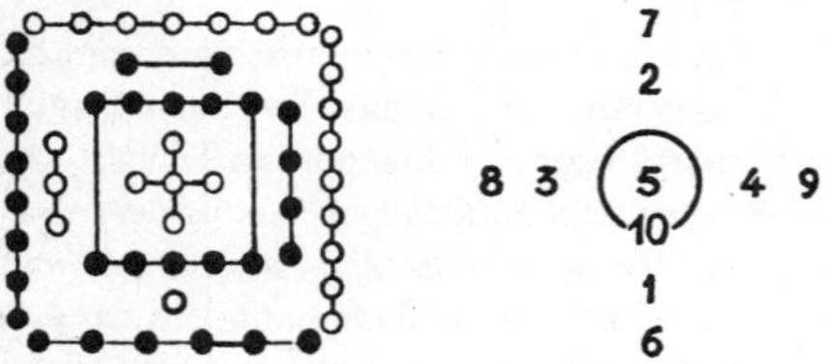

Mitte mit der 5 und der 10 besetzt ist. Wie wir sahen, entspricht dies der Anordnung, die im *Yüeh-ling* und im 1. Abschnitt des *Hung-fan* für die Zahlenembleme der Wandlungsphasen, Himmelsrichtungen und Jahreszeiten angenommen wurde. Was nun das *Lo-shu* angeht, so werden in dem Diagramm, das angeblich die alte Darstellung wiedergibt, formell seit der Han-Zeit bezeugte Angaben [58] verwendet. Auch dieses Diagramm, im Vergleich zu dem erstgenannten nicht minder interessant, bietet keine Überraschungen. Es werden darin die neun ersten Zahlen nach Art eines *magischen Quadrats* (um die 5 herum) angeordnet – wie dies denn auch von einem Abbild der Welt nicht anders zu erwarten war, das (durch die Vermittlung einer Schildkröte) einem Heroen dargebracht wurde, der die (quadratische) Erde in 9 (quadratische Gebietsabschnitte) aufteilte.

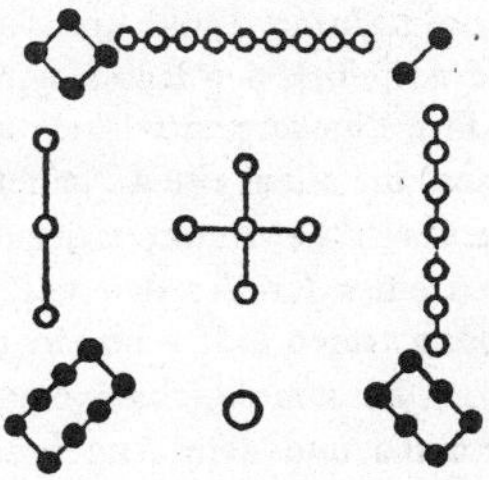

4	9	2
3	5	7
8	1	6

Yü vermaß die Welt, um sie zu ordnen. Er bereiste sie tatsächlich. Herrscher, die keine neue Ära begründen, begnügen sich, wie wir wissen, damit, im Hause des Kalenders einen Kreis abzuschreiten. Ihr Umzug am heiligen Ort der *Ming-t'ang* genügt für die Ordnung von Raum und Zeit und zur Aufrechterhaltung einer genauen Übereinstimmung der Jahreszeiten mit den Himmelsrichtungen.

Die mit einem runden Strohdach gedeckte, auf einem quadratischen Fundament aufgeführte *Ming-t'ang* ist ein Abbild der Welt, und zwar ein ebenso vollkommenes wie eine Schildkröte.

Die Meister des Orakels[59] sind in der Lage, aus einem Schildkrötenpanzer einen vollständigen Zeichenzyklus herauszulesen, erhalten sie doch aus 360 Arten von Rissen Auskunft über die Gesamtheit aller zeitlichen und räumlichen Umstände. Sie lassen diese sichtbar werden, [wobei sie sich des Feuers (= das Obere, = der Himmel) bedienen] und zwar an der Unterseite [die quadratisch ist (= die Erde)] des Panzers. Die Abschnitte dieses unteren Teils der Schale gestatteten eine nähere Bestimmung der Risse. Und zwar teilt eine von hinten nach vorn verlaufende Mittellinie [hinten entspricht dem Unteren (=Norden) und vorn entspricht dem Oberen (= Süden)] die Schale in zwei Hälften, in eine linke (= Osten) und eine rechte (= Westen). Fünf Querstriche, welche die Fünf Wandlungsphasen darstellen, schneiden diese Achse und legen (6 zur Rechten und 6 zur Linken) die 12 Örter (es handelt sich um die Örter der 12 Monate) fest. Doch grenzen sie nur 8 Bezirke ein, die (paarweise vereint) vier um den vom Schnittpunkt der Mittelachse und des mittleren Querstrichs gebildeten Achsenkreuz bezeichneten Mittelpunkt angeordnet, vier Abschnitte darstellen[60]. So gelangt man dahin [nachdem man (unter Berück-

sichtigung von einer Mittelachse und 5 Querstrichen) ein Achsenkreuz so gezeichnet hat, daß eine Fünferordnung angedeutet wird] [und obzwar man, wie es heißt, auf Grund einer Unterscheidung von 6 Kategorien (oder richtiger von 3 *Paaren* von Kategorien, nämlich Oben und Unten, Links und Rechts und – auch – Yang und Yin) unterscheidend vorgeht], den Raum – in dem die 360 Zeichen in Erscheinung treten und ihre Eigenart entwickeln können – nur auf 4 (*doppelte*) *Gebiete* zu verteilen, die allein einen Namen verdienen.

In der gleichen Weise wird der Raum in der *Ming-t'ang*[61] – in der der König durch Abschreiten eines Kreises den vollen Zyklus Tage, die ein Jahr bilden, in Erscheinung treten läßt – nur in 5 (den Fünf Wandlungsphasen zugewiesene) eigens benannte Gebiete eingeteilt, von welchen eines dem Mittelpunkt des Raums und dem Angelpunkt der Zeit entspricht, während die vier übrigen den tatsächlichen Himmelsrichtungen und Jahreszeiten entsprechen. Doch sind auch in der *Ming-t'ang* 8 Stellen eingerichtet, von welchen vier an den Ecken des Quadrats gelegen sind, während *die anderen vier* (die *allein einen Namen haben*) die Grundpositionen einnehmen; diese 8 Stellen haben eine Beziehung zu den 12 günstigen Stationen, welche der König einnimmt, wenn er seine Anordnungen (*Yüeh-ling*), die einem jeden der 12 Monate entsprechen, verkündet. Diese Ordnung des geheiligten Raums bekundet sich durch zwei architektonische Anlagen. Beide wurden zur Han-Zeit von Gelehrten vorgeschlagen, die angeblich die richtigen Pläne einer *Ming-t'ang* liefern wollten. Nach Ansicht der einen müßte das Haus des Kalenders neun Säle umfassen; nach Meinung der anderen bestand es nur aus fünf Gebäuden oder aus fünf Räumen.

Gleichgültig ob die fünfsälige *Ming-t'ang* aus aneinanderstoßenden Räumen oder aus unabhängigen Gebäuden besteht, bildet sie ein in ein Quadrat (*oder ein Rechteck*) eingeschriebenes einfaches Kreuz; die neunsälige *Ming-t'ang* füllt dieses Quadrat ganz aus. Bei beiden Anordnungen

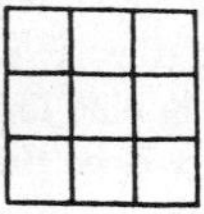

ist jedoch ein mittlerer Raum vorgesehen, der, so möchte ich sagen, nach keiner Richtung einen Blick nach außen bietet; beide Anordnungen gewähren aber 12 verschiedene Blickmöglichkeiten nach außen. Und zwar weist jeder der Hauptsäle der kreuzförmigen *Ming-t'ang* drei äußere Fassaden

[4 × 3 = 12] auf, während bei der quadratischen *Ming-t'ang* diese gleichen Säle zwar nur eine Fassade besitzen, wobei jedoch die vier Ecksäle eine doppelte Fassade aufweisen [(4 × 1) + (4 × 2) = 12]. Wenn es darum geht, um einen Mittelpunkt 12 Ausblicke oder 12 zyklische Stationen anzulegen, dann eignet sich hierfür jede der beiden architektonischen Anordnungen in gleicher Weise.

In der Tat, die *beiden Bausysteme* unterscheiden sich lediglich darin, daß sie der Ausdruck *zweier verschiedener Zahlenanordnungen* sind.

Auf die eine dieser Anordnungen weist das *Yüeh-ling* hin. In dieser Abhandlung über den Kalender werden die Stellen angegeben, die der Himmelssohn bei der Verkündung der monatlichen Anweisungen (*yüeh-ling*) in der *Ming-t'ang* einzunehmen hat. Während des ersten und letzten Monats einer jeden Jahreszeit genügt es, daß der Herrscher aus einem der vier Hauptsäle nach links oder nach rechts tritt; während der mittleren (Sonnenwend- oder Tagundnachtgleich-) Monate der Vier Jahreszeiten hingegen muß er innerhalb dieser Säle Platz nehmen. Bekanntlich werden im *Yüeh-ling* den drei Monaten einer jeden Jahreszeit ein und dieselbe Zahl zugeordnet [dem Winter (Norden) 6, dem Frühling (Osten) 8, dem

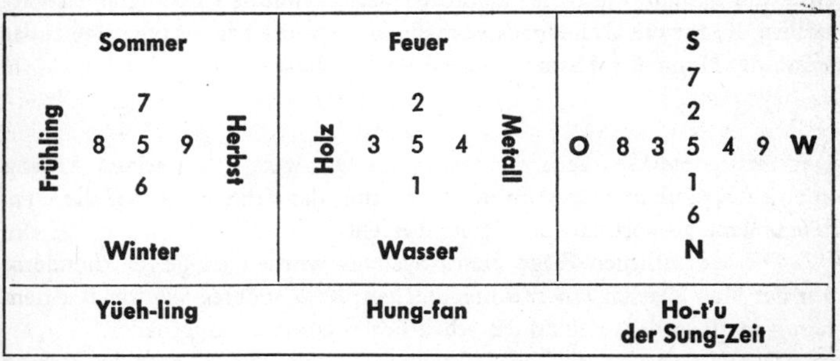

Sommer (Süden) 7, dem Herbst (Westen) 9 und dem Mittelpunkt 5]. Wie man sieht, ist die fünfsälige *Ming-t'ang* so angelegt, daß sie auf die Anordnung der Zahlen in Gestalt eines einfachen Kreuzes hinweist, wie dies später im *Ho-t'u* der Sung-Zeit dargestellt werden sollte und bereits im *Hung-fan* implizit war.

Die quadratische Anordnung beruht in gleicher Weise auf einer numerischen Grundlage. Für die Überlieferung einer neunsäligen *Ming-t'ang* tritt man im *Ta-Tai Li-chi*[62] ein. In diesem Werk wird nämlich einem

4	9	2
3	5	7
8	1	6

jeden der neun Säle, (wie dies im *Hung-fan* bei jedem der neun Rubriken der Fall ist) eine der ersten 9 Zahlen zugeordnet, wobei deren Reihenfolge (2,9,4; 7,5,3; 6,1,8) die Anordnung in einem magischen Quadrat voraussetzt. Diese (mit der des *Lo-shu* der Sung-Zeit identische) Anordnung hatte also, mindestens seit der Han-Zeit, rituelle Bedeutung. Denn bereits zu jener Zeit schien sie ein Abbild der Welt darzustellen, das in der Anlage der *Ming-t'ang* seine Entsprechung haben mußte – wobei überdies eine umfangreiche Überlieferung den Gedanken nahelegt, daß ein Heroe dieses Bild auf einem Schildkrötenpanzer entziffert haben mochte.

Die auf die *Ming-t'ang* bezogenen Überlieferungen beweisen erneut, daß die Hauptfunktion der Zahl darin besand, die Charakteristika von Orten und die innere Ordnung des Raum-Zeit-Gefüges anzugeben.

Die Anordnung in einem magischen Quadrat, deren Geltung sie den Fachleuten der *Ming-t'ang* empfahl, erfreute sich auch bei den Theoretikern der Orakelkunst nicht geringeren Ansehens. Wir werden Beweisen für diese weite Verbreitung begegnen und dabei gleichzeitig deren Begründung einsehen. Denn man kann durch Anordnung der Zahlen in einem Quadrat ebensogut wie durch Unterteilung der Orakelschale in Bezirke die Summe (360) der zeitlichen und räumlichen Bedingungen darstellen, die für die Orakelmeister maßgebend war – wie übrigens auch das Werk des Himmelssohns im Hause des Kalenders.

Der verbreitete Gebrauch der magischen Quadrate nahm seinen Anfang in einem spekulativen System des Altertums, das sich sowohl auf die Orakelembleme als auch auf die Zahlen bezieht.

Die wesentlichen Züge dieses Systems wurden einige Jahrhunderte vor der Han-Zeit im *Hsi-tz'u* niedergelegt. Kein anderes Werk außer dem *Hung-fan* liegt dem Beginn der schriftlichen Überlieferung näher.

Der *Hsi-tz'u* ist ein Teil des *I-ching*-Zyklus. Die Meister des *I-ching* stützten sich auf Zeichen, die sie mit den Schafgarbenstengeln gewonnen hatten. Nach der Meinung der Gelehrten, die sie übten, war die Orakelkunst mit den Schafgarbenstengeln auf dem gleichen Wissensgut begründet wie das Schildkrötenorakel. Beide Untersuchungsmethoden waren miteinander verwandt und sollten sich daher ergänzen; dies geht direkt aus dem *Hsi-tz'u*, aber auch aus dem *Hung-fan* hervor, wie übrigens auch aus dem *Chou-li*[63]. Die auf die Schildkröte bezogenen Mythen legen die Annahme nahe, daß die Kunst, die Schildkrötenschale zu präparieren, indem man sie nach Gebieten gliederte, auf Methoden zurückgeht, deren sich die

Feldmesser und *Geometer* bei der Aufteilung des Landes bedient hatten. Hingegen hängt die Wissenschaft, die die Erkenntnis zeitlicher und räumlicher Bedingungen mit Hilfe der Schafgarbenstengel ermöglicht, offenbar mit einer *Rechentechnik* zusammen. Doch haben die alten Chinesen es vermieden, zwischen Arithmetik und Geometrie zu unterscheiden. Zahlen wie Figuren bildeten für die Weisen praktisch austauschbare und in gleicher Weise machtvolle Symbole, die eine Erkenntnis und Beherrschung jeder Art von Gegebenheiten erleichterten.

Das Wort für die Orakelpflöckchen ist ebenfalls ein Ausdruck für die Rechenstäbchen. Die Orakelmeister mußten beim Stellen eines Orakels und bei ihren Berechnungen zwischen dem 4. und dem 5. Finger der linken Hand eines dieser Stäbchen halten, welches dann den zwischen dem Yin und dem Yang stehenden Menschen versinnbildlichte[64]. Ebenso mußte man, wenn man sich über den einzuschlagenden Weg nicht im klaren war, eines dieser Pflöckchen in der Hand halten – das dann als Leitstab[65] diente. Das Schriftzeichen, das auf diese Stäbchen hinweist, wird unter dem Klassenzeichen ›Bambus‹ mit einem Strichkomplex geschrieben, der, wie es heißt, »die Spuren, die ein Karren auf dem Boden hinterläßt« darstellt. Setzt man nun zu diesem Strichkomplex ein Klassenzeichen, das die *quadratischen* bestellten Felder darstellt, so erhält man ein Zeichen von gleicher Aussprache (*ch'ou*). Dieses hat die Bedeutung »das Land bestellen, Grenzen der Ländereien, Erbgüter«. Es weist auch auf die Gelehrten (Astronomen, Astrologen, Meister des Kalenders) hin, die sich von Generation zu Generation der Rechenkunst widmen ... Rechnerische, figürliche Regierungs- und Orakelbegabung sind nicht voneinander zu trennen ... Eben dieses Wort *ch'ou* wird auch zur Bezeichnung der Neun Abteilungen des *Hung-fan*, der Neun Rubriken oder der 9 Gebiete des Großen Plans benützt – der der Überlieferung zufolge mit dem *Lo-shu* identisch ist, das eine Schildkröte dem Feldmesser Yü überbrachte.

Der *Hsi-tz'u* steht allerdings nicht unter dem Patronat des Yü, sondern unter dem des Fu-hsi. Fu-hsi führt als Emblem das Winkelmaß, seine Frau den Zirkel. Beide werden gegenseitig umschlungen dargestellt, denn ihre Körper laufen in miteinander *verschlungenen* Schlangen aus[66]. Es ist der Propaganda der Vertreter des *I-ching* zu verdanken, daß Fu-hsi an die Spitze der Urheber der Kultur aufgerückt ist; ihm wird die Erfindung des Systems der *Knoten*schnüre ebenso wie der Orakelkunst mit Hilfe der Schafgarben*stengel* – somit der ersten Regierungswerkzeuge – zugeschrieben. Er kam auf wunderbare Weise zur Welt. So wird behauptet, daß seine Mutter ihn unter der Einwirkung eines auf dem Wasser treibenden *Pflocks* empfangen habe; einer anderen (der üblichen) Version zufolge sei er in einem Moor zur Welt gekommen, das der dort lebenden *Drachen* wegen berühmt ist. Er selbst glich in seinem Äußeren einem *Drachen* ...[67] Dem Fu-shi also, und nicht dem Yü, dem Hersteller der Dreifüße, wurde nach der verbreitetsten Überlieferung von einem *Drachen* das *Ho-t'u* überbracht ... Doch lassen sich die Drachen von den Dreifüßen schwer unterscheiden. Denn wenn sie auch nur einigen Wert besitzen, so finden sich auf den Dreifüßen die schwankenden Spiegelungen der Drachen wieder[68]. Wenn im übrigen der Ruf eines Heiligen gut genug ist, um die Drachen anzulocken, so wird ihm zuerst einmal der Besitz eines Dreifußes zuteil. Ein solcher Besitz gewährleistet ihm aber das Erscheinen eines Drachens nur, wenn neben ihm auch *Schafgarbenstengel* vorhanden sind ... Über die Frage, ob Fu-hsi einen oder 9 Dreifüße aufgefunden oder gegossen hat, schweigt die Geschichte. Es wird lediglich berichtet, daß jener Erfinder der Trigramme lange vor Yü die Welt in 9 Regionen gliederte.

Beim Bericht dieser Großtat kommen die Kommentatoren der *Bambusannalen* sogar auf den Gedanken, eine Glosse des Cheng Hsüan wiederzugeben, in welcher der berühmte Gelehrte der Han-Zeit die *Reihenfolge der Entstehung* der Orakeltrigramme angibt.

Die Fachleute des Schafgarbenorakels befragten dieses, indem sie einen Satz Stäbchen so handhabten, daß sich dabei eine gerade oder ungerade Zahl ergab, und drückten das Ergebnis graphisch durch einen vollen ——— (ungeradzahligen, *yang*, männlichen) oder einen gebrochenen — — (geradzahligen, *yin*, weiblichen) Strich aus. Sie beendeten die Befragung, sobald sie eine aus 6 übereinandergeordneten Linien bestehende Figur erhalten hatten. Durch Übereinanderordnung von 6 gebrochenen oder vollen Linien lassen sich 64 verschiedene Hexagramme bilden. Mit drei Strichen kann man nur 8 Trigramme gewinnen. Es läßt sich unschwer nachprüfen, daß ein jedes der ($8^2 = 64$) Hexagramme aus zwei übereinanderliegenden Trigrammen besteht[69]. Folglich erlauben die 8 Trigramme die Bildung der 64 Hexagramme. Letztere gelten als Darstellung aller Gegebenheiten; erstere liefern, so möchte ich sagen, eine verdichtete Darstellung des Kosmos.

Voraussetzung dafür, daß dieses Abbild der Welt für vollkommen gelten kann, ist die richtungbezogene Anordnung der Trigramme. Die dem Mythus zufolge den 8 Himmelsrichtungen zugeordneten 8 Trigramme werden deshalb auch tatsächlich in einem Achteck angeordnet und bilden eine achtstrahlige Windrose. Die Anordnung des *Lo-shu* unterscheidet sich von der des *Ho-t'u*, und es gibt bei der *Ming-t'ang* wie auch bei den Zahlen zwei konkurrierende Anordnungsmodi; in gleicher Weise existieren zwei Anordnungsweisen für die Trigramme. Beide waren bereits im hohen Altertum berühmt. Sie schlossen sich gegenseitig nicht nur nicht aus, sondern schienen sich zu ergänzen. Im *Shuo-kua* (einer der wichtigsten Abhandlungen im *I-ching*-Zyklus) nimmt man je nach dem Anlaß bald auf die eine, bald auf die andere Anordnung Bezug. Für die eine Anordnung ist ein Bemühen um Symmetrie bei der Ordnung der Zeichen charakteristisch; der Überlieferung nach geht sie auf das *Ho-t'u* zurück und stammt von Fu-hsi, dem Erfinder der Trigramme. Die zweite soll von dem König Wen stammen, dem Gründer der Chou-Dynastie. Der König Wen, so wird berichtet,

Dem Fu-hsi zugeschriebene Anordnung

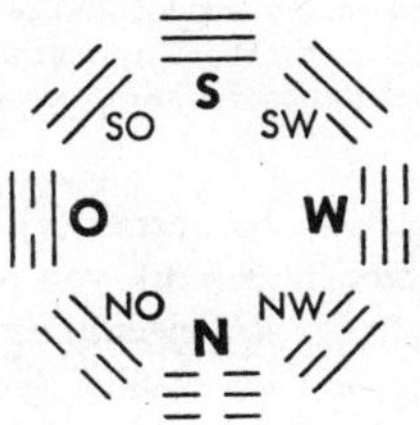

ch'ien
tui sun
li k'an
chen ken
k'un

Gestalten und Bezeichnungen der Trigramme in der dem Fu-hsi zugeschriebenen Anordnung.

erfand die Hexagramme. Überdies wurde er durch den Bau einer *Ming-t'ang* berühmt. Gewöhnlich bringt man die sogenannte Anordnung nach dem König Wen mit dem *Lo-shu* in Zusammenhang. Es fällt auf, daß die bei der Einteilung der Welt in 9 Regionen (die das Werk des Fu-hsi, des Meisters des *Ho-t'u* war) zitierte Glosse des Cheng Hsüan sich auf die Anordnung der Trigramme nach König Wen, dem Erbauer der *Ming-t'ang*, bezieht.

Auf Grund der zur Han-Zeit von Cheng Hsüan gesammelten Überlieferungen kommt ein jedes der 8 Trigramme unter dem Einfluß des Höchsten Einen (*T'ai-i*) an den ihm gemäßen Platz (*kung* = Palast, Zimmer); jeweils nachdem es vier Trigrammen ihren Platz angewiesen hat, ruht das Große Eine im Mittelpunkt. Der von ihm durchlaufene Weg [*hsing*, wörtlich »Durchgang« (Übers.) – dies ist das Wort, das man im Ausdruck *wu hsing* (›die Fünf *hsing*, die Fünf Durchgänge‹) mit »Wandlungsphasen« oder »Elemente« wiedergibt] verläuft folgendermaßen:

Sogenannte Anordnung nach König Wen

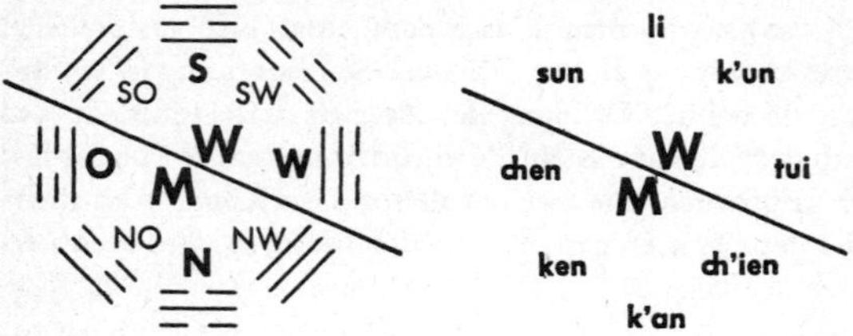

Gestalten und Bezeichnungen der Trigramme in der dem König Wen zugeschriebenen Anordnung. Der Querstrich trennt die männlichen (M) Trigramme [d. h. jenes, das aus drei vollen Linien besteht und jene drei, die nur eine volle Linie aufweisen] von den weiblichen (W) Trigrammen [das sind jene, die eine ungerade Anzahl (3 oder 1) gebrochener Linien aufweisen].

Von (1) *k'an* (Norden) ausgehend, berührt es (2) *k'un* (Südwesten), dann (3) *chen* (Osten), dann (4) *sun* (Südosten), von wo aus es nach einer Berührung des Mittelpunkts [5] (der sein eigentlicher Wohnsitz ist) – (6) zu *ch'ien* (Nordwesten) gelangt, von wo es über (7) *tui* (Westen), (8) *ken* (Nordosten) zu (9) *li* (Süden) gelangt, um von dort aus in die Mitte [10 = 5] zurückzukehren.

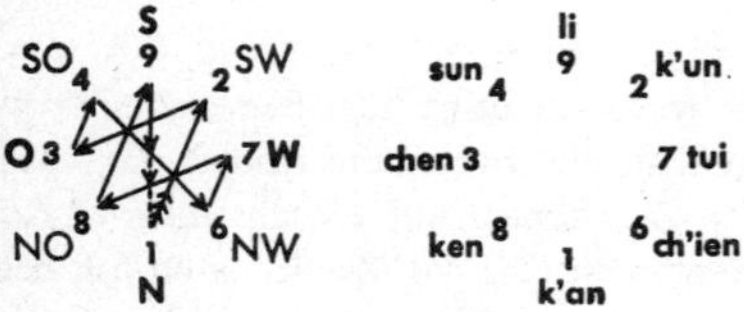

4	9	2
3	5	7
8	1	6

Die hierbei eingehaltene Reihenfolge erlaubt es, die Zahlen in einem magischen Quadrat anzuordnen[70], wobei man mit der kleinsten beginnt und mit der größten aufhört. Wenn man nämlich ein jedes Trigramm durch die Ordnungszahl ersetzt[71], welche auf die Reihenfolge ihrer Entstehung hinweist, so erhält man ein magisches Quadrat mit dem Mittelpunkt 5, wobei die Zahlen in gleicher Weise angeordnet werden wie dann, wenn sie zur Bezeichnung der 9 Abteilungen der *Ming-t'ang* dienen.

Wie den Wandlungsphasen, wenn man diese auf einem Achsenkreuz anordnet, so wird auch den Trigrammen ein Zahlenwert zugeordnet, sobald man sie nach Himmelsrichtungen ausrichtet. Denn auch sie haben als Embleme Zahlen, die ihre Stellung im Raum-Zeit-Gefüge angeben. Diese Zahlen offenbaren überdies die *Reihenfolge* ihrer *Entstehung*. Beiden Anordnungen (Quadrat oder Achsenkreuz) liegt folglich das gleiche System von Postulaten zugrunde, von welchen die alten Chinesen die eher komplementären denn gegensätzlichen *Weltbilder* ableiteten. Seit der Zeit des *Hung-fan* wurde die Reihenfolge der Entstehung der Wandlungsphasen durch ein Zahlenkreuz angegeben; doch dürfte das magische Quadrat, das auf die Entstehungsreihenfolge der Trigramme hinweist, nicht minder früh Geltung erlangt haben. Diese Geltung zeigt sich in zur Han-Zeit[72] im *Ta-Tai Li-chi* und von Cheng Hsüan gesammelten Überlieferungen, deren tieferer Sinn jedoch nur durch den *Hsi-tz'u* erhellt wird.

Die Meister des *Hsi-tz'u*, welche die gleichzeitig Rechenpflöckchen darstellenden Orakelstäbchen handhabten, haben eine Theorie des Orakels entwickelt, die auf einer Zahlenwissenschaft beruhte. Die Kunst, die Orakelsymbole zu ordnen und in Beziehung zu setzen, war für sie eins mit der Kunst der Zahlenkombinationen.

In einem Passus, der sich auf die Anordnung der Trigramme in einem Achteck bezieht, wobei diese ausdrücklich als Zahlen behandelt werden, werden sie im *Hsi-tz'u* so angeordnet, daß sie *diametrale* Gegensätze bilden, wobei man anscheinend andeuten wollte, daß für diese Gegensätze durchwegs die Formel 3×5 maßgebend sei. Die orthodoxen Kommentatoren bringen zu diesem Passus nur eine völlig sinnlos erscheinende Glosse[73]. Doch waren manche chinesischen Interpreten geneigt, hierin eine Anspielung auf das magische Quadrat mit dem Mittelpunkt 5 zu sehen, in dem die sich diametral gegenüberstehenden äußeren Zahlen jeweils die Summe 10 ergeben, so daß die Summe der drei Zahlen [einschließlich des Mittelpunkts (5)], die auf einer Zeile liegen, zwangsläufig 15 beträgt.

Dieser Passus ist zwar zu undurchsichtig, als daß man diese sehr gefällige Deutung zur Beweisführung heranziehen könnte, doch wollen wir die der Zahl 15 beigemessene große Bedeutung im Auge behalten. Auf diese Bedeutung weisen Tatsachen hin, die Teil einer in die graue Vorzeit zurückreichenden Überlieferung sind.

Die Orakelmeister, die sich des *I-ching* zur Deutung der Orakelsymbole bedienten, bezeichneten in den verschiedenen Strichzeichen die Yang-Linien mit der Zahl *9* und die Yin-Linien mit der Zahl *6*. Diese Bezeichnungen erklären sich aus der Tatsache, daß das Verhältnis zwischen Yin und Yang das Verhältnis zwischen Erde und Himmel darstellt und folglich auch zwischen Quadrat und Kreis. Dieses 2/3 betragende Verhältnis kann auch mit den Zahlen 6 und 9 ausgedrückt werden. Allerdings bedienten sich andere Orakelmeister – die des Fürstentums Sung – bei ihren Deutungen nicht des *I-ching*, sondern des *Kuei-tsang*, eines für noch älter angesehenen Handbuchs, das man für das bereits unter der Yin-Dynastie gebräuchliche Orakelbuch hielt. Diese Orakelmeister teilten den geradzahligen (Yin-)Linien den Wert 8 und den ungeradzahligen (Yang-) Linien den Wert 7 zu. Tatsächlich scheint es, daß man in der *Ch'un-ch'iu*-Zeit[74] beide Symbole von Zahlensymbolen nebeneinander benützte. Wie aus einer Stelle im *Tso-chuan*[75] hervorgeht, konnte ein geschickter Orakelmeister, je nachdem ob er sich für das eine oder das andere der beiden Systeme entschied, passendere Orakel stellen.

An dieser Stelle sind zwei Bemerkungen am Platze: Der Gegensatz von Yin und Yang ist im Grunde der des Geradzahligen (8 oder 6) und des Ungeradzahligen (7 oder 9); ferner ergeben sowohl 8 + 7 wie auch 9 + 6 die Summe 15.

Vermerken wir hier noch, daß dem *Hsi-tz'u* zufolge den Orakelbildern außer den beiden Grundsymbolen (die in einer gebrochenen bzw. einer vollen Linie bestehen) vier sekundäre Symbole zugrunde liegen, die, nach Aussage der gesamten Überlieferung, als Großes Yang (oder Altes Yang), Kleines Yin (oder Junges Yin), Kleines (oder Junges) Yang, Großes (oder Altes) Yin[76] bezeichnet werden. Einem jeden dieser Symbole entspricht ein Zahlenemblem. So haben das Alte und das Junge Yang (ungerade Werte) den Wert 9 bzw. 7, das Alte und das Junge Yin (gerade Werte) die Zahlenwerte 6 und 8.

Wenn nun das Große Yin (6) dem Norden und Winter, dessen Wandlungsphasenemblem das Wasser ist (6), und wenn das Junge Yin (8) (gewöhnlich) dem Osten und Frühling zugeordnet wird, dessen »Element« das Holz (8) ist, so entspricht das Junge Yang (7) dem Westen und Herbst, obzwar das Metall, das Emblem dieses kosmischen Viertels den Wert 9 hat, während doch 9 der Zahlenwert des Alten Yang ist, das für den Süden und Sommer maßgebend ist, für einen Abschnitt, dessen Wandlungsphasenemblem (Feuer) den Zahlenwert 7 hat.

Die den vier sekundären Emblemen im *Hsi-tz'u* zugeschriebenen Zahlenembleme deuten auf eine Anordnung der Zahlen hin, die sich von der unterscheidet, welche sie bei der Bezeichnung der Wandlungsphasen einnehmen, wenn sie auf einem *Achsenkreuz angeordnet* sind, wie dies der *Hung-fan* voraussetzt und das *Ho-t'u* angibt. So wie die Zahlen des Großen Yang und des Kleinen Yang (wie auch des Großen Yin und des Kleinen Yin) auf Grund der räumlichen Bedeutungen dieser Embleme angeordnet werden, ergibt sich hingegen ein *magisches Quadrat*, in dem die (kongruenten Zahlen) 9 und 4 an der Südseite, die (kongruenten Zahlen) 7 und 2 an der Westseite angeordnet werden, während 6 (und 1), wie auch 8 (und 3) ihren Platz an der Nord- bzw. Ostseite haben.

In den – übrigens aus viel jüngerer Zeit stammenden – bildlichen Darstellungen der vier sekundären Symbole werden diese als aus zwei Linien bestehend gezeigt[77]. Es ist sehr wahrscheinlich, daß diese Darstellung auf

Großes Yang	Kleines Yin	Kleines Yang	Großes Yin
9	8	7	6

einer Ableitung beruht, die man im Zusammenhang mit der im *Shuo-kua* ausführlich behandelten und in ihren Grundzügen bereits im *Hsi-tz'u*[78] angedeuteten Einstufung der Trigramme gebracht hat. Diese Grundzüge müssen für Leute, die von Berufs wegen beständig mit dem Geradzahligen und Ungeradzahligen operierten, von größter Wichtigkeit gewesen sein.

Ihnen liegt die Feststellung zugrunde, daß man das Geradzahlige durch Vereinigung von Paaren ungerader Werte (wie auch durch Verdoppelung des Eigenwertes) erhält, während das Ungeradzahlige durch eine Addition, oder richtiger eine Synthese (genau genommen, durch eine Hierogamie) von Geradzahligem und Ungeradzahligem entsteht. Als *yin* (geradzahlig) galten daher alle Trigramme, die aus zwei Yang-Linien (einem Paar ungeradzahliger = geradzahlig) und einer Yin-Linie [ein Paar (von ungeradzahligen) + geradzahlig = geradzahlig] bestehen, während man die aus 2 Yin-Linien (ein Paar geradzahliger = geradzahlig), zu welchen sich eine Yang-Linie gesellte [ein Paar (geradzahliger) + ungeradzahlig = ungeradzahlig], bestehende Trigramme als *yang* betrachtete. Zu den vier geradzahligen Trigrammen gehörte eines (es bestand aus drei gebrochenen Linien), das man als Emblem der *Mutter* auffaßte; diesem standen 3, die drei *Töchter* genannte Trigramme gegenüber, die jeweils aus zwei männlichen und einer weiblichen Linie bestanden. Nimmt man an (wie dies geboten erscheint), daß jede weibliche (*geradzahlige*) Linie den Wert 2 hat, und daß jede männliche (*ungeradzahlige*) Linie 3 gilt, so ließen sich die drei letztgenannten Trigramme durch den Wert 8 [= (3 + 3) + 2] und das erstgenannte durch den Wert 6 (= 2 + 2 + 2) ausdrücken. In gleicher Weise entsprach den 3 Yang-Trigrammen, die als die drei *Söhne* bezeichnet wurden (und die aus einer Yang- und zwei Yin-Linien bestanden) der Zahlenwert 7 [= (2 + 2) + 3] und der Zahlenwert 9 [= 3 + 3 + 3] gehörte zum letzten Trigramm, das gänzlich aus Yang-Linien bestand und als *Vater* betrachtet wurde.

Man sieht also, daß die graphisch mit den Emblemen des *Vaters* und der *Mutter* ausgedrückten Zahlen das Alte Yang bzw. das Alte Yin darstellen – woraus man schließen kann, daß die dem Jungen Yang und dem Jungen Yin zugeteilten Zahlenembleme einer Darstellung der als *Söhne* und *Töchter* bezeichneten Trigramme entsprechen.

Die diesen Zahlenzuordnungen offensichtlich entsprechende Einstufung der Trigramme ist jene, die in der angeblich von dem – seiner *Ming-t'ang* wegen berühmten – König Wen erfundenen Anordnung vorgenommen wird. Nun heißt es aber, daß der Anordnung der *Ming-t'ang* das magische Quadrat zugrunde liege, während die Anordnung des Königs Wen mit dem *Lo-shu* in Beziehung gebracht wird, das man unter Benützung dieses Quadrats darstellt.

Bei dieser Anordnung[79] erstrecken sich die vier männlichen Trigramme vom Nordwesten bis zum Osten und die vier weiblichen vom Südosten bis zum Westen – wobei sie eine OSO–WNW verlaufende Achse trennt. Ordnet man die Zahlensymbole des Jungen und des Alten Yang sowie des Alten und des Jungen Yin ihren herkömmlichen Entsprechungen nach an, dann wird die Gruppe der ungeraden Zahlen (S – W) von der Gruppe der geraden Zahlen (N – O) durch eine in gleicher Richtung verlaufende Achse geschieden. [Wäre uns ein anderes Kriterium für die Unterscheidung von Yin- und Yang-Trigrammen bekannt, so könnte man annehmen, daß (Änderung des Hrsg.)] sich in der sogenannten Anordnung des Fu-shi[80] die Yang-Trigramme vom S zum NO, und die Yin-Trigramme vom N

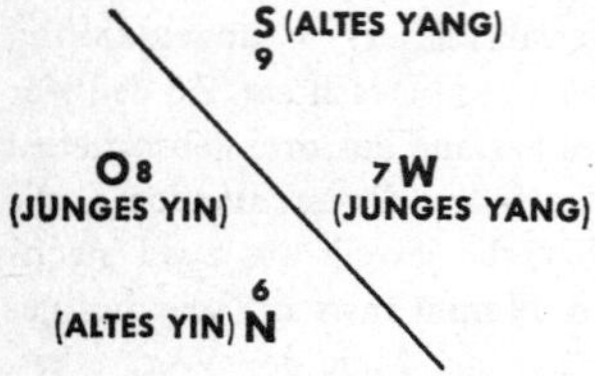

zum SW erstrecken. In diesem Fall verliefe die Trennungsachse in der Richtung SSW–NNO. Diese letztere Anordnung stimmt *vielleicht* mit der Gruppierung der Zahlen in dem Fall überein, wenn diese die Wandlungsphasen vertreten und ein Achsenkreuz bilden; dann liegt nämlich zwischen dem Paar 7–8 (S – O) und dem Paar 9–6 (W – N) eine Achse, die in der gleichen Richtung verläuft wie die Trennungslinie der beiden Trigrammgruppen in der Fu-hsi zugeschriebenen Anordnung. Durch dieses Schema soll wahrscheinlich das Gleichgewicht des Yin und des Yang dargestellt werden, die beide durch die gleichwertigen Zahlenpaare (9 + 6 = 8 + 7 = 15) vertreten sind. – Die Anordnung nach König Wen soll vermutlich

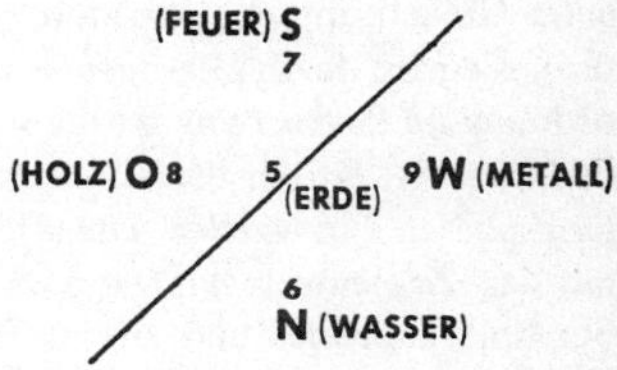

die gleiche Vorstellung veranschaulichen. Ersetzt man nämlich die Trigramme (*Mutter* und *Töchter*, *Vater* und *Söhne*) durch ihre Zahlenäquivalente, so bemerkt man, daß auch hier die Yang- und Yin-Gruppen sich die Waage halten [(8 × 3) + 6 = (7 × 3) + 9 = 30]. In der Figur allerdings, in welcher lediglich die an den 4 Kardinalpunkten angeordneten und die 4 sekundären Embleme des *Hsi-tz'u* kennzeichnenden Zahlen auftreten, werden die ungeraden Zahlen (9–7) von den geraden Zahlen (6–8) durch eine von OSO nach WNW verlaufende Achse getrennt. Jeder der auf diese Weise unterschiedenen Hälften kommt dabei ein anderer Wert zu, und zwar gilt die eine 16, die andere 14, nämlich 8 ×2 und 7 × 2 – was vielleicht rechtfertigt, daß den Grundemblemen des Yin und des Yang die Werte *8* und 7 zugeordnet werden. Durch diese Anordnung wird ebenso wie das Verhältnis 8/7 auch das Verhältnis 9/6 angedeutet.

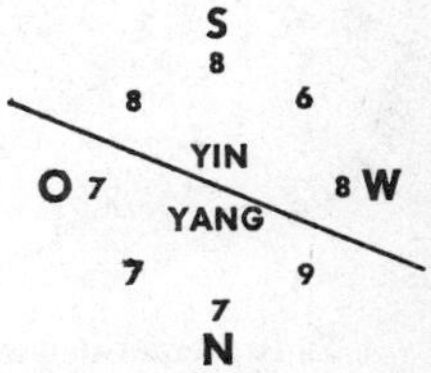

Nach einer Überlieferung im *Po-hu t'ung*[81] darf man annehmen, daß man mit der ungeraden Gruppe 9–7 die Zahl des Mittelpunkts 5 (= Erde)

in Beziehung setzen muß. Im *Po-hu t'ung* heißt es, daß es 2 (*geradzahlig*) Yang- (*ungeradzahlig*) Wandlungsphasen gebe, nämlich Wasser und Holz, welchen (jedoch) geradzahlige (6 und 8) Werte entsprechen, sowie 3 (*ungeradzahlige*) Yin- (geradzahlige) Wandlungsphasen, nämlich die (allerdings mit einem *ungeraden* Zahlenwert verbundenen) 3 Wandlungsphasen 5, 7, 9: Erde, Metall und Feuer [82]. Diese scheinbar paradoxe Theorie veranschaulicht wiederum ein Motiv, auf das ich bereits hingewiesen habe, daß nämlich das Wechselspiel von Yin und Yang (Weiblich und Männlich) auf einer Umkehrung der Attribute (Geradzahlig und Ungeradzahlig) beruht, die aus einem durch Hierogamie vollzogenen Austausch resultiert. Die Einordnung im *Po-hu t'ung* wurde wahrscheinlich durch die Absicht bestimmt, den Gesamtwert der beiden gleichen Gruppen (3 gegenüber 2) von Wandlungsphasen darzustellen. Die als Yin aufgefaßten Wandlungsphasen erhalten den Zahlenwert 21 (= *3* × 7) (obgleich man ihnen ungeradzahlige Symbole zuordnet und sie zu Dreiergruppen vereint), während die als Yang bezeichneten Wandlungsphasen den Zahlenwert 14 (= *2* × 7) erhalten (obzwar man sie paarweise anordnet und ihnen geradzahlige Zahlensymbole verleiht). So kommt es, daß das (*umgekehrte*) Verhältnis Yang (3): Yin (2) 14/21 oder 2/3 beträgt. Es ist sehr wohl möglich, daß die Ordnung der Trigramme nach König Wen das gleiche Motiv veranschaulicht, werden doch bei der Anordnung der damit zusammenhängenden sekundären Embleme ebenfalls 6 und 8 (deren Summe 14 = 2 × 7 beträgt) der 9 und 7 gegenübergestellt, die wahrscheinlich durch 5 (Emblem des Mittelpunkts ergänzt werden müssen (wobei sich die *Summe* 21 = 3 × 7 ergibt).

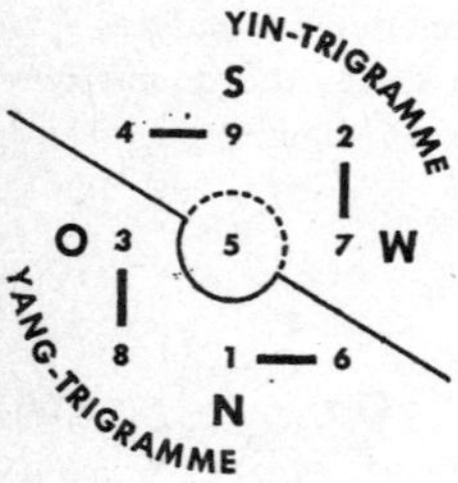

Es ist bemerkenswert, daß das (*umgekehrte*) Verhältnis von Yin und Yang in einem magischen Quadrat vorkommt, welches, wenn man Cheng Hsüan Glauben schenken darf, die Entstehungsreihenfolge der Trigramme angibt. Wir sahen bereits, daß diese Reihenfolge gerade in der dem König

Wen zugeschriebenen Anordnung vorkommt. Den Yang-Trigrammen (N bis O) entsprechen die kongruenten Paare 3–8 und 1–6, deren Summe den Wert 18 (= *2* × 9) hat; den Yin-Trigrammen (S bis W) entsprechen die Paare 4–9 und 2–7, die den Wert 27 (= *3* × 9) erreichen, wenn man ihnen die in der Mitte gelegene 5 zuzählt. Damit wird wiederum das (*umgekehrte*) Verhältnis von Yin und Yang, welches durch die 2 Familien von Trigrammen dargestellt wird, mit 2/3 angegeben.

Ist nun das magische Quadrat geeignet, auf dieses Verhältnis hinzuweisen, so werden wir sehen, daß dies gerade unter jenen Aspekten der Fall ist, unter welchen es für den *Hsi-tz'u* besondere Bedeutung besitzt [83].

Im *Hsi-tz'u* findet sich eine umfängliche Darlegung über die Zahlen. Diese Darlegung dient dem Beweis, daß die Orakelembleme für die Bezeichnung aller Dinge – oder, wie die Chinesen sagen, der Zehntausend Wesen oder Wesenheiten (*wan wu*) – geeignet sind.

Die Orakelmeister konnten deren Zahl mit 11 520 genau angeben. Die 64 Hexagramme bestehen nämlich aus insgesamt 384 (= 6 × 64) Linien, und zwar aus 192 geradzahligen und 192 ungeradzahligen Linien. Nachdem das Geradzahlige 2/3 des Wertes des Ungeradzahligen hatte, nahm man an, daß die 192 geradzahligen Linien 4608 (= 192 × 24) weibliche Wesenheiten und die 192 ungeradzahligen Linien 6912 (= 192 × 36) männliche Wesenheiten vertraten; darum ergab sich als Summe der Yang- und Yin-Dinge die Zahl 11 520 (= 4608 + 6912). Gemeinhin gilt 10 000 als Große Summe. 11 520 ist die der 10 000 am nächsten gelegene Zahl, welche gleichzeitig ein Vielfaches von 360 [theoretische Anzahl der Tage des Jahres] und von 384 [die sowohl der Summe der emblematischen Linien als auch der Anzahl der Tage eines Jahres mit einem zusätzlichen Schaltmonat [84] entspricht, denn 11 520 = 384 × 30 und 360 × 32 oder auch (216 + 144) × 32]. *Eine Division der Summe aller Dinge* in fünf Teile, so daß diese im Verhältnis $\frac{3}{2}\left(=\frac{6912}{4608}=\frac{192 \times 36}{192 \times 24}\right)$ nach der Formel 60 = 5 × 12 (= 36 × 24) gegenübergestellt werden können, entspricht einer Teilung des Ganzen, wie sie im fünfgeteilten Jahr gegeben ist, wobei jedem Abschnitt der Wert 72 (= 6 × 12) zukommt. Auf diese Weise lassen sich 360 im Verhältnis 3/2 teilen, wobei der 216 (*3* × 72), dem Emblem des (*ungeradzahligen*) Yang, die 144 (= 2 × 72), das Emblem des (*geradzahligen*) Yin, gegenübersteht.

Wenn die Verfasser des *Hsi-tz'u* in für sie bedeutsamen Worten vom Verhältnis 3/2 sprechen, so zeigen sie daneben bei der Erwähnung der 10 ersten Zahlen doch auch deutlich die Absicht, auf den Gegensatz von Geradzahligem und Ungeradzahligem hinzuweisen.

Nach der Erklärung, daß die 5 ersten ungeraden Zahlen vom Himmel und die 5 ersten geraden Zahlen von der Erde erzeugt werden, weisen sie darauf hin, daß *diese 10 Zahlen so im Raum angeordnet werden, daß jeweils Paare aus einer geraden und einer ungeraden Zahl entstehen.* Diese

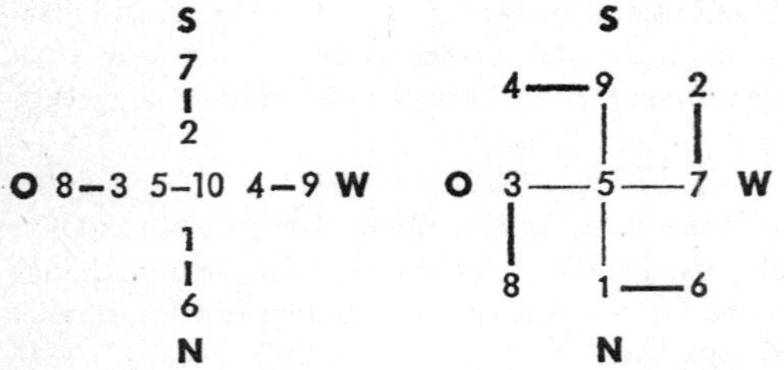

5 Paare *können* – und dies ist die Meinung der Kommentatoren – die aus zwei mit der 5 kongruenten Zahlen gebildeten Paare (1–6, 2–7, 3–8, 4–9, 5–10) darstellen; bekanntlich werden diese Paare sowohl im *Ho-t'u*, als auch im magischen Quadrat (*Lo-shu*) nach den Himmelsrichtungen *ausgerichtet.* Im *Ho-t'u* werden sie im Mittelpunkt und auf den Schenkeln eines Achsenkreuzes angeordnet. Die vier Enden des Achsenkreuzes brauchen lediglich rechtwinklig umgeknickt zu werden, damit die Anordnung eines magischen Quadrats entsteht, wobei darauf zu achten ist, daß die Hauptpositionen den ungeraden Zahlen zukommen, und daß die *Paare 7–2 und 9–4 umgekehrt werden.*

Wenn der Gedanke, in den Abschnitten des Raums 5 Paare kongruenter Zahlen anzuordnen, von Autoren vertreten wird, denen offenbar an fünfteiligen Einteilungen lag, so darf er als ein Hinweis auf die Anordnung auf einem Achsenkreuz verstanden werden, bei welcher die Embleme der Fünf Wandlungsphasen – nach den Himmelsrichtungen ausgerichtet – dargestellt werden. Ohne eine solche Deutung auszuschließen, dürfen wir aber nicht vergessen, daß der herkömmlichen Auslegung des *Hsi-tz'u* zufolge dem Alten Yang, dem Symbol des Südens, die Emblemzahl 9 und dem Jungen Yang, dem Symbol des Westens, die Emblemzahl 7 zugeordnet wird. Nur im magischen Quadrat gehören 7–2 zum Westen und 9–4 zum Süden.

Wenn allerdings im *Hsi-tz'u* mit Nachdruck auf die Möglichkeit hingewiesen wird, mit den 10 ersten Zahlen 5 aus jeweils einer geraden und einer ungeraden Zahl bestehende Paare zu bilden, so wird doch auch nicht weniger eindringlich auf den Summenwert dieser 10 Zahlen, nämlich 55 hingewiesen. 55 entspricht 5 × 11, und *damit lassen sich 5 gerade und ungerade Zahlen vereinende (1–10, 2–9, 3–8, 4–7 und 5–6) Paare bilden, deren Summe jeweils 11 beträgt.* Im *Hsi-tz'u* versäumt man nicht aufzuzeigen, daß die ersten 5 geraden Zahlen 30 ergeben (= 5 × 6) und die 5 ersten ungeraden Zahlen 25 (= 5 × 5). Die Gegenüberstellung von Geradzahligem und Ungeradzahligem, wie sie in den 10 ersten Zahlen, die die gesamte Zahlenreihe vertreten, in Erscheinung tritt, hat somit im Verhältnis 6/5 ihren symbolischen Ausdruck, weshalb die Zahl 11 [= 5 + 6] der Zahl 5 [= 3 (Himmel, Kreis) + 2 (= Erde, Quadrat)] ebenbürtige Geltung erhält. Kennt man die Rolle der 5, des Emblems der (quadratischen) Erde und der 6, des Emblems des (runden) Himmels als privilegierte Ordnungszahlen, so dürfte die der Zahl 11 zugeschriebene Bedeutung kaum überraschen.

Übrigens bestätigt ein im *Ch'ien-Han-shu* zitierter, bemerkenswerter Ausspruch ausdrücklich diesen Wert der 11. – Nachdem der Verfasser der Geschichte der Ersten Han-Dynastie[85] an die herkömmliche Ansicht erinnert hat, wonach 6 die Zahl des Himmels (und seiner Beauftragten) und 5 die Zahl der Erde (und ihrer Wandlungsphasen) ist, erwähnt er folgenden Spruch: »5 und 6 entsprechen der Harmonie der Mitte (oder auch der Vereinigung in ihrem Mittelpunkt) (*chung-ho*) des Himmels und der Erde.« Die Kommentatoren bemerken nur, daß die 5 im *Mittelpunkt* der *vom Himmel erzeugten Reihe* der ungeraden Zahlen (1, 3, 5, 7, 9) und die 6 im *Mittelpunkt der von der Erde erzeugten Reihe* der geraden Zahlen (2, 4, 6, 8, 10) liege. Dieser Hinweis – der uns wieder direkt zu den Zahlenspekulationen des *Hsi-tz'u* führt – mag auf den ersten Blick überraschen, geht es doch um die Erklärung, daß die (ungerade) 5 zur Erde (die *yin* ist) und die (gerade) 6 zum Himmel (der *yang* ist) gehört. Sie bringt nur dann eine Erklärung, wenn man implizit begreift, daß *bei ihrer Vereinigung* Himmel und Erde ihre Attribute vertauschen. Und die im *Ch'ien-Han-shu* miteinander verglichenen Texte haben unter anderem deshalb Bedeutung, weil sie *explizit* angeben, *daß dieser Austausch das Ergebnis einer Hierogamie ist.* Doch weist der Autor anschließend darauf hin, daß 11 [das Ergebnis der Verbindung (*ho*) der mittleren (*chung*) Zahlen] jene Zahl ist, durch die der Weg (*Tao*) von Himmel und Erde in seiner Vollkommenheit (*ch'eng*) begründet wird.

Dieser emblematisch mit der 11 bezeichnete *Weg* erstreckt sich von der in der Mitte, d. h. am *Schnittpunkt* der ungeraden Zahlen liegenden 5 bis zu der in analoger Weise am *Schnittpunkt* der geraden Zahlen liegenden 6, und verbindet offensichtlich die Mittelpunkte [*ganz nach Art eines Gnomons* (eines Zeigers einer Sonnenuhr) *oder des in der* Mitte *des Kosmos aufragenden Weltenbaums*] zweier übereinandergelagerter magischer Quadrate[86].

In dem magischen Quadrat mit dem Mittelpunkt 5 nehmen die ungeraden Zahlen die Hauptpositionen ein, wobei die 5 im Mittelpunkt von

	9				2	
3	**5**	7		8	**6**	4
	1				10	

1, 3, 7 und 9 umgeben ist – während die geraden Zahlen in den Eckpositionen die rechtwinkelig abgebogenen Enden des Hakenkreuzes bezeichnen. *Ersetzt man jedoch eine jede Zahl in diesem Quadrat durch jene Zahl, die ihr zugezählt die Summe 11 ergibt*, so erhält man ein neues magisches Quadrat mit dem Mittelpunkt 6 und der Summe 18, die in jeder Richtung aus den auf einer geraden Linie liegenden Zahlen zu gewinnen ist. In diesem Quadrat nehmen die ungeraden Zahlen die vier Enden des Hakenkreuzes ein, während die auf die Hauptpositionen verteilten geraden Zahlen die 6 einrahmen.

Gleich eingangs wird man feststellen, daß dann, wenn die 6 (als Vertreterin des Paars 6–1) in die Mitte tritt, diese Mitte ihre Attribute (5–10) mit dem Norden vertauscht, und daß ebenfalls der Westen und der Süden ihre Zahlensymbole (2–7 bzw. 4–9) vertauschen. Vor allem ist es jedoch bemerkenswert, daß mit Ausnahme des im *Ch'ien-Han-shu* zitierten Passus sich in der chinesischen Literatur anscheinend überhaupt keine Erwähnung des magischen Quadrats zum Mittelpunkt 6 findet. Dies führt nicht notwendig zu dem Schluß, daß dieses Quadrat völlig ohne Bedeutung gewesen sei, sondern daß im Gegenteil ein guter Teil der Zahlenwissenschaft des Altertums etwas sehr Geheimnisvolles gewesen sein muß – denn von diesem esoterischen Wissen geben nur verstohlene Andeutungen Zeugnis.

Ordnet man die magischen Quadrate mit dem Mittelpunkt 5 und dem Mittelpunkt 6 übereinander an, so ist die dabei entstehende Figur insoweit interessant, als sie aus 9, jeweils aus einer geraden und einer ungeraden Zahl bestehenden, Paaren aufgebaut ist, deren jedes den Zahlenwert 11 hat, und die sich zur Summe 99 addieren. Diese Darstellung war vorzüglich als Abbild des gesamten Kosmos und gleichzeitig als numerischer Beweis für eine Seinslehre, und zwar der von der Wechselwirkung und latenten Wir-

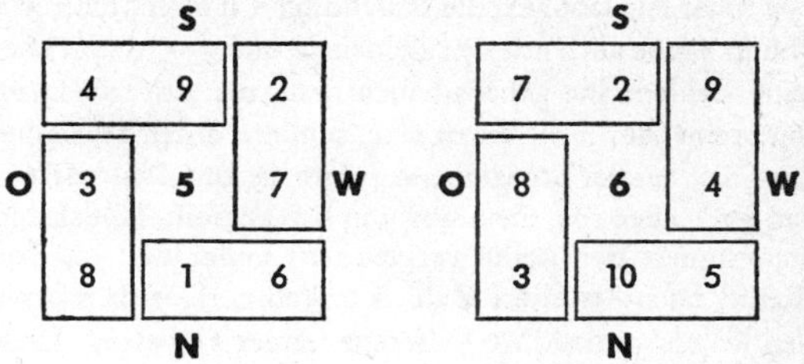

kung der himmlischen Beauftragten und Bezirke (der 6 *tsung*) und der irdischen Beauftragten und Bezirke (der 5 *hsing*) in den 9 Provinzen der Erde und des Himmels geeignet.

Wir wissen übrigens, daß sich die Orakelmeister eines Instruments bedienten, das in seinem Aufbau dieser Figur gleicht. Es wird im *Chou-li*[87] erwähnt, und bei japanischen Grabungen in Lo-lang[88] wurde ein vor der christlichen Zeitrechnung hergestelltes Exemplar davon entdeckt. Dieses Instrument besteht aus zwei Brettchen, eines aus hartem (*yang*), das andere aus weichem (*yin*) Holz; das eine ist rund (wie der Himmel), das andere quadratisch (wie die Erde). Sie lassen sich übereinandersetzen und unabhängig voneinander um ihren Mittelpunkt drehen, denn sie weisen dort ein kleines Loch auf, das wahrscheinlich als Führung für einen senkrechten Stab gedacht war, der als Angel- und Aufhängepunkt diente. Auf beiden Brettchen sind verschiedene Ordnungsembleme aufgetragen, und zwar die Symbole der Monate, zyklische Zeichen, Gestirnsbilder und Trigramme. Letztere sind *nach der Anordnung des Königs Wen* auf das (die Erde darstellende) *quadratische* Brettchen aufgetragen. Wenn man, wie ich glaube, zwischen diesem Orakelwerkzeug und dem zweifachen magischen Quadrat einen Vergleich anstellen darf, so muß man annehmen, daß letzteres sowohl auf den Begriff des rechten Winkels und des *Winkelmaßes* als auch auf die Vorstellung einer *Kreisbewegung* hinwies.

Wir sahen bereits, daß die magischen Quadrate, sobald man darauf achtet, die Zahlenpaare miteinander zu verbinden, auf eine hakenkreuzförmige Anordnung der Zahlen hinweisen – und diese deutet schon von sich aus auf eine kreisende Bewegung hin. – Und gerade im *Hsi-tz'u* wird die Vermutung nahegelegt, daß die 2 auf einem jeden Zweig des Hakenkreuzes aufgetragenen Zahlzeichen nicht als ein Paar von Zahlenzeichen, sondern als *eine* Zahl zu lesen sind. Im *Hsi-tz'u*[89] wird nämlich neben der besonderen, der Zahl 55 zugemessenen Bedeutung der Zahl 50 (dem Emblem der Großen Expansion) ganz besondere Geltung zugeschrieben.

Von hier aus läßt sich die Bedeutung ermessen, die für ein mit den Zahlen 5 und 6, wie auch mit den Zahlen 50 und 55 (5 × 11) beschäftigtes Denken eine Zahlenreihe gehabt haben muß, die aus Zahlen bestand, welche sich untereinander nicht durch eine, sondern durch 11 Einheiten unterscheiden, und die, bei der 6 beginnend [ohne bis zur Zahl 105 (= 55 + 50) vorzustoßen – aber 105, die 1 und 5 in sich begreift, läßt sich mit der 6, dem Ausgangspunkt der Reihe vergleichen] außer der 50, dem Mittelpunkt der Reihe, noch 8 weitere Zahlen umfaßte, die sich paarweise gegenüberstellen ließen, so daß ihre Differenz immer 55 betrug. Diese Reihe [6, 17, 28,

39	94
28	83
[50(105)]	
17	72
6	61

39	61
28	72
[50]	
17	83
6	94

39 (50), 61, 72, 83, 94 (105)] verdiente um so größeres Interesse, als sich mittels dieser Zahlen noch vier Zahlenpaare bilden ließen, deren Summe jeweils 100 betrug, wobei die Zahlen in der Einerreihe die gleiche Reihenfolge hatten, welche die ganzen Zahlen in der Zahlenfolge einhielten. Von diesen Zahlen sind die vier stärksten noch insofern von Bedeutung, als eine jede unter Verwendung eines Paars kongruenter Zahlen geschrieben wird [61, 72, 83, 94 (und in gleicher Weise 105)] – und es sind dies eben die Zahlen, die man auf den verschiedenen Zweigen der Zahlenhakenkreuze findet, die in die magischen Quadrate eingeschrieben sind. Schon allein der *Hsi-tz'u* fordert zu einer solchen Lesung auf. Darin wird ihre Berechtigung durch verschiedene mythische Angaben in unverhoffter, doch keineswegs überraschender Weise bestätigt.

Die Herrscher, welche die einander ablösenden Dynastien begründeten, waren, je nachdem, ob sich eine irdische oder eine himmlische Kraft durch sie manifestierte, abwechselnd von hohem oder niederem Wuchs, denn der Himmel erstreckt sich nach oben, die Erde hingegen in die Ferne[90]. Die Chinesen haben die Erinnerung an dieses grundlegende Motiv pietätvoll bewahrt. Sie haben sogar die Größe ihres am meisten verehrten Heroen genau verzeichnet[91]. Shun, der die Tugend der Erde verkörperte, war von stämmigem Wuchs und maß nur 6 Fuß 1 Zoll (= 61 Zoll), während sein Vorgänger Yao einen Körper (oder vielleicht eine Haarfrisur) hatte, die 7 Fuß 2 Zoll (= 72 Zoll) hoch war. Da der Körper eines Gründers der Dynastie als Maßstab dient, ist anzunehmen, daß diese Zahlen das System der Maße und Gewichte festlegten, welches diese Herrscher eingerichtet hatten – wie auch die von ihnen durch Verkündung eines neuen Kalenders für eine neue Ära neu organisierte Zeit. Die gleichen Zahlen (und dies erscheint seltsam, aber nicht überraschend) waren jedenfalls für die Einteilung ihrer Regierungs- und Lebenszeit maßgebend; ihre Länge beträgt bei einem vollkommenen Herrscher 100 Jahre. Wir brauchen also nur in der voranstehenden Tabelle nachzusehen, um zu erkennen, daß Shun, der 100 Jahre lebte, 39 Jahre lang regierte, denn dieser 6 Fuß 1 Zoll große Heroe war mit 61 Jahren an die Macht gekommen. Was Yao (72 Zoll) anlangt, der 100 Jahre lang regierte, so übte er die tatsächliche Regierungsgewalt 72 Jahre aus, während er 28 Jahre als Herrscher im Ruhezustand zubrachte. Über die Maße der Gründer der drei Königlichen Dynastien fehlen uns genaue Angaben. Von König Wen, dem Gründer der Chou-Dynastie, sind nur wenige mythische Angaben erhalten. Immerhin wissen wir, daß er einen Teil seiner 100 Lebensjahre an seinen Sohn abgetreten hatte. König Wen war von untersetztem, gedrungenem Körperbau; wer weiß, ob sich 50 nicht besser als 100 zur Angabe seiner Größe eigneten. Was den Großen Yü, den Begründer der Hsia-Dynastie betrifft, dessen hoher Wuchs zu allen Zeiten gerühmt wurde, so lebte er, obwohl man ihm die Tugend der Erde zuschrieb, 100 Jahre lang, regierte 17 Jahre; da er den Thron mit 83 Jahren bestieg, scheint alles darauf hinzuweisen, daß er 8 Fuß und 3 Zoll groß war. Der unter himmlischen Einfluß stehende Begründer der Yin-Dynastie, der Siegreiche T'ang, hatte noch mehr Grund, von hohem Wuchs zu sein. Seine Größe wird in der Geschichte verzeichnet, und zwar, was für Shun und Yao nicht zutrifft, als ganze Zahl von Fuß: T'ang, so erfahren wir, war 9 Fuß groß, d. h. 90 Zoll; es scheint also, daß ihm 4 Zoll fehlen, denn Shun und Yü maßen 61 bzw. 72; da die Zahlen 83 und 50 (oder 100) offenbar im Leben des Yü und des Königs Wen eine Rolle spielen, so ist von den 5 auf das Achsenkreuz aufgetragenen Zahlen nur noch die 94 verfügbar. Auf Grund eines merkwürdigen Zusammentreffens schreibt man T'ang zwar nur eine Größe von 90 Zoll zu, verleiht ihm aber entweder lange (und zwar 4 Ellen lange) Arme oder aber mit 4 Ellbogen prunkende Arme. Nun unterscheidet sich aber das Wort, dessen die mythische Ikonographie sich bediente, um den Einfluß des T'ang in leuchtenden Farben zu schildern, und das man als ›Ellbogen‹ oder ›Elle‹ deutet, kaum merklich von dem Wort, das ›Zoll‹ bedeutet ... Es ist sehr wahrscheinlich, daß man dem Heroen 4 Zoll von seiner Größe genommen hat, um ihm 4 Ellen lange Arme oder Arme mit 4 Ellbogen zuzuschreiben.

Diese mythischen Tatsachen weisen einen zu engen inneren Zusammenhang auf, als daß sich nicht der Schluß aufdrängte, daß die in die magischen Quadrate eingeschriebenen Paare kongruenter Zahlen als die Zahlen 94, 83, 72, 61, 50 (oder 105 : 5–10 oder 10–5) gelesen wurden. In beiden Quadraten bilden die gegenüberliegenden Zweige des Hakenkreuzes zwei völlig ausgewogene Paare, wobei das eine in Süd-Nord-Richtung, das andere in ost-westlicher Richtung weist; denn, wenn ich so sagen darf, ihre Zahlengewichte entsprechen einander, wie dies in Figuren notwendig ist, die den Gedanken der Drehung nahelegen sollen. Im übrigen wird deutlich, daß die hier darzustellende Drehung die des *Jahres* ist. Beide Figuren geben nämlich durch Zahlen die Summe 360 an.

Das Quadrat mit dem Mittelpunkt 5 hat einen besonderen Vorzug, weil es diese Zahl ja dadurch angibt, daß es den Gegensatz (3/2) durch 216 und 144, der den Verfassern des *Hsi-tz'u* am Herzen lag, sichtbar macht. Denn 83 + 61 bilden das Gegenstück zu 72 + 94; dazu ist noch die 50 zu zählen, die ihrerseits von der 5 (die für das kongruente Paar 5–10 steht[92]) vertreten wird, welche die Mitte des Kreuzes einnimmt.

Das Quadrat mit dem Mittelpunkt 6 ist nicht minder reich an Sinngehalt. Die Summe der an seinen Außenseiten aufgetragenen Zahlen beträgt 354 (= 2 × 177) und drückt die Zahl der Tage im Mond-Sonnenjahr aus, während die 6 im Mittelpunkt als Hinweis auf die Summe 360 (= 354 + 6) zu verstehen ist, und wahrscheinlich auch (denn die 6 vertritt das kongru-

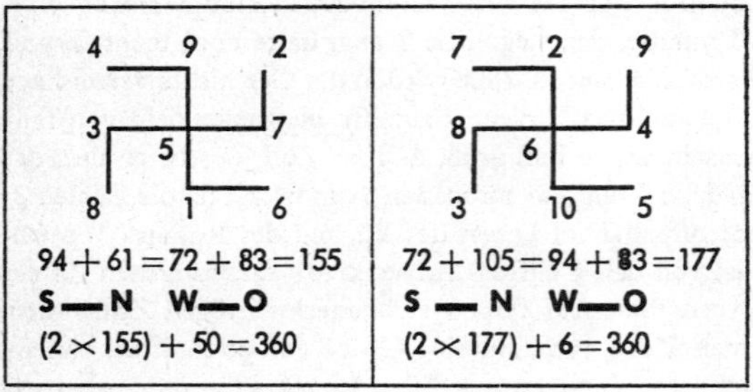

ente Paar 6–1, wie auch 61 × 6 = 366) auf die Summe der Tage des Sonnenjahres (366) – wodurch auf die notwendigen Einschaltungen hingewiesen ist; überdies ist sie geeignet, den Rhythmus anzugeben, wobei die 6 an die 60 (= 12 × 5) Tage erinnert, die im Verlauf einer Zeit von 5 Jahren auf die 2 Schaltmonate verteilt werden müssen.

Diese Hinweise zwingen zur Annahme, daß dieses Quadrat (ebenso wie das Quadrat mit dem Mittelpunkt 5) den Meistern des *Hsi-tz'u* bekannt war; ebenso daß die Meister diese beiden (im übrigen zusammengehörenden) Anordnungen der ersten Zahlen als numerische Übertragungen der Achteckanordnung der Orakelsymbole auffaßten. Im *Hsi-tz'u* wird nämlich im Zusammenhang mit diesen Symbolen und mit der Handhabung der Stäbchen, die zu ihrem Aufbau, wie auch zu Rechenoperationen benutzt wurden, ausdrücklich auf die Gepflogenheit der doppelten Einschaltung während eines Fünfjahresabschnittes hingewiesen[93].

Der Reverend Legge hatte diesem Passus der Abhandlung mit Entrüstung jeden Schimmer einer sinnvollen Bedeutung abgesprochen. Es sei nicht einzusehen, so sagte er, wie man dadurch, daß man gerade und ungerade Haufen von Stäbchen bildete, die Zahl der Schalttage und den Abstand der Einschaltungen bestimmen könne. Allerdings . . . Die Regeln des Kalenders wurden weder durch die in einem Satz Stäbchen vorgenommenen Schnitte noch durch die Anlage magischer Quadrate aufgestellt. Doch war es ja auch gar nicht die Sache der Orakelmeister, diese Regeln zu begründen. Es genügte, daß sie die Wirksamkeit einer Einrichtung bewiesen, die für ihr Metier maßgebend war.

Sie mußten den Vorstellungen in der Gesellschaft in bezug auf Raum und Zeit Rechnung tragen und sich überschneidende Systeme der Einstufung berücksichtigen. Sie hatten überdies all diese Konventionen mit einem Prestige zu versehen, so daß das Denken geführt und die Tat gerechtfertigt wurde. Zu diesem Zweck bedienten sie sich geometrischer und arithmetischer Symbole. Diese besaßen, wie alle Embleme, die Macht, die Wirklichkeit durch eine Darstellung zu beschwören. Allerdings waren diese, in gewissem Sinn abstrakteren, Symbole geeignet, eine ganz besondere Art des Vertrauens zu wecken, boten sie sich doch zu einer Vielzahl nützlicher Umstellungen an, in deren Verlauf die mannigfaltigsten Klassensysteme miteinander in Verbindung gebracht wurden; denn selbst dann, wenn man sich ihrer willkürlich bedient, scheint es, als ob sie das Spiel bestimmten. Wurden sie gebraucht, um die dem Kosmos zugeschriebene Ordnung darzustellen, dann gewann das mit ihrer Hilfe zu konstruierende Weltbild dank dieser Embleme einen Anflug von Notwendigkeit. Es schien die Wirkkraft der Manipultionen zu gewährleisten, die es eigentlich erleichterte.

Die Meister des Orakels brachten ihre Kunst zum Tragen, indem sie andeuteten, daß ihre Orakelsymbole sich auf Ordnungssysteme bezogen, in welchen die Zahl ihr Prestige den übrigen konventionellen Gliederungen des Raums wie auch den überlieferten Gesetzen des Kalenders mitteilte. Ausschlaggebend für diese Kunst scheint der Ehrgeiz gewesen zu sein, die

Welt zugleich dem Verstand und einer Ordnung zu erschließen. Wenn die Meister des Orakels mit dem magischen Quadrat die achteckige Rose ihrer Trigramme verglichen, und so die Wechselbeziehungen zwischen Himmel und Erde, zwischen Yin und Yang, zwischen dem Kreis und dem Quadrat, zwischen der Geraden und der Kurve darlegten, durften sie sich rühmen, die kosmische Ordnung in gleicher Weise zu unterstützen, wie die Fürsten, wenn diese sich in ihrer quadratischen *Ming-t'ang* bewegten und sich bemühten, das aus den Zahlensymbolen der Himmelsrichtungen und der Jahreszeiten gebildete Hakenkreuz in Bewegung zu setzen.

Aus den vorangehenden Ausführungen erkennen wir den Wert der Überlieferungen, welche die Gelehrten der Han-, aber selbst auch noch der Sung-Zeit gesammelt (*oder rekonstruiert*) hatten. Bei den Diagrammen des *Lo-shu* und *Ho-t'u* handelt es sich wahrscheinlich um Rekonstruktionen – die allerdings von wohl unterrichteten und richtig folgernden Interpreten stammen. Der im *Hung-fan* entwickelten Theorie von den Fünf Wandlungsphasen liegt ganz gewiß ein Zahlensystem zugrunde; auch die Neun Abschnitte des *Hung-fan* gehen auf ein solches System zurück. Sowohl die Anordnung der Zahlen auf einem *einfachen Kreuz* als auch die auf einem *Hakenkreuz* soll – wie dies im *Yüeh-ling* dargelegt wird, und wie man bereits bei der Deutung des *Hsi-tz'u* vermuten kann – ein Abbild des Kosmos und seiner verschiedenen Einteilungen in Abschnitte liefern. Die mythischen Berichte über die Ordnung der Welt stimmen mit den Überlieferungen des Orakelwesens überein. Denn weder die Einteilungen des Schildkrötenpanzers, noch die an den Himmelsrichtungen orientierte Ordnung der Trigramme, noch der Plan der *Ming-t'ang* erhalten einen Sinn, es sei denn, daß man sie mit der Theorie der Neun Provinzen oder der Unterteilung des Landes in 9 *Quadrate* vergleicht – und dabei der Zahl als wesentlichem Attribut eine einstufende Funktion zuerkennt.

Die Zahl hat eine solche Funktion nicht erst in späterer Zeit erhalten, einfach aus Gründen der leichteren Erinnerungsfähigkeit und weil eine scholastische Gesinnung beherrschenden Einfluß gewann. Eine solche Funktion ist vielmehr von ihrem ersten Auftreten in den Mythen an für sie typisch und hat nie aufgehört, für sie charakteristisch zu sein. Ausschlaggebend bei den ersten Spekulationen über die Zahl ist die Tatsache, daß man sie als emblematische Rubrik auffaßt, welche für überlieferte Ordnungssysteme maßgebend ist. Diese Einstellung gegenüber der Zahl, die sowohl im *Hung-fan* wie im *Hsi-tz'u* bezeugt ist, tritt auch bereits in den ersten Proben wissenschaftlichen Schrifttums in Erscheinung.

Den Gebrauch, welcher bei verschiedenen Verfahren von der Zahl gemacht wurde, hat diese Grundeinstellung nicht bloß nicht verändert, sondern eher noch verstärkt. Die wesentliche Aufgabe der Zahl, die als Ortsbezeichnung gebraucht und stets auf konkrete Raum- und Zeitabschnitte bezogen wird, besteht nicht darin, *Additionen* zu ermöglichen, sondern die verschiedenen *Teilungsmodi*, die für bestimmte Gruppierungen Geltung haben, darzustellen und miteinander zu verbinden. Man bediente sich der Zahlen nicht so sehr zum Abmessen unterschiedlicher Quantitäten als vielmehr zur Angabe wechselnder *Ordnungssysteme*, die sich auf bestimmte komplexe Gegebenheiten beziehen lassen. Die qualitativen Unterschiede dieser Gruppen und ihr Wert als absolute Summe interessieren viel mehr als ihr arithmetischer Wert, so wie wir uns diesen vorstellen. Man denkt weniger daran Einheiten zu summieren, sondern zieht es vor, in Abschnitte zu gliedern.

Daher rührt einerseits die große Bedeutung von Zahlen wie der 5 und der 6 – die man dem Mittelpunkt zuordnet und die, als bevorzugte Ausdrücke des Ganzen als Divisoren benützt, vor allem als Symbole verschiedener *Teilungsmodi* Verwendung finden – andererseits die der großen Zahlen wie etwa 360, die leicht zu teilen sind und als Bezeichnungen für den *äußeren Umfang* des Ganzen aufgefaßt werden. – Wahrscheinlich hat sich diese Anlage des chinesischen Geistes als Folge des besonderen Gebrauchs, den die Techniker des Kalenders und der Musik von der Zahl gemacht haben, verstärkt. Da sich die Chinesen ihrer bedienten, um die Beziehungen, die Abschnitte oder die Winkel auszudrücken – ich sage nicht: zu messen – ist die Rechenkunst nicht zu einer quantitativen Wissenschaft geworden; sie blieb einer Geometrie dienstbar, welche wiederum auf ein als konkretes Medium aufgefaßtes Raum-Zeit-Gefüge bezogen wurde.

3 *Die Zahl und die Intervalle der Musik*

Der Himmel hatte die Neun Abteilungen des *Hung-fan* dem Yü anvertraut, dessen Körper für alle Maße zum Normalmaß und dessen Stimme als Kammerton genommen werden konnte . . . Man hat niemals den Zusammenhang gelöst zwischen der Pfeife, die den Grundton gab, und dem Orakelgerät[94], das aus zwei Brettchen bestand, die wie zwei magische Quadrate übereinander angeordnet waren und Himmel und Erde darstellten . . . Es fällt nicht leicht zu beweisen, daß die Lehre der Chinesen von den Musikpfeifen unmittelbar mit den Spekulationen über die magischen Quadrate zusammenhängt. Immerhin gibt es einige aufschlußreiche Vergleiche. – Die Chinesen hatten zur Veranschaulichung ihrer Tonlehre für ihre Pfeifen eine sehr eindrucksvolle Anordnung ausgedacht, welche die Verhältnisse zwischen Geradzahligem und Ungeradzahligem (2/3 oder 4/3) unter Hinweis auf die große Einheit 360 (= 216 + 144) verwertete. Das Prestige der Zahlenanordnung im Quadrat fußt ja auf der gleichen Tatsache. – Auf diese große Geltung ist es zurückzuführen, daß man die *Ming-t'ang* wie auch die Anordnung der Trigramme im Achteck gern zu einem magischen Quadrat in Beziehung setzte. Denn die Erlasse, die zu einem jeden der 12 Monate des Jahres gehörten, wurden in der *Ming-t'ang* verkündet; und die 12 Pfeifen entsprachen diesen 12 Monaten – so daß sie (genau wie die Monate und auf Grund der Feststellung: 12 × 2 = 24 = 8 × 3) auch zu den 8 Himmelsrichtungen in Beziehung standen, deren Embleme die Acht Trigramme sind. – Das Jahr wird in 12 Monate unterteilt (aber auch in 24 Halbmonate zu 15 Tagen), die zu vier Jahreszeiten gruppiert um einen Mittel- oder Angelpunkt angeordnet werden; die 8 Trigramme faßt man als Ableitungen der den 4 Jahreszeiten-Himmelsrichtungen zugeordneten vier Sekundärembleme auf; in der *Ming-t'ang* (auch wenn diese 9 Säle umfaßt) kommt neben dem Mittelsaal den 4 Hauptsälen eine besondere Bedeutung zu, weil sie den Monaten der Tagundnachtgleichen und der Sonnenwenden zugeordnet sind. So ermöglicht die Anordnung in einem magischen Quadrat einen Hinweis auf die Anordnung nach den Fünf Wandlungsphasen, da sich die Anlage auf einem *einfachen Kreuz* in der Anlage auf einem *Hakenkreuz* wiederfindet. Ebenso wird in der Harmonielehre neben einer Reihe von Zwölf Pfeifen, mit denen man eine Rose von 12 Winden (Himmelsrichtungen) bildet, auch eine Reihe von Fünf Tönen gebraucht, die man, auf einem Achsenkreuz angeordnet, als Symbole des Mittelpunkts und der Vier Jahreszeiten-Himmelsrichtungen auffaßt.

Umsetzungen von Zahlen (und Zeichen) ermöglichen es, diese Reihen miteinander zu vergleichen und von der einen zur anderen überzugehen; daß sie derartige Vergleiche und einen solchen Austausch ermöglichen, genügt, um bei der Durchführung dieser Umsetzungen den Eindruck zu erwecken, daß so die Ordnung der Welt offenbart und gefördert werde.

Seitdem im Westen dank der Arbeit des Paters Amiot[95] die Lehre der Chinesen von den Zwölf Pfeifen und den Fünf Tönen bekannt geworden ist, hat man Vergleiche mit den Harmonielehren der Griechen angestellt und auf ihren wissenschaftlichen Charakter hingewiesen.

Doch hat Chavannes festgestellt, daß sich die chinesischen Theoretiker nicht mit größter Ehrfurcht um die Genauigkeit der Zahlenverhältnisse bemüht haben. Daraus schloß er, daß sie diese wohl nicht selbst erfunden, sondern deren Prinzip von den Griechen empfangen hätten[96], nachdem ja der wissenschaftliche Charakter der Theorie die Chinesen sehr bald nicht mehr interessierte. Chavannes hat diese Hypothese, die den Ansichten der meisten übrigen Gelehrten über die Anfänge der chinesischen Musik widerspricht, unter Benützung philologischer Argumente verfochten. Diese erscheinen keineswegs als unanfechtbar, und ihr hauptsächlicher Mangel besteht darin, daß sie alle mythischen Daten des Problems ausklammern und sich nur auf datierbare Dokumente stützen, aus denen man historisch belegte Tatsachen zu gewinnen hofft.

Hält man sich an diese Dokumente, so scheint es, daß die Instrumente, auf welche die Chinesen ihre Klanglehre bezogen, Glocken waren; mit solchen Instrumenten bieten Messungen unendliche Schwierigkeiten, ja sie sind fast unmöglich – und daher die Ausführungen über die Zahlenverhältnisse [97]. Folglich müsse die angewandte Theorie eine fertige Theorie gewesen sein. Und es ist klar, daß die Chinesen diese von den Griechen empfangen hatten. In Wirklichkeit wurden, den chinesischen Überlieferungen zufolge, von den Instrumenten zuerst die Saiten- und Windinstrumente erfunden. Zwar kommt in dem Mythus, der die grundlegende Einteilung der Zwölf Pfeifen in sechs männliche und sechs weibliche Pfeifen erklärt, ein geographischer Ausdruck vor, welchen Chavannes als Hinweis auf einen Einfluß deuten wollte [98], den die Chinesen aus den von der griechischen Kultur berührten Ländern empfangen hätten. Doch ist die Einteilung in Yin- und Yang-Pfeifen, vor allem wenn sie sich (wie dies, wie wir sehen werden, tatsächlich der Fall ist) auf das Verhältnis (3/2 oder 3/4) von Himmel und Erde gründet, im Einklang mit den spezifisch chinesischen mythischen und naturwissenschaftlichen Vorstellungen vom Kosmos – und dies in zu vollkommener Weise, als daß man eine Entlehnung postulieren müßte. Ferner findet sich in dem Mythus, der sich auf die Zwölf Pfeifen bezieht, ausdrücklich eine Anspielung auf die sexuellen Tänze – und dies in sehr bedeutsamer Weise: Sobald die 12 Bambuspfeifen geschnitten und zusammengebaut worden waren, begleiteten sie den Tanz eines Phönix*paars* (in der Fassung des Mythus handelt es sich um ein Fasanenpaar). Nun ist im ganzen Fernen Osten ein *sheng* [99] genanntes Instrument verbreitet, dessen Erfindung die Chinesen der Nü-kua (der *Schwester oder Gattin* des Fu-hsi), die auch die Ehe erfand, zuschreiben. Es gibt zwei Formen des *sheng*, das auch heute noch zur Begleitung sexueller Tänze geblasen wird, und zwar ein männliches und ein weibliches *sheng*. Bei beiden soll die Anordnung der Pfeifen, so heißt es, die zwei Schwingen eines Vogels (eines Phönix oder Fasans) darstellen. Wird zur Musik des *sheng* getanzt, dann tanzt in Wirklichkeit ein Phönix- oder Fasanenpaar; das *sheng* selbst tanzt und wird getanzt (denn die Ausführenden tanzen, während sie das *sheng* blasen) [100]. Diese Besonderheit verrät allzu archaische Züge, und das *sheng* hat im Fernen Osten zu große Bedeutung, als daß man den mythischen Bericht von der Erfindung der 12 männlichen und weiblichen Pfeifen als eine Legende abtun könnte, welche die Gelehrten lediglich zur Rechtfertigung einer Anleihe erdachten.

Damit verliert gleichzeitig (welche Bedeutung auch immer die Schlaginstrumente in der chinesischen Musikgeschichte gehabt haben mögen) der Hinweis Chavannes' auf die Schwierigkeiten, mit denen die Chinesen bei der Ermittlung der Zahlenverhältnisse rechnen mußten, völlig an Bedeutung.

Im Gegenteil, die aus Bambus gefertigten Instrumente laden zu solchen Ermittlungen geradezu ein. Weisen wir hier nur darauf hin, daß das chinesische Wort *(chieh)*, das als Metapher den Gedanken des Maßes [101] ausdrückt, die konkrete Bedeutung »Gelenk, Knoten im Bambus« besitzt. Ganz gewiß haben die Chinesen die Theorie, auf welcher sie ihre Musiktechnik begründen, nicht im Verlauf komplizierter Messungen von Bronzeglocken entwickelt. Sie vermochten hingegen sehr wohl die Kunst der Musik auf der Kunst der Zahlen aufzubauen, wenn sie sich entschlossen, die Länge ihrer verschiedenen Bambusflöten mit der Zahl der Knoten anzugeben; zum gleichen Ergebnis konnten sie kommen, wenn sie Sehnen (ich meine damit wirkliche Sehnen an richtigen Bögen) mit Hilfe von Zahlen bemaßen. Man wird kaum auf den Gedanken verfallen, daß diese beiden Methoden sich gegenseitig ausschlossen, wenn man weiß, daß nach Auskunft der Chinesen ihr erstes und ehrwürdigstes Zeichensystem in *Knotenschnüren* bestand [102].

Im übrigen waren die am Anfang zur Bezeichnung der Pfeifenlänge benützten Zahlen, wie ich sogleich zu beweisen hoffe, kleine ganze Zahlen. Die mit ihnen gebildete Reihe wurde später durch verschiedene, nebeneinander gebrauchte Reihen größerer, aber immer noch ganzer Zahlen ersetzt, wobei für diesen Ersatz gewisse Veränderungen im System der Berechnung maßgebend waren. Verschiedene Zahlen, mit denen man (*nacheinander oder gleichzeitig*) die Einteilung der Maßeinheiten bestimmte, wurden auch zur Multiplikation der ursprünglichen Zahlenembleme der Musikpfeifen herangezogen. Es scheint, daß man zur arithmetischen Begründung der Tonleiter durch Vergleich – und im übrigen auch durch gegenseitige Durchdringung – der Reihen gelangte, die man mit Hilfe dieser Multiplikationen erhalten hatte. – Doch wenn man dazu kam, dann nur nach Umsetzungen von Zahlen, für welche die grundlegende Bedeutung der Summe 360 und die Geltung des Gegensatzes zwischen 216 und 144 maßgebend waren.

Zur Vermeidung jeder (für unseren Gegenstand bedeutungslosen)

Erörterung der Ursprünge schließen wir uns der Meinung Chavannes' nicht an. Wir behaupten darum nicht: Die Chinesen haben die rechnerische Grundlage ihrer Musiktheorie nicht mit ihren eigenen Mitteln entdeckt, weil sie weder deren Gesetzmäßigkeit noch Vollkommenheit erfaßten. Wir sagen vielmehr: Wenn es den Chinesen gelang, ihre Musiktechnik auf einem rechnerischen Prinzip zu begründen, dessen konsequente Anwendung sie im übrigen nicht als notwendig erachteten, so liegt dies daran, daß sie deren Entdeckung mit Hilfe eines durch *Zahlensymbole* (die nicht als abstrakte Zeichen, sondern als wirkkräftige Embleme verstanden wurden) entwickelten *Umstellungskunst* machten; das Ziel dieser *Umstellungskunst* war nicht die Formulierung einer *exakten* Theorie zur strengen Begründung einer Technik, sondern ein *sinnfälliges Veranschaulichen*, indem sie diese mit einem eindrucksvollen Weltbild in Beziehung setzten.

In China scheint die Theorie der 12 Pfeifen ebenso alt zu sein wie die wissenschaftliche Literatur. Szu-ma Ch'ien[103] hat ihr ein wichtiges Kapitel gewidmet, worin die sich überschneidenden Einstufungssysteme nach der 12 [12 Pfeifen und 12 Monate] und der Klassenordnung nach der 8 [8 Winde und 8 Trigramme] dargelegt werden. Schon viel früher hatte Lü Pu-wei[104] mit knappen und übrigens sehr eindeutigen Worten die Rechenformel angegeben, die dieser Lehre zugrunde liegt. Im übrigen wurde die Geltung dieser Formel zur Zeit der Abfassung des *Yüeh-ling* anerkannt.

In dieser Abhandlung über den Kalender werden die Pfeifen bereits mit den Monaten in Beziehung gesetzt, womit für jede Pfeife (über den Zwölferzyklus) der *Bezug auf eine bestimmte Richtung* gegeben ist. In der Literatur des Altertums werden die Pfeifen recht häufig erwähnt; dabei finden sich mehrere Bestätigungen dafür, daß man sie sich auf die Himmelsrichtungen bezogen vorstellt, wobei die angenommenen Beziehungen die des *Yüeh-ling* sind.

Aus der Zahl dieser Stellen ist eine von besonderem Interesse. In ihr wird die erste Pfeife, die den Namen *huang-chung*, die »Gelbe *Glocke*« trägt, mit den Gelben *Quellen* in Beziehung gebracht. Nach dem uralten Mythus von den Gelben Quellen, dem Land der Toten – die man an der Nordseite der Stadt mit dem Kopf gegen Norden begräbt – sind diese Quellen im tiefen Norden gelegen. Im Zwölferzyklus bezeichnet diesen das Zeichen *tzu*, das die Bedeutung »Kind« hat. Denn gleichzeitig mit dem genauen Norden weist dieses zyklische Zeichen auf die Wintersonnenwende und die Mitternacht, die beide für die Empfängnis günstige Augenblicke darstellen, hin. Eine umfängliche Sammlung mythischer und ritueller Motive beweist, daß die Gelben Quellen, das Land der Toten, ein Reservoir des Lebens bildeten[105]. Denn die Chinesen waren der Auffassung, daß das Yang, das sich zu den Gelben Quellen in die Tiefen (das Tiefe ist *yin*) des Nordens zurückgezogen hatte, den Winter (*yin*) vom Yin (Wasser) eingeschlossen und umschlossen überdauerte. Dort gewann es seine volle Kraft zurück und bereitete sich darauf vor, mit der Ferse auf den Boden stampfend hervorzubrechen – und dieses Bild behauptete[106] man im Ausdruck *huang-chung*, der Bezeichnung der 1. Pfeife, wiederzufinden. Die dem 11. Monat (dem Monat der Wintersonnenwende) zugeteilte *huang-chung* deutete zu Recht auf das Yang am Tiefpunkt seiner Macht hin, denn die 1. Pfeife ist die längste von allen und gibt den tiefsten Ton; das Yang aber entspricht dem Hohen (Hellen), während das Yin das

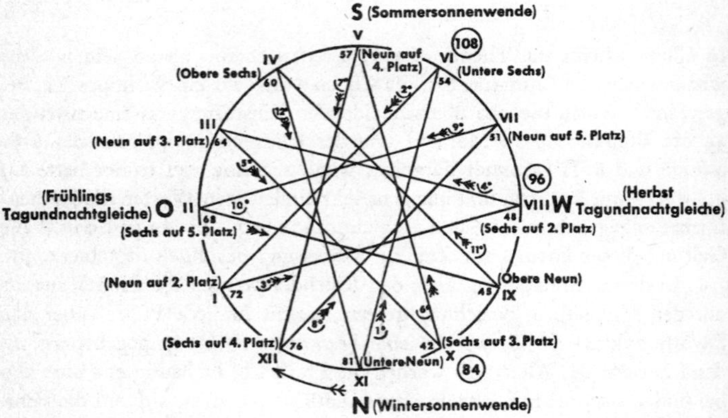

Die Monate sind mit römischen, die Pfeifenlängen mit arabischen Zahlen angegeben. Die Ordnungszahlen geben die Reihenfolge der Entstehung der Pfeifen an. In Kreisen wurden die Maße der 2., 4. und 6. Pfeifen angegeben, welche diese aufwiesen, wenn der auf ihnen erzeugte Ton nicht um eine Oktave gesenkt worden wäre.

Tiefe (Dunkle) ist. Indem man die Pfeifen den verschiedenen Monaten zuordnet, veranschaulicht man das mit der Wintersonnenwende beginnende Anwachsen des Yang. Auf einer zwölfdirektionalen Windrose, auf der die Richtungen der Monate und Pfeifen angegeben sind, folgen die Pfeifen, im genauen Norden beginnend, in absteigender Reihenfolge aufeinander.

Um diese indirekt im *Yüeh-ling* wie auch in den alten Mythen bezeugte Anordnung zu erhalten, muß man einen zwölfstrahligen Stern entwerfen. Nun, ein solcher Entwurf setzt die Kenntnis der von Lü Pu-wei angegebenen Rechenregel voraus, mit deren Hilfe es möglich war, zwischen der chinesischen und der griechischen Theorie einen Vergleich anzustellen[107].

Lü Pu-wei und alle chinesischen Autoren formulieren diese Regel dahingehend, daß die Pfeifen sich gegenseitig erzeugen (*sheng*), wobei jedoch ein Unterschied zwischen der Erzeugung von oben (*shang sheng*) und der Erzeugung von unten (*hsia sheng*), d. h. ob die erzeugte Pfeife länger (*shang* = höher) als die erzeugende oder kürzer (*hsia* = niedriger) ist, besteht. Eine Erzeugung von unten her liegt vor, wenn man die Länge der Pfeife um 1/3 gegenüber dem Maß der vorausgehenden verkürzt. Dies ist beispielsweise der Fall, wenn man von einer Grundpfeife mit dem Wert 81 (= 3 × 27) zur 2. Pfeife mit dem Wert 54 (= 2 × 27) übergeht. Erzeugung von oben her liegt vor, wenn man die Länge um 1/3 gegenüber der Länge der vorangehenden Pfeife vergrößert; dies ist der Fall, wenn man von der 2. Pfeife mit dem Wert 54 (= 3 × 18) zur 3. mit dem Wert 72 (= 4 × 18) fortschreitet. Die 3. Pfeife (72) bringt durch Erzeugung von unten die 4. (48), diese durch Erzeugung von oben die 5. (64) hervor, usw. bis zur 7. Pfeife. Obgleich diese selbst durch Erzeugung von oben entstanden ist, bringt sie die folgende 8. Pfeife wiederum durch Erzeugung von oben hervor. Von dieser letzten an bringen also die Pfeifen der *geraden* Stufe und nicht mehr die der *ungeradzahligen* Stufe durch Erzeugung von unten hervor.

Dies verhindert nicht, daß alle Pfeifen ungeradzahliger Stufe als männliche Pfeifen [= Yang, = das *Ungerade*, = der Himmel, = das Runde (Kreis), = *3* (der Wert eines in ein Quadrat mit der Seitenlänge 1 eingeschriebenen Umfangs)] und alle Pfeifen der geraden Stufe als weibliche Pfeifen [= Yin, = das Gerade, = die Erde, = das Quadrat, = 2 (der Wert des halben Umfangs des Quadrats, das um einen Umfang mit dem Wert 3 gezeichnet wird)] bezeichnet werden[108]. Die Chinesen hatten gute Gründe, sich für diese Ordnung zu entscheiden. Wenn die drei ersten ungeradzahligen Pfeifen jeweils dem 3/2-fachen der drei ersten geradzahligen Pfeifen entsprechen, so entsprechen die drei letzten ungeradzahligen Pfeifen dem 3/4-fachen der drei letzten geradzahligen Pfeifen; 3/2 ist der Ausdruck für das Verhältnis zwischen Umfang (= Himmel) und halbem Umfang des Quadrats (= Erde), das ersteren umgibt; 3/4 bezeichnet das Verhältnis zwischen innerem Umfang und äußerem Halbkreis, so daß 3/2 und noch besser 3/4 als Ausdruck des Verhältnisses zwischen Yang und Yin aufgefaßt werden können.

Es ist möglich, daß die Chinesen ihren Pfeifen anfänglich nur das Verhältnis 3/4 darstellende Zahlenembleme zugeordnet haben; denn in einem Passus des *Kuan-tzu*[109] heißt es nämlich, daß den 5 ersten Pfeifen wechselseitig die Werte 81, 108 (= 54 × 2), 72, 96 (= 48 × 2) und 64 zugehörten, woraus man offenbar schließen darf, daß der 6. Pfeife der Wert 84 (= 42 × 2) zukam. – Anscheinend haben die Chinesen die Dimensionen der 3 ersten Pfeifen der geradzahligen Reihe halbiert ohne aber die Dimensionen der 3 letzten Pfeifen der gleichen Reihe irgendwie zu verändern.

Vielleicht weist diese Reform auf einen Fortschritt in der Musiktechnik hin[110]; wir aber müssen auf die Tatsache hinweisen, daß dann, wenn man die drei ersten Yin-Pfeifen im Vergleich zu den 3 letzten nicht auf die Hälfte verkürzt hätte, es *unmöglich gewesen wäre, die Pfeifen* in einem zwölfstrahligen Stern *so auf eine Richtung zu beziehen*, wie dies im *Yüeh-ling angegeben wird.*

Wir verweisen an dieser Stelle auf die nachfolgende Aufstellung und die vorausgehende Figur. – In dieser Figur nehmen die 12 Pfeifen, welche durch ganze Zahlen vertreten sind, in denen ihre überlieferten Maße zum Ausdruck kommen, die Richtungen ein, die den ihnen entsprechenden zyklischen Zeichen und Monaten zugeordnet sind. Sie liegen auf einer Kreislinie und folgen vom N (11. Monat, Wintersonnenwende, 1. Pfeife)

REIHENFOLGE DER ERZEUGUNG DER PFEIFEN

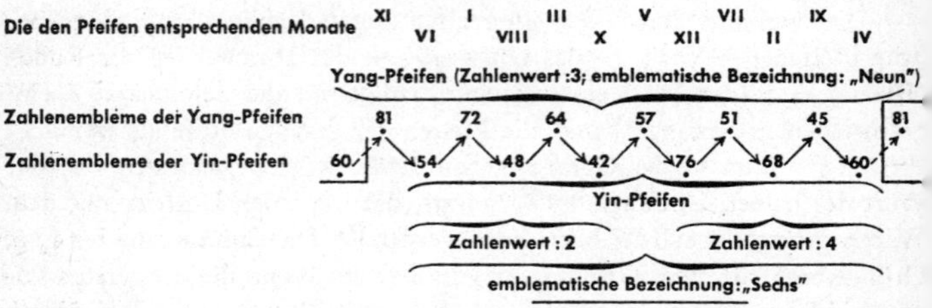

Die Zahlen geben die den Pfeifen im *Huai-nan-tzu* zugeschriebenen Maße an. Wir haben zu Beginn der Reihe die 60 und am Ende die 81 ergänzt, weil infolge ihrer zyklischen Anordnung die 1. Pfeife (60) von der 12. (81) erzeugt wird.

an in absteigender Größenordnung aufeinander – und die ihnen entsprechenden Zahlenembleme spiegeln das kontinuierliche Anwachsen des Yang (der hohen Töne). Es gibt auch die Anordnung, bei welcher sie auf der

12 Strahlen eines Sterns liegen. Ein solches Bild ergibt sich, sobald man die Embleme jener *Pfeifen* (Yang oder Yin, Yin oder Yang, *erzeugende oder erzeugte*), *welche* der Reihenfolge ihrer Entstehung nach *aneinandergrenzen, durch eine gerade Linie miteinander verbindet.*

Durch diese zeichnerische Darstellung werden zwei Dinge deutlich, und zwar einmal die *Reihenfolge der Entstehung* der Pfeifen und damit auch die Formel, die ihre Zahlenverhältnisse ausdrückt; dann auch die *zyklische Anordnung* der Pfeifen, wie auch ihre Richtungbezogenheit, aus welcher sich ihre Beziehungen zu den verschiedenen Monaten ergeben. Die Möglichkeit, eine symmetrische Figur, wie dies ein zwölfstrahliger Stern ist, zu gewinnen, setzt voraus, daß zwei nacheinander gezogene Geraden (die folglich die Embleme von drei ihrer Entstehung nach aufeinanderfolgenden Pfeifen verbinden) stets einen Winkel von 60° bilden; wichtig ist auch, daß man auf der Kreislinie stets damit beginnt, zwei nach der einen Seite 210° voneinander entfernte Punkte [im vorliegenden Fall nach der linken Seite, denn bei der von den Chinesen gewählten Anordnung folgen die zyklischen Zeichen entsprechend der Abfolge der Zeiten aufeinander, wobei man auf dem Kreis nach links vorwärtsschreitet] und 150° nach der anderen Seite voneinander entfernte Punkte miteinander zu verbinden. Wen die 1. Pfeife (81, Yang-Reihe) auf den 11. Monat bezogen wird (auf einen ungeradzahligen Monat), so muß die 2. Pfeife (54, Yin-Reihe) dem 6. Monat (einem geradzahligen Monat), die 3. (72, Yang-Reihe) dem 1. Monat (einem ungeradzahligen Monat), die 4. (48, Yin-Reihe) dem 8. Monat (einem geradzahligen Monat), die 5. (64, Yang-Reihe) dem 3. Monat (einem ungeradzahligen Monat), die 6. (42, Yin-Reihe) dem 10. Monat (einem geradzahligen Monat), die 7. (57, Yang-Reihe) dem 5. Monat (einem ungeradzahligen Monat) [d. h. 180° von der 1. Pfeife (81) entfernt] . . . zugeordnet werden.

Doch da man beschlossen hatte, den größeren Teil des Kreises links von der zuerst gezogenen Linie zu legen, so mußten die Zahlenembleme der 4. und 6. Pfeifen, wie auch das der 2. (also der 3 ersten Pfeifen der Yin-Reihe) auf den rechten Kreisabschnitt zu liegen kommen und sich dort mit den Emblemen der 9. und 11. Pfeife treffen, die ihrerseits zur Rechten der 180° von der 1. Pfeife entfernten 7. Pfeife liegen. Diese 3 Pfeifen stellen die letzten und kleinsten der Yang-Reihe dar. Daher würden die Zahlenembleme der Zwölf Pfeifen nicht in absteigender Größenordnung aufeinanderfolgen, *wenn man* den 3 ersten Pfeifen der geradzahligen Reihe Maße (108, 96, 84) *verliehen hätte*, die auf dem Verhältnis 4/3 zwischen den Yin- und Yang-Pfeifen beruhten. Hierfür mußte man ihre Länge um die Hälfte verkürzen – wodurch der von ihnen erzeugte

Ton um eine Oktav gesenkt wurde – wobei man allerdings die dem Verhältnis 4/3 entsprechenden Maße der drei letzten geradzahligen Pfeifen beibehielt; denn deren Embleme sollten nämlich auf die linke Kreishälfte zu liegen kommen, wo sie zwischen die Embleme der drei ersten und größten Yang-Pfeifen eingeschoben wurden.

Die geometrische Figur, welche das mit der Wintersonnenwende beginnende kontinuierliche Wachstum des Yang veranschaulichen soll und die eine Begründung des Systems von Entsprechungen darstellt, welche man zwischen den Monaten und Pfeifen postuliert hatte, läßt sich nur unter der Voraussetzung entwerfen, daß man die Pfeifen so bemißt, daß in den 6 ersten das Verhältnis 3/2 (= 81/54 = 72/48 = 63/42)[111] und in den 6 letzten das Verhältnis 3/4 (= 57/76 = 51/68 = 45/60) zum Ausdruck kommt. Jede Erwähnung einer Entsprechung zwischen den Pfeifen und den Monaten, die mit dem im *Yüeh-ling* entwickelten System im Einklang ist, setzt diese Konstruktion voraus, ist folglich nur denkbar, wenn man bereits *vorher* die Rechenregel entdeckt hatte, welche der chinesischen Harmonielehre zugrunde liegt.

Diese Feststellung hat vielleicht historische Tragweite; ihre eigentliche Bedeutung aber liegt in dem Beweis, daß die Chinesen mit der Behauptung, ihre alten Weisen hätten die mit der Harmonielehre und mit der Ordnung des Kalenders zusammenhängenden Fragen als miteinander verquickte Probleme aufgefaßt, ganz recht hatten. Denn drängt sich einem nicht der Schluß auf, daß die Rechenformel der Tonleiter gewonnen wurde, während die Techniker jener höchsten Kunst, die auf eine zweckmäßige Erschließung von Raum und Zeit abzielte, und die sich im wesentlichen mit der Klärung der Verhältnisse des Geradzahligen und des Ungeradzahligen befaßte, über die Zahlen spekulierten?

Die Konstruktion einer zwölfstrahligen Windrose hatte nicht nur den Vorteil, das kontinuierliche Wachstum des Yang, nachdem es aus den Gelben Quellen hervorgetreten war, darzustellen. Sie besaß überdies den Vorzug, den Wechsel von ihrem Rang nach *geradzahligen* und *ungeradzahligen* Monaten, denen im Mond-Sonnenjahr von 354 Tagen bald 30, bald nur 29 Tage zugeteilt wurden, durch den Wechsel der Yin- und Yang-Pfeifen zu begründen. Die Einteilung der Pfeifen in zwei verschiedenartige, doch gleich große Gruppen, welche neuartige Vergleiche zwischen den einzelnen Abteilungen ermöglichte, diente andererseits überdies noch zur Veranschaulichung der Kalenderregeln. Die mythische Bedeutung dieser Einteilung bekundet sich in verschiedenen symbolischen Bezeichnungen der Pfeifen. Man spricht sie als *Väter* und *Söhne* an, weil man der Auffassung ist, daß sie sich gegenseitig erzeugen (*sheng*); denn der Gegensatz zwischen den Generationen[112], die sich wechselweise in der Macht ablösen, kann als Ausdruck des rhythmischen Gegensatzes zwischen dem Yin und dem Yang aufgefaßt werden. Andererseits folgen auf der Außenlinie des Zwölfecks die Embleme der Yin- und Yang-Pfeifen im Wechsel aufeinander, so daß man sie zu Paaren zusammenfassen kann. Man sagte deshalb von zwei *benachbarten* Emblemen, daß sie »*Gattin* und *Gatte*« seien. Dergleichen bildliche Vorstellungen gestatteten es, die 6 männlichen und die 6 weiblichen Pfeifen mit den teils männlichen, teils weiblichen 12 Linien in Verbindung zu bringen, aus welchen das 1. Paar von Hexagrammen besteht. Damit erhält eine weitere Bezeichnungsweise der Tonpfeifen ihre Erklärung. Dabei werden die Pfeifen mit den vollen oder gebrochenen Linien der Hexagramme *in Beziehung gebracht*, womit ein neuerlicher Hinweis auf das Verhältnis zwischen Geradzahligem und Ungeradzahligem verbunden ist. Man bezeichnete die Yin-Pfeifen durch die *Sechs* und die Yang-Pfeifen durch die *Neun*. Um noch deutlicher auf die Hexagramme hinzuweisen (deren Linien man bei der untersten Linie beginnend nach oben fortschreitend untersuchte) nannte man die 1. Yang- und die 1. Yin-Pfeife (in Analogie zur 1. *männlichen* oder zur 1. *weiblichen* Linie eines Hexagramms) jeweils *Untere Neun* bzw. *Untere Sechs*; die dazwischenliegenden Pfeifen (2. und 3. . . .) wurden *Neuner* und *Sechser* und die beiden letzten Pfeifen *Obere Neun* und *Obere Sechs* genannt.

Eine Stelle bei Szu-ma Ch'ien, auf deren Bedeutung wir bald noch näher eingehen werden[113], verbürgt das hohe Alter dieser Bezeichnungen. Da sie auf einer Entwicklung der Musiktechnik beruhen, muß man folglich auch dieser ein hohes Alter zuschreiben. Weil jede Pfeife abwechselnd als 1. Pfeife genommen werden und den Grundton der Tonleiter angeben konnte, ließen sich 12 Tonleitern aufbauen[114]. Eine jede dieser Tonleitern umfaßte 5 Töne und war durch die Zahlenembleme der Pfeifen bestimmt, die diese Töne erzeugten; im Gespräch genügte es allerdings, die symbolische Bezeichnung (*Untere Sechs* . . . *Neun auf 3. Platz* . . . *Obere Neun* . . .) der im jeweiligen Fall als 1. Pfeife angenommenen Pfeife zu nennen. In den so entstehenden 12 Tonleitern verfügte man über insgesamt 60 Töne, die man mit den 60 aus der Verbindung der 12 (= 6 × 2) Zeichen der Zwölferreihe (die – ebenso wie die 12 Pfeifen – auf eine Anordnung auf einem Kreis hinwiesen) mit den 10 (= 5 × 2) Zeichen der Zehnerreihe (die – ebenso wie die Töne der Tonleiter – die Anordnung auf einem Achsenkreuz fordern) gewonnenen zyklischen Binomen in Verbindung brachte. Indem man ferner die Embleme (5 und 6) von Himmel und Erde kombinierte, gewann man durch dieses neue System von Entsprechungen schließlich die Große Summe 360 (= 12 × 5 × 6). Zeigt es sich hier nicht abermals, daß die Harmonielehre sich durch die Zahlenspekulationen der Meister jener höchsten Kunst, der Kunst des Kalenders entwickelt hat?

Jedenfalls lag den Urhebern der Lehre im einzelnen sehr wenig an der Genauigkeit der Zahlenverhältnisse; es ging ihnen vielmehr vor allem darum, ein Gesamtverhältnis herauszustellen, das in bezeichnenden Summen zur Darstellung kam.

Zwar hat Szu-ma Ch'ien sich bemüht, die Länge der Pfeifen mit Hilfe von Bruchzahlen anzugeben, die annähernd mit der Theorie übereinstimmen[115]. Und dieses Genauigkeitsstreben erlaubte Chavannes die Annahme, daß die Chinesen anfänglich das der griechischen Tonleiter zugrunde liegende Strukturprinzip gewissenhaft angewendet hätten. Dazu ist jedoch festzustellen: 1. Ehe Szu-ma Ch'ien die Zahlen in seinem Geschichtswerk verzeichnete, dürfte er als Mitglied der Kalenderkommission und anläßlich *einer tiefgreifenden Kalenderreform* alle Berechnungen sorgfältig überprüft haben; 2. Etwa um die gleiche Zeit werden im *Huai-nan-tzu*[116] die Maße der Pfeifen unter ausschließlicher Verwendung ganzer Zahlen angegeben. Und es waren diese immer wieder angeführten Zahlen, welche eigentlich die Chinesen interessierten; um zu einem Verständnis ihrer Überlegungen zu gelangen, muß man daher von diesen Zahlen ausgehen.

Wie leicht einzusehen ist, lassen sich mit der im *Huai-nan-tzu* mitgeteilten Reihe von 12 Zahlen (81, 54, 72, 48, 64, 42, 57, 76, 51, 68, 45, 60) nur dann regelrechte Verhältnisse aufstellen, wenn man bei der Anwendung dieser Zahlen einen *Spielraum von einer Einheit* einräumt – außer in drei Fällen[117], und zwar bei der 54, die 2/3 von 81 und 3/4 von 72 entspricht; bei der 72, die 4/3 von 54 und 3/2 von 48 ausmacht, und bei der 48, die 2/3 von 72 und 3/4 von 64 gilt. Für die 5. Pfeife muß man einmal den Wert 64, der 4/3 von 48 darstellt, zum andern aber auch den Wert von 63 festsetzen, der 3/2 von 42 gilt. Ebenso hat die 7. Pfeife gleichzeitig die Werte 56 und 57, die 8. die Werte 76 und 75, die 9. 50 und 51, die 10. 68 und 69, die 11. 46 und 45. Doch die *12 Pfeifen bilden einen Zyklus*. Folglich muß die 12. 3/4 der 1. (wenn diese durch Erzeugung von oben entstanden ist) betragen[118]. 60, ein Vielfaches von 3, läßt sich leicht um 1/3 vermehren. Damit also die Regel stimmt, muß die 1. Pfeife den Wert 80 ($= 60 \times 4/3$) erhalten – und gleichzeitig den Wert 81 ($= 54 \times 3/2$); auch hier ist also der *Spielraum von einer Einheit erforderlich*. Die den Pfeifen zugeordneten Maße stimmen also im einzelnen nicht genau.

Bemerkenswert ist, daß man als Maße der letzten Pfeifen die Zahlen 57, 76, 51, 68, 45 und 60 gewählt hat. Hätte man für die Yin-Pfeifen die

Maße 75, 69 und 60 angenommen, so wäre die Summe der 3 Zahlen (204) die gleiche geblieben. Hätte man hingegen für die Yang-Pfeifen statt 57, 51 und 45 als Maßzahlen 56, 50 und 46 gewählt, dann hätte sich als Summe der drei Zahlen nur 152 statt 153 ergeben. In den benützten Zahlen kommt das Verhältnis 3/2, welches zwischen der 8. (75) und der 9. (51) Pfeife, sowie zwischen der 10. (69) und der 11. Pfeife (45) bestehen sollte, nur ungenau

	$\frac{60}{80} = \frac{3 \times 20}{4 \times 20}$	
*	$\frac{81}{54} = \frac{3 \times 27}{2 \times 27}$	1. Verhältnis
	$\frac{54}{72} = \frac{3 \times 18}{4 \times 18}$	2. Verhältnis
	$\frac{72}{48} = \frac{3 \times 24}{2 \times 24}$	3. Verhältnis
	$\frac{48}{64} = \frac{3 \times 16}{4 \times 16}$	4. Verhältnis
*	$\frac{63}{42} = \frac{3 \times 21}{2 \times 21}$	5. Verhältnis
	$\frac{42}{56} = \frac{3 \times 14}{4 \times 14}$	6. Verhältnis
*	$\frac{57}{76} = \frac{3 \times 19}{4 \times 19}$	7. Verhältnis
*	$\frac{75}{50} = \frac{3 \times 25}{2 \times 25}$	8. Verhältnis
*	$\frac{51}{68} = \frac{3 \times 17}{4 \times 17}$	9. Verhältnis
*	$\frac{69}{46} = \frac{3 \times 23}{2 \times 23}$	10. Verhältnis
*	$\frac{45}{60} = \frac{3 \times 15}{4 \times 15}$	11. Verhältnis
	$\frac{60}{80} = \frac{3 \times 20}{4 \times 20}$	12. Verhältnis

* Das Sternchen weist auf all jene Fälle hin, wo die in zwei aufeinanderfolgenden Verhältnissen auftretende Zahl um eine Einheit vermehrt oder vermindert wird.

zum Ausdruck; dafür bezeichnen sie alle Verhältnisse 3/4 sehr genau (= 57/76 = 56/68 = 45/60); und *3/4 entspricht gleichfalls dem Verhältnis zwischen der Summe der drei Yang-Pfeifen* (153) *und den 3 Yin-Pfeifen* (204) $\left[153/204 = \frac{3 \times 51}{4 \times 51}\right]$. Die Summe der 3 letzten Pfeifen beträgt 357; diese Zahl ist als Synthese aus dem Yin (4) und dem Yang (3) [deren Verhältnisse in der 2. Hälfte der Pfeifenreihe in der Form 3/4 auftreten müssen, weil die 1. (57) der 6 Pfeifen den 3/4 der 2. (76) entspricht] ein Vielfaches von 7 – und zwar ist es unter den Vielfachen von 7 dasjenige, welches der großen Summe 360, wie auch der Zahl 354 (der Summe der Tage im Mond-Sonnenjahr) [119] am nächsten kommt.

Am Anfang der Reihe der 3 ersten Pfeifen hingegen steht eine Pfeife, die 3/2 der folgenden entspricht; eigentlich müßte die Summe dieser 6 Zahlenembleme ein Vielfaches von 5, der Synthese aus dem Yang (3) und dem Yin (2) darstellen; man sollte annehmen, daß dieses Vielfache von 5 360 ist, und daß das Verhältnis 3/2 pauschal durch die Zahlen 216/144 angegeben wird. Wenn die Summe der ersten Yin-Pfeifen tatsächlich 144 (= 54 + 48 + 42) beträgt, und die der Yang-Pfeifen (81 + 72 + 54) 217 ausmacht, dann ergibt sich als Gesamtsumme nicht 360, sondern 361. Es war aber ganz leicht, die Zahl 216 zu erhalten, denn für die 1. und 3. Yang-Pfeife konnte man zwischen 80 und 81 bzw. 64 und 63 wählen; zählt man der 72 (2. Yang-Pfeife) 80 + 64 (= 144) hinzu, so erhält man ebenso 216, wie wenn man 81 + 63 (= 144) hinzufügt. Trotzdem hat man die Zahlen 81 und 64 gewählt. Kurzum, *man hat der 80* (= 60 × 4/3), *durch welche die Tatsache, daß die Reihe der Pfeifen einen Zyklus bildet, unterstrichen worden wäre, die Zahl 81 vorgezogen.* So entspricht das 1. Verhältnis (81/54) ganz exakt 3/2. Damit schien man zwangsläufig zur Bezeichnung der 5. Pfeife die Zahl 63 wählen zu müssen, denn 63 entspricht genau 3/2 des Zahlenemblems der 6. Pfeife (42). Doch hat man darauf verzichtet, die Große Summe 360 und das charakteristische Verhältnis 216/144 noch deutlicher hervortreten zu lassen, denn obwohl man der 1. Pfeife die 81 zuwies, ordnete man der 5. die 64 zu. Ebenso wie die 81 genau 3/2 von 54 entspricht, entsprechen 64 genau 4/3 von 48 (4. Pfeife). Die Wahl ist auf 81 und 64 gefallen, weil auf diese Weise die den ersten Pfeifen zugeordneten fünf Zahlenembleme (81, 54, 72, 48, 64) – *vorausgesetzt, daß man ein jedes für sich betrachtete und ihre Verhältnisse zur 6. wie auch zur 12. Pfeife außer acht ließ* – absolut mit dem theoretischen Satz in Einklang waren.

Eine Untersuchung der Zahlenembleme, welche sich nach Ansicht der Chinesen – *weil ein nahezu konstanter Spielraum von einer Einheit angenommen wird* – zum Ausdruck der Grundlagen ihrer Harmonielehre eignen, führt zu drei Feststellungen:

1. Die Genauigkeit der arithmetischen Verhältnisse im Detail ist von untergeordneter Bedeutung; denn fast allen Zahlenemblemen entsprechen zwei Werte, von denen jeweils nur der eine in Erscheinung tritt, während der 2. nur impliziert wird; ebenso wie 81 und 63 als 80 und 64 aufgefaßt werden können, scheint auch 361 als gleichbedeutend mit 360 empfunden worden zu sein. All dies legt den Schluß nahe, daß [auf Grund impliziter

Wandlungen anderer Embleme und beispielsweise durch eine latente Gleichwertigkeit von 60 mit 63] auch die Zahl 357 die Bedeutung von 360 besaß. Vor allem wird deutlich, daß die Reihe der 12 Zahlen nicht mittels echter Rechenoperationen, sondern durch gezielte Emblemmanipulationen gewonnen wurde.

2. Die Summen 357 und 361, die jeweils das Ergebnis von Additionen der 6 ersten bzw. der 6 letzten Zahlen sind, liegen auf jeden Fall zu nahe bei 360, als daß ihr Zustandekommen auf einem Zufall beruhen könnte.

Dafür, daß man 2 Reihen von Emblemen nebeneinander bestehen ließ, die beide auf die Große Summe hinweisen, indem sie eine Einteilung in 5 Abschnitte (Verhältnis 3/2) und eine Einteilung in 7 Abschnitte (Verhältnis 3/4) andeuten, scheinen ähnliche Absichten wirksam gewesen zu sein wie damals, als man sich entschloß, ein Quadrat mit dem Mittelpunkt 5 sowie ein Quadrat mit dem Mittelpunkt 6 zu entwickeln. Dadurch wurden zwei Einteilungen der 360, und zwar eine in 5 Abschnitte mit dem Wert 72 und eine in 6 Abschnitte mit dem Wert 60 angegeben. Solche Absichten beweisen, daß die Lehre von den Zwölf Pfeifen auf die Meister des Kalenders zurückgeht.

3. Diese Theorie ist eine Konstruktion, die *sehr kunstvoll auf eine frühere Konstruktion, die jene der Tonleiter mit 5 Tönen gewesen sein muß, aufgesetzt ist.* Wie sehr den Meistern des Kalenders auch daran gelegen war, die Zahl 360 herauszustellen, sie haben sich doch entschlossen, den 5 ersten Pfeifen – also jenen, auf die man gewöhnlich die Fünf Töne bezieht – exakte Verhältnisse angebende Zahlenembleme zu belassen. Als sie dann in der Absicht, diese zu den Emblemen der 12 Monate zu machen, die Lehre von den Zwölf Pfeifen entwickelten, glaubten sie damit nur die Lehre von der Tonleiter zu ergänzen. Die 5 Töne dieser Tonleiter wurden auf einem Achsenkreuz angeordnet und stellten die Vier Jahreszeiten und den Mittelpunkt des Jahres dar. Als sie das an ein *Quadrat* erinnernde Bild des Achsenkreuzes durch das Bild eines Zwölfecks ergänzten, auf dessen Außenlinie die Embleme der Pfeifen und der Monate in *regelmäßiger Reihenfolge* auf einem *Kreis* ihren Platz fanden, suchten die Meister des Kalenders damit eine detailliertere und geschlossenere Vorstellung vom Kosmos zu vermitteln.

Die chinesische Tonleiter umfaßt 5 Töne, die die Bezeichnungen *kung*, *chih*, *shang*, *yü* und *chüeh* tragen.

Nach der Überlieferung hat König Wen, der Gründer der Chou-Dynastie, zwei neue Töne erfunden. Doch gelten nur die 5 ersten Töne als *reine* Töne und besitzen einen Namen. Die Benennungen des 6. und 7. Tones, *pien-kung* und *pien-chih*, deuten an, daß man zwischen ihnen und dem 1. und 2. Ton keinen großen Unterschied wahrnahm. Im übrigen spielten praktisch nur die 5 *reinen* Töne eine Rolle. Zu ihrer Bestimmung begnügte man sich mit dem Hinweis, daß sie den mit den 5 ersten Pfeifen hervorgebrachten Tönen entsprachen. Man bestimmte auch den 6. und 7. Ton durch einen Hinweis auf die Maße der 6. und 7. Pfeife. Die Harmonielehre der Chinesen geht von den Maßen der 5 *ersten Pfeifen* aus. Sind die Maße dieser Pfeifen bekannt, und sind damit zugleich ihre gegenseitigen Verhältnisse deutlich geworden, so ist rein technisch nichts mehr zur Tonleiter zu sagen. Bemüht man sich allerdings um das Verständnis der chinesischen Vorstellungen, ohne voreilig von einer Entlehnung von den Griechen zu sprechen, so müssen zwei Tatsachen berücksichtigt werden:

1. Wenn die Chinesen jedem der 5 Töne ein Zahlenemblem zuwiesen, welches anzeigte, daß er auf einer der ersten 5 Pfeifen erzeugt wurde, so ordneten sie ihm doch *gleichzeitig* ein weiteres Emblem (ebenfalls eine Zahl, und zwar eine ganze Zahl) zu. So gehören z. B. zum Ton *kung* als kleines und großes Emblem die Zahlen 5 und 81 (Maß der 1. Pfeife); zum Ton *chih* die Zahlen 7 und 54 (Maß der 2. Pfeife); zum Ton *shang* die Zahlen 9 und 72 (Maß der 3. Pfeife); zum Ton *yü* die Zahlen 6 und 48 und zum Ton *chüeh* die Zahlen 8 und 64.

Himmelsrichtungen	Mitte	Süden	Westen	Norden	Osten
Jahreszeiten	Mitte	Sommer	Herbst	Winter	Frühling
Töne	*kung*	*chih*	*shang*	*yü*	*chüeh*
Embleme der Pfeifen und Töne	81	54	72	48	64
Embleme der Jahreszeiten-Himmelsrichtungen und Töne	5	7	9	6	8
Ordnungszahlen der Wandlungsphasen	5	2	4	1	3
Kongruente Zahlenpaare	5–10	2–7	4–9	1–6	3–8
Wandlungsphasen	Erde	Feuer	Metall	Wasser	Holz

2. 5, 7, 9, 6 und 8 sind die Embleme des Mittelpunkts und der Vier Jahreszeiten-Himmelsrichtungen (wie auch der Fünf Wandlungsphasen); auch die Fünf Töne bilden – genau wie die Jahreszeiten, mit denen sie auf Grund ihrer Zahlensymbole verwandt sind – ganz offenbar einen Zyklus nach Art der 12 Pfeifen, die man mit den 12 Monaten in Verbindung bringt. – Man übergeht diese Daten gewöhnlich unter dem Vorwand, daß die chinesischen Korrespondenzen (vor allem wenn darin Zahlen eine Rolle spielen) *willkürliche* Spielereien aus späterer Zeit darstellen sollen, und vor allem weil man *keinerlei Beziehung* zwischen den Maßen der Pfeifen und den gewöhnlich den Tönen, Jahreszeiten und Wandlungsphasen als Embleme dienenden Zahlen feststellen kann.

Vielleicht tritt durch eine minder bequeme Betrachtungsweise eine Beziehung zwischen dem großen und dem kleinen Emblem, die beide durch ganze Zahlen ausgedrückt werden und durch die nach chinesischer Auffassung ein Ton bestimmt wird, zutage. Reihen wir also die großen Embleme unter Berücksichtigung ihrer Entsprechungen ihrer Größe nach auf. Mit Ausnahme der 5 (aber kann die 5 nicht die 10, das *2. Glied des gleichen kongruenten Paars*, vertreten?) erscheinen die kleinen Embleme dabei ebenfalls ihrer Größe nach geordnet. – Vielleicht wollte man nur, indem man jedem Ton ein kleines Emblem zuordnete, dadurch die relative Größe

81	72	64	54	48
5	9	8	7	6

der den Tönen entsprechenden Pfeifen angeben. Ordnen wir also die zwei Emblemreihen unter Berücksichtigung der Entstehungsreihenfolge der Pfeifen auf. Dabei stellen wir fest: Die 3 letzten kleinen Embleme sind 9, 6 und 8. Diese Zahlen genügen in der *Reihenfolge, in welcher sie hier auf-*

81	54	72	48	64
5	7	9	6	8

treten, zur Angabe der Rechenregel, die für den Aufbau der Tonleiter wie auch der Reihe der 12 Pfeifen (Verkürzung um 1/3, anschließend Verlängerung um 1/3) maßgebend ist.

Multipliziert man 9, 6 und 8 mit 9, so erhält man die Maße der 1., 2. und 3. Pfeife, multipliziert man sie mit 8, die Maße der 3., 4. und 5. Pfeife, mit 7 die der 5., 6. und 7. Pfeife. 72 (3. Pfeife), das ein Vielfaches von 9 und von 8 ist, stellt einen ausgezeichneten Übergang her; und die Maße der 5 ersten Pfeifen entsprechen offenbar ganz genau den Idealmaßen – und es gibt ja auch 5 *reine* Töne. – 64, ein Vielfaches von 8, ist kein Vielfaches von 9. Man muß diese Zahl also mit 63 gleichsetzen (dem Produkt aus 9 × 7), um in die Reihe der Vielfachen von 7 zu kommen. – So gelingt es, die 5 *reinen* Töne noch durch zwei weitere Töne zu ergänzen. – Von 56–57 an erhält man die Zahlen, indem man 9, 6 und 8 nicht, wie zu Beginn,

1. Pfeife	80	8 × 10		
	81	9 × 9		9
2. Pfeife	54	6 × 9	Produkte der 9 mit	6
3. Pfeife	72	8 × 9		8
	72	9 × 8		9
4. Pfeife	48	6 × 8	Produkte der 8 mit	6
5. Pfeife	64	8 × 8		8
	63	9 × 7		9
6. Pfeife	42	6 × 7	Produkte der 7 mit	6
7. Pfeife	56	8 × 7		8
	57	6 × 9,5	Produkte der 9,5 mit	6
8. Pfeife	76	8 × 9,5		8
	76,5	9 × 8,5		9
9. Pfeife	51	6 × 8,5	Produkte der 8,5 mit	6
10. Pfeife	68	8 × 8,5		8
	67,5	9 × 7,5		9
11. Pfeife	45	6 × 7,5	Produkte der 7,5 mit	6
12. Pfeife	60	8 × 7,5		8
	60	6 × 10	Produkte der 10 mit	6
1. Pfeife	80	8 × 10		8

mit den ganzen Zahlen 9, 8 und 7 sondern mit diesen gleichen Zahlen, die um 0,5 vermehrt wurden (9,5, 8,5, 7,5) multipliziert. Die 7. Pfeife, die durch Erzeugung von oben (56) entstanden ist, erzeugt ihrerseits (57 = 6 × 9, 5) durch *Erzeugung von oben* die 8. Pfeife (76 = 8 × 9, 5). Dies alles erweckt den Anschein, daß man zwei jeweils 5 Töne umfassende Tonleitern (81, 54, 72, 48, 64 und 76, 51, 68, 45, 60) zusammengefügt hatte; denn nachdem der Anschluß der 2. Tonleiter an die 1. durch die Gleichsetzung von 80 [die unter der Voraussetzung einer abermaligen *Erzeugung von oben* die 60 hervorbringen kann (12. Pfeife), nachdem sie selbst aus der 45 durch Erzeugung von oben hervorgegangen ist] mit 81 (1. Pfeife) hergestellt war, wurde der Übergang von der 1. Tonleiter zur 2. *durch die Einfügung* der 6. und 7. Pfeife – *die den zwei Ergänzungstönen entsprechen* – gewährleistet.

Diese Hinweise zeigen, welche Rolle die Zahlen 9, 6, 8 spielen, die, wie wir sahen, die Embleme des 3., 4. und 5. Tons sind. Sie beweisen einerseits, daß die Lehre von den Zwölf Pfeifen mit der dem König Wen der Chou-Dynastie zugeschriebenen Erfindung der zwei ergänzenden Töne zusammenhängt, *von welchen der eine* (6. Pfeife) *als Emblem die Zahl 42* hat, ferner, daß eine Aneinanderstellung der beiden Tonleitern nur denkbar war, *wenn* die 1. Pfeife sowohl *durch den Wert 80 als auch durch den Wert 81 vertreten werden konnte.*

An dieser Stelle wird die Feststellung wichtig, daß die auf die Jahreszeiten bezogenen 5 Töne der Tonleiter einen Zyklus bilden.

Wie bei den 12 Pfeifen läßt sich auch dieser Zyklus in einer Figur veranschaulichen, welche zugleich die Reihenfolge der Entstehung der Töne sichtbar macht. Ordnen wir die Embleme dieser Töne (81, 72, 64, 54, 48) bei Einhaltung gleicher Intervalle auf einem Kreis an, indem wir mit 81 beginnen und die übrigen Zahlen *ihrer Größe nach* nach links auftragen. Wenn wir nun zur Darstellung der *Reihenfolge ihrer Hervorbringung* die Zahlen 81 und 54, 54 und 72, 72 und 48 sowie 48 und 64 durch Gerade

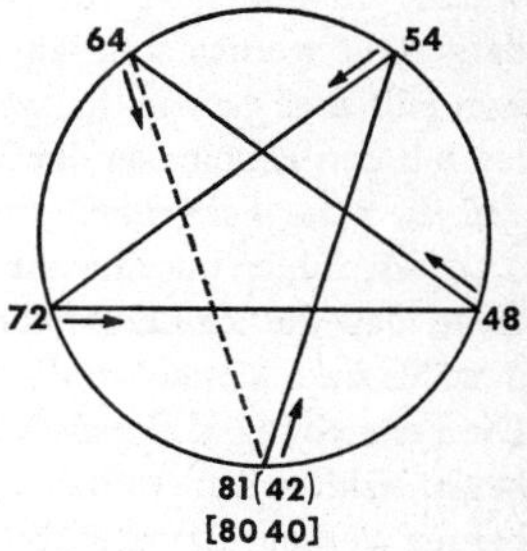

verbinden, so erhalten wir einen fünfstrahligen Stern, dessen Zeichnung aber erst durch die Verbindung von 64 mit 81 vollständig wird, mit anderen Worten: wenn wir von der 5. Pfeife zur 1. zurückkehren. Verringert man die 64, nachdem man sie mit 63 gleichgesetzt hat, um 1/3, so erhält man 42. Wäre 42 die Hälfte von 81, dann ließen sich die von den beiden Pfeifen erzeugten Töne – die eine Oktave auseinanderliegen – miteinander vergleichen, weshalb man das Recht hätte, die Figur zu schließen. *Da aber die 5 Töne tatsächlich einen Zyklus bilden, und weil die Figur geschlossen werden muß*, muß man zugeben, [entweder, daß man empfand, dem Zahlenemblem der 1. Pfeife müsse als einer Verdoppelung von 42 der Wert 84[120] zukommen, oder] daß 80 diese 1. Pfeife *vertrat* und man annahm, von der 64–63 aus werde durch Erzeugung von unten ein Wert erreicht, *für den 40 als Emblem gelten durfte*[121].

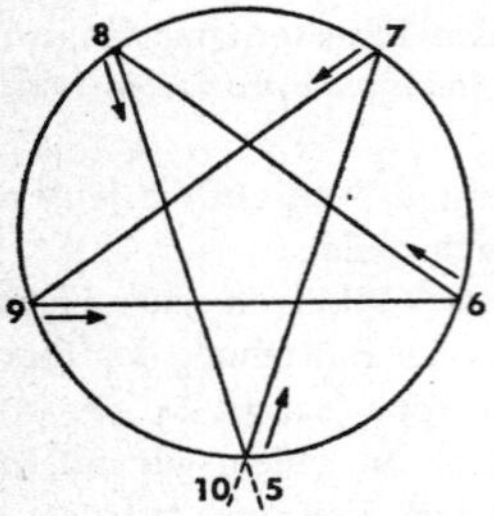

Ein mit den Zahlenemblemen 81, 72, 64, 54, 48 (die zur Darstellung der durch die Zahlenfolge 9, 6, 8 gekennzeichneten Regel gewählt worden waren) zu bildender fünfstrahliger Stern, mit dem ein Zyklus bildlich dargestellt werden soll, läßt sich schwer vorstellen; eine solche Konstruktion fällt aber ganz leicht, wenn die auf der Kreislinie anzuordnenden Zahlen mit den Emblemen der Töne indentisch sind – *lediglich vorausgesetzt, daß die 5 das kongruente Paar 5–10 vertritt.*

Wir fühlen uns nun zur Formulierung einer Hypothese veranlaßt, und zwar, daß die *Zahlenembleme der Töne*, die alles andere als willkürlich gewählt sind, *allmählich die Bedeutung wirklicher Maße gewonnen haben.* Die Feststellung, daß zwischen 10 und 5, der Hälfte von 10, *fünf Intervalle liegen*, erklärt den Aufbau einer *aus 5 Tönen bestehenden Tonleiter* – wobei die Verhältnisse der Töne durch die Zahlen 7, 9, 6, 8 sowie durch das Paar 10–5, durch welches *auf die Oktav hingewiesen wurde*, dargestellt wurden.

Für die Chinesen, die, wie wir sahen, mehr auf die Genauigkeit der Verhältnisse im ganzen als auf die der einzelnen Verhältnisse Wert legten, besaß die Reihe 10, 9, 8, 7, 6, 5 einen großen Vorzug. Sie erlaubte – denn $10 + 9 + 8 = 9 \times 3$ und $7 + 6 + 5 = 9 \times 2$, zwischen allen Yang-Tönen

[10 (1. Ton), 9 (3. Ton), 8 (5. Ton)] und allen Yin-Tönen [7 (2. Ton), 6 (4. Ton), 5 (1. Ton in der Oktav)] ein Verhältnis von 3/2 (das dem Verhältnis des Himmels zur Erde entspricht) ausdrücken, und dieses Verhältnis fand sich in charakteristischer Weise im Verhältnis (9/6) vom 2. Yang-Ton zum 2. Yin-Ton.

Doch besitzt die Reihe 10, 9, 8, 7, 6, 5 noch einen weiteren Vorzug, der in den Augen der Chinesen möglicherweise noch mehr bedeutete.

Die Summe dieser Zahlen ist 45; multipliziert man sie mit 8, so erhält man 360. Da 5 die Hälfte von 10 ist, konnte man natürlich das Bild eines Zyklus entwerfen, indem man die Zahlen 9, 8, 7, 6 und 10 (das für das Paar 10–5 stand) auf einem Fünfeck anordnete. Noch besser ließ sich dies erreichen, wenn man diese Zahlen durch 72 (= 9 × 8), 64 (= 8 × 8), 56 (= 7 × 8), 48 (= 6 × 8) und 80 (= 10 × 8), welches im Geist zum Halbwert 40 (= 5 × 8) in Beziehung gesetzt wird, ersetzte. So deutete man einerseits 360 an, das große Emblem des Zyklus, andererseits aber auch *mit Hilfe von fünf Zahlen, in welchen eine 6. impliziert war*, die charakteristische Einteilung von 360 in 5 Abschnitte sowie das eindrucksvolle Zahlenverhältnis 216 (= 80 + 72 + 64 – die Embleme der 3 Yang-Pfeifen) zu 144 [= 56 + 48 + 40 – die Embleme der 2 Yin-Pfeifen und jener Pfeife (mit der man eine Oktave höher wieder an die Stelle des 1. Yang-Tons zurückkehren kann)]. Die Reihe 80, 56, 72, 48, 64 unterscheidet sich nur durch ihren anderen Symbolwert von der Reihe 10, 7, 9, 8, 6 (und 5). Von der klassischen Reihe 81, 54, 72, 48, 64 weicht sie eigentlich nur in der Zahl 56 ab. Sie stellt das Modell für die letztgenannte Reihe dar, obzwar sie von der Formel 10, 7, 9, 8, 6 (5) abgeleitet ist – an deren Zahlenembleme die Bezeichnungen der Töne noch erinnern.

Wenn wir annehmen, daß die Zahlen der Reihe 10, 7, 9, 6, 8 (für welche die Reihe 80, 56, 72, 48, 64 nur eine andere Schreibweise ist) für die tatsächlichen Maße der Pfeifen als Embleme dienen konnten, so besagt unsere Hypothese in keiner Weise, daß dieser anscheinend unrichtigen Transposition in Zahlen eine gleichfalls unrichtige Praxis entsprochen habe.

Nehmen wir im Einklang mit der chinesischen Überlieferung an, daß die ersten Pfeifen Bambusrohre waren[121a]. Deren Maße ließen sich, wenn man die Knoten (= *chieh*, ein Wort, das auch »Maß« bedeutet) eines jeden dieser 5 Bambusrohre, welche die Töne der ursprünglichen Tonleiter erzeugten, zählte, mit einer kleinen ganzen Zahl angeben. Man sieht leicht ein, daß richtige Intervalle zu erzielen waren, obzwar man den Pfeifen ungenaue Verhältnisse bedingende Maße gab, wenn der Pfeifenmacher für die 1. Pfeife ein Bambusstück wählte, bei dem die Knoten etwas weiter auseinander, für die 2. Pfeife ein Stück, bei dem sie nicht so weit auseinanderlagen[122].

So kam es, daß am Anfang ein richtiges Verfahren auf einer ungenauen Theorie begründet wurde, der aber zumindest der eine Vorzug zukam: *sie gab den Begriff der Oktav wieder.*

Die Mängel der Theorie waren ohne Bedeutung – und mußten verborgen bleiben – solange man nach Knoten rechnete und den Pfeifenmachern einen gewissen Spielraum bei den *tatsächlichen* Maßen ließ. Um jedoch die Theorie *im symbolischen Bereich noch vollkommener zu gestalten* und aus der Absicht, bei der *Nennung der Zahl 360* [123] *mit dem Begriff der Oktav auch die Vorstellung eines Zyklus zu verbinden*, kamen die Chinesen dahin, die Reihe 10, 7, 9, 6, 8 (und 5) durch die Reihe 80, 56, 72, 48, 64 (40) zu ersetzen. Dies bedeutete, daß man für alle (in der Praxis ungleichen) Intervalle zwischen zwei Knoten *eine Achtteilung annahm* [124].

Indem die Chinesen dazu übergingen, statt nach Knoten nach Unterabschnitten zu zählen, liefen sie Gefahr, *konkrete Einheiten* durch ein *System abstrakter Einheiten* zu ersetzen. Sobald sie also ihre Pfeifen mit Hilfe eines Systems von untereinander gleichen Unterabschnitten maßen, mußte die theoretische Ungenauigkeit auch praktisch in Erscheinung treten. Hierin lag wohl der Anstoß zu jener Vervollkommnung, in deren Verlauf man als Zahlenembleme der ersten Pfeifen die Zahlen 81 und 54 an die Stelle von 80 und 56 setzte – während die Zahlen 72, 48 und 64 (die mit der Zahlenfolge 9, 6, 8 in vollem Einklang waren) unverändert blieben. Wir brauchen also nur noch den Zeitpunkt dieser Vervollkommnung zu bestimmen, wobei wir übrigens Gelegenheit haben werden, unsere Hypothese zu überprüfen. Diese Hypothese trägt zwar allen Daten Rechnung; doch durch die Annahme, daß die Reihe 81, 54, 72, 48, 64 später als die beiden (gleichwertigen) Reihen 10, 7, 9, 6, 8 und 80, 56, 72, 48, 64 entstanden sei, setzt sie bei den Tatsachen ein geschichtliches Nacheinander voraus.

Jede Hypothese dieser Art läßt sich unschwer in umgekehrter Richtung deuten. Unsere Annahme verläßt den Boden der Tatsachen nicht und zwingt zu dem an sich recht befriedigenden Schluß, daß die von den Chinesen aufgestellte Theorie der Pfeifen und der Tonleitern nicht unabhängig von der praktisch ausgeübten Musik betrachtet werden darf; ebenso steht sie in engem Zusammenhang mit dem Begriffssystem, das ihre Auffassungen über den Kosmos umschließt. Aber könnte man nicht behaupten, die Chinesen hätten zuerst – als Entlehnung – die mit abstrakten Ausdrücken oder (möglicherweise) durch die Zahlenfolge 9, 6, 8 dargestellte Rechenregel der – von den Griechen erfundenen – Tonleiter gekannt; sie drückten diese durch die Zahlenfolge 81, 54, 72, 48, 64 aus, die (tatsächlich) für sie den großen Vorzug besaß, daß sie annähernd 360 wie auch das Verhältnis 216/144 andeutete; sie bemerkten dann, daß diese Zahlenfolge sehr nahe bei der Reihe 80, 56, 72, 48, 64 lag, die ganz aus Vielfachen der Zahl 8 besteht; da ihnen die absolute Genauigkeit mathematischer Daten gleichgültig war, hätten sie aus dieser letzten Reihe die Formel 10, 7, 9, 6, 8 abgeleitet, wodurch sie den Tönen Zahlenembleme zuordnen konnten, die (wie man zugeben muß) nicht ganz willkürlich gewählt sind?

Interpretierte man die Tatsachen auf diese Weise, so würde manches für die damit aufgestellte historische Reihenfolge sprechen. – Das ist richtig. Richtig ist aber auch, daß man sich dabei Erleichterung verschaffte mit der Annahme, diese Theorie rühre von einer Entlehnung her; genau solche historischen Zusammenhänge sind es, die zu beweisen ein guter Philologe seine Freude hat. Indem er nämlich feststellt, daß eine Anleihe vorliegt, schiebt er anderen Fachleuten die Aufgabe zu, eine echte Erklärung für die Tatsachen zu finden. – Die Problematik der Herkunft interessiert uns hier nur am Rande. Es würde uns durchaus genügen, wenn man einräumte, daß die Theorie der Tonleiter sich in China unter dem Einfluß eines bestimmten Weltbilds entwickelt hat – stünde nicht eine wichtige Grundsatzfrage auf dem Spiel. Hält man nämlich den historischen Ablauf für möglich, den die hier vorgetragenen Hypothesen voraussetzten, so ist man dann in der Lage, die Einstellung der Chinesen gegenüber der Zahl von Grund auf zu verstehen. Wir haben die Schwierigkeit der Chinesen, sich die *Einheit* als einen arithmetischen Begriff vorzustellen, zur Kenntnis zu nehmen und eine Erklärung dafür zu finden.

Wir müssen also den Vorrang der Reihe 10, 7, 9, 6, 8 beweisen, und dies wird uns eben gelingen, indem wir zeigen, daß sich die Harmonielehre aus dem *Zusammenwirken mehrerer Rechensysteme entwickelt hat, in welchen die Einheit in verschiedener Weise zerlegt wurde*, und die dadurch daß sie das Vordringen eines *abstrakten* Begriffs der Einheit hemmten, einem *quantitativen Zahlbegriff* entgegenstanden.

Dabei haben wir zuerst nachzuweisen, daß unsere Auffassung vom Übergang aus der Reihe 10, 7, 9, 6, 8 in die Reihe 80, 56, 72, 48, 64 nicht lediglich ein theoretisches Gebilde ist.

Tatsache ist jedenfalls, daß die Beziehung, die zwischen den gemeinsamen Emblemen für die Töne, Jahreszeiten und Wandlungsphasen und den Maßen der 5 Pfeifen bestand, noch zur Zeit Szu-ma Ch'ien-s spürbar war.

Den Beweis hierfür liefert ein Satz, den der Historiker in den Schluß seines Kapitels über die Pfeifen eingeschoben hat. Dieser Satz besteht aus den Zeichen für die Fünf Töne, von denen ein jedes auf eine Zahl bezogen wird; diese Zahlen sind mit den im *Yüeh-ling* als Embleme der Töne angegebenen identisch, obgleich die übrigen Entsprechungen des *Yüeh-ling* nicht beachtet werden[125]. Deshalb bemerken die Kommentatoren, die sich nicht zur Korrektur eines altehrwürdigen Textes entschließen können, daß es für diese Zahlen *keine Erklärung* gebe. Diese »Erklärung« war für Chavannes ein hinreichender Grund, nicht weiter nach dem Sinn des von seinem Autor ausgesprochenen Satzes zu forschen. Er hatte allerdings auch die beiden an seinem Anfang stehenden Worte nicht verstanden. Er hatte sie (wörtlich) mit »Obere Novena«[126] übersetzt, was überhaupt keinen verständlichen Sinn ergibt. Wie wir sahen, weisen diese zwei Worte *»Obere Neun«* auf eine Tonleiter hin, und zwar auf jene, deren Grundton auf der letzten (*oberen*) Yang-Pfeife (*Neun*) erzeugt wird. Die dieser Tonleiter entsprechenden Pfeifenmaße sind 45 (11. Pfeife), 60 (12. Pfeife), 81 (1. Pfeife), 54 (2. Pfeife), 72 (3. Pfeife). *Alle* [mit Ausnahme von 60 – doch muß 60, der zur letzten Pfeife gehörende Wert, als mit 63 gleichwertig betrachtet werden, wenn man verlangt, daß die Summe der 6 letzten Zahlenembleme der Pfeifenreihe 360 ergibt] *sind Vielfache von 9*. Teilt man sie durch 9, so würde man erhalten: für 72 (3. Pfeife) die Zahl 8 (5. Ton); für 54 (2. Pfeife) die Zahl 6 (4. Ton); für 81 (1. Pfeife) die Zahl 9 (3. Ton); für 63 (an Stelle von 60, 12. Pfeife) die Zahl 7 (2. Ton) und für 45 (11. Pfeife) die Zahl 5 (1. Ton), d. h. *ganz genau* die im *Yüeh-ling* den Tönen zugeordneten emblematischen Werte.

Szu-ma Ch'ien hat diesen Satz niedergeschrieben, nachdem er bei einer Reform des Kalenders mitgewirkt hatte. Eine Folge dieser Reform war es gewesen, daß die 12 Pfeifen neue Zahlenembleme erhielten. Dabei bezog man sich auf die Annahme eines 9 Zoll hohen Gnomons bei einer gleichzeitigen *Unterteilung des Zolls in 9 Abschnitte*; daraus ergab sich für die 1. Pfeife, *deren Länge der des Gnomons entsprach*, ein mit 81 Zollabschnitten angegebenes Maß. Angesichts dieser Tatsache darf man ohne Zweifel die Reihenfolge der Entsprechungen, in welche ein *unerklärlicher* Abschreibfehler Unordnung gebracht hatte, richtigstellen. Es ist ausgeschlossen, den Satz Szu-ma Ch'ien-s zu mißdeuten, wenn man wie folgt übersetzt: »[In der Tonleiter, die] *mit* der (11. Pfeife, 45) *Oberen Neun* [beginnt, nimmt der Grundton] *kung* [den Wert] 5 (welche Zahl sein Emblem ist, denn 45/9 = 5) [an]; [nimmt der 2. Ton] *chih* [den Wert] 7 [an] (denn 60/9, oder richtiger 63/9 = 7); [nimmt der 3. Ton] *shang* [den Wert] 9 [an] (denn 81/9 = 9); [nimmt der 4. Ton] *yü* [den Wert] 6 [an] (denn 54/9 = 6); [nimmt der 5. Ton] *chüeh* [den Wert] 8 [an] (denn 72/9 = 8).« Dieser Passus bei Szu-ma Ch'ien, dessen ursprünglichen Sinn man mit Sicherheit wiederherstellen kann, ist von sehr großer Bedeutung. Durch ihn wird erstens – wie wir dies annahmen – bewiesen, daß die den Tönen zugeordneten Zahlenembleme keineswegs als willkürliche Bezeichnungen empfunden wurden; denn man kam auf den Gedanken, sie so zu den Zahlen, welche die Länge der einer bestimmten Tonleiter entsprechenden Pfeifen festlegten, in Beziehung zu setzen. Er führt überdies zu einer grundsätzlichen Feststellung: Wenn das zwischen den Emblemen der Töne und den Pfeifenmaßen bestehende Verhältnis zur Han-Zeit empfunden wurde, dann konnte der Historiker jener Zeit dieses nur angeben, wenn er sich *nicht auf die 1. Tonleiter*, sondern auf die 11. bezog. Damit ist das hohe Alter der Lehre von den 12 Tonleitern erwiesen und die Formulierung eines weiteren Schlusses möglich. Sobald man sich nämlich auf die 11. Tonleiter bezieht, ist es nicht mehr möglich, die Zahl 10 als Emblem des 1. Tons zu nehmen; man erhält die 5. Nun wird *auch im Yüeh-ling* dem 1. Ton das Emblem 5 zugeschrieben. Man muß also annehmen, daß zur Zeit, als das *Yüeh-ling* abgefaßt wurde (spätestens im 3. Jahrhundert v. Chr.) die Theorie der 12 Tonleitern schon bestand. Diese Tatsache führt nun zu noch weiter reichenden Schlüssen.

Indem man an der Spitze der Reihe der 5 Embleme die 10 durch die 5 ersetzte, kam es nicht zu einer Fehlbewertung ihrer Bedeutung. Wohl aber wurde dadurch der wichtigste Vorzug dieser Zahlenfolge, nämlich der Hinweis auf die Oktav, überdeckt. Warum also hatte man sich trotz dieser Vorteile von der Formel 10, 7, 9, 6, 8 (5) abgewandt? Offenbar deshalb, weil sie *in dieser Form* mit überhaupt keiner Tonleiter verglichen werden konnte – während hingegen (dank der Gleichsetzung der 60 mit der 63) die 11. Tonleiter einen Ausweg darstellte, so daß die Bedeutung der Tonembleme durch eine nicht mehr mit 10, sondern mit 5 beginnende Formel dargestellt werden konnte. Man muß also folgern, daß, sobald die 5 als Emblem des Grundtons in Erscheinung trat, die Reihe, welche mit den Zahlenemblemen der den 5 ersten Pfeifen (der 1. Tonleiter) verliehenen Maßen gebildet wurde, nicht mehr mit der herkömmlichen, den Wert der Töne angebenden Zahlenfolge verglichen werden konnte.

Genau ein solcher Fall muß dann eintreten, wenn man die Pfeifenmaße im Einklang mit einem Beschluß festlegte, nach welchem die Einheit *zwangsläufig* in 9 Abschnitte gegliedert wurde.

Szu-ma Ch'ien hat sich [ebensowenig wie vor ihm die Theoretiker, auf deren Ausführungen das *Yüeh-ling* beruht] von der Schwierigkeit, die 7 zu erhalten, indem man die 60 durch 9 dividierte, stören lassen. Er hätte sehr wohl, indem er von der klassischen Formel (81, 54, 72, 48, 64) der der *1. Tonleiter* entsprechenden Pfeifen ausging, *ohne besondere Mühe* die 7 aus der 54 ableiten können, *wenn er diese Zahl durch 8 dividiert hätte*, und er hätte mit ebenso großer Genauigkeit und *mit dem gleichen Divisor*, immer noch von der klassischen Formel ausgehend, die Reihe 10 (= 81/8),

7 (= 54/8), 9 (= 72/8), 6 (= 48/8), 8 (= 64/8) erhalten. Ebenso hätte es geschehen müssen, wenn – wie man uns entgegenhalten könnte, ich sagte es ja – dies die (*ursprüngliche*) *Rechen*formel gewesen wäre, in welcher die (*wirklichen*) Maße der Pfeifen (81, 54, 72, 48, 64) niedergelegt waren, die man (*spielerisch oder unter Benützung eines möglicherweise willkürlich gewählten Divisors*) aus der (*nur emblematischen, aber nicht ursprünglichen*) Formel der Tonleiter abgeleitet hatte. Aber wie man sieht, ist Szuma Ch'ien nicht so vorgegangen. *Das bedeutet also, daß ihm der Divisor 9 vorgeschrieben war.*

Wir dürfen also schließen, daß die Formel der Töne nicht *im Spiel oder durch eine Teilung* aus der Formel der Pfeifen abgeleitet worden ist. Im Gegenteil, die verschiedenen Formeln für die Pfeifenlängen wurden *durch Multiplikation* (*und anfänglich ohne jedes Spiel*) aus der Formel der Töne hergeleitet, wobei ein System von Konventionen den Multiplikator vorschrieb, und die Zahl 8 der erste so vorgeschriebene Multiplikator war.

Der Kunstgriff, der in der Wahl der elften, eigentlich nur theoretische Bedeutung besitzenden, praktisch nebensächlichen Tonleiter zur Bezugstonleiter für das Auffinden der emblematischen Formel der Töne bestand, war notwendig geworden, weil man sich schon *vor Anwendung* dieses Kunstgriffs zum Gebrauch der Kennzahl 9 entschlossen hatte. Die klassische Reihe (81, 54, 72, 48, 64) ist also nicht die ursprüngliche Reihe gewesen. – Damit hat der in unserer Hypothese angenommene Tatbestand seine Bestätigung gefunden.

Wenden wir uns also dieser Hypothese wieder zu. Die ihrer symbolischen Qualitäten wegen vorgezogene Formel 80, 56, 72, 48, 64 wurde zu Zeiten und in Kreisen, in denen man die Kennzahl 8 für die Gliederung der Einheit gebrauchte, auf Grund der ursprünglichen, in der Zahlenfolge 10, 7, 6, 9, 8 (5) dargestellten Regel entwickelt.

Zu anderen Zeiten und in anderen Kreisen war an Stelle dieser Kennzahl die Kennzahl 9 gebraucht worden – die zur Han-Zeit wieder in Ehren kam[127].

Teilt man jedes zwischen zwei Bambusknoten liegende Intervall in 9 Abschnitte, so ist es zwar immer noch möglich, die Oktav anzugeben, doch bekommen dann die Pfeifenmaße als Symbole die Zahlen 90, 63, 81, 54, 72 (45), deren Summenwert größer als 360 ist. Um auf die 360 hinzuweisen, wie dies notwendig ist, muß man 45, die *Hälfte* von 90, ausscheiden. In der so zusammengestrichenen Aufzählung erscheinen 81, 72 und 63 mit einem Gesamtwert von 216 – was auch der Summe von 80 + 72 + 64 entspricht; die Zahlen 81, 72 und 63 verdienen also ebenso wie die Zahlen

80, 72 und 64, von denen sie sich nur geringfügig unterscheiden, als Maße der drei Yang-Pfeifen (1., 3. und 5. Pfeife) genommen zu werden. Damit bleiben für die Yin-Pfeifen 90 und 54 übrig, die zusammen 144 ergeben. Doch ist 90 zu stark für eine Yin-Pfeife (welche den 2/3 einer Yang-Pfeife entsprechen muß), nachdem die stärkste der Yang-Pfeifen den Wert 81 hat; demgegenüber ist 54 (die den 2/3 von 81 entspricht) als Maß der 1. Yin-Pfeife geeignet. Ferner ist es zur Angabe der Oktave notwendig, daß man über 6 Bezeichnungen für die Pfeifenlängen verfügt. Darum braucht man die 90 nur noch in zwei ungleiche Teile zu zerlegen. In der aufzustellenden Formel eignet sich 72 als *Emblem* der 2. Yang-Pfeife besonders gut, weil diese Zahl bereits in der vorhergehenden Formel, in der die 2. Yin-Pfeife (48) genau 2/3 von 72 entspricht, diese Bedeutung hatte. Man wird also in der neugebildeten Formel 48 zum Emblem der 2. Yin-Pfeife machen, wobei dann für die 3. Yin-Pfeife das Emblem 42 (= 90 – 48) übrigbleibt, – die im Abstand einer Oktav den von der 1. Pfeife (81) erzeugten Ton *kung* hervorbringt.

Nun unterscheidet sich aber 42 einerseits zu stark von 81/2, als daß eine Pfeife dieser Länge nicht doch einen neuen Ton (den 6.) erzeugen müßte, andererseits entspricht 42 2/3 von 63, wie 54 2/3 von 81 und 48 2/3 von 72 sind. Dies erklärt, weshalb man sich entschloß, diese Zahl zum Emblem einer *unabhängigen*, nämlich der *sechsten* Pfeife zu machen.

Da aber gleichzeitig 81, 54 und 72 als Embleme der 1., 2. und 3. Pfeifen und 72, 48 und 63 als die der 3., 4. und 5. Pfeifen betrachtet wurden, konnte man leicht feststellen, daß sich die Zahlenfolge 9, 6, 8 in beiden Reihen wiederfand, *vorausgesetzt, daß man, wie zur Zeit, als die Kennzahl 8 vorgeschrieben war, 64 schrieb. Schrieb man jedoch 63*, wie dies nun durch die Kennzahl 9 geboten war, dann stellte das Zahlenemblem der 5. Pfeife genau wie 42 (dessen 9/6 es entsprach) ein Vielfaches von 7 dar. Folglich brauchte man die 7 nur mit der 8 zu multiplizieren, um die das Emblem der *siebenten* Pfeife bildende Zahl (56) zu erhalten.

Der Ersatz der Kennzahl 8 durch die Kennzahl 9 hat zu folgendem geführt:

1. daß man auf die Zahlenfolge 9, 6, 8 aufmerksam wurde. So konnte man die Rechenregel formulieren, nach der die chinesische Tonleiter auf einer Quintenprogression beruht, und womit folglich auch die Entwicklung der Lehre von den Zwölf Pfeifen möglich wurde;

2. da die 6. Pfeife zum Grundton keine Oktav mehr gab, erfand man zwei neue Töne; diese wurden von Pfeifen erzeugt, die so bemessen waren, daß eine Verbindung hergestellt wurde zwischen den 5 Urpfeifen und 5 anderen Pfeifen (75, 51, 68, 45, 60), die eine weitere Tonleiter von 5 Tönen

lieferten. Diese knüpfte unmittelbar an die erste an, nachdem die 12. Pfeife (60) (ungefähr) 2/3 der 1. (81) entspricht. Dem 1. der beiden neueingeführten Töne gab man die Bezeichnung *pien-kung*, wodurch bezeugt wird, daß man die Oktav noch empfand, und dem zweiten den Namen *pien-chih*; dieser Ton wurde von einer Pfeife mit dem Zahlenemblem 56, *dem früheren Emblem der* (2.) *Pfeife*, die zur Zeit, als die Zahlenembleme der Urpfeifen durch die aus Vielfachen von 8 gebildete Formel (80, 56, ...) zum Ausdruck kamen, den Ton *chih* hervorbrachte.

Wir können nun den Inhalt unserer Hypothese zusammenfassen. Der erste zahlenmäßige Ausdruck der chinesischen Tonleiter ist mit der Formel 10, 7, 9, 6, 8 (5) gegeben. Diese Formel, deren einzelne Glieder sich bei genauer Berechnung zwar als ungenau erwiesen, was jedoch in der Praxis nicht störte, liegt einer einwandfreien Theorie zugrunde.

Die Theorie wurde im Verlauf einer sich in zwei Stufen vollziehenden Entwicklung berichtigt. Die Pfeifenlängen, die man ganz konkret durch *Zählung der Knoten* bestimmte, waren durch Zahlensymbole festgelegt, die man aus der ersten Formel ableitete. – Diese Symbole unterlagen ebenso Schwankungen, wie *das durch Konvention festgelegte System*, nach dem man die Einheit zerlegte.

Obgleich die den Pfeifen zugeordneten Zahlenembleme von den den Tönen zugeordneten verschieden waren, stellten sie doch ursprünglich einfache Produkte der Tonembleme dar. Als die Chinesen die Kennzahl 8 als Multiplikator benützten, gaben sie den Pfeifen durch die Zahlen 80, 56, 72, 48, 64 (40) angegebene Maße. Diese Zahlen hatten den Vorzug, neben der Summe 360 auch das Bild eines auf dem Prinzip der *Oktav* beruhenden *Zyklus* anzudeuten. Von da ab wurden die Maße der Pfeifen nicht mehr durch eine Zahl angegeben, die bestimmte konkrete Abschnitte bezeichnete – wie dies bei den Bambusknoten der Fall war –, sondern durch eine bestimmte Berechnung abstrakter Unterabschnitte. Dies mußte sowohl technische als auch praktische Folgen haben. In der Praxis war es kaum zu vermeiden, daß man Unterabteilungen, durch deren Zahl man die Länge der Pfeifen angab, als untereinander gleich auffaßte; erst seit der Zeit, als die Instrumente, die man unter Berücksichtigung der jeder Pfeife zugeordneten Zahlen hergestellt hatte, keine genauen Töne mehr hervorbrachten, konnten die Chinesen bei musikalischen Aufführungen die Unstimmigkeit der ursprünglichen Formel wahrnehmen. Indem sie für die Gliederung der Einheit nicht mehr 8, sondern 9 Abschnitte annahmen, entschlossen sie sich zu einer glücklichen Korrektur. Nach dieser Richtigstellung konnten sie an eine praktische Vervollkommnung denken und führten zwei neue Töne ein; beim Aufbau einer Reihe von 12 Pfeifen, die es ihnen abermals gestattete, ihre Vorstellungen vom Kosmos konkret darzustellen, war ihnen vor allem an der Weiterentwicklung der Theorie gelegen.

Diese Hypothese berücksichtigt alle Gegebenheiten und scheint im Einklang mit ihrer historischen Abfolge zu sein.

Sie ist auch im Einklang mit der chinesischen Überlieferung. – Unter der Yin-Dynastie, so heißt es, gliederte man die Einheiten in 8 Abschnitte. Unter der Chou-Dynastie ging man zur Gliederung nach der 9[128] über. Ferner heißt es, und dies ist ein bemerkenswertes Zusammentreffen, daß die Erfindung der Ergänzungstöne auf den König Wen, den Gründer der Chou-Dynastie zurückgehe.

Die chinesische Überlieferung ist von großem Wert, weist sie uns doch auf *zumeist* keineswegs willkürliche Zusammenhänge der Gegebenheiten hin. Im vorliegenden Fall deuten alle Angaben darauf hin, daß die Erfindung der beiden Ergänzungstöne eine Folge des Ersatzes der Kennzahl 8 durch die Kennzahl 9 ist. – Die Kenntnis der historischen Abfolge der Ereignisse berechtigt aber noch keineswegs dazu, diese Tatsachen auf bestimmte Daten zu beziehen. Zwar gibt die chinesische Überlieferung von den Zusammenhängen getreue Kunde, dies allerdings durch Mythen oder Legenden, die zu historischen Berichten umgedeutet wurden. – Wenn wir eine andere Überlieferung aufgreifen, so tun wir dies nicht in der Absicht, dem König Wen (oder seinen Zeitgenossen) eine Rolle bei der Entwicklung der Harmonielehre zuzuweisen. Die Chinesen behaupten ja, wie wir sahen, daß ein Abkomme der letzten Yin-Herrscher dem Sohn des Begründers der Chou-Dynastie den authentischen Text des *Hung-fan* vorgetragen habe. Wenn wir auf diese Einzelheiten hinweisen, so bedeutet dies, daß wir uns noch einmal mit dem *Hung-fan*, und zwar mit dessen erstem Abschnitt, befassen müssen. Denn wir dürfen eine wesentliche Angabe nicht vernachlässigen: die Fünf Töne der Tonleiter werden zu den Fünf Wandlungsphasen (»Elementen«) in Beziehung gebracht.

Ich darf daran erinnern, daß im 1. Abschnitt des *Hung-fan* die Wandlungsphasen in einer ganz bestimmten Reihenfolge aufgezählt werden. Einer jeden wird eine Nummer zugewiesen, die, wie ich zeigen konnte, keine einfache Ordnungszahl darstellt. Vielmehr weisen die im *Hung-fan* angegebenen Zahlen auf ein Nacheinander der Bestimmungen hin, wodurch bei der Abgrenzung eines heiligen Bezirks jede Wandlungsphase zu einem Ort im Raum-Zeit-Gefüge in Beziehung gesetzt werden kann. Diese Zahlen bilden jeweils die ersten Ausdrücke in einem kongruenten Paar, von welchem der zweite Ausdruck im *Yüeh-ling* als Emblem der Jahreszeiten-Himmelsrichtungen gebraucht wird. Als das im *Hung-fan* an 1. Stelle Genannte und der Tiefe, die dem Norden, (dem Ort 1) entspricht, gehört das Wasser (Wandlungsphase [»Element«; Übers.] 1), wie dies alle mythischen Angaben in China bestätigen, zum Norden (Tiefe) und zum Win-

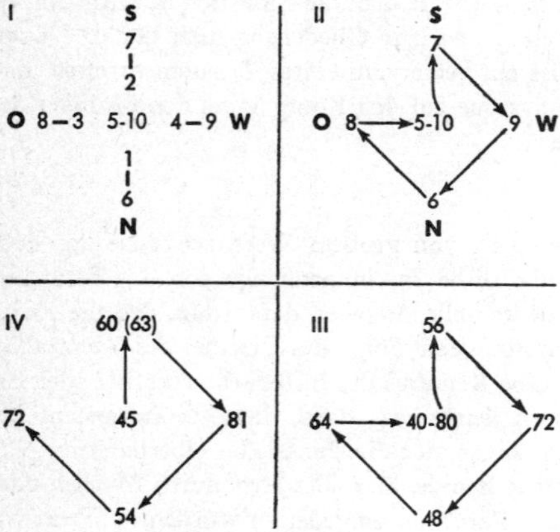

I: Anordnung der Wandlungsphasen auf dem Achsenkreuz *(Ho-t'u)*
II: Richtungsbezogene Anordnung der Embleme der Töne.
III: Maßzahlen der (in gleicher Weise wie die entsprechenden Töne richtungsbezogenen) Pfeifen der 1. Tonleiter (wobei die Maßzahlen sich dadurch ergeben, daß man die Zahlenembleme der Töne *mit 8 multipliziert*).
IV: Maßzahlen der Pfeifen (bei gleicher Anordnung) der 11. Tonleiter, von welchen Szu-ma Ch'ien *durch eine Teilung durch 9* eine Beziehung zu den Zahlenemblemen der Töne herstellt.

ter, denen im *Yüeh-ling* als Ordnungszahl die Zahl 6 (= 1 + 5) zugewiesen wird; ebenso verhält es sich mit dem Feuer (Wandlungsphase 2, Ort: Süden-Sommer mit der Ordnungszahl 7 [= 2 + 5]), mit dem Holz (Wandlungsphase 3, Ort: Osten–Frühling mit der Ordnungszahl 8 [= 3 + 5]), mit dem Metall (Wandlungsphase 4, Ort: Westen–Herbst mit der Ordnungszahl 9 [= 4 + 5]) und bei der Erde (Wandlungsphase 5, Ort:

Mitte mit der Ordnungszahl 5) – *denn für den Mittelpunkt [Erde] gibt man im* Yüeh-ling *als Ordnungszahl die 5 und nicht die 10 an, ebenso wie es als Wert des 1. Tons die Zahl 5 und nicht die Zahl 10 nennt.* Hingegen weist man den Ton *yü* (6) dem Norden–Winter [6, Wasser, Wandlungsphase 1], den Ton *chih* (7) dem Süden–Sommer [7, Feuer, W. Ph. 2], den Ton *chüeh* (8) dem Osten–Frühling [8, Holz, W. Ph. 3], den Ton *shang* (9) dem Westen–Herbst [9, Metall, W. Ph. 4] zu. Da ist den Gelehrten nicht zu helfen, die so sehr auf das, was sie Methoden der Philologie nennen, eingeschworen sind, daß sie in diesen das privilegierte Werkzeug der archäologischen Forschung erblicken, mit deren Hilfe sie allein nicht nur die Abfolge der Tatsachen, sondern auch noch das Datum der Ereignisse (durch Datierung der Texte) entdecken möchten; es ist ihnen nicht zu helfen, [wenn sie, nachdem sie behauptet haben, daß die Chinesen ihre Tonleiter in endgültiger und mathematischer Form [129] von den Griechen übernommen hätten, oder daß jede Interpretation des *Hung-fan*, welche die Bedeutung der Zahlen in ihrer ursprünglichen Form, wie sie in der Lehre von den Wandlungsphasen eine Rolle spielt, unterstreicht, einen Anachronismus darstelle [130], oder endlich, daß man sich die Wandlungsphasen anfänglich als sich gegenseitig überwindend und nicht als sich gegenseitig hervorbringend vorstellte [131]], wenn sich ihnen folgendes Problem stellt:

Nehmen wir an a., daß die Abfolge der Wandlungsphasen nicht absolut willkürlich ist [– es besteht ja ein innerer Zusammenhang zwischen den chinesischen Metaphern, in welchen es heißt: Das Wasser erzeugt das Holz (indem es dessen Saft spendet); das Holz erzeugt das Feuer (das es nährt); das Feuer erzeugt das Metall (das es aus dem Erz befreit); das Metall erzeugt das Wasser (da es sich verflüssigen kann)];

b., daß die Reihenfolge der Wandlungsphasen keineswegs als willkürliche erscheinen kann, sobald man sie zu den Jahreszeiten in Beziehung gesetzt hat [– denn diese folgen in einer festgefügten Ordnung aufeinander];

c., daß die Reihenfolge der Töne in jeder Weise determiniert ist [– und zwar durch die Länge der Pfeifen, welche diese Töne hervorbringen. Räumt man ein, daß diese Pfeifen als Zahlenembleme die Zahlen 10, 7, 9, 6, 8, (5) besitzen, so muß man unbedingt folgern, daß der von der 2. Pfeife erzeugte Ton *chih* an 2. Stelle nach dem von der 1. Pfeife erzeugten Ton *kung* eingeordnet werden muß, weil (wie die Chinesen sich ausdrücken) die 2. Pfeife durch die 1. *erzeugt* wird und man daher ebensogut sagen könnte – *solange kein Unterschied zwischen den Zahlenemblemen der Pfeifen und den Zahlenemblemen der Töne besteht* – daß der 1. Ton den 2. *erzeugt*; das gleiche läßt sich vom 3., 4. und 5. Ton behaupten;

auch ist daran zu erinnern, daß man nach dem 5. zum 1. Ton (10) zurückkehrt, der zugleich den 6. (5) darstellt].

Wie soll man die Entsprechungen zwischen Wandlungsphasen, Tönen und Jahreszeiten erklären, sowie die Tatsache, daß sie allesamt den durch die kongruenten Paare 1–6, 2–7, 3–8, 4–9 und 5–10 bezeichneten Zahlenemblemen entsprechen?

Wie kann man dies erklären, wenn man von vornherein behauptet: Die *Numerierung* der Wandlungsphasen im *Hung-fan* sei bedeutungslos? Daß die von den Chinesen postulierten Entsprechungen nichts als willkürliche Spielereien darstellen? – Und daß auch die Zahlenembleme der Töne willkürlich festgelegt wurden? (Die letzte Annahme wird durch die Hypothese gefordert, daß die Chinesen ihre Tonleiter zuerst in der rechnerisch vollkommeneren Form der griechischen Tonleiter empfangen hätten.)

Nachdem einer der fünf Töne (wenn man diese richtungbezogen anordnet), dem Mittelpunkt zugeteilt werden muß, denn es gibt Fünf Wandlungsphasen und Fünf Orte im Raum-Zeit-Gefüge, könnte diesem Ort auch der 1. Ton, die 10 (5) ohne Schwierigkeiten zugeordnet werden, und es ist klar, daß man für den 2. willkürlich einen Platz auf dem Achsenkreuz wählen könnte. *Doch sobald dieser 2. Ton dem Süden und dem Sommer, der den Herbst erzeugt, zugewiesen wurde, konnte der 3. Ton, den eine als Produkt der 2. Pfeife betrachtete Pfeife erzeugte, nur noch dem Herbst und dem Westen zugeteilt werden.* Aus den gleichen Gründen mußten der 4. und der 5. Ton nach der Reihe zwangsläufig dem Norden–Winter bzw. dem Osten–Frühling zukommen.

Eine solche Gleichsetzung von Tönen, Jahreszeiten–Himmelsrichtungen und Wandlungsphasen findet nur dann eine Erklärung, wenn man den zeitlichen Vorrang der Tonfolge 10, 7, 9, 6, 8, (5) einräumt. Auf der Grundlage dieser Formel wurden den Jahreszeiten die Zahlenembleme zugeteilt, welche als Ordnungszahlen für die Orte im Raum-Zeit-Gefüge dienen; auf dieser Formel beruht auch, – *neben der Lehre von der gegenseitigen Erzeugung der Wandlungsphasen* – die Reihenfolge der Wandlungsphasen, die für den Grundriß des geweihten Bezirks maßgebend ist, sowie ihre Anordnung auf dem Achsenkreuz und die ihnen im *Hung-fan* zugeschriebene Numerierung[132].

Wenn sich auf die gestellten Fragen keine andere befriedigende Antwort anbietet, muß man uns darin beipflichten, daß die Zahlenfolge 10, 7, 9, 6, 8, (5) – die am Anfang der chinesischen Harmonielehre steht – auch der chinesischen »Theorie« von den Wandlungsphasen, wie diese im *Hung-fan* angedeutet wird, zugrunde liegt und daß sie folglich älter als der *Hung-fan* ist. – Allerdings ist es einem immer noch freigestellt, anzunehmen, daß der *Hung-fan* ein Werk aus späterer Zeit oder daß der Text des 1. Abschnitts interpoliert oder gefälscht worden sei.

Was aber fängt man mit dem *Yüeh-ling* an, das so zahlreiche archaische – und durchaus sinnvolle – Daten enthält? Aber das ist ja im Grunde unwichtig. Denn wir legen gar keinen Wert darauf, nach dem König Wen, dem Erfinder der beiden ergänzenden Töne, oder nach dessen Sohn, dem König Wu, dem Überarbeiter des *Hung-fan*, irgendeine Weiterentwicklung der Harmonielehre zu datieren. Wir bestehen nicht einmal auf der Feststellung, daß die Zahlenfolge 10, 7, 9, 6, 8 (5) bereits vor dem 5. bis 4. Jahrhundert, also der Zeit, während der wahrscheinlich die Abfassung des *Hung-fan* anzusetzen ist, irgendwelche Geltung hatte. Daten, die sich auf eine nicht von konkreten Tatsachen erfüllte Zeit beziehen, interessieren uns in keiner Weise. Der Umstand, daß die Formel 81, 54, 72, 48, 64, nicht die ursprüngliche darstellt, sondern von der Zahlenfolge 10, 7, 9, 6, 8 (5) hergeleitet ist, deren Geltung durch einen Passus des *Hung-fan* bestätigt wird, erschwert zwar die Hypothese, die Chinesen hätten als indirekte Folge der Alexanderzüge die griechische Theorie von der Tonleiter – in ihrer ganzen Vollkommenheit – übernommen. Dennoch ist die Möglichkeit viel älterer Beziehungen zwischen China und den Ländern des Westens, wo man gleichfalls über die Zahlen und die Elemente spekulierte, keineswegs von der Hand zu weisen. – Doch es kommt nicht auf eine solche Dikussion an; worauf es ankommt, ist in erster Linie die geschichtliche Entfaltung der Ideen und die historische Reihenfolge der Tatsachen wie auch die Zusammenhänge, die uns allein deren Verständnis erleichtern.

Zuerst einmal ist für uns die Beziehung von Interesse, die zwischen der Reihenfolge der Wandlungsphasen und der Folge der Töne – die beide auf demselben zahlenmäßigen Ausdruck beruhen – hergestellt wird. Sie vergrößert die Wahrscheinlichkeit unserer Hypothese. Da die Zahlenembleme der Wandlungsphasen über die Reihenfolge Aufschluß geben, in welcher diese sich gegenseitig hervorbringen (*sheng*), liegt hier ein weiterer Grund für die Annahme, daß die als Embleme der Töne *beibehaltenen* Zahlen anfänglich die Maße der Pfeifen in der Reihenfolge angaben, in der diese sich gegenseitig erzeugten (*sheng*). Im Verlauf einer durch unsere Hypothese hinreichend geklärten Entwicklung der Harmonielehre und der musikalischen Technik wurden diese Zahlen zu allein den Tönen vorbehaltenen Emblemen.

Die Hauptbedeutung dieses Vergleichs liegt jedoch in dem Beweis, daß die Lehre von den Wandlungsphasen oder zumindest ihr zahlenmäßiger Ausdruck durch die ursprüngliche Lehre von der Tonleiter bestimmt worden ist. – Diese Feststellung kann sich als sehr bedeutsam erweisen. Denn die Lehre von den Wandlungsphasen war infolge deren Beziehung zu den Jahreszeiten–Himmelsrichtungen Teil jener allumfassenden Wissenschaft, die sich mit der Ordnung von Zeiten und Räumen befaßt. Ebenso muß es sich mit der Lehre von der Tonleiter verhalten haben – und hierzu ist deren Erwähnung im *Hung-fan* an sich schon sehr bedeutsam. Der 1. Abschnitt dieser Abhandlung, wo von den Wandlungsphasen die Rede ist, bezieht sich ganz sicher auf eine Einteilung der Welt in Vier Abschnitte [Quadrat mit der Seitenlänge 2, das in 4 kleinere Quadrate unterteilt wird], die sich durch den Entwurf eines Achsenkreuzes ergibt – während die Neun Abschnitte des *Hung-fan* (des *Großen Plans*) traditionell mit einer Gliederung der Welt in 9 Provinzen [Quadrat mit der Seitenlänge 3, das in 9 kleinere Quadrate unterteilt wird] sowie mit einer Anordnung der Zahlen in einem magischen Quadrat in Verbindung gebracht wurden; eine solche Gliederung und eine solche Anordnung war, so berichtet man uns, für die Anordnung der *Ming-t'ang*, des Hauses des Kalenders, maßgebend, in dem der Fürst auf eine gerechte Verteilung der Orte des Raum-Zeit-Gefüges achtete und zu festgesetzten Zeiten die Gebiete aller Viertel des Reiches unter seine Anhänger verteilte. – Vielleicht finden wir noch weitere Zusammenhänge, die uns ein besseres Verständnis der Einstellung der Chinesen gegenüber der Zahl ermöglichen, wenn wir daran gehen, ihre Vorstellung von den Intervallen der Musik mit jenen von den architektonischen Maßverhältnissen zu vergleichen.

4 *Zahlen und architektonische Maßverhältnisse*

Das Verhältnis zwischen 1. und 5. Pfeife, das bei der aus Vielfachen der Zahl 8 bestehenden Reihe 80, 56, 72, 48, 64 10/8 beträgt, verwandelt sich bei der Formel 81, 54, 72, 48, 63, der die Kennzahl 9 als Multiplikator zugrunde liegt, in das Verhältnis 9/7. – Ebenso wie für die Leitsätze der Musik ist für die Regeln der Architektur der Gegensatz oder die Entsprechung der Verhältnisse 9/7 (= 81/63) und 10/8 (= 80/64) maßgebend; die Geometrie der Baumeister offenbart denn auch die Tugenden, welche den sich entsprechenden Paaren 80/64 und 81/63 von den Chinesen zugeschrieben worden sind.

Bei einem chinesischen Gebäude sind zwei Elemente von grundlegender Bedeutung. Das Bauwerk an sich ist nicht so wichtig wie die Terrasse, auf welcher es ruht und wie das Dach, von dem es überdeckt wird. Der Himmel »bedeckt« und das Dach stellt daher den Himmel dar; die »tragende«

Erde wird durch die Terrasse versinnbildlicht. Ein Bauwerk stellt ein Abbild des Kosmos dar, wenn nur die Proportionen, die in der Form des Daches zum Ausdruck kommen, und die Anlage der Terrasse die Rundung (ungeradzahlig, *3*, *yang*) bzw. das Quadrat (*fang*, das Rechteck, geradzahlig, *2*, *yin*) andeuten. Diese Grundsätze sind ganz besonders beim Bau der *Ming-t'ang* maßgebend. Nach der Überlieferung soll das Haus des Kalenders früher aus einer quadratischen (rechteckigen) Fläche bestanden haben, über der (durch einige Säulen mit ihr verbunden) ein rundes Strohdach ruhte[133].

Zur Gestalt des Daches besitzen wir nur Angaben aus späterer Zeit. Das Dach der *Ming-t'ang* sollte an der Basis durch die Maßzahl 144, an seiner kreisförmigen Außenlinie durch die Maßzahl 216 und in seiner Höhe durch die Zahl 81 bestimmt sein. Auf Grund einer solchen Maßangabe haben wir uns das Profil des Strohdachs als gleichschenkeliges Dreieck vorzustellen, dessen Grundlinie (2×72) die Erde (144), und dessen beide anderen Seiten [$(2 \times 108) = 216$] die Wölbung des Himmels (3×72) darstellten. Dieser Konstruktion liegt ein rechtwinkeliges Dreieck zugrunde, dessen längerer Seite der Wert 9×9, dessen kurzer der Wert 8×9 und dessen Hypotenuse der Wert 12×9 zukam. Die Maße dieses rechtwinkeligen Dreiecks (8, 9, 12) wurden *dank dem Spielraum von einer Einheit* auf Grund der Formel $9^2 + 8^2 = 12^2\ (+ 1)$ oder $81 + 64 = 144$ $(+ 1)$ für richtig befunden. Dabei fällt folgendes auf:

1. diese Angabe[134] stammt aus der Sui-Zeit (589–618), d. h. aus einer Epoche, in der das (einheimische oder übernommene) mathematische Wissen in China ein hohes Niveau erreicht hatte [und doch war der Spielraum von einer Einheit in keiner Weise dazu angetan, die Schreiner beim Zusammenbau der Dachsparren, Balken und Säulen zu stören – ebensowenig wie sich die Wagner durch die Notwendigkeit stören ließen, den Wert von π mit 3 anzugeben. Worauf es ankam, war der Gebrauch von Zahlen, in welchen das Verhältnis (3/2 oder 9/6) von Himmel und Erde zum Ausdruck kam];

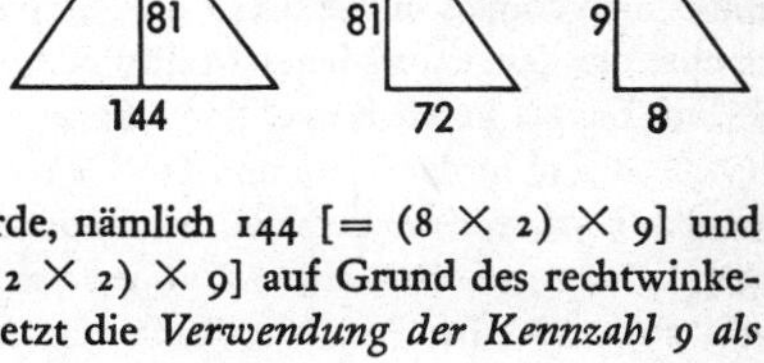

2. daß man die Zahl der Erde, nämlich 144 [$= (8 \times 2) \times 9$] und des Himmels, nämlich 216 [$= (12 \times 2) \times 9$] auf Grund des rechtwinkeligen Dreiecks 8, 9, 12 erlangt, setzt die *Verwendung der Kennzahl 9 als*

Multiplikator voraus. [Aus der Verwendung dieser Kennzahl ergibt sich in der Tonleiter für das Verhältnis zwischen der 1. und 5. Pfeife der Wert 9/7];

3. Aus den Maßen des rechtwinkeligen Dreiecks 8, 9, 12 ergibt sich die für die Herstellung der 12 Pfeifen[135] maßgebende *Zahlenfolge* (9, 6, 8). [Die 2. Pfeife (6 × 9) entspricht dem Halbwert der Hypotenuse (12 × 9), doch weiß man, daß Kuan-tzu, der deren Wert nicht halbierte, ihr den Wert 108 zuwies][136];

4. *Die Höhe (81) entspricht dem Maß des Gnomons*, wenn die zur Aufgliederung der Einheit gebrauchte Kennzahl 9 ist.

Das *Ta-Tai Li-chi*[137] gibt einen Hinweis auf die Anlage der *Ming-t'ang*, der sehr gut zu diesen jüngeren Auskünften über das Dachprofil paßt. Danach mußte der Zeremonienplatz von W nach O 9 Matten (-Längen) und von S nach N 7 Matten (-Längen) messen. 9 (ein *vereinbarter Multiplikator*) ist die Maßzahl für die Mattenlänge. Deshalb ist die (viereckige, *fang*) Bodenfläche der *Ming-t'ang* ein Rechteck (*fang*) mit den Seitenlängen 81 und 63. Das Maß ihres halben Umfangs beträgt 144 – ein sehr gutes Maß, mißt doch das Dach an seiner Außenlinie 216. – Es handelt sich hier um die *Ming-t'ang* der Chou-Zeit; der verwendete Multiplikator ist die 9 und das Verhältnis der Breite (Osten–Westen) zur Tiefe (Süden–Norden) der Grundfläche beträgt *9/7* (es wird in der Form 81/63 angegeben).

Die Aussagen im *Ta-Tai Li-chi* werden durch einen Passus im *K'ao-kung-chi*, einer sehr nützlichen Sammlung technischer Angaben, die heute das 6. Buch des *Chou-li* bildet[138], bestätigt. Auch hier gibt man – mit 9 Fuß (langen) Matten vermessen – als Maße der *Ming-t'ang* an, daß sie in der Breite 9 × 9 und in der Tiefe 9 × 7 gemessen habe. Doch ist dieser Passus vor allem deshalb von Interesse, weil darin angeblich auch Aufschlüsse über das Haus des Kalenders zur Hsia- und Yin-Zeit gegeben werden. In beiden Fällen betragen die Zahlenverhältnisse nicht mehr *9/7*, sondern 5/4 (= *10/8*).

Für die Zeit der ersten Königsdynastie, die Zeit der Hsia, gibt das *K'ao-kung-chi* als Verhältniszahlen ausdrücklich 5/4 an. Der Zeremonienplatz maß damals in der Breite 2 × 7 (*p'u*) und der Länge nach ein Viertel mehr; der (angenommene) Multiplikator ist der *p'u*, d. h. der Schritt zu 6 Fuß Länge. Folglich maß der Platz 2 × 7 Schritt zu 6 Fuß oder 84 Fuß (= 4 × 21) in der Tiefe und (5 × 21 =) 105 Fuß in der Breite. Für die zweite Dynastie, die der Yin, wird nur die Tiefe, und zwar mit 7 *hsin* angegeben, wobei dem *hsin 8 Fuß entsprachen*; damit erhält man die Zahl 56. 56 ist das Maß für die Tiefe einer Art Vorraum, welchen die Hsia ihrer Zeremonienhalle angebaut hatten; die Maße dieses Vorraums betragen 2/3 der Maße der Fläche, also 56 in der Tiefe und 70 in der Breite. Man nimmt also an[139], daß der Zeremonienplatz der Yin die Maße 70 × 56 (das entspricht dem Verhältnis 5 × 4) hatte. Demgegenüber behauptet Cheng Hsüan, der berühmteste der Interpreten, auf Grund der Tatsache, daß die Yin *zwischen* der Hsia- und der Chou-Dynastie herrschten, die Breite der Zeremonienhalle habe 9 *hsin*, d. h. 72 Fuß gemessen; dem würde das Zahlenverhältnis 9/7, nicht das von 5/4 entsprechen, wobei *der halbe Umfang* (72 + 56 und nicht 70 + 56) *einen Wert erhielte, der dem Zweifachen von 64 und nicht dem Zweifachen von 63 entspräche.* – Dieses Schwanken zwischen der 70 und der 72 ist sehr aufschlußreich, zeigt es doch, daß man nicht nur 5/4 (oder 10/8) und 9/7, sondern in gleicher Weise die Zahlen 63 und 64 als Gegensätze und Entsprechungen empfand.

Die Meinung Cheng Hsüan-s über die Maße des Zeremonienplatzes der Yin-Zeit ist von dem Bestreben beeinflußt, eine gewisse Verbindung oder einen gemeinsamen Maßstab für die Zeremonienplätze der drei Dynastien zu finden. – Hält man sich an Cheng Hsüan, so scheint es, daß das heilige Rechteck der Yin-Zeit (8 × 7 zu 8 × 9) aus 8 × 8 kleinen Rechtecken der Maße 9 × 7 Fuß bestand, während die *Ming-t'ang* der Chou-Zeit (9 × 7 zu 9 × 9) 9 ×9 Matten mit den Maßen 9 × 7 Fuß entsprach. Folglich läßt sich der Flächeninhalt dieser beiden Zeremonienplätze mit den Quadraten 64 und 81 angeben. Um mit diesen den heiligen Platz der Hsia-Zeit zu vergleichen, muß man seine Größe mit Hilfe von Matten bestimmen können. Im *K'ao-kung-chi* wird festgestellt, daß Flächenmaße dieser Art im übrigen nach Matten zu ermitteln waren[140]. Damit dies möglich werde, genügt – wie dies bereits im Fall der Yin geschehen war – eine leichte Korrektur des Breitenmaßes der Fläche, die danach nicht mit 105, sondern mit 108 anzusetzen ist. Von da aus kann das Rechteck (12 × 7 zu 12 × 9) 12 × 12, das sind 144 Matten der Größe 9 × 7 Fuß, beinhalten. – Interessant ist das Vermessungsverfahren, das sozusagen darin bestand, daß man *Rechtecke* als *Quadrate* behandelte, wobei ihren beiden Seiten anscheinend das gleiche Zahlenemblem (12, 9 oder 8) zugeteilt wird[141]. *Während die Flächeneinheit* (9 × 7) *ein Rechteck darstellt, dessen Wert* (63) beim Spielraum von einer Einheit *dem eines Quadrats* (64) *entspricht, werden die Ausmaße der drei rechteckigen Zeremonienplätze als Quadratzahlen angegeben* (12^2, 9^2, 8^2). – *Diese Quadrate sind ganz besonders deshalb interessant, weil das Verhältnis, das sie zwischen den drei Zeremonienflächen aufzeigen, aus den Maßverhältnissen des rechtwinkeligen Dreiecks (das für das Stützgebälk von Bedeutung war) 8, 9, 12 abgeleitet ist.* – Doch wenn es scheint, daß Cheng Hsüan dieses Verhältnis in den Flächenmaßen wiederfinden wollte, so hätte er dies auch ohne Korrektur der Breite der Yin-Zeremonienhalle verdeutlichen können. Man brauchte nur einen Blick auf die Tiefenmaße zu werfen, welche für die Hsia-Zeit 12 × 7, für die Yin-Zeit 8 × 7 und für die Chou-Zeit 9 × 7 betrugen. Sie allein zeigen bereits, daß 12 (oder *6*), 8 und 9 als Embleme der drei Königshäuser gelten. Ihre Verhältnisse entsprechen denen von drei aufeinanderfolgenden Pfeifen – im Einklang mit der Formel 9, *6*, 8, die, wie wir wissen, dazu führt, daß man das Verhältnis zwischen 1. und 5. Pfeife mit 9/7 festsetzt – während 9 × 7 das Einheitsmaß für rituelle Flächen darstellt.

Betrüge die *Flächeneinheit* (nicht 9 × 7, sondern 5 × 4 oder) 10 × 8 (10/8 ist das ursprüngliche Verhältnis zwischen 1. und 5. Pfeife), dann bedürfte es bei einem Vergleich der drei Zeremonienflächen nur einer kleinen Korrektur der Maße des Chou-Kultplatzes. Diese Korrektur läßt sich mit geringeren Verschiebungen als mit der Fläche der Yin vornehmen; sie gelingt nämlich, *ohne daß der Wert für den halben Umfang verändert werden muß*, der hier eine erhöhte sakrale Bedeutung hat: 80/64 = 5/4 oder 10/8 und 80 + 64 ergibt wie 81 + 63 = 144. Die so modifizierte Fläche der Chou-Zeit (8 × *8* : 8 × *10*) umschließt 8 × 8 Flächeneinheiten (8 × 10), und die der Yin (7 × *8* zu 7 × *10*) umschließt deren 7 × 7 – *wobei das Flächeneinheitsmaß* (8 × 10) *mit einer Zahl angegeben wird* (80), *die bei einem Spielraum von einer Einheit einem Quadrat* (9^2) *entspricht, und wobei die Flächenmaße der beiden Zeremonienflächen* (*64* und *49*) *wiederum auf Quadrate zurückgeführt wurden* (8^2 und 7^2). – Man nimmt wahr, daß die Bedeutung der Paare 81–63 und 80–64 für die Chinesen in der Tatsache lag, daß 81 das Quadrat von 9 und 64 das Quadrat von 8 darstellt, während 63 ein Vielfaches von 9 und 80 ein Vielfaches von 8 ist.

Man weiß, welch große Bedeutung die Aufgliederung des Quadrats in 9 kleinere Quadrate hat. Die Feldmesser hatten in dieser Weise die kleinste Gebietseinheit, das *ching* 井 aufgeteilt; doch faßten sie die *ching* in Gruppen von 4, 16, und *64* ... zu größeren Verwaltungsabschnitten zusammen[142]. In der Feldmeßkunst galten 9 und 8 oder 4 als privilegierte Zahlen. Bestand einerseits zwischen der Anlage der Zeremonienplätze und diesem Verfahren eine Beziehung, so äußerte sich andererseits der zwischen Bau- und Orakelkunst bestehende Zusammenhang durch die Zahlen, welche die Maße dieser Flächen angeben. Die Vierecke mit der Seitenlänge 8 erinnern mit ihren *64* Unterabschnitten an die 8 Trigramme oder an die 8 Himmelsrichtungen (Winde) und an die *64* Hexagramme. Und wir werden bald erfahren, daß das Viereck mit der Seitenlänge 7 und seinen 49 Unterabteilungen nicht nur auf die 50 – 1 von den Orakelmeistern gehandhabten Stäbchen hinweist, sondern vor allem den Vorzug besitzt, auf das einzelne Stäbchen, das jene in der Hand behielten, das als »Mast« einem *Gnomon* vergleichbar die »Wandlungen des Yin und des Yang« angab, hinzudeuten. *Zuerst muß jedoch festgestellt werden, daß mit dem Verhältnis des halben Umfangs der Zeremonienplätze der Hsia-* (105 + 84) *und Yin-Zeit* (70 + 56) *verglichen, das* (189/126 =) 3/2 *oder 9/6 betrug*, das *Verhältnis zwischen den halben Umfängen der Yin-* (126) *und Chou-* (144) *Zeremonienflächen gleich 8/7 war* [während demgegenüber das Verhältnis ihrer Flächen – mißt man diese mit einer = 10 × 8 angesetzten Einheit – die also das Verhältnis 5/4 andeutet – ziemlich genau (64/49) den 9/7 (= 63/49) entspricht]. Wir wissen um die große Bedeutung des Verhältnisses *9/6* in der Tonkunst, Orakelkunst und Kosmographie. Wir wissen gleichfalls, daß dem Verhältnis *8/7* (dem Verhältnis vom Kleinen Yin zum Kleinen Yang) (unter der Yin-Dynastie und) im Lande Sung nicht mindere Bedeutung zukam, denn statt die Yang und Yin-Linien der Orakelembleme[143] als *Neuner* und *Sechser* zu bezeichnen, nannte man sie *Siebener* und *Achter*. Beruht das Verhältnis *8/7*, das eine der Ausdrucksmöglichkeiten der Beziehungen von Geradzahligem und Ungeradzahligem darstellt, ebenso wie das Verhältnis *9/6* auf einer musikalischen oder kosmologischen Theorie?

Das Verhältnis des halben Umfangs der Zeremonienhalle der Hsia (189) zum halben Umfang ihrer Vorhalle oder der Zeremonienhalle der Yin (126) beträgt 3/2 oder 9/6. Es ist ein seltsamer Zufall, daß die (als *Oberer Neuner* bezeichnete) Tonleiter, mit deren Hilfe Szu-ma Ch'ien die Zahlenembleme der Töne erklären konnte, auf 5 Pfeifen erzeugt wird, bei welchen die drei ersten [45, 63 (= 60), 81] die Summe 189, und die zwei letzten (54, 72) die Summe 126 ergeben. Es ist möglich, daß man darauf verfallen ist, von den Pfeifen einer bestimmten Tonleiter abgeleitete Maße zu wählen, um eine Beziehung zwischen den Zeremonienplätzen der Yin und Hsia (deren Maßverhältnisse im Zahlenverhältnis *10/8* zum Ausdruck kommen) anzuzeigen. – Es wäre ferner möglich, daß man zur Darstellung der Maßverhältnisse zwischen den Zeremonienplätzen der Yin und der Chou (wobei man ihnen die gleichen Proportionen zuschrieb) in gleicher Weise vorgegangen ist.

Die sechs ersten Pfeifen ergeben die Summe 360; 360 = 24 × 15; 15 entspricht 8 + 7 ebenso wie 9 + 6; 24 entspricht 9 + 8 + 7 ebenso wie 10 + 8 + 6. Multipliziert man 15, d. h. *9* und *6* mit 9, 8 und 7, so erhält man die Längenmaße der 6 ersten Pfeifen [81 (= 9 × 9), 72 (= 9 ×

8), 63 (= 9 × 7); 54 (= 6 × 9), 48 (= 6 × 8), 42 (= 6 × 7)], die man zu zwei Yang- (*9*) und Yin- (*6*) Gruppen ordnen kann, wobei die Verhältnisse zwischen zwei aufeinanderfolgenden Zahlen (81/54 = 72/48 = 63/42 =) *9*/*6* betragen und das Gesamtverhältnis 216/144 ausmacht, wobei die 1. Pfeife den *9*/7 (= 81/63) der 5. entspricht. – Multipliziert man jedoch 15, d. h. *8* und 7 mit 10, *8* und 6, so gewinnt man 6 Maße [80 (= 8 × 10), 64 (= 8 × 8), 48 (= 8 × 6); 70 (= 7 × 10), 56 (= 7 × 8), 42 (= 7 × 6)], wobei, ordnet man diese Zahlen in zwei Gruppen, das Gesamtverhältnis *8*/7 (= 192/168) ausmacht, das im einzelnen auch für die paarweise zusammengenommenen Zahlen gilt.

Unter den so gewonnenen Zahlen treten auch 70 und 56, die Maße der Zeremonienfläche der Yin-Dynastie, 80 und 64, die Maße der Zeremonienfläche der Chou-Dynastie [die auf das Verhältnis *10* × *8* zurückgeführt wurde, ohne daß dabei der Wert des halben Umfangs (144) verändert worden wäre] auf; andererseits unterscheiden sich diese 6 Zahlen [80, 56, 70, 48, 64, (42)] nur geringfügig von jenen, die in der ursprünglichen Formulierung der Tonleiter gegeben sind [80, 56, 72, 48, 64, (40)]. Eine Ausnahme bilden lediglich 70 und 40; doch dürfte die 42 als von der 40 nicht sehr verschieden empfunden worden sein, denn sie wurde ja das Emblem der 6. Pfeife, die im Abstand einer Oktav den von der 1. Pfeife (81 oder 80) erzeugten Ton hervorbringen mußte. Und im übrigen sahen wir soeben, daß Cheng Hsüan nicht zögerte, 72 mit 70 gleichzusetzen, um ein Verhältnis zwischen den Zeremonialflächen der Yin und der Chou herzustellen. Nun ergibt sich aus der Formel 80, 56, 70, 48, 64 (42) nicht nur, daß die 1. Zahl (80) den 5/4 der 5. (64) entspricht, sondern auch, daß sie 5/3 der 4. (48) ausmacht und daß in gleicher Weise die 3. (70) 5/4 der 2. (56) und 5/3 der 6. (42) darstellt.

Es ist gut möglich, *daß die Chinesen, ehe sie aus den Maßen eines unechten Dreiecks (8, 9, 12) die Zahlenfolge (9, 6, 8) ableiteten, die (indem in ihr das Verhältnis 9/6 und die Proportion 9 × 7 veranschaulicht wurde) zur Vervollkommnung ihrer Harmonielehre diente, (annähernd) die Längen ihrer Pfeifen rechtfertigen wollten, indem sie diese Längen auf ein anderes rechtwinkeliges Dreieck bezogen, mit dessen Hilfe es möglich war, das Zahlenverhältnis 8/7 und die Proportion 10 × 8 darzustellen*; dieses rechtwinkelige Dreieck (3, 4, 5 oder 6, 8, 10) ist ein *echtes* rechtwinkeliges Dreieck, von dem der Satz des rechtwinkeligen Dreiecks (Pythagoras-Satz) abgeleitet werden kann.

Die große Bedeutung von *9*/*6* und *8*/7 als Formeln, welche die Beziehungen des Geradzahligen und des Ungeradzahligen bezeichnen, hängt vielleicht damit zusammen, daß 9 und 6, wie auch 8 und 7 es gestatten, die große Summe 360 in 6 Zahlen zu zerlegen, die man zur Angabe harmonischer Maßverhältnisse für geeignet hält. Die bei dieser Zerlegung gewonnenen Zahlenreihen *gleichen sich fast völlig*, obzwar sie auf *zwei verschiedene rechtwinkelige Dreiecke* zurückgehen, von denen das eine (8, 9, 12) die Annahme der Zahlen 9 × 7 als Flächeneinheit bedingt, während bei dem anderen (3, 4, 5) diese Einheit dem Wert 10 × 8 entspricht.

Im *K'ao-kung-chi* wird behauptet, daß man den Flächeninhalt der Zeremonienplätze mit Matten (9 × 7) ermittle – was die Verfasser jedoch nicht hindert, die Maße der Zeremonienplätze der Yin- und Hsia-Zeit in *hsin* oder in *p'u* anzugeben. Mehr noch, sowohl im *K'ao-kung-chi* als auch im *Chou-li* selbst wird andererseits festgestellt, daß das Einheitsmaß der Baumaße (*tu*) das *pi-hsien* [144] sei.

Dieses *pi-hsien* ist eine ovale Jadetafel mit dem mittleren Durchmesser 9. Sie muß in ein Rechteck mit der Länge *10* und der Breite *8* passen. Als Wert für den Umfang des Rechtecks ergibt sich folglich 36 und für den Umfang des Ovals 27. Diese Zahlen sind aufschlußreich, zeigen sie doch, daß das Eichmaß aus Jade und folglich auch alle Vierecke der Proportionen 10 × 8 oder 5 × 4 geeignet waren, das Verhältnis von Quadrat und Kreis $\left(36/27 = \frac{4 \times 9}{3 \times 9} = 4/3\right)$ anzudeuten. Die nach Matten gemessenen Oberflächen der Proportionen 9 × 7 haben einen halben Umfang von 144 (= 81 + 63 = 2 × 72 = 16 × 9), vorausgesetzt, daß der *vereinbarte Multiplikator 9 ist*. Umgekehrt haben die vom *pi-hsien* abgeleiteten Flächen 10 × 8 einen halben Umfang von 144 (= 80 + 64 = 18 × 8), vorausgesetzt, *daß der Multiplikator 8 genommen wird*; in diesem Fall entspricht das eingeschriebene Oval (27 × 8 =) 216. Die Proportion 10 × 8 und das rechtwinkelige Dreieck 3, 4, 5 *beruhen auf dem Gebrauch der Kennzahl 8*, ebenso wie auf dem *Gebrauch der Kennzahl 9* die Proportion 9 × 7 und das rechtwinkelige Dreieck 8, 9, 12 fußen. – Mit dem *pi-hsien* läßt sich dabei auch das hochbedeutsame Verhältnis 216/144 angeben.

Das Verhältnis 216/144 wird bekanntlich durch die Anordnung der neun ersten Zahlen in einem magischen Quadrat angedeutet. Diese Zahlen, deren Summe 45, ein Vielfaches von 5 beträgt, lassen sich so anordnen, daß man das Verhältnis 3/2 in der Form 27/18 erhält, womit das Verhältnis vom *pi-hsien*-Oval zum halben Umfang des umschriebenen Rechtecks bezeichnet ist. – Da 45 andererseits ein Vielfaches von 9 darstellt, lassen sich die *9* ersten Zahlen so anordnen, daß man das Verhältnis 5/4 oder 25/20 erhält – wobei 25 die Summe der 5 ersten ungeraden und 20 die Summe der vier ersten geraden Zahlen ist. – Die Tatsache allerdings, daß dem um das *pi-hsien* beschriebenen Rechteck der Wert 36 zugeordnet wird [= (2 ×

10) + (2 × 8)], d. h. 20 + 16, zwingt zu dem Schluß, daß diese Figur auf eine andere Zahlenanordnung hinweist. 16 ist die Summe der 4 ersten ungeraden Zahlen [(1 + 7) + (3 + 5)] und 20 ist die der 4 ersten geraden Zahlen [(2 + 8) + (4 + 6)]. In dem Jade-Eichmaß war eine vollkommene Synthese zwischen dem Geradzahligen und dem Ungeradzahligen verwirklicht worden, *eine auf einer Hierogamie beruhende, mit vertauschten Attributen vollzogene Synthese*[145], denn in der Proportion 5 × 4 zeigt das Ungeradzahlige (5) die Summe (20) der geraden Zahlen und das Geradzahlige (4) die Summe (16) der ungeraden Zahlen an.

Diese vollkommene Synthese zeigt sich noch auf eine andere Art. 27 (der Umfang des Ovals) + 36 (der Umfang des Rechtecks) ergeben 63. Als Vielfaches von 9 und von 7 stellt 63 eine Synthese von 5 und 4 ebenso wie von 4 und 3 dar. Diese Zahl bezeichnet zuerst einmal das Verhältnis (3/4 = 27/36) von Himmelsumfang zu Erdenumfang; dieses wird noch eindrucksvoller dargestellt, wenn man den Multiplikator 8 anwendet: $\left(\frac{27 \times 8}{36 \times 8}\right) = \left(\frac{216}{2 \times 144}\right)$. Vor allem vermag die Zahl mit der Angabe des Verhältnisses 5/4 (= 35/28) auf die Proportion 5 × 4 (und auf das rechtwinkelige Dreieck *3, 4, 5*) hinzuweisen. – Damit verglichen, ist die Zahl 64 gerade gegenteilig geartet: Als Vielfaches von 8 enthält sie die 16 viermal und 16 = 9 + 7. Somit ist 64 geeignet, die Proportion 9 × 7 (die an den Multiplikator 9 *und an das rechtwinkelige Dreieck 8, 9, 12 geknüpft ist*) anzuzeigen. Sie deutet sie in bemerkenswerter Weise an, ist doch 64 = 36 + 28. 36 ist (wie 360) Emblem eines Gesamtumfangs[146]. 28 ist die Zahl der Mondhäuser. Nun mißt der runde, den Wagen des Fürsten überdachende Baldachin, der den Himmel darstellt, 36 Einheiten im Umfang und er ist mit 28 Bogen an dem Mittelpfosten befestigt, der ihn mit dem quadratischen Kasten des Wagens (Erde) verbindet[147].

Man kann nun bereits die den Multiplikatoren 8 und 9 zugeschriebenen Tugenden wie auch ihre Anwendungsmöglichkeiten absehen. – Wenn allerdings die 28 Mondhäuser die Bedeutung der Zahl 7 unterstreichen, so müssen wir den Sinngehalt dieser Zahl wie auch die dem Zahlenverhältnis *8/7* zugeschriebene Geltung zu verstehen trachten. *Vor allem müssen wir noch die Beziehung klären, die zwischen diesem Verhältnis und dem rechtwinkeligen Dreieck 3, 4, 5, d. h. zum Gnomon besteht* – nachdem uns soeben die Mittelsäule des Wagens an den Gnomon erinnert hat.

Die Vorzüge des rechtwinkeligen Dreiecks 3, 4, 5 werden in einer bekannten kleinen Schrift dargelegt, deren Titel *Chou-pei*[148] ›Gnomon‹

bedeutet. Im *Chou-pei* (in dem wir wiederum dem Vergleich von Himmel und Wagenbaldachin begegnen) werden die mathematischen Lehren einer als »Schule des Himmelsbaldachins« bezeichneten Schule von Kosmographen zusammengefaßt[149]. Dabei wird der Gedanke entwickelt, daß die Maße des Himmels mit dem Gnomon und dem rechtwinkeligen Dreieck 3, 4, 5 ermittelt werden können. Der Gnomon wird dabei als ein Bambussignal beschrieben, das 8 Fuß *oder* $\frac{80 + 1}{10}$ Fuß lang ist und das beim 8. Fuß ein Loch von 1/10 Fuß Länge aufweist. Zuerst einmal bringt der Verfasser allerdings das rechtwinkelige Dreieck 3, 4, 5 mit der als erste aller Regeln aufgefaßten Formel $9 \times 9 = 81$ in Beziehung.

Im *Chou-pei* wird zur Konstruktion des rechtwinkeligen Dreiecks 3, 4, 5 zuerst ein Rechteck mit den Seitenlängen 3 und 4 konstruiert und darauf in diesem die *Diagonale* gezogen. Weitere Aufschlüsse gibt der Text aber nicht; vor allem findet man darin, wie Biot bemerkte, überhaupt keinen Ansatz zur Ableitung des pythagoräischen Lehrsatzes. – In den uns erhaltenen Ausgaben des *Chou-pei* wird der Satz vom rechtwinkeligen Dreieck, *oder richtiger, der von der Diagonale* unter Benützung dreier Figuren dargestellt. Es sind dies *drei Quadrate von der Seitenlänge* 7, die in 49 kleine Quadrate unterteilt werden, von denen das eine, ein Quadrat mit der Seitenlänge 5, 25 kleine Quadrate umschließt, das zweite, ein Quadrat mit der Seitenlänge 4, 16 kleine Quadrate und das letzte, ein Quadrat mit der Seitenlänge 3, 9 kleine Quadrate enthält. – Niemand kann mit Sicherheit behaupten, daß diese Figuren *in dieser Gestalt* in den ursprünglichen Ausgaben vorhanden waren. – So wie sie bisweilen entworfen werden, scheinen sie ausschließlich dem Zweck gedient zu haben, die Formel $3^2 + 4^2 = 5^2$ augenfällig zu veranschaulichen.

Trotzdem waren sie dazu bestimmt – wenngleich man dies in Frage gezogen hat[150] – auf einen geometrischen Beweis dieser Formel hinzudeuten. *Die Einschreibung eines Quadrats der Seitenlänge 5 und dem Wert 25 in ein Quadrat der Seitenlänge 7 und dem Wert 49* steht in unmittelbarem Zusammenhang mit einer im Text des *Chou-pei* enthaltenen Angabe. Darin *wird nämlich die Hypotenuse 5 als* Diagonale *in einem Rechteck* 3×4 *betrachtet. In einem Quadrat mit der Seitenlänge* 7 lassen sich 4 dieser Rechtecke unterbringen, wobei ihre *4 Diagonalen ein eingeschriebenes Quadrat bilden, das der halben Summe der Fläche der 4 Rechtecke* entspricht [nämlich $4\left(\frac{3 \times 4}{2}\right)$ also 24] zuzüglich eines kleinen Quadrats, das *in der Mitte beim Abgrenzen der 4 Rechtecke übrigbleibt* (s. Abb. S. 198). – So weit die geometrische Probe auf die Formel $3^2 + 4^2 = 5^2$.

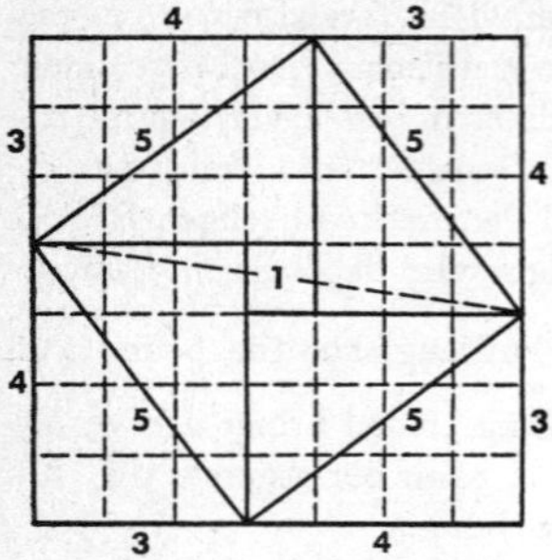

Nun ist das hohe Alter dieses Beweises – das in den Figuren der heutigen Ausgaben andeutungsweise zum Ausdruck kommt, selbst dann zu bezeugen, wenn man dabei etwas geheimnisvoll tut. Schreibt man die drei Quadrate 6, 16, 25 in *ein Quadrat mit der Seitenlänge* 7 ein, so kommt dies einem *Hinweis auf die Gleichwertigkeit von 49 und (9 + 16) + 25 gleich*, oder, mit anderen Worten, auf die *Gleichwertigkeit* von 25 + 25 und *49*; damit wird behauptet, daß das *gleichschenkelige Dreieck mit der Schenkellänge 5 eine Hypotenuse*[151] besitzt, die ungefähr den Wert 7 aufweist. Nun, für die Chinesen hatte dieses annähernd rechtwinkelige Dreieck 5, 5, 7 mindestens ebenso große, wenn nicht größere Bedeutung als das genau rechtwinkelige Dreieck 3, 4, 5.

Es interessierte sie schon im hohen Altertum. Ich deutete bereits an, daß die Orakelmeister oder der Fürst – und wir werden sehen, daß der Fürst, der Einmalige Mensch mit dem Gnomon identisch ist – aus der Zahl der 50 Orakelstengel einen Stengel entnahm und diesen während der Befragung in der Hand behielt. Diese Entnahme gestattete es, den Gesamtbestand (49) in zwei Teile zu zerlegen, wobei zwangsläufig der eine Teil eine *gerade*, der andere eine *ungerade* Zahl von Stäbchen enthielt. Das Stäbchen, das er in der Hand hielt, ordnete mit ihm gemeinsam das Orakel – stellte dieser Kommandostab doch das Mittlere Quadrat, den Mittelpunkt, die Einheit dar – *eine Einheit, die nicht zählt*, die jedoch dem Ganzen *entspricht* und die das Ganze *ausmacht – den Verteiler*, den Angelpunkt *des Yin und des Yang*[152].

Die Vorstellung, *daß das, was wir Einheit nennen*, sich nicht addieren läßt, *sondern einfach eine Wandlung vom Yin zum Yang oder vom Yang zum Yin vollzieht und folglich identisch ist mit dem Ganzen oder der Summe, innerhalb deren Grenzen das Yin und das Yang ihre Wandlungen vollziehen*, hängt mit den politischen Auffassungen der Chinesen über die allesumfassende, jedoch nur ordnende Macht des *Einmaligen Menschen* zusammen. *Der Einmalige Mensch reguliert vom Mittelpunkt der Welt aus alles, greift aber in nichts ein, fügt nichts* Persönliches *zu der* Summe *hinzu, die er so werden läßt, wie Er ist.* Diese Vorstellung hängt auch mit dem von uns so häufig konstatierten Bestreben zusammen, *bei der Ordnung von Gruppen und bei der Ermittlung von Maßverhältnissen jeweils einen Spielraum von einer Einheit übrigzulassen.* Daraus erklärt sich die ausgesprochene Vorliebe der Chinesen für *mathematisch unvollkommene rechtwinkelige Dreiecke, die aber, gerade weil sie in jeder Verbindung einen* Spielraum *und Raum sozusagen für den* operatorischen Kunstgriff, *für das Königliche Werk ließen, ihnen daher mit größerer Wirkkraft als die übrigen ausgestattet schienen.*

Wir wissen bereits, welche Bedeutung das rechtwinkelige Dreieck 8, 9, 12 gehabt hat. Wir dürfen ohne weiteres annehmen, daß dieses wie die echten oder ungefähren rechtwinkeligen Dreiecke 3, 4, 5 und 5, 5, 7 durch eine geometrische Darstellung der Formel $(a + b)^2 = 4\,ab + (a - b)^2 = 2\,ab + [2\,ab + (a - b)^2]$ veranschaulicht wurde. In ein Quadrat mit der Seitenlänge 17 (= 9 + 8) lassen sich 4 Rechtecke 8×9 einschreiben, deren *Diagonalen* ungefähr den Wert 12 besitzen, weil sie 4 halbe Rechtecke mit dem Wert 72, d. h. 144 umschließen, zuzüglich 1 Mittelquadrat (1 ist das Quadrat von 9 – 8) $[17^2 = 289 = 144 + (144 + 1)]$.

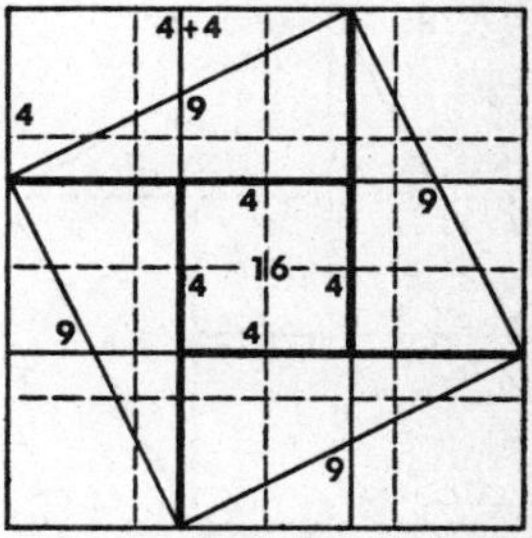

$8^2 + 9^2 = 12^2 (+1)$

$9^2 (-1) = 8^2 + 4^2$

Eine ähnliche Konstruktion, die *übrigens die genaue Nachbildung einer für die chinesische Geometrie und Feldmeßkunst grundlegenden Figur ist*, diente in gleicher Weise zur Veranschaulichung der Eigenschaften des 12^2. China das Menschenland – besteht aus 12 oder aus 9 Provinzen; nachdem 12 gleich 3×4 ist, kann man ein Quadrat mit der Seitenlänge 12 konstruieren, welches sich ebensogut in 9 kleinere Quadrate oder in 12 Rechtecke unterteilen läßt. Beginnen wir bei der Aufteilung in 9 Quadrate, wie sie der *Ming-t'ang*, dem *magischen Quadrat* usw. zugrunde liegt. Um das Mittelquadrat entstehen *als vollkommene Darstellungen des Hakenkreuzes vier Rechtecke, die sich dadurch auszeichnen, daß ihre Höhe dem doppelten Wert ihrer Grundlinie entspricht.* Sie gelten 4×8, d. h. 2×16. Zieht man die Diagonalen, so zerlegt man sie in Dreiecke, denen – wie dem mittleren Quadrat $[= (8-4)^2]$ – der Wert 16 zukommt. Durch diese Konstruktion wird der Flächensatz des Dreiecks $\frac{(\text{Grundlinie} \times \text{Höhe})}{2}$ an einem der chinesischen Mentalität entsprechenden Beispiel dargestellt, weil der Flächeninhalt dieser Dreiecke als Quadratzahl (16) in Erscheinung tritt. *Die Konstruktion ermöglicht ferner* [da die 4 Diagonalen 4 Dreiecke mit dem Wert 16, sowie ein Quadrat, das gleichfalls dem Wert 16 entspricht, (also $16 \times 5 = 80$) einschließen] *den Entwurf eines eingeschriebenen Quadrats, das durch seinen Wert 80 dem vollkommensten aller Quadrate* (9^2) *nahekommt.* Damit findet die Formel $8^2 + 4^2 =$ (*beim Spielraum von einer Einheit*) 9^2 ihre Erklärung. Dieser Formel kommt die größte Bedeutung zu, liefert sie doch einen Näherungswert für die Hypotenuse eines Dreiecks, dessen *Grundlinie seiner halben Höhe entspricht* (ungefähres rechtwinkeliges Dreieck 4, 8, 9).

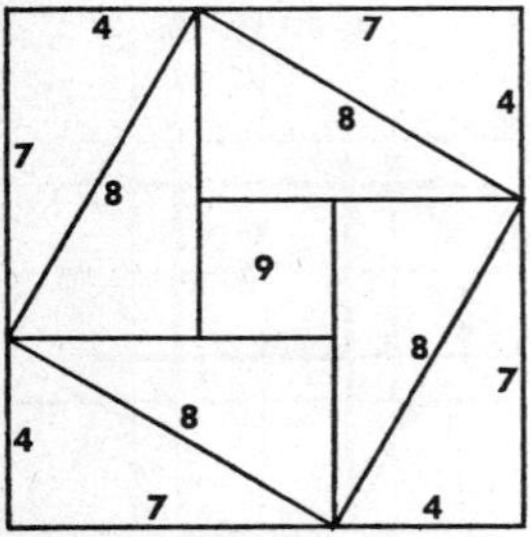

$8^2 (+1) = 7^2 + 4^2$

Doch gibt es noch ein weiteres ungefähres rechtwinkeliges Dreieck, dessen Konstruktion nicht minder nützlich ist, da es die Berechnung der Konstruktionselemente des Sechsecks erleichtert und auf Grund seiner Verwandtschaft mit dem rechtwinkeligen Dreieck 4, 8, 9 eine Abtragung desselben im Sechseck ermöglicht. Ist $81 (-1) = 64 + 16$, dann ist $64 (+1) = 49 + 16$. Anhand eines Quadrats mit der Seitenlänge $(7 + 4 =)$ 11, das in vier Rechtecke (4 × 7), die ein Quadrat mit dem Wert 9 [= $(7 - 4)^2$] einschließen, unterteilt wird, kann man (*beim Spielraum von einer Einheit*) dieses weitere rechtwinkelige Dreieck überprüfen; ihm kommt deshalb größte Bedeutung zu, weil darin *die Hypotenuse dem doppelten Wert der Grundlinie entspricht*, wie dies auch für die über der Seite eines Sechsecks (Hypotenuse) konstruierten Dreiecke, für die halbe Seitenlänge des Sechsecks (Basis) und für die Höhe des aus einem halben Sechseck gebildeten Trapezes zutrifft.

Wir haben damit die Gründe für die beherrschende Geltung des Zahlenverhältnisses *8/7* aufgedeckt und wir sind nahe daran, die Verbindung zu begreifen, welche zwischen diesem Verhältnis und dem rechtwinkeligen Dreieck 3, 4, 5, d. h. dem Maßverhältnis 8 × 10 und dem Gnomon besteht.

Nach der Angabe des *Chou-pei* ist der Kreis vom Quadrat abgeleitet – allerdings über die Zwischenstufe des Sechsecks. – Wenn man den Kreisumfang als 3/4 des Werts des Quadrats, in welches er eingeschrieben ist, angibt, so deshalb, weil der Seite dieses Quadrats zwei Seiten des in den Kreis eingeschriebenen Sechsecks entsprechen. Beträgt der Umfang des Quadrats 8 und die Seitenlänge 2, so hat das Sechseck und – wie dieses – der Kreisumfang den Wert 6, wobei dem Radius und der Sechseckseitenlänge der Wert 1 und dem Durchmesser (= 2 Seiten des Sechsecks) der Wert 2 zukommt, und weshalb folglich $\pi = 3$ angesetzt wird.

Das erste Zeugnis dafür, daß man Kreisumfang und eingeschriebenes Sechseck gleichgesetzt hatte, ist in der Tatsache zu sehen, daß man das Rad

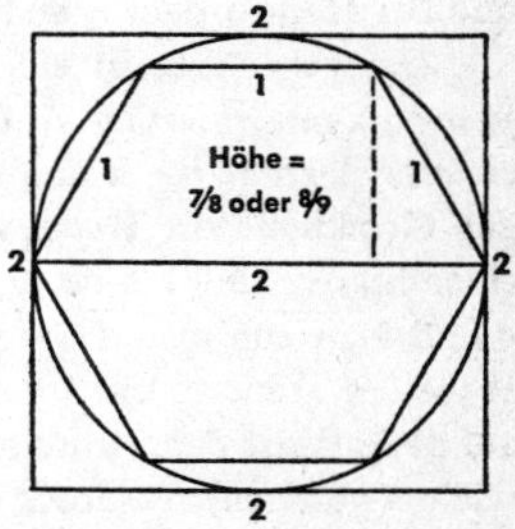

mit 30 (= *6* × 5) Speichen ausstattet. Der Grund hierfür sei, so heißt es, daß das Rad auf den Monat, d. h. auf den Mond hinweisen müsse. Doch in viel größerem Maß als das Rad ist das gekrümmte Messer ein Emblem des

Mondes; es entspricht dem schmäler werdenden Mond, und das, was den Mond schmälert, ist das Messer[153]. Um nachzuprüfen, ob die Krümmung der Messer den Gepflogenheiten entsprach, fügte man jeweils 6 Messer zusammen und sah nach, ob sie einen vollkommenen Kreis bildeten. Die Messer mußten nämlich 1 Fuß lang sein[154]. – Man sieht also, daß das Sechseck dem Kreis entspricht und daß beiden der Wert 6 zukommt.

Die Formel $\pi = 3$ ist eine Grundgegebenheit der chinesischen Mathematik und Kosmographie. – Nach ihr richteten sich und richten sich auch heute noch die Wagenmacher. – Diese verfertigten ehedem nicht nur die Räder, sondern auch die Wagenbaldachine.

In der Schule des Himmelsbaldachins wurde einerseits gelehrt, daß der Himmel einen Baldachin darstelle, andererseits, daß man den Himmel mit Hilfe des rechtwinkeligen Dreiecks 3, 4, 5 vermessen könne; es wurde ferner angenommen, daß die Formel $9 \times 9 = 81$ die erste aller Regeln sei und daß *trotzdem* dem Gnomon der Wert 80 zukomme. Mit dem rechtwinkeligen Dreieck 3, 4, 5, in dem 5 der Hypotenuse entspricht, kann der Gnomon, je nachdem ob man 3 oder 4 als Höhe annimmt, den Wert 81 ($= 3 \times 27$) oder 80 ($= 4 \times 20$) erhalten. Entsprechend bekommt dann die Hypotenuse den Wert 135 ($= 5 \times 27$) oder 100 ($= 5 \times 20$) und die Grundlinie den Wert 108 ($= 4 \times 27$) oder 60 ($= 3 \times 20$). Die Zahlen 108 und 135 wie auch 60 und 100, die im Verhältnis 4/5 und 3/5 stehen, sind unbrauchbar, wenn man aus dem Kreis das Quadrat ableiten, d. h. die Verhältnisse 3/4 und 3/2 veranschaulichen will. Die große Bedeutung des Gnomons und die Behauptung, daß der Kreis vom Quadrat abzuleiten sei, geht folglich nicht auf die Konstruktion eines rechtwinkeligen Dreiecks mit den Seiten 3, 4, 5 oder eines gleichschenkeligen Dreiecks mit den Seiten 5 und der Höhe 3 oder 4 und der Grundlinie 8 oder 6 zurück.

Demgegenüber ist eine Ableitung des Kreises aus dem Quadrat[155], *ja sogar eine Erklärung für die Höhe des Gnomons* möglich, wenn man aus einem halben Sechseck und einer 2 Seitenlinien des Sechsecks entsprechenden Grundlinie *ein Trapez* konstruiert. Dies gelingt (beim Spielraum von einer Einheit und bei der gleichzeitigen Verwendung der Multiplikatoren 9 und 8), wenn man das Verhältnis zwischen Sechseckseitenlänge und der Höhe des Trapezes mit 8/7 oder 9/8 festsetzt. Wir werden dies zeigen und auf diese Weise den verbreiteten Gebrauch von 8/7 im Altertum als (ebenso wie *9/6* gültigen) Ausdruck des Verhältnisses zwischen Geradzahligem und Ungeradzahligem erklären können. Damit findet gleichzeitig unsere Hypothese über die Gewinnung von genauen oder annähernden rechtwinkeligen Dreiecken ihre Rechtfertigung, welche davon ausgeht, daß einem Quadrat 4 ein Mittelquadrat umschließende Rechtecke eingeschrieben werden –

was einem Beweis für das hohe Alter der Demonstration des Hypotenusensatzes gleichkommt.

Beginnen wir bei der entscheidenden Angabe. Für jene, deren Meinung im *Chou-pei* dargelegt wird, und die anhand des rechtwinkeligen Dreiecks 3, 4, 5 argumentierten, ist der Himmel eine genaue Entsprechung des Wagenbaldachins. Man teilt den Wagenbaldachin in drei Abschnitte ein, und zwar in den mittleren Abschnitt, dem der Wert 2 + 2 entspricht, der eben ist, und der in der Mitte von einer Säule gestützt wird; in die beiden gebogenen Ränder, zu welchen zweimal die Maßzahl 4 gehört. Nachdem der Baldachin eine Darstellung des Himmels ist, muß sein äußerer Umfang in Analogie zum Umfang des Himmels den Wert 36 besitzen und sein Durchmesser (obzwar die Ränder des Baldachins gebogen sind) mit 12 [= (4 + 2) + (2 + 4)] angenommen werden. Mithin besteht der Außenrand des Baldachins aus 3 untereinander für gleichwertig angesehenen (4 + 4 + 4) Linien, wie dies auch für die drei Seitenlinien eines halben Sechsecks gilt; der Winkel, den die Ränder mit dem ebenen Teil bilden, entspricht aber nicht 60°, sondern er ist viel weiter geöffnet. Denn die Höhe des Trapezes, dessen Grundlinie den Rand des Baldachins anzeigt, wird nämlich mit 2 angegeben. – Es ist dies eine grundlegende Angabe[156], auf die wir noch zurückkommen werden. Konstruieren wir jedoch zuerst ein Trapez, das mit seinen 3 Seitenlinien ein halbes Sechseck darstellt, und dessen Grundlinie die zweifache Länge einer Seitenlinie hat. Geben wir jeder Seitenlinie den Wert 1, weil ein jedes der 6 Messer, die vereint einen vollkommenen Kreis bilden, einen Fuß mißt. Der Umfang unseres Trapez besteht aus 5 gleichen Teilen, und wir brauchen einem jeden dieser Teile nur den Wert 72 zu verleihen, *damit dieser Umfang zur Darstellung eines Gesamtumfangs (360) wird.* In diesem Fall weist dann auch die Grundlinie das für die Erde und das Yin bezeichnende Maß (144) auf, während der Außenmesser des halben Sechsecks dem halben Kreisumfang entspricht, denn er besitzt die Maße des Yang-s und des Himmels (216).

72 gilt 9 × 8. Um den Wert 1 – der einer jeden der 5 Sechseckseiten entspricht, die den Umfang der vorstehenden Figur bilden – auf 72 zu bringen, kann man in zweifacher Weise, jeweils in zwei Stufen vorgehen: Man kann zuerst mit *8* und dann mit *9* oder zuerst mit *9* und dann mit 8 multiplizieren.

Multiplizieren wir zuerst mit *8*. Jetzt hat die *Seitenlinie des Sechsecks den Wert 8* und die halbe Seitenlinie den Wert 4. *Sind wir mit der obengenannten Konstruktion vertraut* (die Anordnung von 4 Rechtecken 7 × 4 in einem Quadrat mit der Seitenlänge 11), *dann können wir die Höhe des Trapezes mit 7 veranschlagen*[157]. Multiplizieren wir nun mit 9, dann be-

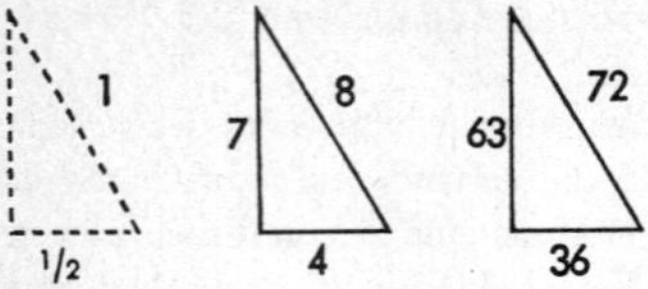

kommt die Seitenlänge den Wert 72, die halbe Seitenlänge den Wert 36 und die Höhe den Wert *63* – womit wir über einer Seite unseres Trapezes ein rechtwinkeliges Dreieck mit den Maßen 36, *63*, 72 errichtet haben.

Wenden wir nun das zweite Verfahren an und multiplizieren wir zuerst mit *9*. *Damit erhält die Sechseckseite den Wert 9 und die halbe Seite den Wert 4,5*. Ist uns die obenerwähnte Konstruktion bekannt (4 Recht-

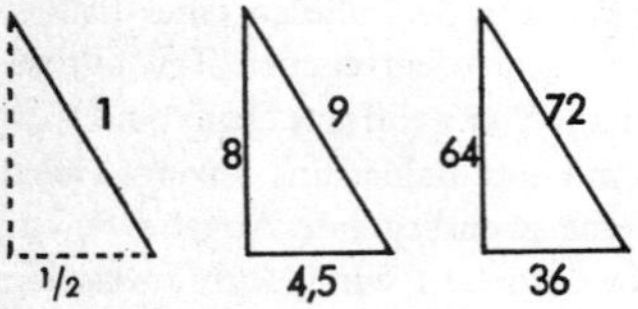

ecke *8* × 4 werden in einem Quadrat mit der Seitenlänge 12 angeordnet), erweist es sich als sehr naheliegend, das (ungefähr) rechtwinkelige Dreieck 4, 8, 9 zu benützen, denn wenn wir jetzt die Seitenlänge *9* mit 8 multiplizieren, erhalten wir wie eben zuvor 72 und wir erhalten auch 36 (= 4,5 × 8) für die halbe Seitenlänge [von der wir nicht vergessen (obwohl wir uns eines rechtwinkeligen Dreiecks 4, 8, 9 bedienen), daß sie im vorliegenden Fall der Hälfte von 9, d. h. 4,5 entspricht]. Die anfänglich im Einklang mit dem verwendeten rechtwinkeligen Dreieck mit *8* angegebene Höhe erhält nach der 2. Multiplikation den Wert *64* – womit wir über der Seite unseres Trapezes ein rechtwinkeliges Dreieck mit den Werten 36, *64*, 72 konstruiert haben, das sich gegenüber dem aus den vorhergehenden Operationen gewonnenen rechtwinkeligen Dreieck nur durch den Ersatz von 63 durch 64 unterscheidet.

63 entspricht 9 × 7 und 64 entspricht 8 × 8. Diese Höhenmaße sind äußerst günstig, denn es geht doch darum, zwischen dem Kasten und dem Baldachin des Wagens einen Menschen einzufügen, und darum, daß die *Größe des Menschen* (*jen*), *welche durch das Zeichen jen symbolisiert wird*, bald mit 7, bald mit 8 Fuß – diese Schwankung ist sehr bedeutungsvoll – angesetzt wird, d. h. sie beträgt in dem einen Fall 63, *wenn der Fuß*

in 9 Abschnitte, und im anderen Fall 64, *wenn der Fuß in 8 Abschnitte geteilt wird.*

Doch seitdem durch das Wirken Chung-li-s, eines Sonnenheroen des Altertums, der zum Schutzherrn der Astronomen wurde, die Verbindungen zwischen der Erde und dem Himmel gelöst wurden [158], berührt der Mensch, ja nicht einmal der Fürst (es sei denn, er ersteigt den Klettermast) – mit seinem Kopf nicht mehr den Himmel. Im übrigen muß ein Krieger, der vom Kasten und dem gewölbten Baldachin seines Wagens umschlossen wird, etwas sehen können. Deshalb wird der Baldachin überhöht. Setzt man die Größe des Menschen mit *8* Fuß an, so mißt die Mittelsäule des Wagens 2 Fuß mehr [159]. Nehmen wir an, daß sie auch dann 2 Fuß mehr mißt, wenn der Mensch (ohne daß er wahrscheinlich kleiner geworden ist, wenn jedoch das Maß für seine Größe verändert und statt mit 64 Fußabschnitten mit 63 angegeben wurde) nur noch 7 Fuß groß ist.

Die Höhe des Trapezes beträgt (bei Anwendung des 1. Verfahrens, indem man *zuerst mit 8 multipliziert hat*) 7 (ein Strahl des kosmischen Rads), d. h. 63, denn man muß, damit der Außenmesser des Trapezes 360 ergibt, als 2. Multiplikator 9 annehmen. Da man Himmel und Erde auseinanderrücken muß, um ihre Verbindungen zu lösen, wird der Baldachin durch eine Säule gestützt, die (7 + *2*) × 9, das ergibt 9 × 9 oder 81 gilt – und dies ist denn auch die Zahl des *Chou-pei-s* (Gnomons). – Entspricht jedoch der Größe des Menschen und der wirklichen Speiche des kosmischen Rads der Wert 8, dann muß (hat man zuerst mit *9* multipliziert) der 2. vereinbarte Multiplikator 8 sein, soll der Umfang des Trapezes weiterhin den Wert 360 behalten. Für die Größe des Menschen ergibt sich daher 8 × 8, d. h. 64 und für die Höhe der Mittelsäule [(8 + 2) × 8 =] 80 – also das im *Chou-pei* für den Gnomon genannte Maß.

Die 81 stammt von der 63 ab, wie die 80 von der 64. Wenn man das Normalmaß des Menschen in 7 oder in 8 Fuß, in 63 oder in 64 Teile gliedert, so bleibt dieses in Wirklichkeit wahrscheinlich unverändert. Fraglich ist auch, ob sich die wirkliche Höhe (der Abstand von der Unterseite des gebohrten Loches bis zur Spitze der Stange) wirklich verändert, wenn man als Höhe des Gnomons 81 oder 80 angibt. Denn wäre die 81 von der 80 nur *um eine nicht zählende Einheit* verschieden? Um die Höhe des Gnomons anzugeben, haben sich die Chinesen immer einer Zahl bedient, die ein Vielfaches von 8 darstellte ... Wenn die Wagner die Säule und das Kapitell, an dem sie den Baldachin befestigten, herstellten, achteten sie darauf, ein ganz kleines Stück des Kapitells (1/100 Fuß) über den Baldachin hinausragen zu lassen ... Die Zahl 81 weist beachtliche Vorzüge auf, vor allem dann, wenn man sie als Maß einer Höhe oder eines Signals gebraucht, das auf einer dem Wert 2 × 72 entsprechenden Basis errichtet wird. Denn kennen wir nicht ein rechtwinkeliges Dreieck (9, 8, 12), das die Höhe 81 und die Grundlinie 72 (= 144/2) hat, und dessen Hypotenuse den Wert 108 aufweist, d. h. die Hälfte von 216, den Umfang des Himmels, der gleichfalls durch 3 Seitenlängen des Sechsecks dargestellt werden kann?

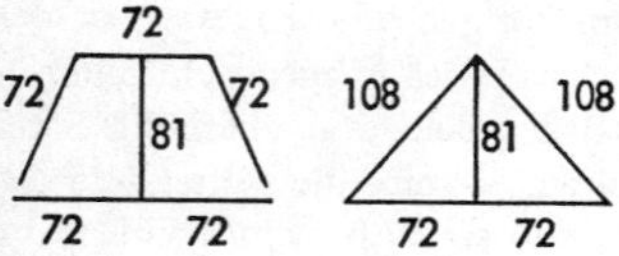

Die Höhe – der Gnomon – 81 bietet die Handhabe, um bei einem Baldachin oder bei einem Dach von einem Trapezprofil zu einem Dreiecksprofil überzugehen. [Das Dreiecksprofil ist für ein rundes Strohdach von der Gestalt, in der die *Ming-t'ang* ein solches besaß, bestens geeignet. Hingegen ähnelten die Ziegeldächer, von denen im *K'ao-kung-chi*[160] berichtet wird, daß sie nicht so steil waren wie die Strohdächer (zumindest zur Han-Zeit[161]), einem halben Sechseck oder einem Wagenbaldachin]. – Gleichgültig ob mit Dreieck- oder mit Trapezprofil, die Dächer, denen der Wert 216 entspricht, müssen über Rechtecken errichtet werden, deren halber Umfang (folglich) den Wert 144 haben muß.

Besitzt der Gnomon den Wert 81, dann bestimmt man mit ihm die Breite, während 63, die Höhe des Trapez, für die Tiefe maßgebend wird. Wir sahen, daß in diesem Fall die Einheit des Flächenmaßes (die Matte) den Wert 9 × 7 aufweist, wenn als Multiplikator 9 vereinbart wurde. Als Einheit gilt das *pi-hsien* (10 × 8) und als Multiplikator die 8, wenn der Gnomon und folglich auch die Breite den Wert 80 und die Tiefe der Gebäude und die Höhe im Trapez den Wert 64 zeigen. Stets gelingt es, die Kreisform (216 = 108 × 2 oder 72 × 3) vom Quadrat [72 × 2, das entspricht der Grundlinie jedes Trapezes oder dem halben Umfang des Quadrats] abzuleiten. Hat nun der Gnomon den Wert 80 [oder selbst 81 (80 + 1 Einheit, die nicht zählt)], so findet man das rechtwinkelige Dreieck 3, 4, 5 in der Proportion 10 × 8 wieder [die ihrerseits wiederum in den Flächenmaßen der Proportion 9 × 7 vorkommt – denn 81 + 63 ergeben ebenso 144 wie 80 + 64].

Über das Maßverhältnis 8 × 10 und das *pi-hsien* läßt sich also das vollkommene rechtwinkelige Dreieck 3, 4, 5 darstellen und gleichzeitig die Höhe des Gnomons mit 80 oder 80 (+ 1) festsetzen. Um dahin zu gelangen und um den Gedanken zu *veranschaulichen, daß der Kreis über das*

Sechseck vom Quadrat abgeleitet ist, d. h. um das Verhältnis 3/2 oder 9/6 zwischen Kreis und Quadrat in der Form 216/144 anzugeben, mußte man [wobei es im übrigen *möglich war, die Proportionen 9* × 7 *und 10* × *8 einander gegenüberzustellen und miteinander zu vergleichen* und folglich auch auf das rechtwinkelige Dreieck 3, 4, 5 hinzuweisen] von dem Verhältnis *8*/7 (oder 9/8) zwischen dem Radius des Kreises (der Seitenlänge des Sechsecks) und dem tatsächlichen Radius des Rades (der Höhe des durch ein halbes Sechseck dargestellten Trapezes) ausgehen. *Um zu einem solchen Ergebnis zu kommen, hatte der Baumeister* – ebenso wie der die Formel der Tonleiter vervollkommnende Musiker – *gleichzeitig die vereinbarten Multiplikatoren 8 und 9 anzuwenden.* – Dieser Schluß ergibt sich aus unserer Darlegung. Dasselbe wird von der Überlieferung behauptet. – Zur Chou-Zeit maß man mit 9 Fuß langen Matten, doch unterteilte man den Fuß damals in 8 Zoll. In der Yin-Zeit wurde mit 8 Fuß langen *hsin* gemessen, doch teilte man damals den Fuß in 9 Zoll ein[162]. – Im übrigen durfte man, wenn man dem Gnomon den Wert 80 zuschrieb, annehmen, daß er den Menschen nur um 2/8 überragte; um anzunehmen, daß er dem Normalmaß des Menschen (8) genau entsprach, genügte es (da 80 = 10 × 8 ist) den Fuß 10 Zoll zu unterteilen – wie dies, so wird berichtet[163], bei dem System der Hsia-Zeit[164] der Fall war.

Ob nun der Mensch (*jen*) 7 Fuß (rechtwinkeliges Dreieck 4, 7, 8) oder 8 Fuß (rechtwinkeliges Dreieck 4, 8, 9) mißt, seine Größe ändert sich ebensowenig wie die Höhe des Gnomons, dem man bald den Wert 81, bald den Wert 80 zuschreibt, je nachdem, ob man ihn in 9 × 9, in 10 × 8 oder in 8 × 10 Unterabschnitte gliedert.

Es ist nicht die Funktion der Zahl, quantitative Größen anzugeben; ihr Zweck ist es vielmehr, konkrete Maße auf die Proportionen des Kosmos abzustimmen. Um dieser Aufgabe vollkommen gerecht zu werden, muß das Zahlenemblem, wenn ich so sagen darf, 2 Koordinaten angeben, oder richtiger, beinhalten; die eine der beiden gibt die *immerwährende Struktur* der Welt an, die zweite weist auf einen *bestimmten Zustand* der Ordnung oder der Kultur hin. Die bezugreichsten Embleme wie 3 und 2, 3 und 4, 5 und 4, 10 und 8, 9 und 6, 8 und 7, 64 und 80, 63 und 81, 144 und 216, 108 und 72 ... offenbaren auch die Morphologie und Physiologie des Kosmos; *ihr Zusammenspiel wird von der großen Summe 360* (= *5* × 72 = *6* × 60) *beherrscht.*

Die Struktur des Kosmos oder die Vielfalt seiner Formen findet eine geraffte Darstellung in dem zweifachen Ausdruck *9/6* und *7/8*, der den

Beziehungen zwischen dem Yang und dem Yin, zwischen dem Ungeradzahligen und dem Geradzahligen entspricht. Wir sahen (und dies bedeutet einen Übergang vom *Quadrat* über das Zwischenglied des Sechsecks zum *Kreis*), daß es möglich ist, vom Verhältnis [7/8 (oder 8/9)] zwischen dem wirklichen Radius des kosmischen Rades (der Mensch als Normalmaß, 7 oder 8, *jen* = die Höhe im Trapez) und dem Radius des Kreisumfangs (Seitenlänge des Sechsecks) *überzugehen* zum Verhältnis (9/6) zwischen Umfang des Himmels (Halber Umfang des Sechsecks) und der irdischen Grundlinie (Grundlinie im Trapez). In diesem Übergang offenbart sich die lebendige Eigenart des Kosmos, nämlich der rhythmische Wechsel von *Gerader* und Bogen, von Yin und Yang. Dieser Übergang wird durch die vereinte Anwendung von Multiplikatoren ermöglicht, die, da man sie als Ordnungszahlen im Raum-Zeit-Gefüge betrachtet, als dynastische Embleme gelten. Diese Embleme erlauben es, die Struktur des Kosmos durch zwar verschiedene, doch untereinander *vergleichbare* Ausdrücke [die Proportionen 8 × 10 und 9 × 7, die halben Umfänge 81 + 63 oder 80 + 64 (die beide die Summe 144 ergeben)] darzustellen, indem sie eine kulturelle *Ära* charakterisieren. Daß verschiedene kulturelle Ordnungen aufeinanderfolgen [*ein musikalischer Rhythmus*, und zwar die Sequenz 9, 6, 8 (nachdem 6 das Zahlenemblem der Hsia-, 8 das der Yin- und 9 das der Chou-Dynastie war) *regelt diese Abfolge*], beeinträchtigt die Struktur der Welt nicht. Die Beständigkeit dieser Struktur wird offenbart, indem man als Kennzahlen für die Unterteilung der verschiedenen Maßeinheiten *Zahlen wählt, die sich so verbinden lassen, daß – da man nur die Reihenfolge der Operationen ändert – das Ergebnis*, mit dem Spielraum einer Einheit, *stets das gleiche bleibt.*

Statt zur quantitativen Bestimmung von Maßen werden die Zahlen zu qualitativen Gegenüberstellungen und Vergleichen benützt. Man bedient sich ihrer, um die Dinge in das System des Kosmos einzugliedern. *Denn die Dinge lassen sich nicht messen. Sie haben alle ihre eigenen Maße. Sie sind ihre eigenen Maßstäbe.* Sie sind so, wie das Werkzeug oder der Handwerker sie sein läßt. Das für sie geltende Maß ist das des Handwerksmanns, wie das für die Welt geltende Maß das des Fürsten, des als Normalmaß genommenen Menschen ist.

Der Wagenbau ist das vornehmste Handwerk[165], ist doch der Wagen mit seinem Kasten und seinem Baldachin eine Darstellung von Erde und Himmel. Im Aufbau des Wagens (Baldachin und Säule) kommen die Verhältnisse *9/6* und *8/7* zum Ausdruck, und für die einzelnen Maßverhältnisse (Länge der Waffen, Höhe des Baldachins) ist die Größe des Kriegers maßgebend[166]; und doch – wie die tatsächlichen Maße der Töpfereiwaren von den Maßen der vom Töpfer benützten Scheibe abhängen[167] – so bestimmt auch der den Wagen fertigende Künstler alle Maße mit dem Stil seiner Axt[168]. – Der schönste Sieg des Begründers des geeinten Kaiserreichs (Shih Huang-ti rühmt sich dessen in seinen Inschriften, und vielleicht prahlt er[169]) war es, daß er es erreichte, daß die Naben aller Wagen im Reich – bereits vor ihm waren die Wagen nach den *gleichen* Verhältniszahlen gebaut worden – *tatsächlich* den *gleichen* Abstand aufwiesen.

Im chinesischen Zahlenbegriff hat sich zwingendster Konformismus oder Stilgefühl in bewundernswerter Weise mit Eigenwilligkeit und *eifersüchtig verteidigtem Individualismus* ausgesöhnt. Deshalb kann die Zahl (von ihrem praktischen Nutzen abgesehen) ausschließlich der Darstellung des Weltgefüges und der sich ablösenden Kulturordnungen, durch welche der Rhythmus des kosmischen Lebens sich bekundet, vorbehalten werden. Hat man die Zahl der numerischen Klassierungen vermehrt, so vermied man es doch, auf sämtliche Maßeinheiten nur einen einzigen Teilungsmodus anzuwenden; vielmehr erhielt jede Einheit durch einen besonderen Teilungsmodus ein eigenes Gepräge, wobei man darauf achtete, komplementäre Teilungsmodi zusammenzufassen. Darum dient die Zahl zur Angabe von Beziehungen und Verhältnissen, wobei einer *freien Manipulierung der Beziehungen ebensowenig im Wege stand wie der Nutzung eines gewissen Spielraums bei den Proportionen.*

Die Zahlen sind nur Embleme. Darum hüten sich die Chinesen, sie als abstrakte und zwingende quantitative Zeichen aufzufassen.

5 *Die einstufende und die protokollarische Funktion der Zahl*

Wenn die chinesischen Interpreten einer Erklärung für die Maße (10 × 8) des *pi-hsien* bedürfen, stellen sie fest, daß die alten Maßeinheiten alle vom menschlichen Körper abgeleitet wurden, und fügen dann hinzu: Die vom Puls an gemessene Hand entspricht 10 (Zoll) beim Mann und 8 bei der Frau. Darum hat die gerade Zahl (8 oder 4) für die Maße der (von den Frauen hergestellten) Stoffe Geltung [und (im Prinzip) sogar für alle erzeugten (Yin-)Gegenstände]. Sie gilt auch für die Unterteilung von Flächen und vor allem von Hohlmaßen[170] – denn das Yin ist hohl. Hingegen dürfen die auf ein Normalmaß, auf den Gnomon, auf den Fürsten bezogenen Längenmaße durch eine (ungerade) Yang-Zahl angegeben werden.

Die wichtigste Funktion der geraden und ungeraden Zahlen ist es, sämtliche Dinge unter den Oberbegriffen Yin und Yang einzuordnen. Mit dieser einstufenden Funktion verbindet sich unmittelbar eine protokollarische. – Das Yang hat den Vorrang vor dem Yin, denn das Ungeradzahlige ist eine Synthese aus dem Ungeradzahligen und dem Geradzahligen.

Die chinesische Auffassung von der Zahl läßt sich in einer von den chinesischen Etymologen gebrachten Formulierung zusammenfassen. Um zu erklären, daß ein Zauberer mit dem Zeichenemblem (*wu*), welches »Zauberin« bedeutet, bezeichnet werden darf, daß er aber andererseits auch eine eigene Bezeichnung (*hsi*) verdient, argumentieren sie folgendermaßen: Die Zauberin ist *yin*, der Zauberer ist *yin-yang*. Der Ausdruck *yin-yang* hat sich stets als Bezeichnung für den Zauberer behauptet, ebenso wie der Zauberer immer – als ein Privileg, das ihm aus dem Vollzug der Hierogamie erwuchs – gleichzeitig Mann und Frau gewesen ist, und eine Frau, wenn immer er wollte. – Das Ungeradzahlige enthält das Geradzahlige und kann es hervorbringen. In ihm und durch es *wandeln sich* Geradzahliges und Ungeradzahliges.

Die Vorzüge des *pi-shien*, das das Maß (der Männerhand) 10 und (der Frauenhand) 8 in sich vereint, liegen darin, daß es mittlere Durchmesser von 5 und von 4 aufweist, deren Synthese die 9 ist. 11 [die Synthese aus 5 und 6 (wie auch eines jeden der 5 mit den 10 ersten Zahlen gebildeten Paare)], 7 [die Synthese aus 3 und 4 (aus eingeschriebenem Kreisumfang und halbem Umfang eines um einen Kreis konstruierten Quadrats)], 5 [die Synthese von 3 und 2 (der halbe Kreisumfang und die Seitenlänge des Quadrats)] können Yang-Dingen, die gleichzeitig *yin-yang* sind, als Embleme dienen. Keine dieser Zahlen vermag dies so gut wie die 9. Gilt die 9 als $5+4$, so gilt sie auch 3^2 und 3, welches die *1. Synthese* von Yang und Yin darstellt, auch die *erste Zahl* ist[171].

Die Eins bedeutet nie etwas anderes als das Ganze[172], und die Zwei weist im Grunde nur auf das Paar hin. Die Zwei steht für das Paar, für welches der *Wechsel* (und die *Vereinigung*, nicht aber die *Summe*) von Yin und Yang charakteristisch ist. Und Eins, das Ganze, ist der Angelpunkt, der weder *yin* noch *yang* ist, auf den aber der Wechsel von Yin und Yang bezogen ist. Die Eins steht für das *nicht zählende* Mittelquadrat, *das jedoch* (wie die Nabe, von der die taoistischen Autoren behaupten, daß sie die Funktion des Rades erst ermögliche, weil sie *leer* ist)[173], die Drehung des von den 4 Rechtecken, in welches das große Quadrat, der gesamte Raum aufgeteilt wird, dargestellten Hakenkreuzes *bedingt*. Die Eins ist das Unteilbare, das nicht addiert werden kann, weil es keine Synthese aus Geradzahligem und Ungeradzahligem darstellt; sie stellt die *Einheit* dar, der kein anderer Wert als 1 zukommen kann, weil sie die allesumfassende Ganzheit ist. Sie kann im übrigen von der Zwei nicht verschieden sein, weil sich in ihr alle gegensätzlichen und gegenläufigen, zugleich aber vereinenden

Aspekte, als da sind Links und Rechts, Oben und Unten, Vorn und Hinten, Kreis und Quadrat, das gesamte Yang und das gesamte Yin, aufheben. Das zugleich eine Einheit und ein Paar darstellende Ganze, will man es in einer Zahl ausdrücken, findet sich in allen ungeraden Zahlen wieder, und zwar zuallererst in der Drei (die *Eins* plus *Zwei* ist). Wie wir sehen werden, wird die 3 als nahezu vollwertiger Ausdruck der *Einstimmigkeit* aufgefaßt.

Die Zahlenreihe beginnt also mit der 3 [174]. Es liegt dabei keine fortlaufende Zahlenreihe vor, werden die einzelnen Zahlen doch sogleich auf zwei sich gegenüberliegende Reihen aufgeteilt. Eine fortlaufende Reihe ließe sich nur zum Zählen verwenden. Nun haben es die Chinesen schon zu allen Zeiten in der Praxis verstanden, richtig zu zählen. Was ihre Philosophen jedoch von der Zahl forderten, war, daß ihnen die Yin- und Yang-Reihen für die hierarchische Einstufung der Wesen unter gegensätzlichen Oberbegriffen die Ordnungszahlen lieferten. Ihnen kommt es in erster Linie darauf an, durch geeignete Embleme geradzahlige und ungeradzahlige Gruppierungen voneinander zu scheiden und gleich zu Beginn auf die vollkommensten Glieder dieser Gruppierungen hinzuweisen. Daraus erklärt sich die durch ihre rituellen Funktionen bestätigte große Bedeutung der zweifachen ansteigenden Reihe $\begin{matrix} 3, \mathit{9}, 27, \mathit{81} \\ 8, \mathit{16}, 32, \mathit{64}. \end{matrix}$ Der Hauptvorzug dieser zweifachen Reihe liegt auf der Hand [175]: durch sie werden zweimal 2 Quadrate miteinander verglichen, deren Summe auf ein weiteres Quadrat hinweist [$\mathit{9} + \mathit{16} = 5^2$ und $\mathit{81} + \mathit{64} = 12^2$ (+ 1)]; auch lädt sie zur Konstruktion zweier rechtwinkeliger Dreiecke ein (die beide von grundlegender Bedeutung sind, obzwar das eine nur annähernd rechtwinkelig ist). Ein anderer Grund für die überragende Bedeutung der Reihe ist, daß $3 + 9 + 27 + 81$ ebenso wie $8 + 16 + 32 + 64$ die Summe 120 ergeben und beide zusammen den 2/3 von 360 entsprechen. Stellt man diese beiden Reihen, die aus absolut vollkommenen ungeraden und absolut geraden Zahlen bestehen, einander gegenüber, so gehen die 120, die an der Summe 360 fehlen, nur scheinbar ab. Den König sollen 120 Gattinnen und 120 Minister umgeben. Der Einmalige Mensch (dessen Kleid mit den 12 Insignien bestickt ist und der an seinem Zeremonienhut 12 Jadegehänge trägt), stellt *für sich allein* eine Entsprechung zur ganzen Schar seiner Vasallen und zur ganzen Schar seiner Vasallinnen dar. Er entspricht diesen beiden Gruppen, die nichts weiter als seine Linke und seine Rechte verkörpern, ja, als Herr der Zwölf Provinzen entspricht er zudem auch noch der Großen Summe 360, in der er nicht als 1 zählt, ebensowenig wie in der Schar der 12 Gattinnen die Königin als 1 zählt. Infolge der Hierogamien, die sie in ihrem Herrn aufgehen lassen, ist sie eine mit dem Einmaligen Menschen und

Höchsten Zauberer – der ein die Aspekte Yin und Yang in sich vereinendes Paar ist.

Das Ungeradzahlige beschließt in sich und erzeugt das Geradzahlige, das stets nichts als eine zweifache (linke und rechte, *yin* und *yang*) Projektion des Ungeradzahligen ist. Weder das Ungeradzahlige noch die Einheit *lassen sich dem Geradzahligen zuzählen.* Vielmehr bezeichnen sie den Mittelpunkt einer symmetrischen Gegebenheit und verwandeln diese in eine ungeradzahlige. Doch *lassen sich auch weder das Ungeradzahlige noch die Einheit dem Ungeradzahligen zuzählen*; sie verwandeln nur eine auf einen Mittelpunkt bezogene Anordnung in eine symmetrische Anordnung. Derartige *Wandlungen* stellen nur Veränderungen der äußeren Erscheinung, der Gestalt, richtiggehende Metamorphosen dar – doch sind sie offenbar von keiner quantitativen Veränderung begleitet. Im übrigen werden alle geradzahligen Bezeichnungen als Ausdrücke für eine symmetrische Anordnung und alle ungeradzahligen als Ausdrücke für eine hierarchisch gestufte Anordnung aufgefaßt. Somit gelten die Ungeradzahligen gleichfalls als Bezeichnungen für die Ganzheit, d. h. für die sich als mehr oder minder komplizierte Erscheinung manifestierende Einheit. Eins entspricht der Gesamtheit, und jede ungerade Zahl, die eine Art Ganzheit darstellt, ist eins.

Die ungerade Zahl *vollzieht* den Übergang von der geradzahligen Bezeichnung zur ungeradzahligen und von der ungeradzahligen zur geradzahligen, wobei nicht von einer Addition, wohl aber von einer anderen Verteilung des Vorhandenen, von einer inneren Umorganisation die Rede sein kann. Dieser Übergang vom Geradzahligen zum Ungeradzahligen ist nicht der vom Grenzenlosen zum Begrenzten oder vom Unbestimmten zum Bestimmten; es ist vielmehr der Übergang vom Symmetrischen zum Mittelpunktbezogenen, vom nicht hierarchisch Gestuften zum hierarchisch Geordneten. Man vollzieht diesen Übergang, ohne daß dabei im eigentlichen Sinn quantitative Begriffe eine Rolle spielen. Das Doppelte (*yin*) und das Ungeteilte (*yang*), das Quadrat (das Symmetrische) und der Kreis (das Mittelpunktbezogene) erzeugen sich wechselweise (*sheng sheng*) [176], oder richtiger, sie *lösen sich in rhythmischem Wechsel ab.* – Die geometrische Idealvorstellung [177] entspräche einer (auf eine Unterscheidung folgende) Angleichung von Gerader und Kurve, Durchmesser und Halbkreis, von 2 und 3, kurzum, dem Verzicht darauf, der Zahl 1 einen Wert zu verleihen.

Die Angleichung und Unterscheidung von Geradzahligem und Ungeradzahligem, von Symmetrischem und Mittelpunktbezogenem beweist hinreichend, daß die Wissenschaft von den Zahlen von einer geometrischen

Wissenschaft nicht zu trennen ist. – Ursprung und Anwendungsbereich dieser Wissenschaft sind die Formen des Gesellschaftslebens.

Die Chinesen fassen die Zahlen als zwei Gruppen von Emblemen auf, die sich zur Charakterisierung (und gleichzeitigen Einstufung) der verschiedenen auf den Kategorien von Yin und Yang beruhenden Möglichkeiten der Zusammenordnung eignen. Ihre Philosophen lehnen eine rechnerische Auffassung der Einheit ab und vermeiden es, die Zahlen in einer durch wiederholte Additionen der 1 gebildeten fortgesetzten Zahlenfolge aufzureihen. Sie empfinden nicht das Bedürfnis, die Zahlenreihe als eine grenzenlose aufzufassen; sie ziehen es vor, sich diese als einen aus endlichen, zur Darstellung von Zyklen geeigneten (was besonders für die 1. Zehnerreihe zutrifft) Reihen bestehenden Komplex vorzustellen. Ihrer Meinung nach müssen die Zahlenembleme die Anlage eines endlichen Ganzen angeben, d. h. dessen Umfang bei Angabe der Unterabschnitte dieses Umfangs anzeigen. Die Kunst der Zahlen ist die Spezialität der Meister des Kalenders, die mit der Auffindung von Hinweisen am Himmel und mit der Gliederung des Himmelsumfangs in Abschnitte beauftragt sind. Es kommt ihnen dabei nicht so sehr darauf an, diesen in *gleiche* Abschnitte einzuteilen; im Gegenteil, eine rein rechnerische Vorstellung von der Einheit wäre ihnen nur hinderlich. Ihre Pflicht besteht darin, Klassenordnungen aufeinander abzustimmen und sie so miteinander zu verbinden, daß durch deren Ineinandergreifen die Möglichkeit von Zahlenumstellungen geschaffen wird.

Der Himmel besteht aus seinem First (es ist dies der Palast der Mitte, der Palast der Höchsten Einheit [*T'ai-I*] – bewertet man diese mit 1 oder zählt man sie gar nicht?), aus Vier Quartieren (Vierteln), die aber nicht in jedem Fall 90° entsprechen. Der Palast des Ostens entspricht 70° 50' und der des Westens 75° 40'; zum Palast des Nordens gehören 101° 10' und zum Palast des Südens 112° 20'[178]. Jedes Viertel wird in 7 Abschnitte unterteilt, so daß der gesamte Himmelsäquator in 28 Häuser zerfällt, die hinsichtlich ihrer Ausdehnung untereinander große Unterschiede aufweisen, und von denen zwei [*Fa*, (heute *Shen*, das Schwert des Orion) und Shen, das Schwert des Orion (heute Tsui)] die gleiche Himmelsregion einnehmen. Wenn man 7 Häuser pro Quartier rechnet, so liegt dies wahrscheinlich daran, daß die Konstellation des Palastes der Mitte (der Große Bär), der Residenz der Höchsten Einheit, aus 7 Sternen besteht[179]. Heißt es nicht in einem (bei Szu-ma Ch'ien aufgezeichneten) Passus des *Shu-ching*: »Die sieben Herrscher und die 28 Häuser, die Pfeifen (= die Musik) und der Kalender – der Himmel bedient sich ihrer, um die *ch'i* (»Einflüsse«) der Fünf Wandlungsphasen und der Acht Himmelsrichtungen (Acht Winde) miteinander in Verbindung zu bringen (*t'ung*)[180]«? So hat denn der Autor (ein Fachmann auf dem Gebiet des Kalenderwesens) ein ganzes Kapitel seiner »Aufzeichnungen der Historiker« benützt, um darzutun, wie die Einteilung nach 8 (Himmelsrichtungen) und die Einteilung nach 28 (Häusern) zusammenpassen und sich auch an die Einteilung nach 12 (Pfeifen und Monaten) anfügen[181]. Auf dem Himmelsumfang ergänzt Szu-ma Ch'ien die 28 Häuser durch die 8 Himmelsrichtungen, um dann das Ganze in 4 Quadranten zu zerlegen. 28 + 8 ergeben 36, also 4 × 9. Szu-ma Ch'ien teilt nämlich einem jeden der Quadranten 7 Häuser und 2 Himmelsrichtungen zu, ohne daß ihn dabei der Umstand störte, daß die 7 Häuser eines Sektors niemals genau 90° entsprechen. Aus dieser Anordnung leitet er im einzelnen Entsprechungen zwischen Monaten, zyklischen Zeichen, Himmelsrichtungen und Pfeifen und einer großen Anzahl von Besonderheiten ab. Unter letzteren erscheint wohl als seltsamste die, daß der 5. Monat, *der Monat der Sommersonnenwende*, auf drei vom SO abhängende Häuser bezogen wird, während die *Richtung des genauen Südens* (und die zu ihr gehörenden zwei Häuser) nur einem gewöhnlichen Ort entsprechen, sowie daß der 6. Monat, der letzte Sommermonat, auf den SW bezogen wird, in dem der Herbst und der westliche Raumabschnitt beginnt[182]. Und an allem stört Szu-ma Ch'ien, der auf der Höhe des Wissens seiner Zeit war, überhaupt nichts. [Wohl aber legt er Wert auf den Hinweis, daß das eine der Häuser des Südens 7 Sterne zählt (und so benannt wird): Es zähle 7, so meint er, weil 7 die Zahl des Yang (und des Südens = Feuers) ist][183].

Beruf und Berufung des Astronomen ist es, die unterschiedlichen Klassenordnungen aufeinander abzustimmen und miteinander zu verbinden – in der Hoffnung, daß ihre Überschneidungen die Manipulation von Emblemen und als Folge davon die Manipulation der Wirklichkeit erleichtern. Für den Astronomen liegt der erste Vorzug der Zahl darin, *daß sie die Darstellung verschiedenartiger Kombinationen ermöglicht, die den einzelnen Bauteilen eines Ganzen, nachdem man dieses aufgelöst hat, zugeordnet werden können, und mit deren Hilfe es überdies möglich ist, diese Kombinationen erneut untereinander zu kombinieren.* Nachdem daher die Zahl die Aufgabe erhalten hatte, die Qualität von Anordnungen anzuzeigen, erwartete man ohne weiteres von ihr, indem man sie als zyklisches Zeichen behandelte, daß sie über die besondere Beschaffenheit von Lagen Aufschluß gebe. Diese Funktion ist kaum von jener verschieden, die sie als Symbol verschiedener zyklischer Anordnungen erfüllt, auf die man sich, *je nach den Umständen*, beziehen muß. Fungiert eine Zahl als Bezeichnung eines Ortes, dann in ihrer Eigenschaft als Symbol der in diesem Fall durch ganz bestimmte umstandsbedingte Eigenheiten des Raum-Zeit-Gefüges bewirkten *Anordnung*[184]. Im Dienst einer Weltdeutung und einer Geometrie, deren Grundgegebenheit darin besteht, daß Zeit und Raum zusammen ein konkretes Medium bilden, wird die Zahl in erster Linie und vor allem zur Angabe der umstandsbedingten *Gestalten der Einheit, oder richtiger: des Ganzen*, verwendet.

Als Erste Zahl, als vollkommene (*ch'eng*) Zahl steht die 3 am Anfang aller großen Klassensysteme, und zwar der Klassenordnungen nach 5 wie auch nach 6, 4 und 7; nach 8, wie auch nach 9, 10 und 12 (und nach 24, 36, 60, 72 usw.).

Interessanterweise ist uns durch die Mythen, die von den Schutzherren der Astronomie und der Kalenderkunst berichten, eine sehr aufschlußreiche Angabe erhalten, nämlich daß die Geometrie der mit der Ordnung von Zeit und Raum beauftragten Gelehrten (ebenso wie das gesamte System der Zahlenordnungen) eine Nachbildung der Formen und der Ordnung der chinesischen Gesellschaft sei, aus einer Zeit, als für diese allmählich das Prinzip einer Stufenordnung maßgebend wurde. Alle chinesischen Klassenordnungen beruhen auf einer Aufstellung in einem Quadrat – was einer militärischen Formation entspricht – sowie dem Bild eines einfachen oder eines Hakenkreuzes, in dem die Vorstellung des Kreises und einer Drehung angedeutet wird.

Ich habe bereits bei der Zeit und Raum zugeschriebenen mittelpunktbezogenen Anordnung[185] gezeigt, wie die *Anordnung auf einem Achsenkreuz* [die es ermöglicht, den Kosmos in 4 Abschnitte zu gliedern und in den Mittelpunkt, der das Emblem 5 erhält, die Einheit, das Ganze und den Angelpunkt des Ganzen als Grundlage jeder Stufenordnung zu stellen] *von einer feldschlachtmäßigen Gegenüberstellung von 3 gegen 3 herrührt* [wobei man durch das Bild einer Achse an die Turniere und an den zweiteiligen Gesellschaftsaufbau des Altertums erinnert wird, auf den der Begriff einer Kategorie des Paars, des ersten Modells der Zahlenanordnungen, zurückgeht]. Ich habe dies anhand des Mythus von Hsi-ho[186], der die Sonne, die Mutter der Sonnen, das Sonnenpaar darstellt, zugleich aber die 3 Hsi und die 3 Ho ist, gezeigt. Der Herrscher Yao (der seinem Äußeren nach einer Sonne glich) bildete mit dieser zweifachen Dreieinigkeit eine Figur, die ein großes Achsenkreuz darstellte. Denn er entsandte die Jüngeren der Brüder Hsi und der Brüder Ho an die 4 Pole und behielt den Ältesten der Ho und den Ältesten der Hsi bei sich, wobei diese den Mittelpunkt wie eine Linke und eine Rechte umstellten und mit der Aufsicht über Sonne und Mond, Yang und Yin beauftragt waren; denn sämtliche 6 Hsi und Ho sind nicht nur Astronomen, sondern auch Meister des Orakels. Diese zugleich einfache und zweifache, zugleich links, in der Mitte und rechts, vorn, in der

Mitte und hinten wirksam vorhandene Einheit läßt sich mit einer zweifachen Dreieinigkeit vergleichen, die sich auf den 4 Schenkeln eines Achsenkreuzes manifestiert, jedoch in der Weise, daß der Mittelpunkt der Welt bezeichnet wird. Sie projiziert sich entweder, indem (wenn zum Ganzen der Wert 5 gehört) der 1, dem Mittelpunkt, das die 4 Abschnitte abgrenzende Achsenkreuz gegenübergestellt wird, oder, indem (wenn der Wert des Ganzen 7 ist) der 4 (dem Umfang, d. h. dem Quadrat) die 3 (der Angelpunkt, d. h. der Kreis) als Gegenstück zugewiesen wird; denn 4, 5, und 7 können (sobald man die Einheit in 6 Teile zerlegt hat) die Gestalt und den Aufbau des Kosmos angeben. Ein ähnliches Motiv findet sich im Mythus von Chung-li. Auch Chung und Li sind zwei Astronomen, und Chung-li[187] stellt wiederum die Sonne dar. Wie Hsi-ho ist auch Chung-li einer; er ist aber ebenso die Hälfte eines Paars, und zwar dessen *rechte* Hälfte, nachdem Wu-hui, der Bruder Chung-li-s (und der Großvater von 6 Enkelsöhnen, von denen 3 den Leib ihrer Mutter zur Linken und 3 zur Rechten verlassen hatten) nur, so wird behauptet, eine *linke* Körperhälfte hatte[188]. Trotzdem entspricht Chung-li allein einem Brüderpaar Chung und Li. Der eine dieser Brüder herrschte über den Himmel, der zweite über die Erde; auf diese beiden umsichtigen Astronomen geht sogar die Trennung von Erde und Himmel, von Unten und Oben zurück. Bisweilen allerdings wird behauptet, daß Chung und Li nicht Brüder waren. Dann ist Chung einer von 4 Brüdern – die aber nur für 3 zählen; denn zwei von ihnen, die dem *Norden* (Yin) geweiht sind, bilden ein einziges Paar; die beiden anderen umgeben als Genien des Ostens und des Westens diese zweifache Einheit – und diesem Trio steht Li allein gegenüber, der sich nicht in dreifacher Weise projiziert und der daher nur über ein Viertel des Horizonts, über einen einzigen Weltabschnitt herrscht. Er herrscht allerdings über den *Süden*, über das Feuer und das Yang. Damit wurden die Spitzen des Achsenkreuzes festgelegt und 4 Heroen über die Vier Himmelsrichtungen gesetzt. In den Mittelpunkt muß allerdings neben den mit der Tugend des Himmels ausgestatteten Herrscher ein fünfter Heroe treten, der über die Erde herrscht (*Hou-t'u*). Die Tugend (Kraft) der Erde ist einem Minister vorbehalten, der dem Herrscher sekundiert und der als einer und dreifacher den Namen »Drei-Herzöge« trägt – wie man ja auch die Dorfältesten und Häuptlinge »Drei-Alte« nennt. Wie könnten die besonderen Qualitäten, auf Grund derer die 3, die ungerade Zahl, als Hauptemblem jeder eine hierarchische Organisation entsprechenden Anordnung fungieren kann, besser zum Ausdruck kommen als in diesen Titeln[189]? – Übrigens bemerkt man, daß bei der Klassenordnung zur Basis 5 auch dann, wenn sie sich von der Klassenordnung zur Basis 6 abzuheben strebt, noch etwas von dem alten Dualismus übrigbleibt, – denn die mittlere *Einheit* bewahrt den Wert eines *Paars*.

Spuren eines Dualismus zeigten sich auch, sobald die wachsende Geltung des Ungeradzahligen und einer hierarchischen Grundordnung den Klassenordnungen nach den Zahlen 9 und 10 beherrschende Geltung brachten. Während im Himmel Hsi-ho, die Mutter der Sonnen, 10 Söhne hat, besitzt auf Erden ein Herrscher wie etwa Yao (welcher der Sonne gleicht) selbst 9 oder 10 Söhne[190]. Yao befahl seinem Vasallen (oder seinem Double), dem Großen Bogenschützen, 9 Sonnen zu töten, die seiner eigenen Machtübernahme entgegenstanden, und die am Himmel den Platz der dann allein zur Verteilung von Schatten und Licht befähigten Sonne zu usurpieren beabsichtigten. Auch ließ er durch seinen Minister oder sein Double Shun den Ältesten dieser Söhne, von welchen ihm nur 8 (oder 9) ergeben waren, töten (oder zumindest verbannen). Der Antagonismus von 1 und 9 stellt nur einen anderen Aspekt des Antagonismus von 1 und 3 oder von 3 und 3 dar. Wenn die Ordnung im Reich und in der Welt gestört ist, kann man sehen, wie eine und 9 Sonnen miteinander ringen; gewöhnlich spielt sich dieser Kampf zwischen der aufgehenden, am Himmel zur Macht gelangenden und der sinkenden, nicht rechtzeitig auf die Erde zum Sonnenuntergang zurückkehrenden Sonne[191] ab. Unabhängig davon, ob man 2 oder ob man 10 (1 gegen 9) Streiter zählt, stets ist das Turnier Ausdruck eines Antagonismus zwischen dem Oberen und dem Unteren. Wenn allerdings, zumindest in dem einen Lager, 9 Streiter vorhanden sind, so deshalb, weil die 9 auf der Fläche die Gliederung des Raums angibt. – Die Klassenordnung nach der 10 (= 9 + 1) beruht auf der Klassenordnung nach der 9, auf die auch die Klasseneinteilung nach (9 – 1 =) 8 zurückgeht. – Schickt ein Herrscher an die Pole nicht vier Astronomen, so verbannt er [192] eine auf ein Quadrat hinweisende Anzahl verderblicher Genien (die übrigens gleichfalls einem zweifachen Trio entsprechen); in diesem Fall umgibt sich der Einmalige Mensch mit einer zweifachen Reihe guter Genien als notwendigem Gegengewicht[193]; er beauftragt die Acht Erhabenen mit der Leitung der Dinge der Erde (*Hou-t'u*, so lautet der Titel des Genius der Mitte und der Erde, deren Zahlenemblem die 5 ist), und er betraut die Acht Vortrefflichen mit der Aufgabe, die Fünf Lehren in den Vier Richtungen zu verbreiten. Sie alle entledigen sich ihrer Aufgabe auf Grund ihnen vom Mittelpunkt (5) mitgeteilter Machtbefugnis *auf zwei verschiedenen Ebenen*, indem sie nämlich stofflich-konkrete oder sittliche, irdische oder himmlische Werke vollbringen. Allein die Tatsache, daß zu jeder Gruppe 8 gehören, beweist hinreichend, daß ihr Wirken auf die Peripherie gerichtet ist. Sie entfalten ihre Tätigkeit nicht nur in den 4 Haupthimmelsrichtungen, sondern auch in den Eckrichtungen, d. h. in den Bereichen der Acht Himmelsrichtungen und der Acht Trigramme, also in den 8 Quadraten, die, paarweise verbunden, 4 Rechtecke ergeben, die um ein die Nabe der Welt darstellendes Mittelquadrat ein Hakenkreuz bilden. Wenn von der Höchsten Einheit die achteckige Rose der Trigramme und die an den Außenseiten des magischen Quadrats liegenden 8 Zahlenembleme angeordnet werden, ruht sie sich, so heißt es, *zweimal* im Mittelpunkt (5 und 10) aus[194]. Dies bedeutet (und dies ist eine weitere Spur des ursprünglichen Dualismus), daß der Mittelpunkt und die Einheit selbst verdoppelt vorhanden sind, und daß oberhalb der irdischen Ebene eine himmlische Ebene vorhanden ist, oberhalb des Unten ein Oben, und endlich, daß der Mittelpunkt *einen Angelpunkt darstellt*, in dem Himmel und Erde vereint werden. Darum bedarf der Herrscher zur Verbreitung seiner zweifachen Zentralgewalt einer doppelten Reihe von 8 Gehilfen. Die Klassenordnung nach der 8 (oder 2 × 8) geht ebenso wie die Klassenordnung nach der 10 auf die Unterteilung des Quadrats in 9 kleinere Quadrate zurück. – Das gleiche gilt (wie ich dies bei der *Ming-t'ang* mit ihren 8 äußeren Sälen und ihren 12 Ausblicken auf den Horizont gezeigt habe) für die Klassenordnung nach der 12. – Der Antagonismus von Erde und Himmel weist auf den ursprünglichen Dualismus hin, und doch bekundet sich durch all diese Klassenordnungen das Vordringen des Gedankens einer Stufenordnung. Dieses Vordringen hängt mit dem Erfolg des Ungeradzahligen zusammen. Statt sich dreifach nur zweimal zu projizieren, so daß am Anfang nur ein Paar dreifacher Einheiten sich gegenübertritt, projiziert sich die zentrale Einheit nun dreimal dreifach, und zwar nach vorn, in die Mitte und nach hinten[195]; damit wird das Quadrat nicht mehr bloß durch ein einfaches Kreuz angedeutet, sondern in seiner ganzen Ausdehnung durch die Zweige des Hakenkreuzes begrenzt; der Kosmos besteht nicht mehr aus 4 Abschnitten und einem Mittelpunkt (Klassenordnung nach den Fünf Wandlungsphasen), sondern er umfaßt 9 Provinzen, also einen Mittelpunkt und 8 Richtungen, Himmelsrichtungen oder Trigramme (die Klassenordnung nach 8).

Als Patronatsherr der Orakelmeister und Meister des Yin und des Yang herrscht Hsi-ho über die Acht Winde und über die Acht Trigramme ebenso wie er als Sonne und als Patronatsherr der Astronomen dem Wechselspiel von Schatten und Licht gebietet. Es gibt ein Paar Hsi-ho, ebenso wie es unter den Trigrammen das Paar *ch'ien-k'un*, die Eltern der drei als Schwestern erscheinenden weiblichen und der drei als Brüder aufgefaßten männlichen Trigramme, gibt – und es gibt ebenso 3 Brüder Hsi und 3 Brüder Ho. Die Hsi und die Ho werden überdies als die Herren der

Sonne und des Mondes[196] aufgefaßt. Die Mutter der Sonnen (von denen es 10 gibt) unterscheidet sich im Mythus kaum von der Mutter der (12) Monde. Beide haben den gleichen Gatten. Dieser Herrscher, der der Vater von Drei-Körper war, zeugte auch Acht Heroen, die den Tanz und die Musik erfanden[197]. Sowohl der Sonnenrabe als auch der Mondhase hat drei Pfoten. Die Sonne muß auf ihrem Tageslauf 16 Stationen berühren; ebenso herrschen über die Nacht, ganz wie dies bei den Gehilfen des Herrschers der Fall ist, eine zweifache Reihe bildende Acht Genien[198]. – Bei den Tänzen des Altertums standen sich die Tänzer jeweils 3 zu 3 gegenüber; später konfrontierten sich in den Tanzchören jeweils 8 mit 8 Tänzern[199]. Wir wissen sogar, daß es ehedem eine Bruderschaft der Tänzer gab, in der man paarweise und zu dritt miteinander tanzte, d. h. wahrscheinlich zu acht und zu neunt. Dieser Bruderschaft gehörten nämlich 81 oder 72 Mitglieder an, die entweder (9 × 9) die Neun Provinzen der Welt oder [(9 × 8) nochmals diese 9 Provinzen oder aber] (8 × 9) die Acht Himmelsrichtungen und die Acht Trigramme darstellten – wobei in dem einen Fall auf die mittlere Einheit und die Zahl des Gnomons (81–80) und im zweiten auf die Gliederung des Ganzen (360) in 5 Teile hingewiesen wurde.

Die Anfänge der großen Klasseneinteilungen lassen sich in den Mythen erkennen, die sich oft auf die Sonne oder auf Sonnenfamilien beziehen, denn die Zahlenanordnungen hatten in erster Linie für die Astronomen Bedeutung; im übrigen ist die Sonne das Symbol des Fürsten. Diese Mythen enthalten nichts anderes als die literarische Einkleidung der heiligen Turniere und Dramen. Die geometrische Anordnung dieser Ballette war Ausdruck der Struktur und Ordnung der Gesellschaft des Altertums. Die Grundeinteilungen [nach 6 und 5 (Lehre von den Wandlungsphasen), nach 8 und 9 (Himmelsrichtungen und Provinzen)] weisen auf die allmählich wachsenden Vorrechte des Männlichen und die Bevorzugung des Ungeradzahligen hin, durch die die Herrschaft der Zweiteilung (Yin und Yang, d. h. die Kategorie des Paars) abgelöst wurde. Die Anordnung in einem Quadrat und die Anordnung in einer Dreiergruppe sind charakteristisch für eine städtische und militärische Organisation. Man fuhr zu dritt im Wagen; im Wettkampf traten die Bogenschützen in Dreiergruppen einander gegenüber; Stadt wie Truppenlager wiesen einen linken und rechten Bezirk auf, der die in der Mitte liegende Residenz des Fürsten umschloß; ihre Befehlshaber führten die Legionen der Linken und der Rechten an; in den Armeen standen jeweils 3 Legionen 3 anderen Legionen gegenüber, und nur die Armee des Königs bestand aus 6 Legionen. Die Städte und die Heerlager bestanden aus 9 oder aus 12 Quartieren[200]. Die Welt hatte 9 oder 12 Provinzen; die *Ming-t'ang* [gleichgültig, ob sie 5 Säle (einfaches

Achsenkreuz) oder 9 Säle (Hakenkreuz) umfaßte] wies 9 heilige Örter auf und gewährte 12 Ausblicke auf den Horizont; ließ sich das Quadrat 3 × 3 nicht in 9 Quadrate zerlegen, von welchen 8 an der Außenlinie liegen? Und unterteilte man dieses in 16, besaß es nicht an den vier Außenlinien 4 Quadrate, derart, daß es 2 × 8 Ausblicke auf den Horizont gewährte[201]? Stadt, Heerlager, Schlachtordnung und Turniere der Bruderschaften stellten die Eigenschaften der Zahlen 8 und 9, 5 und 6 wie auch 10 und 12, die als bevorzugte Multiplikatoren und Ordnungszahlen Verwendung finden sollten, in geometrischen Anordnungen sinnfällig dar, nachdem die Astronomen sie so anwenden (und kombinieren) konnten, daß die 360 in (5, 6, 8, 9, 10, 12 oder 30, 36, 40, 45, 60, 72 ....) Abschnitte zerlegt wurde[202].

Mit Ausnahme der Begriffssparte Paar (die auf dem Gedanken einer einfachen Gegenüberstellung und eines einfachen Wechsels wie auch auf dem Bild einer linearen Achse beruht) rühren alle Zahlenordnungen – bei welchen die 6 [das einfache Kreuz: (6 oder) 5 Gebiete, 4 Raumabschnitte] und die 9 [Hakenkreuz: (10 oder) 9 Gebiete, 8 Raumabschnitte] als Verbindungsglieder dienten – von der 3, dem Ungeradzahligen, dem Erzeuger des Quadrats und dem Emblem der Kurve, der Synthese des Doppelten und des Unteilbaren, der Ying-Yang-Zahl, der männlichen Zahl, der Grundlage jeder Stufenordnung, dem Symbol des bezifferten Ganzen, der Ersten Zahl her.

Die mit Hilfe der Zahl vorgenommenen Klasseneinteilungen herrschen in China bis in die letzten Einzelheiten von Theorie und Praxis. Durch die Kombination und Verflechtung von Zahleneinteilungen ist ein weitverzweigtes System von Korrespondenzen entstanden. Die Einstufung der Dinge unter den verschiedenen Wandlungsphasen und den verschiedenen Trigrammen nimmt in diesem System die erste Stelle ein; doch spielen weitere, gleichfalls auf der Zahl begründete Klasseneinteilungen mit herein und komplizieren (oder verkehren sogar) die Entsprechungen und Gegensätze. Als Folge dieser Verflechtungen und der ins Endlose gehenden Anwendung von Ordnungszahlen haben letztere am Ende nur noch die Bedeutung von Gedankenstützen. Sie erleichtern den Bezug von den einzelnen Gegebenheiten auf das Weltbild nur in ganz äußerlicher, rein schulmäßiger Weise. Dies ist z. B. der Fall, wenn man im *Hung-fan*[203] die Maßnahmen der Regierung (Ernährung, Waren, Opfer, öffentliche Arbeiten, Bildungswesen, Gerichtsbarkeit, Gastfreundschaft, Heerwesen) auf 8 Abschnitte verteilt, oder wenn man im *Chou-li*[204] die Attribute des Ministers des

Himmels nach Zahlensparten ordnet (6 Ministerien, 8 Verordnungen, 8 Statuten, 8 Regeln der Nachahmung, 8 Regeln der Ethik, 9 Klassen von Arbeiten, 9 Arten des Einkommens, 9 Arten der Ausgaben, 9 Arten des Tributs, 9 Grundlagen der Autorität . . .). Es erübrigt sich, noch weiter von dem beständigen Gebrauch der Zahleneinteilungen zu sprechen; immerhin zeigt die zu allen Zeiten große Bedeutung dieser Einteilungen, daß dann, wenn die Chinesen unter Verwendung von Kennzahlen einstufen, sie der Auffassung sind, daß diese Kennzahlen in irgend einer Weise über das Wesen der Dinge[205] Aufschluß geben. Allmählich verband sich mit der Zahl eine noch wirksamere logische Funktion. Man gebrauchte sie, um die Dinge und die einem jeden Ding eigenen Maße auf die Maßverhältnisse des Kosmos abzustimmen und so darzutun, daß sich alle Dinge in den Kosmos einfügen. Der Kosmos ist eine Stufenordnung von Gegebenheiten. Zur einstufenden Funktion der Zahl kommt unmittelbar eine protokollarische Funktion. Die Zahl ermöglicht es, die Gesamtheit aller vorhandenen Gruppierungen hierarchisch einzuordnen.

Bei der protokollarischen Verwendung der Zahl ist vor allem eine Regel maßgebend, die uns zum Verständnis der Vorstellungen verhilft, welche sich die Chinesen von der Einheit und von der Zahlenreihe machen. Bei den rituellen Verfahren treten bald die kleinen, bald die großen Zahlen in den Vordergrund. Haben die sehr zahlreichen zweitrangigen Gottheiten jeweils auf eine größere Anzahl von Opfergaben Anspruch, so bringt man dem Himmel nur einen einzigen Stier dar – denn der Himmel ist einer, und nur der Einmalige Mensch, der Oberherr bringt ihm ein Opfer dar. Im übrigen ist die Menge sowohl für den Himmel als auch für die übrigen Gottheiten, die sich mit der »Tugend« (*tê*) der Opfergaben begnügen, von untergeordneter Wichtigkeit. Hingegen ißt die Masse des Volkes, so viel sie nur kann (sie ißt allerdings nur die unedlen Teile). Die Adeligen aber sind erst nach dem dritten Gang, ein Fürst bereits nach dem zweiten gesättigt. Der König ist schon satt, sobald er nur von dem ersten gekostet hat. Trotzdem trägt man vor einem Oberherrn 26 mit Speisen gefüllte Holzgefäße auf, auf den Tisch eines Herzogs nur 16, auf den eines belehnten Edelmanns 12, bei einem hohen Beamten der 1. oder der 2. Klasse nur 8 bzw. 6 . . . Es ließen sich noch weitere Beispiele anführen. Doch genügt der Hinweis, daß die Chinesen das Prinzip solcher Zahlenregeln klar festgelegt haben. In einem Fall ist »die große Zahl (oder das große Maß) ein Zeichen der Vornehmheit, dies, weil das Herz nach außen weist . . . (in einem anderen Fall) ist die kleine Zahl (oder das kleine Maß) ein Zeichen der Vornehmheit – dies, weil das Herz nach innen weist«[206]. Dies bedeutet, daß die Stufenordnung unter Benützung von Zahlen angegeben wird, die beim Durchlaufen der Zahlenreihe in der einen oder der anderen Richtung gewählt werden, wobei abwechselnd der Eindruck einer Expansion oder einer Konzentration in der Vorstellung in den Vordergrund tritt oder aber der Gedanke des vielzahligen *Ganzen* oder der einheitlichen *Ganzheit*.

Dem gleichen Grundsatz begegnet man abermals in der beständigen Anwendung von Vielfachen bei den rituellen Verfahren. Aus diesem Grund wird die ungeradzahlige Reihe 3, 9, 27, 81, die anscheinend ganz natürlich von der Einheit abgeleitet ist, fast stets der geradzahligen Reihe [(4), 8, 16, 32, 64] vorgezogen. Meist verwendet man sie so, daß ein rhythmisches Wechselspiel zwischen dem Einfachen und dem Komplizierten angedeutet wird, wobei man gleichzeitig räumliche und zeitliche Vorstellungen miteinander verknüpft. Bekanntlich hat ein König 120 Frauen, die mit ihm eine Einheit bilden, die Königin nicht mitgerechnet. Diese weibliche Gefolgschaft wird in 4 Gruppen gegliedert – oder in 5, wenn man die Königin mitzählt. Diese *ihrer Größe nach* ungleichen Gruppen unterscheiden sich auch ihrem *Wert* nach, jedoch in umgekehrtem Verhältnis. Die Vornehmheit einer königlichen Gattin ist um so geringer, zu einer je größeren und folglich von ihrem Herrn um so entfernteren Gruppe sie gehört. Es gibt also 81 Frauen vom 5. Rang, 27 vom 4. Rang, 9 vom 3. Rang und 3 vom 2. Rang, während lediglich die Königin von gleicher Vornehmheit wie der König selbst ist. Räumlich gesehen, erscheinen diese Gruppen, wenn ich so sagen darf, ineinandergeschachtelt. Eine Art konzentrischer Rhythmus[207] reguliert ihr zeitliches Dasein. Von den geringsten unter den Gattinnen des Königs werden jeweils 9 zu einer von 9 Abteilungen zusammengefaßt, und sie dürfen sich dem Herrn jeweils zu Beginn und am Ende der Mondperioden nähern, und zwar während einer der 9 ersten und einer der 9 letzten Nächte des Monats. Die Frauen des 4. und 3. Rangs werden ebenfalls in Gruppen von 9 zweimal im Monat vor den König gerufen, allerdings während der Monatsmitte näher gelegener Nächte. Der Gruppe der drei Frauen des 2. Rangs, die der Herr ebenfalls zweimal bei sich vorläßt, stehen die 14. und die 16. Nacht zu, die beide die heilige Nacht umsäumen, während der der vollkommen runde Mond der Sonne gegenübersteht. Allein während dieser Nacht, doch diese ganze Nacht hindurch, verweilt die Königin allein bei dem Einmaligen Menschen. Eine ähnliche Rolle spielen die Zahlen bei der bekannten Zeremonie der Frühlingsfeldbestellung[208]. Als erster pflügt der Oberherr, doch zieht er nur drei Furchen. Nach ihm pflügen die drei Herzöge seines Palasts, von denen ein jeder 5 Furchen zieht. Auf sie folgen die 9 Minister; diese müssen, da jeder von ihnen 9 Furchen zieht, 81 Furchen öffnen. Sie gehen in größerer Zahl ans Werk und haben auch eine umfänglichere Aufgabe. Dies liegt daran, daß ihre Arbeit von zweitrangiger Bedeutung ist; sie wiederholen nur, führen fort und feiern das einzig wirksame Werk, das Königliche Werk – ist die Erde doch befruchtet, sobald der Einmalige Mensch seine Pflugschar in sie gesenkt hat. Und – was gelten da die 120 Gattinnen und ihre häufigen Vereinigungen? Gewiß, es gehört sich, daß sich die Fruchtbarkeit des Königs in abgeschwächter Form rhythmisch verbreite, um endlich in den 81 Frauen des letzten Rangs die geringfügigsten Parzellen des Kosmos zu erreichen; doch wird der gesamte Kosmos befruchtet und dem kosmischen Leben ein einheitlicher Rhythmus mitgeteilt, sobald das königliche Paar sich vereint hat und damit Mond und Sonne veranlaßt, sich zu festgelegten Zeiten gegenüberzutreten. – Wenn man zu protokollarischen Zwecken gern von Reihen von Zahlen vielfachen Gebrauch macht, so, weil diese außer daß sie einen bestimmten Rhythmus anzeigen, auf eine Beschaffenheit und Anlage des Ganzen hinweisen, das sich auch dann gleichbleibt, wenn man es unter dem Aspekt des Vollständigen den Einzelheiten seiner Zusammensetzung nach betrachtet. Alle Zahlenvielfachen gleichen sich im Grunde oder zumindest ist doch ihre absolute Größe von nebensächlicher Bedeutung – und trotzdem dienen sie zur *Wertbestimmung*; doch kommt es bei einer solchen Einschätzung nicht auf die *Quantität*, sondern auf den zugleich kosmischen und sozialen *Wert* der durch sie etikettierten Gruppen an. – Sie ermöglichen es, die Würde oder den Machtumfang von Kategorien richtig einzustufen.

Die Größe ist also bei der Zahl von untergeordneter Bedeutung. Um, wenn ich so sagen darf, einen *hierarchischen Rhythmus* anzugeben, ist es nebensächlich, ob man eine Zahlenreihe oder eine Reihe von Vielfachen in der einen oder in der anderen Richtung durchläuft. Einer Gruppe von 81 Frauen anzugehören bedeutet, daß man dem Herrn so fern als nur möglich steht und von diesem nur abgeschwächte Gunsterweise empfängt; der Besitz von 81 Frauen hingegen ist gleichbedeutend mit der Herrschaft über die Neun Provinzen und damit, daß man auf sich eine allesumfassende Autorität vereint. Ein einfacher Adeliger kann 9, 18 (= 2 × 9) oder 36 (= 4 × 9) Personen ernähren, je nachdem, ob er den 1., 2. oder 3. Rang einnimmt; ein Großpräfekt vermag deren 72 (= 9 × 8), ein Minister 288 (= 9 × 32) und ein Prinz 2880 (= 9 × 320) zu ernähren[209]. Die Zahlen eignen sich dazu, eine Würde anzugeben, weil sie den Umfang der botmäßigen Gruppe angeben. – Sie sind gleichfalls dazu geeignet, da sie einen Koeffizienten der Macht oder den Umfang des Einflusses, mithin einen *sozialen Wert* anzeigen.

Dies ist z. B. die Funktion der vier ungeraden Zahlen 3, 5, 7, 9. Der Saal, in dem das Oberhaupt empfängt und speist, ist bei einem einfachen

Beamten um 3 Fuß, bei einem hohen Beamten um 5 Fuß, bei einem Lehensherrn um 7 und beim König um 9 Fuß erhöht[210]. Ist der König gestorben, so muß man zum Verschluß seines Mundes 9 Kaurimuscheln nehmen; man beweint ihn unablässig 9 Tage lang; 9 Monate lang trauert man um ihn und stampft 9mal hintereinander auf den Boden; nach seiner endgültigen Beisetzung endlich müssen die Opfergaben 9mal dargebracht werden[211]. Lehensherren, hohe Beamte und Beamte haben nur auf 7, 5 oder 3 Darbringungen, Kaurimuscheln, Sprünge und Monate oder Tage der Trauer Anspruch. Ihr Leichnam ist schneller für die endgültige Beisetzung bereit, denn er löst sich bereits nach geringerer Anstrengung auf. Darum genügt ein kürzerer Zeitraum und eine kleinere Zahl ritueller Handlungen, um ihren Übergang vom Leben zum Tod zu erleichtern. – Denn die Lebenskraft nimmt mit der geringeren Würde der Persönlichkeit in gleichem Maße ab. – Die feudale Gesellschaftsordnung ist eine kriegerische Gesellschaftsordnung; Einfluß, Rang und Würde werden in ihr bei Wettkämpfen und Prüfungen erworben. Die wichtigste der Prüfungen ist das Bogenschießen, nennt man doch die Lehensleute die »Bogenschützen«. Die Wettkämpfe im Bogenschießen geben Gelegenheit, die eigene Tüchtigkeit und Loyalität (beides ist ein und dasselbe) und die Beschaffenheit seiner Absichten kundzutun, indem man seine Pfeile im richtigen Takt (denn der Wettkampf findet bei Musikbegleitung statt) und genau ins Ziel abschießt. Das kraftvolle Abschießen der Pfeile ist ein Beweis für Lebenskraft und Tapferkeit, also für die Macht seiner Begabung. Deshalb baut man die Bogen unter Berücksichtigung der Willenskraft (*chih-lü*) und der Vitalität (*hsüeh-ch'i*)[212] ihres Trägers. Um die ihm zukommende Würde richtig einzuschätzen, genügt es, beim Wettbewerb die *Stärke* seines Bogens zu beurteilen. – Die stärksten Bogen zeigen die schwächste Krümmung. Um einen vollkommenen Kreis damit zu bilden, braucht man daher 9 Bogen, wenn es sich um Bogen handelt, deren allein ein König sich bedienen kann; doch läßt sich der Kreis bereits mit 7 Bogen eines Lehensherrn, mit 5 Bogen eines hohen Beamten und mit 3 Bogen eines gewöhnlichen Beamten schließen[213].

Weit davon entfernt, die Zahl zu einer *abstrakten Bezeichnung der Quantität* zu machen, bedienen die Chinesen sich ihrer, um die *Gestalt* oder den *Wert* bestimmter Gruppierungen *darzustellen* oder *abzuschätzen*, die zwar als Gruppierungen von Sachen gedeutet werden können, die man aber stets mit Gruppen der menschlichen Gesellschaft gleichzusetzen pflegt. Die Zahl gibt darum über die *Gestalt* oder den *Wert* der Dinge Aufschluß, weil sie die *Zusammensetzung und die Macht* der menschlichen Gruppe nennt, zu der diese Dinge gehören. Sie drückt zu allererst den

Machtumfang aus, der einem Fürsten zukommt, welcher für eine soziale oder natürliche Gemeinschaft verantwortlich ist.

Darum ist es den Philosophen möglich, mit Hilfe der Zahl die für das kosmische Leben maßgebende protokollarische Ordnung darzustellen. Sie entwerfen diese Ordnung nach dem Vorbild sozialer Regeln. Die Ordnung der Gesellschaft ist eine lehensrechtliche. Daher ist das gesamte System der auf der Zahl begründeten Klassenordnungen, ja die Vorstellung selbst, die man sich von der Zahl macht, an der Logik von Stufenordnungen orientiert.

Die Zahl hat eine logische, und zwar sowohl eine einstufende als zugleich eine protokollarische Funktion. Sie etikettiert hierarchisch gestufte Gruppierungen. Die »Zahlenschilder« umschreiben genau den Wert, den jede Gruppe als Ganzes besitzt, indem sie erlauben, den Gehalt und die Spannung der Gruppe, ihren Zusammenhalt, ihre Konzentration, die von ihrem Führer an den Tag gelegte bewegende Kraft abzuschätzen. – Die geometrische und kosmologische Rolle der Zahl wird in den Texten zu den Balletten und Tanzturnieren beleuchtet; gebraucht man die Zahl zur Beurteilung nicht von Größen, wohl aber von Werten, so läßt sich diese Funktion aus den Herstellungsregeln der für die Erprobung der Führer benützten Bogen erkennen. In beiden Fällen zeigt sich, daß für die chinesischen Vorstellungen ein und derselbe Gedanke maßgebend ist, und zwar erscheint die Zahl als ein Emblem, in dem die – mehr oder minder edlen – *Aspekte der Ganzheit*, wie auch Wirkkraft und Macht zum Ausdruck kommen, während der Begriff einer arithmetischen Einheit und der Addition nur zweitrangige Bedeutung gewinnt. Solche Embleme weisen nicht so sehr auf die zwischen ihnen vorhandenen quantitativen Unterschiede hin, sondern lassen Gegensätze und Entsprechungen hervortreten und bedingen und erzeugen sich gegenseitig. Alle geraden Zahlen vertreten das Geradzahlige, alle ungeraden das Ungeradzahlige, während das Ungeradzahlige die Wandlungen von Geradzahligem und Ungeradzahligem ermöglicht. Die Zahlen sind untereinander austauschbar und lassen sich trotz verschiedener Größe miteinander gleichsetzen[214]; ein Wechsel im System der Gliederung von Einheiten ermöglicht alle Umstellungen. Trotzdem ist für alle Wandlungen, Vertauschungen und Entsprechungen ein grundlegender Gedanke maßgebend. Angefangen bei der 3, der ersten Zahl, sind alle Zahlensymbole »Schilder« des Mehrzahligen, d. h. Annäherungen an das Vollständige (*chin*). Die 3 ist nur eine Synthese. Allein die 1, die die 2, das Paar, die *vereinte Einheit* umschließt, ist ein vollkommener Ausdruck für das Ganze und Allesumfassende. Das Ganze (*i*), das *Allesumfassende* ist die dem Fürsten und Einmaligen Menschen eigene universelle Belebungskraft. Der chinesische Zahlbegriff beruht völlig (wie wir sahen, ebenso wie die Vorstellung vom Yin und vom Yang, und ebenso, wie wir sehen werden, die Vorstellung des Tao) auf sozialen Vorstellungen, von welchen er sich in keiner Weise zu lösen versucht hat. – Wir dürfen daher mit einer Anekdote schließen. – Im *Tso-chuan* sind die Erörterungen bei einer militärischen Lagebesprechung [215] aufgezeichnet. Soll man den Feind angreifen? Der Oberkommandierende ist für einen Angriff, doch muß er zuvor seine Untergebenen verpflichten und ihre Meinung einholen. Einschließlich seiner selbst nehmen 12 Generäle am Kriegsrat teil. Die Meinungen gehen auseinander. Drei Führer sprechen sich gegen eine Eröffnung des Kampfes aus; acht wollen in die Schlacht ziehen. Letztere haben die Mehrheit und tun dies kund. Und trotzdem setzt sich die Ansicht, die acht Stimmen auf sich vereinigt hat, nicht gegenüber jener durch, die nur drei Stimmen hatte. – Denn drei entspricht fast der *Einstimmigkeit*, die etwas ganz anderes ist als die *Mehrheit*. Also liefert der Oberkommandierende keine Schlacht. Er besinnt sich eines anderen. Und sogleich wird die Auffassung, zu der er sich bekehrt, indem er ihr seine *einzige* Stimme gibt, zur *einstimmigen* Meinung [216].

Viertes Kapitel Das Tao

Wie die Zweiteilung nach dem Yin und dem Yang beruht die Geltung der Zahleneinteilungen auf der Erfahrung der durch eine Vereinigung aufrechterhaltenen Einheit oder, wenn man so will, der Ganzheit. Diese Erfahrung wird von einer menschlichen Gemeinschaft gemacht, wenn sie sich selbst als ungeschmälerte und vollkommene Kraft empfindet; sie tritt auf und steigert sich im Verlauf der Feste und Versammlungen, während der ein starkes Verlangen nach Zusammenhalt die Gegensätze, Abkapselungen und Rivalitäten des alltäglichen und profanen Daseins überwindet. Die einfachsten und beständigsten dieser Gegensätze und Gemeinsamkeiten haben in der Vorstellung ihren Niederschlag gefunden, der zufolge das Yin und das Yang ein Paar von Gegensätzen darstellt, die jedoch durch die vollkommenste aller Vereinigungen miteinander verbunden sind. Die Zahleneinteilungen nach der 6 und der 5, der 8 und der 9 entsprechen einem gesteigerten Bedürfnis nach Zusammenhalt. Offenbar sind sie der Ausdruck einer komplizierteren Organisation der Gesellschaft sowie des Gedankens eines bundesstaatlichen Zusammenschlusses. Gleichgültig ob sie das Bild einer militärischen Aufstellung innerhalb eines Quadrats oder einer Schlachtordnung oder auch die Gliederungen des Lagers, der Stadt oder des Hauses, in dem die Zusammenkünfte der Männer stattfanden, widerspiegeln, stets weisen sie auf eine lehensrechtliche Ordnung hin. Auch die richtungbezogenen Gruppierungen wirkender Gegebenheiten, deren Embleme die Fünf Wandlungsphasen und die Acht Himmelsrichtungen sind, treten sich ebensowenig wie die feudalen Gruppen einfach gegenüber, um sich zu vereinen; derartige Abschnitte der Welt sind vielmehr um einen

Mittelpunkt angeordnet, zu dem sie stets in einem Abhängigkeitsverhältnis stehen. Die Menschen erblicken nämlich in ihrem Fürsten den Urheber einer harmonischen Verteilung aller menschlichen und natürlichen Tätigkeiten und Vorgänge. Der Lehensoberherr ordnet die Welt und belebt sie, denn allein dadurch, daß er im Mittelpunkt des Bundes Hof hält, vermag alles im Kosmos nebeneinander zu bestehen und fortzubestehen. – Mit der Übertragung der gesamten Autorität auf eine gern als Einmaliger Mensch bezeichnete Persönlichkeit geht die Vorstellung von einer regelnden Macht einher. Man stellt sich diese Macht mehr oder minder realistisch als ein überragend wirksames Ordnungsprinzip vor – als das Tao.

Unter allen chinesischen Begriffen ist der des Tao zwar keineswegs der dunkelste, wohl aber derjenige, dessen Entstehung wegen der großen Unsicherheit im Hinblick auf Chronologie und Wert der Dokumente am schwersten darzustellen ist. Die Gepflogenheit, die Anhänger einer als scharf umrissen geltenden Lehre als Taoisten oder Anhänger des Tao zu nennen, verführt zu der Annahme, daß der Begriff des Tao einer bestimmten Schule vorzubehalten sei. – Ich glaube, daß man ihn in den Bereich des Allgemeinwissens verweisen muß.

Die taoistischen wie alle übrigen Autoren bedienen sich des Wortes *tao*, um einen Komplex von Vorstellungen anzugeben, die sich untereinander selbst in ganz anders orientierten philosophischen Systemen nur geringfügig unterscheiden. Am Grunde aller Vorstellungen vom Tao findet man die Begriffe der Ordnung, der Gesamtheit, der Verantwortlichkeit und der Wirkkraft [1].

Die sogenannten taoistischen Schriftsteller zeichnen sich durch die Absicht aus, diese Begriffe von alldem zu befreien, was ihnen noch von sozialen Vorstellungen anhaften mochte. Ich schreibe jenen Autoren, die man bisweilen als »Väter des Taoismus« [1a] bezeichnet, keineswegs die Prägung des Begriffs *tao* zu, sondern meine vielmehr, daß dieser Begriff bei ihnen eine am weitesten von seinem ursprünglichen Sinn entfernte Bedeutung angenommen hat. Diese Denker bedienen sich des Wortes *tao* als Ausdruck für die wirksame Ordnung, die als *unumschriebene Macht* die Gesamtheit der wahrnehmbaren Gegebenheiten beherrscht, wobei sie selbst jedoch jeder spezifischen Verwirklichung unzugänglich bleibt. Wenn es jedoch darauf ankommt, diesen Gedanken zu veranschaulichen, so begnügen sie sich meist damit, auf das *allesumfassende Vermögen* eines *Fürsten* hinzuweisen – gewöhnlich handelt es sich um Huang-ti [2], ihren Patronatsherrn, der jedoch zugleich der Erste Herrscher in der chinesischen Geschichte ist –, das ihm gestattet, die Welt und das Reich zu beherrschen. Als einziges Prinzip allen Gelingens ist für sie das Tao nicht zu unterscheiden von der Kunst des Regierens.

Auch den Autoren der sogenannten konfuzianischen Schule gilt diese Kunst als eine alles Wissen umfassende souveräne Kunst. Sie deuten das Tao als die dem Edlen (*chün-tzu*) eigene Tugend – denn dieser rühmt sich nach dem Vorbild des Fürsten (*chün*), über kein einseitiges, spezielles Können zu verfügen[3]. Die Taoisten hinwiederum vergleichen mit dem Wort *tao* verschiedene Ausdrücke (wie *shu*, *fa*), deren Bedeutung »Verfahren«, »Methoden«, »Regeln« ist, und die an die Verfahren spezialisierter Techniker denken lassen[4]. Dies hindert nicht, daß man mit Hilfe des allesumfassenden Wissens, das der Begriff *tao* voraussetzt, ihrer Meinung nach nicht auch die Fähigkeit besitzen kann, mit welcher man in der Astronomie oder in der Physik reüssiert, ein Unsterblicher wird oder die Herrschaft über einen bestimmten Bereich der Natur ausübt[5]. Indem der Autor Chuang-tzu solche Beispiele zitiert, versucht er eine Vorstellung von den unumschriebenen Möglichkeiten, die das Tao verleiht, zu vermitteln. Bemerkenswert ist, daß er diese Beispiele den bekannten Mythen entnimmt. – In einem zu Ehren des Erntepatrons Hou-chi gedichteten Hymnus verkündet der Dichter, daß dieser Heroe »die Fähigkeit (›Tugend‹, das Tao) besaß, (die Natur) zu unterstützen«[6]. Denn es gelang ihm, alles zum Sprießen zu bringen, was er anbaute. – Es ist sehr wahrscheinlich, daß das Wort *tao* in der Sprache der Mythen und der religiösen Texte ein Ausdruck für eine an sich unbestimmte Wirkkraft war, die jedoch die Grundlage jeder Wirksamkeit darstellte.

Die »Väter des Taoismus« haben das Wort *tao* selten gebraucht, ohne es mit dem Wort *tê* in Beziehung zu setzen. Der letztgenannte Ausdruck bezeichnet bei ihnen die sich in Einzelheiten manifestierende Wirkkraft. Der zweifache Ausdruck *tao-tê* wurde in der Alltagssprache stets benutzt, um die Vorstellung der »Tugend« (virtus), jedoch nicht in der rein moralischen Wortbedeutung, zu vermitteln. *Tao-tê* bedeutet »Prestige«, »fürstlicher Einfluß«, »wirksame Autorität«[7]. In der Sprache der Mythen ist *tê* eine Bezeichnung der Beschaffenheit der vollkommensten und königlichsten Genien[8]. Wahrscheinlich führte das Bestreben, zwei sich im Grunde wenig voneinander abhebende Begriffe durch einen Vergleich zu unterscheiden, dazu, daß man dem Wort *tê* die Bedeutung einer »sich spezifisch äußernden Tugend oder Kraft« verlieh und in der Philosophensprache mit diesem Ausdruck die Vorstellung einer Wirkkraft belegte, die sich, indem sie sich verwirklicht, in Einzelerscheinungen aufsplittert. Während also an *tê* in erster Linie der Gedanke einzelner Errungenschaften geknüpft ist, drückt *tao* die allesumfassende Ordnung aus, die sich in der Gesamtheit aller Gegebenheiten bekundet.

Das Tao oder das Tao-tê stellt also die Wirkkraft dar, die allerdings dahingehend charakterisiert ist, daß von ihr ein regulierender Einfluß ausgeht und daß sie mit einem allesbeherrschenden Organisations- und Ordnungsprinzip identisch ist.

Die erste Bedeutung des Wortes *tao* ist »Weg«; diese Bedeutung hat auch das Wort *hsing*, das man gemeinhin mit »Element« [8a] übersetzt hat. Wie bei den Begriffen von Yin und Yang scheiden sich die Meinungen der Gelehrten, die sich um eine Deutung der Worte *hsing* und *tao* unter Benützung europäischer Begriffe bemüht haben, in zwei Gruppen. Die einen zögern nicht, im Tao und in den Wandlungsphasen ein handelndes Prinzip und natürliche Kräfte [9] zu erblicken; die anderen sind ebenso rasch bereit, die »Elemente« als Substanzen und das Tao gleichfalls als eine Substanz zu fassen, betrachten sie es doch als die Summe des Yin und des Yang – die beide ihrer Meinung nach gleichfalls Substanzen darstellen [10]. Diese widersprüchlichen Behauptungen sind zumeist mit besonderen Auffassungen über das Alter der Dokumente verbunden.

Für eine Anzahl von Gelehrten stellt »die Lehre von den Fünf Elementen (Wandlungsphasen)« eine Erfindung jüngeren Datums (etwa des 3.–2. Jahrhunderts v. Chr.) dar. Wenn sie bereits im *Hung-fan* erwähnt wird, so liege dies daran, daß dieses Dokument selbst jüngeren Datums ist oder aber interpoliert wurde [11]. Nach Chavannes sei die Lehre erst durch Tsou Yen (4.–3. Jahrhundert v. Chr.) in Mode gekommen. Man mag dem Tsou Yen außergewöhnliche Begabung und alle möglichen Erfindungen zuschreiben; Sicheres über ihn wissen wir jedenfalls nur aus einigen wenigen Zeilen, die Szu-ma Ch'ien der Biographie des Menzius angehängt hat [12]. Daraus geht hervor, daß Tsou Yen im Fürstentum Chi eine sehr blühende Schule begründet hatte [13]. Er vertrat, so heißt es, den Gedanken, daß die Wandlungsphasen aufeinanderfolgten, indem *sie sich gegenseitig vernichteten*. Wenn dergleichen tatsächlich der ursprünglichen Lehre entsprach, so müßte man, wie dies Chavannes getan hat, schließen, daß die Wandlungsphasen »große natürliche *Kräfte* darstellen, die, indem sie sich zerstören, aufeinanderfolgen« [14].

Größere Bedeutung als diese Hypothese hat eine andere Bemerkung Chavannes'. Er nahm an, daß die von Tsou Yen dargestellte Lehre von den Fünf Wandlungsphasen (*wu-hsing*) mit der Lehre von den Fünf Tugenden (*wu-tê* = Fünf Wirksamkeiten) im Einklang war, die etwa zur gleichen

Zeit blühte [15]. Auf sie haben sich Politiker berufen, wenn sie zur Rekonstruktion des chinesischen Altertums Mythen- und Sagenstoffe verwendeten. Ihre Absicht war es, zu beweisen, daß die Ereignisse sowohl ihrer historischen Reihenfolge als auch der natürlichen Ordnung nach einer zyklischen Abfolge gehorchen. Und zwar müsse jede erschöpfte Tugend (*tê*) durch eine andere Tugend ersetzt werden, für die die Zeit zu herrschen gekommen ist. Dieser Gedanke war wahrscheinlich keineswegs neu – denn der Begriff des Tao (oder des Tao-tê) bedingt, wie wir sehen werden, zumindest von da ab, als sich die Fachleute der Orakelkunst seiner bedienten, die Vorstellung einer zyklischen Abfolge –, neu war wohl aber die Art, in der der Gedanke dargestellt wurde. Indem man die Begriffe Vernichtung und Sieg betonte, suchte man den Eroberungswillen, der in der Periode, die der Gründung des geeinten Kaiserreichs [16] vorausging, sehr mächtig war, spekulativ zu begründen.

Vielleicht ist man berechtigt, die Lehre von den Fünf Wandlungsphasen als eine Schöpfung jüngeren Datums zu bezeichnen, wenn man sie zu der eben definierten Lehre von den Fünf Tugenden in Beziehung setzt [17]. Doch ist darauf hinzuweisen (und darin liegt die Bedeutung des Vergleichs), daß die Wandlungsphasen, wenn sie die Tugend einer Dynastie bezeichnen, als Embleme wirken. Die Feststellung, daß sie sich durch gegenseitige Überwindung ablösen, mündet in der Anweisung, daß eine Dynastie bei der Bestimmung ihrer emblematischen Tugend jene Wandlungsphase wählen muß, die auf der viereckigen Rose der von der besiegten Dynastie erwählten Wandlungsphase gegenüberliegt. Daraus wäre der Schluß zu ziehen, daß die Wandlungsphasen nicht natürliche Kräfte darstellen, sondern daß sie die Geltung emblematischer Rubriken besitzen [18].

Ist es wirklich so, daß die »Lehre von den Fünf Wandlungsphasen« ihren Anfang mit der Vorstellung nahm, daß die Nachfolge durch einen Sieg herbeigeführt wird?

Die chinesischen Interpreten sind sich in der Auffassung einig, daß »die Reihenfolge der Besiegung« der »Elemente« von der Reihenfolge ihrer Erzeugung hergeleitet ist. Letzterer begegnet man in der richtungbezogenen Anordnung, die den Wandlungsphasen im *Hung-fan* zugeschrieben wird. Bei der Abgrenzung eines geweihten Bezirks erhält das Wasser (1) seinen Platz im Norden, das Feuer (2) seinen Platz im Süden, das Holz (3) den seinen im Osten, das Metall (4) den seinen im Westen und die Erde (5) ihren Platz im Mittelpunkt. – Wir sahen bereits, daß sich diese Reihenfolge aus der Formel der Tonleiter [10, 7, 9, 6, 8, (5)] ergibt. Um eine Beziehung zwischen den Zahlenemblemen der sich gegenseitig erzeugenden Pfeifen und den sich gleichfalls nach einer festen Ordnung ablösenden Jahreszeiten herzustellen, von denen sich behaupten läßt, daß sie sich gegenseitig hervorbringen, mußte man, indem man von einem bestimmten Punkt des Horizonts (z. B. dem Süden) begann, den verschiedenen Orten die Embleme 7, 9, 6, 8 – in dieser Reihenfolge – zuteilen. Diese *von außen festgelegte* Reihenfolge erleichterte den Vergleich zwischen den Tönen und den Jahreszeiten-Himmelsrichtungen mit den Wandlungsphasen. Letztere verteilten sich nämlich auf zwei Paare (Wasser-Feuer und Holz-Metall), die jeweils aus antithetischen Ausdrücken bestanden; auch lag *von vorneherein* fest,

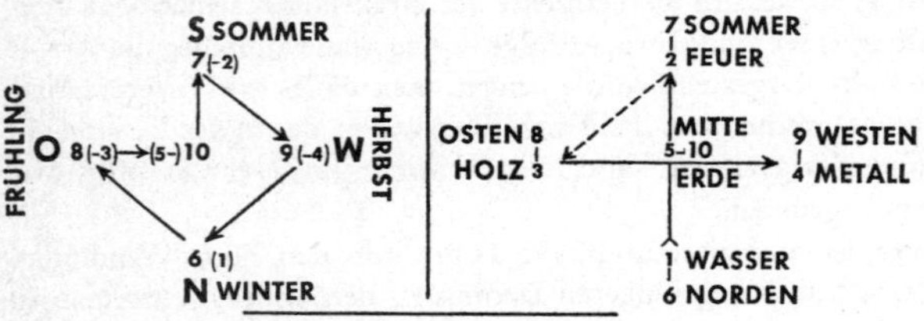

1	=	Norden	=	Winter	=	Wasser	=	4. Ton	=	6
2	=	Süden	=	Sommer	=	Feuer	=	2. Ton	=	7
3	=	Osten	=	Frühling	=	Holz	=	5. Ton	=	8
4	=	Westen	=	Herbst	=	Metall	=	3. Ton	=	9
5	=	Mitte	=	Mitte	=	Erde	=	1. Ton	=	10

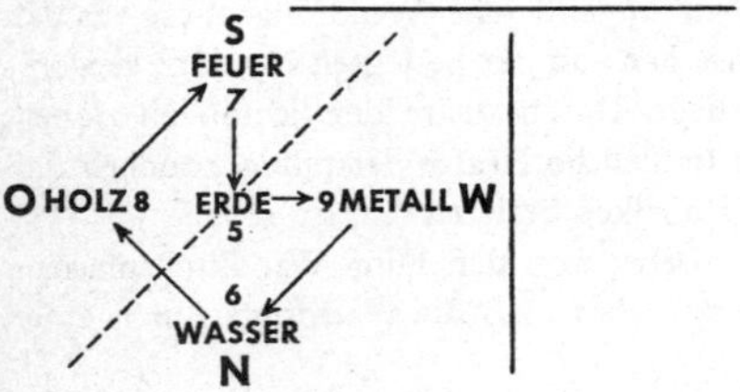

welcher Ort auf die beiden Ausdrücke eines dieser Paare zu beziehen war. Das Feuer »strebt nach oben«, und das Obere entspricht dem Süden, weil ja das Feuer sehr wohl als Charakteristikum des Sommers, der heißen Jahreszeit gelten darf. Das Wasser »strebt nach unten«, und das Untere ist der Norden, wobei das Wasser sehr wohl als Charakteristikum des Winters, der wasserlosen Jahreszeit gelten kann – denn dann verschwinden die Gewässer von der Erde und kehren in die nördlichen Tiefen der Erde zurück. Der Mittelpunkt paßte ausgezeichnet zu dem 1. Ton, den die ihm zugehörende Normalpfeife erzeugte, und folglich auch zu dem gleichen, eine Oktav tiefer liegenden Ton; darum setzte man in den Mittelpunkt des Achsenkreuzes das kongruente Zahlenpaar 10–5. Hatte man dem Süden den 2. Ton und das kongruente Paar *7–2* zugeordnet, dann erforderte die Abfolge der Jahreszeiten wie auch die der Töne, daß der Norden das kongruente Paar *6–1* erhielt. Hatte man daher zu Anfang die Wandlungsphase Wasser dem Unteren und dem Winter zugewiesen, dann konnte auf Grund der festgelegten Reihenfolge dem Süden und dem Oberen die gegensätzliche Wandlungsphase Feuer zugesprochen werden, dessen Bezug auf den Sommer sich von vornherein anbot. Der 3. Ton, die 9 und das Paar *9–4* mußten zwangsläufig dem Westen zukommen, wie für den Osten der 5. Ton, die 8 und das Paar *8–3* gehörten; folglich mußte diesen beiden sich gegenüberliegenden Orten das Gegensatzpaar der als Metall und Holz bezeichneten Wandlungsphasen zugeteilt werden. Das Holz ließ sich vorteilhaft im Osten anordnen und auf den Frühling beziehen, während sich leicht Gründe für eine Beziehung zwischen dem Herbst, dem Westen und der Wandlungsphase Metall finden ließen[19]. Indem man die Embleme der Töne (7, 9, 6, 8) entsprechend auf die Embleme des Feuers und des Südens-Sommers, des Metalls und des Westens-Herbstes, des Wassers und des Nordens-Winters, des Holzes und des Ostens-Frühlings bezog, wobei die 10 [zusammen mit der kongruenten Zahl 5] den Mittelpunkt einnahm, ließ sich mit der 5 und den vier kleinen Zahlen der kongruenten Paare (also 2, 4, 1 und 3) die beim Entwurf eines geheiligten Bezirks zur Darstellung kommende Reihenfolge der Zuordnungen sinnvoll angeben. – Es besteht kein Zweifel, daß die beiden möglichen Aufzählungsfolgen der Wandlungsphasen miteinander zusammenhängen – d. h. also die dem Entwurf eines geheiligten Bezirks entsprechende, im *Hung-fan* angegebene Reihenfolge und die dem *Yüeh-ling* zugrunde liegende sogenannte »Reihenfolge der Erzeugung der Wandlungsphasen«.

Wir können uns diese Tatsache insofern nutzbar machen, als wir für die »Lehre« von der Reihenfolge der Wandlungsphasen nach ihrer Erzeugung innerhalb gewisser Grenzen ein höheres Alter fordern – und dies nicht, weil die im *Hung-fan* (dessen Entstehungszeit immer noch herabgesetzt werden könnte) angegebene Reihenfolge sich anscheinend mit dieser Theorie deckt. Im Gegenteil, eine Unregelmäßigkeit in derselben setzt das hohe Alter der im *Hung-fan* angegebenen Reihenfolge voraus. Obzwar es sich unschwer behaupten ließe, daß das Feuer (Sommer), das Metall (Herbst), das es zum Schmelzen bringt, erzeuge, sagen die Chinesen, daß das *Feuer die Erde* und die Erde das Metall erzeugt. Diese Vergleiche sind keineswegs ganz aus der Luft gegriffen [denn die Erze werden in der Erde gefunden, und man bestellt die Erde, nachdem man den Busch in Brand gesteckt und das Holz in Asche verwandelt hat; (notfalls) läßt sich also behaupten, daß das Feuer sie erzeugt]. Sie setzen allerdings voraus, daß die Reihenfolge, nach der die Wandlungsphasen aufeinanderfolgen, nicht mehr als *genaue* Entsprechung der Reihenfolge der Entstehung der Töne empfunden wird. Statt ihren Platz, *wie dies bei der letztgenannten Reihenfolge notwendig wäre*, zwischen dem Holz (Frühling) und dem Feuer (Sommer) zu erhalten, wird die Erde (Mittelpunkt) zwischen das Feuer und das Metall gesetzt. Die Erklärung für diese Reihenfolge (Holz, Feuer, Erde, Metall, Wasser) findet sich in einer Kalenderregel. Zwischen dem Sommer und dem Herbst liegt nämlich der gedachte Monat [20], dessen vereinbarte Länge der Zeit entspricht, während der der Fürst (der *Angelpunkt der Zeit*) im *Mittelpunkt* des Hauses des Kalenders verweilt. Dieser Monat ohne zeitliche Ausdehnung ist wahrscheinlich keine Erfindung jüngeren Datums; denn sie setzt doch eine Gliederung des Jahres voraus, bei welcher Herbst und Winter wie auch Frühling und Sommer zusammengestellt werden, ganz als ob das Jahr durch eine von NO nach SW verlaufende Achse geteilt würde. – Und doch stellt diese Gepflogenheit eine Neuerung dar, denn das Ende des Sommers und der Herbstbeginn weisen ebensowenig wie jener Monat ohne zeitliche Ausdehnung irgendwelche religiösen Feste auf. Im Gegenteil, für das Verweilen des Fürsten im *Mittelpunkt* (= Erde) des Hauses des Kalenders scheinen am Ende des Frühlings (= Holz) viel gewichtigere Gründe zu sprechen, ist dies doch die Zeit, während der eine ganze Anzahl von Festen, vielleicht die wichtigsten des Jahres, begangen werden. Voraussetzung für ihre Feier ist, daß man sich zu einer gewissen Einkehr entschließt, weshalb sie auch den Namen »Feste des Kalten Essens« [22] behalten haben. Eines von ihnen bestand in der Zeremonie der Überführung der Herdfeuer ins Freie. Während des Winters war das Feuer im Innern der Bauten aus Stampferde oder in unterirdischen Behausungen gehütet worden – und bei der Eröffnung der heißen Jahreszeit konnte man mit Recht sagen: *Die Erde bringt das Feuer hervor*. Auch muß der Fürst dann, wenn der Saft steigt und die Pflanzen zu nähren beginnt, wie wir sehen werden, im *Mittelpunkt* des Raums zwischen Erde und Himmel stehend verweilen.

Wie früh man auch die Reihenfolge der Hervorbringung der Wandlungsphasen erfunden haben mag, die sowohl mit der Reihenfolge der Jahreszeiten als auch mit den von den Chinesen für jede Jahreszeit als charakteristisch empfundenen Gestalten im Einklang steht, so beanspruchen wir für sie doch keinerlei Vorrang. Denn die Reihenfolge der Bezwingung steht mit ihr im engsten Zusammenhang. Sie beruht auf dem fundamentalen Antagonismus der Wandlungsphasen Feuer-Wasser und Holz-Metall, einem Antagonismus, der in der Anordnung auf einem Achsenkreuz dargestellt und berücksichtigt wird, wobei außerdem die Reihenfolge der Hervorbringung angedeutet wird.

Im Anschluß an chinesische Interpreten vertreten manche Europäer die Auffassung, daß sowohl der Vorstellung von der Hervorbringung als auch der vom Gegensatz oder der gegenseitigen Bezwingung der Wandlungsphasen ein hohes Alter zukommt. Auch dem *Hung-fan* gestehen sie eine gewisse Altertümlichkeit zu[23]. Doch statt den Schluß zu ziehen, der sich aus dem Wortlaut wie auch aus der Anordnung des *Hung-fan* anbietet, daß nämlich die Fünf Wandlungsphasen Rubriken darstellen, die für ein bestimmtes Klassensystem maßgebend sind, behaupten sie, daß »es von da ab verschiedene Theorien hierüber gegeben haben müsse«. Sie nehmen also gegen den Gedanken Chavannes' Stellung und lehnen es auch ab, die Wandlungsphasen als Naturkräfte zu deuten; vielmehr stempeln sie sie zu »fünf wirklichen Substanzen«[24]. Der Interpret, der sich einer solchen Formulierung bedient, erkennt allerdings die Echtheit der beiden entscheidenden Passus im *Hung-fan* an. In dem einen wird eine jede Wandlungsphase durch einen bestimmten Geschmack festgelegt; also versucht man, diesen Geschmack zur »physischen Eigenschaft« des »wirklichen Stoffs« zu machen, den das entsprechende Element darstellt; das Feuer z. B. »erzeugt das Bittere«. Der zweite Passus[25] handelt von den Fünf Tätigkeiten (*wu-hsing*), »die Fünf Arten von Tugenden (Kräften)« erzeugen. Diese Tätigkeiten« sollen den Wandlungsphasen (»Elementen«) entsprechen. Will man behaupten, daß diese Fünf Tätigkeiten, die Geste, das Wort, die Wahrnehmung durch die Augen und durch die Ohren und der Wille (wirkliche) Stoffe darstellen? Und möchte man ihre Erzeugnisse als ihre sittlichen »Eigenschaften« auffassen? – Die Fünf Geschmäcker spielen in dem im *Yüeh-ling* erhaltenen System von Korrespondenzen eine Rolle und die Fünf »Tätigkeiten« des *Hung-fan* stellen das erste Zeugnis von einem großen System von Entsprechungen dar, die man zwischen dem Makrokosmos und dem Mikrokosmos aufgestellt hat, und von denen später noch zu sprechen sein wird. Sieht man nicht ein, daß die Fünf Wandlungsphasen als die großen Rubriken eines Systems von Entsprechungen aufzufassen sind, und daß man sie weder als Stoffe noch als Kräfte behandeln darf, sondern daß sie vor allem die Symbole der Fünf Gruppen von emblematischen Gegebenheiten darstellen, die sich auf die Fünf Abschnitte des Kosmos verteilen?

Im Ausdruck *wu-hsing* kommt vielleicht dem Wort »Fünf« (*wu*) größere Bedeutung zu als dem Wort *hsing*, das mit (»Elemente«) Wandlungsphasen übersetzt wird. Die *wu-hsing*, werden stets mit den *wu-fang* und den *wu-wei* in Zusammenhang gebracht. Die *wu-wei* sind die Fünf

Grundpositionen, von welchen nach der Aussage des *Hsi-tz-'u* eine jede durch ein Paar kongruenter Zahlen [26] bezeichnet wird. Unter den *wu-fang* hat man die Fünf Richtungen oder richtiger die fünf aus den Vier Himmelsrichtungen und dem Mittelpunkt bestehenden Abschnitte zu verstehen, wenn man diese sich rechtwinkelig zueinander angeordnet vorstellt, denn *fang* bedeutet ›rechter Winkel, rechtwinkelig‹. Im *Hung-fan* selbst wird bei der Aufzählung der Wandlungsphasen auf das Bild eines Achsenkreuzes hingewiesen. Folglich muß man die Fünf Wandlungsphasen als die Embleme einer allgemeinen Aufteilung der Dinge im Raum-Zeit-Gefüge erblicken, wobei durch die Abgrenzung eines geheiligten Bezirks 4 Plätze umschrieben und ein Mittelpunkt bestimmt werden.

Wir wissen um die große Bedeutung der Einteilung nach der 5 und auch, daß diese mit der Klasseneinteilung nach der 6 zusammenhängt. Im *Hung-fan* stehen den Fünf Glücksfällen die Sechs Unglücksfälle gegenüber, wie selbst auch die Fünf Wandlungsphasen bisweilen als Sechs gezählt werden. – Von ihnen ist in einem Kapitel des *Shu-ching* die Rede, dessen Echtheit und hohes Alter nicht in Zweifel gezogen werden können. Dieses Kapitel enthält den Text einer angeblich vom Sohn Yüs des Großen vor einer Schlacht gehaltenen Ansprache [27]. Darin wird der Feind beschuldigt, die Fünf Wandlungsphasen und die Drei Ordner mißachtet zu haben [28]. Die Kommentatoren sind uneins, wenn es um eine Erklärung des Ausdrucks Drei Ordner geht; anscheinend hat der Ausdruck seinen Platz in der Sprache des Kalenderwesens und muß wohl mit dem Ausdruck *wu-chi* verglichen werden, der im *Hung-fan* [29] die Fünf Ordner des Jahres bezeichnet. Es ist denkbar, daß die Drei Ordner sich auf eine Einteilung nach der 6 beziehen, die mit der Einteilung nach der 5 zusammenhängt. Die Ansprache, in der die Fünf Wandlungsphasen erwähnt werden, ist aber vor allem deshalb von großem Interesse, weil sie in einem Heerlager gehalten wurde und an die Sechs Führer und an die Sechs Legionen der Armee gerichtet war; denn Heerlager wie Städte wurden nach der Umschreibung eines geheiligten Bezirks errichtet. Zählt man Sechs Wandlungsphasen, so kann man entweder die Wandlungsphase (»Element«) Erde dadurch verdoppeln, daß man sie durch die Nahrung und das Getränk ersetzt oder indem man sie einfach durch das Getreide ergänzt [30]; übrigens gibt es 5 oder 6 Getreidearten, wie man auch von Fünf oder von Sechs Haustieren oder aber auch von Sechs Haustieren und von Fünf wilden Tieren spricht. Worauf es ankommt, ist, daß die Wandlungsphasen, zumindest wenn man deren 6 zählt, mit den Sechs *Fu* verglichen werden. *Fu* bedeutet ›Magazin‹. Der Gedanke einer konkreten Verteilung und Einteilung ließe sich nicht besser andeuten.

Auch die Begriffe Yin und Yang weisen auf den Gedanken einer konkreten Verteilung und Einteilung hin. Yin und Yang sind die Embleme zweier antagonistischer, miteinander abwechselnder Gruppierungen, für die ihre Lage im Raum-Zeit-Gefüge charakteristisch ist. In dieser Vorstellung bekundet sich eine auf einer doppelten Formenreihe beruhende Gesellschaftsordnung und der Grundsatz der Ablösung. Yin und Yang können sowohl als ein Paar im Wechsel wirksamer Kräfte wie auch als eine zweigeteilte Gruppe gegensätzlicher Gegebenheiten in Erscheinung treten; jedenfalls kann man sie nicht lediglich als Kräfte oder als Substanzen bezeichnen. Ebenso muß es sich mit den Wandlungsphasen verhalten. Als der Herrschaft des Paars von Hauptrubriken Yin und Yang unterworfene Unterrubriken ähneln sie bald wenn nicht Kräften, so zumindest wirksamen Grundelementen, und wenn nicht Substanzen, so zumindest aus wirkenden Gegebenheiten gebildeten Gruppierungen. Sie werden auf die Jahreszeiten wie auch auf die Himmelsrichtungen bezogen, lösen sich ab, wetteifern miteinander, bekämpfen sich oder folgen friedlich aufeinander. Die Theoretiker, die hierüber Spekulationen anstellten, faßten sie allerdings zumeist als dynastische Embleme oder als zur genauen Bezeichnung einer bestimmten Ordnung im Raum-Zeit-Gefüge geeignete Rubriken auf. Daß die Wandlungsphasen (»Elemente«) Holz, Metall, Feuer, Wasser und Erde genannt werden, ist letzten Endes eine zweitrangige Tatsache und nur eine Frage der Auswahl von Namen und Metaphern. Denn der beherrschende Gedanke der Vorstellung (ich vermeide den Ausdruck ›Theorie‹) ist der einer Anordnung in Abschnitten, die sich nicht einfach gegenüberliegen, sondern zu einem Mittelpunkt in Beziehung stehen. Stellen die Wandlungsphasen Kräfte oder Substanzen dar? Es ist sinnlos, in diesem Streit der Lehrmeinungen eine Partei zu ergreifen. Worauf es ankommt, ist festzustellen, daß die Wandlungsphasen auf einem Achsenkreuz angeordnet werden.

Dieser Anordnungsmodus ist ebenso von grundlegender Bedeutung wie dies bei der Vorstellung vom Yin und Yang das Bild von zwei zu beiden Seiten einer Art heiligen Achse angelegten Lagern ist.

Worauf beruht die Umschreibung eines geheiligten Bezirks? Das ist die erste Frage. Und warum haben die Chinesen die verschiedenen Abschnitte der Welt als *hsing* bezeichnet? Dies ist der zweite Punkt des Problems. Es ist zu klären, ob man *hsing*, »Weg«, zu Recht mit »Element« übersetzt. Man könnte, ohne den Wert des Wortes zu mißdeuten – denn *hsing* vermittelt auch die Vorstellung des ›Sich-Verhaltens‹ und des ›Handelns‹ – *wu-hsing* mit »Fünf Agenten« übersetzen. Man hat an eine solche Übersetzung gedacht, wenn man die »Elemente« (Wandlungsphasen) als natürliche Kräfte auffaßt. Behandelt man sie als Substanzen, und läßt man sich durch die Tatsache bestimmen, daß die einer jeden Wandlungsphase verliehene Bezeichnung scheinbar auf eine stoffliche Gegebenheit (Wasser, Holz, . . .) hinweist, so kann man mit größerer Berechtigung die Übersetzung »Elemente« beibehalten; in diesem Fall wäre allerdings das Schicksal eines Wortes zu klären, das zum Ausdruck eines Begriffs gewählt worden ist, der sich auf den ersten Blick von seiner ursprünglichen Bedeutung recht entfernt hat. Für uns, die wir den Begriff »Elemente« mit dem Gedanken der *cardo* in Verbindung bringen, besteht eine Rechtfertigung unserer Interpretation gleichzeitig in einer Rechtfertigung der Übersetzung des Wortes *hsing* durch einen Ausdruck, dessen man sich schon zur Wiedergabe des Begriffs στοιχεῖου bedient hatte. *Tao* bedeutet ›Weg‹. Ein gleicher Komplex von Tatsachen wird die Bilder zutage treten lassen, von welchen die Chinesen ausgingen, als sie durch zwei gleichermaßen die Vorstellung »Weg« bezeichnende Worte sowohl die Fünf Hauptrubriken als auch das oberste Ordnungs- und Einteilungsprinzip bezeichneten.

Die Worte *hsing* und *tao* weisen auf das Bild eines zu beschreitenden Wegs oder einer Richtung hin, in die man das Verhalten lenkt. Vor allem *Tao* erinnert an die gesittetste und vorzüglichste Lebensführung, wie man sie bei einem Weisen oder einem Herrscher erwartet. Auf Grund dieser abgeleiteten Bedeutungen vermochten die Kommentatoren den von mythischem Denken geprägten literarischen Fragmenten eine ausschließlich ethische Deutung zu geben. Einige dieser Fragmente, in welchen sich poetische Stellen erhalten haben, sind immer noch sehr aufschlußreich.

So besitzen wir einige Reste von einem Heldenepos in Versen, in dem Yü der Große besungen wird. Eines dieser Fragmente ist geeignet, das Verständnis der Beziehungen der Worte *hsing* und *tao* wie auch das ihrer ersten metaphorischen Bedeutungen zu erleichtern.

Es wird von den Arbeiten des Yü erzählt. – Jeder Begründer einer Dynastie muß sich einer einem Weltenordner zukommenden Aufgabe unterwerfen. Nun ist aber niemand je in so hohem Maße wie Yü dazu befähigt gewesen, die Welt in Ordnung zu bringen. Bekanntlich war sein Schritt das Normalmaß für die Längenmaße, und eine Schildkröte überbrachte ihm die Neun Abschnitte des *Hung-fan*, die ein Abbild der Welt darstellten. Erinnern wir uns, daß *ch'ou* (Abschnitt) auf das Bild gezogener Furchen hinweist, sowie daß es die Bedeutung von ›Gebiet‹ und ›Grundstücksgrenzen‹ aufweist, endlich, daß das gleiche Wort als Bezeichnung für die Orakelstäbchen benutzt werden kann. Doch tauchte nicht nur eine Schildkröte aus den Fluten hervor, um Yü den Großen zu beglücken. Denn es gelang dem Heroen nur dadurch, die Sintflut zu bezwingen, daß ihm ein Drache, der auf den Boden zeichnete, einen Weg durch die Fluten bahnte. Das Wort *tao*: ›Weg‹ unterscheidet sich nur geringfügig von einem Wort ähnlicher Aussprache, das für sich allein die Bedeutung »einen Weg bahnen, in Verbindung setzen« hat. Ist ein Fürst so wie Yü zur Ausübung der Herrschaft geeignet, so sagt man, der Himmel »bahnt ihm den Weg« (*k'ai tao*). Dies soll bedeuten, daß ihn der Himmel ermächtigt, die guten Sitten wiederherzustellen – und tatsächlich bemüht sich ein Fürst oder ein Weiser, meist indem er das Reich bereist, die Welt an seiner Tugend zu erbauen. Doch zu den mythischen Zeiten, als ihm der Himmel den Weg (*tao*) bahnte, mußte ein Heroe den gesamten Kosmos in einer realistischeren Wortbedeutung »erbauen«. – Sehen wir also, wie Yü es fertigbrachte, das Land der Menschen mit seinem rechten Maß in Einklang zu bringen, indem er es durchmaß.

Unter Berücksichtigung der Jahreszeiten, so heißt es, »öffnete er (*k'ai*) die Neun Provinzen (der Welt), verband er die *Neun Wege* (*tao*), dämmte er die Neun Sümpfe ein, ebnete er die Neun Berge« [31]. Für die in die Einzelheiten gehende Beschreibung dieser Arbeiten gebraucht man das Wort *tao*, um die Vorstellung auszudrücken, daß Yü es verstand, den Flüssen ihren Weg vorzuziehen [32]. Das gleiche Wort kommt auch am Anfang einer ausführlichen Beschreibung der Flüsse und Gebirge vor, wobei alle mit ›durchlaufen‹ und ›ordnen‹ zusammenhängenden Vorstellungen angerührt werden: Yü »*tao* (bereiste und ordnete) die Neun Berge . . ., *tao* (bereiste und ordnete) die Neun Wasserläufe« [33].

Nachdem der Heroe die Ordnung der Neun Provinzen zum Abschluß gebracht hatte, so daß die Welt *nach den Vier Richtungen* bewohnbar und urbar war, stellte es sich heraus, daß er auch die Sechs *fu* vorbildlich geordnet hatte. Wir wissen, daß man unter den Sechs *fu* die Sechs Magazine [nämlich die Fünf Wandlungsphasen (*hsing*) zuzüglich der Getreidearten] zu verstehen hat. Anschließend *verteilte* Yü sogleich *die Ländereien* und die *Familiennamen* und rief dann aus: »*Man richte sich nach* (meiner) *Tugend* (*tê*)! *Man weiche nicht ab von meinem Weg* (*hsing*)!« [34]

Die von Yü gebrauchte Formel ist als Antrittserklärung aufzufassen. Sie ist die Krönung mythischer Arbeiten, in deren Verlauf die Tugend (*tê*) des Heroen sich im Bahnen von Wegen (*tao*) verausgabt hat. Der hierbei auftretende Vergleich zwischen dem Worte *hsing* (wenn man sich hierbei nicht an die Glosse hält, die diesem Wort, wie zu erwarten, die ethische Deutung ›Verhalten‹ gibt) und *tê* (wenn man diesem nicht die ethische Bedeutung von ›Tugend‹ gibt und daran denkt, daß es dem Worte *tao* entspricht) ist recht aufschlußreich. Vielleicht rechtfertigt er die Hypothese, daß das Wort *tao* anfänglich auf das Bild der *Rundreise des Königs* hinwies, die durch eine Bahnung von Wegen (*hsing*, *tao*), die den Zweck hatte, Komplexe von Gegebenheiten (Erbteile, Namen, Embleme, Insignien) abzugrenzen, für welche die Fünf Wandlungsphasen als Rubriken dienten, und die an die Anhänger in den Vier Himmelsrichtungen verteilt werden sollten.

Diese Hypothese gestattet es, eine Verbindung zwischen dem ursprünglichen Sinn des Wortes *tao* und seiner Bedeutung als eine regelnde Macht und eine wirksame Ordnung herzustellen. Sie ermöglicht auch, die Bedeutung der Ausdrücke *Wang-tao* und *T'ien-tao*, d. h. die Königliche oder Himmlische Ordnung (*tao*) zu verstehen.

Indem der Herrscher die Erde bereist und dabei den Lauf der Sonne nachahmt, gelingt es ihm, vom Himmel als Sohn betrachtet zu werden[35]. Dies ist der Sinn der religiösen Tradition, die sich in einer alten Dichtung bezeugt findet, in der man versucht, den Titel des Himmelssohns und die Grundlage der königlichen Macht zu erklären[36]. Wenn die Meister des Kalenders sich ihrerseits um eine Definition der Macht des Königs bemühen, so erklären sie, daß es seine Aufgabe sei, die Fünf Wandlungsphasen wie auch die Fünf (Kategorien von) Beamten aufzustellen, so daß Menschen und Gottheiten (*shen*) *deutlich voneinander abgegrenzte Aufgaben zugeteilt werden*[37]. Durch seine Verteilung der Obliegenheiten und eine Gliederung der Dinge und Wesen verhindert der König, daß die profanen und göttlichen Tätigkeiten durcheinandergeraten und Himmel und Erde regellos miteinander in Verbindung kommen[38]. Die Berührung von Erde und Himmel kann sich in gedeihlicher und günstiger Weise nur über den Herrscher vollziehen, der allein über den öffentlichen Kult gebietet. Er bereist das Reich in der Richtung des Sonnenlaufs (*T'ien-tao*), damit so wie die Himmelsrichtungen mit den Jahreszeiten auch die Insignien seiner Anhänger mit den emblematischen Tugenden der vier Weltquartiere in Einklang kommen; er stellt damit seine Fähigkeit, im »Land der Menschen (*T'ien-hsia*)« eine *himmlische Ordnung* (*T'ien-tao*) einzuführen, unter Beweis – und verdient damit den Titel ›Himmelssohn (*T'ien-tzu*)‹, zeigt er doch so, daß er den *Weg des Himmels* (*T'ien-tao*) einhält. Er verdient den Titel ›Königlicher Oberherr (*Wang*)‹, wenn er zeigt, daß er den *Weg des Königs* (*Wang-tao*) kennt, und muß deshalb beweisen, daß er der Einmalige Mensch ist und den einzigen Weg darstellt, auf dem der Himmel, die Menschen und die Erde miteinander in Verbindung treten können.

Die beiden Motive des *T'ien-tao* und *Wang-tao* unterscheiden sich nur äußerlich. Denn beide basieren auf der gleichen religiösen Vorstellung. Verdankt der Begriff des *T'ien-tao* seine Entwicklung einer Entfaltung der epischen Dichtung und der politischen Literatur, so hob sich die Vorstellung des *Wang-tao* niemals so stark von den musikalischen Formen ab, durch welche der Kult anfänglich vor allem in Erscheinung trat. Die Verpflichtung des Oberherrn, die Insignien der Lehensleute an den vier Enden des Reiches zu überprüfen, so daß er auf diese Weise die Außenpunkte eines riesigen Achsenkreuzes absteckte, lieferte der epischen Dichtung den Stoff für eine Heldensage, in der zahlreiche Mythen, vor allem jene der aus den Fluten erretteten Welt, einen Platz finden konnten. Mit der Schilderung dieser epischen Großtaten sind, wie zu erwarten, verwaltungsgeographische Darstellungen verschmolzen. Dies ist der Ursprung des vielgenannten *Tribut des Yü* (*Yü-kung*), eines der ältesten Werke der gelehrten Literatur, in dem administrative Motive mit poetischen Passagen abwechseln[39]. Das von den Dichtern gefeierte Motiv der Kaiserlichen Inspektionsreisen hat sich durch die Jahrhunderte eine ungeschmälerte Geltung bewahrt. Shih Huang-ti, der Begründer des Chinesischen Kaiserreichs, wie auch der große Han-Herrscher Kaiser Wu versäumten es nicht, ausgedehnte Reisen zu unternehmen; beide suchten das Reich in Ordnung zu bringen, indem sie von Norden nach Süden und von Osten nach Westen ein gewaltiges Achsenkreuz von Wegen bauen ließen[40]. Auch das lyrische Motiv des Königlichen Weges besitzt eine lange Geschichte; doch fand es hinter der Maske mystischer Formulierungen seinen Ausdruck zumeist im Begehren zahlreicher Machthaber, sich in den Himmel zu erheben. Trotzdem lassen sich die (diesem Motiv ursprünglich entsprechenden) religiösen Gegebenheiten rekonstruieren.

Dem Sagenepos von den weiten Reisen der Könige entspricht eine weitere, der religiösen Wirklichkeit näherliegende Legende. Die Herrscher entsandten Abgeordnete an die Vier Pole oder aber, und hier liegt ein dramatischeres und doch auch wirklichkeitsnäheres Motiv vor, sie verbannten vier böse Genien auf vier die Himmelsrichtungen bezeichnende Berge und empfingen gleichzeitig als Gäste die Vasallen, die aus den Vier Himmelsrichtungen kamen und von ihren »Vier Berge« genannten Fürsten angeführt wurden. Zu diesem Zweck öffneten sie die 4 Tore ihrer Stadt oder ihres Lagers. Damit war ein neuer Regierungsabschnitt oder eine neue Epoche eröffnet[41]. Mit dieser Legende verbinden sich auch mit der *Ming-t'ang* zusammenhängende Überlieferungen. Die *Ming-t'ang* stellt nicht nur das Haus des Kalenders dar, in dem alle Abschnitte der Zeit eröffnet werden müssen; sie ist auch der Ort, an dem die Vasallen sich auf einem Quadrat aufstellen – ebenso wie dies bei jedem Appell der Truppen der Fall ist, wenn sie sich um den quadratischen Altarhügel des Ackerbodens scharen –

wobei ein jeder die seiner Himmelsrichtung entsprechenden Insignien trägt[42]. Die Anlage der *Ming-t'ang* entspricht, gleichgültig, ob man 5 oder 9 Säle annimmt, der Anlage der Truppenlager und Städte und damit zugleich der Anlage der Welt und ihrer Neun Provinzen; es ist nebensächlich, ob in dieser Anlage der Gedanke eines einfachen oder eines Hakenkreuzes zum Ausdruck kommt; denn der Oberherr braucht nur im Haus des Kalenders seinen Weg abzuschreiten, und schon wird dieses Kreuz in Bewegung gesetzt, und Sonne wie Jahreszeiten folgen nach seinem Vorbild der himmlischen Ordnung oder dem himmlischen Weg (*t'ien-tao*). – Wie wir sahen, gab es eine Zeit, zu der die Chinesen unter Benützung von Zahlen ein solches einfaches oder Hakenkreuz entwarfen, wobei über dem Achsenkreuz der ungeraden Zahlen ein mit geraden Zahlen gebildetes Achsenkreuz gelagert wurde, ebenso wie bei einem von den Orakelmeistern gebrauchten Instrument ein quadratisches (Erde) und ein rundes (Himmel) Brettchen, durch eine *Mittelachse* verbunden, übereinandergelagert waren. – Ging es nun darum, *die Zahl 11, die eine durch Hierogamie herbeigeführte Synthese der mittleren Zahlen 5 und 6* (die die Erde und den Himmel darstellen) ist, genauer zu erklären, *so sagte man, daß durch diese Zahl der Weg (tao) des Himmels und der Erde sich vollendet* (ch'eng) *darstellte*[43].

Der Königliche Weg (*Wang-tao*), ist das nicht die Achse, die vom Mittelpunkt der *Ming-t'ang* ausgeht, der Angelpunkt, um welchen sich das einfache oder das Hakenkreuz dreht, wenn der König nach dem Vorbild der Sonne im Hause des Kalenders seine Bahn abschreitet? Oder richtiger: stellt nicht der Einmalige Mensch, der Meister des Himmlischen und des Königlichen *Tao*, diese Achse und diesen Angelpunkt dar?

Das Wort ›König‹ (*wang*) wird mit einem aus drei horizontalen Strichen bestehenden Zeichen geschrieben, die nach Auskunft der Etymologen den Himmel, den Menschen und die Erde versinnbildlichen; diese drei Striche verbindet in der Mitte ein vertikaler Strich, denn die Rolle des Königs ist es, zu verbinden. In diesem Fall sind die Überlieferungen zu den Schriftsymbolen nicht minder lehrreich wie die über die Zahlensymbole bewahrten Traditionen. Am Ende des Winters begingen die Chinesen ein Fest, bei welchem entweder die Tugend des Fürsten erneuert oder ein König für das Jahr eingesetzt werden sollte[44]. Es bestand aus zahlreichen Spielen und mannigfaltigen Prüfungen, denn ein Führer muß seine Tugend durch Siege bei öffentlichen Spielen unter Beweis stellen. Es gab da auch eine Trinkprüfung, bei der es, nachdem man sich angetrunken hatte, darauf ankam, daß man sich noch *aufrechthalten* konnte. Auch sexuelle Prüfungen spielten eine Rolle, waren doch die Fürsten der Frühzeit, die anscheinend den Titel »Großer Vermittler« trugen, für die Fruchtbarkeit des gesamten

Kosmos verantwortlich; die Chinesen haben ja zu allen Zeiten geglaubt, daß die Sonne *aus der Bahn gerät* (*t'ien-tao*), wenn der König sich nicht zur rechten Zeit mit der Königin vereint. Wahrscheinlich kam noch eine weitere Prüfung der Widerstandsfähigkeit vor. Dabei mußte der Führer auf einem Fuß hüpfend oder unbeweglich wie ein Klotz verharren und dadurch das Aufsteigen des Saftes herbeiführen[45]. Vor allem gab es die Prüfung am Klettermast. Dieser Mast wurde in der Mitte des Männerhauses, das der Vorgänger der *Ming-t'ang* war und das unter der Erde lag, aufgestellt; wer immer an die Spitze des Mastes gelangte, konnte sich am Himmel nähren – und auf diese Weise wurde man zu einem *Sohn des Himmels* – oder richtiger an der Himmlischen Glocke, denn die Zitzen dieser »Himmlischen Glocke« (die Stalaktiten) hängen in Grotten von der Decke herab. Durch das Bestehen der Kletterprüfung erwies sich der neue Himmelssohn, der *zu einem Bindeglied zwischen dem Himmel und der Erde geworden war*, als würdig mit seiner Größe das Maß des *Gnomons* zu bestimmen wie auch die Länge der Normalpfeife – denn er hatte sich mit dem *Königlichen Weg* identifiziert.

Eine Erinnerung an diesen triumphalen Aufstieg hat sich in China erhalten; denn es trachteten doch dort zu allen Zeiten alle, die nach der Macht strebten, nach einem Traum, in dem sie in den Himmel stiegen oder sich sogar an diesem ernährten – wie man ja übrigens auch für die *Thronbesteigung* sagt: »zum First emporsteigen« (*teng chi*).

Nun hat die 5. Rubrik des *Hung-fan* – es ist dies die mittlere Rubrik und wir erinnern uns, daß der *Hung-fan*, als diesen die Schildkröte dem Yü überbrachte, ein magisches Quadrat mit dem Mittelpunkt 5 darstellte – als Emblem das *huang-chi* oder *wang-chi*, d. h. den Hehren oder Königlichen First[46].

Gewöhnlich übersetzt man diese beiden Ausdrücke mit »die höchste [*chi*] (Vollkommenheit) des Herrschers [*wang* oder *huang*]«. In einer altehrwürdigen, von den Chinesen dem K'ung An-kuo zugeschriebenen Glosse hingegen wird dieser Ausdruck mit den Worten »der große *Mittelweg* (tao)« erklärt. Ich weiß, daß eine jede Glosse, *auch dann*, wenn man sie dem K'ung An-kuo zuschreibt, suspekt ist. Doch ist durch einen glücklichen Zufall ein ganz offenkundig altes Gedicht in den Text aufgenommen worden, und zwar gerade eines, das sich auf den 5. Abschnitt des *Hung-fan* bezieht; dieses Gedicht erinnert an den weiter oben zitierten bemerkenswerten Ausspruch des Yü: »Man weiche nicht von meinem Weg ab!« – und man kann dies nur als eine Antrittserklärung deuten. Ich übersetze es wörtlich:

»Kein Abweichen! Kein Sich-Neigen!
Folgt der Rechtlichkeit des Königs (*i*)!
Keine (persönliche) Zuneigung! Folgt dem Königlichen Tao!
Keine (persönliche) Abneigung! Folgt dem Königlichen Weg (*lu*)!
Kein Abweichen! Keine Parteiung!
O wie weit ist das Tao des Königs!
Keine Parteiung! Kein Abweichen!
O wie eben ist das Tao des Königs!
Kein Zurückwenden! Kein Zur-Seite-Neigen!
O wie gerade ist das Tao des Königs!
Schließt Euch dem Besitzer des *chi* an!
Unterwerft Euch dem Besitzer des *chi*! [47]«

Ich garantiere nicht, daß dies genau die Worte waren, die der glückliche Gewinner bei der Prüfung des Königs von der Spitze des Klettermastes aus an seine Anhänger gerichtet hat. Doch ist es eine Tatsache, daß der Besitzer des Königlichen Tao mit dem Besitzer des *chi* identisch ist, sowie daß *chi* ›First‹ oder sogar *›Firstbalken‹* bedeutet. Weiterhin steht fest, daß der Dichter in keiner Weise zwischen dem *chi* und dem Tao, noch auch zwischen den Begriffen *tao*, *lu* und *i* einen Unterschied macht. Ebenso wie *tao* und *hsing* bedeutet auch *lu* ›Weg‹, dies jedoch nur in der konkreten Wortbedeutung; aber beschwört das »Königliche Tao«, das man als »weit« und »eben« bezeichnet, nicht auch ein konkretes Bild? Was *i*, die Rechtlichkeit angeht, so ist dies zwar eine Tugend, die sich jedoch sehr wohl mit all diesen konkreten Begriffen vergleichen läßt; es ist die Tugend, welche die Achtung von Dein und Mein bedingt und die auch bei der Verteilung der *Lose*, Namen und Ränge (*ming*) wie auch Erbteile (*fen*) von Bedeutung ist. Was nun eigentlich ist das *huang-chi*, das Emblem des 5. Abschnittes und des Mittelpunkts im *Hung-fan*? Mit seiner Hilfe *»werden die Fünf Glücksfälle empfangen und verteilt«*; »*hsi-fu* (›Glück verteilen‹)« bedeutet ›Lehen verteilen‹ [48]; im Verlauf der Lehensversammlungen *empfängt der Oberherr die Fünf Insignien, um sie dann zu verteilen*. Ist dabei das *wang-chi* oder das Tao des Königs nicht das – im Sittlichen gerechte – Prinzip für die Verteilung der Lehen und der Fünf Insignien unter die Vasallen, die aus den Vier Himmelsrichtungen im Mittelpunkt des Bundes zusammengeströmt sind? Es ist hier anzumerken, daß die »Väter des Taoismus« sich das Tao als eine Art verantwortlichen Verteiler (durch welchen ein Wesen – ein, man sagt nicht Gottheit, Tisch oder Schüssel, sondern – ein kostbares Schwert oder ein gewöhnliches Schwert darstellt) [49] vorstellen, und daß Chuang-tzu im Tao das »*chi* aller Dinge: *Tao wu chih chi*« erblickte [50]. Dieser Vergleich der beiden Begriffe ist umso bemerkenswerter, als er am Ende eines Passus vorkommt, in dem das Tao zugleich als Medium wie auch als Mittelpunkt der Entsprechungen und Gegensätze, der anziehenden und abstoßenden Kräfte, der wechselnden Hierogamien aufgefaßt wird, in welchen die *kreisförmige* Evolution des Kosmos besteht ... Ich leugne dies nicht: für die Interpreten (oder die Verfasser) des *Hung-fan*, die darauf verfielen, dieses alte Gedicht zu zitieren, ging es darum, den Gedanken einer rein moralischen *Vollkommenheit* darzustellen, einer Vollkommenheit, welche sich durch Unparteilichkeit, hehre Gesinnung und Geradheit äußerte, kurzum, die Vollkommenheit, welche die beherrschende Stellung eines über allen Parteien und allen eigennützigen Zusammenschlüssen stehenden Fürsten voraussetzt. Doch fehlt noch eine Erklärung für den ganzen Komplex von Metaphern, wie auch dafür, daß zur Bezeichnung der zentralen und vollständigen *Vollkommenheit* bald das Wort *chi*, d. h. Firstbalken[51], bald das Wort *lu* ›Weg‹ oder *tao* gebraucht wird, die man als »weit« und »eben« bezeichnen kann. Welchen Sinn vor allem haben jene Bilder, die den Anblick eines Aufrechtstehenden beschwören – wie man es bei der Trinkprüfung von den Trinkern forderte – oder aber den Anblick eines aufgerichteten Mastes?

Wenn die Fürsten eine Hauptstadt gründeten und die Kreuzung der Wege bestimmten, auf welchen ihnen die Tribute aus den Vier Himmelsrichtungen herbeigeschafft werden würden, mußten sie auf das Spiel von Licht und Schatten (von Yin und Yang) achten und einen Gnomon aufstellen[52]. Im politischen Wunderglauben hat bei den Chinesen stets der Grundsatz Geltung behalten, daß in der Hauptstadt eines vollkommenen Herrschers der Gnomon am Mittag in der Sommermitte keinen Schatten werfen darf[53]. Noch aufschlußreicher sind die Mythen. Im genauen Mittelpunkt des Kosmos – dort, wo die vollkommene Hauptstadt liegen sollte – ragt ein wunderbarer Baum empor und verbindet die Neunten Quellen mit den Neunten Himmeln, also die Tiefen der Erde mit ihrem First. *Man nennt ihn den Aufgerichteten Baum* (chien-mu) *und behauptet, daß in seiner Nähe nichts, das* vollkommen aufrecht *steht, einen Schatten werfen kann.* Dort erzeugt auch nichts einen Widerhall[54]. Durch eine (vollkommene, ist sie doch das Ergebnis einer Hierogamie) Synthese heben sich alle Gegensätze und alle Wechselwirkungen, alle Eigenschaften und alle Zeichen in der Einheit der Mitte auf.

Mit den Ausdrücken *huang* – oder *wang-chi* und *wang-tao* hat sich durchwegs eine ethische Bedeutung verbunden und sowohl *tao* als auch *chi* wurden in den Bestand der Philosophensprache aufgenommen. Alle diese Ausdrücke weisen auf die Vorstellungen der königlichen Vollkommenheit und Tugend hin; doch ist *tao* erst, nachdem es einen Komplex durchaus konkreter Bilder und Wahrnehmungen bezeichnet hatte, zum Symbol für die wirksame Ordnung geworden. Daß sich mit dem Worte *tao* (›Weg‹) die Bedeutungen Wirkkraft, Tugend und Autorität wie auch die Vorstellung einer völlig der himmlischen Ordnung entsprechenden, allesumfassenden Ordnung verband, beruht auf folgendem Brauch: Bei der Begründung der Herrschaft eines Fürsten schritt man zu einer neuen Verteilung der Dinge dieser Welt auf die einem neuen Fürsten botmäßig gemachten Gruppen, der an diese wiederum die Abschnitte des Kosmos verteilte. Um diese Verteilung vornehmen zu können, mußte sich der Fürst einer Antrittsprüfung unterwerfen. Ehe er darangehen konnte, die Insignien zu verteilen, indem er wie eine Sonne (*t'ien-tao*) über die Erde wandelte, mußte er sich, um sich des Titels eines Himmelssohns und Einmaligen Menschens würdig zu erweisen, lotrecht und gewissermaßen eins mit der Weltachse auf dem Weg (*wang-tao)* erheben, auf dem in heiligen Augenblicken Himmel und Erde miteinander kommunizierten[55]. Das Tao wurde also zum Emblem einer allesbeherrschenden Ordnung, nachdem es anfänglich den Angelpunkt – d. h. den Mast oder Gnomon – angegeben hatte, um welchen Schatten wie Licht kreisen.

Wenn ich recht habe, und wenn *tao* [Weg, Mittelweg (*Gnomon*)] und *hsing* [Weg, »Element« σίοιχεῖον] sich beide auf Grund des Bildes eines Angelpunkts und einer Kreisbewegung erklären lassen, wird man unschwer die älteste der gelehrten Definitionen des Tao verstehen. Diese findet sich im *Hsi-tz'u*, und wir sind ihr bereits begegnet[56]: »*I yin, i yang chih wei tao*, d. h. ein Yin (Aspekt), ein Yang (Aspekt), das ist das Tao.« Wir wissen jetzt, daß hiervon der Sinn ist: » *Jedes* Yin und *jedes* Yang, *darin* ist das Tao«. Das Tao ist eine aus zwei – weil *völlig* (*i*) gegeneinander vertauschbaren, ebenfalls ganzheitlichen – Aspekten dargestellte Ganzheit. *Das Tao stellt nicht deren Summe, sondern den Regulator* (ich sage nicht: das Gesetz) *ihres Wechsels dar*.

Die im *Hsi-tz'u* gegebene Definition veranlaßt uns, im Tao eine, wenn ich so sagen darf, wechselnde und zyklische Ganzheit zu erblicken. Die gleiche Ganzheit findet sich in jeder einzelnen Erscheinung wieder, und alle Gegensätze stellt man sich nach dem Vorbild des wechselnden Gegensatzes von Licht und Schatten vor. Über den Kategorien Yin und Yang spielt das Tao die Rolle einer höchsten Kategorie, die gleichzeitig die Kategorie der Macht, der Ganzheit und der Ordnung ist. Wie Yin und Yang ist auch das Tao eine konkrete Kategorie; es stellt kein Urprinzip dar. Es beeinflußt das Wechselspiel aller Gruppierungen wirkender Gegebenheiten tatsächlich, ohne daß man es jedoch als eine Substanz oder als eine Kraft auffaßte. Es spielt die Rolle einer regelnden Macht. Es erschafft die Wesen nicht, sondern es bewirkt, daß sie so werden, wie sie sind. Es reguliert den Rhythmus der Dinge. Jede Gegebenheit wird durch ihre *Position* innerhalb des Raum-Zeit-Gefüges definiert; das Tao ist jeder Gegebenheit immanent; es ist der Rhythmus des Raum-Zeit-Gefüges.

Unter den im *Hsi-tz'u* aufgezeichneten Vorstellungen unterscheidet sich die Kenntnis des Tao nicht von dem Wissen um die Gelegenheiten und Örter, in das die Orakelkunst einführt. Indem diese Kunst das Erkennen der in jedem einzelnen Fall günstigen Situation lehrt, entwickelt sie einen Sinn für den organischen Aufbau der Welt, denn sie vermittelt diesen in seinen Einzelheiten und als Ganzes. Eine solche Wissenschaft ist darum das Vorrecht des Königs, des Fürsten (*hou*), des Großen Mannes (*ta-jen*) und des Edlen (*chün-tzu*) [57]. Könige, Fürsten, Große Männer und Edle gebieten den kleinen Leuten (*hsiao-jen*), denn die Orakelwissenschaft vermittelt ihnen eine von der Heiligkeit nicht zu unterscheidende Weisheit – und dieses wirkende Wissen ist das Tao.

Hat man das Tao, so kann man Zeit und Raum ordnen, und man erkennt und herrscht, sobald man in das Spiel der Orakelembleme eingeweiht wurde. Diese Embleme gehen, wie wir sahen, der Wirklichkeit auf den Grund. Die Ordnung der Welt umfaßt 11 520 Einzelsituationen, die durch das Wort *wu* bezeichnet werden, das gleichermaßen für die Dinge wie auch für ihre Embleme gebraucht wird [58]. Die 384 Linien der Hexagramme beschwören oder richtiger: rufen sämtliche sichtbaren Gegebenheiten, deren emblematische Verwirklichung sie darstellen, konkret hervor. Jede Linie bezeichnet für sich eine ganze Gruppe derartiger Gegebenheiten, und zwar 24 oder 36, je nachdem, ob sie eine schwache oder starke, eine Yin- oder Yang-Linie ist. Jede Linie gilt also als eine *emblematische Rubrik*. An sich ist sie allerdings, je nachdem, ob sie gebrochen oder voll ist, nur das einfachste Symbol für das Yin und das Yang, für das Geradzahlige und das Ungeradzahlige. Sie erhält aber durch den Platz, den sie innerhalb eines bestimmten Hexagramms einnimmt, eine genau umschriebene und spezielle Bedeutung. Die Attribute einer jeden dieser durch die 192 Yang-Linien und die 192 Yin-Linien dargestellten konkreten Kategorien werden also allein durch ihre *Situation* innerhalb aller Embleme genau festgelegt. Diese Attribute offenbaren sich, wenn man den Platz untersucht, den eine Linie innerhalb eines der 64 Hexagramme einnimmt. Man verfährt bei dieser Prüfung entweder so, daß man nacheinander die nebeneinander liegenden Linien ein und desselben Hexagramms betrachtet, oder aber, indem man zwei

Linien vergleicht, die in zwei Hexagrammen jeweils den gleichen Platz einnehmen. Man bemerkt dann, wie ein Emblem *an die Stelle* eines anderen *tritt*, was an der Feststellung zum Ausdruck kommt: Wenn zwei Linien, und zwar eine schwache und eine starke, ihre Plätze vertauschen, ergibt sich (*sheng*) eine *Verwandlung* (*pien-hua*)[59].

Dieser Übergang von einem Symbol zu einem anderen, den man als Auswechslung auffaßt, ist das Kennzeichen, oder richtiger: das wirkende Zeichen, das *Signal* einer *Wandlung* (*i*), die sich im wirklichen, dinglichen Geschehen vollzieht. Die Wandlungen sind ein wechselweises Sich-Hervorbringen (*sheng sheng*)[60]. Durch diese Formulierung soll zum Ausdruck kommen, daß eine jede der sich sichtbar verwirklichenden Erscheinungen das Produkt (*sheng*) der (*sheng*) Erscheinung ist, die sie zu erzeugen hat. Die Auffassung der Gelehrten von der Wandlung beruht auf ähnlichen Vorstellungen, wie es jene waren, die wir im Zusammenhang mit dem Formenwechsel der Tiere oder dem wechselnden Einfluß der Oberbegriffe Yin und Yang untersucht hatten[61]. Was sich verändert, sind nicht die Dinge an sich; vielmehr prägt ihnen das Raum-Zeit-Gefüge seinen Rhythmus auf. Das den Gestaltenwechsel bezeichnende Wort *hua* [welches auch die konkreten, von den Alchemisten (*hua-jen*) vollzogenen Wandlungen bezeichnet] kommt in dem Ausdruck *pien-hua* vor, durch den der Ersatz eines Orakelsymbols durch ein anderes Orakelsymbol angegeben wird. Das Wort *pien* allein weist auf die Vorstellung einer zyklischen Veränderung hin. Im *Hsi-tz'u* bezeichnet es den Aspektwechsel, für den eine Tür, die sich öffnen oder schließen läßt, als bildlicher Hinweis dienen kann[62]. Nach Auffassung der Meister des Orakels war das Tao eine Bezeichnung für diesen Wechsel.

Im technischen Wortschatz der Orakelkunst ist das Wort *tao* somit ein Ausdruck für die jeder Wandlung – und zwar sowohl jeder wirklichen wie auch symbolischen Wandlung – zugrunde liegende wesentliche Regel, die pauschal alle Wandlungen bestimmt. Das Tao erscheint somit als das Ordnungsprinzip, das für die – wechselweise – Erzeugung der sichtbaren Erscheinungen maßgebend ist und zugleich auch die – sich durch Austausch vollziehende – Manipulation der Emblemrubriken bestimmt, die auf die Gegebenheiten hinweisen und diese hervorbringen. Es stellt gleichzeitig (denn man braucht zwischen einem technischen, wirklichen und logischen Bereich nicht zu unterscheiden) die regulierende Macht dar, in deren Besitz man durch den Gebrauch der Embleme gelangt, sowie das wirkende Wissen, das für den Ersatz der Symbole maßgebend ist und die aktive Ordnung, die sich im gesamten Kosmos in fortwährenden Wandlungen verwirklicht. Diese wirklichen oder symbolischen Wandlungen vollziehen sich stetig ohne wirkliche Veränderung, ohne Bewegung, ohne Kraftaufwand.

Die chinesischen Autoren unterstreichen ganz besonders die Bedeutung des Wortes *i* (›Wandlung‹), mit dem sich der Gedanke der »Leichtigkeit« verbindet und das die Vorstellung der Anstrengung ausschließt. Gegebenheiten und Embleme *wandeln sich* und man *wandelt sie*, ohne daß man dabei irgendeine Art von Energie aufwenden müßte oder daß eine solche aufgewendet wird.

Das mythische Denken – und mit ihm die verschiedenen zur Ordnung der Welt benützten Verfahren – ist von der Überzeugung durchdrungen, daß sich die Gegebenheiten durch die Embleme in die Wirklichkeit rufen lassen. Der von den Theoretikern der Orakelkunst erbrachte spekulative Aufwand hat diesen Zug der chinesischen Mentalität verstärkt, indem er ihm zu systematischer Entfaltung verhalf. Man begreift das Tao als ein Ordnungsprinzip, das unterschiedslos für die geistige Tätigkeit wie für das Leben der Welt maßgebend ist, und ist einhellig der Meinung, daß die Veränderungen, die man bei der Entwicklung der Dinge beobachten kann, mit dem Ersatz von Symbolen identisch sind, wie ein solcher im Verlauf eines spekulativen Prozesses stattfindet.

Sobald dieses Axiom Geltung erlangt hatte, konnte weder das Prinzip der Kausalität noch das des Widerspruchs die Rolle von Leitprinzipien übernehmen – und dies nicht, weil das chinesische Denken sich am Chaos erfreut, sondern ganz im Gegenteil, weil die Vorstellung einer Ordnung, die Vorstellung einer wirksamen und allesumfassenden Ordnung es beherrscht und in sich sowohl den Begriff der Kausalität als auch den der Gattung aufhebt. Geht man von den Begriffen der Wandlung und der wirksamen Kraft (Tugend) aus, so besteht keine Veranlassung, eine den Raum erfassende Logik oder eine experimentelle Physik zu entwickeln; man bewahrt aber den Vorteil, gar nicht in die Lage zu kommen, durch die Erfindung von Parametern Zeit und Raum ihren konkreten Charakter zu nehmen.

Durch die Vorstellung der Wandlung verliert eine Bestandsaufnahme der Natur, bei der man auf eine Zusammenstellung von Tatsachenreihen bei gleichzeitiger Unterscheidung von Vorgängen und Folgen abzielte, jede Bedeutung für die Philosophie.

Statt die Abfolge von Erscheinungen zu ermitteln, zeichneten die Chinesen den Aspektwechsel auf. Scheint nach ihrer Auffassung ein Zusammenhang zwischen zwei Aspekten zu bestehen, dann nicht ein solcher wie Ursache und Wirkung; für sie *gehören* die beiden Aspekte offenbar *zusammen* wie die rechte und die Kehrseite zusammengehören oder, um eine seit der Zeit des *Hsi-tz'u* gebrauchte Metapher zu verwenden, wie das Echo und der Ton oder auch wie der Schatten und das Licht[63].

Die tiefe Überzeugung, daß das Ganze wie auch jede einzelne der Ganzheiten, aus denen es besteht, von zyklischer Beschaffenheit ist und sich in wechselnden Aspekten auflöst, beherrscht das Denken in solchem Maß, daß noch vor dem Gedanken einer *Abfolge* stets der einer *gegenseitigen Abhängigkeit* rangiert. Darum hat man an rückwärts gerichteten Erklärungen nichts auszusetzen. Ein bestimmter Lehnsherr hat *zu seinen Lebzeiten* die Hegemonie nicht erringen können, weil man ihm, so heißt es, *nach seinem Tode* Menschenopfer darbrachte[64]. Politischer Mißerfolg und ein unseliges Begräbnis sind zusammengehörende Aspekte ein und derselben Wirklichkeit, die in der mangelnden Tugend des Prinzen besteht, oder richtiger, beides sind *gleichwertige Zeichen* hierfür.

Was gern der Nachwelt überliefert wird, sind nicht die Ursachen und Wirkungen, sondern – da die Reihenfolge ihres In-Erscheinung-Tretens von nebensächlicher Bedeutung ist – als einmalig begriffene, wenngleich auf denselben Stamm gepfropfte Erscheinungen. *Sie werden als im gleichen Maße ausdrucksstark und damit als austauschbar empfunden.* Ein Flußlauf, der austrocknet, ein Berg, der zusammenstürzt, ein Mann, der sich in eine Frau verwandelt . . . all dies sind Zeichen für das nahe Ende einer Dynastie[65]. Es sind vier Aspekte eines gleichen Geschehens: eine überlebte Ordnung verschwindet und macht einer neuen Platz. Alles verdient als Vorzeichen oder als Bestätigung eines Zeichens (oder einer Reihe von Zeichen) vermerkt zu werden, aber nichts gibt Anlaß, nach einer wirkenden Ursache zu suchen.

Stellt man ein Verhältnis her, so läßt man es sich niemals einfallen, die miteinander in Beziehung gesetzten Ausdrücke zu *messen.* Denn was man erforscht, sind nicht die Phänomene, und man hat keinen Anlaß, auf ihre absolute Größe zu achten. Man hat vielmehr nur mit Signalen zu tun, über welche die quantitativen Beurteilungen ihres Maßes oder ihrer Häufigkeit wenig aussagen. Am ergiebigsten sind die ausgefallensten, schwächsten, seltensten und flüchtigsten Vorzeichen. Ein Vogel, der sein Nest zerstört[66], liefert das (materielle und geistige) Kennzeichen für eine Störung der Ordnung im Reich, die sehr schwer sein muß, nachdem das Gefühl der häuslichen Pietät *sogar* den niedrigsten Tieren abgeht. Folglich sind die geringfügigsten Erscheinungen wert, aufgezeichnet zu werden, und die ausgefallensten haben größeren Wert als die gewöhnlicheren. Auf Grund einer solchen Aufzeichnung sucht man nicht *Abfolgen* von Ereignissen zu entdecken; vielmehr geht es darum, *Zusammenhänge* sichtbar zu machen. Statt den Lauf der Erscheinungen als eine Folge von Phänomenen zu deuten, die meßbar und daher miteinander in Beziehung zu setzen sind, erblikken die Chinesen in den sichtbaren Gegebenheiten nichts als eine Masse konkreter Signale. Nicht den Physikern, sondern den Geschichtsschreibern fällt die Aufgabe zu, diese zu katalogisieren – die Historie ersetzt die Physik wie auch die Ethik[67].

Die Chinesen denken nicht nur nicht daran, die Tatsachen von den räumlichen und zeitlichen Bedingungen zu abstrahieren, sondern sie betrachten sie im Gegenteil nur als Zeichen, in welchen sich die einem bestimmten Zeit- oder Raumabschnitt eigenen Qualitäten offenbaren. Sie suchen nicht, diese aufzuzeichnen, indem sie dieselben auf ein einheitliches und unverrückbares System von Orientierungspunkten beziehen. Vielmehr achten sie darauf, daß nichts von dem verloren geht, was Aufschluß über ihre *ortsbezogene Bedeutung* gibt. Um solche Angaben festzuhalten, gebrauchen sie einer bestimmten Weltenära, einem bestimmten Abschnitt oder einer bestimmten Rubrik entsprechende Zeit-, Raum- und Maßbezeichnungen[68]. Sie vermehren zuerst die Zahl der Ordnungssysteme und anschließend die Zahl der zwischen diesen Systemen möglichen Verbindungen. Sie vermeiden alles, was zu Vergleichen Anlaß geben könnte, und halten sich nur an das, was als *austauschbar* erscheint. Sie fliehen alles, was bei den Maßangaben zu einer Festlegung abstrakter Einheiten führen könnte. Die Zahlen dienen ihnen weniger zur Addition unter sich gleicher Einheiten als vielmehr zu konkreter Darstellung, Beschreibung und Ortsbestimmung. Sie gestatten endlich auch einen Hinweis auf die Möglichkeit von Wandlungen, die durch die Gleichheit oder Entsprechung der Zahlenembleme eine sinnvolle Aufklärung finden. Grundsätzlich ist man bemüht, *unter Rückverweis auf Rubriken* die Beschaffenheit einer Sache festzulegen, ohne dabei zu abstrahieren oder zu verallgemeinern, sondern im Gegenteil, indem man heraushebt – wobei trotzdem infolge der Vielwertigkeit der einzelnen Embleme zahlreiche Möglichkeiten des Austauschs offen bleiben. Konkrete Zusammenhänge bedeuten unendlich viel mehr als die abstrakten Beziehungen zwischen Ursache und Wirkung.

Das Ziel der Wissenschaft ist es, Sammlungen eindrucksvoller Besonderheiten anzulegen. Der Garten des Königs oder seine Jagdgründe müssen alle seltsamen Tiere und Pflanzen des Kosmos enthalten. Auch jene, die kein Schatzsucher auffinden konnte, kommen tatsächlich darin vor – als Skulpturen oder Zeichnungen. Bei den Sammlungen strebt man nach Vollständigkeit, vor allem in bezug auf Mißbildungen. Denn man sammelt weniger um zu erkennen, als vielmehr um zu können, weshalb die wirksamsten Sammlungen nicht Gegenstände, sondern Embleme enthalten. Wer das Emblem besitzt, wirkt auf die wirkliche Gegebenheit. Das Symbol vertritt die Wirklichkeit. Mithin nimmt man sich der Gegebenheiten und Tatsachen an, nicht um Abfolgen und quantitative Schwankungen zu ermitteln, sondern um emblematische Rubriken und Tabellen wiederkehrender Ereignisse, die ausschließlich unter dem Gesichtspunkt der gegenseitigen symbolischen Abhängigkeiten aufgestellt worden waren, zu besitzen und verfügbar zu haben.

Wenn eine konkrete Erscheinung offenbar eine zweite Erscheinung *bedingt*, so nehmen die Chinesen an, daß zwei zusammenhängende Zeichen vorliegen, die sich gegenseitig durch eine einfache *Resonanzwirkung* bedingen[69]. Beide nämlich verraten den gleichen Zustand, oder richtiger: verweisen auf einen gleichen Aspekt des Kosmos. *Wandelt sich* eine Erscheinung in eine andere, so faßt man diese Wandlung als ein Signal auf, dem andere Signale einstimmig zu antworten haben. Sie weist auf das Heraufkommen einer neuen *konkreten Situation* hin, zu der ein unumschriebener Komplex zusammenhängender Erscheinungen gehört. Was die Art und Weise anlangt, in der sich dieser Ersatz, der nicht eine Veränderung darstellt, vollzieht, so ist bekannt, daß jede Wandlung sich auf das Ganze erstreckt und an sich etwas Ganzes ist. Für zwei Embleme, die beide zwei konkrete Aspekte des Weltgefüges anzeigen, gibt es keinen gemeinsamen Maßstab. Eine Untersuchung der sekundären Ursachen ist uninteressant, denn man hat keine Verwendung für sie. Was über die Erscheinungen im einzelnen Aufschluß gibt, sind nicht Kenntnisse über die Ursachen im einzelnen, sondern das Tao.

Das Tao ist an sich keine *prima causa*. Es ist lediglich ein wirksames Ganzes, ein Mittelpunkt der Verantwortlichkeit oder auch noch ein verantwortliches Medium. Es ist nicht schöpferisch. In der Welt wird nichts erschaffen, und die Welt ist nicht erschaffen worden. Die Heroen, die unserer Vorstellung von einem Demiurgen am nächsten kommen, beschränken sich darauf, den Kosmos zu ordnen[70]. Die Herrscher *tragen die Verantwortung* für die Ordnung in der Welt, doch sie sind nicht die Urheber dieser Ordnung. Verfügen sie über Wirkkraft, so gelingt es ihnen, innerhalb eines umschriebenen Bereichs und in einer bestimmten Ära – für beide ist der Umfang ihres Einflusses maßgebend – eine kulturelle Ordnung aufrechtzuerhalten, mit der die Ordnung der Dinge eins ist. Das Tao ist nur die Sublimation dieser Wirkkraft und dieser Ordnung. Um das Handeln zu leiten und die Welt zu erklären, bedarf es keineswegs der Unterscheidung von Kräften, Substanzen und Ursachen und braucht man sich keineswegs mit den an die Begriffe Stoff, Bewegung und Leistung geknüpften Problemstellungen zu belasten. Es genügt an sich, die gegenseitige Abhängigkeit der emblematischen Gegebenheiten und ihrer sichtbaren Verwirklichungen wahrzunehmen. Sie geben den Anstoß zu einer Erkenntnis der Zusammengehörigkeiten und Verantwortlichkeiten. Sie entheben ebenso von der Annahme einer ersten Ursache wie auch von der Suche nach Ursachen.

Eine solche spekulative Einstellung hat die alten Chinesen nicht daran gehindert, ein großes technisches Können an den Tag zu legen, wie die Vollkommenheit ihrer Bogen und ihrer Wagen bezeugt. Doch sehen wir einmal näher hin, wie sie sich den Vorgang einer Erfindung vorstellen. Wenn einer ihrer Philosophen die Erfindung des Rads erklären will, so behauptet er, in der Luft wirbelnde fliegende Samenkörner hätten die Vorstellung desselben geweckt[71]. Das chinesische Denken lehnt mechanische Erklärungen ab und sucht sich nicht in einem Bereich zu bewähren, wo Bewegung und Menge eine Rolle spielen. Es beschränkt sich beharrlich auf eine Welt von Emblemen, die es nicht als etwas vom wirklichen Kosmos Verschiedenes gedeutet haben will.

Um Auskunft über den Kosmos zu erhalten, genügt es, Signale zu katalogisieren. Doch wenn auch einem jeden Emblem eine einmalige Gegebenheit entspricht, so besitzt doch ein jedes Emblem eine unumschriebene Deutungskraft. Es ruft, gewissermaßen durch eine Direktwirkung, eine Schar austauschbarer Gegebenheiten und Symbole auf den Plan. Diese *ansteckende Kraft* (Tugend) der Embleme unterscheidet sich grundlegend von einer gedanklichen Anteilnahme. Für die Gültigkeit der verschiedenen Symbole kann man sich keine Grenzen vorstellen. Folglich sieht man in einer Einordnung der Gedanken und Dinge nach Gattungen und Arten überhaupt keinen Nutzen. Das Prinzip des Widerspruchs kann somit nur eine relative Gültigkeit erhalten und erweist sich damit als nutzlos. Statt Begriffe einzuordnen, bemüht man sich, die Gegebenheiten oder richtiger: die Embleme anzuordnen, denen ein höherer Grad der Wirklichkeit zuzukommen scheint, weil man sie für wirksamer hält; man versucht, ihnen innerhalb eines hierarchischen Gefüges und unter Berücksichtigung des Grads ihrer Wirksamkeit einen Platz anzuweisen.

Der Gegensatz von Gleichwertigem und Entgegengesetztem hat den Vorrang vor der Unterscheidung von Gleichem und Andersartigem. Wenn sich Gegebenheiten und Embleme entsprechen, dann rufen sie sich durch einfache Resonanz hervor; stellen sie Gegensätze dar, dann erzeugen sie sich rhythmisch. Die konkrete Welt und die Welt der Vorstellungen gehorchen gleichzeitig einer einzigen Regel, die auf den ersten Blick eine zweifache Formulierung zu erlangen scheint. Diese lautet: (nicht Gleiches bringt Gleiches hervor, und das Entgegengesetzte stammt von dem Entgegengesetzten ab, sondern:) Gleichwertiges gehört zu Gleichwertigem, und das Entgegengesetzte entspricht dem Entgegengesetzten. Die beiden Formulierungen, die den Begriff der Gattung ebensowenig wie den einer Ursache voraussetzen, sind beide Ausdruck ein und derselben Erfahrung, nämlich daß jede der Erscheinungen im Kosmos und jeder Gedankengang wie der Kosmos selbst auf der gegenseitigen Abhängigkeit zweier komplementärer Aspekte beruht.

Yin und Yang stellen keine Gegensätze dar wie das Sein und das Nichtsein, ja nicht einmal wie zwei verschiedene Gattungen. Nicht nur, daß man weit davon entfernt ist, einen Widerspruch zwischen den beiden Aspekten Yin und Yang anzunehmen, glaubt man, daß sie sich gegenseitig ergänzen und *vollenden* (*ch'eng*) – und dies sowohl in der Wirklichkeit als auch in der Vorstellung. Unter den zahlreichen Erscheinungen entsprechen (*t'ung*) und infizieren sich die einen, ohne sich zu vermengen (gemeint sind hier jene, die gleichzeitig in Erscheinung treten können), da zwischen ihnen ein einfacher und lockerer Zusammenhang besteht; die anderen (jene, die zueinander im Gegensatz stehen) treten sich gegenüber und sind doch durch eine auf einer Vereinigung beruhende gegenseitige Abhängigkeit verbunden, wodurch sich ihre zyklische Folge (*sheng sheng*) offenbart. Die Chinesen können es umgehen, zur Ordnung des Denkens das Prinzip des Widerspruchs heranzuziehen. Sie weisen diese Aufgabe dem Prinzip der Harmonie (*ho* = harmonische Vereinigung) der Gegensätze zu. Die das Denken und das Handeln beherrschende wirksame Ordnung besteht aus *Gegensätzen*; sie schließt aber die Möglichkeit von *Gegenteilen*, sowohl in der absoluten wie in der relativen Bedeutung dieses Wortes aus. Es besteht kein Anlaß, Arten und Gattungen abzugrenzen. Die Ordnung wird durch Bildung von Emblemgruppen, denen der Wert aktiver Rubriken zukommt, verwirklicht. All diese Rubriken lösen sich am Werke ab (die verschiedenen Wandlungsphasen kommen im Wechsel an die Herrschaft, wie dies auch für das Yin und das Yang gilt). Denn die Klasseneinteilungen, die sich auf die kleinsten Einzelheiten erstrecken, haben ausschließlich den Zweck, einen vielgestaltigeren Ordnungsbegriff und eine (stärkere, jedoch niemals abstrakt werdende) Auflösung der rhythmischen Verwirklichungen dieser Ordnung in einem völlig aus konkreten Teilen bestehenden Raum-Zeit-Gefüge darzustellen.

Die Chinesen haben vom Kosmos weder eine monistische, noch eine dualistische, ja nicht einmal eine pluralistische Vorstellung. Sie stellen sich vielmehr vor, daß das Ganze in hierarchisch gestufte Gruppen zerfällt und in diesen vollständig vorhanden ist. Diese Gruppen unterscheiden sich nur hinsichtlich der Stärke der ihnen eigenen Wirkkraft. Auf hierarchisch gestufte und zugleich sich unterscheidende Abschnitte des Raums und der

Zeit bezogen, unterscheiden sie sich, wenn ich so sagen darf, in bezug auf ihren Gehalt und mehr noch in bezug auf ihre Spannung. Man faßt sie als mehr oder minder komplizierte, mehr oder minder abgeschwächte, mehr oder minder konzentrierte Verwirklichungen der Wirkkraft auf. Erstes und letztes Ziel der Wissenschaft ist es, einen Plan für die Ordnung des Kosmos zu entwerfen, der offenbar dank einer gestuften Verteilung konkreter Rubriken zu verwirklichen ist. Ebenso wie die Chinesen es sich versagen, mit den Begriffen ›Art‹ und ›Gattung‹ zu operieren, fehlt ihnen auch jeder Sinn für den Syllogismus. Welchen Wert könnte denn auch eine syllogistische Ableitung für ein Denken haben, das sich weigert, dem Raum und der Zeit ihre konkrete Beschaffenheit zu nehmen? Wie könnte man behaupten, daß Sokrates, da er ein Mensch ist, sterblich sei? Ist es denn sicher, daß in künftigen Zeiten und in anderen Räumen die Menschen sterben werden? Behaupten läßt sich hingegen: Konfuzius ist gestorben, folglich werde auch ich sterben, denn es besteht wenig Aussicht, daß jemand ein längeres Leben verdient als der größte aller Weisen. Die chinesische Logik ist eine Logik der Ordnung, oder, wenn man so will, eine Logik der Wirksamkeit, eine Logik der Stufenordnungen. Der meistgebrauchte Vernunftschluß der Chinesen ist mit dem Kettenschluß[72] verglichen worden; doch außer bei einigen Dialektikern und bei den ersten Taoisten, die von der alten Vorstellung des Ganzen den Begriff des Unendlichen oder doch wenigstens des Unumschriebenen abzuleiten suchten, löst sich dieser Vernunftschluß nicht in eine Kette von Bedingungen auf; eher scheint er darzutun, wie ein Ordnungsprinzip verschiedene, mehr oder minder vollkommene, und folglich einstufbare Verwirklichungen dieses Ganzen durchläuft, das sich in jeder seiner Erscheinungsformen wiederfinden muß. Unter Verzicht auf induktive oder deduktive Schlüsse suchen die Chinesen ihr Denken in der gleichen Weise zu ordnen wie sie die Welt, d. h. die Gesellschaft ordnen. Sie geben ihren Emblemen und ihren Rubriken eine hierarchische Anordnung, in welcher die einem jeden Emblem und einer jeden Rubrik eigene Geltung zum Ausdruck kommt.

Weder das Prinzip des Widerspruchs noch das der Kausalität besitzt den für eine Leitregel charakteristischen Einfluß. Das chinesische Denken lehnt diese Prinzipien nicht systematisch ab; doch sieht man andererseits auch keinen Grund, ihnen die Würde philosophischer Begriffe zuzuerkennen. Die Chinesen bemühen sich mit gleicher Hingebung um die Unterscheidung der Dinge wie um deren Verknüpfung. Doch sie grenzen nicht Arten und Ursachen abstrahierend voneinander ab, sondern bemühen sich vielmehr, eine Stufenordnung der Wirksamkeiten und Verantwortungen aufzurichten. Sie glauben, daß Schlußfolgerung und Experiment als Verfahren nicht das gleiche Vertrauen verdienen wie die Kunst, Zeichen ganz konkret aufzunehmen und ihre Resonanzen zu katalogisieren. Aus der logischen Darstellung von Beziehungen und der Analyse von Wirkungsmechanismen erwarten sie sich keine Aufschlüsse, welche die Wirklichkeit zur Darstellung bringen. Sie gehen von komplexen Vorstellungen aus und erhalten all ihren Emblemen, ja sogar den Hauptrubriken, eine konkrete Bedeutung. Sie gebrauchen diese Embleme und die Rubriken, um das Denken anzuregen und den Sinn für Obliegenheiten und Verpflichtungen zu wecken. Kurzum, sie stellen sich die Welt vor, als ob ein Protokoll deren Lauf regelte, und bemühen sich, sie wie ein Zeremoniell zu ordnen. Ihre Ethik, ihre Naturwissenschaft, ihre Logik sind nur Aspekte einer aktiven Wissenschaft, der Etikette.

Wenn sie über den Lauf der Dinge spekulieren, suchen sie weder Allgemeinbegriffe festzulegen noch Wahrscheinliches zu errechnen, sondern sie streben danach, das Flüchtige und Einmalige zu erspähen. Doch bemühen sie sich bei solchem Tun, die Anzeichen der Wandlungen zu erfassen, die sich auf sämtliche Erscheinungen auswirken, und sie wenden sich Einzelheiten nur zu, um sich, indem sie auch hier die Ordnung wahrnehmen, von dieser umso tiefer überzeugen zu lassen. Infolge des Umstandes, daß sich das chinesische Denken in einer Welt der Embleme bewegt und den Symbolen und deren Stufenordnungen vollen Wirklichkeitswert zuspricht, ist es auf eine Art konventionellen Rationalismus oder eine Art Scholastik hin orientiert. Andererseits empfängt es starke Impulse aus einer Leidenschaft für die empirische Erkenntnis, in der es die Voraussetzungen für eine minutiöse Beobachtung der konkreten Gegebenheiten besitzt und der es wohl fruchtbare Einsichten verdankt[73]. Sein größter Vorzug ist es, den menschlichen Bereich niemals von dem der Natur getrennt zu haben und bei der Erwägung der menschlichen Problematik stets die soziale Komponente berücksichtigt zu haben. Wenn der Begriff des Gesetzes sich nicht entwickelt hat, und wenn als Folge davon die Beobachtung der Natur gegenüber der Empirie und die Organisation der Gesellschaft gegenüber einer Kompromißregelung zurückstehen mußte, so hat der Begriff einer Regel, oder richtiger, der Begriff der Vorbilder die Chinesen davor bewahrt, sich über der Menschenwelt eine Welt transzendenter Gegebenheiten ersinnen zu müssen, indem er ihnen erlaubte, sich eine elastische und formbare Vorstellung von der Ordnung zu erhalten. Ihre von konkreter Naturerfahrung durchdrungene Weisheitslehre ist entschieden humanistisch.

Drittes Buch Die Welt als System

Über das chinesische Denken herrschen gemeinsam die Begriffe von Ordnung, Ganzheit und Wirkkraft. Die Chinesen bekümmerten sich nicht um die Abgrenzung von Reichen in der Natur. Jede Gegebenheit stellt in sich ein Ganzes dar. Alles im Kosmos ist wie der Kosmos. Stoff und Geist treten nicht als zwei antagonistische Welten in Erscheinung. Man räumt dem Menschen keine besondere Stellung ein, indem man ihm eine Seele zuschreibt, die eine andere Wesenheit als der Körper besitzt. Der Mensch ist nur in dem Maße edler als die übrigen Wesen, als er innerhalb der Gesellschaft eine bestimmte Stellung innehat und auf diese Weise bei der Erhaltung der sozialen Ordnung, die die *Grundlage* und das *Vorbild* der kosmischen Ordnung ist, mitwirken darf. Von der großen Schar der Wesen heben sich nur der Fürst, der Weise und der Edle ab. Diese Vorstellungen sind im Einklang mit einem Weltbild, das nicht anthropozentrisch ist, sondern für das vielmehr die überragende Bedeutung des Begriffs des *Einflusses auf die Gesellschaft* charakteristisch ist. Die Ordnung im Kosmos ist ein Ausfluß der Tugend des Fürsten, die in den Künsten und Wissenschaften ihre Handhaben finden muß. Eine protokollarische Ordnung gilt für das Denken wie für das Leben; die Gültigkeit der Etikette ist unumschränkt. Sowohl im physischen als auch im ethischen Bereich – deren scharfe Trennung man sich untersagt, derart, daß man den einen als einen Bereich des zwangsläufig Festgelegten, den anderen im Gegensatz hierzu als einen Bereich der Freiheit auffaßt – ist ihr alles unterworfen. Den Chinesen ist der Begriff eines GESETZES fremd. Über die Dinge wie auch über die Menschen setzen sie nur *Vorbilder*.

Erstes Kapitel Der Makrokosmos

Auf die privilegierte Geltung der Staatskunst bei den Chinesen weist ein Umstand besonders hin: Für sie beginnt die Weltgeschichte erst mit der Kulturgeschichte. Sie hebt nicht mit einem Schöpfungsbericht oder mit kosmologischen Spekulationen an. Vielmehr ist sie von allem Anfang an mit der Lebensgeschichte der Herrscher verquickt. Die Biographien der Heroen des chinesischen Altertums enthalten recht zahlreiche mythische Elemente. Doch fand kein einziges auf die Entstehung der Welt bezogenes Motiv unbearbeitet Eingang in die Literatur. Alle Legenden erheben Anspruch darauf, von tatsächlichen Begebenheiten in der menschlichen Geschichte zu berichten. Für alle ist die gleiche Auffassung vom Staatswesen kennzeichnend. Wesen und Dinge verdanken ihr Dasein und ihren Fortbestand der von den heiligen Urhebern der nationalen Kultur geschaffenen Harmonie (*ho*). Deren weise Entschlüsse gestatten den Menschen und den Dingen, sich im Einklang mit ihrer Wesenheit (*wu*) zu entwickeln und ihr Los (*ming*) voll und ganz zu verwirklichen. Die Harmonie der sozialen Verhältnisse, die unter dem Einfluß der weisen Herrscher Platz greift, bedingt im Großen Frieden (*t'ai-p'ing*) auch ein vollkommenes Gleichgewicht im Makrokosmos, das sich dann wiederum im Aufbau aller Mikrokosmen spiegelt. Das starke Überwiegen einer politischen Problematik[1] ist in China von einer tieferen Abneigung gegen jede Lehre begleitet, die einen schöpferischen Eingriff von außen postuliert.

Über die Vorstellung der alten Chinesen vom Kosmos unterrichten nur einige Metaphern sowie die Reste alter Sagen. Es ist unwahrscheinlich, daß diese im Volksglauben überlieferten Angaben Teil eines einzigen, klar umrissenen philosophischen Systems waren. Trotzdem werfen sie einiges Licht auf eine Grundgegebenheit, nämlich daß ausschließlich soziale Vorstellungen für das Bild von der physischen Welt maßgebend sind. Der Kosmos ist der Wagen oder das Haus des Fürsten.

Wiederholt vergleicht man die Welt mit einem von einem Baldachin überdachten Leiterwagen. Der Baldachin ist rund und versinnbildlicht den Himmel; die Erde wird in dem viereckigen, den Fahrgast aufnehmenden Kasten dargestellt. Doch handelt es sich dabei nicht um einen beliebigen Wagen. Wenn es heißt: »Die Erde . . . ist der Boden des Wagens«, so denkt man dabei an einen Zeremonialwagen[2], in dem der Einmalige Mensch Platz nimmt – und wahrscheinlich stellt man sich den Himmelssohn dann in dieser Weise vor, wenn er, in Erfüllung der ersten Obliegenheit seines Amtes, das Menschenland der Sonnenbahn folgend bereist. Am Himmel legt die Sonne gleichfalls in einem Wagen ihre Bahn zurück.

Der Führer des Wagens steht in diesem ganz vorn, unter dem Saum des Baldachins. Das Wort für diesen Platz (*hsien*) entspricht auch jener Stelle in der Empfangshalle, die der Herr einzunehmen hat, wenn er Hof hält. Wenn es heißt: »Die Erde trägt und der Himmel bedeckt«[3], so ist damit in gleichem Maße auf das Haus wie auf den Wagen hingewiesen. Das Gebäude, in dem der Oberherr die Lehensleute empfängt, ruht auf einem viereckigen Fundament und wird von einem runden Dach überdeckt. Wenn der Himmelssohn die monatlichen Anordnungen verkündet, welche die Zeit- mit den Raumabschnitten in Einklang bringen, stellt er sich unter dem Rand dieses Daches auf.

Sowohl das Dach der *Ming-t'ang* als auch der Baldachin des Wagens sind durch Säulen mit ihrem quadratischen Unterbau verbunden. Die Geographen können sehr gut über »Pfeiler des Himmels« genannte Säulen Auskunft geben, und sie kennen deren Zahl und Lage. Sie haben etwas mit den Acht Himmelsrichtungen, den Acht Bergen und den Acht Pforten zu tun, durch welche die Regenwolken eintreten sowie die Acht Winde[4]. Die Acht Pfeiler – die über die Acht Winde (Himmelsrichtungen) mit den Acht in einem Achteck angeordneten Trigrammen in Beziehung stehen –, verbinden den Erdumfang mit der kreisförmigen Außenlinie des Himmels.

Anfangs stellte man sich den Aufbau der Welt einfacher vor. Man zählte nur vier Säulen und kannte nur vier Hauptberge. »Vier Berge« nennen sich die Führer, die der Lehensoberherr mit der Aufrechterhaltung des Friedens in den Vier Richtungen betraut und die er empfing, indem er die Vier Pforten seiner Residenz öffnete [5]. In der Natur kommt den Bergen eine ähnliche Rolle zu wie in der Gesellschaft den Fürsten. Sie gewährleisten den festen Bestand des Kosmos. Im Mythus wird nicht unterschieden zwischen dem Kampf, den ein Usurpator gegen einen rechtmäßigen Herrscher führt, und dem Angriff, den ein böser Genius, welchen man sich in Gestalt eines die Hausdächer abdeckenden Sturmwinds vorstellt, gegen einen Berg vorträgt [6].

Von den Pfeilern der Welt ist nur ein einziger berühmt geworden, und zwar der Pu-chou im Nordwesten der Welt; dort liegt auch die Pforte, die Zutritt zu der Dunklen Residenz gewährt, und aus der ein gleichfalls Pu-chou genannter Wind hervorweht [7]. Im Verlauf des Kampfes, den der Windgenius Kung-kung, dem die Dunkle Residenz als Behausung dient, gegen den Herrscher Chuan-hsü führte, vermochte er den Pu-chou zu erschüttern. Eine Sintflut war die Folge. In der Welt herrscht nur Ordnung, wenn sie wie eine Behausung geschlossen ist [8].

Als ehedem Nü-kua daranging, den Kosmos in Ordnung zu bringen, »waren die Vier Pole umgekehrt, die Neun Provinzen zerschlissen, während der Himmel *nicht überall hin*reichte und die Erde *nicht den ganzen* Erdkreis (*pu-chou*) trug; das Feuer loderte, ohne jemals zu verlöschen, und die Fluten überspülten das Land, ohne jemals zu versiegen, die wilden Tiere verschlangen rechtschaffene Leute, und die Raubvögel führten die Alten und Schwachen davon. Da schmolz Nü-kua Gestein von den Fünf Farben, um den Blauen Himmel zu flicken; sie schnitt der Schildkröte die vier Füße ab, um die Vier Pole aufzurichten; sie tötete den Schwarzen Drachen, um im Lande Chi die Ordnung einkehren zu lassen; sie häufte Schilfasche an, um die ausschweifenden Fluten einzudämmen. Da war der Himmel geflickt, die Vier Pole ragten empor, die ausschweifenden Fluten verliefen sich, das Land von Chi kam ins Gleichgewicht (*p'ing*) die wilden Tiere gingen zugrunde, die rechtschaffenen Leute blieben am Leben, *die quadratische Erde trug auf ihrem Rücken und der runde Himmel umfing alles*«, und das Yin und das Yang vereinigten (*ho*) sich [9].

Ehedem hatten sich auch die Inseln der Seligen mit den Gezeiten gesenkt und gehoben, so daß man auf ihnen nicht zur Ruhe kommen konnte. Sie wurden erst dann befestigt, als riesige Schildkröten sie auf das Geheiß eines Meergenius hin *auf den Rücken nahmen* [10]. Die Chinesen hegten lange Zeit den Glauben, daß sie dem Boden Festigkeit verleihen könnten, indem sie Schildkröten aus Stein bildeten, die eine schwere Tafel trugen. In Gestalt von Bergen oder Pfeilern verleihen die Erde und Himmel verbindenden Säulen dem Bau des Kosmos Festigkeit.

Trotzdem ist er seit dem Aufstand des Kung-kung nicht mehr ganz im Gleichgewicht. Dieses gehörnte Ungeheuer hatte sich nämlich auf den Berg Pu-chou gestürzt und ihn durch einen Stoß mit seinem Horn beschädigt; »es zertrümmerte den Pfeiler des Himmels und zerbrach die Befestigung (*wei*) der Erde«. (Die Acht Befestigungen, *pa wei* entsprechen den *pa chi*, den Acht Polen sowie den Acht Richtungen). Deshalb neigte sich der Himmel, und zwar gegen Nordwesten, derart, daß die Sonne, der Mond und die Sterne zum Sonnenuntergang (Westen) hinziehen, während auf der Erde, die in umgekehrter Richtung gekippt und gegen Südosten zu nicht mehr voll war, alle Wasserläufe in diesen klaffenden Winkel des Raums strömten.

Die Missetaten des Kung-kung werden auch noch in anderer Weise geschildert. Er, oder aber Ch'ih-yu, ein anderer Windgenius und gleichfalls ein gehörntes Ungeheuer, hatte die Gewässer entfesselt, als er K'ung-sang angriff [11]. Diese Mythen beziehen sich auf eine etwas andere Vorstellung vom Kosmos. K'ung-sang, der ›Hohle Maulbeerbaum‹, dessen Gegenstück K'ung-t'ung, der ›Hohle Pawlownia-Baum‹ ist, stellt wie letzterer gleichzeitig einen hohlen Baum und einen Berg dar, und alle beide dienten den Sonnen als Unterschlupf und den Herrschern als Behausung [12]. Es gab noch weitere Bäume, die als Pfeiler des Himmels emporragten, so etwa im Osten den P'an-mu, einen bei der Pforte der Geister [13] stehenden riesigen Pfirsichbaum, im Westen gab es den Baum Jo, auf dessen Ästen genau wie auf jenen des Hohlen Maulbeerbaums am Abend die Zehn Sonnen Platz nahmen [14]; – in der Mitte stand der *chien-mu* (der Aufgepflanzte Mast), an dem die Herrscher (in diesem Fall heißt es nicht: die Sonnen) empor- und herabstiegen [15]. Die Chinesen sprechen gern davon, daß ihre Vorfahren anfänglich auf Bäumen genistet oder in Höhlen gelagert hätten. In den meisten Sagen kommt die Vorstellung eines Säulenbaus vor; doch weisen einzelne mythische Details darauf hin, daß man sich den Himmel als ein Höhlengewölbe vorgestellt hat. In ihren apotheotischen Träumen lecken die Herrscher, nachdem sie zum Himmel emporgeschwebt sind, die Zitzen der Himmelsglocke, d. h. die vom Dach der Höhlen herabhängenden Stalaktiten [16].

Nach bescheidenen Anfängen ist die Welt wie die Behausungen der ersten Fürsten gewachsen – ganz im Gegensatz zu jenem Land der Riesen, das zusammenschrumpfte, nachdem seine Bewohner kleiner geworden waren [17]. Noch zur Han-Zeit glaubte man, daß, wie das *ch'i* alle Körper erfüllt, auch Erde und Himmel allmählich an Umfang zugenommen hätten. Auch habe sich die Entfernung zwischen beiden vergrößert [18]. Früher, als Geister und Menschen miteinander verkehrten, standen sie so nahe zusammen (die

Erde bot dem Himmel ihren Rücken dar, und der Himmel umfing sie), daß man, »indem man emporkletterte und herabstieg«, jederzeit von dem einen zum anderen Bereich überwechseln konnte. Chung-li, »der die Verbindung unterbrach«[19], setzte diesen skandalösen Anfängen des Kosmos ein Ende.

Chung-li ist ein Sonnenheroe, den die Historie zu einem Astronomen befördert hat. Die Chinesen haben sich offenbar niemals bemüht, aus ihren Mythen eine systematische Kosmogonie zusammenzustellen. Wohl aber haben ihre Astronomen die Grundlagen ihrer Theorien den Sagen des Altertums entlehnt.

Mindestens seit dem 4. Jahrhundert vor unserer Zeitrechnung gab es in China zahlreiche Gelehrte, die sich leidenschaftlich für die Astrologie interessierten. Daher befaßten sie sich mit der Katalogisierung von Sternbildern und mit der Aufzeichnung der Gestirnsbewegungen. Mindestens seit dem 3. Jahrhundert v. Chr., so erscheint es, waren sie in der Lage, mit verschiedenen Beschreibungen der Welt aufzuwarten. Von ihren Spekulationen wissen wir nur aus kurzen literarischen Anspielungen sowie aus verhältnismäßig späten Zusammenfassungen[20]. Sie entfernen sich nur wenig von den überlieferten Mythen.

Während der 2. Han-Zeit[21] führte man diese Spekulationen auf drei verschiedene Schulen zurück. Eine dieser Schulen, vielleicht die esoterischste, war, wenn auch noch nicht in Vergessenheit geraten, so doch nur von wenigen Anhängern getragen; diese glaubten, so heißt es, daß die Sonne, der Mond und alle Sterne frei im Raum schwebten, und daß der Himmel kein fester Körper sei[22]. Nach Auffassung der beiden anderen Systeme haften die Sterne am Himmel, auf dessen fester Oberfläche sie ihre Bahnen ziehen; und zwar bewegen sie sich fort und machen gleichzeitig die Kreisbewegung des Himmels mit.

Zwischen der Erde und dem Himmel liegen riesige Entfernungen. Die Gelehrten hatten, wie sie sagten, mit Hilfe des Gnomons die Maße der Erde errechnet. 357 000 *li* betrug nach der Auffassung der einen der Durchmesser der Sonnenbahn; andere gaben damit den Durchmesser der Himmelskugel an, wobei der Abstand zwischen zwei auf dem Erdkreis einander gegenüberliegenden Punkten 36 000 *li* betrage[23]. Die 357 und die 360 sind, wie wir bei den Musikpfeifen sahen, Zahlen, die eine vielfältige und überragende Bedeutung besitzen; als Vielfache der 7 und der 5 können sie das Verhältnis der 3/2 und 3/4 zwischen dem Kreis und dem Quadrat andeuten. Die von den Gelehrten angegebenen Maße sind daher nur in bezug auf ihre

Größe von Interesse. – Trotzdem ähnelt der Kosmos, dessen gewaltige Ausdehnung sie darstellen wollen, weiterhin der aus der Phantasie der Mythen geschaffenen Welt.

Die Anhänger der *hun-t'ien*-Schule schreiben dem Himmel eine Kugelgestalt oder richtiger die Gestalt eines Eis zu[24]. Diese Vorstellung geht auf das mythische Motiv zurück, das auch die Sage von Pan Ku und verschiedene Schilderungen wunderbarer Geburten gezeitigt hat[25]. Mehrere Gründerheroen sind aus einem Ei geboren worden – das bisweilen in einem den Himmel darstellenden neunstöckigen Turm ausgebrütet worden war. Im übrigen gebraucht man im Ausdruck »der Himmel *bedeckt*« stets ein Wort, dessen genaue Bedeutung ›bebrüten‹ ist. Die ganz von der Himmelsschale überdeckte Erde ruht wie ein Eigelb auf einer flüssigen Masse. Sie treibt umher, steigt und senkt sich und nähert und entfernt sich dabei nacheinander von dem Zenith und den vier Kardinalpunkten, während der Himmel sich *wie ein Rad* um sich selbst dreht und allabendlich die Sonne unter den irdischen Horizont hinabführt. Aus dieser Bewegung des Himmels erklärt sich der Wechsel von Tag und Nacht; die Schaukelbewegungen der Erde sind der Grund für den Wechsel und die Verschiedenheit der Jahreszeiten. Ferner ist klar, nachdem der Himmel eiförmig ist und die Sonne ihn in ihrem Lauf nicht verläßt, daß dieses Gestirn der Erde am Morgen näher ist als am Abend und weiter entfernt, wenn es am höchsten Punkt seiner Bahn anlangt. Darum scheint es, daß die Sonne am Mittag kleiner ist, da ihre wahrnehmbare Größe (nicht aber ihr Glanz) mit der Entfernung abnimmt[26].

In dem zweiten, wahrscheinlich älteren System wird der Himmel mit einem die Erde bedeckenden, beweglichen Baldachin (*t'ien-kai*) verglichen. Die Erde liegt, einer umgestürzten Schüssel vergleichbar, bewegungslos unter diesem Baldachin[27]. Ihre Oberflächengestalt entspricht keineswegs einer Kuppel, welche in die Himmelsglocke paßt, die sie überdeckt. Vielmehr besitzt die Erde die Gestalt eines Schachbretts, d. h. einer geköpften viereckigen Pyramide[28]. Ihr Gipfel (die bewohnte Erde) ist eben und liegt genau unter dem höchsten Punkt des Baldachins, dort, wo der Große Bär und die Gestirne des himmlischen Palastes der Mitte stehen. Die Gewässer fließen an den vier Seitenflächen der Pyramide ab und bilden um die bewohnte Erde die Vier Meere. Denn auch in diesem System erfüllt Wasser, wie in dem zuvor erwähnten, die Tiefen der Welt. Die Gestalt, die die Schule des Himmelsbaldachins der Erde zuschreibt, unterscheidet sich nicht von der Erscheinung des quadratischen, von Wasser umspülten Hügels, auf dem man dem Ackerboden opferte. Nachdem die Opfer in der rechten Weise vollzogen waren, bildeten Dämpfe über dem Altar einen Baldachin[29].

Die Verschiedenheit der Jahreszeiten wird im System des *t'ien-kai* dadurch erklärt, daß die Sonne auf verschiedenen Bahnen über den Himmelsdeckel zieht, die sie bald (dem Mittelpunkt) der Erde annähern oder von ihm entfernen [30]. Daß die Nacht den Tag ablöst, liegt daran, daß die Sonne von dem rotierenden Baldachin mitgenommen, nacheinander von den vier Seiten der Erde weggeführt und dort dann *abwechselnd* infolge dieser Entfernung unsichtbar wird [31].

Manche glaubten, daß der Himmelsbaldachin gegen Norden geneigt sei, so daß die Sonne gegen Abend unter dem Horizont verschwinde [32]. Diese Erklärung hängt mit der Sage von Kung-kung zusammen; seitdem dieses Ungeheuer den Berg Pu-chou zertrümmert hatte, ist der Himmel gegen Nordwesten zu geneigt. Bei Wang Ch'ung findet sich eine aufschlußreiche Abwandlung dieser Lehre. Im Norden tauche der Himmel *in* die Erde ein, so daß die Sonne auf dem ganzen nördlichen Abschnitt ihrer Bahn unter der Erde dahinziehen müsse [33]. Diese Auffassung läßt an die Pforte denken, die sich in der Nähe des Berges Pu-chou öffnet und den Weg in die Dunkle Residenz freigibt.

Der Gedanke, daß die Sonne ihren Glanz verliert, wenn sie in den Bereich des Schattens eintritt, findet sich auch in der Theorie von den Sonnenfinsternissen wieder. Diese (können sowohl im Mittelpunkt des Gestirns als auch an seinem Rand beginnen und) unterscheiden sich ihrer Natur nach nicht von bestimmten Schleiern (*po*), die jederzeit im Laufe eines Monats vorkommen können. Die eigentlichen Finsternisse hingegen treten *entweder* am ersten *oder* am letzten Tag der Mondperiode ein, denn die Dunkelheit (*hui*) besitzt dann ein solches Übergewicht, daß der Mond während dieses Zeitabschnitts seinen Glanz einbüßt. Die Sonne, welche sich dann mit ihm *vereint* (*chiao*), unterliegt ihrerseits dem Einfluß des Dunklen (Yin) Prinzips und kann sich daher verdunkeln [34]. Der seinem Wesen nach auf dem Yin beruhende Mond ist häufigeren Finsternissen ausgesetzt, die zu verschiedenen Zeitpunkten während der Mondperiode auftreten können. Liu Hsiang [35] schrieb jedoch (im 1. Jahrhundert), daß die Sonne sich verfinstere, wenn der Mond sie bedeckt, und Wang Ch'ung [36], der diese Auffassung wohl kannte, behauptete, daß es sich dabei um eine regelmäßige Erscheinung handle. Diese Gedanken konnten nicht verhindern, daß man die altertümliche Vorstellung, die Finsternisse würden durch ein regelloses Verhalten der Herrscher und ihrer Gattinnen hervorgerufen [37], dogmatisch aufrechterhielt.

Die chinesischen Kosmographen haben sich die Einsichten nutzbar gemacht, welche die Astronomie zur Zeit der Kämpfenden Reiche [38] gewann. Solche Fortschritte waren Astrologen zu verdanken, die im Dienste ehrgeiziger Fürsten Ausschau nach den am Himmel sich abzeichnenden Ereignissen hielten. Alle Beobachtungen gingen davon aus, daß zwischen diesen Ereignissen und den Tatsachen der menschlichen Geschichte ein Zusammenhang besteht. Auch wenn die Gelehrten schließlich dem Kosmos gewaltige Maße verliehen, so stellten sie sich die Welt doch weiterhin so vor, wie sie in der mythischen Phantasie erschienen war. Zwar vermehren sich ihre Einzelkenntnisse; trotzdem geraten sie nicht in Versuchung, nach im eigentlichen Sinne materiellen Erklärungen zu suchen. Jene, die die Auffassung zurückweisen, daß im Norden Erde und Himmelsbaldachin ineinander übergehen, führen keinerlei Argumente ins Feld, die sich auf die Begriffe Bewegung, Widerstand und Undurchdringlichkeit stützen. Sie finden nichts dabei, sich den Mythus von der Vereinigung von Himmel und Erde[39] zu eigen zu machen (ja mehr noch, sie führen ihn als Argument ins Feld). – Die Gelehrten haben das Bild, das sich die Chinesen vom Kosmos machten, kaum irgendwie beeinflußt. Umso mehr wurde es von den Dichtern und Architekten ausgeschmückt.

Zur Zeit der Kämpfenden Reiche (5. bis 3. Jahrhundert v. Chr.) setzten die feudalen Machthaber ihren Ehrgeiz darein, die weitläufigste Behausung, den höchsten Turm und das tiefste Verlies zu besitzen. An ihrem Hofe drängten sich nicht nur Astrologen, sondern auch Zauberer und Dichter, Erfinder und Narren[40], Geschichtenerzähler und Verbreiter kurioser Begebenheiten. Durch das Zusammenwirken all dieser Kräfte erweiterte sich das Weltbild und bevölkerte sich der Kosmos, während die Paläste in die Höhe und in die Breite wuchsen und der Hof, die Parkanlagen, die Gehege sich mit wunderlichen Dingen füllten. Während man im Himmel als Entsprechung der Neun Provinzen Chinas die Neun Ebenen (*chiu ye*) ersann, türmte man die Erde, die an Tiefe gewonnen hatte, in den Neun Stufen übereinander[41]. Ganz zuunterst lagen die Neunten Quellen, ganz oben die Neunten Himmel. Denn die Tyrannen hofften tatsächlich, indem sie bis zu neun Verliese und Terrassen unter- und übereinanderschoben, sowohl zu den unterirdischen Quellen als auch zu den Höhenregionen vorzustoßen, in welchen Wolken das Himmlische Feuer verbergen. Bis in die Tiefe der Erde vorstoßend und bis zum Höchsten First reichend (*huang-chi*) schien der Palast zur Achse des Kosmos geworden zu sein.

Aber auch unter solch großartigen Erscheinungsformen bewahrt der Kosmos die Spuren seiner bescheidenen Anfänge. In der Mitte auch des ärmsten Hauses mußte am Boden ein Abwasserschacht vorhanden sein, der genau unter einer in der Spitze des Daches freigelassenen Öffnung lag[42].

Durch diesen Schacht floß das Wasser in die Erde, während das Loch im Dach dem Qualm des Herdfeuers gestattete, sich mit den feuerbringenden Wolken am Himmel zu vereinigen. In ähnlicher Weise klafft in den Tiefen der Welt eine riesige Kloake, während im höchsten Himmel ein Spalt offensteht, durch welchen die Blitze entweichen [43]. Ein menschenfressendes Ungeheuer, der Ya-yü, bewacht die Kloake; auf ihn hatte der Schütze I tödliche Pfeile abgeschossen und war damit zum Genius der Hausmitte und zum Herrn des Schicksals (*szu-ming*) aufgerückt [44]. Die unterirdische Welt der Gewässer stellt nämlich das Land der Toten dar. Dorthin bahnen sich Trankopfer ihren Weg, wenn man sie auf den aus Stampferde bestehenden Boden der Häuser ausgießt. Anfänglich stellte man sich vor, daß die »Gelben Quellen« ganz nahe bei den menschlichen Behausungen lagen. Sobald man ein wenig in der Erde gegraben und Wasser entdeckt hatte, hatte sich die Welt der Toten einen Spalt weit geöffnet [45]. Aus ihr stürzten Geister hervor, wenn der ausgetrocknete Boden, vor allem im Winter, Risse zeigte, und man vernahm das Seufzen der auf die Erde Zurückgekehrten.

In einer größer gewordenen Welt verlegte man die Gelben Quellen in den tiefen Norden; denn man pflegte den Brauch, die Toten im Hause beizusetzen, nicht mehr, sondern die Friedhöfe lagen im Norden der Städte. Etwas westlich von der genauen Nordrichtung (also in der Himmelsrichtung, die dem Winteranfang entspricht) tut sich der Abgrund auf (bisweilen legt man das Regenwasserbecken der Häuser im Nordwesten an) [46], durch den die Wasser, welche aus den Vier Himmelsrichtungen zusammenströmen, im Innern der Erde verschwinden [47]. In diesen Bereichen haust ein Ungeheuer – das man bisweilen Erdgraf (*t'u-po*) nennt – und behütet, neunmal um sich zusammengerollt, eine Pforte [48]. Häufig nahm man an, daß es ein Vasall des Kung-kung sei; es ist eine neunköpfige Schlange; die neun Köpfe verschlingen die Neun Berge, und indem das Ungeheuer die Sümpfe ausspeit, verbreitet es Seuchen [49]. Über dem klaffenden Abgrund erheben sich die Neun Pforten der Himmel. Wölfe und ein neunköpfiges Wesen, das neuntausend Bäume auf einmal auszureißen vermag, bewachen sie. Wer sich untersteht, diese Pforten zu durchschreiten, wird ergriffen und mit dem Kopf nach unten in den Abgrund gestürzt [50]. Nur selten gelingt es einem Heroen, diesen Türhüter des himmlischen Herrschers zu täuschen. Die Heiligen allerdings, die in mystischen Übungen erfahren sind, gelangen geradewegs in die Obere Welt. Sie betreten diese durch den offenen Spalt an der Spitze der Himmel, ohne daß die daraus hervorsprühenden Blitze sie herabwerfen [51].

Das Innere des häufiger besuchten Himmels ist etwas besser erforscht als das der Erde. In ihm hält der Obere Herrscher (*shang-ti*) Hof [52]. Er verfügt über Paläste, Waffenkammern und Harems. Die Bezeichnungen dafür kommen auch auf der Erde vor, sind sie doch mit denen identisch, welche die Fürsten den Gebäuden in ihrer Hauptstadt geben [53]. Jenen, die er bei sich vorläßt, bringt der Obere Herrscher eine wunderbare Musik zu Gehör [54]. Man tauscht mit ihm Geschenke aus. Bietet man ihm z. B. eine Anzahl schöner Frauen an, so erhält man als Gegengeschenk die Eigentumsrechte an einem göttlichen Hymnus [55]. Es kann vorkommen, daß man von ihm zu einer Bärenjagd eingeladen wird [56]. Denn er besitzt Parkanlagen und Gehege, und man kann dort ganz wie in dieser Welt auf den Regenbogen schießen. Denn der Regenbogen stellt ja Hsi-ho, die Mutter der Sonnen dar, die, auf ihrem Wagen daherbrausend, mit Pfeilen nach dem Himmelshund (*t'ien-lang*) schießt [57]. Die Turniere der Himmelsbewohner (die sich ihre Wappen viel besser erhalten konnten als die Menschen) stellen von Tieren ausgetragene Kämpfe dar. Die Sonnen, die als dreifüßige Raben in Erscheinung treten, ziehen sich zurück, wenn die Chi-lin (Einhörner) einen Zweikampf veranstalten oder aber, wenn das Einhorn (*Chi-lin*) sie zu verschlingen versucht [58]. Ähnlich tritt der Mond (Ch'ang-ê) in Gestalt einer Kröte auf, die eine andere Kröte verschlingt und damit verschwinden läßt, während beim Tod des Ching-yü (des Wals?) Kometen auftauchen und wie durch das Brüllen des Tigers der Frühlingswind entfesselt wird [58].

Doch liegen die Schlupfwinkel der Gottheiten nicht im Himmel, sondern in entlegenen Bereichen des Raums, wo deren Bewohner auch an Turnieren teilzunehmen pflegen. Dort trotzen die Gottheiten dem Angriff von Heroen, die damit beauftragt sind, die Götter botmäßig zu machen. Der Graf der Winde (*feng-po*) liegt gefesselt auf dem Grünen Hügel, während der Graf des Flusses (*ho-po*) sich im Abgrund des Yang-yü verbirgt [59]. Sie tragen beide, der eine am linken Auge, der andere am Knie, eine Wunde und wurden beide von dem Schützen bezwungen, der den Ya-yü in seiner Kloake getötet und von den Ästen des Hohlen Maulbeerbaums die neun ungehorsamen Sonnen herabgeschossen hatte [60]. Mit diesen Taten hatte der Schütze, den Weisungen eines weisen Herrschers gehorchend, aus der bewohnbaren Welt alles hinausgeschafft, was den Menschen Schaden zufügen konnte. In einer wohlgeordneten Welt gestattet man Ungeheuern und göttlichen Wesen nur, in den entlegenen, vom Himmelsbaldachin nicht bedeckten Winkeln der Welt [61] dahinzudämmern.

An der Nordwestecke der Welt, im Lande Fu-lao, vegetiert ein Volk von Untermenschen, das den Schlaf nicht kennt und sich von rohen Früchten und Wurzeln nährt; ohne Unterlaß bewegen sich diese Wesen auf einem glühendheißen Boden, auf den Sonne und Mond unaufhörlich herabstrahlen[62]. Ehedem trieb in dieser Gegend auf dem Meer ein rinderähnliches Wesen mit einem grünen Leib und einem einzigen Fuß. Man nannte es K'uei. Wenn es ins Wasser stieg oder daraus hervorkam und dabei Wind und Regen erzeugte, vernahm man das Krachen des Donners. Huang-ti, der es erlegen wollte, kam auf den Gedanken, es mit einem Knochen zu schlagen, den er dem Donnertier entrissen hatte. Überhaupt flößte er mit dieser Trommel im ganzen Reich ehrerbietige Furcht ein[63]. Yao, der sich noch klüger als Huang-ti erwies und eine Begabung als Zivilisator an den Tag legte, die für alle echten Herrscher kennzeichnend ist, führte K'uei an seinen Hof und machte das Wesen dort zu einem Tanzlehrer, der – indem er auf Klangsteine schlug – die Tänze der endlich gezähmten Hundert Tiere leitete[64]. Im Südosten erstreckt sich der Ta-ho, ein unermeßlicher bodenloser Abgrund, in den, zusammen mit allen Wasserläufen der Erde, die Milchstraße, der Himmelsfluß hineinströmt[65]. Die Mutter der Sonnen und die Mutter der Monde holen aus diesen Gegenden das Wasser, dessen sie sich alltäglich bedienen, um ihre Kinder, wie Neugeborene, zu waschen, ehe sie sich am Himmel zeigen[66].

In der Südwestecke liegt das Land Ku-mang, wo sich die *ch'i* (Kräfte) von Yin und Yang nicht vereinen, und wo es keinen Wechsel von Hitze und Kälte, von Nacht und Tag gibt. Es scheint dort weder die Sonne noch der Mond. Die armen Schlucker, die dort in beständigem Halbschlaf dahinvegetieren, kennen weder Speise noch Kleidung und wachen kaum alle 50 Tage einmal auf[67]. Noch schlimmer sieht es in der Nordwestecke aus. Dort liegt das Land der Neun Dunkelheiten, das der Fackeldrache erhellt. Er ist tausend *li* groß, von roter Farbe und besitzt starre Augen. Wenn er diese öffnet, ist es Tag; schließt er sie, ist es Nacht. Bläst er, so ist es Winter; zieht er Luft ein, so ist es Sommer. Er trinkt nicht, noch ißt oder atmet er, denn Wind und Regen bleiben in seiner Kehle stecken. Atmet er jedoch, dann bläst der Wind[68]. Der Fackeldrache steigt am Ufer des Roten Flusses in die Nacht empor, wo auch die Nü-pa, die Trockenheit, eine Tochter des Huang-ti wohnt, der er beistand, Ch'ih-yu, den großen Rebellen zu besiegen, worauf sie in das furchtbare Land des Bewegten Sandes verbannt wurde[69]. Ganz in der Nähe liegt der Schlund, in den der Donner, von einem Wirbelsturm begleitet, hineinfährt[70]. Es ist dies die düstere Region des Durstes, in der riesige rote Ameisen und Wespen umherschwärmen, die noch dicker als Kürbisse sind und deren Stich alles verdorren läßt[71].

Der Nordwesten ist aber auch jenes geheimnisvolle Land, in dem der K'un-lun emporragt, jene prächtige Kopie der Himmel und der Fürstenpaläste[72]. Der K'un-lun ist ein Gebirge, gleichzeitig aber auch ein neunstöckiges Gebäude. Man findet darin hängende Gärten, deren Bäume Perlen tragen und Jade hervorbringen, sowie neun Brunnen, aus welchen ein Elixier hervorquillt, und unzählige Pforten. Durch eine dieser Pforten bläst der Wind Pu-chou herein, eine andere ist, zumindest ihrem Namen nach, mit dem Hauptportal des Himmelspalastes identisch. Tatsächlich erlangen jene, denen es gelingt, die ganze Reihe der zum K'un-lun emporführenden Stufen zu erklimmen, die Unsterblichkeit. Man sagt von ihnen, daß sie in den Himmel auffahren[73]. Es heißt, daß der Höchste Herrscher im K'un-lun residiert. Trotzdem ist die einzige Gottheit, welche dort Besuche empfängt, die Königin-Mutter des Westens, die Hsi-Wang-mu. Sie ist eine Art Menschenfresserin mit einem Leopardenschwanz und dem Gebiß eines Tigers, dessen Brüllen sie auch nachahmt. Sie verbreitet die Pest. Mit wirrem Haar, wie eine Zauberin, wohnt sie in der Tiefe einer Höhle[74]. Von dieser Göttin des Todes kann man das Kraut des Langen Lebens erlangen[75]. Bisweilen gibt sie auch ein Festessen hoch oben auf einem Jadeturm[76].

Ähnliche, in gleicher Weise zusammenhanglose Sagen wurden zur Illustration eines anderen kosmologischen Motivs benützt; alle Fremdvölker wohnen nämlich am Rande des Erdquadrats. Als Szu-ma Ch'ien die Acht Winde mit den 28 Mondhäusern kombinierte, achtete er nicht auf die genauen Maße der Segmente, wohl aber darauf, daß einer jeden der vier Seiten des Horizontes 9 Örter entsprachen. Im *Huai-nan-tzu* stellt man sich vor, daß die Fremdvölker am Außenrand der quadratischen Erde wohnen, und läßt 6 im Osten, 10 im Westen, 13 im Süden und 7 im Norden wohnen; alle logischen Bedingungen dieser Denker waren erfüllt, sobald es auch ihnen gelang, die Summe 36 zu erreichen[77].

Alle diese Sagen wurden uns gleichermaßen von Dichtern wie auch von Philosophen überliefert; diese machten in ihren Argumenten weit größeren Gebrauch davon als von wissenschaftlichen Lehren. Die Dichter, welche die epischen Fahrten der Weisen oder die mystischen Flüge der Heroen besangen, wissen recht gut über das Jenseits Bescheid, und ein gleiches gilt für die Artisten und Schamanen, die von weit her an den Hof der Tyrannen kamen. Und doch, die Auskünfte der Narren und die Entdeckungen der Dichter haben das Weltbild, das mit Majestät auszustatten sich Gelehrte in großer Zahl bemühten, nur malerischer werden lassen. Der Bauplan des Kosmos, den man sich weiterhin nach dem Vorbild einer fürstlichen Wohnstätte, mochte es sich dabei um einen bescheidenen Turm oder einen gewaltigen Palast handeln, vorstellte, blieb stets den alten Regeln der chinesischen Ordnungssysteme unterworfen. Nur das sich vergrößernde Jagdgehege erhielt neuen Zuwachs. Denn es ist bemerkenswert, daß die Chinesen zwar bereit waren, exotisch erscheinende oder neuartige Berichte oder Methoden, Kunststücke oder Ideen als nützliche Kuriositäten anzunehmen, daß sie diese aber niemals in ihr Haus aufnahmen. Noch bemerkenswerter ist es, daß sie diese Dinge nicht außerhalb der Historie, in einer unbestimmten und fernen Zeit anordneten, wie sie den alten oder neuen Mythen und Sagen, in denen Gottheiten und Ungeheuer eine Rolle spielen, zukommt. Die gesamte wirkliche Zeit ist dem Menschen und der Geschichte vorbehalten. Der Kosmos existiert wirklich erst von dem Augenblick an, in dem die Weisen die nationale Kultur begründet haben. Diese Kultur erstreckt sich auf alle Neun Provinzen. Die Vier Meere der Barbaren umgeben den von den Heiligen Herrschern geordneten Raum als ungegliederter Raum, als räumliches Jenseits, dem auch ein zeitliches Jenseits entsprechen muß. Diese verschwommenen Säume der wirklichen Welt eignen sich für Ungeheuer und Gottheiten wie auch für die Barbaren als Wohnstätte. Das Land der Menschen gehört den Chinesen, ihren Vorfahren und ihren Fürsten. Diese haben die Felder in Quadrate unterteilt und damit den heiligen Bezirk umrissen, wodurch die Neun Quartiere ihrer Stadt, ihres Heerlagers und des Zeremonienplatzes, auf welchem sie an den heiligen Handlungen teilnehmen, treffend ausgerichtet werden. Auf diesen heiligen Bräuchen beruhen die Klasseneinteilungen, mit deren Hilfe der wirkliche Kosmos geordnet wird und sich richtig darstellen läßt. Die Felder, die man bestellte, das befestigte Lager, in das man flüchtete, und das vom Fürsten bewohnte heilige Haus gaben zwar das Vorbild für die Neun Provinzen der Welt ab, doch waren sie anfänglich, bei ihren bescheidenen Maßen, von den Marken eingeschlossen, in welchen sich göttliche Tiere und die Barbaren, das Wild des Fürsten tummelten[78]. Auf diesem Boden führten die Krieger ihre Eroberungszüge und die Geographen und Dichter ihre Forschungsreisen durch. Im erweiterten Kosmos blieben die einfachen oder großartigen Bauregeln der Höhlen, Hütten und Türme erhalten, welche die Gründer des Alten China bewohnt hatten. Ihre Nachkommen aber gewährten all dem, was ihnen Astrologen, Dichter und Narren an neuen und exotischen Ideen und Gottheiten zutrugen, nur in dem ihren Jagden, Festen und Spielen vorbehaltenen Park Aufnahme.

Zweites Kapitel   Der Mikrokosmos

Die chinesischen Philosophen haben die Spaßmacher stets mit ihrem Haß verfolgt. Denn wenn diese einen Kopfstand machen, könnte es ja geschehen, daß sie auch die Welt auf den Kopf stellen. Der Mensch hat eckige Füße, die auf dem Boden zu ruhen haben. Und er wird straffällig, wenn er den Kopf nicht mehr nach oben streckt, denn der Kopf ist rund, nach dem Vorbild des Himmels [1]. Die Gestalt der menschlichen Wesen ist ein Abbild des Baugefüges der Welt, und mit beiden ist die Struktur der Gesellschaft im Einklang. Gesellschaft, Mensch und Welt sind Gegenstand einer umfassenden Wissenschaft. Diese Wissenschaft, die für den Makrokosmos und für alle in ihn eingeschachtelten Mikrokosmen gilt, beruht allein auf der Anwendung des Ähnlichkeitsschlusses.

Nichts veranschaulicht die Vorstellung der Chinesen vom Mikrokosmos besser als die sich auf die Linke und die Rechte beziehenden Ideen, Gepflogenheiten und Mythen.

In China wird der Gegensatz zwischen Rechts und Links alles andere als ein absoluter aufgefaßt [2]. Yin und Yang bilden ja auch nicht Gegensätze wie das Nichtsein und das Sein, das Reine und das Unreine. Die Chinesen kennen nicht das religiöse Ungestüm, das dazu verurteilt, die Dinge zwischen dem Bösen und dem Guten aufzuteilen. Wir ehren die Rechte und scheuen die Linke und bezeichnen beispielsweise im Französischen alles, was mit dem Bösen zusammenhängt, als ›*sinistre*‹ (unheilvoll, unheimlich); und wir tadeln die Linkshänder (und »linkischen« Leute) und sind Rechtshänder. Die Chinesen sind, wie auch wir, Rechtshänder; trotzdem ehren sie die Linke. Von ihren großen Heroen wie Yü der Große oder der Siegreiche T'ang waren die einen Linkshänder, die anderen Rechtshänder. Man könnte sogar sagen, daß sie Genien der Rechten und Genien der Linken darstellten, Herrscher des Regens oder der Trockenheit, die sich völlig dem Yin oder völlig dem Yang verschrieben hatten; und man erzählt sich von ihnen gern, daß sie halbseitig gelähmt gewesen seien, wenn man nicht gar behauptet, daß sie nur aus einer rechten oder einer linken Körperhälfte bestanden hätten[3]. Die Begründer zweier aufeinanderfolgender Dynastien müssen entweder von einem irdischen oder von einem himmlischen Genius beseelt sein. Doch gilt der Heroe ebensowenig wie die von ihm begründete Dynastie als etwas Besseres oder Schlechteres, je nachdem ob er Linkshänder oder Rechtshänder ist und ihn entweder die Tugend des Himmels oder die Tugend der Erde erfaßt hatte. Solche Tugenden (Kräfte) ergänzen sich gegenseitig. Sie müssen sich am Werk ablösen. Mehr noch, sie durchdringen nacheinander die untadeligsten Weisen. Letztere müssen sich zuerst als Minister einem aktiven Tun widmen. Sie entfalten ihre Begabung in mannigfaltigen irdischen Dingen. Sind sie aber einmal selbst Herrscher geworden, so bewegt sie allein die Sorge um den Himmel; ihr Dasein ist dann nichts als das Bemühen, in sich die Wirkkraft zu konzentrieren, die jeder vereinzelten Wirksamkeit (*tê*) überlegen ist[4]. Die Linke und der Himmel haben in gewisser Weise vor der Rechten und der Erde den Vorrang, ebenso wie das Yang vor dem Yin, das Tao vor dem Tê und das Königliche Werk vor den Aufgaben der Minister. Doch stellt dieser Gegensatz nichts als einen graduellen Unterschied oder eine Unterscheidung der Funktionen dar. Aus dem Schriftzeichen (Hand + Mund), das die Rechte darstellt, lesen die Etymologen ein Gebot heraus, und zwar, daß die rechte Hand zum Essen zu benützen sei[5]. Die Rechte eignet sich folglich für die irdischen Dinge. Der Schriftteil ›Hand‹ kommt auch in dem für die Linke gebrauchten Schriftzeichen vor, diesmal in Verbindung mit einem anderen, das Winkelmaß darstellenden Schriftelement. Das Winkelmaß ist das Symbol aller Künste, in erster Linie der heiligen und magischen Künste. Es ist die Insignie Fu-hsi-s, des ersten Herrschers und ersten Orakelmeisters. Fu-hsi ist der Gatte und der Bruder der Nü-kua, die den Zirkel als Insignie führt. Von diesem ersten Paar wurde die Ehe erfunden; um die Vorstellung »gute Sitten« anzudeuten, sagt man darum auch »Zirkel und Winkelmaß«[6]. Die Steinhauer[7] stellen Fu-hsi und Nü-kua mit verschlungenen Unterleibern dar. Nü-kua, die auf der Rechten erscheint, hält in der rechten Hand den Zirkel[8]. Der links dargestellte Fu-hsi hält in der linken Hand das Winkelmaß. Das Winkelmaß, welches das Quadrat, das Emblem der Erde erzeugt, kann erst nach einem während einer Hierogamie vollzogenen Austausch der Attribute als Insignie des Männlichen gelten; da jedoch das Quadrat (wie dies im *Chou-pei* gelehrt wird) den Kreis erzeugt (den es enthält)[9], eignet sich das Winkelmaß unmittelbar als Emblem des Zauberers, der *yin-yang* ist[10], und vor allem des Fu-hsi, der gleichermaßen in den Dingen des Himmels wie in jenen der Erde bewandert war[11]. Fu-hsi kann also das Winkelmaß in der Linken tragen, wie diese Linke (mit dem Winkelmaß) auf das Königliche Werk, auf die erste Hierogamie, auf magisch religiöse Handlungen hinzuweisen vermag. Die Chinesen sehen in der Religion und in der Magie ebensowenig wie im Reinen und im Unreinen absolute Gegensätze. Denn auch Heiliges und Profanes sind nicht zwei scharf voneinander geschiedene Seinsarten. Die Rechte kann profanen Werken und erdenbezogenem Tun dienen, ohne deshalb zur Gegnerin der Linken zu werden. Für das chinesische Denken sind nicht Gegenteile, sondern Gegensätze, Wechselwirkungen und Entsprechungen, der bei Hierogamien vollzogene Austausch der Attribute von Interesse.

Durch die endlose Vielfalt der Zeiten und Räume wächst auch die Zahl dieser Umkehrungen und dieser Gegensätze, wie auch die Zahl der konkreten Voraussetzungen für das Auftreten von Entsprechungen und Wechselwirkungen. All diesen Komplikationen muß die Etikette Rechnung tragen; deshalb gibt man bald der Linken, bald der Rechten die Ehre. Die Chinesen sind zwangsläufig Rechtshänder, denn von Kindheit auf lehrt man sie, sich zumindest beim Essen der Rechten zu bedienen[12]. Doch wird allen Knaben auch beigebracht, daß man beim Gruß die rechte Hand unter der linken verbirgt; die Mädchen müssen im Gegenteil die linke unter die rechte legen. Soweit die Regel, die normalerweise zur Unterscheidung der Geschlechter dient: die Rechte ist yin, die Linke ist yang. In einer Trauerzeit aber werden das Yin und die Rechte vorgezogen; dann grüßen selbst die Männer, indem sie die Linke verbergen und die Rechte darbieten[13]. Eine weitere Vorschrift gibt an, daß die Linke, die yang ist, sich auf das Glückverheißende und Gute bezieht. Daher bedeutet ein Entblößen der rechten Schulter, daß man sich geschlagen gibt und sich auf eine Bestrafung vorbereitet; hingegen entblößt man die linke Schulter, wenn man an einer freudigen Zeremonie teilnimmt[14]. Und trotzdem wird das Wort »links« auch zur Bezeichnung verbotenen Tuns und scheint in diesem Fall dem romanischen ›sinister‹ zu entsprechen. Wie glückverheißend im übrigen die Linke auch sein mag, beim Schwur durch Handschlag oder dann, wenn man eine Freundschaft schließt, bietet man stets die rechte Hand dar[15]. Der Schwur durch Handschlag kann noch durch einen Austausch von Blut bekräftigen[16], das aus dem Arm, und zwar offensichtlich aus dem rechten

Arm, abgezapft wurde. Bekräftigt man hingegen einen Eid, indem man den Blutgeruch eines Opfers einatmet, so wird dieses Blut beim Ohr abgezapft (wobei man die linke Schulter entblößt haben muß), und zwar muß es am linken Ohr abgezapft werden, denn den Kriegsgefangenen, deren Fesseln man mit der linken Hand hält, wird, ehe man sie opfert, das linke Ohr abgeschlagen[17]. *So kommt es, daß das linke Ohr mehr gilt als das rechte, während die rechte Hand den Vorzug vor der linken hat.*

Auch wenn die Wahl zwischen Rechts und Links in praktischen Erwägungen ihre Rechtfertigung zu haben scheint, wird sie von theoretischen Ordnungsgrundsätzen bestimmt. Pferde und Hammel, Hunde und Kriegsgefangene werden zusammen mit dem Strick, an dem sie festgemacht sind, dargebracht. Bei ersteren, die, wie man sagt, ungefährlich sind, hält man den Strick in der rechten Hand[18]. Der Hund, der im Vergleich zu einem Pferd gefährlich ist, könnte beißen; also hält man seine Leine in der Linken; die freibleibende rechte Hand würde dann in der Lage sein, das Tier zu bändigen[19]. Aber man hält die Leine eines Gefangenen, dessen linkes Ohr man abschlägt, auch mit der Linken, weil er immer noch gefährlich ist?[20] Man nimmt ebenso einen Bogen, den man einem Bogenschützen reicht, der auf die linke Seite des Wagens gehört[21], mit der Linken. Im allgemeinen reicht man links und empfängt rechts[22]. Geschenke müssen links vom Fürsten abgestellt werden, wo ein Beamter sie entgegennimmt. Dieser Vermittler stellt sich rechts von seinem Herrn auf, wenn dieser ihm Anweisungen zum Weiterleiten erteilt[23]. Neben dieser Regel (die große Bedeutung hat, weil mit ihr der Unterschied von »Geschichtsschreibern der Rechten«, deren Aufgabe es ist, Begebenheiten aufzuzeichnen, und »Geschichtsschreibern der Linken«, die Aussprüche festhalten, zusammenhängt)[24] spielt eine noch malerischere, wenn auch nicht minder wichtige Regel eine Rolle, die sich auf die Art und Weise bezieht, in der frischer Fisch serviert werden muß[25]. Setzt man einen Fisch vor, so muß dessen Schwanz zum Gast hin zeigen; im Winter muß der Bauch des Fisches nach rechts, im Sommer nach links zu liegen kommen. *Sommer, Linke und Vorderseite* (d. h. die Brust) sind *yang*; so, wie der Fisch im Sommer aufgetragen wird, liegt er offenbar im richtigen Verhältnis zum Raum; denn dann fällt *alles, was yang ist,* – die Vorderseite, die Linke, der Sommer – zusammen. Im Winter scheint dies nicht zu stimmen, denn die Rückseite und der Rücken kommt dann nach links (*yang*) zu liegen. Dies hat seinen Grund darin, daß man mit der Rechten ißt und die Speisen mit der Rechten anbricht, und daß es der Höflichkeit entspricht, mit den guten Stücken zu beginnen. Wenn das Kopfende, obzwar es *yang* ist, nach rechts (*yin*) weist, dann deshalb, weil der Bauch *yin* ist, der zur Vorderseite gehört, jedoch unten ist. *Nun entspricht aber der Winter dem Norden, und auch der Norden hängt mit dem Unteren zusammen.* Im Winter herrscht das Untere und das Yin vor; nun ist bei einem Fisch der Bauch der fetteste und saftigste Teil. Darum schickt es sich, daß im Winter der Bauch auf die rechte Seite zu liegen kommt, weil dies für die Nahrung der bevorzugte Platz ist. – Natürlich sieht die Sache ganz anders aus, wenn man getrockneten Fisch anbietet. Wichtig ist dann zuerst einmal, daß man ihn mit dem Kopfende zum Gast hin anbietet.

Gleichgültig ob es sich um die Bedienung bei Tisch, das Ritual einer Schenkung oder Eidesleistung, Trauerfeiern oder Freudenfeste handelt, für alles ist eine Etikette maßgebend, nach der in jedem einzelnen Fall nach bester Möglichkeit zwischen der Rechten und der Linken eine Wahl getroffen wird. Die Anfänge der Grundregeln der Etikette, wie auch der Deutungen von Linker und Rechter, sind in der Staatskunst zu suchen. Für die Staatskunst (wie auch für die Logik) ist die feudale Vorstellung einer Unterordnung bestimmend. Jeder Vasall ist zu Hause ein Herr – und bleibt doch stets ein Vasall. In jedem Gebiet wird alles nach den Regierungsjahren des darin herrschenden Lehnsherrn datiert; trotzdem richtet man sich bei der Gliederung des Jahres nach den Vorschriften des Königlichen Kalenders. In ähnlicher Weise trägt man lokalen Gegebenheiten bei der Wahl zwischen Rechter und Linker Rechnung und ist trotzdem allzeit bestrebt, sich nach dem Ordnungsplan des Kosmos zu richten. Der Aufbau des Makrokosmos und der Mikrokosmen, die Lehre hiervon, Gesetzgebung und Physiologie, sie alle beruhen auf der bei den Lehensversammlungen, bei den zivilen oder militärischen Aufzügen verwirklichten Ordnung. Jeder Zwiespalt zwischen der Linken und der Rechten, das gesamte Protokoll der Vorrechte hängt mit der lehensrechtlichen Unterscheidung zwischen Vorgesetztem und Untergebenem zusammen. Diese Unterscheidung muß allerdings (da der Oberbegriff des Sexus in der Organisation der Gesellschaft eine entscheidende Rolle spielt) mit der Unterscheidung von Männlichem und Weiblichem, von Yang und Yin zusammenwirken.

Wenn der Fürst bei Hof empfängt, so steht er auf seinem Podium mit dem Gesicht gegen Süden gewendet, während die Vasallen gegen Norden blicken und sich am Fuße des Podiums bis zur Erde verneigen. Der die Höhe einnehmende Fürst stellt sich so, daß er dem *ch'i* des Himmels, des Yang und des Südens voll zugewendet ist. *Der Süden entspricht also der Höhe wie auch dem Himmel, und der Norden ist die Tiefe wie auch die Erde*[26]. Die Höhe, d. h. der Fürst wendet seine *Brust* dem Süden und dem Yang zu, denn die Vorderseite ist wie der Süden *yang*. Er kehrt dem Yin und dem Norden den *Rücken* zu, die dem Hinteren und gleichzeitig der

Tiefe und der Erde entsprechen. Deshalb tragen die Erde und das Yin auf ihrem Rücken, während das Yang und der Himmel an ihre Brust drükken[27]. – Da der Fürst dem Süden zugewandt ist, fällt seine Linke mit dem Osten und seine Rechte mit dem Westen zusammen; *also ist der Westen die Rechte und der Osten die Linke*. Der Fürst ist eine aufgehende, siegreiche Sonne. Er ist auch ein Bogenschütze. Jeder Streitwagen ist mit drei Kriegern besetzt; der Wagenführer nimmt die Mitte ein, der Speerwerfer steht auf der rechten Seite; wie anders ließen sich die Zügel richtig führen, wenn nicht von der Mitte des Wagens aus? Wie anders (es sei denn, man ist Linkshänder) könnte man die Lanze sinnvoll gebrauchen, wenn man nicht rechts steht? Also steht der Bogenschütze links. Die Linke ist der Platz des Fürsten. *Die Linke – und mit ihr der Osten – ist die geehrte Seite*. Die Linke, der Osten, der Sonnenaufgang sind ebenso wie der Fürst, der Süden und der Himmel *yang*; die Rechte, der Westen, der Sonnenuntergang sind gleich der Erde und dem Norden und wie die Gattin des Fürsten, die Königin oder Königin-Mutter *yin*. Der Palast des Thronfolgers liegt im Osten (Frühling) und zur Linken; die Residenz der Königin-Mutter liegt im Westen (Herbst) und zur Rechten. *Die Rechte ist yin und entspricht den Frauen*, und zur rechten Seite gehören der Herbst, die Ernten, die Nahrung. *Die Linke ist yang und entspricht den Männern*, und der linken Seite entsprechen die männliche und religiöse Tätigkeit sowie die gehobenen Handlungen. Wie das Yang, so liegt die linke Hand *oben* und ihre Handfläche bedeckt den Rücken der *unteren* Hand, der Rechten, die *yin* ist, die den Speer schwingt und die tötet, die dem Soldaten gehört und nicht dem Fürsten – denn wenn die Pflicht des Soldaten im Töten und Strafen (*yin*) besteht, so trachtet der Fürst, nach Aussage Cheng Hsüan-s[28], mit dem Sieg nur danach, Leben zu erhalten und Verdienste zu belohnen (*yang*). Der Bogenschütze, *der in der linken Hand bei entblößtem linken Arm* seinen Bogen trägt, hält sich, wohin immer er sich auch wenden mag, *auf die linke Seite*, auf die Seite der aufgehenden und siegreichen Sonne[29]. Die Armee führt das Banner des Kriegsherrn mit sich; wie der Fürst so ist auch sie, gleichgültig welchen Weg sie einschlagen mag, immer nach dem Süden ausgerichtet – denn der für den Süden kennzeichnende Rote Wimpel flattert ihr voran[30]. Das Yang und der Osten liegen stets auf ihrer Linken; ist die Armee doch nichts anderes als ein sich fortbewegendes Heerlager oder eine Stadt, die stets in gleicher Weise ausgerichtet sind. Die vom Führer des linken Stadtbezirks befehligte linke Legion bleibt immer links und immer im Osten, denn für den Herrn liegt der östliche Bezirk auf der Linken[31]. Die Armeen bestehen aus drei Legionen; der Oberherr verfügt über drei Premierminister, die man die »Drei Herzöge« nennt. Sie treten ihm mit dem Antlitz nach Norden gewandt gegenüber, doch faßt man sie als eine dreifache Ausstrahlung seiner Tugend auf. Auch für sie gilt der Osten als die Linke, ganz als ob sie wie der Einmalige Mensch gegen Süden blickten. Folglich gebietet der Herzog zur Linken über den Osten des Reiches [32].

Die Gliederung der Welt wird auf den Fürsten bezogen. Der Osten entspricht überall der Linken, weil der Osten seine Linke ist. Nun ist der Fürst, der Obere (*shang*), derjenige, der obenan steht. Darum ist die Linke nur für die Höhe – für den Himmel und seine Ausstrahlung, den Fürsten, für den Fürsten und seine Ausstrahlungen, die Drei Herzöge – die geehrte Seite. Für die Untergebenen, für das Untere, für die Erde ist die geehrte Seite stets der Osten, aber nicht mehr die Linke. Am Fuße der Tribüne des Fürsten stellen sich die Vasallen von Osten nach Westen mit dem Gesicht gegen Norden auf, wobei der Vornehmste auf der Rechten steht. Zu Hause allerdings sind die Vasallen Fürsten. In ihrer eigenen Residenz nehmen sie den oberen Platz mit dem Gesicht nach Süden gewendet ein. Der Platz des Hausherrn ist oben an der Osttreppe des Empfangssaals, an der linken Seite; rechts, oben an der Westtreppe, hat die Hausherrin ihren Platz – denn die Linke ist stets *yang*, die Rechte stets *yin* [33]. Nun verlassen Männer und Frauen aber auch das Haus. Auf den öffentlichen Wegen ist die Mitte der Straße den Wagen vorbehalten. Zu Fuß bewegen sich die Männer auf der rechten Wegseite, d. h. im Westen und gestatten es aus Schamgefühl den Frauen, allein auf dem linken Trottoir im Osten zu gehen [34]. So lautet die Regel – und Cheng Hsüan behauptet, daß die Männer, indem sie rechts gehen, die geehrtere Seite einnehmen; denn sie seien nämlich Vasallen und die Vasallen bleiben, wohin immer sie auch gehen mögen, ihrem Wesen nach immer dem Norden zugekehrt. Ganz anders liegen die Dinge, wenn sie in ihr Haus zurückkehren, und wiederum anders, wenn sie sich zur Ruhe begeben. Legt man sich nieder, so hat man sich an dem Unteren und an der Erde zu orientieren. Die Gattin breitet ihre Matte in dem Winkel auf, in dem man auch das im Herbst geerntete Getreide, das man im Westen speichert, aufbewahrt. Auf diese Weise nimmt sie teil an der Fruchtbarkeit des Getreides und teilt ihm von ihrer eigenen Fruchtbarkeit mit. Die Matte der Frau liegt unmittelbar vor der dem Sonnenuntergang zugewendeten Wand des Hauses. Der Gatte verläßt die Nacht über die Seite des Sonnenaufgangs; trotzdem liegt seine Matte östlich von der der Gattin. Wenn sich beide zur Ruhe begeben, so dürfen der Gatte und die Gattin sich nicht mit dem Kopf nach Süden legen, weil dies ja die Lage der Toten in der Unterwelt ist. Nur die Abgeschiedenen scheuen sich nicht, ihre Füße dem Norden zuzukehren, wo ihr Zuhause ist. Die Frau verbleibt also im Westen, nimmt aber während der Nacht die linke Seite und der Mann die rechte ein. – Für all diese Umkehrungen ist der lehensrechtliche Aufbau der Gesellschaft, die Unterordnung der Frau unter den Mann und die Unterordnung des Vasallen unter den Lehnsherrn maßgebend. Sie ändern aber nichts an der Tatsache, daß die Linke im Grunde *yang* und die Rechte im Grunde *yin* ist. Daher kann ein Arzt, der vor der Geburt das Geschlecht eines Kindes bestimmen will, nicht fehlgehen. Liegt der Embryo links, so wird es ein Knabe, liegt er rechts, ein Mädchen werden[35].

Die Unterscheidung zwischen Oberem und Unterem, die anfänglich eine staatsrechtliche Bedeutung hatte, führt dazu, daß man je nach dem Anlaß der Linken oder der Rechten den Vorrang gibt. Die Richtigkeit des Prinzips, das für ihre jeweiligen Zuordnungen maßgebend ist, wird in Kosmographie, Physiologie und Geschichte dargetan. – Die vornehmste Pflicht des Fürsten ist es, in der *Ming-t'ang* zu wandeln oder das Reich zu bereisen und so den Lauf der Sonne nachzuahmen. Dabei bricht er im ge-

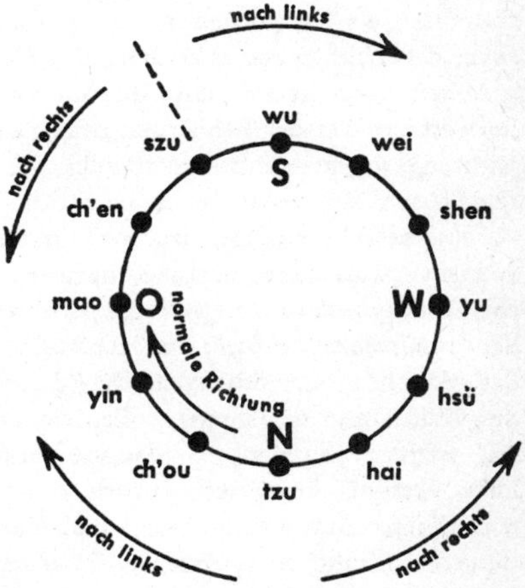

nauen Norden auf und wendet sich gegen Osten, damit der Frühling auf den Winter folgt. *Seine Linke weist nach vorn*, da er zuerst gegen Süden (*und* auf den Mittelpunkt hin) blickt und während seiner Bewegung dem Mittelpunkt zugewendet bleibt. Das Vorwärtsschreiten nach links *ist im Einklang* (*shun*) mit der Reihenfolge der zyklischen Zeichen und entspricht der Vorwärtsbewegung des Königs, der Sonne und des Yang. Diese Bewegungsrichtung ist den oberen Dingen angemessen. Die chinesische Kosmographie lehrt, daß der Himmel linksdrehend, die Erde hingegen rechtsdrehend sei[36]. Die Bewegungsrichtung nach rechts *im Gegensinn* (*ni*) ist bei Trauerzeremonien vorgeschrieben, die sich auf die Unterwelt beziehen[37]. Eine solche Bewegungsrichtung, durch welche der Vorrang der Rechten kundgetan wird, kommt für das Yin wie auch für die Erde in Frage. Beweise hierfür finden sich in der Physiologie. In dieser Wissenschaft lautet ein wichtiger Grundsatz, daß die Zahlen 7 und 8 das Leben der Frauen bzw. der Männer regeln[38]; das Geschlechtsleben der Männer endet mit 64 Jahren, das der Frauen mit 49 Jahren; die Knaben zahnen mit 8 Monaten, wechseln das Gebiß mit 8 Jahren und reifen mit 16 Jahren; die Mädchen, die mit 14 Jahren reif sind, bekommen oder verlieren ihre Milchzähne mit 7 Monaten bzw. 7 Jahren; die 7, das Emblem des Jungen Yang, ist im Leben der Frauen, die *yin* sind, ausschlaggebend; ebenso gibt die 8, das Emblem des Jungen Yin, bei der Entwicklung der Männer, die *yang* sind, den Ausschlag. Woher gewinnen diese Zahlen eine solche Bedeutung? Die 8 entspricht dem Frühjahr (*yang*, links) wie auch dem Zeichen *yin* der Zwölferreihe; die 7 entspricht dem Herbst (*yin*, rechts) und auch dem Zeichen *shen*; das Zeichen *szu* bezeichnet den Ort der Empfängnis; die Schwangerschaft erstreckt sich über 10 Monate. Schreitet man nun *nach links* vorwärts, in der der Sonne und dem Yang (Männlichen) entsprechenden Richtung, so durchläuft man 10 zyklische Stationen[39], wenn man sich von *szu* bis *yin* bewegt. 10 Stationen durchläuft man auch von *szu* bis *shen*, vorausgesetzt allerdings, daß man in umgekehrter Richtung, also nach rechts vorwärtsschreitet. Eine solche Richtung entspricht einem weiblichen Embryo, *der rechts getragen wird und dessen Entwicklung im Kreis der zyklischen Zeichen eine Rechtsdrehung entspricht.* Auch müssen das Männliche und das Weibliche (die Männer heiraten mit 30 Jahren, die Frauen mit 20 Jahren), sollen sie sich am Ort der Empfängnis, an *szu* treffen, 30 bzw. 20 Stationen durchlaufen, wenn ersteres nach links, letzteres nach rechts vorwärtsschreitet. Die Bewegungsrichtung nach links, die zu den oberen und Yang-Dingen gehört, ist auch für die vom Einfluß des Himmels beseelten Heroen charakteristisch, wohingegen jene, die der Einfluß der Erde und des Yin beseelt, nach rechts vorwärtsschreiten müssen. Die Historie liefert dafür überzeugende Beweise. Nach links schreiten bedeutet, daß man mit der linken Körperseite nach vorn gewendet und ohne daß der rechte Fuß jemals den linken überholt, sich vorwärtsbewegt[40]. Der Siegreiche T'ang, der die Erde nur auf winzigen Füßen berührte, weil die Tugend des Himmels in so hohem Maße von ihm Besitz ergriffen hatte, bewegte sich auf diese Weise vorwärts. Darum hatte er auch den Leib seiner Mutter durch die *Brust* (die *yang* ist) verlassen. Der Große Yü, der bei der Geburt aus dem *Rücken* (der *yin* ist) hervorgetreten war, war mit der Tugend der Erde begabt und hatte sehr große Füße. Darum bewegte er sich auch beim Vorwärtsschreiten in der dem Yin entsprechenden Weise, d. h. mit der rechten Körperseite nach vorn gewendet, wobei der linke Fuß niemals den rechten überholte[41].

Die Brust und die Vorderseite, der Osten und die Linke gehören dem Yang, dem Männlichen, dem Oberen und dem Himmel zu; der Rücken und die Rückseite, der Westen und die Rechte gehören dem Yin, dem Weiblichen, der Tiefe und der Erde zu. Durch die Unterscheidung von Oben und Unten, die eine grundlegende Metapher des chinesischen Staatsrechts darstellt, wird in der Gesellschaft, aber auch im Makrokosmos und in den Mikrokosmen, eine zweifache Asymmetrie gesetzt. Die Linke hat oben, die Rechte unten den Vorrang. Eine nähere Erklärung dieses Gegensatzes findet sich in einem Mythus. Er wird von Ärzten überliefert, die darin das Grundprinzip ihrer Kunst erblicken[42]. Seitdem sich als Folge der Missetaten des Kung-kung und der Zerstörung des Pu-chou-Berges im Nordwesten der Welt Himmel und Erde in zueinander gegensätzlicher Richtung neigten, ist der Himmel, der sich in der Richtung des Sonnenuntergangs herabsenkt, nur noch links (im Osten) wirklich voll, also gerade an der Stelle, wo die herabgesunkene Erde eine weite Leere klaffen läßt. Im gesamten Osten herrscht der Einfluß des Himmels und des Yang. Hingegen herrscht im Westen das Yin, denn dort ist allein die Erde übrig, während es keinen Himmel gibt. Dieser Bauplan hat seine Entsprechung im Mikrokosmos. Im menschlichen Körper fehlt im Westen (d. h. *auf der rechten Seite*) der Himmel (d. h. das Yang), während die Erde (d. h. das Yin) im Überfluß vorhanden ist. Im *unteren* Körperbereich, der der Erde nahe ist, herrscht das Yin. Deshalb sind und müssen die Chinesen Rechtshänder und vor allem »Rechtsfüßer« sein. Bei den Augen und Ohren hingegen, die *oben* im Körper liegen, müssen sie der Linken den Vorzug geben, denn im Osten (d. h. *links*) gebricht es am Yin wie auch an der Erde, doch sind das Yang und der Himmel im Überfluß vorhanden. Hier liegt der Grund, weshalb man den Feinden das linke Ohr abschlagen und das linke Auge ausstechen mag[43]. Deshalb auch bedient man sich mit der rechten Hand zwangsläufig, um die Dinge der Erde zu verzehren; denn die rechte Hand ist die handelnde, aber auch die tötende Hand, die man verbirgt[44], während die Linke der geehrten Seite entspricht, die jeder Mann (unter normalen Umständen) hervorkehrt und darbietet – weshalb er ja auch die linke Hand zum Gruß zeigt[45].

Der Kreislauf des Himmels vollzieht sich in den Vier Jahreszeiten. Darum besitzen wir vier – jeweils wieder in drei Abschnitte eingeteilte – Glieder, denn eine Jahreszeit besteht aus drei Monaten. Zwölf Monate bilden das Jahr, d. h. 360 (Tage), und dies ist die Zahl der Gelenke unseres Körpers. Wir besitzen in der Höhe angeordnet Augen und Ohren – wie ja auch der Himmel die Sonne und den Mond besitzt. Wind und Regen durchwehen den Kosmos – wie uns das *ch'i*[46] und das *hsüeh* (»Blut«)[47] durchströmen. All dies teilt uns Huai-nan-tzu, einer der bestunterrichteten Philosophen mit[48]. Er weiß von noch vielen anderen Einzelheiten zu berichten, etwa daß der neun Stockwerke aufweisende Himmel auch neun Pforten besitzt. Auch unser Körper zeigt neun Öffnungen, denn wir sind mit diesen besser versehen als die Vögel, die aus einem Ei geboren werden und eine Öffnung weniger haben; allerdings entsprechen deren 8 Öffnungen den 8 Arten von Musikinstrumenten, denn man verdankt ja dem Phönix die Erfindung der Musik. Und Huai-nan-tzu[49] weiß weiter zu berichten, daß wir Fünf Eingeweide besitzen, denn es gibt Fünf Wandlungsphasen. Es bedarf einer Schwangerschaft von 10 Monaten, damit sich der Körper mit seinen Fünf Eingeweiden und den diesen entsprechenden Öffnungen bildet. So gehören zu den Lungen die (2) Augen, zu den Nieren die (2) Nasenöffnungen, zur Leber die (2) Ohren, zur Galle der Mund . . . so daß wir, wenn wir nachzählen, 7 Öffnungen, aber nur 4 Eingeweide erhalten. – Es ist eine große Kunst, die Klasseneinteilungen aufeinander abzustimmen, doch groß ist auch der Gewinn, wenn es gelingt, sie richtig ineinandergreifen zu lassen – denn dann offenbart sich die Makrokosmos und Mikrokosmos gemeinsame Ordnung.

Die Lehre von den Fünf Eingeweiden und von den 9 (oder 7) Öffnungen gestattet den Nachweis, daß der Mensch nach dem Vorbild des Kosmos gestaltet ist. Bei Gleichsetzung der Fünf Wandlungsphasen mit den Fünf Planeten konnten diese Lehrsätze sogar zur Begründung einer Art von chinesischem Musiksystem dienen, das teilweise sehr altertümliche Züge trägt, nachdem man offenbar die 7 Körperöffnungen zu allen Zeiten mit den 7 Himmelsherrschern oder den 7 Sternen des Großen Bären in Beziehung setzt. Jedenfalls hängen beide Theorien mit alten mythologischen Klasseneinteilungen zusammen[50]. Diese Klasseneinteilungen werden immer wieder herangezogen, wenn es darum geht, ein zusammenhängendes Bild der Wirklichkeit zu entwerfen. Die Gelehrten und Techniker streben nicht nur nicht danach, von der Mythologie abzurücken; sie bedienen sich sogar ihrer Methode und ihres Bestandes von Emblemen. Die Aufgabe des Gelehrten ist es, aus den Mythen einen lehrbaren Wissensstoff abzuleiten. Der Gesamtbestand der Wissenschaft wird erweitert, indem man auf dem

Wege der Analogie den Katalog von Entsprechungen erweitert. Wie in den Zeiten, in denen man die Verse des *Shih-ching* erfand, besteht das große Prinzip aller Entsprechungen und Einwirkungen (*t'ung*) in dem die Natur und die Menschenwelt, den physischen und den ethischen Bereich vereinenden Zusammenhang.

Der *Hung-fan* beruht auf diesem Prinzip, das man darin zur Darstellung bringt, indem man – *durch eine bei der Aufzählung eingehaltene Reihenfolge* – Beziehungen angibt, die zwischen den Fünf *Wandlungsphasen* und ihren Produkten, zwischen den Fünf menschlichen Handlungen (*shih*) und ihren Ergebnissen, zwischen den Fünf Himmelszeichen (*cheng*) und den Hinweisen bestehen; diese liefern sie insofern, als sie die Auswir-

Ordnungszahlen	[1	[2	[3	[4	[5
Wandlungsphasen	Wasser	Feuer	Holz	Metall	Erde
	Salzig	Bitter	Sauer	Scharf	Süß
Menschliche Handlungen	Auftreten	Rede	Blick	Gehör	Absicht
	Ernst	Gehorsam	Einsicht	Verständnis	Weisheit
Himmelszeichen	Ernst	Gehorsam	Einsicht	Verständnis	Weisheit
	Regen	Yang	Hitze	Kälte	Wind

kungen angeben, die das gute oder schlechte Verhalten der Menschen und die durch die Regierung bei ihnen geförderte Sitte auf den Himmel [d. h. auf die Natur. Hrsg.] haben. Unter Benützung dieser Zeichen lassen sich die sich aus den symmetrischen »Handlungen« ergebenden »Tugenden« durch konkrete Symbole ausdrücken (wie die obenstehende Tafel zeigt). Wie man sieht, besteht eine genaue Entsprechung zwischen den Himmlischen Zeichen und den innerhalb der Reihe jeweils *gleichrangigen* menschlichen Handlungen. Eine nicht minder genaue Entsprechung ist zwischen diesen Handlungen und den entsprechenden Zeichen oder Wandlungsphasen anzunehmen. Sehr aufschlußreich sind hierbei die einzelnen Gleichsetzungen, so wenn man das Yang mit dem Feuer (= Süden-Sommer) vergleicht und das Wasser (= Norden-Winter) mit dem Regen, der hier offenbar auf das Yin (= das Dunkle, bedecktes Wetter) hinweist[51]. Obzwar sich später andere Bezeichnungen eingebürgert haben und im einzelnen recht zahlreiche Abweichungen auftreten, wurden doch die von Ritenkundigen wie auch von Philosophen zu Rate gezogenen *Tabellen von Ent-*

Wandlungsphase	Holz	Feuer	Erde	Metall	Wasser
Himmelsrichtung	Osten	Süden	Mitte	Westen	Norden
Farbe	Grün	Rot	Gelb	Weiß	Schwarz
Geschmacksrichtung	Sauer	Bitter	Süß	Scharf	Salzig
Geruch	Ranzig	Verbrannt	Wohlriechend	Nach rohem Fleisch	Faulig
Nahrungspflanzen	Weizen	Bohne	Weiße Hirse	Ölsamen	Gelbe Hirse
Haustiere	Schaf	Huhn	Rind	Hund	Schwein
Hausgötter oder Teile des Hauses	Innentor	Herd	Regenwasser-becken	Außentor	Weg (oder Brunnen)
Genien der Himmelsrichtung	Kou-mang	Chu-jung	Hou-t'u	Ju-chou	Hsüan-ming
Herrscher	T'ai-hao (Fu-Hsi)	Yen-ti (Shen-nung)	Huang-ti	Shao-hao	Chuan-hsü
Töne	*chüeh*	*chih*	*kung*	*shang*	*yü*
Zahlenemblem	8	7	5	9	6
Mit der Zehnerreihe gebildete zyklische Binomen	*kia-i*	*ping-ting*	*wu-chi*	*keng-hsin*	*jen-kuei*
Tierarten	Geschuppte	Gefiederte	Nackte	Behaarte	Gepanzerte
Eingeweide	Milz	Lungen	Herz	Leber	Nieren

sprechungen zu allen Zeiten durch das im *Hung-fan* entwickelte System beeinflußt. Es gibt keine vollständige Liste von Entsprechungen, weil die Ansichten auseinandergehen, weshalb die aus dem *Yüeh-ling* ableitbare Tabelle (s. oben) über wenig mehr als über den Bereich der rituellen Gegenstände und Handlungen Auskunft gibt. Im *Huai-nan-tzu*[52] lehrt man

Osten	Süden	Mittelpunkt	Westen	Norden	
Holz	Feuer	Erde	Metall	Wasser	Wasser
Wind	*ch'i*		Wolken	Regen	Donner
Leber	Lungen	Herz	Galle	Nieren	Milz

aber einmal, daß man Wind, Regen, Kälte und Hitze mit dem Nehmen, Geben, mit der Freude und dem Zorn verglichen habe; dann auch, daß der Donner der Milz und der Regen den Nieren entsprach. Man stellte also zwischen Handlungen und Gefühlen *über die Wandlungsphasen und die Eingeweide* einen Bezug zu den kosmischen Erscheinungen oder richtiger: zu den »Himmelszeichen« her. Übrigens erfahren wir von Szu-ma Ch'ien[53], daß man *über die Fünf Töne* die Fünf Grundtugenden mit den Fünf Ein-

Himmelsrichtung	Osten	Süden	Mitte	Westen	Norden
Zahl	8	7	5	9	6
Ton	*chüeh*	*chih*	*kung*	*yü*	*shang*
Eingeweide	Leber	Herz	Milz	Lungen	Nieren
Tugend	Güte	Sittlichkeit	Heiligkeit	Rechtlichkeit	Weisheit

geweiden in Zusammenhang brachte. Wie im *Hung-fan* wird auch bei Szu-ma Ch'ien die Heiligkeit dem Mittelpunkt zugeordnet. Nun rührt aber die im *Hung-fan* angegebene Reihenfolge der Wandlungsphasen, wie wir sahen, von der Reihenfolge her, in der die Töne erzeugt werden. Man darf daher annehmen, daß der Zusammenhang zwischen Tönen, Wandlungsphasen und Tugenden schon sehr früh bestanden haben muß. Kaum weniger früh dürfte ihre gemeinsame Beziehung zu den Eingeweiden festgelegt worden sein, denn bei den rituellen Handlungen war es Vorschrift, wie dies im *Yüeh-ling* beglaubigt ist, daß man zu jeder Jahreszeit, der als Emblem ein bestimmter Ton entsprach, bei den Opfern einem bestimmten Eingeweide den Vorzug gab[54]. »Der Ton *chüeh* (= Osten-Frühling = Holz) rührt die *Leber* und bringt den Menschen mit der vollkommenen *Güte* in Einklang.« Nichts vermag die Wechselwirkung der Embleme und den tiefgreifenden Zusammenhang zwischen dem physischen und ethischen Bereich unter dem Einfluß des kosmischen Rhythmus besser zum Ausdruck zu bringen als dieser Satz bei Szu-ma Ch'ien.

Pan Ku entwickelt in seinem *Po-hu-t'ung*[55] ähnliche Gedanken. Eine zusätzliche Komplikation ergibt sich bei ihm allerdings aus der Unterscheidung von Oben und Unten, von Himmel und Erde, wie sie auch im *Hung-fan* getroffen wird, wo man die Fünf Himmelszeichen mit den Fünf Wandlungsphasen vergleicht. Im *Tso-chuan*[56] wird eine gelungene Rede überliefert, die ein trefflicher Arzt zum Troste eines Sterbenden gehalten hatte, und in der er den *Fünf* Geschmäckern, Farben und Tönen die Sechs *ch'i*,

Himmelsrichtung	Osten	Süden	Mitte	Westen	Norden
Emblem	Sterne	Sonne	Erde	Mondhäuser	Mond
Jahreszeit	Frühling	Sommer		Herbst	Winter
ch'i	Wind	Yang		Yin	Kälte
Wandlungsphase	Holz	Feuer	Erde	Metall	Wasser
Körperbestandteil	Knochen	*ch'i*	Muskelfleisch	Nagel	*hsüeh* (Blut und Säfte)
Gefühlsregung	Freude	Lust		Schmerz	Zorn

nämlich Yin, Yang, Wind, Regen, Dunkelheit und Licht gegenüberstellt. Diese Liste weicht nur geringfügig von der Liste der *Fünf* Zeichen ab, die das Yang, den Wind, den Regen, die Kälte und die Hitze umfaßt. In einem Passus im *Kuan-tzu*[57] werden die Gefühlsregungen mit den *ch'i* verglichen, bei gleichzeitiger Angabe ihrer Entsprechungen zu den Jahreszeiten-Himmelsrichtungen und den Wandlungsphasen; über die *ch'i* des Mittelpunkts fehlt darin allerdings eine nähere Erklärung. In all diesen Fällen stellt man die himmlischen Dinge den irdischen Dingen gegenüber. Ein solcher Antagonismus findet sich auch im *Li-yün*[58] (wo von den *Sechs* oder den Sieben Gefühlsregungen die Rede ist, welchen Sechs oder *Fünf* Pflichten gegenüberstehen); er wird mit den Zahlen 5 und 6 dargestellt, die dem Himmel und der Erde entsprechen. Ebenso verhält es sich im *Po-hu-t'ung*, wo Pan Ku (im Gegensatz zu den Autoren des *Huai-nan-tzu*) 5 (und nicht 6) Eingeweide aufzählt, denen er allerdings die 6 Magazine [*fu* – die 6 *fu* stellen, wie wir sahen, die Fünf Wandlungsphasen nebst dem (die Wandlungsphase Erde verdoppelnden) Getreide dar] gegenüberstellt. Die Sechs Magazine des Körpers (Dünn- und Dickdarm, Magen, *San-chiao*, Blase und Gallenblase) [die man von der Leber, die in diesem Fall als *tsang*-Eingeweide betrachtet wird, unterscheidet]) werden mit den *Sechs ho* in Zusammenhang gebracht, d. h. mit den 6 Richtungen, die man erhält, wenn man bei deren Aufzählung den Mittelpunkt durch eine Unterscheidung von Oben und Unten doppelt besetzt. So vermag Pan Ku, wie den *tsang*-Eingeweiden die *fu*-Eingeweide so auch den Fünf Haupttugenden die Sechs Gefühlsregungen (Zorn und Freude, Schmerz und Lust, Liebe und Haß) gegenüberzustellen. Eine ähnliche Unterscheidung spielt im *Huang-ti Nei-ching*, dem Brevier der alten chinesischen Medizin, eine große Rolle. Darin wird ausführlich, genau wie im *Po-hu-t'ung*[59], über die Entsprechungen zwischen Mikrokosmos und Makrokosmos abgehandelt. Die Aufstellung aus

	Osten-Frühling Leber-Güte	Süden-Sommer Herz-Sittlichkeit	Mittelpunkt Milz-Vertrauen	Westen-Herbst Lungen-Rechtlichkeit	Norden-Winter Nieren-Weisheit
I	Augen	Ohren	Mund	Nase	
II	Augen	Zunge	Ohren		
III	Augen	Zunge	Mund	Nase	Ohren
A	Zorn	Haß	(Oben) Lust (Unten) Schmerz	Freude	Liebe
	Osten	Süden	Mitte	Westen	Norden
B	Galle	Dünndarm	Magen	Dickdarm	Blase
	Leber	Herz	Milz	Lungen	Nieren

dem 2. Kapitel bringt die für Therapie wie Diagnose gleichermaßen wichtigen emblematischen Zusammenhänge. Diese Aufstellung unterscheidet sich nur unerheblich von jener, die man aus dem 8. Kapitel des *Po-hu-t'ung* gewinnen kann. In beiden kommt die Unterscheidung von Tugenden und Gefühlsregungen vor. Aus beiden ersieht man die große Bedeutung, die man den Öffnungen des menschlichen Körpers zugeschrieben hatte. Ebenso

Osten-Frühling	Süden-Sommer	Mittelpunkt	Westen-Herbst	Norden-Winter
Holz	Feuer	Erde	Metall	Wasser
Sauer	Bitter	Süß	Scharf	Salzig
Leber	Herz	Milz	Lungen	Nieren
Muskelfleisch	Blut u. Säfte	Fleisch	Haare	Knochen
Augen	Zunge	Mund	Nase	Ohren
Rufen	Lachen	Singen	Klagen	Seufzen
Umschließen	Sich Bewegen	Rülpsen	Husten	Zittern
Zorn	Freude	Absicht	Trauer	Furcht
Güte	Sittlichkeit	Vertrauen	Rechtlichkeit	Weisheit

wie die Lehre von den Fünf Tugenden an die von den Fünf *tsang*-Eingeweiden anknüpft, so hängt auch die Lehre von den Körperöffnungen mit der Lehre von den Gefühlsregungen zusammen. Soweit zu den Grundlagen der Erkenntnis des Mikrokosmos. Um den Menschen sowohl in physikalischer als auch in ethischer Hinsicht in allen Einzelheiten zu erfassen, bedurfte es großen Scharfsinns; denn man hatte doch verschiedene Klassenordnungen miteinander in Einklang zu bringen oder richtiger: zu zeigen, daß im menschlichen Bereich wie in der Natur Ordnung und Leben das Ergebnis des Zusammenspiels von Zahlenordnungen sind, die der Erde oder dem Himmel entsprechen.

Die Lehre von den Körperöffnungen ist anscheinend ebenso alt wie die von den Eingeweiden. Auch sie liegt verschiedenen rituellen Gepflogenheiten zugrunde. Diese haben in der Mythologie ihren Niederschlag gefunden. Man hat Grund zur Annahme, daß auch die Verfasser des *Hung-fan* ihnen Rechnung tragen. Die menschlichen Handlungen, die diese Gelehrten aufzählen, sind (neben der Absicht, der der Mittelplatz gebührt) der Blick und das Gehör, das Auftreten und die Rede. In einer solchen Konzeption bekundet sich ein Streben nach Symmetrie, das gleichfalls in der Gliederung des menschlichen Körpers in 8 (mit den 8 Trigrammen in Beziehung gebrachte) Teile zum Ausdruck kommt, wie sie von den Meistern der Orakelkunst vorgetragen wurde. Danach gehörten die Augen zum genauen Osten und die Ohren zum Westen[60]. Im *Hung-fan* wird das Gehör ebenso dem Sonnenuntergang und der Blick dem Sonnenaufgang zugeordnet. Bei der Aufteilung der Körperöffnungen weist man dem Norden und dem Wasser die Nieren und damit auch die Ohren zu. Die Augen werden stets mit dem Osten in Verbindung gebracht und die Zunge mit dem Süden. Entsprechend nehmen Blick und Rede im *Hung-fan* den Osten bzw. den Süden ein, wie das Auftreten in diesem Werk dem Norden zugeteilt wird. Der Norden ist die Himmelsrichtung der Nieren, die, wie wir sehen werden, für den Tanz und die Gestik von Bedeutung sind.

Wenn auch die Lehre von den Körperöffnungen weit in die Vergangenheit zurückgeht, so kamen doch von allem Anfang an verschiedene Auffassungen bei ihrer praktischen Anwendung in Betracht, denn von allem Anfang an hatte man divergierende Klassenordnungen aufeinander abzustimmen. Hierzu findet sich im *Po-hu-t'ung* ein bemerkenswertes Beispiel. In diesem Werk begründet man das System der Aufgliederung auf der Geltung eines dem *Li-yün* entlehnten Ausspruchs: »Die Sechs Gefühlsregungen sind das, wodurch sich die Fünf Wesensnaturen (*wu hsing*) verwirklichen«[61]. Nun kommt aber dieser Ausspruch in der überarbeiteten Fassung des *Li-yün*, in der es nach seiner Aufnahme in das *Li-chi*[62] heute vorliegt, nicht mehr vor. Dafür findet man darin den Hinweis, daß es *Zehn* Pflichten und *Sieben* Gefühlsregungen gebe, nämlich *Freude*, *Zorn*, *Schmerz*, Furcht, *Liebe*, *Haß*, *Begierde. Die* Kommentatoren weisen nicht darauf hin, daß im *Po-hu-t'ung* des Pan Ku ein *anderer Wortlaut* überliefert wird. Doch erwähnt einer von ihnen den Passus im *Tso-chuan*, wo von den *Sechs* himmlischen *ch'i* die Rede ist, und fügt hinzu, daß diese auf Erden den *Sechs* Gefühlsregungen entsprechen, also der *Freude*, dem *Zorn*, dem *Schmerz*, der Lust, der *Liebe* und dem *Haß*. Es handelt sich dabei um die 6 Gefühlsregungen des *Po-hu-t'ung*, das selbst überhaupt nicht zitiert wird, während man aber die Entsprechung zu den Sechs *ch'i* angibt. Am Schluß heißt es: »Die Begierde entspricht der Lust ... die Furcht ist die siebente Gefühlsregung[63]«.

Es gibt Sechs himmlische *ch'i*. – Es gibt sechs oder sieben Gefühlsre-

Osten	Süden	Mittelpunkt		Westen	Norden
		Oben	Unten		
Zorn	Haß	Lust	Schmerz	Freude	Liebe
Regen	Yin	Licht	Dunkelheit	Wind	Yang

gungen. – Es gibt sieben oder neun Körperöffnungen. – Und es gibt auch sechs *fu*-Eingeweide (»Magazine«), aber nur fünf *tsang*-Eingeweide. – Man spricht kaum von den Körperöffnungen, ohne zu sagen: die ›Sieben Körperöffnungen‹. Gedacht ist dabei an die sieben Öffnungen im Gesicht, an die zwei Augen, die zwei Ohren, die zwei Nasenöffnungen und den Mund. Seltener ist von den zwei unteren Körperöffnungen, die *yin* sind, die Rede. Zieht man sie alle neun in Betracht, so erscheint es grundsätzlich nicht schwierig, sie den fünf *tsang*-Eingeweiden zuzuordnen. Augen, Ohren, Nasenöffnungen und *yin*-Öffnungen bilden Paare und zählen als 4, mit welchen der Mund zusammen 5 ergibt. Die unteren Öffnungen lassen sich unschwer dem paarigen *tsang*-Eingeweide der Nieren zuordnen und in gleicher Weise die Nasenöffnungen den Lungen. Auch die Augen lassen sich ohne allzu große Schwierigkeit auf die Leber beziehen, als deren Anhängsel die Galle aufgefaßt werden kann. Damit bleiben Milz und Herz sowie die Ohren und der Mund übrig. Der Mund läßt sich recht gut der Milz, dem unpaarigen und zentralen Eingeweide zuweisen – denn das Vertrauen gelangt durch den Mund in den Mittelpunkt. Damit fallen dem Herzen die Ohren zu[64]. – Aber erfolgt eine solche Zuweisung zu Recht? Das Herz ist ein yang-Eingeweide[65] und ein *einfaches* Eingeweide. Ihm gebührt ein Platz *vorn* (*yang*) in der *Brust* (*yang*), oben (*yang*) im Körper, einem Fürsten (*yang*) vergleichbar[66]. Ist es seiner Gestalt nach nicht auch – wie die vom Yang beseelten und *der Linken* verbundenen Heroen, die sich zur Erde hin verjüngten – oben (*yang*) breit und unten (*yin*) schmal?[67] – Die (die unteren Körperöffnungen ersetzenden) Ohren passen recht gut (man schlägt sie ja den Kriegsgefangenen, deren Manneskraft man schwächen will, ab) zu den im Unterleib (*yin*) unten (*yin*) liegenden Nieren, die (den »die Hände und Füße des Herrn« darstellenden Untergebenen vergleichbar) den richtigen Platz einnehmen, um die Füße beim Tanz zu beschwingen[68]. Da man die unteren Körperöffnungen nicht mehr zählt[69], verbleiben also außer dem Mund nur drei Paare von Körperöffnungen, während man Entsprechungen für 5 *tsang*-Eingeweide benötigt. Aber pflegt man nicht das, *was in der Mitte liegt*, zu *verdoppeln*? Und enthält der Mund nicht die Zunge? Da die Augen zur Leber, die Nasenöffnungen zu den Lungen und der Mund zur Milz gehört, ist dem Herzen die Zunge, also die Speichel*öffnung* zuzuordnen[70]. Um aber auch weiterhin über 7 Öffnungen zu verfügen, zählen die Augen, die Nasenöffnungen und die Ohren jeweils als 2, während man den Mund mit der Zunge nur als eine zählt.

Hat man die Klassenordnungen nach der 9, 8, 7, 6 und 5 aufeinander abgestimmt und miteinander verquickt, so braucht man nur noch nach einer

Begründung der aufgestellten Entsprechungen zu suchen. Die Gelehrten finden eine solche gewissermaßen spielerisch, und die Heilkundigen machen sich ihre Erklärungen zunutze. – Das Herz ist rot, und Rot ist die Farbe des Feuers, aber auch der Freude; der Donner ist das Geräusch des Feuers, und er ist das Lachen des Himmels[71] – folglich hängen das Lachen, die Erregung und die Freude vom Herzen ab. – Kummer und Klagen beruhen wie der Husten auf den Lungen. Diesen entspricht wie dem Herbst, dem Westen, dem Tiger, dem Sonnenuntergang, der Venus (*T'ai-pai*) und der Trauer das weiße Farbemblem. Der Westen ist der Bereich der Gebirge und der Schluchten, durch welche der Wind heult und aus welchen der Regen hervorkommt. Die Nase ist die den Lungen entsprechende Öffnung und ragt aus dem Gesicht hervor; sie weist tiefe Höhlen auf; aus ihr tritt der Nasenschleim hervor; durch sie atmet man [72]. – Die Augen ermöglichen das Weinen und einen klaren Blick; als Öffnungen entsprechen sie der Leber, zu der wiederum das grüne Farbemblem gehört, das für den Frühling, das Holz und den Wind bezeichnend ist. Der Wind vertreibt die düsteren Wolken und läßt die Regentropfen aufleuchten[73]. So sprechen Dichter. Läßt man Physiologen zu Wort kommen, so erfährt man von diesen, daß das Holz, wenn Feuer aus ihm hervortritt, Licht verbreitet, und daß es jedes Frühjahr die Knospen treiben und den Saft aufsteigen läßt[74]. Und kommt das Licht nicht aus dem Osten? Kommt aus dem Osten wie vom Frühling nicht ein wohltuender Einfluß? Die Lungen sind ein *tsang*-Eingeweide, das der Güte entspricht ...

Die Beziehungen zwischen Körperöffnungen und Eingeweiden vermitteln nicht nur eine Kenntnis des Mikrokosmos; sie erlauben eine umfassende Kenntnis von Himmel und Erde, denn es bestehen Entsprechungen zwischen Eingeweiden, Tugenden, Wandlungsphasen, Körperöffnungen, Gefühlsregungen und natürlichen (»himmlischen«) *ch'i*. Wer über den Menschen Bescheid weiß, weiß über die Welt wie auch über die Struktur und die Geschichte des Kosmos Bescheid. Es erübrigt sich, mit großem Aufwand spezialisierte Wissenszweige zu entfalten[75], denn die Wissenschaft ist ein zusammenhängendes Ganzes. Ein Geograph weiß alles Wissenswerte über Berge, sobald er sie als die Knochen der Erde erkannt hat, die der Welt, wie das Skelett dem Körper, Festigkeit und Stabilität verleihen[76]. Die Beobachtung, daß die die Gewässer ableitenden Wasserläufe den Kosmos durchziehen, genügt dem Physiologen zur Ableitung der Einsicht, daß es einen Blutkreislauf gibt, und zur Erkenntnis der genauen Bedeutung der Gefäße, durch welche die Körperflüssigkeiten strömen[77]. Behaarung und Waldbestand, Pflanzenwuchs und Flaum sind zusammengehörige Erscheinungen. Das wissen die Staatsmänner, aber auch alle Blender, die im konzentrierten Einsatz von Machtmitteln erfahren sind, sehr wohl. Schlägt man z. B. den ganzen Bewuchs eines Berges ab, oder aber opfert ein Fürst sein Haar, hört sogleich der Regen, das Niederströmen dieses befruchtenden Nasses auf[78].

Wie gut haben es doch die Geschichtsschreiber und Psychologen! Ist ihnen die Aufgabe gestellt, die Persönlichkeit des Kao-yao zu schildern oder seine oder des Konfuzius' Ahnenreihe anzugeben und die Gesinnung des Meisters zu umreißen, so gelangen sie mit ihrem Werk bald ans Ziel. Kao-yao war ein Justizminister, den Shun mit der Untersuchung von Verbrechen beauftragt hatte. Das innere Organ, welches der Charaktereigenschaft der Vertrauenswürdigkeit entspricht, ist die Milz; die ihr zugehörige Körperöffnung wiederum ist der Mund; Kao-yao hatte einen ziemlich großen Mund und er öffnete ihn ganz weit, so wie das die Pferde oder die Vögel tun. Kao-yao war kein anderer als Ta-ye, der Sohn der Nü-hsiu, die ihn empfing, indem sie ein Ei verschluckte, und deren Nachkommen die Gestalt von Vögeln hatten und in der Pferdezucht bewandert waren[79]. – Konfuzius war ein Nachkomme des Yin-Hauses, dessen Herrschaft der Wandlungsphase Wasser entsprochen hatte. Nun läßt sich sein persönlicher Name mit »ausgebuchteter Hügel« und sein Familienname mit »hohl, ausgebuchtet« übersetzen, und er hatte oben auf seinem Kopf eine Vertiefung, wie sie jene Hügel aufweisen, die auf ihrem Gipfel eine mit Wasser gefüllte Mulde besitzen; das Wasser entspricht den Nieren und dem Schwarz. Konfuzius hatte einen ziemlich schwarzen Teint (dies ist ein Zeichen der Tiefe) und für seinen Geist war die weise Einsicht charakteristisch, denn diese beruht auf den Nieren.

Noch besser haben es die Philosophen und die Ärzte! Sie gebieten über das wundersame Reich der mythologischen Klasseneinteilungen, in dem sich für Leute, deren Metier das Argumentieren ist, trefflicher Stoff findet. Aus ihm stammen für Diagnose und Urteilsfindung endlos neue Motive; auch die Geheimnisse der Heilkunst und der sittlichen Erziehung haben dort ihre Wurzeln. Hat man nur die Fähigkeit, über den Makrokosmos und den Mikrokosmos zu spekulieren, so kann man von dort alle Rezepte für ein rechtschaffenes oder ein angenehmes Leben beziehen oder zumindest das Mittel zu der Überzeugung, daß, nachdem die Dinge nun einmal so und nicht anders liegen, alles zum Besten steht. Ein Fürst von Chin ist erkrankt; man ruft einen Weisen und einen Arzt an sein Lager. Beide kommen zu dem Schluß, daß nichts zu machen sei, und man antwortet ihnen: »Das ist leider wahr.« Denn die beiden Fachleute hatten kluge Reden gehalten. Der Weise hatte sich, indem er ausgiebig von historischen und astronomischen Angaben Gebrauch machte, über die Wirkung der Lebenskräfte ausgelassen, während der Arzt vom Übel sprach und dabei kluge Sentenzen aneinanderreihte. Diese gipfelten in dem Satz, daß »alle Dinge miteinander verwoben sind und zusammenwirken (*t'ung*)«. »Ein ausgezeichneter Arzt!« ruft man aus, nachdem er geendet hat, und honoriert seine Konsultation großzügig [80].

Einem Kranken mag kaum etwas vernünftiger erscheinen als einen beredten Arzt und einen in der Historie bewanderten Philosophen beizuziehen. Denn Physiologie und Hygiene wie auch die Moral hängen unlösbar mit der Erkenntnis der Natur oder richtiger: mit der Historie zusammen, d. h. mit der Kalenderkunst; Anatomie und Psychologie oder die Logik verschmelzen mit der Kosmographie, mit der Geographie oder der Staatskunst. Und für die Staatskunst von ganz wesentlicher Bedeutung ist jene andere Kunst, die man später Geomantik (*feng-shui*) nannte; mit ihrer Hilfe suchten die Chinesen die Welt zu ordnen, indem sie auf diese das von ihnen geschaffene System von Klasseneinteilungen, mit anderen Worten: die ihrer eigenen Gesellschaftsstruktur entsprechenden Regeln anwendeten. Die für den Makrokosmos wie auch für die Mikrokosmen gleichermaßen verbindliche Geomantik und Kalenderkunst, Formen- und Funktionslehre, stellen eine allesumfassende Wissenschaft und alleingültige Regel dar. Diese Wissenschaft und diese Regel bestimmen und geben Auskunft über alle Verhaltensweisen von Menschen und Dingen. Jedes Wesen, das auch nur gegen die geringsten Vorschriften einer solchen Etikette verstieße, würde als widerspenstig und aufrührerisch empfunden werden. Die Etikette ist das einzige Gesetz. Durch sie wird die Ordnung im Kosmos verwirklicht. Sie muß sich in jeder Handlung, in jedem Verhalten der Wesen, ob groß oder klein, bekunden.

Drittes Kapitel Die Etikette

Anstatt sich um eine messende Bestimmung von Ursachen und Wirkungen zu bemühen, grübelten die Chinesen darüber nach, wie sich Entsprechungen festlegen ließen. Die Ordnung im Kosmos unterscheidet sich nicht von der kulturellen Ordnung. Wie könnte man da daran denken, zwangsläufige, unwandelbare Ketten von Ursachen zu ermitteln? Die Erfassung der überlieferten Verhaltensregeln erfordert eine ganz anders ausgerichtete und subtilere Kunst. Wissen ist dann identisch mit Können. Wenn der Herrscher ein Philosoph ist, ist die Kultur gewissermaßen ein Ausfluß seiner Persönlichkeit. Er erhält und verbreitet diese, indem er ein zusammenhängendes System von Verhaltensweisen auf die gesamte Hierarchie der Wesen ausdehnt. Er denkt nicht daran, durch Gesetze zu zwingen, nachdem die überkommenen Regeln ausreichenden Einfluß besitzen. Die Menschen bedürfen nur der Vorbilder, und nicht anders verhält es sich mit den Dingen. Man denkt gar nicht daran, die physische Welt als etwas aufzufassen, in dem die Notwendigkeit herrscht, ebensowenig wie man im ethischen Bereich eine Willensfreiheit postuliert. Makrokosmos wie Mikrokosmos gedeihen gleichermaßen durch das Beibehalten althergebrachter Gepflogenheiten. Der Kosmos kann einfach als ein System von Verhaltensweisen aufgefaßt werden, wobei die Verhaltensweisen des Geistes von denen des Stoffs nicht verschieden sind. Denn man unterscheidet zwischen Stoff und Geist nicht. Der Begriff einer Seele, die Vorstellung eines rein geistigen Wesens, das zum Körper wie auch zu der Gesamtheit aller stofflichen Körper im Gegensatz stünde, ist dem chinesischen Denken durchaus fremd.

Die These, daß jene Handlungen den größten Wirklichkeitswert besitzen, welche sich ohne Berührung und ohne Energieverlust vollziehen, wird im *Lieh-tzu* ausführlich entwickelt[1]. Wirken ist gleichbedeutend mit Beeinflussen. Der Gedanke, daß man nur durch Beeinflussung wirkt, wurde nicht nur von den taoistischen Denkern verfochten, wie eine Anekdote im *Tso-chuan*[2] beweist. Ein guter Kutscher vermag einen vollbeladenen Wagen zu fahren, bei dem die Sielen jeden Augenblick zu zerreißen drohen; wechselt man den Kutscher, so mag der Wagen auch nur mit wenig Holz beladen sein, trotzdem reißen die Sielen sofort; es fehlt ihnen dann die Kraft, die sie zusammenhält, denn sie sind nicht mehr dem Einfluß eines Wagenführers unterworfen, der seine Kunst beherrscht. Stoff und Geist – oder richtiger: was wir so nennen – bilden nicht getrennte Bereiche der Natur. Dies ist die in China allgemein gültige Ansicht, wie auch eine der Grundvorstellungen des im *Lieh-tzu*[3] entwickelten Systems. In diesem Buch wird mit dem ganzen Ernst, den ein Philosoph aufbringt, wenn er ein Argument entwickelt, doch nicht ohne Schmunzeln, von einem Theaterauftritt erzählt, bei welchem zur Zeit des Chou-Königs Mu Marionetten eine Rolle spielten. Der Gaukler, der sie zeigte, hatte sie aus bemaltem Leder und lackiertem Holz hergestellt. Die Figuren verstanden es, Bücklinge so gut wie richtige Menschen zu machen, sangen sogar in der richtigen Tonhöhe und tanzten hübsch. Das lag daran, daß sie inwendig mit hölzernen Eingeweiden versehen waren, und daß sie alle Körperöffnungen besaßen. Nahm man ihnen die Nieren, so konnten sie nicht mehr tanzen; nahm man ihnen die Leber, so erblindeten sie. Nachdem jeder von ihnen mit Fünf Eingeweiden und allen Körperöffnungen ausgestattet war, konnten sie auch alle Gefühlsregungen haben. Der König Mu hatte schließlich Anlaß zum Zorn, denn die Puppen warfen am Ende auch auf seine Favoritinnen schamlose Blicke. Diese Apparate für eine magisch-philosophische Vorführung vermochten dasselbe wie die Menschen, denn sie trugen ja deren Antlitz. Als das Chaos seine gute Erziehung unter Beweis gestellt hatte, befand man es für würdig, unter die Menschen aufgenommen zu werden, und zwei Freunde (es handelte sich um Genien des Blitzes) wendeten eine ganze Woche daran, ihm jeden Tag eine Öffnung anzulegen, um ihm, wie sie glaubten, das ihm zustehende menschliche Antlitz zu schaffen[4]. Am 7. Tag der Operation starb das Chaos, so erzählt uns Chuang-tzu. Das bedeutet, daß jede Initiation wie jede Geburt einem Tod ähnlich ist. Mit dem wirklichen Tod geht im Gegenteil der Verschluß aller Körperöffnungen einher. Man schließt die Augen der Verstorbenen und verschließt ihren Mund. Wahrscheinlich schon im hohen Altertum wurden alle Körperöffnungen mit Jadestückchen versiegelt, eine Gepflogenheit, die mit dem Brauch zusammenhängt, nach dem auf den Särgen die Sieben Sterne des Großen Bären dargestellt werden müssen[5]. Es gehört sich, daß im Leichnam der Grabgeruch, ja das Prinzip des Todes selbst versiegelt wird. In gleicher Weise muß in einem Verbrecher das Prinzip seines Verbrechens und seiner Schädlichkeit eingeschlossen werden; wenn man daher seine Körperöffnungen verschließt, so geschieht dies eher aus Vorsicht denn aus Grausamkeit[6]. Bei den Weisen und Reinen sind alle Körperöffnungen frei, und es funktionieren so die Sieben Öffnungen des Antlitzes wie auch die ihnen entsprechenden 7 Öffnungen des Herzens unbehindert. Man kann das Leben nur gewinnen und bewahren, wenn die Öffnungen des Antlitzes freien Durchlaß gewähren, während die Heiligkeit erlangt wird, sobald die Verstopfung der Öffnungen des Herzens aufgehoben oder doch nahezu aufgehoben ist[7]. Die Lebenskraft entfaltet sich erst dann voll, wenn die Osmose zwischen Mikrokosmos und Makrokosmos durch nichts gehemmt wird. Deshalb kommt den Körperöffnungen entscheidende Bedeutung zu. Diese in allen Texten bezeugte große Bedeutung ist daraus zu erklären, daß in China zu allen Zeiten der Zauber der Ausscheidungen, d. h. der Exkrete, Sekrete und Kräfteausstrahlungen große Geltung besaß. Die Vorsichtsmaßregeln, welche die Etikette vorschreibt und die scheinbar von hygienischen Bedürfnissen bestimmt wurden, sind in Wirklichkeit von der Sorge diktiert, mit den Ausdünstungen, Verlusten oder dem Verschleiß dessen, was die Lebenskraft darstellt, keinem Vorgesetzten Schaden und keinem Feind Nutzen zuteil werden zu lassen. Es obliegt den nächsten Angehörigen, den Söhnen[8], den Speichel und Schleim der Eltern sorgfältig aufzusammeln und zu verbergen; ihre Aufgabe ist es auch, den letzten Atemzug entgegenzunehmen und die Augen, den Mund zu verschließen und alle Körperöffnungen mit einer dicken Schicht von Kleidern zu bedecken, nichts von der Substanz der Eltern verloren gehen zu lassen, in dem zum Hause gehörenden Boden die Nägel und Haare des Abgeschiedenen wie auch das zur Waschung des Leichnams benützte Wasser zu vergraben[9]. Man kann auf einen anderen Menschen (oder dessen ganze Familie) einwirken, sobald man einen Teil oder einen Rest seiner Substanz besitzt. Indem man von dieser einen ganz bestimmten Teil an sich bringt, kann man sich auch die darin enthaltene Lebenskraft aneignen, so z. B. die Kraft seines Gesichts oder seines Gehörs, wenn man sich seiner Augen oder Ohren bemächtigt, ja sogar die Kraft des Lebens an seiner Quelle, wenn man das erste Blut der Jungfrauen oder einen kaum entwickelten Embryo entwendet. Dergleichen Bräuche, für die noch in den Gesetzesbüchern der jüngsten Dynastien Strafvorschriften enthalten waren, sind nichts Neues. Wenn Shou-hsin, der letzte Yin-Herrscher, den Leib schwangerer Frauen öffnen ließ und das Fleisch seiner

Feinde verspeiste, so tat er dies nicht aus Grausamkeit oder tyrannischer Neugier [10]. Denn jeder Fürst, jeder Zauberer bedarf einer Erneuerung seiner Kraft, seiner Substanz und seines Lebens, hat er doch die Pflicht, zum Nutzen aller seine gesamte Lebenskraft zu verausgaben. Auch der Zauberer nutzt seine Lebenskraft ab, wenn er die Puppen belebt oder mit den Steinen auf dem Schachbrett eine Schlacht liefert [11]; das gleiche gilt für den Kutscher, wenn er den Zügeln Festigkeit verleiht. Um wieviel mehr muß dies für den Fürsten zutreffen! Er vermag (es hieße unsere Sprache sprechen, wollte man sagen: durch eine von Geist zu Geist wirkende Kraft) durch eine Direktwirkung seiner lenkenden Kraft die Pferde seines Wagens zum Einhalten einer geraden Bahn zu veranlassen, sobald er gerade denkt, und zu bewirken, daß die Pfeile seiner Untergebenen das Ziel treffen, sobald er treffend denkt. Es genügt, daß ein Zauberer seinen Feind mit seinem Speichel erreicht, oder daß er auf dessen Schatten bläst, damit jener Unglückliche von Geschwüren zerfressen zugrunde geht [13]. Denn in seinem Speichel oder in seinem Atem hat der Zauberer die Essenz seiner magischen Kräfte konzentriert. Das Königliche Werk gar erfordert die Konzentration einer wahrlich allesumfassenden Belebungskraft. Wenn der Fürst die Trommel rührt und der ganzen Schlachtordnung den Rhythmus seines eigenen Eifers mitteilt [14], durchpulst sogleich ausschließlich die lenkende Kraft des Fürsten alle Krieger. Mit dem Ja des Fürsten gewinnt ein Erlaß sogleich die Kraft, die von seinem Vollzug ausgeht; er wird sogleich an sich wirksam, gleichgültig, ob er wirklich in die Tat umgesetzt wird oder nicht. Denn in diesem Ja hat sich die ganze belebende Kraft verdichtet, die durch die Pflege der Etikette im Fürsten ungeschmälert erhalten bleibt. Wenn es eine Etikette der Kleidung, des Kopfschmucks, des Lachens, der Klagen, des Beischlafs gibt; wenn der Untergebene, um seine Ehrerbietung zu zeigen, sich bald ankleiden, bald sich entkleiden muß; wenn es sich gehört, daß die Frau stets angekleidet bleibt, während die Zauberin ganz unbekleidet operiert; wenn man den Verbrechern das Haar abschneidet, während das Haar der Frauen stets verborgen bleibt und die Zauberin mit aufgelöstem Haar tanzt; wenn der Fürst bald sein Haar abschneidet, um es den Göttern zu opfern, bald sich wie eine Frau dicht verhüllt, bald wie eine Zauberin mit aufgelöstem Haar tanzt; wenn man es vermeiden muß zu gähnen, zu niesen und zu spucken, sich die Nase zu reinigen, zu husten oder zu rülpsen; wenn man weder unbedacht lachen noch weinen darf; wenn man hingegen während der Trauer mit lauter Stimme klagen muß; wenn man mit einem Lachen oder einem Lächeln Freundschaft schließt; wenn der Vater lachen soll, wenn er dem kleinen Kind das Anrecht auf das Leben bestätigt, und wenn das Kind lachen soll, sobald es vom Vater einen Namen empfängt, und weinen, um einen solchen Namen zu erhalten; wenn es für eine Frau gefährlich ist, sich ein Lachen entreißen zu lassen oder sich niemals eines entlocken zu lassen, wenn sie ihr Lächeln verbergen soll, indem sie ihren Mund mit ihren Ärmeln verdeckt; wenn sie aber andererseits niemals einem Mann einen Seufzer abringen darf; wenn es bald geboten ist, sich hinzugeben, bald sich zurückzuhalten; wenn der Fürst, der sich zu Zeiten völlig verausgaben muß, mehr als irgendein anderer drauf bedacht ist, sich abzuschließen und zu schweigen, so liegt dies daran, daß der Körper durch all seine Öffnungen Macht bedeutende Substanz und in Substanz verdichtete Macht, aus der und durch die ein Wesen besteht, eintreten und austreten läßt, zurückzuhalten und auszustrahlen und sogar einzufangen vermag.

Alle Autoren, also nicht nur die Taoisten, stimmen in dem Grundsatz überein, daß Tätigkeiten, Leidenschaften, Gefühlseindrücke ein Wesen abnutzen und seine Substanz und Kraft abnehmen lassen. Alle glauben auch, daß die Körperöffnungen Sinnesorgane darstellen, daß die Gefühlsregungen und Handlungen (oder Tugenden) von den *fu*-Eingeweiden oder den *tsang*-Eingeweiden abhängen, und daß zwischen den beiden Arten von Eingeweiden und den Körperöffnungen gegenseitige Entsprechungen bestehen. Während die Chinesen nicht zwischen der *Substanz* und der *Potenz* eines Wesens unterscheiden, so messen sie doch, wir wir sahen, der *Nahrung* größte Bedeutung zu. Die Bedeutung einer Persönlichkeit läßt sich aus der Zahl der Vasallen erkennen, die sie zu ernähren vermag [15], und ihre Autorität ist auf der Art begründet, in der sie sich selbst ernährt. Denn einem jeden ist eine andere Nahrung gemäß. Achtbarkeit, der Aufwand bei Tisch, die Fülle der Lebensführung, die Eigenart der Wirkkraft hängen miteinander zusammen und lassen sich nicht unabhängig voneinander betrachten. Nur die Adeligen, so könnte man sagen (um unsere Sprache zu sprechen), besitzen eine Seele, denn nur sie haben Ahnen, die weiterhin einer Ernährung würdig sind. Die Adeligen, Fürsten und Gottheiten besitzen viel Substanz und große Macht, denn sie liefern die Nahrung. Das, von dem sie in Überfluß besitzen, geben sie ostentativ ab und verachten es für sich selbst. Alle Nahrung ist ihr Eigentum, aber sie nehmen davon nur die Essenz (*ching*) oder die Tugend (*tê*) [16]. Sie atmen nur ihren Duft ein oder kosten von ihr. Auf diese Weise wird in ihnen die Lebenskraft gestärkt und gleichzeitig vergeistigt. Mit der protokollarischen Nahrungsmenge verbinden sich nämlich die Regeln ihrer Aufnahme [17]. Wer sich nach diesen Regeln ernährt, verfeinert und vermehrt, festigt und adelt, stärkt, ergänzt und verdichtet in sich eine ihrem Wesen nach subtilere und ihrem Gehalt nach reichere Lebenskraft. »Nur der König«, heißt es im *Hung-fan*, nimmt »kostbare Nahrung zu sich«, denn er ist der Mittelpunkt, der Angelpunkt der Welt[18]. Ärzte stellen für ihn die Geschmäcker[19] zusammen, und sein Premierminister – der beste Minister also ist jener, der sich in der Küche auskennt[20] – nährt in der Person des Herrschers die Königliche Tugend (*wang-tao*)[21]. Er organisiert den Tribut so, daß nichts für den Aufbau der Seele des Herrn fehlt, d. h. um eine Autorität zu stützen, die der Macht über den Kosmos würdig, die denkbar vollkommenste und einheitlichste, die am wenigsten stoffliche und unvergänglichste ist, in der Weise endlich, daß man in ihr die Quelle einer sich nicht erschöpfenden Ausstrahlung sehen kann. Um die Persönlichkeit des Fürsten, diesen Ursprung jeder Beeinflussung ungeschmälert zu erhalten, genügt es, zu geeigneten Zeiten und an geeigneten Orten die Essenzen alles Lebendigen im Kosmos einzuheimsen. Darum läßt der Premierminister für seinen Herrn die Kresse aus dem Yünmeng-Moor, die *yün*-Bohnen vom Berge Yang-hua und aus der Tiefe des K'un-lun die vierblätterige Marsilia kommen[22]. Er gibt den Ärzten an, wie die Geschmäcker »sich verbinden und vereinen (*tiao-ho*)«[23] müssen. Je nach der Jahreszeit werden die Soßen mit Essig, Wein, Ingwer oder Salz bereitet; sie enthalten jedoch stets Honig, denn das Süße entspricht der im Mittelpunkt liegenden Erde[24]. Im Frühjahr nährt man sich von Weizen, Hammel und einer mit Essig bereiteten Soße, denn der Hammel riecht ranzig, und für das Saure, das zum Ranzigen paßt, ist der Frühling, welcher »aufschließt« und während dem man »versammeln« muß[25], die rechte Jahreszeit. Im übrigen ist der Osten der Ort, auf den man die Muskeln bezieht, die ihrerseits von der Leber abhängen, welche das seinerseits vom Holz »erzeugte« Saure erzeugt, wie dies im *Huang-ti Nei-ching* angegeben ist[26]. Durch Kombination des Fleisches der 5 (oder der 6) Haustiere wie auch der 5 (oder der 6) pflanzlichen Speisen, der 5 Düfte und der 5 Geschmäcker werden nach einem der kosmischen Ordnung entsprechenden Rhythmus die Fünf Eingeweide[27] gestärkt, deren Verfassung die Kenner durch Untersuchung der Neun Öffnungen sowie durch Beachtung der Fünf Töne und der Fünf Farben und der Fünf *ch'i*[28] feststellen können. Es würde Unheil bedeuten, und man würde darin den Hinweis auf eine Störung von Makrokosmos und Mikrokosmos erblicken, wenn im Winter, in dem der Himmelssohn schwarzen Putz anlegen muß, sein Teint nicht gleichfalls schwarz wäre, d. h. die Farbe der Nieren zeigte, denn das *ch'i* der Nieren muß (nachdem die aus Hirse und Schweinefleisch bestehende Winternahrung mit Salz gewürzt wird) vorherrschen. Aus den gleichen Gründen muß im Winter die Stimme den Ton *yü* geben. »Darum ist der Mensch das Herz [d. h. die verbindende Mitte. Hrsg.] von Himmel und Erde und der Ausgangspunkt der Fünf Wandlungsphasen. *Er lebt*, indem er sich von ihren Geschmäckern (entsprechenden Speisen) nährt, die ihnen entsprechenden Klänge unterscheidet und sich in die ihnen entsprechenden Farben kleidet.«[29] Wie die Adeligen »ihr Lehen verzehren«[30], so verzehrt der Einmalige Mensch Jahreszeit um Jahreszeit den Kosmos. Er lagert zur rechten Zeit in den Fünf *tsang*-Eingeweiden seines Körpers die Essenzen der erlesensten Produkte des kosmischen Lebens. Aus den Fünf Jahreszeiten-Himmelsrichtungen heimst er das Leben in seiner ursprünglichen Frische ein. Er nährt sein Wesen mit jungen Pflanzen. »Das Getreide birgt Leben«, heißt es im *Shih-ching*[31]. Aus frischlebendigen Speisen läßt sich die Lebenskraft in stärkerer Konzentration extrahieren[32]; wenn man sie in solcher Frische und Reinheit gewinnt, stellt sie für den Unreinen ein tödliches Gift dar. Einem schlechten Fürsten verwandeln sich die Eingeweide in Fäulnis und Dung[33], sobald er frisches Getreide ißt; die Eingeweide eines Weisen hingegen bleiben sauber, ja die Reinheit nimmt bei ihm zugleich mit der Lebenskraft zu, wenn er sich heiligt, indem er im Anschluß an die Gottheiten von der Tugend (*tê*) der jahreszeitlichen Opfergaben kostet. Die Nahrung enthält aber nicht nur das Leben, sondern auch die Grundlagen des Todes und der Zersetzung. Jede Mahlzeit ist ein Ordal – und in noch viel höherem Maße ist dies jedes Trinkgelage, denn das Getränk ist ein Extrakt, ein Lebens- oder ein Todesextrakt, durch welchen die Schuldigen zu Tode kommen und die Guten gestärkt werden[34]. Deshalb gebietet die Etikette dem Fürsten, sich im Frühjahr der entscheidenden Trinkprüfung zu unterziehen. Er muß seine Fähigkeit unter Beweis stellen, die Fortdauer der Ernten und des Lebens zu gewährleisten. Wenn der erfolgreiche Ausgang der Prüfung zeigt, daß das Leben für ihn kein Gift ist, so ist er würdig, weiterhin Fürst zu bleiben und man jubelt ihm zu: »Zehntausend Jahre!«[35] Wenn er die vorgeschriebene Menge trinkt und dabei aufrecht bleibt[36], so zeigt dies, daß er rein ist, und daß er in der Erneuerung seiner Vitalität dem Makrokosmos ebenbürtig ist.

Offenbar haben nur die Fürsten eine »Seele«. In geheiligten Eß- und Trinkgelagen wird ihre Kraft gestärkt, ihre Substanz erneuert und ihr Leben auf den kosmischen Rhythmus abgestimmt. Die Chinesen glauben durchaus nicht, daß eine Seele den Körper belebt; sie glauben eher, so könnte man sagen, daß eine Seele erst nach einer Anreicherung des körperlichen Daseins in Erscheinung tritt. Doch tut man besser daran, das Wort »Seele«, das im Chinesischen überhaupt keine Entsprechung hat, zu vermeiden, wenn man darunter eine rein geistige Wesenheit versteht. Die Worte *kuei* und *shen*[37], die man mit ›Dämonen‹ oder ›Spukgeister‹ und mit ›Geister‹ oder ›Götter‹ übersetzt hat, beziehen sich auf greifbare Erscheinungen. Als sprechende Steine, reißende Eber, kämpfende Drachen[39] bekunden sich die *kuei* und *shen* stets in stofflicher Gestalt[38]. Selbst die

Ahnen nehmen Speise und Trank nur deshalb zu sich, weil ihnen kultische Zeremonien die Wiedergeburt in dem Leib eines ihrer Nachkommen ermöglichen. Die Bezeichnung *shen* verdient man nur, wenn man eine anerkannte Stellung innerhalb der lehensrechtlichen Stufenordnung innehat; es müssen einem die Ehren eines Adelstitels wie etwa im Fall des Donnerherzogs oder des Windgrafen zuteil geworden sein. Umgekehrt darf ein Lehensherr, der dem Kult vorsteht, als *shen* [40] bezeichnet werden. Das Wort steht jedem Wesen an, das mit religiöser Macht ausgestattet ist. Mit *kuei* hingegen belegt man unerwartete, beunruhigende oder gegen die Sitte verstoßende Erscheinungen. Der Philosoph glaubt nicht, daß die Steine sprechen, die Drachen sich duellieren und bekämpfen und die Abgeschiedenen zurückkehren können, um ihre Feinde zu töten [41]. Letzteres scheint am häufigsten vorzukommen. Der Philosoph beschwichtigt in einem solchen Fall die erregten Gemüter, indem er ein Opfer genehmigt – denn jedes Wesen, das Nahrung annimmt, läßt sich besänftigen. Die ordnungsgemäß bestallten *shen* empfangen eine protokollarische Menge Nahrung und Lebenskraft; ganz wie die Adeligen, die auf dem Podium des Fürsten speisen, leben sie am Hofe des Oberen Herrschers, wo sie die Opferdämpfe einatmen können. Alles, was keinen jahreszeitlichen Tribut von Opfergaben erhält, wie irreguläre Geister, die nicht auf den protokollarischen Listen erscheinen, am Ende ihrer Laufbahn angelangte Ahnen, deren persönlicher *Name (ming) von einem Lebenden wieder aufgenommen worden ist*, gewöhnliche Abgeschiedene, die *nie einen Namen (ming) verdient hatten*, all dies (kann durch das Wort *kuei* bezeichnet werden und) erhält nur gelegentlich Nahrung. Es handelt sich dabei um Wesen, die in die Unterwelt gehören, und die niemals mehr aus den Gelben Quellen hervortreten sollten. Sie huschen trotzdem aus ihnen hervor, wenn der Boden durch einen unglücklichen Umstand Sprünge bekommen hat [42]. Um sie befriedet unter die Erde zurückkehren zu lassen, genügt es, den Boden durch ein Trankopfer zu benetzen; dieses besteht, wie bei den der Erde dargebrachten Opfern, aus *Blut*, das von rohem Fleisch herabrinnt. Nur die *shen* haben Anspruch auf die *ch'i* (›Ausdünstungen‹), welche gekochtes Fleisch absondert. Weder die *shen* noch die *kuei*, die jeweils auf andere und andersartige Weise ernährt werden, besitzen die volle (*sheng*) Vitalität der Menschen, die *hsüeh* (»Blut«) und *ch'i* in Fülle besitzen. Nach Auffassung der Meister des Orakels beruhen Ende und Anfang, der Tod und das Leben auf dem Zusammenwirken des Yin und des Yang, auf den Verbindungen von Dunklem (*yu*) und Lichtem (*ming*), auf den Turnieren und Vereinigungen des Himmels und der Erde.

Die Worte *kuei* und *shen* bezeichnen nicht körperlose Seelen. Und unter dem *hun* und dem *p'o* versteht man nicht zwei Arten, und zwar eine stoffliche und eine geistige Art von Seele; man muß sie vielmehr als zwei Gruppen von Lebenskräften bezeichnende Sammelbegriffe auffassen, wobei zu der einen das Blut und alle Körperflüssigkeiten und zur anderen der Atem und alle feinstofflichen Teile des Organismus gehören. Letztere sind *yang*, denn der Vater gibt das *ch'i* und den Namen; die erstgenannten sind *yin*, denn die Mutter spendet das *hsüeh* und die Nahrung. Erstere stammen von der tragenden und ernährenden Erde, letztere von dem umfangenden und wärmenden Himmel[43], zu dem sich der heiße Dunst der Opfer erhebt, während der von Trankopfern benetzte Boden sich mit den aus der Zersetzung der Leiber ergebenden Stoffen anreichert. Die Erde gibt diese in Gestalt der Nahrung zurück, denn das Leben folgt auf den Tod und alles kehrt zum Leben zurück, wie auch alles zum Tode zurückkehrt (*kuei*), denn ein zyklischer Kreislauf und ein Fünferrhythmus regeln die Wiedergeburt ebenso wie die Wiederkehr der Jahreszeiten.

Die chinesische Psychologie hat sich stets gegen jede Annahme irgendwelcher rein geistiger Gegebenheiten gesperrt; sie befaßt sich mit Verhaltensweisen und ergänzt eine verhaltensbezogene Ethik.

Heute räumen die Missionare bereitwillig ein, daß sich in China keine Spur von der Vorstellung irgendeines Sündenfalls oder einer Erbsünde entdecken läßt[44]. Ihre Vorgänger allerdings hatte das Problem, ob nach chinesischer Auffassung der Mensch seiner Natur nach von Grund auf gut oder schlecht sei, dermaßen beschäftigt, daß sie die Sinologen dazu bestimmten, das chinesische Wort *hsing* mit unserem Ausdruck »Natur« wiederzugeben. *Hsing* wird mit dem Klassenzeichen ›Herz‹ (was darauf hinweist, daß man ihm eine rein ethische Bedeutung verleihen könnte) geschrieben, das zu dem ›Leben‹ bedeutenden Strichkomplex tritt. Diese letztgenannte Strichgruppe bestimmt die Aussprache des Gesamtzeichens. Sie ist auch dessen sinngebender Bestandteil. *Hsing* bedeutet das für ein Individuum charakteristische Lebenslos. Man gebraucht das Wort auch, wenn man von der *Persönlichkeit* oder richtiger von all den Gaben sprechen möchte, die – wir würden sagen: sowohl im körperlichen als auch im geistig-moralischen Bereich – die *persönliche Eigenart* und den *Wert* eines Wesens ausmachen. Darum bereitete es oft Schwierigkeiten, für das Wort *hsing* die Übersetzung »Natur« oder auch nur »Charakter« (in der moralischen Bedeutung dieses Wortes) beizubehalten. Die Schwierigkeit tritt zutage, wenn man einen Satz übersetzen soll, in dem die Bedeutung des Wortes *hsing* nicht definiert – die Chinesen definieren niemals – sondern angedeutet wird. »Der Mensch *besteht* aus stofflichen Bestandteilen und einer vernunftbegabten Seele«, schreibt Pater Couvreur[45]; und bei Chavannes[46] heißt es: »Der Mensch besitzt *von Geburt an* das Blut und den Atem, ein Herz und einen Verstand.«[46a] Beide Übersetzer bemühen sich um die Wiedergabe ein und desselben Satzes, dessen Sinn man etwa so angeben kann: »Der Mensch hat ein *hsing* [d. h. eine persönliche Wesensart, einen Komplex vitaler Gaben (die vor allem) besteht] aus *hsüeh* [d. h. Körperflüssigkeiten. Hrsg.], *ch'i*, *hsin* (»Herz«, d. h. Bewußtseinsfähigkeit) und intelligenter Einsicht (*chih*). Die Verwendung des Wortes *hsin* (»Herz«), das auf (den Sitz der) Willenskraft (*chih* – es handelt sich dabei um ein anderes Wort *chih* als das zwei Zeilen weiter oben die ›intelligente Einsicht‹ bezeichnende Wort) und des Wortes *ch'i*, das einerseits auf den Atem, anderseits auch auf den Schwung, das Temperament, die Energie hinweist, zeigt hinreichend, daß man gar nicht daran denkt, die Fähigkeiten des Geistes als Gegensatz zu den Voraussetzungen des körperlichen Daseins darzustellen. Bewußtseinsfähigkeit (»Herz«) und intelligente Einsicht beziehen sich nicht so sehr auf geistige Regungen als vielmehr auf energieverbrauchende Funktionen der Persönlichkeit, die sich von den energiegewinnenden mehr oder minder deutlich abheben. Bewußtseinsfähigkeit (»Herz«) und intelligente Einsicht (*chih*) verbrauchen und verschleißen die Lebenskraft, welche (unter anderem) durch die Körpersäfte und das *ch'i* (in seinen verschiedenen Erscheinungsformen) genährt wird. – Dieses Zitat aus dem im *Li-chi* überlieferten *Yüeh-chi* (Abhandlung über die Musik) verdient mit einem Aphorismus des *Hsi-tz'u* verglichen zu werden, wo es heißt: »Die Wesen (*wu*) bestehen aus *ching* (und aus) *ch'i*«, d. h. aus Ausdünstungen und Ausstrahlungen des Himmels, den das *ch'i* erfüllt, und der Erde, welche die nährenden Essenzen (*ching*) hervorbringt. In der Medizin bezeichnet man mit *ching-ch'i* [unter anderem! Hrsg.] die fruchtbaren Säfte des menschlichen Körpers[47]. Was das Wort *wu* (Wesen, Emblem) angeht, so bezieht es sich auf alle Wesen (bei welchen wir allerdings zwischen belebten und unbelebten unterscheiden), denn alles symbolisch Dargestellte existiert. Mit dem »Emblem« existiert auch das »Wesen«. Man ist ferner der Auffassung, daß alles, so z. B. auch die Erde und der Himmel, ein *hsing* besitzt[48], d. h. Dasein und eine bestimmte Daseinsweise. Jede individuelle Eigenart ist eine komplexe Erscheinung und entspricht einer ganz bestimmten Verbindung von Elementen. Ihre Bausteine [*chih* – wiederum ein anderes Wort mit der gleichen Aussprache. Hrsg.] werden niemals als ausschließlich geistige oder ausschließlich körperliche Gegebenheiten begriffen. So sagt man *mei-chih* und meint damit gute (körperliche und charakterliche) Eigenschaften, während *chih-ch'i* auf die Stimmung oder den

Charakter hinweist und *ts'ai-chih* auf die natürlichen Anlagen; mit *ts'ai-li* bezeichnet man das Vermögen, standhaft zu bleiben und sich fortzuzeugen, und *t'ien-chih* sind die schöpferischen Fähigkeiten ebenso wie eine himmlische [d. h. im Einklang mit der natürlichen Entwicklung befindliche Hrsg.] Anlage, denn *chih* (›Bestandteile‹) kann auch die Bedeutung von »natürliche Eigenschaft« oder »Aussehen« haben, wenn man von einem Stein oder einem Stück Metall spricht[49]. Jede »Wesensnatur« (*hsing*) ist mithin das Produkt einer mehr oder minder harmonischen (*ho*) Dosierung und Kombination (*ho*) – wie dies etwa auch die den Fürsten zur Nahrung dienenden Fleischsuppen sind[50] – und sie setzt sich aus Bestandteilen zusammen, die nach den Wandlungsphasen Wasser, Feuer, Holz, Metall und Erde wie auch nach dem Yin und Yang unterschieden sind. Solche Dosierungsverhältnisse sind charakteristisch für die innerste (*chung*: ›innen‹ entspricht dem *hsin*: ›Herz‹) Beschaffenheit eines Wesens; eine solche »natürliche Beschaffenheit« oder »Wesensnatur« ist das Ergebnis einer Verquickung (*tiao*) der Yin- und der Yang-*ch'i*, die man ebenso (wie die Linien eines Hexagramms)[51] in *schwache* und starke oder auch (wie die Töne) in *ch'ing* und *chuo* scheidet; dabei läßt *chuo* an das Schwere, Dichte, Vermischte, Dunkle und Tiefe denken und *ch'ing* (verwandt mit *ching*) an das Feine, Klare, Durchsichtige, Hohe, Leichte[52]. Wenn man – ich sage nicht: zwischen den Substanzen, sondern – zwischen den Zuständen oder richtiger: zwischen den *rhythmischen Erscheinungsweisen* der Einzelbestandteile unterscheidet, aus deren Verbindung ein Wesen oder eine Persönlichkeit entsteht, so läuft eine solche Unterscheidung auf einen Vergleich von Feinem und Grobem und nicht auf einen Vergleich zwischen Geist und Stoff hinaus. Damit entspricht das *hsing* (die »Daseinsart«) einer bestimmten Seinsfähigkeit, einem zu einem bestimmten *Temperament* gehörenden *Lebenslos*. Einer, der sich als Kind völlerisch an der Brust nährte und in Anbetracht des ihm eigenen *ch'i* zuviel Milch annahm, wird niemals eine wohlausgeglichene Erscheinung (*hsing*) erlangen, sondern er wird dahinkränkeln und früh sterben[53]. Ein anderer aber, der kränkelt, weil sein *chih* (Willen) ihn sich zu stark verausgaben läßt, vermag durch sein *ch'i* (durch seine Erholungsfähigkeit) zu genesen, allerdings vorausgesetzt, daß er einen Arzt findet, der ihm hilft, sein *hsin* (Bewußtseinsfähigkeit, Herz und *chih*: Willen, Streben werden hier nicht unterschieden) mit dem Herz eines anderen Kranken zu vertauschen, dessen *ch'i* im Vergleich zu seinem *chih* im Überfluß vorhanden ist. Doch nach gelungener Operation müssen beide, nachdem sie ihre bewußte Einstellung vertauscht haben (*hsin* = Herz) auch ihre Gattinnen, Kinder, ihr Heim und ihre gesellschaftliche Stellung vertauschen[54]. Man sieht also, es gibt gute, böse und besserungsfähige »Wesensnaturen« . . .

Vitalität, Leibesbeschaffenheit und Schicksal sind von Mensch zu Mensch verschieden. Wie alle anderen Wesen, besteht der Mensch aus dem *hsing* von Himmel und Erde; von der Erde erhält er sein »Blut«, also seine fruchtbaren und nährenden, mit dem Saft der Bäume vergleichbaren Säfte; vom Himmel empfängt er seinen warmen und subtilen »Atem«; alle beide teilen ihm einen *Rhythmus* – das Schlagen des Pulses und die Atmung – mit, der in ihm das Leben unterhält oder richtiger: darstellt. Der Himmel (den man wie einen Vater verehrt, dem man Autorität zuschreibt, dessen Bestand und Einheitlichkeit man preist) verteilt die Lose, Stellungen, Lebensspannen und Schicksale; all diese Begriffe kommen in dem Wort *ming* (*ming* bedeutet eigentlich ›*anordnen*‹ und geht häufig mit einem anderen Wort *ming* zusammen, das die Bedeutung ›einen Namen verleihen‹, ›bezeichnen‹ hat) zum Ausdruck. Bei dem vom Himmel empfangenen *ch'i* lassen sich vor allem Stärkeunterschiede, bei dem von der Erde ernährten *hsüeh* vor allem Unterschiede in der Zusammensetzung feststellen. Die *Persönlichkeit* wird vom Himmel, die *individuelle*, durch eine unendliche Vielfalt von Räumen beeinflußbare *Eigenheit* ist von der Erde geprägt. Die Einheitlichkeit des Himmels [d. h. der Natur. Hrsg.] ist allerdings eine ganz relative; er unterscheidet sich nämlich je nach der Jahreszeit; die Zeit zeigt nur während der geheiligten Augenblicke ihrer Eröffnung eine Kontinuität; den Augenblicken, in denen die zeitliche Dauer sich verdichtet, stehen Perioden gegenüber, in denen sie sich verdünnt und verflüchtigt. Herrscht eine neue und *dauerhafte* Kulturordnung, dann vermag der Herrscher die Zeiten überdauernde Lehen zu verleihen, und der Himmel kann ein langes Leben gewähren; zu solchen Zeiten werden die Menschen alt, wie übrigens alles von Dauer ist, sobald ein weiser Herrscher in der Welt eine Ordnung errichtet, die es verdient, Bestand zu haben. Der Wert einer Persönlichkeit nimmt ab, sobald das Reich und der Himmel ihren einheitlichen Zusammenhang einbüßen; in Zeiten des Verfalls verseucht die Vielzahl der Räume die Zeit; die Lebensspannen verkürzen sich; Ungeheuer tauchen auf; individuelle Wesenszüge entfalten sich über Gebühr und beeinträchtigen die Persönlichkeit – oder genauer gesagt: die Temperamente heben sich scharf ab, und damit vermindert sich sogleich die Lebenskraft. Das soll nicht heißen, daß die Chinesen die Ungeheuer verabscheuen oder Spezialisten nicht anders als mit Verachtung begegnen. Wie wir sahen, gibt es Anlässe und Orte, wo selbst der Fürst nur Rechtshänder oder Linkshänder sein darf. Der Weise versteht es, sich jede Gegend nutzbar zu machen. Er bedient sich des feurigen Temperaments der Südländer, bei welchem das *ch'i* in solchem Maße vorherrscht, daß sie sich nur von ungekochten Speisen ernähren können[55]; er weiß sich die Buckeligen (die im Westen zahlreich sind), deren Rücken einem Tragkorb [denn der Herbst (= Westen) ist die Zeit der Ernten] ähnelt, dienstbar zu machen, und zwar läßt er sie vornübergebeugt Klangsteine tragen, während andere Wesen mit einem konkaven Rücken nach hinten gebeugt die Bronzeglocken anschlagen[56]. Übrigens sind die meisten Heroen wie gespannte oder entspannte Bogen nach vorn oder nach hinten gekrümmt[57]. Trotzdem soll der Fürst nach der Idealvorstellung gerade wie ein Gnomon gewachsen sein. Der Weise nutzt alle Altersstufen. Er versteht es, die alten Frauen, die bei ihren Regeln einen guten Teil ihres Blutes verloren haben, als Zauberinnen zur Ordnung der Zeit anzustellen; sie, die fast nur noch das *ch'i* besitzen, richten, nach hinten gebeugt, ihre Nasenöffnungen gegen den Himmel, so daß der Himmel, um nicht eine zur Aufnahme des Atems geschaffene Öffnung zu verstopfen, davon absieht, Regen fallen zu lassen[58]. Auch mit den Schwindsüchtigen, die mit ihrem Auswurf Blut verlieren, weiß der Weise etwas anzufangen, denn er glaubt, daß die Zauberer (und sogar die Fürsten) trainieren, um auf dem Wege einer Abmagerung zu einem Überfluß des *ch'i* zu gelangen. Wesen, die einzelne Züge übermäßig entwickelt haben, was in irgendeinem Mangel oder einem Auswuchs sichtbar wird, duldet er, beaufsichtigt sie aber zugleich, denn sie bergen eine Gefahr, wenn sie auch gelegentlich von Nutzen sein mögen. Er läßt Experten nach Ausstrahlungen forschen, die über die aufsteigende Macht eines rivalisierenden Genius Aufschluß geben[59]. Er bezahlt Historiker, die körperliche Mißbildungen verzeichnen, aus welchen mit der Kunst der Physiognomen Voraussagen über das Schicksal und Hinweise auf besondere Fähigkeiten herauszulesen sind[60]. Er hat auch Ethnographen und Geographen zur Verfügung, welche ihn über die von der Bodenstruktur oder der Lebensweise abhängigen Körperbeschaffenheiten unterrichten. »Die Körperbeschaffenheit (*ts'ai*) ist je nach dem Himmel und der Erde, der Kälte und der Wärme, der Feuchtigkeit und der Trockenheit verschieden. In den weiten Ebenen und langen Tälern unterscheiden sich die Menschen nach ihren Körperproportionen.«[61] Auch die Sitten unterscheiden sich. Die in den Vier Himmelsrichtungen des Reiches lebenden Stämme »haben unterschiedliche *hsing* (›Wesensnaturen‹)«, denn »die Fünf Geschmacksrichtungen spielen dort in verschiedener Weise zusammen«, und Unterschiede in der Ernährung bewirken, daß die Menschen dort (wie die Linien der Hexagramme) schwach oder stark (wie die Töne oder die Bestandteile eines Getränks), dunkel oder hell, langsam oder flink sind; so nähren sich die einen vom Fleisch, die anderen von Früchten – und wenn letztere flink, aber einfältig und erstere wacker und mutig sind . . . so läßt der Weise an den Säumen der Welt Lebens- und Seinsweisen bestehen, die nicht im Einklang mit der Etikette sind. Er verachtet exzentrisch begabte Individuen nicht, wenn er sich diese vom Leib halten oder sie zähmen kann. Für sich und die Seinen allerdings strebt er nach einer ausgeglichenen Persönlichkeitsentfaltung, wie sie zu einem an Möglichkeiten reichen Schicksal gehört. Erwartet er einen Sohn, dann legt er seiner Gattin eine strenge Zurückgezogenheit und ständige Selbstüberwachung auf, was man »den Embryo erziehen«[62] nennt. Steht die Geburt eines Prinzen bevor, so befolgt man die mit der Anrufung der T'ai-szu, der makellosen Gattin des Königs Wen, zusammenhängenden Bräuche [T'ai-szu hatte sich während ihrer Schwangerschaft niemals die geringste Nachlässigkeit erlaubt, auch dann nicht, wenn sie unbeobachtet war; weder stellte sie sich nur auf einen Fuß, noch setzte sie sich schräg auf die Matte; sie vermied jedes laute Lachen und auch im Zorn fluchte sie nicht]: Drei Monate vor der Entbindung stellt sich der Musikmeister mit einer Stimmgabel ein, um links von der Tür Wache zu stehen; rechts von der Tür postiert sich der Großintendant (d. h. der Premierminister und gleichzeitige Küchenmeister) mit einer Kelle in der Hand. Verlangt die Königin nach ein wenig Musik, und handelt es sich dabei nicht um eine schickliche Weise, so fährt der Musikmeister sinnlos über die Saiten seiner Laute und stellt sich dumm; verlangt sie zu essen und handelt es sich dabei nicht um ein passendes Gericht, dann senkt der Großintendant seine Kelle und verkündet, daß er dergleichen dem Thronfolger nicht vorzusetzen wage. Wird dieser nun endlich geboren, so ermittelt man zuerst mit Hilfe der Stimmgabel jenen der Fünf Töne, auf welchem er greint und (nach einem uns unbekannten Verfahren) jene der Fünf Geschmacksrichtungen, die zu ihm paßt, noch ehe man ihm einen sein Schicksal umschreibenden Namen (*ming*) verleiht; man darf dann sicher sein, daß *ch'i* und nährende Säfte, Potenz und Substanz, Lebensmaß und persönliche Erscheinung alle bei ihm von bester Beschaffenheit sein werden[63].

Nach Auffassung der Taoisten erlangt man die Heiligkeit dadurch, daß man Übungen des *Langen Lebens* vollzieht, die in einer rhythmischen Gymnastik und in einem rhythmischen Training bestehen, bei welchen das, was wir Ernährungs-, Geschlechts- und Atemfunktionen nennen, beeinflußt wird ... Bisweilen bedienen sich sektiererische Anhänger des Tao dieser seligmachenden Rhythmik, um neben magischen Fähigkeiten auch besondere Talente zu entwickeln. Hingegen glauben die wirklichen Weisen ohne Unterschied der Schule, daß es die erste Pflicht eines jeden Wesens sei, eine vollständige Entfaltung seiner Anlage anzustreben. Einige Mystiker glauben, daß es möglich ist, die Grenzen zu überschreiten, die menschlichem Schicksal herkömmlicherweise gesteckt sind. Allen übrigen Menschen erlauben die überlieferten Regeln der Lebenskunst eine bestmögliche

Nutzung ihrer Lebensspanne und ihrer Anlage. Sein *ming* oder sein *hsing* hüten bedeutet sowohl seine Persönlichkeit als auch seine individuelle Wesensart schützen oder richtiger – in den Grenzen des nach der Etikette und innerhalb der hierarchischen Gesellschaftsordnung Erlaubten – ein genau bemessenes und umschriebenes Machtpotential zu verteidigen. Insofern man von einer chinesischen Psychologie und Metaphysik überhaupt sprechen kann, liegt deren Funktion in der Verherrlichung der Etikette.

Dem Musikmeister gebührt der Ehrenplatz zur Linken, und der Küchenmeister steht ihm auf der Rechten gegenüber[64]. – Die Chinesen machen kaum einen Unterschied zwischen Substanz und Kraft; über all ihren Begriffen stehen die des Rhythmus und der sozialen Geltung. Dies ist der Grund, weshalb sie dem Ritual und der Musik so große Bedeutung beimessen, fassen sie diese doch als die beiden Komplementäraspekte der Etikette auf. Mit den Riten werden unter den Menschen und unter allem, was von ihnen abhängt, die notwendigen Unterscheidungen getroffen. Andererseits läßt die Musik alle Wesen in rechter Eintracht leben.

»Die Riten«, hatte Tzu-ch'an[65] (anscheinend einmal) gesagt, »entsprechen den dem Himmel (eigenen) Abgrenzungen und den für die Erde (charakteristischen) gerechten Verteilungen und dem den Menschen angemessenen Verhalten. Himmel und Erde haben ihre (besonderen) Grenzen, und die Menschen richten sich nach diesen (*tse*); sie richten sich nach den Lichtern (d. h. den Sternen) des Himmels; sie stützen sich auf die Beschaffenheit (*hsing*) der Erde. Sobald die Sechs *ch'i* (energetischen Konstellationen) entstanden sind und die Fünf Wandlungsphasen zu wirken begonnen haben, so entstehen aus den *ch'i* die Fünf Geschmacksrichtungen, bekunden sich die Fünf Farben und die Fünf Töne. Kommt es (bei ihrer Anwendung) zu Übertreibungen, dann sind Verwirrung und Aufruhr die Folge. Dann verlieren die Menschen die einem jeden von ihnen eigene Beschaffenheit (*hsing*). Ziel der Riten ist es, ihnen diese zu erhalten. Es gibt 6 Haustiere, 5 Wilde Tiere, 3 Opfertiere, die der Darstellung der 5 Geschmäcker entsprechen; man fertigt 9 Embleme, 6 Ornamente und zur Darstellung der 5 Farben 5 Entwürfe. Es gibt 9 Gesänge, 8 (Musikinstrumente, die den 8) Winden (= Himmelsrichtungen entsprechen), 7 Klänge, 6 Yang-Pfeifen (und 6 Yin-Pfeifen) zur Darstellung der Fünf Töne; es gibt (die Beziehungen zwischen) Oberherrn (und) Vasallen, Vorgesetztem und Untergebenem, die die Vorbilder für die der Erde (eigenen) gerechten (*i*) Verteilungen abgeben; es gibt (die Beziehungen zwischen) Gatten und Gattin, zwischen dem Äußeren und dem Inneren, wodurch die zwei (Arten von) Wesen (*wu*-Wesenheiten, emblematische Gegebenheiten) abgegrenzt werden können[66]; es gibt (die Beziehungen zwischen) Vater und Sohn, älterem Bruder und jüngerem Bruder, Tante und jüngerer Schwester, Schwiegersohn und Schwiegervater, zwischen durch Eheschließung Verwandten und Schwägern, wodurch die *Lichter* des Himmels (d. h. die Verhältnisse der Sterne untereinander) symbolisch dargestellt werden; es gibt die Maßnahmen der Regierung, die Verrichtungen des Volkes, wodurch man sich den Vier Jahreszeiten anpaßt; es gibt schwere und leichte Strafen, welche den Völkerschaften Achtung vor den Verboten einflößen und den Zerstörungen von Donner und Blitz entsprechen (*lei*); es gibt die Milde, die Zuneigung, die Wohltätigkeit und die Eintracht, die der erzeugenden Kraft des Himmels und seiner nährenden Wirkweise[67] entsprechen. Die Menschen empfinden (die 6 Gefühlsregungen, nämlich:) Liebe, Haß, Freude, Zorn, Schmerz und Lust, die sich aus den 6 *ch'i* (energetischen Konstellationen) ergeben. Darum haben (die Weisen) nach eingehenden Untersuchungen sich an den Gepflogenheiten und Entsprechungen orientiert, um die 6 *chih* (Willensäußerungen, Antriebe) in feste Bahnen zu leiten. Der Schmerz läßt den Menschen seufzen und klagen; die Lust läßt ihn tanzen und singen; die Freude führt zur Wohltätigkeit; der Zorn führt zu Kampf und Streit. Die Lust entspricht der Liebe, der Zorn dem Haß. Darum haben (die Weisen) nach eingehender Prüfung [wörtlich (die Verteilungen von) Glück (und von) Unglück] Belohnungen und Strafen, Geschenke und Strafmaßnahmen verbreitet und nach gutem Glauben festgesetzt. Man liebt das Leben und verabscheut den Tod; etwas, das man liebt, vermittelt Lust, etwas, das man verabscheut, Schmerz. Durch richtigen Gebrauch von Schmerz und Lust läßt sich eine Harmonie zwischen der Beschaffenheit des Menschen und den Beschaffenheiten von Himmel und Erde erzielen; *dies ist es, wodurch (das Leben) langen Bestand erhält.*« Die Riten sind die Grundlage der (gesellschaftlichen und kosmischen) Ordnung. Sie ermöglichen eine *gerechte Verteilung* (*i*) *der Anteile* (*fen*) an der *sozialen Geltung*. »Himmel und Erde sind die Grundlage des Lebens ... (die Wesen) unterscheiden sich darin, daß die edlen in edler Weise und die Unedlen in unedler Weise dienen; wem es groß geziemt, der bringt große (Opfer); wem es klein geziemt, der bringt kleine«[68].

»Die Musik bewirkt Vereinigung (*t'ung*), die Sitten bewirken unterscheidende Trennung (*i*). Als Folge der Vereinigung lieben die Menschen einander, durch die trennende Unterscheidung achten die Menschen einander ... Aufgabe von Ritual und Musik ist es, die Gefühlsregungen zusammenklingen zu lassen und das äußere Auftreten schön zu gestalten.«[69] »Denn wenn die Musik geübt wird, kommt Klarheit in die sozialen Pflichten, Gehör und Gesicht gewinnen die rechte Schärfe, und *zwischen dem hsüeh* und dem *ch'i greift ein harmonisches Gleichgewicht Platz*; die Sitten wandeln sich (zum Guten) und die ganze Welt erlangt den Frieden.«[70] »Die Musik bewirkt *ein harmonisches* (*Zusammenspiel*) *von Himmel und Erde*, und das Ritual erlaubt eine gestufte Ordnung zwischen Himmel und Erde; herrscht ein harmonisches Zusammenspiel, dann fügen sich alle Wesen (*wu*) dem zivilisatorischen Einfluß [des Himmelssohns]; herrscht eine gestufte Ordnung, dann bewahren alle Dinge den [ihnen zugewiesenen] umschriebenen Platz. Die Musik beruht ihrer Wirkung nach auf dem Himmel, die Riten ihrer Wirkung nach auf der Erde. Übertreibt man die umschreibende Einflußnahme, so entsteht Chaos, strebt man zu starke Wirkungen an, dann greift Gewalt Platz . . . Die verschiedenen Beziehungen ohne Schaden untereinander auszugleichen, dies ist das eigentliche Vermögen (*ch'ing*) der Musik, die dadurch, daß sie Genugtuung und Freude, Zufriedenheit und Liebe stiftet, bestimmte Handlungen auslöst. Die Riten äußern sich konkret durch die Erhaltung einer festen Geradheit[71] (der Handlungen) und wirken bändigend, indem sie Ernst und Achtung, Ehrerbietung und Gehorsam erzeugen.«[72] »Ist die Musik vollkommen, dann gibt es keinen Groll; sind die Riten vollkommen, dann gibt es keinen Streit.«[73] »Die Laute ist 81 Zoll lang; die längste Saite gibt den Ton *kung* (81); sie liegt in der Mitte, denn sie entspricht dem Fürsten. (Die Saite für den Ton) *shang* (72) ist rechts aufgespannt; die übrigen (Saiten) werden im Verhältnis zueinander entsprechend ihren Maßen ohne jeden Irrtum angeordnet – womit den Vasallen wie dem Fürsten ihre gebührenden Plätze angewiesen sind.«[74] »*Kung* (81, Mittelpunkt) entspricht dem Fürsten; *shang* (72, Westen, rechts) den Vasallen; *chüeh* (64, Osten) dem Volke; *chih* (54, Süden) den Angelegenheiten des Staates; *yü* (48, Norden) den Hilfsquellen (des Volkes, die hier mit dem Wort *wu*, also als die Zehntausend Wesen bezeichnet werden)[75]. Werden die Fünf Töne durch nichts beeinträchtigt, dann ist alles harmonisch moduliert. (Rührt) die Störung (von dem Ton) *kung*, dann (werden die Übergänge) schroff, denn der Fürst ist anmaßend. (Rührt) die Störung (vom Ton) *shang*, (dann deuten die Übergänge auf etwas) Verzerrtes (hin, denn) die Ämter sind schlecht besetzt. (Rührt) die Störung (vom Ton) *chüeh*, (dann wirken die Übergänge) bedrückt, denn das Volk ist unzufrieden. (Rührt) die Störung (vom Ton) *chih*, (dann wirken die Übergänge) klagend, denn die Staatsgeschäfte lasten schwer. (Rührt) die Störung (vom Ton) *yü*, (so beschwören die Übergänge das Bild eines) Abgrundes, denn das Volk entbehrt der Hilfsquellen. Besteht die Störung darin, daß alle Töne übergreifend durcheinanderklingen (so bedeutet dies), daß das Ende des Staates unmittelbar bevorsteht!« »Klang und Musik lassen das Blut (die Körpersäfte) (rascher durch) die Adern strömen und die Lebensenergie kreisen (*ching-shen*, ein Ausdruck, der auf die konkrete Äußerung der Lebenskraft hinweist) und lassen das Bewußtsein (Herz) ausgeglichen und gerade werden.«[76] »Entfernt man sich nur einen Augenblick von den Riten, so ist nichts als Grausamkeit und Anmaßung nach außen die Folge; entfernt man sich nur einen Augenblick von der Musik, so ist nichts als Ausschweifung und abwegiges Tun im Innern die Folge. Denn die Klänge der Musik sind das, wodurch der Edle (*chün-tzu*) (unter den Menschen) das Gerechtigkeitsgefühl (*i*) fördert.«[77]

Diese Zitate bedürfen keines Kommentars. Die Beachtung protokollarischer Unterschiede und der herkömmlichen Harmonie, die eine Folge der gestuften Aufteilung der Lebenslose ist – dies ist es, was Riten und Musik den Chinesen einschärfen sollten. Überdies vermitteln ihnen Ritual und Musik als höchsten Trost das Gefühl, daß der Gehorsam gegenüber der Etikette jedem einzelnen die Möglichkeit gibt, sein Tun rhythmisch in das große rhythmische System der den Kosmos darstellenden Verhaltensweisen einzufügen. Damit wird eine Osmose zwischen den Mikrokosmen und dem Makrokosmos ermöglicht, und aus dieser Osmose stammen außer dem Leben die individuelle Eigenheit und die Persönlichkeit. Die Etikette entspricht folglich gleichzeitig einer Hygiene und einer Ethik, denn man unterscheidet ja nicht zwischen dem ethischen auf der einen und dem physiologischen oder physischen Bereich auf der anderen Seite.

Der protokollarische Ausdruck der Gefühle besitzt, gerade, weil er sich unter Benutzung konventioneller Symbole und einer festliegenden Gestik vollzieht, den Vorzug, Gefühlsregungen in feste Bahnen zu leiten. Die chinesischen Schmerzriten zeigen dies deutlich[78]. Der Schmerz muß sich etwa bei der Trauer[79] zu festgelegten Zeiten bekunden und entsprechend einem Rhythmus, der unter Berücksichtigung der sozialen Stellung des Abgeschiedenen protokollarisch festgelegt war. Er äußert sich in bis in die letzten Einzelheiten geregelter Gestik, Kleidung, Lebensweise und Zurückgezogenheit. Selbst die Art zu weinen – entweder, indem man ohne Unterbrechung heult oder unablässig klagt, oder indem man die Stimme nach dreimaligem Schrei senkt, oder indem man einfach einen Klagelaut von sich gibt – stellte eine äußerlich festgelegte und überwachte Angelegenheit dar. Nichts war der Eingebung des Augenblicks überlassen, jede persönliche Anwandlung, jeder launige Einfall hatten scharfen Tadel im Gefolge und disqualifizierten ihren Urheber – gleichgültig, ob er sich nicht genug angestrengt oder übertrieben hatte. Einer, der seine Mutter verloren hatte, weinte wie ein Kind. »Er trauert (*ai*), wie muß er doch leiden (*ai*)!« meinte Konfuzius, »doch dies wäre gar nicht so leicht nachzuahmen; und das Wichtigste an den Riten ist, daß man sich nach ihnen richtet; also ist es erforderlich, daß man sie befolgen kann. Darum muß es für die Klagen und Sprünge ein Maß geben!«[80] Zweck aller Trauerhandlungen ist es, die ansteckende Unreinheit des Todes wegzuräumen; darum zielen alle Schmerzensgesten darauf ab, das Gefühl des Schreckens und der Furcht abzuleiten, indem sie den Schmerz unschädlich machen. Zwei Schüler des Konfuzius sahen eines Tages einen Trauernden, der wie ein Kind hüpfte, das einem verlorenen Gegenstand nachtrauert. Einer der beiden Schüler meinte, daß ihm die Sprünge hierbei gar nicht gefielen. Weniger ausgelassene Äußerungen des Schmerzes schienen ihm den Vorzug zu verdienen. Der zweite antwortete darauf: »Es gibt Riten zur Mäßigung der Gefühlsregungen; es gibt deren auch solche, um jene von außen zu entfachen. *Seinen Gefühlsregungen freien Lauf lassen bedeutet das Verhalten* (tao) *der Barbaren nachahmen*. Das von den Riten vorgeschriebene Verhalten unterscheidet sich davon. Freut sich ein Mensch, so sieht er heiter aus; er ist heiter und singt vor sich hin; er singt vor sich hin und geht schlotterig; er geht schlotterig und tanzt. Er tanzt und dabei stößt ihm etwas Trauriges zu. Unter dem Eindruck seines Schmerzes seufzt er; er seufzt und schlägt sich die Brust; er schlägt sich die Brust und hüpft. Aufgabe der Riten ist es, Maß und Regel festzulegen. Ein Toter läßt uns Abscheu empfinden (wörtlich ›Haß‹). Er hat alle Fähigkeiten verloren, also trennen wir uns von ihm. Die Sitte schreibt vor, daß man ihn in ein Leichentuch, in Kleider . . . einhüllt, damit wir aufhören, ihm gegenüber Abscheu zu empfinden . . .«[81] »Wenn ein Sohn trauert und dabei hüpft und seine Glieder schwingt, *so beschwichtigt er damit sein Herz und dämpft sein ch'i*«[82], denn die protokollarischen Sprünge bringen ihn in die Lage, seinen Atem und das Klopfen seines Herzens wieder in einen einigermaßen geregelten Rhythmus zu bringen.

Der große Vorzug von Riten (und Musik) liegt in dem *regelmäßigen Rhythmus*, den sie der Gestik und den Lebensfunktionen mitteilen. Wenn die Etikette für die Lebensart beherrschend wirkt, wird das Wesen geadelt und verdient langen Bestand. Macht sich das Individuum diese Symbolsprache zu eigen, so nimmt es damit die nationale Kultur in sich auf. Es kann dann unter den Menschen Aufnahme finden. Es hat eine Persönlichkeit entwickelt.

Der Mensch verdankt der Kultur alles, er verdankt ihr Ausgeglichenheit, Gesundheit und die besondere Beschaffenheit seines Wesens. Die Chinesen haben den Menschen niemals außerhalb des gesellschaftlichen Zuammenhangs betrachtet; niemals auch zogen sie eine trennende Grenze zwischen der Gesellschaft und der Natur. Auch kommen sie nicht auf den Gedanken, oberhalb der gewöhnlichen Gegebenheiten eine Welt rein geistiger Wesenheiten anzuordnen, wie es ihnen auch nicht einfällt, zur Erhöhung der Würde des Menschen ihm eine von seinem Leib verschiedene Seele zuzuschreiben. Die Natur bildet nur ein einziges Reich. Eine einzige Ordnung ist für das kosmische Leben maßgebend, und zwar ist es jene Ordnung, die ihm die Kultur aufprägt.

Diese Ordnung ist auf dem Brauchtum begründet. In der Menschen wie Dinge gleicherweise umschließenden Gesellschaft ist alles unter abgestuften Sammelbegriffen eingeordnet. Zu einem jeden gehört ein eigenes *Statut*. Nirgends herrscht eine physische Notwendigkeit, nirgends ein ethisches Gebot. Die Ordnung, der zu fügen die Menschen sich bereitfinden, ist nicht die eines Gesetzes; ebensowenig glauben sie, daß für die Dinge Gesetze gelten könnten; was sie glauben, ist nur, daß es Regeln oder richtiger: *Vorbilder* gibt. Die Wissenschaft besteht in der Kenntnis dieser Regeln und dieser Vorbilder, und sie verleiht Macht. Verwandtschaften und Klassenordnungen ermitteln, Vorbilder für das Verhalten und eine systematische Ordnung des Gehörigen unter Berücksichtigung der Anlässe und Grade festlegen, das ist die Wissenschaft. Macht üben bedeutet Ränge, Plätze, Eignungen zuteilen; es bedeutet alle Wesen mit der ihnen angemessenen Seinsweise und Seinsfähigkeit ausstatten. Die Etikette liegt als Ursprung der dem Fürsten zukommenden ordnenden Macht, der ordnenden Fähigkeiten des Gelehrten und des beispielhaften Einflusses des Weisen allen Lebensdisziplinen und allen wirksamen Wissenschaften zugrunde, in denen sich die kosmische Ordnung darstellt.

Was bleibt dann noch übrig, womit sich die Begründer von Sekten und Schulen beschäftigen könnten? Im Bereich der Ideen herrscht bei allen ein leidenschaftliches Bemühen um eine Orthodoxie vor. Indem sie Ideen, Gepflogenheiten zum System der Allgemeinbegriffe in Beziehung setzen, rechtfertigen sie diese Gepflogenheiten. Keinem Philosophen würde es einfallen, die konkrete Beschaffenheit von Raum und Zeit in Frage zu stellen oder die Zahl als ein quantitatives Symbol aufzufassen. Das Zusammenspiel der Zahlen, das Ineinandergreifen von Zahlenordnungen, die Turniere des Yin und des Yang bieten allen einen ausreichenden Symbolbestand, um im Verhalten der Natur und der Menschen einen *regelmäßigen Rhythmus* und eine sinnvolle Ordnung aufzeigen zu können. All dies genügt für eine Metaphysik, die es sich untersagt, zwischen Stoff und Geist zu unterscheiden, die dem Begriff eines *Gesetzes* den Begriff der *Vorbilder* vorzieht, und für die ausschließlich Stufenordnungen, Regeln des richtigen

Verhaltens und Daseinsweisen von Interesse sind. Kein Fortschritt in dem, was wir Erkenntnisse nennen, könnte für sie Herausforderung oder Bereicherung bedeuten.

Nur unter den Taoisten kamen einige große Geister auf den Gedanken (wobei sie aus den Entdeckungen der Forschungsreisenden und Astronomen Nutzen zogen, dabei aber Sagenstoff und Spekulationen ebenso verwerteten wie erwiesenes Wissen), die Vorstellung einer unermeßlich großen Welt dahingehend auszuwerten, daß sie mit ihr das Motiv der mit der Heiligkeit zu gewinnenden, unumschriebenen Macht veranschaulichten. Aber selbst in diesem Fall wird diese Vorstellung nur polemisch zur Bestätigung eines Systems von Handlungen oder einer korporativen Verhaltensweise verwendet. Anfänglich bemühten sich miteinander konkurrierende Lehrrichtungen nicht darum, sich durch irgendeine originelle Lehre zu unterscheiden; vielmehr begnügten sie sich damit, ein bestimmtes *Rezept* an den Mann zu bringen. Sobald es aber nicht mehr um Ideen, sondern um praktische Maßnahmen geht, interessiert man sich leidenschaftlich für das Ausgefallene, und der Sektengeist gewinnt die Oberhand. Jeder Verband stellt seine Wissenschaft als eine Art Geheimmethode hin. Aber jeder Wissenszweig erhebt auch darauf Anspruch, der einzige zu sein, der den Kosmos und seine Beherrscher, die Kultur und ihre Verbreiter mit Plänen versorgen kann. Die Spezialisten bieten eine Anzahl Methoden an, die der besten Lebensweisheit entsprechen, d. h. eine Art und Weise, sich selbst zu regieren, die den einzig möglichen Weg zu regieren darstellt – denn die spezifischen Geheimnisse werden stets als Allheilmittel angeboten. So kommt es, daß das Lehrgut von Sekten schließlich die Bedeutung festumrissener Doktrinen gewinnt. In diesen wird gleichzeitig mit einer Anzahl von Methoden ein System von Verhaltensweisen vermittelt, das anscheinend auf einer mehr oder minder klar umrissenen Vorstellung begründet ist. So haben die Taoisten anfänglich Methoden der Lebensverlängerung vertrieben; später kamen sie dahin, eine teilweise neue und in mancher Hinsicht sehr kühne Vorstellung der Heiligkeit und der Wirkkraft zu entwickeln. Bei den Legalisten (*fa-chia*) trat man anfänglich für Methoden der Reglementierung ein; und man kam dort schließlich zu einer umwälzenden Vorstellung vom Gesetz und von der Macht des Fürsten, die sich als fruchtbar hätte erweisen können. Auf diese Weise sind aus verschiedenen korporativen und methodischen Anliegen heraus eine Anzahl philosophischer Problemstellungen hervorgegangen, an denen sich die chinesische Philosophie eine Zeitlang versucht hat.

Die Zahl dieser Problemstellungen blieb beschränkt. Das durch sie entfachte Interesse war nicht von Dauer. Sie berühren kaum andere Bereiche als die Ethik oder die Politik. Dabei wird immer wieder in mehr oder minder neuer Formulierung, doch stets zu praktischen Zwecken, die große Frage der Verhältnisse zwischen Mikrokosmos und Makrokosmos, zwischen Individuum und Kultur aufgerollt. Wie die angebotenen Lösungen beweisen, war die gesamte Denktätigkeit, die sich an diesen Problemstellungen entfacht hatte, durch eine soziale Krisis bestimmt, in welcher das feudale System und die überlieferte Vorstellung von der Etikette hätten enden können. Doch ist die feudale Ordnung im Grunde lebendig geblieben. Die rege philosophische Tätigkeit, derentwegen die Zeit der Kämpfenden Reiche ideengeschichtlich so interessant ist, endete mit einem Sieg der Scholastik. Die beherrschende Geltung der Etikette, wie auch das ganze alte System der Klassenordnungen, Verhaltensweisen und sittlichen Regeln, wurde durch einen archaisierenden Konformismus nur noch verstärkt.

Schlußfolgerungen

Was die Chinesen von ihren Philosophen erwarteten, waren Motive, die zwangloses Nachdenken begünstigten, nicht aber Ideen oder gar Dogmen. Es ist von nebensächlicher Bedeutung, ob der Meister, der die Funktionen ihrer Vernunft entwickelt, ein Taoist oder ein Konfuzianer ist; es tut auch nichts zur Sache, wenn die Übungen, welche die Befreiung des Geistes vorbereiten, bald darauf abzielen, das Gefühl einer unbedingten Unabhängigkeit zu wecken, bald die Vorstellung von der allesüberragenden Würde des Menschen erzeugen sollen. Das eigentliche Ziel der Ausbildung wie auch die Gesinnung, in welcher die Verfahren angewandt werden, wandeln sich nie. Stets trachtet man nach einer Erziehung des gesamten Wesens. Gleichgültig, ob eine solche Erziehung zur Heiligkeit oder zur Weisheit führen soll, gleichgültig, ob sie sich auf dem Wege heiligender Spiele oder adelnder Riten vollzieht, stets hat sie ihren Antrieb in dem Drang nach Freiheit und stets vollzieht sie sich in freiheitlicher Gesinnung. Im Taoismus wie auch im Konfuzianismus herrscht zu allen Zeiten ein *Geist der Versöhnung*, wie eine eklektische Einstellung auch dann noch die Regel bleibt, als beide zu orthodoxen Systemen degeneriert waren, und sogar dann noch, als die Interessen von Sekten oder Kasten doktrinäre Strenge zu erfordern schienen. In beiden Lagern sah man das Ideal in einer allesumfassenden Weisheitslehre. Wenn das, was die Konfuzianer bieten, eher einer stoischen (aber nahezu aller religiösen Gefühle entkleideten) Weisheit und das, was die Taoisten vertreten, eher einer epikureischen (jedoch innerhalb gewisser Grenzen wissenschaftliche Interessen hegenden) Weisheit ähnelt, so blieb doch das gemeinsame Ideal eine umfassende Kenntnis –

oder richtiger: eine Beherrschung – des eigenen Ichs. Diese Selbst-Beherrschung und die daraus resultierende Erkenntnis des eigenen Ichs und der Welt (denn der Kosmos bildet ein einheitliches Ganzes) wird durch eine Befreiung von Begierden und Wünschen erzielt. Als Folge stellt sich ein erhöhtes Kraftgefühl ein. Sowohl der konfuzianische Weise als auch der taoistische Heilige vermeint, sobald er sich seiner selbst Herr fühlt, eine Herrschaft gewonnen zu haben, die sich auf den gesamten Kosmos erstreckt, außerhalb derer es nichts Erstrebenswertes gibt. Sie beruht auf mit ganzem Herzen vollzogenen Riten und auf Spielen, denen man sich mit allen Fasern seines Wesens hingibt. Es ist gleichgültig, ob man die Vorbilder der Riten in der Gesellschaft oder die Motive der Spiele in der Natur findet; und bei Auseinandersetzungen ist es nebensächlich, ob man dem durch Konvention geregelten oder dem natürlichen Bereich den Vorzug gibt. Worauf es bei der reinigenden und adelnden Erziehung ankommt, ist, daß man sich mit Überzeugung und vorbehaltlos darum bemüht, das Joch der Begierden abzustreifen. Gleichgültig, ob man diese als Kunstprodukte oder als Naturgegebenheiten auffaßt, gleichgültig, ob man zur Natur zurückzukehren hofft oder sich über diese zu erheben trachtet, ob man die Natur als etwas Heiliges auffaßt oder die Kultur verherrlicht, ob man sich auf das taoistische Naturvertrauen oder den konfuzianischen Humanismus beruft, stets kommt es allein auf ein zwangloses Streben nach der reinen Macht an. *Von einem zutiefst ernsten, von einem reinen Spiel* erwartet man, daß es Heiligkeit oder Weisheit vermittelt und eine von allem enthebende Befreiung bringt. Eine solche Befreiung wäre niemals durch äußeren Zwang – nicht einmal durch den mit Dogmen gesetzten – zu erreichen.

Die Chinesen haben ihren Sitten, ihren Künsten, ihrer Schrift, ihrer Weisheitslehre den ganzen Fernen Osten unterworfen. Auch heute würde kein Volk im ganzen Fernen Osten, gleichgültig, ob es entmachtet erscheint oder sich neuer Macht brüstet, es wagen, die chinesische Kultur zu verleugnen. In welch hellem Glanz auch die Experimentalwissenschaften westliche Kultur erstrahlen lassen mögen, die beherrschende Geltung der chinesischen Kultur erleidet keinen Abbruch, und dies, obwohl China die Überlegenheit eingebüßt hat, die es bis zur Renaissance den Staaten Europas gegenüber auf technischem Gebiet in vielerlei Hinsicht besaß. – Wie groß ehedem auf technischem Gebiet die Überlegenheit Chinas gegenüber dem gesamten Fernen Osten auch gewesen sein mag, der entscheidende Einfluß der chinesischen Kultur läßt sich weder durch diese Überlegenheit noch durch die politische Macht des Kaiserlichen China erklären. Dieser Einfluß hat andere Grundlagen. Das, was die Menschen im Fernen Osten zu erhalten trachten, nachdem sie es von der chinesischen Kultur empfangen haben, ist eine bestimmte *Einsicht in den Sinn des Lebens*, es ist eine Weisheitslehre. – Der geistige Einfluß Chinas begann sich auszuwirken, als das Land, unter dem Zepter eines Kaisers geeint, in die Lage kam, den zivilisatorischen Einfluß bis in ferne Länder wirken zu lassen. Zur gleichen Zeit auch scheinen die Chinesen sich entschlossen zu haben, als Regel der Sitten einen archaisierenden Konformismus anzunehmen; da das schöpferische Philosophieren nach der Entstehung zweier sich ergänzender orthodoxer Systeme ein Ende nahm, scheinen sie sich damit abgefunden zu haben, nur noch aus der Weisheitsüberlieferung der Ahnen zu schöpfen. Damit war die chinesische Kultur offenbar zur Reife gelangt. – Hat man erst einmal versucht, das für diese Kultur offenbar charakteristische System der Verhaltensweisen, Vorstellungen und Symbole zu beschreiben, so wird man wohl sagen müssen, – etwa dann, wenn es zu zeigen gilt, wie diese Kultur während langer Jahrhunderte auf eine riesige Menschenmasse beherrschenden Einfluß nahm, – worin letzten Endes der ihr eigene *geistige Einfluß* besteht. Darüber wird sich nur dann etwas Zutreffendes äußern lassen, wenn man zuvor festgestellt hat, wie vermessen es ist, eine Definition der den chinesischen Sitten zugrundeliegenden Gesinnung zu versuchen. Der Grundsatz, daß die Geschichte der Ereignisse vor der Geschichte der Ideen und diese wiederum vor der Literaturgeschichte darzustellen ist, verdient im Falle Chinas zwingendere Beachtung als in irgendeinem anderen Fall. Wendet man sich nun aber den chinesischen Erscheinungen auch nur mit einigem Realismus und ein wenig kritischer Phantasie zu, so muß man einsehen, daß all das, was China dem neugierigen Blick preisgibt, nichts als Literatur ist. Gewiß, der Nation wie dem Einzelnen dienen orthodoxe Lehren wie auch der Konformismus nur zum Schutze tieferströmender Lebensäußerungen ... Der ganze lebendige Hintergrund der chinesischen Kultur, wie etwa die technischen Entwicklungen oder die Volksbräuche und Überlieferungen, bleiben hinter vordergründigen literarischen Darlegungen verborgen ... Jene, die gewisse schmeichelhafte Kommentare früherer wohlwollender Kommentare vielleicht als abstoßend empfinden, würden sich ganz gewiß einen bösen Scherz leisten, wenn sie diese von Amts wegen verfaßten Glossen mit Reklametexten verglichen, hinter denen sich außer den Herstellungsgeheimnissen nichts verbirgt ... Zwar hat eine jede Kultur Anspruch darauf, daß man sich ihr mit einer gewissen Zurückhaltung nähert; auch sollten manche ihrer Bezirke im Dunkeln bleiben ... Trotzdem ist es eine Tatsache, daß man durch nichts, es sei denn mit Gewalt, in die lebendige Wirklichkeit Chinas einzudringen vermag ... Der Taktlose hat überhaupt keine Aussicht, gut aufgenommen zu werden, und, was schlimmer ist, er wird selten Gelegenheit finden, etwas richtig oder scharf zu erfassen. – Wenn man also anschließend den Versuch wagen muß, die bemerkenswertesten Züge der chinesischen Kultur herauszustellen, so lassen diese sich am umsichtigsten in eine negative Aussage fassen. Vielleicht gewinnt die von mir nicht so sehr zur *Definition* als vielmehr zur *Ortsbestimmung* der umfassendsten und dauerhaftesten aller bekannten Kulturen gebrauchte Formel gerade dieser Einkleidung wegen zumindest für die westlichen Menschen einige Bedeutung. Ich unterstreiche also die Tatsache, daß die Chinesen sich nur widerwillig irgendeinem Zwang, und sei es nur dem Zwang durch ein Dogma, unterwerfen und *möchte den Geist der chinesischen Sitten einfach in der Formel:* ›Weder GOTT noch GESETZ‹ *zusammenfassen.*

Es ist oft behauptet worden, die Chinesen besäßen keine Religion, und mitunter wurde gelehrt, daß es bei ihnen so gut wie keine Mythen gäbe. Tatsache ist, daß in China die *Religion* ebensowenig wie die *Rechtspflege* zu einer *differenzierten Funktion* des Gesellschaftslebens geworden ist. Wenn man über die chinesische Kultur schreibt und sich dabei vornimmt, die Tatsachen nicht in einen Rahmen zu zwängen, der vielleicht für irgendeine andere Kultur der richtige sein mag, dann darf man der Religion kein besonderes Kapitel widmen. Zwar spielt die Wahrnehmung des Heiligen im Leben der Chinesen eine große Rolle; was jedoch verehrt wird, sind (streng genommen) keine Gottheiten. Der Herrscher in der Höhe ist eine Konstruktion der politischen Mythologie und existiert eigentlich nur in der Literatur. Dieser von den Dichtern am Königshof besungene dynastische Schutzpatron dürfte bei den »kleinen Leuten« sich niemals großer Beliebtheit erfreut haben – wie dies das Scheitern der Propaganda Mo-tzu-s für einen Gottesstaat zu beweisen scheint. Weder die Konfuzianer noch die Taoisten schenken ihm große Beachtung. Sie fassen als heilige Wesen nur die Heiligen und die Weisen auf. Und für das Volk waren es die Zauberer, die Erfinder, die Fürsten. Die chinesische Mythologie ist eine *Mythologie der Heroen.* Wenn es den Historikern möglich war, die Heroen der alten Sagen einfach als große Männer zu schildern, dann nur deshalb, weil diesen Heroen niemals die Majestät eigen war, die Gottheiten isoliert. Sehr bezeichnend ist die Geschichte jenes Philosophen, der als Lehrer großen Zulauf hatte und den die Bauern zu ihrem Gott des Ackerbodens machen wollten; man glaubt nicht, daß die Gottheiten etwas dem Menschen völlig Fremdes sind, und daß sie eine ganz *andere Wesenheit* als die Menschen besitzen. Der Kosmos ist ein einheitliches Ganzes. Die Chinesen neigen in keiner Weise zu einem Glauben an geistige Wesen. Nur mit Mühe lassen sich im Volksglauben noch die Spuren eines unsystematischen Animismus ausmachen. Man glaubt da an Gespenster, an Totengeister, an rächende Dämonen und an alle möglichen Kobolde, die einem zwar bisweilen Schreck einjagen können, deren man sich aber durch einige Beschwörungsformeln entledigen kann, worauf man sie nur noch zum Gegenstand lustiger Geschichtchen macht. Alle Philosophen bekennen sich zu einem vollkommenen, jedoch eher heiteren als aggressiven Unglauben. Die Einfachheit der Anekdoten, die sie erzählen, zeigt, daß deren Motive in einem bäuerlichen Milieu gewachsen sind [1]. Die Gottheiten, deren Anhängerschaft beschränkt ist und die nur örtliche und vorübergehende Bedeutung haben, etwa nach dem Satz ›Ist das Fest vorbei, so ist es auch mit der Gottheit vorbei‹, beherrschen keineswegs die philosophische Spekulation. Es gibt keinen organisierten Klerus [2]; den Gottheiten fehlt jeder Rückhalt, denn sie sind *in keiner Weise transzendent*. Auch haben sie zu starke Verbindungen zur konkreten Wirklichkeit und zu seltsame Züge, *als daß sie eine richtige Persönlichkeit besitzen könnten*. So findet man denn auch bei keinem Philosophen die Neigung, die Gottheiten als persönliche Wesen oder als Geistwesen zu verehren. Was sich im aufgeklärten Denken noch an magischem Realismus gehalten hat, schlägt leicht in einen Agnostizismus oder Positivismus um. Sobald man absichtlich vermeidet, von Wundern oder seltsamen Wesen zu sprechen – auch wenn dies anfänglich nur geschah, um diese nicht auf den Plan zu rufen – schlägt man sich den Gedanken, daß dergleichen vorkommen könnte, bald auch aus dem Sinn. Das Verhältnis der Chinesen zum Heiligen, das sie nicht aus ihrem Denken zu verbannen suchen, ist durch gelassene Vertrautheit charakterisiert. Als Folge davon wird das Heilige als immanent empfunden – wobei es sich um eine tiefe, zugleich aber flüchtige und unbeständige Wahrnehmung handelt. Diese *gelegentliche Immanenz des Heiligen* begünstigt zweifellos einen gewissen Hang zur Mystik – ebenso wie sie die *künstlerische* (oder *politische*) Umsetzung überlieferten Volksaberglaubens in gewisser Weise erleichtert. Zwar hatte den Konfuzius ab und zu ein Dämon besucht, und die Taoisten waren für Augenblicke in den innersten und zentralsten Bereich des Tao eingedrungen; man stellt sich das Tao jedoch nicht als eine transzendente Gegebenheit und den Dämon des Konfuzius nur als historische Persönlichkeit vor. Konfuzius vertritt eine unpersönliche Weisheitslehre, während das Tao nichts anderes als das unpersönliche Prinzip jeder Heiligwerdung ist. Die Konfuzianer sind sehr darauf bedacht, daß in eine Gebetsformel niemals persönliche Anliegen einfließen; und auch die Taoisten wiederholen in der Ekstase nur stereotype Gebetsformeln. Mit Ausnahme von Mo-tzu (wenn es stimmt, daß dieser Prediger an seine Darlegungen glaubte) gibt es im Altertum keinen chinesischen Philosophen, der daran dachte, die Sittenlehre auf göttlichen Sanktionen zu begründen. Die in einen unwirklichen Raum und in eine unwirkliche Zeit verstoßenen, den Menschen fernen, doch dadurch nicht erhöhten, stets durch besondere Anlässe bedingten Gottheiten, deren Einfluß durch einen Kult aufgehoben wird, ohne daß es andererseits einen Klerus gäbe, der sie verherrlicht – diese häufig zu vertrauten und meist unbedeutenden Gottheiten – entsprechen keiner ausreichend ergreifenden Erscheinung des Heiligen, als daß man hätte darauf verfallen können, dieses zur Grundlage der Sitten- oder Weisheitslehre zu machen. Die Weisheitslehre der Chinesen ist eine *unabhängige* und durchaus menschliche *Weisheitslehre*. Die Vorstellung eines Gottes spielt in ihr überhaupt keine Rolle.

Die Chinesen haben keinen Sinn für abstrakte Symbole. Zeit und Raum fassen sie einfach als einen Komplex von Anlässen und Örtlichkeiten auf. Gegenseitige Abhängigkeiten und Zusammenhänge machen die kosmische Ordnung aus. Auch glaubt man nicht, daß dem Menschen innerhalb der natürlichen Ordnung ein eigener Bereich vorbehalten sei oder daß sich der Geist vom Stoff unterscheide. Niemand denkt daran, Menschenwelt und Natur als Gegensätze aufzufassen oder sie gar zu vergleichen wie den Bereich der Willensfreiheit mit dem der Notwendigkeit. Wenn die Taoisten für eine Rückkehr zur Natur eintreten, dann wenden sie sich nur deshalb gegen die Kultur, weil diese ihrer Auffassung nach sowohl einer echten menschlichen Ordnung als auch ihrer Vorstellung von einer noch nicht durch falsche Vorurteile geplagten glückseligen Gesellschaft widerspricht; doch ist ihr Individualismus nicht so geartet, daß sie Natur und Gesellschaft als grundsätzliche Gegensätze auffassen. Wenn die Konfuzianer die Segnungen freundschaftlicher Beziehungen oder die der Gliederung von Obliegenheiten preisen, mündet ihre Auffassung von der durch das Leben in der Sozietät erzielten Verbesserung gleichfalls nicht in einer grundlegenden Unterscheidung von sozialem und natürlichem Bereich. Denn, wie ich schon sagte, der Unterschied zwischen dem taoistischen Ideal der Heiligkeit und dem konfuzianischen Ideal der Veredelung ist ohne große Bedeutung. Es ist der gleiche Unterschied, der zwischen Spiel und Ritus besteht, wobei man weder von der einen noch von der anderen Seite die Verwandtschaft von Spielen und Riten in Frage zu ziehen bereit wäre; denn man bemüht sich ja, den Spielen die Wirkkraft der Riten zu verleihen, und andererseits will man ja auch weiterhin die Riten als Spiele aufgefaßt wissen; denn die Riten erfordern Aufrichtigkeit, die Spiele bedürfen fester Regeln oder zumindest der *Vorbilder*. Die Taoisten messen der *Unabhängigkeit*, die Konfuzianer der *Stufenordnung* besonderen Wert zu; doch ist das Ideal, das sie verwirklichen wollen – mögen sie es nun Goldenes Zeitalter oder die Herrschaft der Weisheit nennen –, stets ein Ideal des guten Einvernehmens, des guten Einvernehmens der Menschen untereinander, des guten Einvernehmens mit der Natur. Dieses gute Einvernehmen der Dinge und der Menschen entspricht einer elastischen Ordnung von gegenseitigen Abhängigkeiten und Zusammengehörigkeiten; es könnte niemals auf *unbedingten Vorschriften*, also auf *Gesetzen* begründet sein. Die entscheidende Geltung der konkreten Wirklichkeit, die Empfindung für das Umstandbedingte ist zu stark, die menschliche und die natürliche Ordnung scheinen zu eng miteinander zusammenzuhängen, als daß man der Grundlage jeder Ordnung einen Zug von Zwangsläufigkeit oder Notwendigkeit hätte zuschreiben können. Weder in der Natur noch im Reich der Gedanken lassen sich echte Gegenteile finden, sondern nur gegensätzliche Aspekte, die einfach das Ergebnis verschiedener Situationen sind. Darum gehören zur naturbezogenen Askese der Taoisten weder ausdrückliche Verbote noch Gebote; darum gehören auch zur Etikette der Konfuzianer weder gebieterische Vorschriften noch strenge Untersagungen. *Nachdem alles von Übereinstimmungen abhängt, ist alles eine Frage der Schicklichkeit.* Gesetzmäßigkeit, Abstraktion und unbedingte Einsichten kommen weder in der Gesellschaft noch in der Natur vor, denn der Kosmos ist ja ein einheitliches Ganzes. Darum verfolgte man die Legalisten und die Dialektiker mit zähem Haß. Darum auch verachtete man alles, was eine Einheitlichkeit voraussetzt, alles, was auf induktivem oder deduktivem Wege in irgendeiner Form zwingende Schlußfolgerungen oder Berechnungen ermöglicht, und alles, was dazu führt, daß bei der Herrschaft über das Denken, die Dinge und die Menschen etwas Mechanisches oder Quantitatives eingeführt wird. Man legt Wert darauf, daß allen Begriffen, selbst denen der Zahl oder dem des Schicksals, ein Maß an konkreter Bedeutung und Unbestimmtheit erhalten und damit ein *Spielraum* gewahrt bleibt. Eine *Regel* ist nichts anderes als ein *Vorbild*. Der chinesische Begriff der *Ordnung* schließt die Vorstellung eines Gesetzes, wie immer sich ein solches manifestieren mag, aus.

Man spricht gern von der Liebe der Chinesen für die Geselligkeit; gern schreibt man ihnen auch ein rebellisches Temperament zu. Tatsächlich entsprechen ihr Gemeinschaftssinn ebenso wie ihr Individualismus einer bäuerlichen Gesinnung. Die Art und Weise, in der sie sich die Ordnung vorstellen, entspricht einem gesunden und bäuerlichen Empfinden für das gute Einvernehmen. Wie der Mißerfolg der Legalisten und der Erfolg sowohl der Taoisten als auch der Konfuzianer beweisen, beruht dieses Empfinden – das durch administrative Eingriffe, egalitäre Zwangsregeln wie auch durch abstrakte Gesetzestexte und Verfügungen gestört wird [3] – (von Individuum zu Individuum in verschieden starkem, im Großen gesehen jedoch in stets gleichem Maße) auf einer Art leidenschaftlichem Unabhängigkeitsstreben wie auch auf einem nicht minder stark empfundenen Bedürfnis nach Zusammenschluß und Freundschaft. Staat, Dogma und Gesetz eignen sich in keiner Weise als Stützen der Ordnung. Denn man stellt sich die Ordnung als einen Frieden vor, der weder durch die abstrakten Formen des Gehorsams noch mit den abstrakten Formen von Vernunftschlüssen zu begründen oder zu errichten wäre. Damit dieser Frieden überall einzieht, bedarf es einer Bereitschaft zur Versöhnung, die andererseits ein feines Gefühl für das im jeweiligen Fall Schickliche, für die spontanen Zusammengehörigkeiten und frei sich bildenden Stufenordnungen voraussetzt. Die chinesische Logik ist nicht die starre Logik der Unterordnung, sondern eine elastische Logik der Stufenordnung, legte man doch Wert darauf, daß der Vorstellung von der Ordnung die ganze den Bildern und Gefühlen, auf welche sie zurückgeht, eigene Konkretheit erhalten blieb. Gleichgültig ob man als Symbol dieser Ordnung das Tao wählt und im Tao die Grundlage jeder Unabhängigkeit und jeder Harmonie erblickt, oder ob man als ihr Symbol das *li* auffaßt und im *li* die Grundlagen jeder hierarchischen Ordnung und gerechten Verteilung erblickt, der Gedanke der Ordnung enthält doch stets – zwar in sehr verfeinerter und doch ihrem bäuerischen Ursprung nicht entfremdeter Weise – die Empfindung, daß Verstehen und Sich-Einigen gleichbedeutend ist mit der Befriedung der inneren und der äußeren Welt. Die gesamte chinesische Weisheitslehre geht von dieser Empfindung aus. Ein mehr oder minder starker mystischer oder positiver Einschlag, eine mehr oder minder naturbezogene oder humanistische geistige Orientierung sind nicht das Entscheidende, denn in allen Schulen findet sich – stets durch konkrete und darum umso wirksamer bleibende Symbole ausgedrückt – der Gedanke, daß *das Prinzip eines kosmischen guten Einvernehmens identisch ist mit dem Prinzip einer universellen Verständlichkeit.* Alles Wissen und alle Macht entspringt dem *li* oder dem Tao. Jeder Fürst muß ein Heiliger und ein Weiser sein. Jede echte Autorität beruht auf der Vernunft.

Hinweise des Herausgebers und Übersetzers

Anmerkungen zum Text

Kritische Auswahl-Bibliographie

Sach- und Namenregister

Zahlenregister

Hinweise des Herausgebers und Übersetzers

Zum Text: Die vorliegende deutsche Fassung bringt, von unwesentlichen, nachfolgend näher bezeichneten Kürzungen abgesehen, den gesamten, in den Büchern I, II und III des französischen Originals enthaltenen Text. Gestrichen wurden lediglich einige Passus, die Angaben enthalten, welche sachlich mit dem heutigen Stand der Erkenntnisse nicht mehr vereinbar sind, bzw. (dies nur in einem Fall, p. 408) die auf das ganz weggelassene Buch IV verweisen. Es sind dies im einzelnen folgende Seiten des Originals:

p. 193	11 Zeilen (Änderung)
p. 308	2 Zeilen
pp. 379–380	5 Zeilen
pp. 384–385	2 Zeilen
pp. 399–400	52 Zeilen
p. 408	1 Zeile.

Korrekturen erwiesen sich bei den Diagrammen auf der p. 186 des Originals als notwendig.
Überhaupt nicht in die deutsche Fassung übernommen wurden folgende Teile des französischen Originals: 1. das ›Vorwort‹ (Avant-propos) von Henri Berr; 2. die ›Einführung‹ (Introduction) von Granet, sowie 3. das schon erwähnte ›Buch IV‹ (Sectes et Ecoles). ›Vorwort‹ und ›Einführung‹ enthalten z. T. zeitbedingte, z. T. im Hauptteil ausführlicher entwickelte Gedanken. Im ›Buch IV‹ werden die Charakteristika chinesischer Philosophenschulen behandelt. Die sehr pointierte Darstellung beschränkt sich allerdings auf die geistesgeschichtliche »Gründerzeit«, also die Periode zwischen dem 6. und 1. Jahrhundert vor der Zeitwende und hätte durch z. T. umfängliche Zusätze auf den heutigen Kenntnisstand gebracht werden müssen. Wir glauben, daß dem Leser nichts Unersetzliches vorenthalten, vielmehr, daß seine Aufmerksamkeit auf die wesentlichsten Aussagen Granets hingelenkt wird, indem wir diese Teile weglassen. Sekundär waren auch verlegerische Überlegungen für die Kürzungen maßgebend.

Demgegenüber mag vielleicht auffallen, daß an verschiedener Stelle längere polemische Ausführungen beibehalten wurden. Abgesehen davon, daß der Herausgeber bemüht war, wo irgend möglich, die ursprüngliche Gedankenabfolge des Autors zu bewahren, schien es ihm, daß auch diese Ausfälle – Granet wendet sich mit ihnen gegen einen engstirnigen philologischen Positivismus – ihre Bedeutung keineswegs eingebüßt haben; zudem waren sie für den großen Gelehrten ebenso charakteristisch wie sein anscheinend leidenschaftsloses Verhältnis zur chinesischen Tradition.

Zur eigentlichen *Übersetzung* ist zu bemerken, daß einige im Original vorhandene Unklarheiten und Druckfehler dank der freundlichen Hilfe des Granet-Schülers *Prof. Kaltenmark* (Paris) geklärt bzw. berichtigt werden konnten. Für die Übertragung wichtiger oder längerer Zitate wurden, wenn immer tunlich, die chinesischen Quellen herangezogen. Sachliche Ergänzungen, die sich durch solches Verfahren ergaben, wurden unter die ›Anmerkungen‹ aufgenommen und als Hinzufügungen des Herausgebers kenntlich gemacht.

Bei der Eindeutschung der Fachterminologie ließen sich klärende Korrekturen nur insoweit vertreten, als sie auf einem neuen und vertieften Verständnis chinesischer Termini beruhen, zugleich aber auch noch in den Gedankengängen Granets eine Stütze finden. So etwa trat an die Stelle des von Granet für den chinesischen Terminus *hsing* gebrauchten Wortes ›élément‹ durchwegs der Ausdruck ›Wandlungsphase‹*. Bei einer Reihe anderer *termini technici*, für die Granet (bisweilen unterschiedliche) Approximativ-Übersetzungen gebrauchte, wurden die chinesischen Termini eingesetzt und ihnen eine annähernde Definition beigegeben.

Bei den *Anmerkungen* haben wir gleichfalls von sinnverändernden Kürzungen oder Veränderungen abgesehen, wohl aber mitunter auf neuere Literatur hingewiesen. In [] beigefügte Zahlen verweisen auf ein Werk, das unter dieser Ordnungszahl in dem neu zusammengestellten Literaturverzeichnis auffindbar ist. Auf Übersetzungen wird nach dem gleichen Verfahren z. T. mit Kennbuchstaben verwiesen.

Bei den *Quellenzitaten* wurde im Gegensatz zum Original in der Regel die Kapitelnummer bzw. (beim *Li-chi*) die Kapitelbezeichnung des chinesischen Textes, nicht aber die Stelle in irgendeiner französischen Übersetzung, auf die Granet zumeist verweist, angegeben – aus folgenden Überlegungen: 1. Granet weicht mit seinen eigenen Interpretationen nicht selten ganz erheblich von den angegebenen Übersetzungen ab; 2. wenn ein deutscher Leser die französischen Übersetzungen mit Gewinn lesen kann, dürfte er auch in der Lage sein, das Original des vorliegenden Buches zu konsultieren; 3. wenn überhaupt deutsche Übersetzungen der von Granet zitierten Texte greifbar sind (man vgl. das Literaturverzeichnis), so würde infolge der oft radikalen Abweichungen der sinologische Laie, trotz eines Hinweises auf einen bestimmten Passus, nur selten den Sinnzusammenhang zwischen den verschiedenen Versionen erkennen; 4. der Kenner des Chinesischen hingegen kann mit Hilfe der neuen Stellenverweise das jeweilige Zitat sowohl im Original als auch in jeder beliebigen anderen Übersetzung einigermaßen rasch auffinden, und dies auch ohne die von Granet zitierten Übersetzungen, die außerhalb Frankreichs nicht ohne weiteres greifbar sind.

Bei den *Shih-ching* und einigen *I-ching* Zitaten mußte auf eine Angabe der Textstellen verzichtet werden, entweder weil nicht zu klärende Widersprüche

* Vgl. die Anmerkung 82 zum Kapitel 2 des 2. Buches.

zwischen Granets Quellenverweis und dem betreffenden Text festgestellt wurden, oder weil die von Granet zitierte Ausgabe dem Herausgeber nicht zugänglich war.

Zur *Transkription* der chinesischen Wörter:

Bei der Transkription der chinesischen Wörter wurde das international verbreitetste *Wade-Giles* System angewendet. Eine annähernd richtige Aussprache ergibt sich, wenn man wie folgt artikuliert:

1. Konsonanten und Doppelkonsonanten wie im Englischen, wobei allerdings die Aspiration grundsätzlich durch einen ' angezeigt wird, so daß *p'ing* wie deutsch *ping*, *ta* wie deutsch *da* zu sprechen ist, usw. Eine Ausnahme macht das j, das stets etwa wie im Französischen (*jour*) zu sprechen ist.

2. Vokale wie im Deutschen, wobei zu beachten ist, daß bei Diphthongen und Triphthongen jeder einzelne Buchstabe seinen ursprünglichen Klang annähernd beibehält, also *pei* = *be-i*, *t'ou* = *to-u*, *chiao* = *gi-a-o* usw.

3 Das u nach z, also *tzu*, *szu*, ist sehr klangschwach und entspricht etwa dem russischen »weichen i«.

Zum Schluß ist es dem Herausgeber eine angenehme Pflicht, all jenen zu danken, die durch ihren ideellen oder materiellen Beistand das Erscheinen der deutschen Ausgabe erst ermöglicht haben. Wir danken vor allem Madame Granet (Paris) dafür, daß sie den vorgenommenen Kürzungen verständnisvoll zugestimmt hat, Professor Herbert Franke (München) für sein zur deutschen Ausgabe verfaßtes Vorwort, Professor Max Kaltenmark (Paris) für die bereits erwähnte Hilfe; außerdem Frau Charlotte Kaminsky (München) und den Mitarbeitern im Sachbuchlektorat des Piper Verlags für ihre ausdauernde Hilfe bei der Gestaltung der deutschen Fassung.

Manfred Porkert

Anmerkungen zum Text

Einführung: Zu einem neuen Chinabild

1 *Zum Gedächtnis Richard Wilhelms* S. XV (Nachruf auf den Sinologen Richard Wilhelm, abgedruckt in der 2. Auflage von *Das Geheimnis der Goldenen Blüte*, Rascher Verlag, Zürich, 1948.)
2 Pearl S. Buck, *Die gute Erde;* Hermann Hesse, *Das Glasperlenspiel.*
3 Das Naturbild der modernen Physik (Rowohlts Deutsche Enzyklopädie 8, S. 15 f.)
4 Das Erklärungprinzip der Induktivität ist vereinfacht wie folgt zu definieren: Wenn eine Gegebenheit A auf Grund einer bestimmten inneren Beschaffenheit (nämlich der Fähigkeit zu gleicher Funktion) zu einer Gegebenheit B in Beziehung steht, *dann* wirkt A auf B und B auf A ein.
5 Wie weit und warum sich traditionelles Kulturgut im heutigen China behauptet, habe ich in der Studie *Chinas kulturelles Erbe* – erschienen im Juni-Heft des *Merkur* 1960 – zu zeigen versucht.

Erstes Buch: Die Ausdrucksmittel

Erstes Kapitel Sprache und Schrift

1 Vgl. Przyluski, *Le Sino-tibétain* (in Langues du Monde, Paris, 1924), p. 374; ferner Karlgren, *Etudes sur la phonologie chinoise,* Leyden und Stockholm, 1913 sowie *Sound and Symbol in China,* London, 1923; Maspero, *Le Dialecte de Tch'ang-ngan sous les T'ang* (Bulletin de l'Ecole française de l'Extrême-Orient, 1920).
2 Przyluski, op. cit. p. 363.
3 Przyluski, op. cit. p. 362.
4 Karlgren, *Le Protochinois, language flexionelle* (Journal Asiatique 1920). – Die

Schwäche der Karlgren'schen Darlegungen liegt in einer umstrittenen Einteilung der alten Texte. Andererseits scheinen im Burmesischen feststellbare Ähnlichkeiten die von ihm aufgestellte Theorie zu stützen.

5 [5] S. 18–19.

6 8. bis 5. Jahrhundert v. Chr.

7 *Tso-chuan*, 12. Jahr des Ai-kung. Ein ähnlich verhängnisvolles Schicksal wird (ebda., 31. Jahr des Hsiang-kung) einem Fürsten prophezeit, der sich ein Haus in fremdländischem Stil hat errichten lassen (vgl. [7] p. 284). Denn mit dem Dialekt, dessen man sich bedient, mit dem Baustil, den Riten, der Musik, den Tänzen usw., denen man den Vorzug gibt, umschreibt man seine Persönlichkeit und legt sein Schicksal fest. Die Sprache hat mit allen anderen Symbolsystemen die Eigenschaft gemeinsam, für eine bestimmte Kulturordnung charakteristisch zu sein.

8 Daß sich das Chinesische später als Kultursprache in so hohem Maße bewährt hat, beruht ganz entscheidend darauf, daß es durch eine bildhafte, einheitliche und nach genauen Regeln gebaute Schrift wiedergegeben wird. Zur Lehenszeit allerdings kann von einer völligen Vereinheitlichung der chinesischen Schrift noch keine Rede sein. Das Chinesische war zuallererst eine gesprochene Sprache und fungierte so als Kultursprache.

9 Wir erfuhren bereits von den Tonschwankungen.

10 *Tso-chuan*, 25. Jahr des Hsiang-kung.

11 [8-III] p. 114 f.; [9] p. 93 f. Im *Kuang-ya*, einem alten Wörterbuch, wird den beschreibenden Hilfswörtern ein ganzes Kapitel gewidmet.

12 [9] p. 117 f.

13 [8-III] p. 118.

14 [8-III] p. 119; [9] p. 41 sowie *Shih-ching*.

15 [7] pp. 292, 305, 347, 410.

16 Dabei wird einer der Striche des Zeichens für sich als *Radikal* bezeichnet.

17 Leibniz, Ausgabe Dutens, Bd. V, 488.

18 [7] p. 122.

19 Vergleiche: Mestre, E. *Quelques résultats d'une comparaison entre les caractères chinois modernes et les siao-tschouan*, Paris 1925; Laloy, L. *La Musique chinoise*, Paris o. D.; Grube, *Die Religion der alten Chinesen*, Tübingen 1908; Karlgren, *Sound and Symbol in China*, London 1923, sowie *Philology and Ancient China*, Oslo 1926.

20 [7] pp. 55–57.

21 *Tso-chuan*, 6. Jahr des Ai-kung. Diesen Text betrachtet man gewöhnlich als erstes Zeugnis für die Orakelbefragung unter Verwendung von Schriftzeichen. Er liefert ein erstes Indiz dafür, daß zwischen den Schriftemblemen und den eigentlichen Orakelzeichen eine Verwandtschaft besteht.

22 *Lü-shih Ch'un-ch'iu*, Kap. 17, 2. Abschnitt; *Shuo-wen*, passim. Man bedient sich der Knoten und Kerben, um wirkliche Gegebenheiten festzuhalten – ganz wie dies mit den Klang- oder Schriftzeichen der Fall ist.

23 *Li-chi*, *Chi-fa*. Für die Vertreter einer solchen Lehre ist die Verleihung eines Namens gleichbedeutend mit einer Einstufung und einem Urteil, denn durch einen solchen Akt wird eine Gegebenheit mit einer bestimmten guten oder schlechten Kraft ausgestattet.

24 Alle neun Jahre mußten auch, so heißt es, die Ämter (und wahrscheinlich auch die Ländereien) neu verteilt werden. Auch wird behauptet, daß die Beamten alle neun Jahre geprüft wurden.

25 *Chou-li,* 26. Bekanntlich (vgl. [7] p. 379) wird bei der Geburt der persönliche Name unter Berücksichtigung der klanglichen Eigenschaften der Stimme des Neugeborenen gewählt, welche von einem Musiker unter Benützung einer Musikpfeife aus Bronze ermittelt werden; aus dem Klang der Stimme glaubt man bisweilen den Ruf eines bestimmten Tieres herauszuhören, dessen Natur das Kind besitzt.
26 Mestre, op. cit. p. 8.
27 [10] pp. 364–365.
28 SMT, Band V, p. 380.

Zweites Kapitel Der Stil

1 Dies ist das Hauptanliegen der im übrigen neuartigen und interessanten Bemühungen, welche Karlgren in seiner Arbeit *On the Authenticity and Nature of the Tso-chuan,* Göteborg 1926, unternimmt.
2 Z. B. in [5] pp. 432 ff.
3 Abschnitte in gebundener Sprache kommen sowohl im *Shu-ching* als auch im *I-ching* (das erstgenannte wird als Werk der Geschichtsschreiber, das letztgenannte als Werk der Orakelmeister betrachtet) vor, ebenso im *Lao-tzu,* im *Tso-chuan* und in den *Aufzeichnungen der Historiker* (= *Shih-chi*).
4 Zeitgenössische chinesische Kritiker, die aus demokratischen Gefühlen heraus für die Verwendung der Umgangssprache (*pai-hua*) eintreten, versuchen ihre Auffassungen dadurch zu untermauern, daß sie auf die große Bedeutung der Umgangssprache in der Literatur des Altertums hinweisen.
4a französ.: »centons« (Übers).
5 [9] Einführung.
6 [9] pp. 18 f.; p. 78 f.
7 [5] p. 429.
8 Grube, *Geschichte der chinesischen Literatur,* Leipzig 1902, S. 46; [5] p. 430.
9 [9] pp. 27 f.; p. 31.
10 [9] pp. 53 f.
11 [7] p. 195.
12 Auch heutzutage noch kann man diese Verquickung von überkommenen Motiven und frei Erfundenem beobachten. Im Februar 1922 trugen die Darsteller während eines annamitischen Festes in Tonkin-China dem klassischen *Shih-ching* (*Buch der Lieder*) entlehnte Strophen vor und improvisierten anschließend Wechselgesänge.
13 Beispiele für die Darstellung von Tiermotiven in emblematischen Tänzen finden sich in [7] pp. 552, 559 und 563. Nicht minder große Bedeutung dürften Tänze gehabt haben, in welchen Blumenembleme zur Darstellung kamen. In einem der Tänze, welche sich in der höfischen Tradition am besten erhalten haben, werden die Bewegungen der Blüten und Zweige vorgeführt. Im 19. Kapitel des *Huainan-tzu* heißt es von einer Tänzerin: »Ihr Körper gleicht einer Schwertlilie im Herbst, die der Wind bewegt.«
14 [9] p. 102.
15 [9] p. 123.
16 [9] pp. 78 f.; pp. 140 f.; pp. 235f.
17 [9] pp. 101 f.; [7] p. 401.
18 [9] p. 36; [7] pp. 401 und 345.

19 [5] p. 430.
20 Zur Zerstörung der rituellen Gerätschaften vgl. man *Li-chi, Sang Ta-chi.*
21 de Groot hat in seinen *Fêtes d'Emouy* p. 289 eine ausgezeichnete Beschreibung der charakteristischen Bewegungen der Träger eines Geistes gegeben.
22 *Ch'u-tz'u, Li-hun.*
23 *Shih-ching, Sang-hu;* vgl. Ü 8, p. 395 u. Anm. p. 399.
24 *I-li.*
25 *Shih-ching, Shang-min* 8.
26 Diese gehören zu einem als *fu* bezeichneten Genre, von dem weiter unten noch zu sprechen sein wird.
27 SMT, Einführung, p. LIX. Darin wird das Buch des Konfuzius (nämlich das *Ch'un-ch'iu,* also die *Frühlings- und Herbstannalen*) als *Kodex des wahren Herrschers* bezeichnet.
28 SMT, Einführung p. CLXIV sowie 2. Band, p. 410; ferner [7] p. 50.
29 Vgl. hierzu [7] p. 497.
30 [5] pp. 489, 491.
31 *Chuang-tzu,* Kap. 2; *Lieh-tzu,* Kap. 2.
32 Die chinesischen Bildhauer und Zeichner (die ja auch belehren wollen) bedürfen ebensowenig wie die Dichter und Philosophen einer großen Anzahl von Motiven. Die *Aussage* der von ihnen am häufigsten verwendeten Motive kann in einer stereotypen Anekdote, in der Verdichtung eines mythischen Motivs bestehen (Vgl. hierzu [10] p. 598; [9] Anm. 2 auf p. 236, sowie [7] p. 492).
33 [10] pp. 505, 599.
34 Die Tradition der hinkenden Könige hat sich in Siam und in Kambodscha bis ins 19. Jahrhundert gehalten. Das Ritual schrieb dort vor, daß der König, nachdem er eine Ackerfurche gezogen hatte (was der rituellen Öffnung des Bodens durch den Fürsten zu Beginn eines landwirtschaftlichen Jahres entsprach), sich gegen einen Baum lehnen und nur auf einen Fuß stellen mußte (wobei er den rechten Fuß über das linke Knie schlug) (Vgl. A. Leclère, *Le Cambodge,* p. 297). Vgl. unten S. 243.
35 *Li-chi, Hsüeh-chi.*
36 Die Schule des Mo-tzu, in der man Logik unterrichtete, war mit einer Predigersekte zu vergleichen. Vielleicht wurde dort auch die Rhetorik gelehrt. Beides stellt in der Geschichte des chinesischen Lehrwesens Ausnahmen dar.
37 [9] pp. 224 f.
38 Wir besitzen eine so geartete Klage; der Überlieferung nach stellte sie eine prozedurhafte Beschwörung dar. Man führte einen Rechtsstreit, indem man sprichwörtliche Wendungen rhythmisch aneinanderreihte. [9] pp. 261 f.
39 [9] pp. 235, 266, 267.
40 Die charakteristischsten Stücke (im *Ch'u-tz'u*) sind das *Yüan-yu* und das *Chao-hun.*
41 Es ist hier auf den Zusammenhang zwischen einer solchen Lehre und der Gepflogenheit, einen Bekehrten durch ein Lächeln zu konfirmieren, hinzuweisen. Gleichfalls mit einem Lächeln erkennt der Vater ein Kind als sein eigenes an, und zwar im Augenblick, in dem er ihm einen Namen, d. h. eine Persönlichkeit und eine Seele, verleiht. Man nimmt wahr, daß zwischen den Verfahren und Theorien des Ausdrucks und dem Zauber der Kräfteausstrahlungen ein Zusammenhang besteht. Worte, Formeln und Rhythmen stellen gleichzeitig Symbole und Dinge dar.

Zweites Buch: Die Leitvorstellungen

1 Hackmann, *Chinesische Philosophie*, München 1927, S. 35.

Erstes Kapitel Zeit und Raum

1 [7] p. 233.
2 *Hou-Han-shu*, Kap. 115; *Huai-nan-tzu*, Kap. 4.
3 *Huai-nan-tzu*, Kap. 4; *Sung-shu*, Kap. 27; *Kuo-yü*, Kap. 8; [10] p. 258.
4 *Lieh-tzu*, Kap. 5.
5 [7] p. 310.
6 Man vergleiche hierzu Biot, *Astronomie chinoise;* D'Oldenberg, *Nakshatra und Sieou;* de Saussure (L.) *Les origines de l'astronomie chinoise*, Paris, 1930; [5] pp. 607 f.; Rey, *La Science orientale* pp. 333 ff.
7 *Ch'un-ch'iu Fan-lu*, Kap. 7.
8 *Shan-hai-ching*, Kap. 12; [10] p. 495, Anm. 2.
9 [7] p. 286.
10 Dieses Wort kommt auch im Ausdruck *fang-shih* = Zauberer vor (Vgl. unten S. 273).
11 [7] p. 278.
12 Vgl. unten S. 188 f.
13 [18] pp. 451 f.
14 Granet, *La Religion des Chinois*, Paris 1922, p. 55; [10] p. 233
15 [10] pp. 245 f.; p. 257 f.
16 *li* ist die chinesische Meile und entspricht in neuerer Zeit etwa 0,5 km (Hrsg.)
17 [10] p. 249; *Religion des Ch.* p. 52; *Li-chi, Ming-t'ang wei.*
18 SMT Band 1, pp. 242–243; *Chou-li* 9.
19 SMT Band 1, p. 247; [7] p. 297.
20 [10] p. 231 f.
21 *Kuo-yü*, Kap. 1.; SMT Band 1, p. 251 f.; p. 746 f.; *Chou-li* 7 u. 12.
22 SMT Band 1, p. 62.
23 SMT Band 1, p. 79, 62; [10] 249 f.
24 Einer dekadenten Dynastie entspricht ein gestörter Raum.
25 [7] pp. 18 f.; pp. 41, 42, 53.
26 Zur liturgischen Bedeutung der Zeit vgl. [8–IV] pp. 34–46.
27 [8–IV] p. 35.
28 [10] p. 286 f.
29 [10] p. 238 f. – Die Säume des Kosmos stellen eine Art *unwirklichen Raum* dar, der den mythischen Zeiten entspricht; eine solche *nicht von Menschen geordnete Welt* liegt außerhalb *der historischen Zeit* (Vgl. S. 264 f.)
30 [7] p. 453.
31 [18] p. 462.
32 [7] p. 373; [10] p. 21 f.
33 SMT, Einführung, p. CXLIII f.; [7] 11. Kapitel, sowie unten S. 230.
34 [10] p. 241 f.
35 SMT. 1. Band, p. 58 f.
36 [10] p. 116 f.; [7] p. 446.
37 *Li-chi, Yüeh-ling.*
38 op. cit.

39 [10] p. 262 f.
40 [10] p. 254.
41 [10] p. 241 f.; p. 250 f.; p. 257 f.
42 [10] pp. 243, 244, 248.
43 [10] pp. 245, 248, 268.
44 [10] p. 270.
45 [10] p. 271; [7] p. 231.
46 [7] p. 242 f
47 [7] pp. 234 f.
48 [10] p. 305 f.
49 SMT, Band 3, p. 400.
50 SMT Band 1. p. 49; *I-ching*, Anh. Kap. I 9 u. 10. [5 x *366 = (384 x 2)* + (*354* x 3) = 768 + 1062 = 1830].
51 Und vielleicht (auch) die 6 Tage, die eine jede der beiden Sonnenwenden umgeben. SMT Band 3, p. 320 f.; *Li-chi*, *Yüeh-ling* 5. und 11. Monat.
52 [10] p. 330 f.; p. 470, 476.
53 [10] pp. 327 f.; [7] pp. 181 f.; pp. 234 f.
54 [9] pp. 178 f.
55 Granet, *La Religion des Chinois*, p. 16; [7] p. 198.
56 [7] pp. 38, 239. – »Zehntausend Jahre« ist gleichbedeutend mit »Himmelssohn«, denn beide Ausdrücke *bezeichnen* den Herrscher.

Zweites Kapitel Yin und Yang

1 Es sei daran erinnert, daß uns kein [irgendwelche philosophischen Gedanken enthaltendes] Fragment erhalten ist, das sich vor das 5. Jahrhundert zurückdatieren ließe.
2 [24], ferner Tucci, *Storia della filosofia cinese antica*, Bologna 1922 p. 15, sowie Suzuki, *A Brief History of Early Chinese Philosophy*, London 1914 p. 15.
3 [5] pp. 482–483. Eine ganz andere Ansicht, die auf einer anderen Deutung der Texte zu beruhen scheint, wird auf den pp. 273 f. des gleichen Werkes vertreten.
4 [5] p. 483, Anm. 1 und p. 499 f.
5 *Ch'ien-Han-shu*, Kap. 30.
6 Diese ›*Yüeh-ling*‹ genannte Abhandlung ist uns in drei Fassungen überliefert, die sich im *Lü-shih ch'un-ch'iu*, *Huai-nan-tzu* und *Li-chi* finden.
7 Diese ›*Hsi-tz'u*‹ genannte Abhandlung stellt einen Anhang zu dem *I-ching* (Buch der Wandlungen) genannten Orakellehrbuch dar. Vgl. [5] p. 480.
8 SMT Band 3. pp. 301 f.; *Chuang-tzu*, Kap. 14.
9 *Mo-tzu*, Kap. 7; Vgl. A. Forke, *Mo-ti, des Sozialethikers und seiner Schüler philosophische Werke* (Mitteilungen des Seminars für Orientalische Sprachen, 1923) S. 324. Maspero behauptet, daß die Verfasser des *Hsi-tz'u* die Erfinder der Lehre vom Yin und Yang seien; darum hält er dafür (da der *Hsi-tz'u* als eine nach dem Werk des *Mo-tzu* entstandene Schrift aufgefaßt wird), daß dieser Passus interpoliert worden sei, obzwar er gleichzeitig einräumt, daß er zu einem als echt anzusehenden Kapitel dieses Werkes gehört.
10 *Shih-ching*.
11 Op. cit.
12 Op. cit.

13 Op. cit.
14 Op. cit.
15 Op. cit.
16 Op. cit.
17 Op. cit.
18 *Shih-ching*; [7] pp. 177 u. 198.
19 Hier in der zweifachen Bedeutung ›Zeit‹ und ›Wetter‹, die das französische Wort ›*temps*‹ hat. (Hrsg.)
20 entfällt.
21 *Shih-ching*; [9] p. 246, Anm. 1.
22 Op. cit. p. 349, 463.
23 Op. cit. p. 362; [7] p. 276. Man beachte, daß durch den Passus im *Shih-ching*, wo von dieser Prüfung die Rede ist, das hohe Alter dieser Praktiken, aus welchen das vielbesprochene chinesische Verfahren der *Geomantik* hervorgegangen ist, bezeugt wird. Die Geomantik (*feng-shui*) zielt auf eine Feststellung der Werte von Örtlichkeiten ab, indem man die Wasserläufe (*shui*) und Luftströmungen (*feng*) in Betracht zieht; beide werden stets zu der Gestalt der Berge in Beziehung gebracht. Allein daraus erkennt man sogleich die Bedeutung, welche Ausdrücke wie *Yin* und *Yang*, die ursprünglich die besonnte und die beschattete Seite eines Berges bezeichnet zu haben scheinen, gewinnen mochten. Man beachte ferner, daß diese Prüfung von Schatten und Licht in diesem Passus durch das Wort *ching* bezeichnet wird. Das gleiche Wort bedeutet den *Gnomon* und ist sowohl hinsichtlich seiner Schreibweise als auch seiner Aussprache mit dem Wort *ching*: ›Hauptstadt‹ verwandt.
24 [7] p. 278.
25 Pelliot, *Meou tseu ou Les Doutes levés* (*T'oung-pao*, 1918/19) p. 482. Jene Interpreten, die dem Verfasser des *Hsi-tz'u* die Erfindung eines um die Begriffe *yin* und *yang* angelegten »metaphysischen« Systems zuschreiben, hätten auf diesen – für sie problematischen – Umstand hinweisen müssen. Statt dessen nehmen sie ohne weiteres an, daß diese Begriffe das Subjekt in zwei Sätzen darstellten, in welchen der Autor des *Hsi-tz'u* sie gar nicht erwähnt. So versäumte Maspero nicht, als er diese beiden Sätze übertrug, die Worte *yin* und *yang*, die im chinesischen Text gar nicht vorkommen, in Klammern zu ergänzen, und zwar *unter Berufung auf die Kommentatoren.*
26 *I-ching.*
27 Op. cit.
28 Dies ist die herkömmliche, in den Kommentaren zum Ausdruck kommende Erklärung. Man beachte den sexuellen Charakter der Bilder; darauf wird noch zurückzukommen sein.
29 *I-ching.*
30 Der Überlieferung nach stellte das *Kuei-tsang* das unter der Yin-Dynastie gebräuchliche Orakelbuch dar, das von den Fürsten von Sung, den Nachkommen dieser Dynastie, aufbewahrt wurde; das *I-ching* sei das Orakelbuch der auf die Yin-Dynastie folgenden Chou-Dynastie gewesen.
31 Im *I-ching* fehlen mythische Motive fast völlig; daraus erklärt sich die Beliebtheit des Textes bei der sich auf Konfuzius berufenden Schule von Moralisten, daraus auch die Tatsache, daß es erhalten blieb.
32 *Ch'ien-Han-shu*, Kap. 30.
33 [10] p. 253. Man könnte übersetzen: Das Yang-Tal.

34 *Chuang-tzu*, Kap. 21.
35 *Chuang-tzu*, Kap. 14.
36 [10] pp. 435 f.
37 Man beachte, daß ebenso wie die Substanz (= die Nahrung) auch der Rhythmus unter Benützung eines vom Getränk hergeleiteten Bildes angedeutet wird. Vgl. dazu weiter unten S. 303 und 305.
38 Es wird nicht nur zwischen den Begriffen Rhythmus und Substanz nicht unterschieden; vielmehr bedingt der Antagonismus zwischen den gleichzeitig in der Zeit wie auch im Raum als vorhanden angenommenen antithetischen Ausdrücken sowohl die Vorstellung einer Nachfolge wie auch eines Wechsels. Ich habe bereits auf die zwischen dem Gedanken des *pien* (zyklischer Wandel) und des *t'ung* (gegenseitige Durchdringung) bestehende Verwandtschaft hingewiesen.
39 *Ho* und *tiao* weisen auf die Vorstellung einer gleichzeitigen musikalischen und stofflichen (ernährungsmäßigen) Harmonie hin; vgl. dazu [7] p. 299.
40 Dies gilt es zu beweisen. Ich versuche es auf S. 104.
41 Man beachte, daß der Ausdruck *ho-tiao* (die gleichen Worte in umgekehrter Reihenfolge) die Bedeutung ›(die Grundgeschmacksrichtungen, aus welchen die Nahrung besteht) einstimmen und aufeinander abstimmen‹ hat. Rhythmus und Substanz werden in eins gesehen und nicht unterschieden.
42 *Mo-tzu*, Kap. 7.
43 Das Wort *chieh* bedeutet »Gelenk, Verbindung« und weist auf das Bild eines *Knotens im Bambus* hin. Es bezeichnet das *Instrument*, dessen man sich zum Schlagen des Taktes bedient (*der König bringt das Yin und das Yang in Einklang, indem er in den Vier Jahreszeiten den Takt schlägt*), wie auch die *Zeiteinteilungen*, durch deren Berücksichtigung man den Rhythmus der aufeinanderfolgenden Jahreszeiten bestimmt. Ferner ist es das Emblem der Loyalität und Keuschheit oder, ganz einfach, des rechten Maßes. Diese verschiedenen konkreten Aspekte des Maßbegriffs scheinen alle eine musikalische Vorstellung vorauszusetzen, die mit dem Begriff von einem durch die Zahl seiner *Gelenke* (Knoten) bemessenen (Bambus-) Instrument zusammenhängt.
44 Regen und Tau stellen die dichterischen Motive dar, welche bestimmten Jahresabschnitten als Embleme dienen. Regen und Tau bilden einen Gegensatz. Mit dem Regen verknüpft man die Vorstellung weiblicher (*yin*) Gegebenheiten, mit dem Tau den Gedanken der fürstlichen (männlichen, *yang*) Wohltätigkeit. Wir werden sehen, daß in der im *Hung-fan* gegebenen Aufzählung der *Fünf Zeichen* (SMT, Band 4, p. 228) das Yang das Gegenstück zum Regen bildet, was im übrigen zeigt: 1. *daß die Verfasser des Hung-fan die »Lehre« vom Yin und Yang kannten; 2. daß sie (Yin und) Yang als konkrete Oberbegriffe auffaßten.* Vgl. hierzu unten S. 235, 283 mit 287.
45 Unter diesen ist der von *Hsi-ho* am interessantesten. Der Überlieferung nach herrschte der Älteste der Hsi und der Älteste der Ho – beides waren Oberastronomen und Doubles des Herrschers – über das Yin bzw. das Yang; vgl. SMT pp. 43 bis 44 und Anm. 1; [10] p. 253; sowie weiter unten S. 218.
46 Ich umschreibe, ohne Großbuchstaben zu verwenden, denn es handelt sich nicht um einen Antagonismus zweier Prinzipien, sondern um den Gegensatz zweier Aspekte.
47 Nach einer Überlieferung, die sich auf die bei den Orakelverfahren angewandten Symbole (die im *I-ching* als aus vollen und gebrochenen Linien bestehende Zeichen dargestellt werden) bezieht, sollen die Orakelmeister Täfelchen benutzt ha-

ben, deren eine Seite unbearbeitet und wahrscheinlich konvex (*yang* = männlich = hervorspringend) und deren andere konkav (*yin* = weiblich = hohl) war. Die beste Übersetzung der im *Hsi-tz'u* gebrauchten Formulierung wäre deshalb in der Sprache der Orakelmeister: »Ein (mal) die Yin-(Seite), ein (mal) die Yang (Seite).«

48 [7] pp. 12, 18, 21, 23, 42, 52, 452.

49 *Li-chi, Yüeh-ling.*

50 *Ta-Tai Li-chi*, Kap. 47 = *Hsia Hsiao-cheng.*

51 [9] p. 53 f.

52 Vgl. oben S. 90.

53 *Ta-Tai Li-chi*, Kap. 47 = *Hsia Hsiao-cheng.*

54 *Yüeh-ling* und *Hsia Hsiao-cheng.*

55 Op. cit.; Vgl. auch *Li-chi, Wang-chih.*

56 [9] p. 54.

57 *Shih-ching*; [9] p. 56; [7] p. 200.

58 [9] p. 184; *Li-chi, Hsiang-yin Chiu-i*; der Hund ist ein Yang-Tier.

59 [9] p. 181; [10] pp. 305 f.

60 [7] pp. 198 f. und p. 298.

61 Diese sind die Wohnstätten der Toten (vgl. [8–VI] pp. 15 f.). Die stille Jahreszeit ist die Jahreszeit der Toten (vgl. [10] p. 321 f.). Die Philosophen sehen in dieser Yin-Jahreszeit des Todes und im Yin das Symbol der zerstörerischen Kräfte.

62 [8–VI] p. 15 f. sowie SMT Band 3, p. 305.

63 [10] pp. 570 f. sowie *Ta-Tai Li-chi, Hsia Hsiao-cheng*, 10. Monat.

64 *Chuang-tzu*, Kap. 20. Diese Regel wird mit der Formel: »Eine (Zeit) der Erhöhung, eine (Zeit) der Erniedrigung« erklärt. Und wenig später heißt es im *Chuang-tzu*: »Ein(mal) oben, ein(mal) unten«.

65 *I-ching*, Anh. II/5. Der Ausdruck »10 000 Wesen« (oder richtiger »*die* 10 000 – d. h. die Gesamtheit aller – emblematischen Gegebenheiten«) weist auf die 11 520 in den 64 Orakelhexagrammen zur Darstellung kommenden Yin- und Yang-Gegebenheiten hin.

66 Man vergleiche hierzu die kategorischen Behauptungen bei de Groot (*Fêtes d'Emouy*) p. 745 der französ. Übersetzung. In neuerer Zeit wurde es vorübergehend Mode, überall, sogar in den Schriftzeichen phallische Symbole zu erblicken (z. B. Karlgren, *Some Fecundity Symbols in Ancient China*, Bulletin of the Museum of Far Eastern Antiquities, No. 2, Stockholm 1930). Zwar kommen sexuelle Motive in der chinesischen Literatur in Fülle vor. Trotzdem besteht kein Anlaß zur Annahme, daß die Chinesen je darauf verfallen wären, den Sexus zu vergöttlichen. Auf jeden Fall hüteten sie sich, Yin und Yang miteinander zu vergleichen, indem sie das eine als weibliches, das andere als männliches Prinzip *wahrnehmen.*

67 [5] pp. 408 f.; pp. 270 f.

68 [9] p. 79; [7] pp. 207, 219 f.

69 [7] pp. 182 f.

70 *Kuan-tzu*, Kap. 3. [9] p. 132.

71 [7] p. 406.

72 *Shih-ching.*

73 [9] pp. 244 f.

74 [9] p. 43. Die beiden Formeln sind austauschbar, denn beide weisen ebenso auf den kosmischen wie auf den sozialen Rhythmus hin. Die dem Yang wie auch den Burschen zugeschriebene Initiative ist ein Zeichen dafür, daß bei einer vater-

rechtlichen Organisation der Gesellschaft deren männlichen Mitgliedern der Vorrang eingeräumt wird. Denn es läßt sich feststellen, daß ursprünglich den Mädchen bei der Heirat die Initiative zukam; auch in der klassischen Formel von der wechselweisen Wirkung des Yin und des Yang wird an erster Stelle der »Yin-Aspekt« genannt.

75 [9] pp. 92, 146 f.; pp. 261 f.; [7] p. 194.

76 [9] pp. 244 f.

77 Eine gegenteilige Auffassung findet sich in [5] p. 482.

78 Für dessen Vorstellung ist der Begriff der *Ablösung* maßgebend. Der Vater ist *yang;* doch der diesem Vater gegenüber als *yin* geltende Sohn ist seinen eigenen Söhnen gegenüber *yang*. Auch der Minister ist *yin* und wird *yang*, wenn er die Thronfolge antritt und den Herrschertitel annimmt. – Wenn man sagt, das Yin sei ein Prinzip des Todes und der Strafen (*hsing*), das Yang hingegen ein Prinzip der Wohltätigkeit (*tê*), so liegt dies daran, daß in dem einen die Tugend des Herrschers, im anderen die des Ministers zum Ausdruck kommt. Minister und Herrscher bilden ein Paar. Vgl. hierzu [10] pp. 117–121.

79 [7] pp. 191, 242 f.

80 [9] pp. 272 f.

81 In der logischen Wortbedeutung.

82 Die ersten europäischen Übersetzer aus dem Chinesischen suchten Anklänge an Bekanntes und übertrugen daher den chinesischen Terminus *hsing*, wörtlich »Durchgang«, mit ›Element‹. Eine solche »Übersetzung« ist heute nicht mehr vertretbar, wie auch bereits aus Granets eigenen Ausführungen (Vgl. S. 230 f. u. 235) hervorgeht – (Hrsg.).

Drittes Kapitel Die Zahl

1 Nach Chavannes habe »eine Zahlenphilosophie, vergleichbar der pythagoräischen Lehre, in China in hellem Glanze erstrahlt«. Sicher ist es leichter, den Glanz einer solchen »Philosophie« zu vermuten als deren Einfluß festzustellen und deren Grundlagen zu bestimmen. Die Ermittlungen, die ich hierüber seit einer Reihe von Jahren angestellt habe, ermöglichen es mir allerhöchstens, einige Feststellungen über die Einstellung der Chinesen gegenüber der Zahl zu treffen. Ich verbinde damit keinerlei Hypothese oder Spekulation über den Ursprung solcher Auffassungen, weil ich dergleichen für verfrüht halte; auch stelle ich keinerlei Vergleiche an, sondern beschränke mich allein auf die Darstellung der chinesischen Vorstellungen. Ich habe mich bemüht, diese durch Behandlung verschiedener Themen (Problem der Örtlichkeiten, der Wandlungsphasen, der Orakelembleme, der Musikpfeifen ...) zu geben, die ich wegen der ihnen von den Chinesen zugemessenen großen Bedeutung, die ihnen tatsächlich zukommt, ausgewählt habe. Meine Aufgabe war es, die Tatsachen sowie die historische Reihenfolge der Tatsachen darzustellen; überdies hatte ich zu zeigen, wie sich diese auffinden lassen. Endlich hatte ich diese Tatsachen in den Worten unserer Sprache, die sich schlecht zum Ausdruck der chinesischen Vorstellungen eignet, zu interpretieren. Darum bedarf die ins einzelne gehende Genauigkeit meiner Analysen wie auch die Umfänglichkeit eines Kapitels, in dem ich einen der grundlegenden Züge des chinesischen Denkens kennzeichne, – nämlich einen außergewöhnlichen Respekt für Zahlensymbole, der mit einer außerordentlichen Gleichgültigkeit für jede quantitative Vorstellung gepaart ist – keiner Entschuldigung.

2 Ich verweise hierbei auf die von A. Rey auf den pp. 389 f. seiner *Science orientale* entfachte Diskussion.
3 *Huai-nan-tzu*, Kap. 4, mit dem das Kap. 81 des *Ta-Tai Li-chi* zu vergleichen ist.
4 Die Chinesen zählen die Anfangs- und Endpunkte mit.
5 Man gibt die Tage nach einem Zehnerzyklus an. Nach der Mythentradition gibt es 10 Sonnen.
6 Darum gibt es auch 12 Monde.
7 Wie man sieht, kann die Zahl zu einer Art induktiven Schlußfolgerns (vom allgemeinen zum besonderen) herangezogen werden.
8 Die Entsprechung zwischen 1 (*i*) und Himmel (*t'ien*) ist so vollkommen, daß man *t'ien-i* ohne bindendes Wort schreibt. Darum muß ich (gilt) einklammern.
9 Die Zeichen des Zehnerzyklus werden die Zehn Stämme (*kan*), die des Zwölferzyklus die Zwölf Zweige (*chih*) genannt. Obgleich man zwischen *kan* und *chih* wie zwischen dem Stamm und den Ästen unterscheidet, so bezeichnet doch das Wort *chih* ebenso wie das Wort *kan* einen senkrecht aufgestellten Stab. Sowohl die *kan* als auch die *chih* werden zur Festlegung von Positionen (die Geometer bezeichnen die Eckpunkte ihrer Figuren mit den Zeichen der Zehnerreihe) benützt; andererseits werden Stämme wie Zweige aber auch zum Vergleich verschiedener Größen herangezogen. Das Wort *chih* (Zweig) hat die Bedeutung ›messen, zählen, Zahl, Menge‹ und der Ausdruck *jo-kan* (*jo* = wie, *kan* = Stamm) bedeutet: »einige, soundsoviel«.
10 SMT Band 3, p. 305. Chavannes hat dieses Wort *jen* zu Unrecht mit ›*bonté*‹ (Güte, Menschlichkeit) übersetzt.
11 SMT Band 3, p. 308.
12 All diese Bilder hängen mit einer Vorstellung von der Mutter Erde zusammen.
13 *Li-chi*, *Yüeh-ling*. Nach dem *Yüeh-ling* ist am 3. Tag nach der Tagundnachtgleiche das erste Rollen des Donners zu vernehmen, ebenso wie an diesem Tag ein mit einer Rassel ausgestatteter Herold die den Frauen auferlegten Verbote verkündet. Ich möchte die rituelle Bedeutung, auf welche die zyklischen Zeichen nach Auskunft der chinesischen Interpreten hinweisen, besonders unterstreichen, nachdem die meisten Sinologen in solchen Auslegungen nur pedantische Wortspiele sehen wollten (Vgl. SMT Band 3, p. 303, Anm. 1 sowie die Anm. auf den folgenden Seiten).
14 [8–VI] p. 12 f. Man vergleiche auch unten S. 280.
15 Vgl. S. 77, 215, 236, 242.
16 Vgl. unten S. 236.
17 Zur Bedeutung dieser Umkehrungen, die von einem Austausch der Attribute begleitet sind, wie auch über deren Beziehung zum Motiv einer Hierogamie vergleiche man unten S. 147 und 209 f.
18 SMT Band 3, p. 325.
19 SMT Band 3, p. 326.
20 *Tz'u* bedeutet ›Ordnung, Reihe, Ort, *Stellung*‹. Die chinesischen Interpreten verstehen unter den »Zahlen« des Kalenders die Embleme der astronomischen (oder solaren) Orte oder Positionen.
21 Ich brauche mich hier nicht (weil ich dies für verfrüht halte) mit dem Problem des (fremden oder chinesischen) Ursprungs des Systems der 12 Doppelstunden zu befassen (von denen man sich eine jede um die Spitzen einer zwölfdirektionalen Rose gelegt vorstellte). In der chinesischen Mythologie glaubte man an das tatsächliche Vorhandensein von 12 Monden und 10 Sonnen.

22 Um die Bezeichnungen von 24 Orten bei Verwendung der 10 + 12 zyklischen Zeichen zu gewinnen, ergänzt man zuerst 4 Ausdrücke (die man den 4 Eckrichtungen zuweist) und verwendet anschließend die 12 Zeichen der Zwölferreihe, aber nur 8 Zeichen der Zehnerreihe; die 2 übrigbleibenden Zeichen der Zehnerreihe bilden ein Binom, das stets dem Mittelpunkt vorbehalten bleibt. Man vergleiche hierzu *Huai-nan-tzu*, Kap. 2 wie auch [8–VI] p. 13, Anm. 2. Es ist zu beachten, daß die Unterteilung in 24 Himmelsrichtungen einer administrativen Aufgliederung in 24 (auf die 4 Haupthimmelsrichtungen verteilte) Ressorts entspricht, welche Fürsten anvertraut werden, die den Namen von Vögeln tragen (Von diesen Vögeln kommen zumindest einige in den Signalen des Bauernkalenders vor). Der über all diese Ressorts gestellte Chef (Phönix) ist auch für den Kalender maßgebend. Vgl. *Tso-chuan*, 7. Jahr des Chao-kung sowie [10] p. 236 Anm. 1. Es ist bemerkenswert, daß ein jeder der 15 Tage umfassenden Monate wiederum in 3 Unterabschnitte von 5 Tagen eingeteilt wird, und daß den 72 5-Tageperioden des Jahres (360 = 72 × 5) 72 Kalendersprüche entsprechen, die die Funktion konkreter Rubriken besitzen. (Vgl. [9] p. 54). Es gibt noch eine andere Gliederung der Tage des Jahres, und zwar in 30 (= 5 × 6) Abschnitte zu jeweils 12 Tagen (Vgl. [9] p. 54 und p. 132 sowie das 14. Kap. des *Kuan-tzu;* ferner [10] p. 270, Anm. 1 und p. 358, Anm. 1). In diesen verschiedenen Anordnungen kommt der zwischen den Klasseneinteilungen nach der *5 und nach der 6 bestehende Zusammenhang* zum Ausdruck.

23 Man beachte diese sich überschneidenden Wirksamkeiten der 5, die als Multiplikator der 12 (= 6 × 2) verwendet wird, und der 6 (die als Multiplikator der 10 (= 5 × 2) Anwendung findet.

24 Diese kommt zum Verbot der Ehe innerhalb der weiteren Wohngemeinschaft, obzwar andererseits bekannt ist (vgl. [7] p. 184 und p. 215 wie auch [10] Schluß der Anm. 2 auf S. 155), daß zwischen Wohnbereich, also zwischen *Ort* und dem *Namen* eine Übereinstimmung bestehen mußte.

25 Der *pa-tzu* bedient man sich seit der T'ang-Zeit, wenn nicht schon seit der Han-Zeit. Jedenfalls geht aus dem *Chou-li*, [Ü 6], Bd. II, p. 307 hervor, daß man im Altertum bei der Stiftung einer Ehe das Jahr, den Monat und den Tag der Geburt wie auch den *persönlichen Namen* berücksichtigte.

26 [10] p. 159. Ein solcher Brauch setzt voraus, daß der persönliche Name (nach dem man sich erkundigen muß, da er nicht öffentlich gebraucht wird) in ähnlicher Beziehung zum (allgemeinen bekannten) Familiennamen steht, wie eine Wesenheit (*wu*) zu einer Art (*lei*). In den Familiennamen kommt eine spezifische (*lei*) Tugend (*tê*) zum Ausdruck, die sich in 4-facher Weise darstellen kann; (auf Grund von Vorstellungen, die mit der Reinkarnation zusammenhängen) scheint diesen Darstellungen ein Komplex von 4 Namen (*ming*) entsprochen zu haben, durch welche 4 aufeinanderfolgende Generationen unterschieden wurden. (Vgl. oben S. 74 sowie [10] pp. 368 f.) Durch den persönlichen Namen (*ming*) wird (in einer bestimmten Familie) die Generation bestimmt; er ist eine Art *Rangbezeichnung*.

27 Vgl. SMT Band 1, pp. 169, 175, 176. Es scheint, daß die Aussagen der Überlieferung durch archäologische Funde bestätigt wurden.

28 Vgl. [10] p. 158. Beide Berichte stammen aus Werken, die sich ähnlich sind in bezug auf Entstehungszeit, Thematik und Stil.

29 Vgl. [10] pp. 157 f. Das Ritual schreibt vor, daß die Geister nur das verzehren, was (nach der Beschaffenheit des Opfernden und des Geopferten) mit ihnen gleichartig (*lei*) ist.

30 [10] p. 158.
31 Vgl. *Ch'un-ch'iu Fan-lu*, Kap. 13. Bei einem im Frühling (Osten) dargebrachten Opfer wird alles nach der 8 (im Sommer nach der 7, im Herbst nach der 9 usw.) angeordnet; wenn man es dann also z. B. regnen lassen will, so muß man 8 Tänzer tanzen lassen, 8 Fische opfern, einen Altarhügel von 8 Fuß Seitenlänge errichten, 8 Drachen [und zwar einen großen (8 Fuß langen) und 7 kleine (8/2 Fuß lange)] herstellen, usw.
32 SMT Band 3, pp. 308–309.
33 [8–VI] pp. 1 f. Die bei diesem Beispiel dem Zeichen *shen* (SSW) entsprechende 7 entspricht im vorhergehenden Beispiel dem Zeichen *szu* (SSO). Verschiedene Zahlen (72, 12, 2 – vgl. S. 110 f.) können einander gleichgesetzt werden, wenn sie auf ein und denselben Emblemkomplex bezogen werden; ebenso kann ein und dieselbe Zahl, wird sie mit verschiedenen Emblemkomplexen in Zusammenhang gebracht, unterschiedliche emblematische Bedeutungen besitzen. Diese Folgerungen ergeben sich ganz einfach aus dem Zusammenwirken verschiedener Klassensysteme.
34 *Tso-chuan*, 20. Jahr des Chao-kung. Ein Zitat, das einer Rede entnommen ist, die dem *Yen-tzu*, der ein Zeitgenosse des Konfuzius war, zugeschrieben wird.
35 Vgl. oben S. 91 wie auch *Li-chi*, *Yüeh-chi*. Diese Korrespondenzen sind unter dem Einfluß der verschiedenen systematischen Klasseneinteilungen, vor allem des Systems zur Grundzahl 5 aufgestellt worden.
36 *Ch'i* ist ein wichtiger Terminus für eine charakteristische Erscheinungsform der Energie. Er wurde als »konstellierte Energie« definiert; vgl. Porkert, *Wissenschaftliches Denken im Alten China – das System der energetischen Beziehungen*, Antaios, Bd. II, pp. 532–551, Stuttgart 1961. (Hrsg.)
37 SMT Band 4, pp. 219 f. Auch Szu-ma Ch'ien hat den *Hung-fan*, der als eigenes Kapitel in das *Shu-ching* [(Klassisches) Buch der (historischen) Schriften] eingefügt worden war, in sein Werk (das *Shih-chi*) aufgenommen. Der Überlieferung nach solle er ein aus dem 3. oder 2. Jahrtausend v. Chr. stammendes Werk darstellen. Moderne Kritiker datieren es in das 8. oder in das 3. Jahrhundert v. Chr. Die Abfassung des *Hung-fan* scheint nicht später als auf das 6. oder 5. Jahrhundert v. Chr. anzusetzen zu sein. Ich habe den Eindruck, daß das Werk auf die Anfänge der schriftlich überlieferten Literatur zurückgeht.
38 Wieger; *Histoire des croyances religieuses* ... Hsien-hsien, 1917.
39 SMT Band 4, p. 221. Ich behalte vorläufig die Übersetzung Chavannes' bei. Man vgl. S. 243 f.
40 SMT Band 4, Anm. 5 auf p. 219; vgl. auch [5] Anm. 4 auf p. 440.
41 Naito, *On the Compilation of the Shoo king* (Shinagaku, 1923) sowie Honda, *On the Date of the Compilation of the Yi king* (Shinagaku, 1921).
42 Ein Gespräch zwischen dem Begründer der Chou-Dynastie und dem Bruder des Tyrannen Shou-hsin, dessen dekadente Tugend den Verfall der Macht der Yin-Dynastie bedingt hatte. Dergleichen Ausführungen entsprechen der Einweihung einer neuen Weltordnung, nachdem die Grundlagen oder die *palladia* der Macht von einer Familie an eine andere übergegangen sind.
43 Zu den Fünf Wandlungsphasen gehören, wie wir noch sehen werden, *die Werte* 1, 2, 3, 4, 5, d. h. insgesamt (nachdem die 5 als Emblem des Mittelpunkts, wie wir noch sehen werden, nicht gezählt werden darf) $1 + 2 + 3 + 4 =$ genau 10 (die der 1 entspricht).
44 Unterstreichung von mir.
45 Chavannes (SMT Band 4, Anm. 5 auf p. 219) bezeichnet die im *Hung-fan*

eingehaltene Reihenfolge als *seltsam*. Daher schlägt er vor, den Text zu korrigieren. Dies liegt daran, daß er von vornherein der Meinung war, daß »die *ältesten* Aufzählungen«, (die er auf das 3. Jahrhundert bezieht) eine andere Reihenfolge zeigten (Einführung p. CXLIII) und zwar die sogenannte Überwindungsreihenfolge. Nachdem er annimmt, daß der *Hung-fan* vor dem 3. Jahrhundert entstanden ist, muß er also in der (tatsächlich ältesten) im *Hung-fan* gegebenen Aufzählung einen Fehler *finden*, den er so korrigiert, daß diese Aufzählung mit den vorher als noch älter bezeichneten Aufzählungen übereinstimmt. Chavannes' Nachfolger verwarfen diese Korrektur wieder, weil ein anderer Text den Wortlaut dieses Passus im *Hung-fan* bestätigt und daher die Berichtigung als unangebracht erscheinen läßt. Trotzdem unternahmen sie nichts, um die Bedeutung der angegebenen Reihenfolge zu ergründen, und beschränkten sich einfach auf die Feststellung, daß alle numerischen Spekulationen über deren Reihenfolge einen Anachronismus darstellten. Man vgl. S. 183 f. und 232.

46 Diese Zahlenfolge entspricht dem, was man als Hervorbringungs-Reihenfolge der Wandlungsphasen bezeichnet (vgl. S. 233 f.).

47 Eine Ausnahme macht das Paar *wu-chi* (Mittelpunkt), in dem beide Zeichen als Embleme des »Palastes der Mitte« bezeichnet werden. Man beachte, daß im *Yüeh-ling* die Erde durch den Mittelpunkt definiert wird, und daß dieser wie im *Hung-fan* die Zahl 5 (und nicht die 10) als Emblem zugeteilt wird. Man vgl. S. 179 und 185 f.

48 Die Zahl 5, die im *Yüeh-ling* als Emblem des *Mittelpunkts* beibehalten wird, bleibt den Tagen vorbehalten (deren Anzahl nicht angegeben wird), deren es jedoch vielleicht 6 und nicht 5 gibt (denn das Sonnenjahr hat 366 Tage), welche den *Angelpunkt* des Jahres bezeichnen. (Vgl. S. 80).

49 Die Entsprechungen unten-Norden-Wasser, oben-Süden-Feuer, links-Osten-Holz, rechts-Westen-Metall stellen Grundgegebenheiten des chinesischen Systems von Klasseneinteilungen und Korrespondenzen dar. Die im *Hung-fan* gebrauchten Formulierungen: »Das Wasser benetzt und strebt nach unten; das Feuer lodert und strebt nach oben« beweisen eindeutig: 1. daß im *Hung-fan ausdrücklich* auf dieses System Bezug genommen wird; 2. daß der Aufzählung der Wandlungsphasen eine räumliche Anordnung zugrunde liegt; 3. daß endlich (nachdem die Wandlungsphasen durch Zahlenembleme näher bezeichnet werden) die Zahlenwissenschaft mit einer geometrischen Wissenschaft einhergeht.

50 Das *huang-chi* (der »hehre First«) entspricht der 5. Jeder der beiden der Zehnerreihe entnommenen Ausdrücke, die dem Mittelpunkt entsprechen, dient in gleichem Maße als Emblem des *Palastes der Mitte*.

51 [10] pp. 482 f.

52 [10] p. 489.

53 Vgl. S. 260 f.

54 *Lieh-tzu*, Kap. 5.

55 [10] pp. 568, 244.

56 [10] p. 478, Anm. 1 und 2.

57 Es handelt sich um den Sung-Kaiser Hui-tsung (reg. 1101–1125).

58 Wir werden weiter unten sehen, daß sie anscheinend zumindest auf den *Hsi-tz'u*, ein nur wenig jüngeres Werk als der *Hung-fan*, zurückgehen.

59 *Chou-li*, 24; vgl. [Ü 6], Bd. II, pp. 70 u. 75.

60 Die Mittelachse wird als Weg (*lu* oder *tao*) der 1 000 *li* (chinesischen Meilen) bezeichnet.

61 [10] Anmerk. auf pp. 116–119.
62 *Ta-Tai Li-chi*, Kap. 66.
63 *Chou-li*, 24 loc. cit.; SMT, Band 4, pp. 226–227; *I-ching*, Anh. Kap. I / 10, 11.
64 *I-ching*, Anh. Kap. I / 9.
65 *Ch'ien-Han-shu*, Kap. 98.
66 SMT Band 1, pp. 3–7.
67 SMT Band 1, pp. 3–7.
68 SMT Band 3, p. 484.
69 Ich bestehe nicht auf der Behauptung, daß die Trigramme bereits vor den Hexagrammen entworfen wurden. Es handelt sich hier um eine gegenwärtig nicht zu entscheidende Frage. Andererseits glaube ich nicht, daß man, nachdem die 8^2 Hexagramme einmal gebildet waren, umhin konnte, festzustellen, daß sie auf 8 Trigrammen beruhten. Maspero glaubt, daß man die Hexagramme zuerst erfunden hatte. Er begründet diese (den chinesischen Überlieferungen widersprechende) Hypothese durch Argumente, deren Sinn ich nicht verstehe und die von einem schweren Beobachtungsfehler ausgehen. Maspero behauptet, daß mit Ausnahme des 1. Paars von Hexagrammen alle übrigen Paare durch Umkehrung gewonnen wurden, derart, daß das 2. Hexagramm eines jeden Paars eine Umkehrung des 1. darstelle. Nun ist es aber ganz ausgeschlossen, daß die Paare 27–28, 29–30 und 61–62 durch irgendeine Umkehrung gebildet werden könnten. Denn sie bestehen aus völlig symmetrischen Hexagrammen, die, kehrt man sie um, wieder sich selbst ergeben. Im übrigen wäre es unschwer möglich, würde allerdings etwas weit führen und den Rahmen unserer Betrachtung sprengen, zu beweisen, daß die Reihenfolge, nach welcher im *I-ching* die Hexagramme aufgezählt werden, die Einsicht voraussetzt, daß jedes Hexagramm aus zwei übereinander angeordneten Trigrammen besteht.

4	11	3
5	6	7
9	1	8

70 Dies gilt nicht für die magischen Quadrate des nebenstehenden Typus (von welchen ich in der Literatur des chinesischen Altertums im übrigen keine Spur auffinden konnte).

71 Der Gedanke, daß die Trigramme gleichzeitig Himmelsrichtungen und Zahlen darstellen, entspricht nicht einer Spielerei von Gelehrten; vielmehr liegt er auch heute noch einer im ganzen Fernen Osten, so z. B. auch bei den Man-Stämmen Tonkin-Chinas verbreiteten Untersuchungsmethode zu Grunde (Vgl. Bulletin de

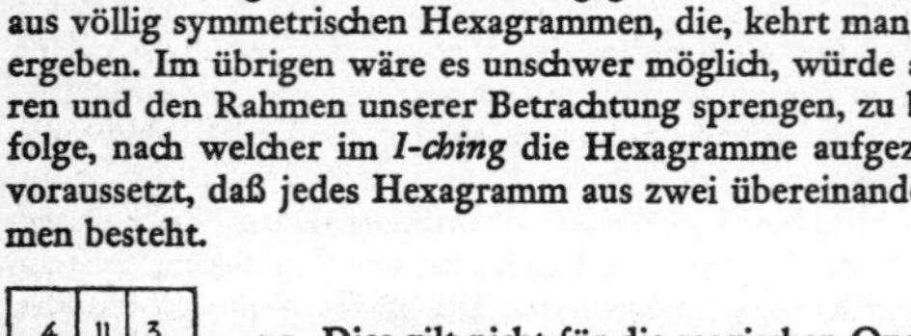

l'Ecole française de l'Extrême-Orient, Band VII, p. 109; der Autor, der uns dies mitteilt, hat die Tatsache nicht in ihrer vollen Bedeutung erfaßt, weil er glaubte, daß es sich bei der Praxis um die Anordnung der Trigramme nach Fu-hsi handelte). Möchte man z. B. feststellen, in welchem Teil des Hauses eine schwangere Frau keine Nägel einschlagen darf, will sie nicht Gefahr laufen, ihre eigene Frucht auf diese Weise zu durchbohren, so gliedert man zuerst einmal das Haus in 9 Bereiche, von welchem die Mitte mit dem Zeichen ›*Mittelpunkt*‹ und die übrigen mit den Namen der 8 (*nach der dem König Wen zugeschriebenen Anordnung orientierten*) Trigramme belegt werden. Dann schreibt man sich diese acht Namen sowie das Wort ›*Mitte*‹ so auf die Hand, daß das letztgenannte Wort auf das 2. Glied des Mittelfingers kommt; zu beiden Seiten (einerseits auf den 2. Mittelhandknochen und die drei Glieder des Zeigefingers, andererseits auf die drei Glieder des Ringfingers und den 4. Mittelhandknochen) werden dann die Namen der 8 Trigramme aufgetragen (*die auf diese Weise in der Reihenfolge angeordnet sind, die sich aus der von Cheng Hsüan gebrauchten Numerierung ergibt*). Dann zählt man unter Einhaltung dieser Reihenfolge (Richtung der Pfeile) – wobei sich der Anfangspunkt danach richtet, ob das Empfängnisjahr yin oder yang ist (d. h. ob es nach dem Sechzigerzyklus auf einen geradzahligen oder ungeradzahligen Platz kommt) – ebenso viele Stationen wie die Zahl des Empfängnismonats Einheiten umfaßt, ab, worauf das Trigramm, bei dem man anlangt, die verbotene Richtung angibt. Angenommen, ein Kind ist im 6. Monat des 1. (ungeradzahligen) Jahres eines Zyklus empfangen worden. Man beginnt mit der Zählung beim Mittelpunkt (*ungeradzahlig*: 5) und, da die 6. Station, die man erreicht, wenn man in der Pfeilrichtung (und in Richtung der ansteigenden Zahlen) zählt, dem Trigramm des Nordens (1) *k'an* entspricht, so weiß man nun, daß der nach N gelegene Teil des Hauses mit einem Tabu zu belegen ist. Man beachte, daß die Summe der in den beiden Reihen sich jeweils gegenüberliegenden Zahlen 10 beträgt, (während die 5 den Mittelpunkt bezeichnet); dieser Anordnung in einer zweifachen Reihe kommt die gleiche Bedeutung zu wie der Anordnung in einem magischen Quadrat, nur daß sie an sich noch keine Richtungbezogenheit angibt.

72 Das Ende der 1. Han-Zeit und der Beginn der 2. Han-Zeit stellten eine Epoche dar (die etwa der christlichen Zeitwende entsprach), wo aus politischen Gründen (wie z. B. auch zur Sung-Zeit) eine Fülle von Arbeiten über das *I-ching* und die magischen Diagramme verfaßt wurde. Diese (als *wei* bezeichneten) Werke sind Teil einer Überlieferung, die sowohl die chinesischen als auch die übrigen Gelehrten als undurchsichtig bezeichnen; doch würde man sich sehr unkritisch verhalten, wenn man sich ihrer Meinung anschlösse und alles, was vor der Han-Dynastie noch nicht bezeugt ist, in die Han-Zeit datierte. Übrigens ist das *Ta-Tai Li-chi* Teil der orthodoxen Tradition, und da Cheng Hsüan dessen Aussagen belegt, spricht vieles für die Annahme, daß dem magischen Quadrat schon vor der Han-Zeit große Bedeutung zukam.

73 *I-ching*.

74 *Ch'un-ch'iu* (= Frühlings- und Herbst-)Annalen, die dem Konfuzius zugeschrieben werden und die Zeit von 722 bis 480 vor der Zeitwende behandeln (Hrsg.).

75 *Tso-chan*, 9. Jahr des Hsiang-kung.

76 *I-ching*.

77 Op. cit.

78 Op. cit.

79 Vgl. die Abbildung 1 auf S. 138.

80 Vgl. die Abbildung auf S. 137.

81 *Po-hu-t'ung* (»Die Umfassenden Erörterungen in der [Halle] des Weißen

Tigers«) ist eine zur Han-Zeit verfaßte Summa der konfuzianischen Lehrtradition; vgl. [Ü 7] (Hrsg.).

82 *Po-hu-t'ung*, Kap. 4. Hier werden die Wandlungsphasen in der Reihenfolge Metall, Holz, Wasser, Feuer (Erde) aufgezählt, was sich mit den in der Abhandlung *Shuo-kua* (»Besprechung der Zeichen«) des *I-ching* angegebenen Entsprechungen deckt. [Da dort die Trigramme in der Reihenfolge aufgezählt werden, die der Anordnung nach Fu-hsi entspricht] gehört das Trigramm *ch'ien* zum Metall, das Trigramm *sun* zum Holz, das Trigramm *k'an* zum Wasser und das Trigramm *li* zum Feuer [was wiederum voraussetzt, daß sich *ch'ien* und *sun* (ebenso wie *k'an* und *li*) gegenüberliegen; aber eben dies ist nur in der Anordnung nach König Wen der Fall – was beweist, daß beide Anordnungen sich gegenseitig bedingen und nicht im entferntesten als widersprüchlich empfunden wurden].

83 *I-ching*, Anh. Kap. I / 9.

84 Das kleinste gemeinsame Vielfache der Zahlen 360 und 384 ist $\frac{11\,520}{2}$. Nachdem das Mond-Sonnenjahr (6 Monate zu 29 und 6 Monate zu 30 Tagen) 354 Tage zählt und die Chinesen das Sonnenjahr mit 366 Tagen ansetzten (ein Unterschied von 12 Tagen), so schaltete man alle 5 Jahre ($12 \times 5 = 60$) zwei Monate von 30 Tagen Länge ($30 \times 2 = 60$) ein; das 3. und das 5. Jahr eines Fünfjahreszyklus umfaßten folglich ($354 + 30 =$) 384 Tage. Man beachte die Bedeutung des Fünfjahreszyklus, die der Einschaltung von 60 Tagen entspricht, und den Umstand, daß das Verhältnis zwischen Normaljahren und Schaltjahren 3/2 beträgt.

85 *Ch'ien-Han-shu*, Kap. 21.

86 Ich spreche von *Quadraten*, der Himmel aber ist rund, weshalb Grund zur Annahme besteht, daß die himmlische Anordnung der Zahlen in gewisser Weise auf den Kreis hinweisen muß. Die für die Trigramme übliche Achteckanordnung hat ohne Zweifel den Vorzug, darauf hinzuweisen, daß diese sowohl an der Kreisform wie auch am Quadrat *teilnehmen* (Vgl. unten S. 243–245).

87 *Chou-li*, 26; vgl. [Ü 6], Bd. II / 108.

88 Yoshito Harada, *Lo-lang* p. 39 der englischen Zusammenfassung, S. 61 des japanischen Textes, sowie Fig. 27 auf Tafel CXII. Die Tatsache, daß von den drehbaren Brettchen das eine aus *hartem* Holz, das zweite aus *weichem* Holz gefertigt war, legt den Gedanken nahe, daß das Instrument die Nachahmung eines altertümlichen Feuerzeugs sei. Eine solche Deutung verdient Beachtung, denn in verschiedenen literarischen und rituellen Überlieferungen findet sich der Hinweis auf ein Feuerzeug, mit welchem man durch Drehung eine Reibung erzeugte und so Feuer erhielt. Dieses Instrument war vielleicht noch ausnahmsweise zur Feudalzeit im Gebrauch. – Ich muß mich an dieser Stelle mit einem Hinweis auf das Vorhandensein einer ganzen Reihe mythischer Aussagen beschränken, in welchen der Zusammenhang zwischen dem Motiv des Feuers und den Motiven der Drehung, des Rades und des Angelpunktes zusammen mit den Motiven der Wippschaukel, des Klettermastes und des Gnomons bezeugt ist. Der Leser findet auf S. 242 Näheres über die Beziehung zwischen einigen dieser Motive und dem Begriff des Tao sowie zu den hierogamischen Übungen. Hier möchte ich nur erwähnen, daß der Überlieferung nach die Erfindung der dem König Wen zugeschriebenen Anordnung der Trigramme (die, wie ich soeben gezeigt habe, mit dem magischen Quadrat, d. h. mit einer ein Hakenkreuz andeutenden Zahlenordnung in Zusammenhang steht) auf eine Prüfung bezogen wird, deren sich der angehende Fürst unterzogen hat. Diese im Verlauf der Festlichkeiten der Langen Nacht abgehaltene

Prüfung führt zu einer Erneuerung des Jahres und der königlichen Tugenden (Kräfte) – und die Festlichkeiten enden, sobald man die Fackeln wieder entzündet. Nun hat es aber den Anschein, daß das Motiv der neuentzündeten Fackel mit einer ganzen Reihe von Übungen und Metaphern in Zusammenhang steht, die sich auf den Vorstellungskomplex der Hierogamie beziehen.

89 *I-ching*, Anh. Kap. I / 9.

90 *Ch'un-ch'iu Fan-lu*, Kap. 7.

91 Diese Hinweise finden sich im *Chu-shu chi-nien* (den »Bambusannalen«) und im 27. Kap. des *Sung-shu*.

92 Die chinesischen Zeichen für die Zahl 5 (×) und 10 (+) enspracben früher bzw. entsprechen auch heute noch zwei gekreuzten Strichen.

93 *I-ching*. Der englische Übersetzer Legge schrieb: »But how could such a process be of any value to determine the days necessary to be intercaled in any particular year?«

94 Beide fuhren auf dem gleichen Wagen in die Schlacht (*Chou-li* 26, loc. cit,).

95 Im Band VI der *Mémoires concernant l'histoire ... des Chinois*.

96 SMT Band 3, Anhang 2, pp. 630–645.

97 SMT Band 3, p. 640.

98 SMT Band 3, p. 643.

99 *Lü-shih Ch'un-ch'iu*, Kap. 5. Das *sheng* ist eine Art Mundorgel. Die *sheng* bestanden im Altertum, so heißt es, aus (19 oder) 13 Pfeifen. Bei den aus 13 Pfeifen bestehenden *sheng* sind 6 Pfeifen rechts und 6 Pfeifen links von einer Mittelpfeife so angeordnet, daß sie wie die *beiden Schwingen eines Vogels* aussehen.

100 [10] p. 577.

101 Vgl. S. 93.

102 SMT Band 1, p. 6. Ich habe bereits auf die Bedeutung der Knoten in der Orakeltheorie hingewiesen, und ich habe an anderer Stelle gezeigt, welche Beziehungen zwischen dieser Orakeltheorie und den Zahlenspekulationen bestehen.

103 SMT Band 3, pp. 292 f.

104 *Lü-shih Ch'un-ch'iu*, Kap. 5.

105 [8–II].

106 SMT Band 3, p. 304.

107 SMT Band 3, p. 631. Das System der 12 Pfeifen entspricht »einer auf das Intervall einer einzigen Oktav beschränkten Progression von 12 echten Quinten, wodurch der Reihe nach die 12 Halbtöne einer untemperierten chromatischen Tonleiter anklingen«.

108 SMT Band 3, p. 632, sowie die Anm. 2 auf p. 637. Lü Pu-wei zählt 7 Pfeifen auf, die durch Erzeugung von oben und 5, die durch Erzeugung von unten entstehen; er nennt sie der Größe nach geordnet, wobei er zu den von unten erzeugten Pfeifen nur die 2. und jene, die kürzer sind, rechnet.

109 *Kuan-tzu* (eine heterogene Sammlung philosophischer Schriften aus der Zeit der Kämpfenden Reiche, die dem 645 vor der Zeitwende verstorbenen Philosophen gleichen Namens zugeschrieben werden. Hrsg.) Kap. 58.

110 D. h. die Erfindung des 6. und 7. Tons, mit der zwei aufeinanderfolgende Verkürzungen der Oktav einhergingen. – *Man wird feststellen, daß die Reihe* 108, 96, 84, 72, 64 *sehr nahe bei der Reihe* 105, 94, 83, 72, 61 (50) [Intervall 11] *liegt, die auf dem Umfang der magischen Quadrate erscheint*. Die in der letztgenannten Reihe auf die 50 folgende Zahl ist die 39. *Nun beträgt* $\frac{39 + 81}{2} = 60$, *und aus dem*

Passus des Lü-shih Ch'un-ch'iu, in welchem von der Erfindung der 12 Pfeifen die Rede ist, geht hervor, daß die 1. (also die Mitte einnehmende) *Pfeife den Wert 39 hat. Die Kommentatoren sind in Verlegenheit und meinen, daß die 39 als eine Verquickung* (*chiao*) *mit der 81 erklärt werden müsse, d. h., so scheint mir, dadurch, daß 81 + 39 halbiert 60 ergibt* (also die 13. Pfeife, die mittlere Pfeife auf der am Abstand einer Oktav der gleiche Ton wie auf der 1. Pfeife erzeugt wird) (vgl. unten S. 173 f. und die Anmerkung 118 zu S. 166).

111 Das letztgenannte Verhältnis stimmt nicht mehr genau, sobald man der 5. Pfeife den Wert 64 (= 48 × 4/3) zuordnet. Vgl. weiter unten S. 168.

112 Vgl. S. 107.

113 SMT Band 3, p. 316.

114 *Im Li-chi, Li-yün* heißt es: »6 Töne, 6 männliche Pfeifen, 12 Rohre, auf denen nacheinander der Grundton (*kung*) erzeugt wird.«

115 SMT Band 3, Anm. 1 auf p. 314.

116 *Huai-nan-tzu,* Kap. 3. Im *Hüai-nan-tzu* heißt es ebenso wie im *Lü-shih Ch'un-ch'iu,* daß die 6. und die 7. Pfeife durch Erzeugung von oben hervorgebracht werden; andererseits heißt es bei der Verteilung der Pfeifen auf die Monate, daß die 6. Pfeife eine weibliche Pfeife sei.

117 Notfalls ließe es sich behaupten, in vier Fällen, denn die 42 entspricht den $^2/_3$ von 63 und den $^3/_4$ von 56. Allerdings merkt man der von der 63 und nicht von der 64 abgeleiteten 42 diese ungenaue Ableitung an.

118 Chavannes (SMT Band 3, Anm. 1 auf p. 633) glaubt an das Vorhandensein einer 13. Pfeife, deren »Länge genau der halben der 1. Pfeife entsprach«. Nimmt man an, daß die 1. Pfeife den Ton F gibt, dann gibt die 12. den Ton dis und die 13. die halbe eis, welche die Chinesen, nach Chavannes, mit dem F gleichsetzten.

119 (Wie wir auf S. 263 sehen werden) ist die 357 eine der charakteristischen Maßzahlen des Kosmos, von der die Chinesen behaupten, daß sie sie mit Hilfe des Gnomons gewonnen haben. Sie spielt neben der 360 eine Rolle.

120 Man beachte, daß im System der 12 Pfeifen die 84 als Bezeichnung der 1. Pfeife dienen mußte, wenn man als Emblem der letzten die 63 annahm, wollte man die Summe der den letzten 6 Pfeifen zugeordneten Zahlenwerte (357) auf 360 aufrunden.

121 Chavannes nimmt an, daß es eine 13. Pfeife gegeben habe, die der genauen Hälfte der 1. Pfeife entsprochen hätte, um die Lehre von den 12 Pfeifen zu erklären (SMT Band 3, p. 463).

121a Es gibt allerdings Musikkundler, die auf Grund praktischer Versuche diese Behauptung anfechten und den mit ›Pfeife‹ übersetzten chinesischen Terminus *lü* als ›Klangholz‹ deuten; vgl. hierzu das Stichwort ›Blasquintenzirkel‹ in der musikkundlichen Enzyklopädie ›Musik in Geschichte und Gegenwart‹ (diesen Hinweis verdanke ich Prof. Marius Schneider, Köln). – Die Granet'sche Argumentation würde durch eine solche Korrektur der Überlieferung nicht beeinträchtigt. Zu Einzelheiten über Akustik, Musiktheorie und Musikinstrumente in China vgl. man Joseph Needham, *Science and Civilisation in China,* Vol. IV/1, Cambridge 1962, pp. 126–227 (Hrsg.).

122 Oder aber er verwendete Bambusstäbe, bei welchen der Abstand zwischen den einzelnen Abschnitten um ein weniges differierte.

123 Man spricht von 5 Pfeifen und gibt die Namen von 5 Tönen an, obzwar (in diesem Fall) zur Oktav 6 Töne gehören; damit ergibt sich eine wunderbare Verbindung der 5 (Erde, Quadrat) und der 6 (Himmel, Kreis).

124 Dieser Gedanke kommt *anscheinend* im *Huai-nan-tzu*, Kap. 3 zum Ausdruck, wo es heißt: »*Die Töne bringen sich gegenseitig mit Hilfe der 8 hervor;* daher ist der Mensch *8 Fuß groß.*« (Vgl. unten S. 208).
125 SMT Band 3, p. 316.
126 Französisch »neuvaine supérieure«, was hier natürlich überhaupt keinen Sinn ergibt (Hrsg.).
127 Ich schreibe »zu anderen Zeiten und in anderen Milieus«, weil tatsächlich, wie wir auf S. 207 sehen werden, die Divisoren 9 und 8 gleichzeitig, jedoch *für verschiedene Einheiten* verwendet wurden.
128 *Doch lassen sich aus dieser Tatsache keinerlei* historische *Schlüsse ziehen.* Zur Yin-Zeit maß man mit *hsin* von 8 Fuß Länge, unterteilte aber den Fuß in 9 Zoll; zur Chou-Zeit maß man mit 9 Fuß langen Matten und unterteilte den Fuß in 8 Zoll. Die unter den verschiedenen Dynastien gebräuchlichen Kennzahlen werden zur Unterteilung verschiedener Maßeinheiten herangezogen, so daß zwar die Zahlenangaben, nicht aber die tatsächlichen Maße wechseln. (Vgl. S. 207 f.).
129 SMT Band 3, p. 644.
130 [5] Anm. 2 auf p. 440. Maspero schreibt dort: »Zur Erklärung der Korrespondenz mit den Kardinalpunkten vgl. Granet, *Religion des Chinois*, p. 118, wobei mir allerdings die Tatsache, daß die sich auf die Zahlentheorie beziehenden Abschnitte des *Hsi-tz'u* in die Diskussion einbezogen werden, als Anachronismus erscheint.« – Ich habe (in diesem Passus der *Rel. des Ch.*) weder eine Diskussion eröffnet noch die Angaben des *Hsi-tz'u* verwertet. Dazu besteht im in Frage stehenden Fall überhaupt kein Anlaß.
131 SMT Einführung pp. CXCI f.
132 Vgl. unten S. 232 f.
133 Vgl. S. 76 und 260.
134 *Ta-Tai Li-chi*, Kap. 66 und Kommentare; *Wu-li T'ung-k'ao*, Abschn. 26.
135 Vgl. oben S. 171.
136 Vgl. oben S. 162.
137 *Ta-Tai Li-chi*, Kap. 66; vgl. unten S. 205 f.
138 *Chou-li*, 43.
139 Op. cit. 43; vgl. [Ü 6], Bd. II, Anm. I und auf S. 560.
140 Op. cit. 43.
141 In diesem Fall stellt dieses Emblem das Emblem oder Klassenzeichen einer Dynastie dar.
142 *Chou-li*, 10. Es ist hier auf eine Tradition hinzuweisen, nach welcher das (9 Felder umfassende Quadrat) *ching* zur Yin-Zeit oder auch im Lande Sung *630* Maßeinheiten (*mou*) entsprochen habe (Vgl. [5] p. 110).
143 Wie auch die Yang- und Yin-Pfeifen. Vgl. oben S. 165.
144 *Chou-li*, 20 u. 42.
145 Vgl. oben S. 147 und unten S. 210.
146 Des Erdenumfangs (eines Quadrats mit der Seitenlänge 9), des Himmelsumfangs (der Umfang eines Kreises mit dem Durchmesser 12 oder eines Sechsecks mit der Seitenlänge 6) oder sogar der Umfänge von Erde und Himmel, die einem aus einem halben Sechseck gebildeten Trapez mit der Seitenlänge 72 (oder $3 \times 72 = 216$) und einer Basis mit dem Zahlenwert 144 ($= 2 \times 72$) entsprechen.
147 *Chou-li*, 40. Vgl. S. 260.
148 Zur Entstehungszeit des *Chou-pei* vergleiche man die Anm. 20 zum I. Kap. des 3. Buches. Wir verdanken die Übersetzung des *Chou-pei*, die 1841 im *Journal*

Asiatique erschien, Edouard Biot, dessen Vater, der Astronom J. B. Biot, die Übersetzung durch einen vielbeachteten Kommentar ergänzte. Der historische Hintergrund des *Chou-pei* ähnelt dem des *Huang-ti Nei-ching* (Vgl. S. 286) und des *Hung-fan*. Es tritt der Bruder des Königs Wen, der die Chou-Dynastie begründet hatte, auf und befragt einen Gelehrten über die Anfänge der Zahlenwissenschaft und über die Maße des Himmels (d.h. der Natur). In der kleinen Schrift kommt eine Fülle schwerverständlicher technischer Formeln neben esoterischen Formulierungen vor; in letzteren wird durchwegs die Auffassung vertreten, daß der Himmel dem Kreis und die Erde dem Quadrat entspricht und daß der Kreis vom Quadrat abgeleitet ist.

149 Vgl. S. 264.

150 A. Rey, *La Science orientale*, p. 394, hat unter Berufung auf die bei Biot von den Figuren des *Chou-pei* gegebene Beschreibung eine Deutung angefochten, die Zeuthen vorgeschlagen und die später Milhaud wieder aufgegriffen hatte. In Wirklichkeit bestätigen die sich in den besten Ausgaben des *Chou-pei* (wie z. B. der in der Sammlung *Szu-pu Ts'ung-k'an*) findenden Figuren die Hypothese Zeuthens.

151 Es ist nicht ganz richtig, zu behaupten, daß die Chinesen der Hypotenuse im gleichschenkeligen Dreieck mit den Seiten 5, 5 den Wert 7 zuordnen. Die Figur zeigt, daß die Diagonale nicht mit der Quadratseite zusammenfällt. – Bekanntlich ist Fu-shi der Schutzherr der Orakelmeister, die 49 Stäbchen gebrauchten. Das Emblem Fu-hsi-s (vgl. [7] p. 8, Tafel 1) ist ein, wie es scheint, gleichschenkeliges Winkelmaß. Ich könnte mir gut vorstellen, daß dies einem Winkelmaß mit den Zahlen 5, 5, 7 (oder 10, 10, 14) entspricht. Im *Chou-pei* (vgl. weiter unten S. 201) heißt es, daß die Kreisform vom Quadrat abgeleitet sei. Nun entspricht aber der Durchmesser der Räder (*Chou-li*, 20) dem Zahlenwert 7, und 14 oder 7×2 ist der Durchmesser des kosmischen Rads, dessen Speichenlänge dem der Maßzahl 7 entsprechenden Menschen gleichkommt (vgl. S. 205).

152 Bereits Pater Gaubil hatte bemerkt, daß die Formel $3^2 + 4^2 + 5^2 = (3 + 4)^2 + 1$ den Anweisungen, welche im *Hsi-tz'u* für die Praxis des Orakels gegeben werden, zugrundeliegt (*Lettres édifiantes*, tome IX, p. 435). – In den beiden übereinandergelagerten magischen Quadraten (mit dem Mittelpunkt 5 und 6) finden sich insgesamt 18 Zahlen. Sie drehen sich um eine Achse (Wert 11), die vielleicht als 19. Zahl aufgefaßt wurde; nun ist aber $19^2 = (4 \times 90) + 1 = 360$ (+ 1, d. h. das Mittelquadrat).

153 Zum Motiv des Messers und des geschmälerten Mondes vgl. man [10] p. 535 und die Anm. 2; p. 533, Anm. 1; p. 533 und 534.

154 *Chou-li*, 41. Hält man sich an die Kommentare, so würde es sich um Schreibmesser handeln. Das Messer ist eine krumme Waffe, die trotzdem rechts getragen wird, obzwar die Rechte yin, das Runde aber yang ist – ist seinem Wesen nach eine Yin-Waffe, denn es ist das Emblem des Mondes, während das (gerade) Schwert ein Emblem der Sonne ist (vgl. [10] Ende der Anm. 2 auf p. 498).

155 Der Zirkel, ein Emblem der Frau und die Insignie der Nü-kua, der Schwester Fu-hsi-s [des ersten Zauberers und Trägers des Winkelmaßes (vgl. S. 273)] besteht (vgl. [7] Tafel I, p. 8) aus zwei sich schneidenden Geraden, *die ein Achsenkreuz* (einfaches Kreuz) *bilden*.

156 *Chou-li*, 40.

157 Was hier als ›Höhe‹ bezeichnet wird, entspricht dem tatsächlichen Radius eines Rades, in dem innen, wie nebenstehende Zeichnung zeigt, ein Sechseck ausgespart ist. Das Verhältnis 7/8 enspricht dem Verhältnis zwischen einer Speiche und dem Maß des Umfangs der um diese gelegten Felge.

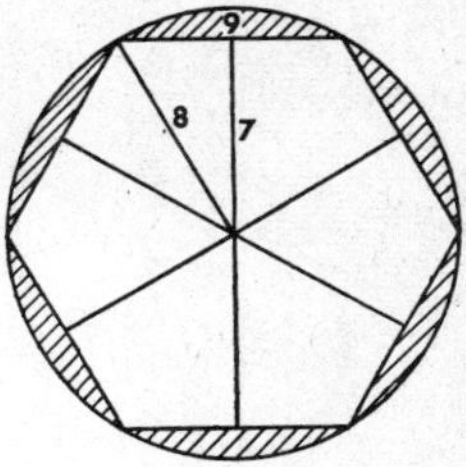

158 Vgl. unten S. 262 f.
159 *Chou-li*, 40.
160 Op. cit. 43.
161 Wie dies eine Darstellung eines Hauses aus gebranntem Ton zeigt, die im Musée Cernuschi aufbewahrt wird; eine Abbildung hiervon findet sich in D. Goldschmidt, *L'Art chinois*, p. 71.
162 Vgl. das *Tu-tuan* des Ts'ai Yung in der Sammlung *Han-Wei Ts'ung-shu*.
163 Op. cit.
164 Zur Sui-Zeit wurde die Meinung vertreten, daß die Ming-T'ang der Chou-Zeit eine quadratische Form aufgewiesen habe; deren Maße wurden, so sagte man, von N nach S mit 7 Matten*längen* ($7 \times 9 = 63$) bestimmt und von O nach W mit 9 Mattenbreiten ($9 \times 7 = 63$) angegeben.
165 *Chou-li*, 40.
166 Op. cit., 40. Wird die Größe des Menschen mit 8 Fuß angegeben, dann bewegt sich der Kasten des Wagens 4 Fuß über dem Boden; die Höhe des Baldachins beträgt $(2 \times 4) + 2 \ldots$
167 *Chou-li*, 42. Man beachte den Hinweis der Kommentatoren: *»Mit dem Töpferrad läßt sich* sowohl die quadratische als auch die runde Gestalt *der Gegenstände bestimmen.«*
168 *Chou-li*, 44.
169 [7] p. 122.
170 *Chou-li*, 41. Als Volumeneichmaß wird eine Art Bronzeglocke verwendet (auf welcher sich der gleiche Ton erzeugen läßt, wie mit der *huang-chung* genannten 1. Pfeife), die innen quadratisch (*yin*), außen aber rund (*yang*) ist. Sie mißt innen 1 Fuß im Quadrat und nimmt ein *fu*, das 64 *sheng* entspricht, auf. Der konkave Boden der Glocke entspricht einem Volumen von einem *tou* (4 *sheng*), und die Ohren der Glocken entsprechen 1 *sheng*. 4 *tou* ergeben 1 *chü* (= 16 *sheng*); 4 *chü* (= 64 *sheng*) ergeben ein *fu*.
171 Im *Shuo-wen* wird die 3 als Weg (*tao*) des Himmels und der Erde bezeichnet. 3 ist eine mit der 11 vergleichbare Synthese (Vgl. S. 147 f.).
172 *I* (1) läßt vor allem an die Vorstellung des Unteilbaren und nicht so sehr an die Einheit denken. Adverbial gebraucht bedeutet *i* ›völlig‹, ›durchaus‹.
173 *Lao-tzu*, Kap. 11.
174 Zur Zahl 3 vgl. man [8–I] p. 27 sowie das Register von [10].
175 Das Gegenstück zur 1. Pfeife (zu der, wie zum Gnomon, der Wert 81 gehört) ist das Volumeneichmaß (das, wie wir sahen, den Wert 64 besitzt).
176 Vgl. S. 248.

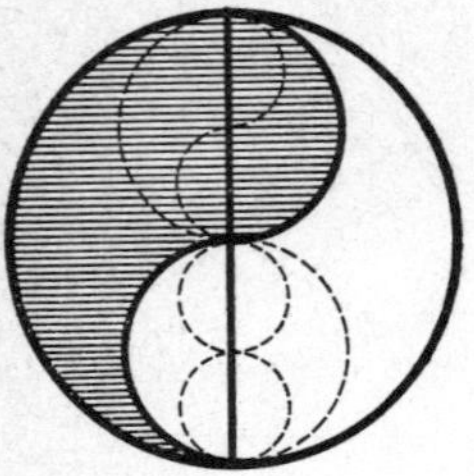

177 Diese Idealvorstellung veranschaulicht das berühmte Diagramm des *T'ai-chi* (des Höchsten Firstes – zum Worte *chi*, First, vgl. weiter unten S. 244). In dieser Figur soll die Verbindung von Yin und Yang in dem Augenblick dargestellt werden, wo beide die 10 000 Wesen hervorbringen. Yin (das Dunkle) und Yang (das Helle) sind in einem Kreis eingezeichnet, wobei die von diesem umschlossene Fläche zur Hälfte vom Yin, und zur Hälfte vom Yang eingenommen wird. Die beide trennende Linie windet sich um einen Durchmesser und besteht aus den halben Umfängen zweier Kreise, deren Durchmesser jeweils dem halben Durchmesser des großen Kreises entsprechen. *Die Wellenlinie entspricht also dem halben Umfang des äußeren Kreises.* Sowohl die das Yin als auch die das Yang umschließende Grenzlinie hat das gleiche Maß wie die beide Aspekte einschließende Grenzlinie. – Würde man die wellenförmige Trennungslinie durch eine aus den halben Kreisumfängen von vier nur den halben Durchmesser der Innenkreise besitzenden Kreise ersetzen, so behielte sie doch weiterhin den gleichen, dem halben Umfang des Außenkreises entsprechenden Wert. Daran würde sich auch nichts ändern, wenn man die Operation fortführte und die Wellenlinie sich allmählich dem Durchmesser des Kreises annäherte; *so würde die 3 mit der 2 allmählich zusammenfallen.* – Das *T'ai-chi* wird im *Hsi-tz'u* (wo es mit der Achteckanordnung der Trigramme in Zusammenhang zu stehen scheint) in jenem Abschnitt erwähnt, wo vom *Lo-shu* und dem *Ho-t'u* die Rede ist (Vgl. *I-ching*, Anh. Kap. I/11); manches spricht dafür, daß das *T'ai-chi* seit der Zeit des *Hsi-tz'u* als die undeterminierte Form (ich sage nicht die Grenze) aufgefaßt worden ist, welcher sich die *starke Linie* (ungeradzahlig, 3, halber Kreisumfang, drei Seiten des Sechsecks), d. h. das Yang und die *schwache Linie* (geradzahlig, 2, Durchmesser, zwei Seiten des Sechsecks), d. h. das Yin näherten. Ein dem *T'ai-chi* ähnelndes zeichnerisches Motiv findet sich in der Ikonographie des Altertums – ich meine den die Säule umwindenden Drachen (Zum Motiv des Aufstiegs und dessen Beziehungen zur Vorstellung des *chi* (First) und des *tao* vgl. S. 241 ff.). – Wie die Digramme des *Lo-shu* und des *Ho-t'u* tritt das des *T'ai-chi* erst zur Sung-Zeit (also nicht vor dem 10. Jahrhundert unserer Zeitrechnung. Hrsg.) in Erscheinung. Nur durch archäologische Funde wäre der Beweis zu erbringen, daß es älter ist. Jedenfalls waren die Bestandteile dieser zeichnerischen Darstellung schon im Altertum vorhanden. – Jade-Kleinodien, die die Japaner *magatama* nennen, (eines dieser Kleinodien bildet zusammen mit dem Schwert und dem Spiegel eines der drei *Palladia* der Kaiserlichen Familie) haben eine Gestalt, die sich kaum von einem halben *T'ai-chi* unterscheidet. Auch wurden erst kürzlich in Südkorea an Halsketten getragene *magatama* aufgefunden. In der chinesischen Literatur des Altertums ist von diesem kommaartigen Jadeschmuck keine Rede, doch wird darin die Mondsichel als »Hakenmond« bezeichnet. Der Mond wird mit der Jade in Verbindung gebracht. Das Diagramm des *T'ai-chi* wurde zur Sung-Zeit als ein Emblem der Mondphasen verstanden.

178 L. de Saussure, *Les Origines de l'astronomie chinoise*, Paris 1930, p. 100. Auf Seite 101 dieses Werkes geht aus einer Zeichnung die ungleiche Größe der 24 Häuser hervor. Das Mittel der zu den Tagundnachtgleichen und Sonnenwenden gehörenden Paläste ist 73° 15′ und 106° 50′, also etwa 73 und 107 (op. cit.). Dies

entspricht ungefähr einem Verhältnis von 108/72 oder 9/6. Der Winter, der mit der Sonnenwende begann und bis zum Fest des Kalten Essens dauerte, erstreckte sich (wenn man die 3 Tage dieses Festes mitzählt) über 108 Tage. Im *Kuan-tzu* (Kap. 3), wo man von einer Einteilung des Jahres in 30 12-Tageperioden ausgeht (und wobei 15 Perioden auf den Sommer und den Frühling und 15 auf den Winter und den Herbst entfallen) werden dem Frühling und dem Herbst 96 Tage, dem Sommer und dem Winter aber nur 64 Tage zugeteilt; in diesem Fall fallen die zu den Tagundnachtgleichen gehörenden Abschnitte größer aus als die Abschnitte, welche man den Sonnenwenden zuordnet. – Es ist zu beachten, daß im *Kuan-tzu* der Frühling mit dem Sommer und der Herbst mit dem Winter im Verhältnis 8/7 verglichen werden.

179 SMT Band 3, p. 311.

180 SMT Band 3, p. 301. [Die Kommentatoren behaupten, daß die Sieben Herrscher die Sonne, der Mond und die Planeten seien; im Zusammenhang mit einem anderen Passus des *Shu-ching* allerdings, wo von den Sieben Herrschern die Rede ist, wird deutlich, daß zumindest Szu-ma Ch'ien darunter die Sterne des Großen Bären verstand (Vgl. SMT Band 1, p. 58 und Anm. 2)]. *T'ung*: ›in Verbindung bringen‹ läßt an die Vorstellung eines Kreislaufs denken; *ch'i* (vgl. Anm. 36 oben) weist auf einen Rhythmus hin. Durch den Satz des *Shu-ching* soll wohl auf den zweifachen rhythmischen Kreislauf hingewiesen werden, der im irdischen Kreislauf der Wandlungsphasen und Winde und im himmlischen der Häuser und Herrscher gegeben ist. Man beachte diese frühe Erwähnung der Fünf Wandlungsphasen und ihren Vergleich mit den Acht Winden (Himmelsrichtungen).

181 SMT Band 3, pp. 293 f.

182 SMT Band 3, pp. 308 f. sowie die Abbildung auf p. 302. Man fragt sich, ob man zwischen dem Umstand, daß die Richtung des genauen Südens keinem einzigen der 12 Monate entspricht, und dem theoretischen Vorhandensein eines 13. Monats einen Zusammenhang herstellen soll. (Vgl. S. 77). Dieser 13. Monat wird einer am Ende des Sommers nach dem 7. Monat kommenden Zeit zugeordnet. Teilt man 360 durch 28, so erhält man ungefähr 13 ($364 = 28 \times 13$).

183 SMT Band 3, p. 308.

184 Vgl. oben S. 117.

185 Vgl. S. 76.

186 Vgl. oben S. 77 sowie [10] pp. 252 f.

187 [10] pp. 254 f.

188 [10] p. 254, Anm. 4.

189 [7] pp. 231 f.

190 [10] pp. 253, 243, Anm. 4, p. 377 sowie p. 249, Anm. 1. Jede der 10 Sonnen wird einem der 10 Tage des Zehnerzyklus zugeordnet.

191 [10] pp. 377 und 399.

192 [10] pp. 238, 277 sowie oben S. 73.

193 [10] pp. 238, 257. SMT Band 1. p. 77. *Tso-chuan.*

194 Vgl. oben S. 137.

195 Nachdem diese dreifache Projektion sich auf zwei Ebenen gleichzeitig vollzieht, entsprechen den Neun Provinzen der Erde die Neun Himmelsregionen.

196 [10] Anm. 2 auf p. 253.

197 [10] p. 264. Ebenso hatte der Herrscher *Chuan-hsü* (ebenda, Anm. 4, p. 243) nach Meinung der einen 3, nach Meinung anderer 8 Söhne. Auch hatte er einen Sohn, der die Gestalt einer dreifüßigen Schildkröte besaß. Auf Grund dieser Drei-

füßigkeit besteht *gleichzeitig* eine Beziehung zwischen ihm und dem Motiv des Dreiertanzes wie auch dem Motiv der Dreifüße (Kessel). Die Eule mit dreifachem Leib (ebenda p. 523) [die das Gegenstück zur dreifüßigen Schildkröte (ebenda p. 248) bildet] ist das Double und der Gegensatz zum dreifüßigen Raben (Motive der Sonne und der Gegensonne; ebenda pp. 527 f.).

198 [10] p. 264.

199 [7] pp. 320 f.

200 [10] pp. 616 f. sowie Anm. 2 auf p. 618; [7] pp. 240 f.

201 Vgl. die Figur auf S. 199.

202 Ich meine wohl, daß Biot recht hatte, als er behauptete, daß es ursprünglich 24 und nicht 28 *Häuser* gab [die 24 ursprünglichen Segmente standen mit der Stundeneinteilung des Tages, die 4 Ergänzungssegmente (8. 14. 21. und 28.) mit dem tropischen Jahr in Beziehung]. Man vergleiche hierzu A. Rey, *La Science orientale*, pp. 377 f. Die Klärung der umstrittenen Frage ist nicht Gegenstand unseres Werkes. Ich möchte nur darauf hinweisen, daß die Ordnungszahl 7 [die auf die Vorstellung einer Achse, auf das Maß des Menschen (vgl. S. 204 f) und auf das Maß der Speiche im kosmischen Rad (vgl. S. 205) hinweist] vor allem zur Bestimmung eines rituellen Zeitabschnitts nach der Formel $10 = (3 + 4) + 3 = 3 + (4 + 3)$ benützt wird (Vgl. S. 72). Die 7 ist kein Divisor der 360. Wenn man 28 Häuser annimmt, so muß man diese, sobald man den Himmelsumfang in Sektoren zerlegen will, mit den 8 Winden in Beziehung setzen, denn $28 + 8 = 36$ (Vgl. S. 213 f.).

203 SMT Band 4, p. 219.

204 *Chou-li*, 3.

205 Vgl. die S. 282 mit 292, wo von der Bedeutung der Kennzahlen in der Lehre des Mikrokosmos die Rede ist.

206 *Li-chi, Li-ch'i.*

207 [8–I] pp. 37 f.; vgl. auch oben S. 69.

208 *Li-chi, Chi-t'ung.*

209 *Li-chi, Wang-chi.*

210 *Li-chi, Li-ch'i.*

211 *Li-chi, Tsa-chi; Pen-sang;* (Die Beamten und) Hohen Beamten werden im 3. Monat begraben; ihr Ahnentempel umfaßt 3 Kapellen (und sie besitzen 3 Ahnen, die persönlich verehrt werden). Die Lehensherrn haben in ihrem Tempel 5 Kapellen; sie werden im 5. Monat beigesetzt; der König hat 7 Kapellen und er wird im 7. Monat beigesetzt. Die Toten werden noch 2 Monate nach der endgültigen Beisetzung beweint. Dies ist der Grund für die Zahlen 3, 5, 7, 9.

212 *Chou-li*, 44.

213 Op. cit., 44.

214 Vgl. S. 110 f.

215 *Tso-chuan*, 3. Jahr des Ch'eng-kung.

216 Über die Notwendigkeit der *Einstimmigkeit* bei Beratungen vgl. [7] pp. 351 f.

Viertes Kapitel Das Tao

1 Im Jahre 1913 habe ich den Begriff *tao* mit dem Begriff *mana* verglichen (in [8–II] p. 520). Inzwischen fand ich mich durch mein gesamtes Quellenstudium in der Richtigkeit dieser Ansicht bestätigt. Ebenso wie der Begriff des *mana* in den

ältesten Gesellschaftsformen latent bleibt und erst auf einer höheren kulturellen Entwicklungsstufe in Erscheinung tritt, trat auch der Begriff des *tao*, der in China seit den Zeiten, in welchen die Embleme Yin und Yang entstanden sind, latent vorhanden war, erst dann in Erscheinung, als die Chinesen eine hierarchische Gesellschaftsordnung entwickelten – die durch diesen Begriff geprägt wurde.

1a Pater Wieger, der die taoistischen »Klassiker« *Lao-tzu*, *Lieh-tzu* und *Chuang-tzu* ins Französische übersetzt hat, nennt sie die ›Pères du Taoïsme‹. (Hrsg.)

2 Vgl. beispielsweise *Chuang-tzu*, Kap. 11 und Kap. 24.

3 Dies ist das Hauptthema im *Chung-yung* (Maß und Mitte), *Li-chi* [WD] S. 27 ff.; vgl. auch [7] pp. 365–398.

4 *Chuang-tzu*, Kap. 33.

5 *Chuang-tzu*, Kap. 6 und *Huai-nan-tzu*, Kap. 11; [10] Anm. 5 auf p. 517.

6 *Shih-ching*; [8–IV] p. 31.

7 [7] p. 293; [9] pp. 79, 197.

8 [7] pp. 12, 15.

8a Vgl. hierzu die Anmerkung 82 zum 2. Kap. des 2. Buches (Hrsg.).

9 SMT, Einführung, p. CXLIV.

10 [5] pp. 483, 440.

11 [5] Anm. 3 auf p. 439.

12 SMT, Kap. 84.

13 SMT, Einführung, p. CXLIV.

14 SMT, Einführung, loc. cit.

15 SMT, op. cit. Anm. 3 auf p. CXLIV.

16 [7] pp. 34 f. Zur überlieferten Entstehungsgeschichte dieser Grundvorstellungen vgl. ebenda pp. 11 f.

17 Vgl. oben S. 74 die Vergleiche zwischen der Lehre von den Fünf Tugenden, den Regeln des Ahnenkults und der Gliederung des Familienverbands.

18 Die Ch'in-Herrscher, die für sich als Emblem das Wasser beanspruchten, ehrten das Schwarze, die Strenge usw. und nahmen zur Gliederung der Einheit die Kennzahl oder Klassenzahl 6 an; so wurde der Schritt in 6 Fuß unterteilt und man fuhr mit Sechsspännern. (Vgl. [7] p. 42).

19 Wenn die Anordnung der Zahlen, Töne, Jahreszeiten-Himmelsrichtungen und Wandlungsphasen auf einem Achsenkreuz (*Ho-t'u*) als ein Abbild der Welt gelten konnte, so lag dies daran, daß durch sie der sinnvolle Zusammenhang zwischen den verschiedenen Einteilungssystemen zum Ausdruck kam. Dieses Abbild scheint mit Wirkkraft ausgestattet zu sein, weil es offenbart, daß die Hervorbringungs-Reihenfolge der musikalischen Embleme der natürlichen Reihenfolge der Jahreszeiten entspricht und weil es einem gleichfalls als naturgegeben erscheinenden Antagonismus der Naturkräfte Rechnung trägt. Der Sinnzusammenhang kommt durch Zahlen zum Ausdruck, weshalb diese Zahlen und mit Zahlen vorgenommene Einstufungen große Bedeutung haben.

20 Vgl. oben S. 76.

21 entfällt

22 Die chinesische »Fastenzeit« beginnt mit dem 3. Tag des 3. Monats (des *letzten* Frühlingsmonats) 105 Tage, so heißt es, nach der Wintersonnenwende. (Wir sahen bereits, daß die 105 im magischen Quadrat mit dem Mittelpunkt 6 für den Norden bezeichnend ist). Auf die Schwelgereien der Stillen Jahreszeit, der Jahreszeit der Toten, die endet, sobald die Lebenden die Seelen der Abgeschiedenen in ihre unterirdischen Behausungen zurückschicken und sich selbst auf die Wiederaufnah-

me der profanen Arbeiten vorbereiten, folgt eine Periode der sozusagen freiwilligen Nahrungsenthaltung; diese ist die günstigste Zeit für die verschiedenen Spiele (Schaukel, *Klettermast*), durch welche das Gelingen der Feldarbeiten sichergestellt werden soll.

23 [5] p. 440.

24 [5] p. 440. Maspero schreibt: »(Die Elemente) entsprechen ganz einfach den fünf konkreten Substanzen, welche mit diesen Namen bezeichnet werden (Wasser, Feuer, Holz, Metall, Erde) und deren physikalische Eigenschaften sie auch besitzen.« Ich weiß nicht, ob ich Maspero richtig verstehe; jedenfalls ist mir der Sinn, den er dem Ausdruck ›konkrete Substanz‹ gibt, wenn er ihn z. B. auf das Feuer anwendet, nicht klar.

25 Es handelt sich um den 2. Abschnitt im *Hung-fan*; dieser folgt unmittelbar auf den Abschnitt, der den Fünf Wandlungsphasen gewidmet ist. (Vgl. unten S. 283 u. 287).

26 Vgl. oben S. 146.

27 SMT Band 1, p. 164.

28 Wir sahen, daß die 3 als Hälfte der Summe 6 Bedeutung hat.

29 SMT Band 4, p. 221.

30 *Tso-chuan*, 25. Jahr des Chao-kung und 5. Jahr des Wen-kung. Die 6 *fu* werden neben den 9 Gesängen erwähnt; letztere (vgl. S. 118) stehen zu den Fünf Tönen und folglich auch zu den Fünf Wandlungsphasen in Beziehung. Die Beispiele für die Zusammengehörigkeit der Klasseneinteilungen nach der 5 und nach der 6 ließen sich noch weiter vermehren (Vgl. [10] Register unter den Worten *cinq* und *six*). Ich möchte hier aber noch auf einen Passus in *Shun-tien* (SMT Band 1, pp. 59 bis 61) hinweisen; es gibt keinen Text, der diesen an Altertümlichkeit überträfe. Es wird darin von einem Opfer an die Sechs *Tsung* berichtet (unter Sechs *Tsung* versteht man gewöhnlich die 6 Bereiche oder Agenten des Himmels, welche den 5 Bereichen oder Agenten der Erde, nämlich den Fünf Wandlungsphasen gegenüberstehen) und gleich danach ist von einer Verteilung der Fünf Insignien (an die Fünf Kategorien von Beamten) die Rede.

31 SMT Band 1, p. 101.

32 SMT Band 1, p. 127.

33 SMT Band 1, p. 135, Anm. 1 sowie p. 140.

34 SMT Band 1, p. 146.

35 Man bezeichnet die Kreisbahn der Sonne als ›*Himmlisches Tao*‹.

36 *Shi-ching*.

37 SMT Band 3, p. 323. Ich übersetze an dieser Stelle das Wort *shen* mit ›Gottheiten, Götter‹; es bezeichnet alle heiligen Zeichen, die Fürsten ebenso wie die Gottheiten, denen ein Opfer darzubringen allein den Fürsten vorbehalten war. (Vgl. auch Porkert, *Das System der energetischen Beziehungen*, Antaios II, März 1961, Hrsg.).

38 SMT Band 3, p. 325. Dieses Motiv weist sowohl eine Beziehung zu den Mythen, die sich auf die Trennung von Himmel und Erde beziehen, als auch zur Unterscheidung von religiösen (öffentlichen oder für die Allgemeinheit wirksamen) und magischen (privaten oder für persönliche Anliegen vollzogenen) Riten auf.

39 SMT Band 1, pp. 103 f.

40 [7] pp. 122 und 144.

41 [10] pp. 238 f.

42 Vgl. oben S. 67.

43 Vgl. oben S. 147 f.
44 Vgl. hierzu auch [7] pp. 234 f.
45 Der Ausdruck *jen-tao* (wörtlich ›der Weg des Mannes‹ [Menschen]) bezeichnet den Mannesakt. Das Tao ist nicht eine im eigentlichen Sinne schöpferische Macht, wohl aber das Emblem für den Rhythmus des kosmischen Lebens.
46 Im chinesischen Schriftzeichen *huang* tritt als Komponente das Zeichen *wang* (das Bild des Verbindungsglieds) auf. Die Worte *huang* und *wang*, die man beide mit »hehr« übersetzen kann, sind ein konstanter Bestandteil der Titulatur [in der chinesischen Geschichte gibt es Drei Hehre (*San-huang*) und Drei Königliche (Dynastien) (*San-wang*)] (Vgl. [7] I. Teil, Kap. 1). Sie sind auch Teil der religiösen Titulatur. So spricht man von den Eltern als *huang* oder *wang*, wenn sie nach ihrem Ableben an den Hof des Himmlischen Herrschers *emporgestiegen* sind.
47 SMT Band 4, p. 222.
48 [7] p. 362; [10] p. 91, Anm. 1.
49 *Chuang-tzu*, Kap. 6. Man beachte den Hinweis auf eine hierarchische Ordnung.
50 *Chuang-tzu*, Kap. 25. Dieser Vorstellung liegen die Motive des Potlatsch und der Gemeinschaftsehe zugrunde.
51 Ohne an die Notwendigkeit einer Rechtfertigung seiner Übersetzung zu denken, hat Pater Wieger den Ausdruck *huang-chi* mit ›Angelpunkt‹ (*pivot*) wiedergegeben. »Der König«, so heißt es in seiner Deutung des *Hung-fan*, »ist der Angelpunkt, um welchen sich alles auf Erden dreht, wie im Himmel alles um den Pol, den Sitz des Oberen Herrschers kreist.« Diese Formulierungen sind ein Hinweis darauf, daß Pater Wieger seine Interpretation auf zur Han-Zeit allgemein verbreitete Vorstellungen begründet hat. Wenn eine Methode, die nicht die allgemeine Zustimmung finden kann, trotzdem zu einer richtigen Deutung führte, so dann doch nur deshalb, weil die zur Han-Zeit verbreiteten Vorstellungen, wie sie beispielsweise bei Szu-ma Ch'ien dargestellt werden, unmittelbar von den Vorstellungen des Altertums abgeleitet waren. Szu-ma Ch'ien schreibt (SMT Band 3, p. 342): der Scheffel [(das ist der Große Bär), dessen 7 Sterne den Sieben Himmelsherrschern entsprechen (vgl. S. 213 f., 220, 295)] »ist der Wagen des Herrschers; *er bewegt sich im Mittelpunkt*; er herrscht über die Vier Himmelsrichtungen; er scheidet das Yin und das Yang; er bestimmt die Vier Jahreszeiten; er bringt die Fünf Wandlungsphasen ins Gleichgewicht; er läßt die Einteilungen der Zeit und die Grade (des Himmels und des Raums) sich drehen; *er bestimmt die verschiedenen Berechnungen*«. An einer anderen Stelle erklärt Szu-ma Ch'ien (ebenda p. 339), daß das *T'ai-i* (die Höchste Einheit), vgl. S. 137, seinen Sitz im Polarstern hat, *den man* T'ien-chi, *»First des Himmels« nennt.*
52 [7] p. 278.
53 [7] p. 240.
54 [10] Anm. 1 auf p. 314. Das Motiv des Sonnenbaums oder des Hohlen Baums hängt stets mit der Vorstellung einer königlichen Behausung zusammen. *Dort, wo der König seine Wohnung hat, wächst der Baum des Lebens.*
55 Dem Tao entspricht die 11, die umfassende Einheit, in der das Geradzahlige und das Ungeradzahlige, der Himmel und die Erde, die 5 und die 6 aufgehen.
56 Und das wir auf Grund eines mythischen Motivs, welches auf K'ung-sang, den Hohlen Maulbeerbaum, den Baum der Sonne und des Königs, den Lebensbaum hinweist, erklärt haben.
57 Der Ausdruck *ta-jen* kommt aus der Sprache der Mystiker und bezeichnet

einen Heroen, der in die Geheimnisse persönlicher Machtentfaltung eingeweiht ist (Vgl. [7] p. 463). Der Ausdruck *chün-tzu* kommt aus der Sprache des Rituals. Mit ihm wurden nacheinander der Edle, dann der moralisch Edle, dessen Einfluß auf seinem Wissen um das Ritual beruht, bezeichnet (Vgl. [7] p. 277). All diese Ausdrücke werden in den zum *I-ching* gehörenden Abhandlungen wechselseitig füreinander und unterschiedslos angewendet. Im 4. bis 3. Jahrhundert v. Chr. war man weit davon entfernt, zwischen Mystik und Orthodoxie einen Unterschied zu machen.

58 Vgl. oben S. 145.

59 *I-ching*, Anh. Kap. I/2.

60 *I-ching*, Anh. Kap. I/5. Legge übersetzt: »Production and reproduction is what is called (the process of) change.« Wörtlich bedeutet *sheng-sheng*: »(das) Erzeugte erzeugt (wiederum das es Erzeugende)!«

61 Vgl. oben S. 97 f.

62 Vgl. oben S. 90.

63 *I-ching*, Anh. Kap. I/10.

64 SMT Band 2, p. 42; [10] p. 105.

65 [7] pp. 20 und 22.

66 *Ch'ien-Han-shu*, Kap. 27.

67 Das in der vorausgehenden Anm. zitierte Kapitel enthält eine Fülle von Hinweisen der zitierten Art. In den meisten Dynastiegeschichten kommen ähnliche, sehr lange Kapitel vor, in welchen man eine Erklärung für zahlreiche entscheidende historische Begebenheiten zu geben glaubt.

68 Vgl. oben S. 64, 207. Zu jeder dynastischen Ära gehört ein eigenes System von Maßen und Bezeichnungen (Vgl. [7] pp. 18, 21, 23, 43).

69 *Chuang-tzu*, Kap. 24.

70 [7] pp. 10, 13, 17.

71 *Huai-nan-tzu*, Kap. 17. Was in der Geschichte der westlichen Wissenschaften die Chinesen früher am meisten ansprach, war wahrscheinlich nicht der Apfel Newtons, sondern die Anekdote von den beiden Katzenschlupflöchern, die der Physiker anlegen ließ. Die Vorstellung, daß die kleinere der beiden Katzen ein eigenes, aber kleineres Loch für sich haben sollte, hat die Chinesen wahrscheinlich nicht zuletzt deshalb beeindruckt, weil sie amüsant ist. – Doch heißt dies nicht, daß ihnen dahinter nicht ein tieferer Sinn sichtbar wurde. – Im Altertum hatten die Häuser eine Tür, deren Höhe nach der Größe des Familienvorstands bestimmt wurde. Unglück drohte jenem Vater, dessen Sohn während der längsten Tage des Jahres geboren, aber nicht sogleich getötet wurde! Denn dieser Sohn wuchs über Gebühr und sobald er größer war als die Türöffnung, tötete er seinen Vater ([10] p. 532).

72 [8–III].

73 Wenn wir über die Pharmakopöe und die Chemie der Chinesen und vor allem über ihre Entdeckungen auf dem Gebiet der Landwirtschaft und Viehzucht und der Entwicklung und Nutzung von Tier- und Pflanzenarten genauer Bescheid wüßten, so würden wir wahrscheinlich einsehen, daß das (scheinbar) nur auf der Erfahrung beruhende Wissen der Chinesen und die pädagogischen Vorzüge der Vorstellung einer *Wandlung* großen Wert besitzen. Man hat sich über jenen chinesischen Gelehrten über Gebühr lustig gemacht, der mitten im 19. Jahrhundert, allerdings aus nationalistischen Gefühlen heraus, die Behauptung aufstellte, daß mit den Entdeckungen der westlichen Wissenschaften vergleichbare Einsichten im Keime im *I-ching* gegeben seien. – (Inzwischen haben die Arbeiten Needhams [1],

[23], sowie vor allem der Band III der *Science and Civilisation in China, The Mathematical Sciences* . . . Cambridge, 1959, auf diesem Gebiet ungeahnte Aufschlüsse gebracht. Hrsg.) Dies bedeutet nicht, daß man den Behauptungen der zeitgenössischen Gelehrten, ihre Vorfahren hätten bereits um Einsichten wie die heutigen Lehren über die Krümmung des Raums oder die Elektrizität gewußt, blinden Glauben schenken müsse. (Es bedarf keines blinden Glaubens, sondern man kann sich mit Geduld und dem nötigen philologischen Rüstzeug von der Berechtigung solcher Behauptungen überzeugen, etwa durch Studium des weitverbreiteten *Feng-shen Yen-i*. – Auch sei auf den im Herbst 1959 im *Kuang-ming Jih-pao* veröffentlichten Bericht von einer Zuchtkreuzung von Rind und Schwein hingewiesen. Hrsg.).

Drittes Buch: Die Welt als System

Erstes Kapitel Der Makrokosmos

1 [7] Kap. 1 pp. 9 f.
2 *Chou-li*, 40; *I-ching* Anh. Kap. II/11.
3 *Li-chi, Chung-yung*.
4 *Huai-nan-tzu*, Kap. 3.
5 SMT Band 1, p. 79; [10] p. 249.
6 [10] pp. 379, 437, 484, 485.
7 *Huai-nan-tzu*, Kap. 3.
8 *Lieh-tzu*, Kap. 5; *Huai-nan-tzu*, Kap. 3, 1 und 6; SMT Band 1, p. 11.
9 *Huai-nan-tzu*, Kap. 6. Man vergleiche dies mit der bekannten, zumeist falsch übersetzten Formulierung im *Lao-tzu* (Abschn. 42), in welcher die Hervorbringung aller Dinge als Wirkung einer Hierogamie von Yin und Yang dargestellt wird: »Das *Yin* trägt die Zehntausend Wesen auf dem Rücken, und das *Yang* umfängt sie.« (Vgl. auch das 7. Kapitel des *Huai-nan-tzu*).
10 *Lieh-tzu*, Kap. 5.
11 [10] p. 435. In diesem Mythos wird eine Erklärung dafür gegeben, daß die Welt sich nicht mehr genau um ihre Mittelachse dreht: der Polarstern stehe über der Hauptstadt der Menschenwelt nicht mehr im Zenith.
12 [10] pp. 436 f.
13 [10] p. 302 und Anm. 2.
14 *Huai-nan-tzu*, Kap. 4; [10] p. 305; Maspero, *Les Légendes mythologiques dans le* Chou king (Journal Asiatique, 1924), p. 20.
15 [10] p. 379.
16 *Chu-shu Chi-nien* (Bambusannalen) Kap. 5; *Hou-Han-shu*, Kap. 10; *Sung-shu*, Kap. 27. Zum Motiv des Lebensbaums vgl. oben S. 245.
17 *Lieh-tzu*, Kap. 5.
18 *Lun-heng, T'an-t'ien*.
19 SMT Band 3, P. 324; *Shu-ching*.
20 Die älteste Abhandlung über dieses Thema, die uns erhalten ist, ist das *Chou-pei*. (Vgl. E. Biot, *Traduction et examen d'un ouvrage chinois intitulé Tcheou-pei* (Journal Asiatique, 1841), das mindestens auf die 1. Han-Zeit zurückgeht, vielleicht allerdings in der T'ang-Zeit überarbeitet worden ist. Im 11. Kapitel (*T'ien-wen*) des *Chin-shu* finden sich zahlreiche Zitate aus Autoren der Han-Zeit. Maspero

(*L'astronomie chinoise avant le Han* in *T'oung-pao*, 1929, p. 267 f.) behauptet, wie ich glaube zu Recht, daß die kosmographischen Lehren auf das 4. bis 3. Jahrhundert vor unserer Zeitrechnung zurückgehen. (Vgl. de Saussure, *L'Origine de l'astronomie chinoise*, sowie Forke, *Die Gedankenwelt des chinesischen Kulturkreises.*) Aus zwei Kapiteln des von Wang Ch'ung verfaßten *Lun-heng* (*T'an-t'ien; Shuo-jih*) kann man sich eine Vorstellung von den während der 2. Han-Zeit über die Struktur der Welt ausgefochtenen Kontroversen machen.

21 *Chin-shu*, Kap 11, sowie die zit. Arbeit Masperos in *T'oung-pao*, loc. cit.

22 *T'oung-pao*, 1929, p. 340. Diese vorübergehend vernachlässigte als Lehre des *Hsüan-ye* bezeichnete Theorie wurde im 2. Jahrhundert vor Christus auf Grund der mündlichen Überlieferung neu belebt. Eine Spur von diesen Auffassungen findet sich in einem Passus im 1. Kapitel des *Lieh-tzu*, wo man den Gedanken, daß weder der Himmel noch die Sterne feste Körper darstellten, heranzieht, um einen Menschen zu beruhigen, der fürchtet, der Himmel könnte herabstürzen und die Erde zusammenbrechen.

23 *T'oung-pao*, 1929, pp. 347 u. 350.

24 *Chin-shu*, Kap. 11; *T'oung-pao*, p. 355.

25 [7] p. 407; [10] Anm. 3 auf p. 449. *Lü-shih ch'un-ch'iu*, Kap. 6. Der Pan-ku-Mythos ist in China älter als man ursprünglich annahm. Die Welt ist der Körper des Pan-ku.

26 *Lun-heng, T'an-t'ien; Shuo-jih; Lieh-tzu*, Kap. 5.

27 *Chin-shu*, Kap. 11; *Lun-heng, Shuo-jih.*

28 *Chin-shu*, Kap. 11; *T'oung-pao*, 1929, p. 338. Maspero irrt, wenn er die Erde mit einer Kuppel vergleicht. Der Vergleich mit der umgekehrten Schüssel soll nur auf deren Konvexität hinweisen. Sie entspricht ihrer Gestalt nach der eines Schachbretts.

29 [7] p. 452; SMT Band 3, p. 475.

30 *Lun-heng, Shuo-jih; T'oung-pao*, 1929, p. 340.

31 *Lung-heng, Chiang-jui.*

32 Op. et loc. cit.

33 Op. et loc. cit.

34 *T'oung-pao*, 1929, p. 292; *Lun-heng, Shuo-jih.* Die Finsternis (*hui*) ist mit dem Yin (dem Dunklen) gleichzusetzen. (Vgl. oben S. 91).

35 *T'oung-pao*, 1929, pp. 291 u. 293.

36 *Lun-heng, Shuo-jih.*

37 *Shih-ching.*

38 Zu diesen Entwicklungen vgl. T'oung-pao, 1929, pp. 267 ff.

39 *Lun-heng, Shuo-jih.*

40 Man kann den Einfluß der Gaukler, Tänzer, Musikanten, Zauberer und Schausteller nicht hoch genug einschätzen; sie haben eine gewaltige Menge von Sagenstoff, Kunstfertigkeit und Wissen verbreitet. So finden sich z. B. in zahlreichen chinesischen Sagen, die im *Shan-hai-ching* aufgezeichnet sind, Motive, die auf einen fremdländischen Ursprung in zuweilen sehr ferner Zeit schließen lassen.

41 *Ch'u-tz'u, T'ien-wen.*

42 *Li-chi, Yüeh-ling*; [10] p. 308; *Chuang-tzu*, Kap. 19; *Li-chi, Chung-yung.*

43 [10] p. 545.

44 [10] p. 379.

45 [8–VI] p. 17.

46 *Li-chi, Chung-yung.*

47 [8–VI] p. 13.
48 *Ch'u-tz'u, Chao-hun.*
49 [10] p. 486.
50 *Ch'u-tz'u, Chao-hun.*
51 Op. cit. *Yüan-yu.*
52 SMT Band 3, pp. 339 f.
53 [7] p. 45.
54 SMT Band 5, p. 26.
55 [10] p. 582.
56 SMT Band 5, p. 27.
57 *Ch'u-tz'u, T'ung-chün.*
58 *Huai-nan-tzu,* Kap. 3.
59 [10] p. 379.
60 [10] pp. 512, 469.
61 *Ta-Tai Li-chi.*
62 *Lieh-tzu,* Kap. 3.
63 [10] p. 509.
64 *Lü-shih Ch'un-ch'iu,* Kap. 5, Abschn. 5; [10] pp. 507 f.
65 *Lieh-tzu,* Kap. 5 und *Chuang-tzu,* Kap. 12.
66 [10] p. 437; *Shan-hai-ching,* Kap. 15.
67 *Lieh-tzu,* Kap. 3.
68 *Shan-hai-ching,* Kap. 8 und 17; *Huai-nan-tzu* sowie [10] p. 523.
69 *Shan-hai-ching,* Kap. 17; [10] pp. 315 f.
70 *Ch'u-tz'u, Chao-hun.*
71 *Shan-hai-ching,* Kap. 2; [10] p. 386; *Ch'u-tz'u, Chao-hun.*
72 *Huai-nan-tzu,* Kap. 4.
73 Op. cit.
74 *Shan-hai-ching,* Kap. 2 und 16.
75 *Huai-nan-tzu,* Kap. 6; [10] p. 376.
76 *Mu T'ien-tzu chuan,* Abschn. 3.
77 *Huai-nan-tzu,* Kap. 4.
78 [7] pp. 258 f.

Zweites Kapitel Der Mikrokosmos

1 *Chin-shu,* Ende des Kap. 23; *Huai-nan-tzu,* Kap. 7. Ein in besonderem Maße mit der Tugend der Erde ausgestatteter Fürst hat besonders kantige (*fang*) Füße; man habe sich darunter Füße, die einen vollkommenen rechten Winkel (*fang*) zeigen, vorzustellen (*Ch'un-ch'iu Fan-lu,* Kap. 7; [7] p. 243).
2 R. Hertz hat sich in seiner brillanten Abhandlung über *La prééminence de la main droite* auf einen Hinweis auf die Schwierigkeiten, die in diesem Zusammenhang die chinesischen Gegebenheiten bieten, beschränkt.
3 [10] pp. 455, 467, 551; vgl. oben S. 22 ff.; *Ch'un-ch'iu Fan-lu,* Kap. 7.
4 [7] p. 243.
5 Der Zeigefinger ist bei den Chinesen der »Eßfinger«. (Die Chinesen zeigen nicht, denn dies ist gefährlich und verboten).
6 [10] p. 498.
7 [7] Tafel I, p. 8.

8 Mit dem Zirkel zieht man Kreise; der Zeichenbestandteil, von dem man heute sagt, daß er in dem Zeichen der Rechten einen Mund darstelle, war (in der archaischen Schrift) ein Kreis.

9 Eingeschriebener Kreis, vgl. hierzu [7] p. 278 sowie oben S. 201 f.

10 Vgl. S. 210.

11 *I-ching.*

12 *Li-chi, Nei-tse.* »Sobald ein Kind selbst essen konnte, lehrte man es, sich seiner rechten Hand zu bedienen.«

13 *Li-chi, T'an-kung, Nei-tse; I-li.*

14 *Li-chi, T'an-kung*; [10] pp. 99, 135.

15 [7] p. 383; *Tso-chuan*, 20. Jahr des Chao-kung.

16 [7] p. 342; *Huai-nan-tzu*, Kap. 11; *Lieh-tzu*, Kap. 5.

17 [10] pp. 138, 167.

18 *Li-chi, Ch'ü-li.*

19 *Li-chi*, ebenda, *Shao-i.*

20 *Li-chi, Shao-i.*

21 Op. loc. cit.

22 *I-li*, Kap. 3.

23 *Li-chi, Shao-i.*

24 [10] p. 70, Anm. 2; *Li-chi,Yü-tsao.*

25 *Li-chi, Shao-i.*

26 Daraus erklärt sich, daß bei den Zeichnungen der Chinesen der Süden immer oben liegt.

27 Vgl. S. 261. Der Himmel ist eine Brust. Er hat auch Brustwarzen (vgl. S. 243, 262). Die Erde entspricht einem Rücken; deshalb wählt man, wenn man ihr ein Opfer darbringt, einen Hügel in Form eines Steißes (vgl. [7] p. 452).

28 *Li-chi, Shao-i.*

29 *I-li*, Kap. 5. Bei den Turnieren im Bogenschießen mußten die unterlegenen Schützen ihre Bogen entspannen und ihre linke Schulter bedecken.

30 [7] p. 310; *Li-chi, Ch'ü-li.*

31 [7] pp. 241, 185.

32 [10] p. 407, Anm. 5; *Li-chi, Ch'ü-li*, vgl. auch *Tso-chuan.*

33 Während der Trauer ändert sich alles; so nimmt der trauernde Fürst den Westen ein und die Frauen den Osten (*I-li*, Kap. 13).

34 *Li-chi, Wang-chih*; *Huai-nan-tzu*, Kap. 11. Auch die zu einem Leichenzug gehörenden Wagen fahren auf der Straße links und auf der Ostseite (*I-li*, Kap. 13).

35 *Hou-Han-shu*, Kap. 121.

36 *Lun-heng, Shuo-jih; Ch'un-ch'iu Fan-lu*, Kap. 12.

37 *Li-chi, T'an-kung.*

38 [8–VI] p. 3.

39 Die Chinesen zählen die Anfangs- und Endpunkte mit.

40 Wenn man sich nach links bewegt und als Gast eine Treppe emporsteigen muß, setzt man den linken Fuß zuerst vor, führt dann den rechten auf die erste Stufe nach und beginnt wiederum mit dem linken Fuß. Der Hausherr hingegen setzt zuerst seinen rechten Fuß, obzwar er die Osttreppe, d. h. die linken Stufen, hinansteigen muß. Führt er seinen Gast in das Haus, muß er die Ostseite des Hofes durchqueren und sich nach rechts bewegen. Erst wenn er seinen Besucher hinausbegleitet, dürfen beide im Osten und Westen sich nach links und rechts bewegen, wie es sich in diesen Raumabschnitten an sich gehört (*Li-chi, Shao-i*).

41 *Ch'un-ch'iu Fan-lu*, Kap. 7; [10] p. 549. Der Schritt des Yü, der nie in Vergessenheit geriet, wurde zu allen Zeiten von den Zauberern bei ihren magischen Unterfangen angewandt, denn beim Zauber ist eine gegenläufige (*ni*) *Bewegung* angezeigt. Im 8. Kap. des *Po-hu-t'ung* tritt die Beziehung zwischen einer Bewegung zutage, in der man die linke oder die rechte Seite vorkehrt, und die für einen himmlischen oder irdischen Genius charakteristisch ist, und dem Grundsatz, daß der Himmel linksdrehend, die Erde aber rechtsdrehend sei.

42 *Huang-ti Nei-ching*, Kap. 2.

43 [10] pp. 378, 137 f.

44 *Lao-tzu*, Abschn. 31.

45 Die Vasallen, für die die Rechte die geehrte Seite ist, gelten als die »Füße und Hände« des Fürsten.

46 Zu *ch'i* vgl. die Anm. 36 zum 3. Kapitel des 2. Buches. (Hrsg.)

47 Unter *hsüeh* hat man nicht nur das Blut, sondern alle Körperflüssigkeiten zu verstehen. (Hrsg.)

48 *Huai-nan-tzu*, Kap. 7.

49 Op. cit. Kap. 3.

50 Granet spricht hier von den philosophisch-mythologischen Theorien des Altertums. Die chinesische Medizin hatte wahrscheinlich seit der Han-Zeit, ganz sicher aber seit der Sung-Zeit (10. Jh.), durchaus konsequente und widerspruchslose Korrespondenzen erarbeitet (Hrsg.).

51 Ich verstehe nicht, warum Maspero ([5] p. 442) ebenso wie Pater Wieger (*Historie des croyances religieuses* ... p. 62) nicht auf die große Bedeutung der Fünf Himmelszeichen hinweist. Dieses Versehen führt dazu, daß man gar nicht erfaßt, was der *Hung-fan* eigentlich ist, nämlich eine rasch zu konsultierende Übersicht über das System der chinesischen Klasseneinteilungen. Warum hat er andererseits (geschah dies vielleicht wegen der von Chavannes gegebenen Übersetzungen, der Yang mit ›soleil éclairant‹ wiedergab) nicht darauf hingewiesen, daß das Yang hier erwähnt wird (was von Bedeutung ist, da es das Gegenstück zum Regen bildet)? (Vgl. oben S. 93).

52 *Huai-nan-tzu*, Kap. 7.

53 SMT Band 3, p. 296.

54 Der Bezug der Kardinaltugenden auf die Jahreszeiten-Himmelsrichtungen wird übrigens auch schon in verschiedenen Mythen angedeutet; beispielsweise heißt es, daß die Menschlichkeit (*jen*) die charakteristische Tugend der im Osten lebenden Menschen sei (Vgl. S. 64).

55 *Po-hu-t'ung*, Kap. 8.

56 *Tso-chuan*, 1. Jahr des Chao-kung.

57 *Kuan-tzu*, Kap. 14. Die im *Kuan-tzu* angegebenen Korrespondenzen unterscheiden sich von denen im *Po-hu-t'ung* und im *Huang-ti Nei-ching*. Es fällt bei diesen auf, daß das *ch'i* auf das Feuer und das *hsüeh* auf das Wasser bezogen wird, sowie daß die Gefühlsregungen als *tê* bezeichnet werden, ein Wort, das seiner Bedeutung (›Tugend‹) nach mit dem Wort *ch'i* in Beziehung steht.

58 *Li-chi*, *Li-yün*. Vgl. auch unten S. 288. Vielleicht sollte man die *6 ch'i* als Produkte der Sechs *Tsung*, d. h. der 6 himmlischen Bereiche auffassen, die im *Shuching* (SMT, Band 1, pp. 59–61) mit den Fünf Insignien in Beziehung gebracht werden. Darüber, was zu den Sechs *Tsung* gehört, herrscht keine Einhelligkeit, doch zählt man stets den Regen und den Wind, die Gewässer und die Trockenheit zu ihnen. – Auf Grund eines Passus im Abschnitt *Chi-fa* des *Li-chi* scheint man be-

rechtigt zu sein, das den Sechs *Tsung* dargebrachte Opfer mit Opfern zu vergleichen, die 1. den Vier Jahreszeiten, 2. der Kälte und der Hitze, 3. der Sonne und dem Mond (Yang und Yin), 4. den Sternen und dem Regen (der Windgraf und der Meister des Regens haben ihren Wohnsitz in zwei Sternen ...) gespendet werden. Nun bietet aber der Text des *Hung-fan,* wo von den Fünf Himmelszeichen die Rede ist, eine zweifache Schwierigkeit; 1. werden hier, anders als bei den meisten anderen Abschnitten, die Zeichen nicht numeriert; trotzdem ist im 2. Abschnitt des Textes von 5 Zeichen die Rede, und der Abschnitt beginnt mit dem Wort »fünf«; 2. im 1. Abschnitt des Textes kommt sechsmal das Wort *yüeh* (vgl. S. 123) vor, was den Schluß zuzulassen scheint, daß eine sechsstellige Liste vorliegt; auf jedes der 6 *yüeh* folgt das Wort *shih,* das Chavannes als ein Demonstrativum auffaßte und mit dem folgenden Satz verband. Doch ist die Bedeutung dieses Wortes ›Jahreszeit‹, und man erkennt, daß im *Chi-fa* von einem den Jahreszeiten dargebrachten Opfer die Rede ist. Im übrigen glauben die meisten Kommentatoren, daß die Jahreszeiten zu den Sechs *Tsung* gehören. Es scheint also, daß die Herausgeber des *Hung-fan* zwischen der 5 und der 6 schwankten.

59 Ich vereinfache die aus dem *Po-hu-t'ung* und aus dem *Huang-ti Nei-ching* gewonnenen Tafeln, indem ich auf die Angabe der Gerüche, Farben usw. verzichte (und mich an die im *Yüeh-ling* angegebenen Entsprechungen halte). Bei Pan Ku (*Po-hu-t'ung*) finden sich drei verschiedene Zuordnungen (I. II. III), für die Körperöffnungen, die ich jeweils einzeln angebe. Gesondert (A. B.) führe ich auch die Entsprechungen der Gefühlsregungen und der Himmelsrichtungen, der Gefühlsregungen und der von Pan Ku gesondert angegebenen *fu* auf.

60 *I-ching,* Anh. Kap. V/9; [10] p. 442. Die Richtungbezogenheit entspricht der dem König Wen zugeschriebenen Anordnung:

S
Kopf
Mund Oberschenkel
O Augen Ohren W
Füße Hände
Bauch
N

61 *Po-hu-t'ung,* Kap. 8.

62 *Li-chi, Tzu-i.* Die 10 Pflichten sind: brüderliche Zuneigung und die Sohnesliebe, die Güte des älteren Bruders und die Unterwerfung des jüngeren, die Gerechtigkeit des Gatten und der Gehorsam der Gattin, die Wohltätigkeit der älteren Familienmitglieder und die Folgsamkeit der jüngeren, die Menschlichkeit des Fürsten und die Loyalität des Vasallen. Diese 10 Pflichten werden zu 5 Beziehungen zusammengefaßt (vgl. S. 307 f.).

63 Eine Glosse des K'ung Ying-ta der T'ang-Zeit. Die in dieser Tafel zu den Himmelsrichtungen angegebenen Entsprechungen entsprechen jenen, die Pan Ku aufführt.

64 Vgl. die aus dem *Po-hu-t'ung,* Kap. 1 gewonnene Aufstellung. Herz und Fürst sind der Linken zugeordnet.

65 In diesem rituell-allgemeinen Zusammenhang; in der Medizin ist das Herz ein Yin-Eingeweide, das als Entsprechung das *hsin-pao* (bisher mit ›Herzbeutel‹ übersetzt) hat (Hrsg.).

66 *Po-hu-t'ung,* Kap. 8. Im *Huang-ti Nei-ching* heißt es, daß der Rücken yang sei (Wenn sich Yin und Yang vereinen, so geschieht dies nicht nur in der Lage, die

Himmel und Erde einnehmen).

67 *Po-hu-t'ung*, Kap. 8 sowie oben S. 280 f.

68 *Lieh-tzu*, Kap. 5.

69 Vgl. die aus dem *Po-hu-t'ung* gewonnene Tafel (III.) sowie die aus dem *Huang-ti Nei-ching* gewonnene.

70 *Po-hu-t'ung*, Kap. 8; *Huang-ti Nei-ching*, Kap. 2 und 14;

71 *Huang-ti Nei-ching*, Kap. 2 und 8; *Po-hu-t'ung*, Kap. 8; *Shen-i-ching*, Kap. 1.

72 *Po-hu-t'ung*, Kap. 8.

73 *Ch'u-tz'u*, 9. Abschnitt.

74 *Po-hu-t'ung*, Kap. 8.

75 Dies gilt konkret nur für das Altertum (Hrsg.).

76 *Lun-heng, Shu-hsü.*

77 Op. cit.

78 [10] pp. 285, 484.

79 [10] pp. 373, 374; *Po-hu-t'ung*, Kap. 7 und 8.

80 *Tso-chuan*, Chao-kung, 1. Jahr.

Drittes Kapitel Die Etikette

1 *Lieh-tzu*, Kap. 5.

2 *Tso-chuan*, 2. Jahr des Ai-kung.

3 *Lieh-tzu*, Kap. 5. Der König Mu ist dem hier auftretenden Gaukler in der Nähe des K'un-lun, d. h. in Zentralasien *oder* in jener Gegend, (am Saume der Kultur) begegnet, die den Gottheiten und Zauberern vorbehalten ist. Der Gaukler ist in der Kunst der Verwandlungen (*hua*) erfahren, er ist ein *hua-jen* (das Zeichen *hua* stellt das Bild eines stehenden und eines liegenden Menschen dar).

4 [10] p. 544. *Lieh-tzu*, Kap. 2.

5 [7] pp. 3931, 324. Der Große Bär ist das Emblem des Herzens, das gleichfalls sieben Öffnungen aufweist (Vgl. *Po-hu-t'ung*, Kap. 8; *Huang-ti Nei-ching*, Kap. 14).

6 SMT, Band 2, p. 410; [7] p. 50.

7 SMT Band 1, p. 206; *Lieh-tzu*, Kap. 4; [7] p. 236.

8 *Li-chi, Nei-tse.*

9 *I-li*, Kap. 12; [10] Anm. 1 auf p. 159; [7] p. 391.

10 [17] Band 4, p. 398. *Ta-Ch'ing Lü-li*, 36. Man verspeist vor allem die Leber, denn sie ist der Sitz des Mutes. (Die Leber steht den Muskeln, den Augen, dem Zorne vor.) Man entehrt einen Feind, wenn man sich weigert, dessen Leber zu essen; auf diese Weise gibt man zu erkennen, daß man ihn für einen Feigling hält.

11 SMT Band 3, p. 479.

12 *Shen*, eigentlich ›konstellierende Kraft‹, vgl. Porkert, *Das System der energetischen Beziehungen*, Antaios, Band II, März 1961. (Hrsg.)

13 [10] Anm. 1 auf S. 310.

14 [7] p. 322.

15 Vgl. S. 223.

16 [10] Anm. 4 auf p. 18; Anm. 2 auf p. 88.

17 [7] pp. 300, 356, 361.

18 SMT Band 4, p. 225.

19 *Chou-li*, Kap. 5.

20 [10] pp. 419, 420.
21 [10] p. 419 sowie oben S. 240.
22 *Lü-shih Ch'un-ch'iu*, Kap. 14, 2. Abschn.
23 *Huai-nan-tzu*, Kap. 20.
24 *Chou-li*, 5; vgl. auch Ü 6, Bd. I, Anm. 1 auf p. 96.
25 Op cit., 5; vgl. auch die Tafeln auf S. 285–287.
26 *Huang-ti Nei-ching*, Kap. 2.
27 *Yüeh-ling* und *Chou-li* 5.
28 *Chou-li*, 5.
29 *Li-chi, Li-yün*.
30 [10] Anm. 1 auf p. 91.
31 *Shih-ching*.
32 Die Bezeichnung *sheng*: ›lebendig‹ verwendet man für ungekochte Speisen.
33 *Tso-chuan*, 10. Jahr des Chien-kung.
34 Dem Reinen vermag kein Gift etwas anzuhaben. Daher rührt die Vorstellung, daß *das Behältnis die Wirkung des Inhalts zu neutralisieren vermag*. Eine solche Vorstellung scheint ursprünglich den ersten Versuchen der chinesischen Alchimie (SMT Band 3, p. 465) zu Grunde zu liegen, bei der es anfänglich um den Versuch ging, *Geschirr des langen Lebens herzustellen*, wobei der Behälter die Schädlichkeit des Inhalts vernichten sollte.
35 *nien*, ›*Jahr*‹ bedeutet ›Ernten‹.
36 Vgl. S. 243.
37 Zur späteren wissenschaftlichen Bedeutung der beiden Termini vgl. Porkert, op. cit. Antaios, März 1961 (Hrsg.).
38 Dies gilt für die alte Zeit. (Hrsg.)
39 *Tso-chuan*, 8. Jahr des Chao-kung; [10] p. 558.
40 [10] p. 344.
41 *Tso-chuan*, 16. u. 17. Jahr des Chien-kung; 12. Jahr des Hsiang-kung.
42 Dergleichen geschieht entweder im Winter, der Yin-Jahreszeit, der Jahreszeit der Toten oder während der Trockenheit oder wenn durch eine verfallende Dynastie die Ordnung der Welt gestört wird. In allen diesen Fällen vernimmt man die Seufzer der *kuei* (die Philosophen sagen: des Volkes).
43 *Li-chi, Yüeh-chi*. Der Himmel wird mit einem Vater verglichen. Er »bedeckt« die Erde und »brütet« alle Wesen aus.
44 Wieger, *Histoire des croyances religieuses*. p. 714.
45 *Li-chi, Yüeh-chi*. In der franz. Übersetzung des P. Couvreur: Li Ki, tome II, p. 71. (Hrsg.).
46 SMT Band 3, p. 261.
46a R. Wilhelm endlich übersetzt an dieser Stelle: »Die Menschen haben eine Seele aus Blutkraft und Sinnesbewußtsein, . . .« (*Li Gi* [WD, Taschenausgabe], S. 80). (Hrsg.).
47 *Huang-ti Nei-ching*, Kap. 1; [9] pp. 7 f.
48 *Li-chi, Yüeh-chi*; *Tso-chuan*.
49 Im modernen Chinesisch benutzt man *chih* im Ausdruck *wu-chih* (»Grobbestandteile der Wesen«), der zur Umschreibung des europäischen Begriffs ›Materie‹ dient. (Hrsg.)
50 [7] p. 299.
51 *Li-chih, Yüeh-chi*.
52 Vgl. S. 92. Von der Gegenüberstellung des *chuo* und des *ch'ing* (des Trüben

und des Klaren) gelangt man (über ein der Herstellung gegärter Getränke entliehenes Bild) zur Antithese zwischen Oberem und Unterem, Schwerem und Leichtem, zwischen Yin und Yang, (Dunklem und Hellem).

53 *Lieh-tzu*, Kap. 5.

54 Op. loc. cit. Der Arzt operiert erst, nachdem er die beiden Patienten mit Hilfe eines vergifteten Weins in einen drei Tage währenden Schlaf versenkt hat.

55 *Li-chi, Wang-chih.*

56 *Kuo-yü*, Kap. 10.

57 *Lun-heng, Ku-hsiang.*

58 [10] p. 315 und Anm. 3; *Huang-ti Nei-ching*, 1. S.

59 SMT Band 3, p. 331; [7] p. 49.

60 *Lun-heng, Ku-hsiang.*

61 *Li-chi, Wang-chih.*

62 Op. loc. cit.; *Ta-Tai Li-chi*, Kap. 80.

63 *Hsin-chu*, Kap. 10; *Ta-Tai Li-chi*, Kap. 48.

64 Man ißt mit der rechten Hand (vgl. S. 273 f.).

65 *Tso-chuan*, 25. Jahr des Chao-kung.

66 Man verwendet hier wiederum das bereits im Zusammenhang mit dem Himmel gebrauchte Wort (abgrenzen). Die beiden Wesen (die beiden emblematischen Rubriken) sind das Yin und das Yang, das Weibliche und das Männliche.

67 Handelt es sich bei diesem ernährenden Einfluß um den Einfluß des Himmels und der Erde?

68 *Ta-Tai Li-chi*, Kap. 42. Der Passus bezieht sich auf die Opfer (Hrsg.).

69 *Li-chi, Yüeh-chi*; SMT Band 3, p. 245.

70 Op. loc. cit.

71 Wörtlich: »In der Mitte, gerade, ohne Abweichen«. Vgl. S. 245.

72 *Li-chi, Yüeh-chi;* SMT Band 3, p. 249.

73 *Li-chi*, loc. cit.

74 SMT Band 3, p. 291. Man wird bemerken, daß man den Vasallen einen Platz zur Rechten (im Westen) anweist. Folglich muß *shang* dem W (und der Rechten) zugeordnet werden.

75 *Li-chi, Yüeh-chi.* Vergleicht man diese Angaben mit dem vorausgehenden, von Szu-ma Ch'ien überlieferten Wortlaut, so sieht man, daß die *mittlere* der 1. Pfeife (81) entspricht; folglich entsprechen die übrigen ihrer Länge nach den vier folgenden Pfeifen. *Shang* (72) liegt rechts, d. h. im *W*.; folglich muß *chüeh* (64) *links*, d. h. im *O*. liegen. All dies ist mit den Auskünften des *Yüeh-ling* wie auch mit den die Linke und die Rechte betreffenden rituellen Regelungen im Einklang (Vgl. S. 170 u. 278).

76 SMT Band 3, p. 290.

77 [8–V].

78 SMT Band 3, p. 291.

79 Zur Bezeichnung von Schmerz und Trauer dient im Chinesischen ein und dasselbe Wort.

80 *Li-chi, T'an-kung.*

81 Op. loc. cit.

82 *Li-chi, Wen-sang.*

Schlußfolgerungen

1 Man vergleiche hiermit z. B. die im *Hsün-tzu* (Abschnitt 21) erzählte Anekdote von dem Angsthasen, der im Mondschein einen Spaziergang machte und vor seinem eigenen Schatten erschrak; er blickte dann nach oben, sah seinen Schatten nicht mehr, wohl aber seine eigenen Haare, die er für ein riesiges Gespenst hielt: »Er rannte davon und kehrte ganz erschöpft nach Hause zurück, um zu sterben; armer Mensch!« Oder auch (im gleichen Abschnitt) die Bemerkungen über die Leute, die ein Schwein rösten und dazu die Trommel rühren, um so Krankheiten zu vertreiben: »Da haben sie dann eine abgenützte Trommel und ein ungenießbares Schwein, aber von Heilung kann keine Rede sein!«

2 Eine gegenteilige Meinung findet sich in B. Schindler, *Das Priestertum im alten China*, Leipzig 1919, der sich [5] auf p. 187 anschließt.

3 Sowohl was die *Maße* als auch was das *Geld* anlangt.

Kritische Auswahl-Bibliographie

I. Allgemeines, Bibliographisches

Needham, Joseph: Science and Civilisation in China
Volume I: Introductory Orientations – Cambridge (1954) Neudruck 1961 [1]
In englischer Sprache ist dieses Werk die derzeit beste und handlichste Einführung für Nichtsinologen in die historischen und geographischen Voraussetzungen der chinesischen Kulturgeschichte. Nach den neuesten Quellen erarbeitet, besitzt es auch einen hervorragenden bibliographischen Anhang.

Franke, Herbert: Sinologie (Wissenschaftliche Forschungsberichte – Geisteswissenschaftliche Reihe) Bern, 1953 [2]
Dieses Werk ist ein kritischer Rechenschaftsbericht über die sinologische Forschung während der Jahre 1935–1951. Er ist flüssig geschrieben und eignet sich zur ersten raschen Orientierung über spezielle Aspekte sinologischer Forschung.

II. Geschichte, Geographie

Wilhelm, Hellmut: Gesellschaft und Staat in China
Ergänzte Neuauflage in Rowohlts Deutscher Enzyklopädie 1960 [3]
Summarische Darstellung der soziologischen und ökonomischen Grundmotive in der chinesischen Geschichte.

Franke, Otto: Geschichte des Chinesischen Reiches
5 Bände, Berlin und Göttingen, 1930–1952 [4]
Umfassendste, auf Grund der chinesischen Quellen verfaßte Darstellung der chinesischen Geschichte; sie behandelt die Geschichte von den Anfängen bis zum Jahre 1368. Der 3. und 5. Band sind Registerbände.

Maspero, Henri: La Chine antique
Paris 1927; durchgesehene und ergänzte Neuauflage 1956 [5]
Gründlichste, wenngleich stellenweise vielleicht etwas positivistische Geschichte des chinesischen Altertums; Granet zitiert natürlich die Ausgabe von 1927.
–, –: Etudes historiques (Mélanges posthumes III) Paris 1950 [6]
Sammlung von z. T. bereits früher veröffentlichten Einzeldarstellungen soziologischer, wissenschaftshistorischer und ökonomischer Aspekte des chinesischen Altertums.

III. Sozialgeschichte, Soziologie, Folklore und Religion

Granet, Marcel: La Civilisation chinoise
Paris (1929) 1948 [7]
Darstellung der soziologischen Grundzüge der chinesischen Kultur.
–, –: Etudes sociologiques sur la Chine
Paris 1953 [8]
Sammlung meist verstreut erschienener Aufsätze; sie enthält:
– La polygynie sororale et le sororat dans la Chine féodale (1920) [–I]
– Coutumes matrimoniales dans la Chine antique (1932) [–II]
– Quelques particularités de la langue et pensée chinoises [–III]
– Le dépôt de l'enfant sur le sol (1922) [–IV]
– Le langage de la douleur (1922) [–V]
– La vie et la mort (1920) [–VI]
– Remarques sur le Taoïsme ancien (1925)
– L'esprit de la religion chinoise (1929)
– La droite et la gauche en Chine (1933 *hier erstmals im Druck ersch.*)
–, –: Fêtes et chansons anciennes de la Chine
Paris (1919) 1929 [9]
Bahnbrechende Arbeit über die religionssoziologische Bedeutung der Gedichte des Shih-ching [Buchs der Lieder].
–, –: Danses et légendes de la Chine ancienne
Paris (1926) 1959 [10]
Synthetische Interpretation der Mythentraditon.
Maspero, Henri: Le Taoïsme (Mélanges posthumes II)
Paris 1950 [11]
Sammlung bahnbrechender Studien, vorwiegend über den Didaktischen Taoismus.
–, –: Les Religions chinoises (Mél. posthumes I)
Paris 1950 [12]
Aufsätze über die historische Entwicklung der chinesischen »Religionen«.
Hentze, Carl: Bronzegerät, Kultbauten, Religion im ältesten China der Shang-Zeit
2 Bände, Antwerpen 1951 [13]
Synthese früherer Arbeiten des Gelehrten über die Aufschlüsse, welche Archäologie und Paläographie über die ältesten religiösen und kosmologischen Vorstellungen der Chinesen geben.

–, –: Tod, Auferstehung, Weltordnung
2 Bände, Zürich 1955 [14]
Es wird gezeigt, welche Aufschlüsse archäologische und paläographische Funde über die mythischen Bilder im ältesten China und, im Vergleich damit, auch in den zirkumpazifischen und großasiatischen Kulturen geben.

Werner, E. T. C.: Myths and Legends of China
London 1924; Neuauflage [15]
Einfaches, zur ersten Information nützliches Nachschlagewerk über Volksglauben und Religion.

Gernet, Jacques: La Vie quotidienne en Chine à la veille de l'invasion mongole (1250–1276)
Paris 1959 [16]
Volkstümliche, doch auf Grund originaler Quellen erarbeitete Darstellung, die es gestattet, sich ein zusammenhängendes Bild von der materiellen Kultur der Epoche zu machen.

de Groot, J. J. M.: The Religious System of China
6 Bände, Leyden, 1892–1921 [17]
Auf Grund eigener Feld- und Quellenforschung und intimer Vertrautheit mit den chinesischen Gegebenheiten verfaßte umfassende Darstellung der Volksbräuche und des Volksglaubens.

Chavannes, Edouard: Le T'ai-chan
Paris, 1910 [18]
Beschreibung der Heiligtümer und Opferriten auf dem T'ai-shan [Hlg. Berg des Ostens].

IV. Philosophie- und Wissenschaftsgeschichte und Verwandtes

Forke, Alfred: Geschichte der alten chinesischen Philosophie
Hamburg, 1927 [19]

–, –: Geschichte der mittelalterlichen chinesischen Philosophie
Hamburg, 1934 [20]

–, –: Geschichte der neueren chinesischen Philosophie
Hamburg, 1938 [21]
Umfassendste Darstellung, die sich eng an die traditionelle Bewertung der chinesischen Denker hält; ausführliche Zitate aus den philosophischen Hauptwerken.

Feng Yu-lan (Übersetzer Derk Bodde): A History of Chinese Philosophy
2 Bände, Neuauflage Princeton und Leyden, 1953 [22]
Souveräne, wenngleich mitunter sehr eigenwillige Darstellung aus dem Pinsel eines zeitgenössischen chinesischen Philosophen; die Übersetzung ist in Anbetracht der großen Schwierigkeiten befriedigend.

Needham, Joseph: Science and Civilisation in China
Volume 2: History of Scientific Thought, Cambridge, 1956 [23]
Originale Arbeit, in der die Entwicklung und Eigenart des wissenschaftlichen Denkens in China unter wiederholtem Bezug auf die abendländische Parallelentwicklung aufgezeigt wird. Hervorragende Bibliographien.

Hu Shih, The Development of the Logical Method in Ancient China
Shanghai, 1922 [24]
Ehedem vielbeachtete, inzwischen einer Nuancierung bedürftige Arbeit des namhaften Gelehrten.

V. Übersetzungen

Chavannes, Edouard: Les Mémoires Historiques de Se-ma Ts'ien
5 Bände, Paris, 1895–1905 [SMT]
Neuerdings wurde diese Ausgabe ohne Datum in China photographisch reproduziert. In Paris soll jetzt diese noch nicht ganz abgeschlossene Übersetzung des Shih-chi *zu Ende geführt werden.*
Couvreur, F. S.: Tch'ouen ts'iou et Tso tchouan – Texte chinois avec traduction française
3 Bände, Hochienfu, 1914; 2ème édition, Paris, 1951 [Ü 1]
Forke, A.: ›Lun Hêng‹ – Philosophical Essays of Wang Ch'ung
2 Bände, London und Leipzig, 1907 und 1911 [Ü 2]
Waley, Arthur: The Analects of Confucius
London, 1938 u. Neuauflagen [Ü 3]
Beste Übersetzung des Lun-yü.
Dubs, Homer: The Works of Hsün-tzu
London, 1928 [Ü 4]
–, – und andere: History of the Former Han Dynasty
3 Bände, Baltimore, ab 1938 [Ü 5]
Übersetzung des Ch'ien-Han-shu.
Biot, E.: Le Tcheou li ou les Rites des Tcheou
Paris, 1851 [Ü 6]
Einzige Übersetzung des kulturgeschichtlich wichtigen Werks
Som, Tjan Tsoe: Po Hu T'ung – The Comprehensive Discussions in the White Tiger Hall
Vol. 1. Leyden, 1949 [Ü 7]
Kritische, kommentierte Auswahl-Übersetzung
Legge, James: The Chinese Classics (in several volumes): The She-ching or Book of Poetry
Hongkong und London, 1871 und Nachdrucke [Ü 8]

In deutscher Sprache bleiben die Übersetzungen Richard Wilhelms trotz längst erkannter Mängel (Wilhelm war ursprünglich Theologe und vermochte sich nie völlig von den christlich-dualistischen Leitbildern freizumachen, als er die chinesischen Texte interpretierte) oft noch immer die einzig greifbaren, mitunter (im Falle des *I-ching*) sogar noch die *relativ* besten in einer europäischen Sprache: [WD]

I Ging [*I-ching*] – Das Buch der Wandlungen
Kungfutse [Konfuzius] – Gespräche (*Lun-yü*)
Schulgespräche [*K'ung-tzu chia-yü*] des Konfuzius (*Gia yü*) [gekürzt]
Laotse [*Lao-tzu*] – Tao-tê-ching
Li Gi [*Li-chi*] – Das Buch der Sitte [gekürzt]

Dschuang-dsi [*Chuang-tzu*] – Das Buch vom südlichen Blütenland
Liä-dsi [*Lieh-tzu*] Das Buch vom quellenden Urgrund [gekürzt]
[*Lü-shih Ch'un-ch'iu*] Frühling und Herbst des Lü Bu We

– sämtlich im Eugen Diederichs Verlag, früher Jena, jetzt Köln und Düsseldorf, zwischen 1910 und 1961 erschienen, die ersten fünf Titel auch als »Taschenausgabe«; der letzte Titel z. Zt. vergriffen.

Sach- und Namenregister

Zahlenregister